MICHAEL LEMSTER

STRAUSS

»Canaletto-Blick«: Blick vom Oberen Belvedere auf die Innere Stadt um 1760. Gemälde von Bernardo Bellotto, gen. »Canaletto«

MICHAEL LEMSTER

STRAUSS

Eine Wiener Familie
revolutioniert die Musikwelt

Sämtliche Angaben in diesem Werk erfolgen trotz sorgfältiger Bearbeitung ohne Gewähr.
Eine Haftung der Autoren beziehungsweise Herausgeber und des Verlages ist ausgeschlossen.

Wir haben versucht, alle Rechteinhaber ausfindig zu machen. Sollten Sie dennoch Unstimmigkeiten im Bildnachweis feststellen, so bitten wir Sie, uns diese nachzusehen und sich an den Verlag zu wenden.

Der besseren Lesbarkeit wegen verwendet der Autor im nachfolgenden Text die Sprachform des generischen Maskulinums. Personenbezogene Aussagen beziehen sich auf alle Geschlechter.

1. Auflage
Copyright © 2024 by Michael Lemster
Copyright deutsche Erstausgabe © 2024 Benevento Verlag bei Benevento Publishing Salzburg – Wien, einer Marke der Red Bull Media House GmbH, Wals bei Salzburg
Dieses Werk wurde vermittelt durch Montasser Medienagentur, München

Alle Rechte vorbehalten, insbesondere das des öffentlichen Vortrags, der Übertragung durch Rundfunk und Fernsehen sowie der Übersetzung, auch einzelner Teile. Kein Teil des Werkes darf in irgendeiner Form (durch Fotografie, Mikrofilm oder andere Verfahren) ohne schriftliche Genehmigung des Verlages reproduziert oder unter Verwendung elektronischer Systeme verarbeitet, vervielfältigt oder verbreitet werden.

Medieninhaber, Verleger und Herausgeber:
Red Bull Media House GmbH
Oberst-Lepperdinger-Straße 11–15
5071 Wals bei Salzburg, Österreich

Lektorat: Oliver Domzalski, Hamburg
Satz: MEDIA DESIGN: RIZNER.AT
Gesetzt aus der Minion Pro, Proxima Nova, Juana, Novel Pro
Umschlaggestaltung: Büro Jorge Schmidt, München
Umschlagmotiv: © akg-images / De Agostini Picture Lib. / A. Dagli Orti,
© Austrian Archives (AA) / brandstaetter images / picturedesk.com
Karte und Stammtafel im Vor- und Nachsatz: © Peter Palm, Berlin
Autorenillustration: Claudia Meitert/carolineseidler.com
Printed by Neografia, Slovakia

ISBN: 978-3-7109-0165-2

Inhalt

Vorwort 9
Totenklage 15
Teil I VOR-GESCHICHTEN 19
  Kapitel 1: Keine *Erinnerungen an Pesth*:
  »Bürgerlicher Bürwirth« in der Leopoldstadt 20

  Kapitel 2: *Wiener Launen-Walzer:*
  Ein Reich setzt sich neu zusammen 39

  Kapitel 3: *Es gibt nur ein Wien!*
  Die Stadt, die Wiener, der Wein, die Wirte 49

Teil II WALZERKÖNIG: DER GRIFF NACH DER KRONE 65
  Kapitel 4: *Heimath-Klänge:* Frühe Jahre eines
  »Kaschemmenkönigs« 66

  Kapitel 5: *Wein, Weib und Gesang:* Als Wien tanzte
  und Berlin turnte 78

  Kapitel 6: *Wiener Kreuzer-Polka:* Vom »Bratlgeiger«
  zum »Musik-Director« 101

  Kaptitel 7: *Eisenbahn-Lust-Walzer:* Zusammenwachsen
  zu Land, auf Wasser und Schiene 132

  Kapitel 8: *Sperls Fest-Walzer:* Die Walzerfabrik 143

  Kapitel 9: *Morgenblätter:* Presse, Werbung, Öffentlichkeit
  zur Strauss-Zeit 181

Teil III KINDHEIT EINER DYNASTIE	201
Kapitel 10: *Kusswalzer:* Galante Nöte und Familienfreuden	202
Kapitel 11: *Controversen:* Der Kampf der Tigermutter	225
Kapitel 12: *Concurrenzen:* Sohn und Rivale	257
Kapitel 13: *Freiheits-Lieder:* Die Musik der Barrikaden	281
Kapitel 14: *Radetzky-Marsch:* Ein Imperium macht sich fein zum Sterben	299
Teil IV DIE HERRSCHAFT DER STRÄUSSE	315
Kapitel 15: *Orpheus-Quadrille:* Strauss, Strauss, Strauss & Strauss	316
Kapitel 16: *Reiseabenteuer:* Interkontinentale Karrieren	352
Kapitel 17: *Die Fledermaus:* Operettenriese und Opernzwerg	385
Kapitel 18: *Abschiedsrufe:* Ein Strauss wird Deutscher	432
Kapitel 19: *Schatzwalzer:* Eine Welt voller Strauss-Konserven	450
Epilog	470
Dank	475
Weiterführende Literatur	476
Personenregister	478
Bildnachweis	483
Anmerkungen	484

Das Geld und die Streckenangaben in diesem Buch: Die Wiener und die Deutschen maßen bis ins 19. Jahrhundert Entfernungen in Meilen, Klaftern und Ellen und grenzten sich damit – wie bis heute die Menschen der anglofonen Welt – vom metrischen Dezimalsystem der französischen Revolutionäre ab. Die Deutsche Meile maß etwa 7,5 Kilometer. Da der Begriff der »Meile« jedoch schillernd ist und alles zwischen 1,5 und 11 Kilometern meinen kann, wurden Strecken zur besseren Orientierung in »anachronistische« Kilometer umgerechnet.

Die im Wien des 19. Jahrhunderts gängige Währung war der Gulden, der in 60 Kreuzer geschieden war (ab 1857: 100 Kreuzer). Ein Kreuzer waren vier Heller. Ein Gulden war im Jahr 1800 der Lohn für drei Tage Arbeit.

Für geografische Angaben wie Städtenamen habe ich in diesem Buch die historischen deutschen Bezeichnungen (Pressburg für Bratislava etc.) ausschließlich deshalb gewählt, weil die handelnden Hauptpersonen selbst deutsch sprachen und daher diese gebraucht haben dürften.

Die kursiv gesetzten Bestandteile der Kapitelüberschriften habe ich den Werken der Sträusse entnommen.

»Der Adel hat eine Familiengeschichte, der jüdische Bourgeois eine Neurosengeschichte.«
Hermann Broch an seinen Sohn Hermann Broch de Rothermann

Vorwort

Eine Revolution von welthistorischer Bedeutung begann vor etwa 200 Jahren in Wien. Keine, in der Blut floss. Blut hatten die Wiener mehr als genug gesehen in dem fast 30-jährigen Krieg um die Vorherrschaft in Europa und damit der gesamten Welt, der 1789 mit der Französischen Revolution und den Koalitionskriegen begonnen hatte. Nun war Friede, nun war Ruhe eingekehrt. Grabesruhe zwar in politischer Hinsicht – Kanzler Metternich höchstselbst hatte die Wiener eingesegnet, und seine Spitzel und Schergen standen Wacht an den Gräbern politischer und ziviler Freiheit.

Aber den meisten Wienern dürfte dies egal gewesen sein. Sie hatten überlebt: Durchzüge und Plünderungen von Armeen, Teuerung, Mangel und Seuchen, die der Krieg wie immer mit sich brachte. War das kein Grund zur Ausgelassenheit? Kein Grund, das Alte, Bedrückende hinter sich zu lassen? Es nach Möglichkeit aus dem Gedächtnis zu tilgen – zu vergessen, jetzt, wo der Winter der Krisen einem neuen Frühling gewichen war? Und was schenkt Vergessen besser, als es Musik, Tanz und Flirt täten?

Revolution also. Alte Hemmungen und Verklemmungen flogen über Bord. Das junge Wien schlug die empörten Ordnungsrufe der Alten in den Wind und warf sich in die Arme eines frischen, vitalen Lebensgefühls. Was sollte da noch die nüchterne Vernunft der Aufklärung, wenn es galt, das eigene Herz zu spüren und romantisch seinem Zusammenklingen mit anderen Herzen nachzulauschen?

Die Heldengestalten dieser Revolution waren folgerichtig Musiker. In der 300 000-Einwohner-Stadt Wien lebten Tausende vom Musizieren, gastierten hier zeitweise oder spielten aus privater Passion. Seit Jahrzehnten bereits zog das Repräsentationsbedürfnis von Adel, Kirche und Bürgertum sie aus allen Reichsteilen an: Joseph Haydn aus Niederösterreich, Mozart aus Salzburg, Beethoven aus dem Rheinland, Bruckner aus Oberösterreich, Brahms aus Hamburg, aber auch Salieri, Rossini, Paganini und viele, viele andere aus Italien. Tatsächlich gab es vor

Franz Schubert und Johann Strauss (Vater) keinen in Wien geborenen Komponisten, der hier zu Ruhm gelangte.

Was sie schufen, war reine Leichtigkeit. Und in diesem luftigen Universum konnte jeder zum Gestirn werden – als Kapellmeister oder Komponist, als Instrumentalist oder Sänger, als Meister oder Dilettant, als Tänzer oder Zuhörer. Instrumentenbauer und Notenstecher, Drucker und Verleger und nicht zuletzt die Musikunternehmer, die den Wienern die Tempel der Unterhaltung bauten: Ganze Industrien gaben den Wienern und den Wienerinnen die Möglichkeit, das neue Leben zu feiern und ihre Sorgen wenigstens zeitweise auf Abstand zu halten.

Wem fiele da nicht das »swingende« London der 50er- und 60er-Jahre des 20. Jahrhunderts ein? Die strahlende Metropole eines Weltreichs im Schwundzustand, dessen Jugend sich aktiv oder zuhörend neuer Klanglichkeit und Rhythmik öffnete und einen Musiker-Olymp hervorbrachte, dessen Götter bis heute den Soundtrack des globalen Alltags prägen.

Und ganz so, wie etwa die Beatles oder die Rolling Stones sich in die Menschheitsgeschichte eingeschrieben haben, taten es auch die Komponisten, Kapellmeister und Instrumentalisten aus der Familie des Johann Strauss (Vater). Johann definierte die weltweiten Maßstäbe des Showgeschäfts, die bis heute gelten. Und die Seinen taten es ihm nach, übertrafen ihn darin sogar. Um diese Strauss-Dynastie geht es in diesem Buch. (Die Schreibung des Namens mit Doppel-s am Ende war in der Familie seit jeher die übliche. Die bis heute anzutreffende Schreibung mit »ß« missinterpretiert das Lautverdopplungszeichen der im 19. Jahrhundert in Deutschland üblichen Kurrentschrift.)

Johann Strauss (Vater) gelang in einer nahezu hermetisch nach Ständen gegliederten Gesellschaft binnen drei Jahrzehnten mit nichts als seinen Talenten ein beispielloser Aufstieg in die höchsten sozialen Sphären. Zwar blieb er immer ein Angehöriger der »Parallelgesellschaft« der Musik- und Bühnenkünstler – aber als deren populärster Exponent, als der erste »Walzerkönig« agierte er irgendwann auf Augenhöhe mit der ersten Gesellschaft des Adels und des reichen Bürgertums. Umso bemerkenswerter, als er von ganz weit unten kam. Aber es gelang ihm nie, dieses »Unten« ganz abzuschütteln. Seine Schatten verfolgten ihn zeit seines Lebens. Das »Unten« sollte seine Familie prägen, im Guten wie im Schlimmen.

Um die Biografie markanter Persönlichkeiten wie Johann Strauss (Vater) legt sich häufig eine Schicht von Legenden – nicht zuletzt durch eigenes Zutun.

»Die tradierte Überlieferung hält, soweit die Quellenlage dies überhaupt zulässt, einer kritischen Prüfung nicht stand. Die nur geringe Anzahl von Primärquellen begünstigt(e) die Verbreitung zahlreicher Klischees, Anekdoten und Halbwahrheiten.«[1]

So beschreibt die Musikwissenschaftlerin Isabella Sommer vom Wiener Institut für Strauss-Forschung das Problem.

Wie ist es im Fall der Sträusse? Doch halt – diese etwas »zoologisch« anmutende Beugung des Familiennamens will erklärt sein. Sie hat sich eingebürgert, weil sie anschaulich ist und den Fluss der Sprache nicht hemmt. Daher wird sie auch in diesem Buch verwendet.

Die Sträusse also waren bereits zu Lebzeiten ungeheuer populär – und deshalb ist diese Legendenschicht bei ihnen besonders zäh und dicht. Dies beginnt bereits beim Elementaren wie bei den Datierungen – etwa wenn ein Konskriptionsverzeichnis der Militärverwaltung Johann Strauss (Vater) ein Jahr älter macht, als er tatsächlich war, oder wenn eine andere Quelle behauptet, dieser habe 1832 »ab 11. Juni wiederholt an Donnerstagen und Sonntagen Feste im *Tivoli*« begleitet – obwohl der 11. Juni 1832 ein Montag war.

Zu den Tatsachen hinter den Legenden durchzudringen, ist trotz der Fülle an Dokumenten schwierig. Denn von den drei bewahrenden Instanzen – den Behörden von Zivil, Militär und Kirche, dem berichtenden und kommentierenden Medienbetrieb und den handelnden Personen selbst – ist nur auf die erste einigermaßen Verlass. Und auch dort sind krasse Fehler nicht ausgeschlossen.

Außerdem bewegt sich jeder Biograf in demselben Spannungsfeld. Die offiziellen Quellen nennen Fakten, dringen aber niemals zum Wesentlichen vor, nämlich zu dem, was die Menschen zu ihrem Tun und Lassen motivierte. Lob- und Schmähartikel sowie Briefe und private Erinnerungen hingegen transportieren meist eine persönliche Agenda der Schreibenden mit, die die Tatsachen vernebelt. Gleichzeitig verraten sie manchmal ungewollt Details, die – richtig interpretiert – die Geschichte und die handelnden Personen deutlicher hervortreten lassen.

Was uns leider komplett fehlt, ist eine Innensicht der familiären Verhältnisse und Beziehungen. Dies gilt zumindest für die Frühzeit des Johann Strauss (Vater) und seiner Vorfahren. Der Ahnherr der Sträusse war kein leidenschaftlicher Schreiber von privaten Briefen und Memoiren. Haben sie sich als Familie gefühlt und dies einander und nach außen hin auch gezeigt? Oder hat ihr unablässiger Existenzkampf die Emotionen verflachen lassen und die Beziehungen funktionalisiert? Gab es Dokumente, die untergingen oder gar gezielt vernichtet wurden? Das darf bezweifelt werden. Denn Johann war so populär, dass jeder Adressat Originalbriefe des Walzerkönigs zu seinen kostbarsten Schätzen gezählt hätte. Und selbst wenn Hinterbliebene Briefe in größerer Menge ausgetilgt hätten, um den Ruf der Familie zu schonen – der Zugriff auf Korrespondenz, die außerhalb der Familie zirkulierte, hätte weitgehend gefehlt.

Vermutlich sind so wenige strausssche Privatbriefe aus der frühen Zeit erhalten, weil die Sträusse keinen Grund hatten, groß zu korrespondieren. Ihre Familie und ihr Freundeskreis waren vollzählig in Wien versammelt, und ihre Briefe nach außen waren in erster Linie Geschäftsbriefe, die sich um Auftrittsmöglichkeiten und Gagen, Reisen und Unterkünfte drehten.

Bleibt das, was Zeitgenossen über sie aufschrieben, die sie aus eigenem Erleben oder vom Hörensagen kannten. Angesichts der Popularität ihres Gegenstandes waren sie nicht unbedingt wählerisch, wenn es Ausgedachtes von den Tatsachen zu unterscheiden galt – zumal der allgegenwärtige romantische Geniekult der Zeit vielfach die Feder führte. Ein Übriges tat der allgemein laxe Umgang mit Fakten in den damaligen Medien. Und so woben zeitgenössische Verehrer, Neider und Hasser sowie nicht zuletzt Mitglieder der eigenen Familie ein dichtes Netz von Mythen über den Sträussen, durch das Tatsachen kaum eindeutig festzustellen sind.

Diese Quellenlage macht es zur besonderen Herausforderung, die Persönlichkeiten und ihre Beziehungen und Schicksale sozusagen zu häuten – besonders dann, wenn die Legendenbildung so früh einsetzt wie bei Johann Strauss (Vater), der ja bereits zu Lebzeiten ein Star war. (Obwohl anachronistisch, passt der Begriff »Star«. Er ist treffender als jedes zeitgenössische Wort und stellt Strauss ganz bewusst an den Beginn einer Entwicklung, die direkt zur Popmusik des 20. Jahrhunderts und zu ihrem Starkult führt.) Als Autor ist man oft gezwungen, sich unter mehreren einander widersprechenden Daten, Orten oder Vermutungen für eine zu entscheiden. Wo dies geschieht, wird es angegeben. Insgesamt allerdings sollten solche Vermutungen der an Dramen reichen und an Linien klaren straussschen Familiengeschichte keinen bedeutenden Eintrag tun – selbst wenn spätere Erkenntnisse sie überholen sollten.

»Prinz, die Kunst geht nach Brot«, sagt der Maler Conti seinem Fürsten in Lessings *Emilia Galotti*. Der weitere Dialog lässt es erahnen: Der Fürst versteht nicht recht. Und so wie dem Fürsten wird es vielleicht auch manchem Leser gehen, wenn in diesem Buch viel von Geld die Rede ist. Die Strässe redeten, zumindest brieflich, fast pausenlos von Geld. Geld lieferte ihrem großrahmigen Leben die Energie, und da sie in diese Leben mit leerem Beutel starten mussten, bestimmten die Suche nach der nächsten Futterkrippe und die Auseinandersetzung um die gerechte Verteilung der knappen Körner ihre Existenz. Ihre Musik war die einzige Währung, mit der sie an der Futterstelle bezahlen konnten. An dieser arbeiteten sie pausenlos, schrieben sie auf Notenpapier, arrangierten sie, unterhielten sich über sie; in der Musik verstanden sie sich auch ohne Worte. Sie gingen rau um miteinander, so rau, wie das harte Wiener Leben hinter den glänzenden, heiteren Fassaden der Stadt sie gemacht hatte. Diese Härte und Rauheit zur Kenntnis nehmen zu müssen, schmerzt oft. Man wünscht sich, sie wären weicher gewesen, konzilianter. Hätten sie dann nicht gemeinsam mehr herausgeholt für die Familie, für sich selbst?

Gleichzeitig gilt es zur Kenntnis zu nehmen, dass die Familie aus dem harten Geschäft der Gastronomie kam und in das noch härtere der Kunst wechselte. Die Sträusse sahen unzweifelhaft Hunderte von Musikern materiell zugrunde gehen nach dem Muster von Grillparzers Novelle *Der arme Spielmann,* und wenn Existenzangst nicht ohnehin eines ihrer Erbteile gewesen wäre, so hätte das Leben sie diese Angst gelehrt. Und wie alle Menschen, die in dieses brutale »Goldene Zeitalter« Wiens hineingeworfen wurden, dürfen wir auch die Sträusse ein wenig bedauern.

Totenklage

Wien, am ersten Freitag im April 1816; der 5. 4., so zeigen ihn die Kalender an in den Tausenden Kanzleien, Kasernen, Kontoren und Kirchenämtern der k. k. Haupt- und Residenzstadt.

Ein dunkler, klammer Tag, windgepeitscht, Regen, der mit Graupel abwechselt, so dürfen wir ihn uns wohl vorstellen. Denn vor genau einem Jahr ist in einem weit entfernten Winkel der Welt, auf der holländisch beherrschten Sunda-Insel Sumatra, ein Vulkan buchstäblich in die Luft geflogen. Die Winde haben seitdem seinen Auswurf um die ganze Erde verteilt. Die Staub- und Gasschwaden selbst sind zwar kaum sichtbar, hindern aber das Sonnenlicht daran, den Winter wie üblich aus dem Erdboden zu treiben. Das Wetter ist mit dem Frühjahr in Unordnung geraten: Ein ganzes Jahr lang wird es kalt und nass bleiben. Deprimierend für die Wiener, die in früheren Jahren um diese Zeit schon längst zwischen den Krokussen und ersten Maßliebchen im Prater spazieren gingen. Desaströs für die Ernte, wie sich Wochen später herausstellen wird. Aber ergiebig für die romantischen Maler, die sich an farbenprächtigen Sonnenuntergängen ergötzen können – auch für diese sorgte die ferne Naturkatastrophe.

An diesem Tag stehen die Müßiggänger zuhauf am Ufer des Donaukanals, dort, wo die flachen, kiellosen Boote, die »Zillen« der Fischer, Marktleute und Kleinhändler festzumachen pflegen. Der Donaukanal, der eigentlich ein Donauarm ist und knapp 20 Kilometer lang parallel zur Donau selbst verläuft, ermöglicht Lieferungen auf dem Wasserweg bis direkt an die ummauerte »Innere Stadt«, den heutigen I. Bezirk. Flöße schaffen aus Bayern, Salzburg und Oberösterreich – »Österreich ob der Enns« hieß es damals – Holz, Mauer- und Pflastersteine und viele Dinge des täglichen Bedarfs für die 300 000 Bewohner der größten Stadt im Reich heran – wobei vier von fünf in den rapide wachsenden Vorstädten leben.

Es sind aber nicht die Flöße und deren exotisch aussehende Mannschaften, die die Blicke der Neugierigen auf die opake, unratstarrende

Wasseroberfläche lenken. Es ist ein Anblick, der Gott sei Dank selten geworden ist, seit sieben Jahre zuvor die Donauübergänge Schauplätze blutiger Kämpfe zwischen Franzosen und Österreichern gewesen waren: Im Wasser treibt ein aufgeschwemmter männlicher Leichnam in einst grüner, vom Wasser weitgehend geschwärzter Weste.

Als die Männer, die ihn mit langen Stangen von den Flößen und vom Ufer aus zu bergen versuchen, den Körper auf den Rücken wenden, geht ein erkennendes, bedauerndes Raunen durch die Menge: Einige erkennen ihren Nachbarn und Schankwirt. Es ist Franz Borgias Strauss, der ziemlich verkrachte Wirt der Bierschenke *Zum Heiligen Florian* in der Florianigasse (heute heißt sie Floßgasse), nur einen Steinwurf weit vom Wasser auf der nördlichen, der Leopoldstädter Kanalseite gelegen. Die Wiener sprechen auch vom »Fausthaus«, denn der sagenumwobene Alchemist und Magier Dr. Faust soll im 16. Jahrhundert hier gelebt haben.

Nicht ohne Mühe gelingt es den Männern, den massigen Leichnam aus der eiskalten Brühe ans Ufer zu bugsieren. Ein Gassenkommissär von der Civil-, Polizei- und Bezirkswache ordnet an, dass der Tote mit einem Karren ins Allgemeine Krankenhaus geschafft wird. Gleichzeitig eilt eine barmherzige Seele in die Florianigasse, um Katharina Straussin die Nachricht zu hinterbringen. Denn im *Heiligen Florian* wird Franz schon vermisst von seiner Frau und seinem ärmlichen, buntscheckigen Publikum. Kleine Handwerker sind unter ihnen, Tagwerker, die am Kanal Schlamm schaufeln oder auf einer der zahlreichen öffentlichen Baustellen schuften. Fuhrknechte, Fischer, Dienstleute, Soldaten auf Freigang. Flößer aus aller Herren Länder von Baden bis Bulgarien in ihren abgerissenen Gewändern. Einige böhmische Musiker oder die »Linzer Geiger«, die mit den Flößen zu kommen pflegen, um sich in den Kneipen der Stadt ein paar Kreuzer zu verdienen. Bauern, Gärtner und Kleinhändler, die in ihren Zillen Gemüse, Fisch oder Federvieh auf den Markt gebracht haben von den Inselchen im amphibischen Gewirr der Donaugerinne oder vom Marchfeld auf der linken Donauseite, aus Floridsdorf, Enzersdorf oder Aspern.

Aus dem glorreichen Aspern, auf dessen Fluren vor sieben Jahren Erzherzog Karl mit seinem Heer erstmals überhaupt einem napoleonischen Korps eine Niederlage beigebracht hatte. Es mit seiner Übermacht in Morast und Wasser gedrückt hat, wie Wölfe eine Schafherde reißen. Die meisten Franzosen konnten genauso wenig schwimmen wie die österreichischen Soldaten, und der Strom stand noch hoch vom eisigen Schmelzwasser der Alpentäler, in dem ihre Körper nun dem Schwarzen Meer entgegentrieben, den Welsen zum Fraß. Viele Leopoldstädter erinnern sich noch heute mit Grausen dieses Anblicks.

Eine Elendszeit hatte unter Napoleon begonnen, die trotz der Befreiung nicht nachgelassen hat in ihrem Würgegriff – besonders für die ärmeren Wiener. Für unbedeutende Leute wie Franz Borgias Strauss und die Seinen – eine kleine Familie nur, und auch diese nur lose wieder zusammengefügt nach einer ersten Katastrophe: dem Tod von Franz' erster Frau Barbara, der Mutter seiner Kinder Ernestine und Johann, am Schleichfieber fünf Jahre zuvor. (»Schleichfieber« – das wurde damals häufig in die Totenscheine eingetragen und konnte alles und nichts bedeuten. Deshalb verschwand der Begriff später aus der Medizinsprache.) Gerade 14 Jahre hatte diese Ehe gedauert. 40 Jahre alt war die Mutter, als sie starb, 12 das Mädchen und 7 der Junge.

Mit dem Tod des Vaters, der neu geheiratet hatte, sollte sich das Drama unter umgekehrten Vorzeichen wiederholen. Die Stiefmutter Katharina, die Tochter eines Linzer Messerschmieds, würde sich sicherlich wieder verehelichen – wie sollten sie, die Kinder und das Gasthaus sonst überleben? Das Bett, das sie mit Franz teilte, war ohnehin nicht besonders heiß gewesen, bestenfalls lauwarm, und Kinder hatten sie nicht gezeugt. Ernestine und Johann würden sich daran gewöhnen müssen, ohne leibliche Eltern und mit einem fremden Vormund unter einem Dach zu leben. Ihre ohnehin schon trostlose Jugend würde noch trostloser werden.

Ob die Geschwister dies bereits ahnten, als sie Katharina die Hände vor dem Mund zusammenschlagen sahen, während ein Fremder eindringlich auf sie einredete? Sie lehnte am Schanktisch mit dem Bierfass darauf, der schon umlagert war von Gästen, die lautstark nach einem Trunk lechzten, während das Sirren zweier Geigen, die die Musikanten in der Saalecke zum Aufspielen bereit machten, das Stimmengewirr übertönte. Ob sie schon verstanden, dass die Bissen, die sie zum Essen bekamen, nun noch dürftiger ausfallen würden, und die Kittel, die sie morgens überstreiften, noch fadenscheiniger? Die Strohsäcke, auf die sie sich nachts betteten, noch muffiger, und der Platz, den sie sich mit Knechten, Mägden und zahlenden Bettgehern teilen mussten, noch enger?

Nein, dass über Johann Strauss und seiner großen Schwester Ernestine kein gütiger Stern waltete, das fand jeder, der überhaupt über sie nachdachte. Und das taten bei Gott nicht viele.

Teil I

VOR-GESCHICHTEN

»Ohne Musik wäre das Leben ein Irrtum.«
Friedrich Nietzsche

Kapitel 1

Keine *Erinnerungen an Pesth*: »Bürgerlicher Bürwirth« in der Leopoldstadt

Wir wissen nicht, ob die oben beschriebene traumatische Urszene im Leben des kleinen Johann sich so oder ähnlich abgespielt hat. Vielfach sind wir auf Vermutungen und Wahrscheinlichkeiten angewiesen.

Bereits am ersten auffindbaren Familiendatum hängen Fragezeichen: Wurde Wolf oder – latinisiert nach barocker Mode – Wolfgangus Strauss tatsächlich 1699 geboren? Und ist er tatsächlich aus Ofen gebürtig? So verdeutlichten die Wiener den Namen der gut 200 Kilometer donauabwärts gelegenen Stadt Buda, bevor diese mit ihrer Nachbargemeinde Pest zu Wiens Schwesterstadt Budapest verschmolzen wurde. Zu Wolfs angeblich ungarischer Herkunft passt nämlich nicht, dass Wolfgang, wie er da und dort auch heißt, in keinem Register dieser Zeit als Ofener Bürger verzeichnet ist. Denkbar ist, dass er als Agent eines Heereslieferanten arbeitete und als Angehöriger dieser hochmobilen Profession viel herumkam. Wie im gesamten Handelsstand waren auch hier Juden überproportional vertreten.

Wolfgangs Frau war eine Theresa Prielinger. Diese für uns leider völlig ungreifbare Frau dürfen wir als die Stammmutter der Sträuße ansehen. Möglicherweise war ihre Familie im Traunviertel »ob der Enns« zu Hause, während einige Spuren der strausschen Ahnenschaft nach Frankfurt am Main zeigen.

Aus Ofen oder Buda jedenfalls stammte Wolfs Sohn Johann, der älteste von vielen Trägern dieses Vornamens unter den Sträußen. Dieser Johann Michael Strauss war der Vater Franz Borgias' – des Toten vom Donaukanal – und damit der Großvater des ersten Walzerkönigs Johann Strauss (Vater). (Orientierung bietet bei Bedarf der Familienstammbaum auf dem hinteren Vorsatz dieses Bandes.)

Das Trauungsbuch der Dompfarre St. Stephan in Wien hat 1762 Johann Michaels Geburtsort festgehalten: Buda 1714 geboren. Um 1750 muss er mit seinem Brotherrn, dem Feldmarschall-Leutnant Franz Anton Graf von Rogendorf, nach Wien gekommen sein. Er diente diesem als Bursche – eine vergleichsweise respektable Position, zu deren Zustandekommen, so wird vermutet, Vater Wolfs Stellung im Umfeld des Offizierskorps beigetragen haben könnte.

Johanns Frau Rosalia Buschin, Buschini oder Buschinin, also die Großmutter des Walzerkönigs, stammte aus dem Waldviertel, aus Gföhl in der Gegend von Krems. Ihr Vater Johann Georg war dort Revierjäger. Die Tatsache, dass Rosalia Strauss zwischen 1763 und 1769 wenigstens vier Kinder geboren hat, lässt nicht gerade auf eine reine Konvenienzehe schließen, wie sie zu dieser Zeit auch einfachere Menschen häufig schlossen – zum Beispiel, um ererbte Handwerksgerechtigkeiten, also Berufszulassungen, nicht zu verlieren oder schlicht um »d' Sach'«, also das Familienvermögen, zu mehren.

Über Johann Michael Strauss und seine Familie, vor allem aber über seine Vorfahren wissen wir trotz intensiver Forschung[2] wenig.

Eine familiengeschichtliche Tatsache ist allerdings so markant, dass sie nationalsozialistische Bürokraten auf allerhöchste Anordnung zu einer aufwendigen Fälschung veranlasste. Diese betraf Johann Michael Strauss.

Zwar hatte der *Heilige Florian*, Franz Borgias Strauss' Bierschenke, im Leopoldstädter Jargon des beginnenden 19. Jahrhunderts das »Judenwirtshaus« geheißen. Und die *Neue Freie Presse* hatte es noch 1905 als in Wien allgemein bekannt vorausgesetzt,

> »… daß in den Adern eines der Schöpfer der Wiener Walzer reines, unverfälschtes, orientalisches Blut fließt, daß der *Radetzky-Marsch*, der noch heute der echt österreichische Siegeshymnus ist, von einem Judenstämmling komponiert worden ist, wie die schöne Bezeichnung lautet«[3].

Dem »orientalischen Blut« Johanns sei auch dessen exotisches, oft als afrikanisch beschriebenes Äußeres zuzuschreiben, mutmaßte damals das Blatt weiter. Doch im aufkeimenden Antisemitismus dieser Epoche verdrängte man wohl diesen Hinweis. Er geriet in Vergessenheit. Und so jubelte anlässlich der deutschen Annexion Österreichs 1938 durch Hitlers Truppen das weitverbreitete Hassblatt *Der Stürmer*: »Es gibt wohl kaum noch eine andere Musik, die so deutsch und so volksnah ist, als [sic!] die des großen Walzerkönigs.«

Kurz darauf allerdings fanden Hanns Jäger-Sunstenau und Hans Bourcy den unumstößlichen Beweis für die jüdische Abstammung der Walzerkönige. Im 60. Band des Trauungsbuches der Pfarre bei St. Stephan heißt es auf Seite 211 unter dem Jahr 1762 über Johann Michael und seine Frau (lateinisch »uxor«) Rosalia klipp und klar:

> »Cop[ulati] sunt [Getraut wurden] 11. Febr.: Der ehrbare Johann Michael Strauß, Bedienter bey titl. Excell. H. Feldmarschall Grafen von Roggendorff [korrekt: Rogendorf], ein getauffter Jud, ledig, zu Ofen gebürtig, des Wolf Strauß und Theresa ux[oris], beyden jüdisch abgelebten, ehelicher Sohn; mit der ehr- und tugendsamen Rosalia Buschinin, zu Gföll in Unterösterreich gebürtig, des Johann Georg Buschini, eines gewesten Jägers, und Evae Rosinae ux[oris] ehelichen Tochter.«[4]

Wolf und Theresa Strauss, die Urgroßeltern von Johann Strauss (Vater), praktizierten also bis zu ihrem Tod ihren jüdischen Glauben. Erst ihr Sohn Johann Michael muss irgendwann zum römisch-katholischen Glauben konvertiert sein. Ob es ein inneres Bedürfnis war? Ob Rosalias Familie oder sein militärischer Brotherr darauf bestanden? Wir wissen es nicht. Ein solcher Akt der Assimilation war in der frühen Neuzeit jedenfalls nicht ungewöhnlich. Gleichzeitig hatten sich die Wiener mit ihrer jüdischen Bevölkerung weitgehend arrangiert.

Dass Wolfgang, Theresa und ihre Nachkommen jüdischer Abstammung waren, bescherte den Nationalsozialisten, die alle Menschen jüdischer Herkunft aus dem öffentlichen Gedächtnis zu tilgen versuchten, ein erstrangiges kulturpolitisches Problem. Infolge der Nazi-Rassengesetze war nämlich in Wien die Aufführung fast aller musikalischen Vorzeigestücke bereits verboten, weil Menschen, denen das Etikett »Jude« anhaftete, entweder die Musik oder den Text geschrieben hatten: Mahlers Sinfonien, die Musik von Mendelssohn, Meyerbeer, Offenbach und Korngold, die *Csárdásfürstin*, die *Gräfin Mariza* und andere Operetten von Emmerich Kálmán, Oscar Straus, Leo Fall, Paul Abraham und Edmund Eysler, Tausende Wienerlieder und Schlager vom *Fiakerlied* bis zu *Im Prater blüh'n wieder die Bäume* und vieles andere. Robert Stolz, Richard Tauber, Joseph Schmidt und viele andere Künstler waren auf einmal Unpersonen, und ihre Schallplatten durften nicht mehr verkauft werden. Da waren der *Radetzky-Marsch* des »Vierteljuden« Johann Strauss (Vater) und die populären Tänze und Operetten der Strauss-Dynastie absolut nicht wegzudenken aus dem mutwillig verarmten deutsch-österreichischen Musikleben, das ohnehin unter der Emigration vieler talentierter Musiker litt. Aber wie sollte ein linientreuer »Volksgenosse« noch unbefangen der *Fledermaus* lauschen oder zur *Schönen, blauen Donau* walzen, wenn er einmal wusste, dass diese keinem rein arischen Geist entsprungen waren? Dem Abhandenkommen weiterer Genies galt es entgegenzutreten.

> »Ein Oberschlauberger hat herausgefunden, daß Joh. Strauß [Sohn] ein Achteljude ist. Ich verbiete, das an die Öffentlichkeit zu bringen. Denn ... ich habe keine Lust, den ganzen deutschen Kulturbesitz so nach und nach unterbuttern zu lassen.«

Dies notierte Propagandaminister Goebbels unter dem 5. Juni 1938 in sein Tagebuch – und weiter in seltener Einsicht:

> »Am Ende bleiben aus unserer Geschichte nur noch Widukind, Heinrich der Löwe und Rosenberg übrig. Das ist ein bißchen wenig. Da geht Mussolini viel klüger vor. Er okkupiert die ganze Geschichte Roms, von der frühesten Antike angefangen, für sich. Wir sind demgegenüber nur Parvenüs. Ich tue dagegen, was ich kann. Das ist auch der Wille des Führers.«[5]

Goebbels erklärte nun den Strauss-Stammbaum zur »Geheimen Reichssache«:

»Zunächst wurden jene Forscher [...] zum Leiter des damals groß aufgezogenen Sippenamtes der Gauleitung Wien der Nationalsozialistischen Deutschen Arbeiter-Partei im Gebäude am Hof Nummer 4 zitiert und von ihnen unter verklausulierter Androhung unangenehmer Folgen striktes Stillschweigen gegenüber Dritten gefordert. Mit der Zeit sickerten aber doch, und zwar ausgerechnet aus Kreisen von Parteigenossen der NSDAP, verschiedene Andeutungen durch, weswegen man sich zu einer radikalen Lösung entschloss.«[6]

Goebbels ließ 1941 das historische Trauungsbuch durch einen Wiener Gestapo-Beamten beschlagnahmen, nach Berlin schaffen und durch eine mit dem Dienstsiegel des Reichssippenamtes beglaubigte fotografische Kopie ersetzen – aus der freilich der verräterische Eintrag auf Seite 211 gelöscht war. So wurden die Sträusse kurzerhand zu »Ariern« gemacht – ein Vorfall, so bizarr, dass er seinerseits einer Strauss-Operette hätte entstammen können.

Und tatsächlich ließen sich die »Geheime Reichssache« und die dreiste Fälschung jahrelang unter der Decke halten. Selbst einige Wiener Bürger, die von den Machenschaften des Sippenamtes Wind bekamen, schöpften keinen Verdacht – oder wollten keinen schöpfen. Einige, die von einer Urkundenmanipulation munkeln hörten, vermuteten sogar, diese habe einem angeblich jüdischen Ahnherrn des Wiener Gauleiters Baldur von Schirach gegolten, der zu dieser Zeit in der Hofburg residierte. Und erst das Ende der Naziherrschaft brachte das Ende dieser »arischen« Lüge. Kurze Zeit nach der Befreiung holte das Dompfarramt den Originalband aus dem Haus-, Hof- und Staatsarchiv zurück und bewahrte daneben die Kopie auf – als Zeugnis behördlicher Skrupellosigkeit im Nationalsozialismus.

Ob unter Druck judenfeindlicher Strömungen oder freiwillig: Johann Michael Strauss jedenfalls, der Ahnherr der Walzerkönige, hatte sich wie viele Juden damals für eine Konversion zum Katholizismus entschieden. Während aber seinen Dienstherrn Rogendorf nach einigen Jahren seine Karriereaussichten weiter nach Böhmen führten, blieb sein Diener an der Donau. Er sattelte um und wurde Tapezierer – ein zwar nicht zunftgebundenes, aber vermutlich ertragreiches Handwerk, denn der Bedarf des Adels und des reichen Bürgertums an exklusiven Wandverkleidungen in ihren neuen Stadtpalais dürfte kaum zu decken gewesen sein. Und zusätzlich brachte die Tätigkeit ihn in Kontakt mit hochgestellten oder wohlhabenden Persönlichkeiten. Unter den Taufpaten von Johanns Kindern, so belehrt uns das Taufbuch der Pfarre, figurierten ein Orgelbauer und sogar ein »Hof-Musicus« namens Philippus Louis.

Dies sind allerdings die einzigen schwachen Hinweise auf musikalische Interessen und Beziehungen unter den strauss'schen Ahnen. Ob Johann Michael selbst musizierte, gar eine musikalische Familientradition begründete, ist weder durch Dokumente noch durch Erzählungen belegt. Auszuschließen ist es aber absolut nicht, denn Adlige wie der Graf von Rogendorf stellten gern musikalisch geschultes Personal ein. Wenn sie sich nämlich keine bezahlten Musiker leisten wollten oder konnten, rekrutieren sie gern aus ihrer Dienerschaft kleine Kammerorchester, um ihren Bedarf an Repräsentation und Unterhaltung zu decken. Eine derartige Stellung stand zum Beispiel am Beginn von Leopold Mozarts erfolgreicher Musikerlaufbahn.

Noch einmal zurück zur Taufe: Wer in der strikten Hierarchie der Ständegesellschaft nach oben wollte, wählte die Taufpaten seiner Kinder mit Bedacht. Denn die Paten konnten – vorausgesetzt, man ehrte sie angemessen und pflegte die entstandenen Beziehungen – Wege ebnen, die anderenfalls zu steinig gewesen wären. Und nicht zuletzt war es Brauch, dass sie den Patenkindern zu den großen Kirchenfesten – je nach Kassenlage – kleine oder größere Geschenke machten. Idealerweise wuchsen sich solche Beziehungen aus zu festen Klientelverhältnissen, in denen der Pate die Verfügbarkeit des Patenkindes, um persönliche Angelegenheiten zu erledigen, und seine Loyalität mit seiner Protektion belohnte, wenn es um eine lukrative Stellung oder Ehe ging. Daher ist es möglicherweise nicht ohne Belang für die Familiengeschichte und die Ambitionen der Sträusse, dass unter den frühen Taufpaten musikalische Menschen waren.

Vor jeder Taufe stand in »honetten«, ehrbaren Familien natürlich eine Eheschließung. Dass Johann Michael Strauss und seine Rosalia 1762 heirateten, wissen wir aus dem oben zitierten kirchlichen Trauungsbuch. Und auf Kinder musste das Paar nicht lange warten. Der spätere Bierwirt und Musikervater Franz Borgias Strauss war, 1764 geboren, der erste Knabe und der Zweite in der Geschwisterreihe. Weiß der Himmel, wo Johann Michael den ungewöhnlichen und nach gesellschaftlicher Ambition klingenden zweiten Vornamen »Borgias« für seinen Stammhalter nahm. Später sollten die Sträusse sich als zwar sehr kreativ in musikalischen und kommunikativen Dingen erweisen. Wenn es allerdings um die Namensgebung für ihre Kinder ging, setzte sich die christliche Konvention durch.

Wir werden also einigen Johanns, Josefs, Eduards und Annas begegnen, die es auseinanderzuhalten gilt. Zur Vereinfachung heißt im weiteren Verlauf dieses Textes Johann Strauss (Vater) – der erste Walzerkönig – »Johann«, während wir seinen Sohn Johann Strauss, den Jüngeren, »Jean« nennen, wie es auch seine Freunde und seine Familie taten. (Er selbst schrieb sich in seiner Korrespondenz mit Vertrauten gern in französischer Manier »Jeany« oder ließ sich so schreiben.) Jeans Brüder Josef und Eduard erhalten ihre familiären Namen Pepi und Edi, und auch die Frauen der Familie werden bei ihren vertraulichen Namen genannt. Wo es solche Kosenamen nicht gibt, können zumindest bei den Berufsmusikern die dynastischen Nummerierungen herhalten wie bei Johann Strauss III.

Franz Borgias' elterliche Familie wohnte zeitweise in der Fuhrmannsgasse in der Josefstadt, westlich der Inneren Stadt gelegen. Vom Burgtor aus war diese Vorstadt über das Glacis in einer guten Viertelstunde zu Fuß erreichbar. (Das Glacis war eine mehrere Hundert Schritt breite unbebaute, weitgehend baumlose Zone – etwaige Angreifer sollten keine Deckung finden, wenn sie sich der Befestigungsmauer annäherten. Mit dem Blick eines überfliegenden Vogels gesehen muss Wien damals wie ein Auge gewirkt haben, in dem das Glacis das Weiße und die Innere Stadt die Pupille war. Jenseits des Glacis lagen die Vorstädte.) Die Familie wurde aber zumindest zeitweise weiter zum Pfarrsprengel St. Leopold in der Leopoldstadt gezählt. Katharina, die 1763 geborene Älteste, versinkt bereits als junge Frau in der Anonymität der niedersten Klassen. Der jüngere Bruder Johann Adam wurde Friseur und scheint Wien irgendwann verlassen zu haben, möglicherweise in Richtung Ungarn. Die Jüngste, Maria Anna, ist als ledige Dienstmagd in der Leopoldstadt belegt und stirbt 1802 mit 33 an der »Abzehr«. Unter dieser Diagnose fassten die Ärzte dieser Zeit Krankheitsbilder mit Kräfteverfall und starkem Gewichtsverlust wie Krebs oder Tuberkulose zusammen. Da sie die Ursachen der Krankheiten mehr ahnten als durchschauten, standen sie den Symptomen meist hilflos gegenüber und »dokterten« herum, bis der Patient entweder genas oder starb – je nachdem, wie gut seine Abwehrkräfte waren. Die brauchte er nicht nur gegen die Krankheit, sondern auch gegen manche Therapien wie den berüchtigten Aderlass und die verbreiteten Brech- und Abführkuren. Wer sich solche Ärzte leisten konnte, verlängerte so oft nur sein Leiden.

Auf Johann Michael Strauss traf dies zweifellos nicht zu: Er war ein armer Teufel und starb als armer Teufel. Denn er und seine Familie sind offensichtlich gescheitert beim Aufstieg in höhere gesellschaftliche Sphären. 1785 lebten sie in absoluter Armut im Haus *Zum Schwarzen Bären* in der Rossau, einer Vorstadt direkt am Donaukanal. Denn hier starb Johann Michaels Frau und Franz Borgias' Mutter Rosalia 56-jährig »nachts um 12 Uhr«, so das Totenschauprotokoll, an der »Lungensucht«, vermutlich also an Tuberkulose.[7] Ein typisches Armeleuteschicksal, dem damals jeder fünfte Wiener erlag. Aber auch Menschen aus besseren Kreisen verschonte diese damals praktisch unheilbare Schreckenskrankheit nicht völlig.

Vater Johann Michael hielt durch bis 1800, fristete seine letzten Jahre mittellos im Greisenasyl und fiel dort seinerseits der »Abzehr« zum Opfer. Laut dem knappen Protokoll der Leichenbeschau wurde er 86 Jahre alt – eine Langlebigkeit, die nicht typisch für die Sträusse war. Den Kontakt zu seinen Kindern hatte er offenbar seit Langem komplett verloren, weshalb die Erinnerung der Familie an den Ahnen und dessen eventuelle musikalische Talente schnell verblasst sein muss. Zu ernst und vielfältig waren zu dieser Zeit die täglichen Sorgen, und zu entschlossen versuchten wohl die Sträusse, deren Ursachen auszuräumen und ihr Leben besser zu machen. Dieses schwere Leben galt es nicht durch den Rückspiegel zu betrachten, sondern mit dem Blick nach vorn anzugreifen. Kein Wunder, dass auch spätere Generationen echte Kämpfernaturen hervorbrachten. Wir werden diese noch kennenlernen.

Johann Michaels Tochter Maria Anna war nicht besser dran als ihr Vater, als sie 1802 starb:

> »An Vermögen hätte die Verlebte angegebenermaßen außer der wenigen in das allgemeine Krankenhaus überbrachten Leibskleidung nichts hinterlassen, und wäre dieselbe gratis verpflegt und begraben worden. Es konnte daher keine Sperr angeleget werden.«[8]

Dies resümiert nüchtern die »Verlassenschaftsabhandlung« unter Sperrskommissar Ludwig Rauch, der sich von Amts wegen mit Erbangelegenheiten zu befassen hatte. Es bedeutete, dass die bis zu einer Nachlassregelung vorgeschriebene Sperre über die Hinterlassenschaft sich mangels Masse erübrigte. Der Hauswirt Mathias Springer »als erbedener Zeuch« (hinzugebetener Zeuge) unterschrieb mit. Es gab nichts zu erben für den einzigen Hinterbliebenen Franz Borgias Strauss, Maria Annas älteren Bruder, der in diesem Dokument bereits »Wirth in der Brigittenau« heißt, im nördlich an die Leopoldstadt angrenzenden Viertel auf dem Oberen Werd.

Franz hielt es nicht mit dem Handwerk und der im Takt von Arbeitstag und Feierabend pendelnden Lebensweise seines Vaters. Offensichtlich zog es ihn nicht in die Respekt einflößenden Paläste der Reichen, sondern zu den einfachen Menschen: Als junger Mann verdingte er sich als Kellner in den Beiseln, in denen die Männer abends beisammensaßen, um je nach Temperament und Bildung die Tagesereignisse zu kommentieren, ihre kleinen Siege zu feiern, ihre Misserfolge und Schicksale zu beklagen, ihren Kummer darüber in Bier zu ertränken, ihr Mütchen in Provokationen oder Handgreiflichkeiten zu kühlen oder dem Spiel der »Linzer Geiger« zu lauschen.

Wir sehen den Wirt bei seinen Gästen sitzen, lachen, schwadronieren, singen, vielleicht sogar selbst ein Musikinstrument im Arm –

»eine etwas groteske Erscheinung mit einem auf einem überaus dicken Hals sitzenden kahlen Kopf, dicken Ohrmuscheln, umfangreichem Bauch und breiten einwärts gebogenen Füßen«, wie die wenig schmeichelhaft klingende, aber genaue Beschreibung durch den »Kleidermacher«, also den Schneidermeister Anton Müller lautet. »Er trug immer eine grüne Weste, ein schwarzes Lederkappel, doch niemals eine Krawatte und seine büffelledernen Stiefel waren nie gewichst.«[9] Mangels gemalter oder gezeichneter Porträts des Strauss-Vaters muss dieses erinnerte Bild, obwohl vielleicht durch Ressentiment oder Geringschätzung gefärbt, als Realitätsersatz herhalten. Zumindest dürfen wir unterstellen, dass Müller den scharfen Blick eines Fachmanns für Äußerlichkeiten hatte. Und wieso er Grund hatte, genauer hinzusehen, werden wir bald erfahren.

Bis auf einen Abstecher nach Pest im Sommer und Herbst 1792 (von dem wir wissen, weil ihm dafür eigens ein Reisepass ausgestellt wurde) blieb Franz seiner Stadt treu. Ebenso seinem bodenständigen Gewerbe als Kellner und Wirt in der Leopoldstadt – zumal ihm dieses erlaubte, seinem unbestreitbaren Hang zu übermäßiger geistiger »Erfrischung« vergleichsweise unauffällig und kostengünstig nachzugeben. Dank seiner beruflichen Erfahrung gelang es ihm 1803, 39-jährig den *Heiligen Florian* zu pachten, die erwähnte Leopoldstädter Bierschenke. Um diese Zeit auch legte der »Bürwirt« den Leopoldstädter Bürgereid ab und zahlte die fällige Gebühr von zwei Gulden à 60 Kreuzer. Der »Ungar« war angekommen in Wien.

Ein Bürger zu sein, war damals nicht selbstverständlich – es war ein Privileg, für das man nicht zu knapp bezahlen musste (die zwei Gulden entsprachen etwa sechs Tageslöhnen) und das nur Menschen in Anspruch nehmen durften, die in einer Stadt geboren oder dort schon lange wohnhaft waren, die von anerkanntem gesellschaftlichem Stand, Beruf, Vermögen oder Titel waren und der »richtigen« Konfession angehörten, in Wien also der römisch-katholischen. Ehefrauen und leibliche Kinder hatten automatisch teil am Bürgerrecht. Wer es nicht genoss, war »Bewohner« oder »Tagwerker« und hatte zum Beispiel bei schuldloser Verarmung keinen Anspruch auf die rudimentäre

Versorgung aus der Bürgerspitalsstiftung. Ähnliche Bedingungen galten nicht nur in Wien, sondern an vielen Orten in Deutschland. Wer die Mildtätigkeit der Gemeinschaft genießen durfte und wer nicht, war also schon damals ein Thema.

Kein Wunder, dass Franz Borgias Strauss nun den Titel »bürgerlicher Bierwirt« wie einen Orden trug, denn er bewies, dass er es zu etwas gebracht hatte. Weiter als fast jeder Strauss bisher: Von den Urgroßeltern der späteren Walzerbrüder genossen nur zwei jemals an irgendeinem Ort der Erde das Bürgerrecht. Kaum einer besaß mehr als das Allernotwendigste. Keiner ging je einem geregelten Zunftberuf nach, für den er eine Lehre und Gesellenjahre hätte absolvieren müssen, der ihn aber gleichzeitig in ein festes soziales Gefüge mit Rechten und Pflichten, Geselligkeit und Sicherheit eingebunden hätte. Bauern waren die Familienahnen, Gärtner, Jäger, Kutscher, Tapezierer, Schuster, Zuckerbäcker, Händler für Militärbedarf oder Früchte, ein »Artillerie-Tischler« war unter ihnen und Wirte, Wirte, Wirte. Aus akuter Not geborene Wechsel der Beschäftigung waren an der Tagesordnung. Alle Sträusse waren also kleine Leute, deren Leben mit heute unvorstellbaren Risiken »gewürzt« war. Möglichst herauszukommen aus solchen Milieus, das war ein Gebot des Selbsterhaltungs- und Überlebenstriebs.

Der »bürgerliche Bierwirt« immerhin scheint seinen *Heiligen Florian* erfolgreich geführt zu haben – wenigstens zu Beginn. Die schmale Florianigasse dürfte durch die Flussschiffer und Dienstleute, die die Güter vom Fluss zu den Magazinen zu schaffen hatten, gut frequentiert gewesen sein. Tatsächlich belegen die städtischen Steuerbücher ziemlich regelmäßige jährliche Gewerbesteuerzahlungen von fünf Gulden aus dem *Florian*. Keine gewaltige Summe; bei der Brauerei konnte man gerade einmal zwei Fässer Bier dafür erhalten. Aber die Steuerlast war allgemein geringer als heute. Und was konnte umgekehrt einer wie Franz Borgias Strauss schon als Gegenleistung erwarten von Staat und Stadt?

Der nächste folgerichtige Schritt war es, sich um eine Familie zu kümmern. Die Frau hierfür hatte Franz bereits gefunden und im Oktober 1797

Die Bierschänke Zum Hl. Florian, *das Geburtshaus von Johann Strauss (Vater).*

mit der für die niederen Stände erforderlichen behördlichen Genehmigung geehelicht: Barbara, die 1770 geborene Tochter des früh verstorbenen selbstständigen kaiserlichen Kutschers und Reitknechts (also Pferdepflegers) Josef Dollmann und der Gärtnerstochter Katharina Niessig. Mutter Katharina dürfte erleichtert gewesen sein, dass ihr Mädchen mit 27 doch noch versorgt war – und das durch einen Leopoldstädter Bürger. Trauzeuge war Johann Rath, ein anderer Bierwirt und vermutlich ehemaliger Dienstgeber des Bräutigams.

Barbara gebar 1798 und 1802 zunächst zwei Mädchen. Das erste trug den Namen ihrer Taufpatin, der Bierwirtsgattin Ernestine Post – vielleicht ebenfalls einer früheren Dienstgeberin von Franz. Das zweite war vermutlich benannt nach der schon erwähnten, im selben Jahr verstorbenen Tante Maria Anna, dem einzigen Vatergeschwister, das die Jahrhundertwende noch erleben durfte. Während Ernestine robust war, musste die kleine Anna bereits als Kleinkind sterben, ebenso wie später ihre Geschwister Franz (mit sechs Monaten »am Wasserkopf«, vielleicht als Folge einer Hirnhautentzündung) und Josefa (zehn Monate alt und ebenfalls »am Wasserkopf beschaut«).

Durch diese äußerst lapidaren Standardphrasen der Leichenschau scheint bereits die Beiläufigkeit und Eile hindurch, mit der solche Diagnosen gestellt wurden. Wenn man sie vergleicht mit der heuchlerisch gefühligen Weitschweifigkeit, mit der die Wechsel- und Todesfälle gekrönter Häupter kommentiert wurden, so erkennt man: Die Sträuße zählten nichts im offiziellen Wien, so wenig wie Hunderttausende anderer kleiner Habenichtse.

1804 brachte Barbara den ersten Knaben Johann Baptist zur Welt – der später als Johann Strauss (Vater) in die Musikgeschichte eingehen sollte. Als Taufpate ist Johann Bauer festgehalten, ein Windenmachermeister, also eine Art Wagenschlosser, der Hebevorrichtungen einbaute.

Von insgesamt sechs Babys – der elende Tod der Jüngsten Josefa ist später noch zu erwähnen – überlebten nur zwei das Kleinkindalter. Zwei sah der kleine Johann sterben. Trotz Barbaras Fruchtbarkeit blieben die Sträuße also eine kleine Familie. Die später romantisch verklärte Groß- und Mehrgenerationenidylle mit »Urahne, Großmutter, Mutter und Kind«, wie sie der romantische Dichter Ludwig Uhland in einer seiner Balladen besingt, war ein absoluter Ausnahmefall.

Auch eine Familienidylle war der *Heilige Florian* nicht, wie wir noch sehen werden. Kleinkinder aus den niederen Bevölkerungsschichten galten so gut wie nichts. Sobald sie halbwegs sauber waren, blieben sie weitestgehend sich selbst und der Obhut älterer Kinder überlassen. Außer diesen wandte niemand etwas ein, wenn sie den ganzen Tag über in der Nachbarschaft herumstromerten, selbst wenn sie sich und andere in Gefahr brachten – es sei denn, ein Gendarm schaute zufällig zu und griff brachial ein. Oft schlossen die Kinder sich kleinen Banden an, die bestimmte Bezirke als ihre Reviere empfanden und mit Fäusten, Füßen, Zähnen und Krallen gegen andere Banden verteidigten. Spielzeug gab es keines außer dem, das sie selbst bastelten oder irgendwo fanden. Statt eines Balles musste ein »Fetzenlaberl« herhalten, ein annähernd kugelförmiger Ballen aus gepressten

Lumpen. Trinkwasser fanden sie am Brunnen oder am Bach. Um etwas zu essen zu erhalten, mussten sie nach Hause, wo sie verzehren durften, was der Vater übrig ließ. »Jo Kinder, wanns amol vadients, kennts a a Fleisch hobm«[10], bekamen sie vielleicht zu hören, wenn sie auf den vollen Teller ihres Erzeugers starrten. Wenn die Notdurft sie überkam, hoben auch die kleinen Buben ihre Kinderhemden und erleichterten sich überm Rinnstein oder in einem Winkel. Kam der Vater nach Hause, hatten sie wie auch seine Ehefrau zur Stelle zu sein und seine Befehle abzuwarten, ihm Pantoffeln und Tabakspfeife zu bringen oder sich still in die Ecke zu setzen und seine Erholung von den Strapazen des Tages nicht mit ihrem Geplapper zu stören. Sobald sie verständig und kräftig genug waren, mussten sie für Eltern, Verwandte oder Nachbarn kleine Botengänge erledigen oder sich an der Arbeit beteiligen. So rutschten sie – falls sie nicht in der Schule ihren Lehrern oder Priestern positiv auffielen – schrittweise in die Erwerbstätigkeit und die Mädchen oft genug in die Prostitution. Mindestens 8000 minderjährige Prostituierte soll es gegen Ende des Biedermeier in Wien gegeben haben.

Vermutlich mussten die Strauss-Kinder nicht das Allerschlimmste erleben, selbst wenn manche Bürgerkinder scheu oder verächtlich die Straßenseite wechselten, sobald sie Kinder des niederen Standes sahen. Da seit 1774 allgemeine Unterrichtspflicht herrschte, dürften beide eine elementare Schulbildung »genossen« haben. Denn trotz der drakonischen Disziplin und der Eintönigkeit des Unterrichts bewahrte die Schule sie erst einmal vor einer monotonen, schmutzigen, vielleicht gefährlichen und sicher anstrengenden Erwerbsarbeit als einziger Alternative. Es ist anzunehmen, dass die immerhin fünf Jahre ältere Ernestine Johanns wichtigste Aufsichtsperson und Erzieherin wurde – noch vor den ständig mit ihren Gästen beschäftigten und daher vermutlich selten verfügbaren Eltern mit ihren aus Kindersicht ungewöhnlichen Arbeits- und Schlafenszeiten.

1806, als Johann zwei Jahre alt war, musste der Vater den *Heiligen Florian* aufgeben. Die Zeiten waren unsicher und schlecht. Napoleons Grande Armée war im Vorjahr über Österreich hergefallen. Sie hatte am 13. November die stark verteidigte Taborbrücke genommen, die einzige feste Möglichkeit zur Überquerung der Donau, und Wien kampflos besetzt: Drei französische Marschälle kamen mit weißer Fahne über die Taborbrücke und überzeugten den österreichischen Befehlshaber, dass der Krieg eigentlich schon vorbei sei. Der Franzosenkaiser residierte eine Zeit lang in Schloss Schönbrunn, und die Stadt hatte Zehntausende von Soldaten mitsamt deren Tross unterzubringen und zu verköstigen.

Dass Soldaten selten zimperlich in der Wahl ihrer Mittel waren, wenn es galt, sich mit Speis' und Trank den Bauch zu füllen, wissen wir aus zahllosen Erzählungen. Es liegt nahe, dass sie sich nach ihren Dienstgängen und -ritten über die Taborbrücke häufig des nur einige Hundert Schritte seitwärts gelegenen strausssschen Beisels erinnerten und hier zum Feiern zusammenkamen – wenn der Sold bereits verpulvert war, eben auf Kosten der Wirtsleute. Und wie in vielen anderen ärmeren Wiener Familien dürfte die Verzweiflung auch bei Franz mit am Tisch gesessen haben als Gast, dem es mit Bier und Schnaps aufzuwarten galt, um ihn auf Distanz zu halten.

Dass das Schwesterchen Josefa bei einer Pflegefrau starb – der Kirchendienerswitwe Magdalena Fritz »Bey Der Unmöglichkeit No. 22« –, deutet auf akute Geldnot bei den Sträussen hin. »Ein Kind kann leichter eine ganze Familie versalzen als versüßen«, beobachtete etwa zur selben Zeit der Schriftsteller Jean Paul. Und wer sein Kind einer solchen Pflegerin überantwortete, hatte bereits reichlich von diesem Salz geschmeckt und schon abgeschlossen mit dem Kleinen, denn diese »Engerlmacherinnen«, ihrerseits oft bitterarm, hungerten nicht selten die armen Würmer nach und nach zu Tode.

Wie auch immer Franz nun seine Familie durchgebracht haben mag: Zwei Jahre später gelang es ihm, die Gaststätte *Zum Guten Hirten* in der Leopoldstädter Weintraubengasse zu pachten. Allerdings hatte Franz erneut seine Rechnung ohne die Franzosen gemacht, die im Folgejahr Wien nochmals besetzten – diesmal nach schwerem Beschuss. Napoleon war ausgebildeter Artillerist und hatte diese Waffengattung zu furchtbarer Wirksamkeit gesteigert. Gnadenlos hatte er sie bereits gegen den inneren Gegner eingesetzt, um sich bei den Revolutionsführern beliebt zu machen. Umso rücksichtsloser setzte er sie nun auch gegen die Wiener ein:

> »Ziegel und Steine fielen von den Häusern, Feuer brach aus, Geschrei auf den Gassen, niemand wagte die Brände zu löschen, aus Angst vor den Granaten und dem Bombardement. Die Leute flüchteten in die Gewölbe der Kaufhäuser und nächtigten auf den Verkaufstischen, sie flohen in Kirchen, aber auch zu Nachbarn mit sicheren Kellern. In den Häusern verbaute man die Fenster mit Federbetten gegen Granatsplitter.«

So der beklemmende Bericht eines Augenzeugen.[11] Auch Beethoven, Wiens prominentester Musiker dieser Zeit, überstand diese Kanonade im Keller. Wir dürfen vermuten, dass auch die Sträuße die dicken kühlen Mauern ihres Bierkellers schätzen lernten, dass aber besonders die Kinder – der fünfjährige Johann unter ihnen – bei jedem nahen Einschlag die Augen panisch nach oben kehrten.

Die Schlachten im nahen Aspern (wo die Österreicher überraschend siegten) und in Wagram (wo die Franzosen Revanche nahmen) überschwemmten die Stadt mit Zehntausenden Verwundeten – Österreicher und Franzosen. Diese galt es notdürftigst zu versorgen. Die Schlachten jener Zeit wurden ohne Rücksicht auf die körperliche Unversehrtheit der Truppen geführt, und diese mussten ohne jede Deckung im Gleichschritt in den gegnerischen Kugelhagel hineinmarschieren. Die Verwundeten – ob Feind, ob Freund – schleppte man zur Versorgung in die Stadt. Der Anblick stöhnender und röchelnder, verstümmelter, sterbender oder toter Soldaten gehört zweifellos zu Johanns frühesten und traumatischsten Kindheitseindrücken. Wir stellen ihn uns vor, wie er, seine kleine Hand in Ernestines gekrallt, mit Faszination und Grauen auf das Schauspiel gestarrt haben mag.

Die Franzosen blieben diesmal länger als 1805. Eine unerträglich hohe Kriegsentschädigung von 40 Millionen Gulden ruinierte Österreichs Finanzen. Der Fiskus versuchte, durch Münzverschlechterung gegenzusteuern, und setzte damit den Teufelskreis der Teuerung in

Gang, die Zehntausende von Existenzen zerstörte. Im Februar 1811 erklärte die Regierung formell den Staatsbankrott. Auf einen Schlag verlor das Geld vier Fünftel seines Wertes. Aus harten Zeiten wurden härtere – auch für Franz Borgias Strauss und sein Wirtshaus, wie seine Steuerunterlagen beweisen.

Und dann erlag seine Frau Barbara 1811 mit gerade einmal 41 Jahren dem bereits erwähnten »schleichenden Fieber«. Hat ihre Mutter Katharina, die ihre Tochter um zwei Jahre überlebte, der Familie ihres Schwiegersohns beigestanden? Wir wissen es nicht. Zwar hat Eduard Strauss, Franz' jüngster Enkel, es 1906 auf sich genommen, ein Erinnerungsbuch zu veröffentlichen, aber da waren die Sträusse eine hochberühmte Familie, auf die kein Schatten fallen sollte. Erinnerungen an überstandenes Elend suchen wir folglich in dieser Quelle vergebens.

Unter welchen Bedingungen die Strauss-Geschwister aufwuchsen, wissen wir also nicht genau und können es allenfalls erschließen aus den äußeren Umständen und aus dem Vergleich mit ähnlich situierten Wiener Familien. Die Tatsache, dass Franz und Barbara fünf ihrer sechs Kinder bei sich behielten und nur Josefa weggaben, ist ein Anhaltspunkt dafür, dass sie nicht zu den Ärmsten der Armen gehörten. Arbeiter, Tagelöhner und Gesinde hatten oft nicht einmal eine eigene Unterkunft, sondern hausten bei ihren Dienstherren in einem Untermietzimmer oder gar als Bettgeher bei Fremden, wo sie stundenweise und ohne jede Privatsphäre eine Schlafstatt nutzten. An die Aufzucht von Kindern war unter solchen Umständen nicht zu denken. Daher gaben sie ihre Neugeborenen oft gleich im Gebärhaus weg oder anschließend zu notdürftiger Versorgung in die Findelanstalt, was deren nahezu sicheren Tod bedeutete, wenn sie nicht an Zieheltern weitergereicht wurden. Findelmütter, also ledige Mütter, die im Findelhaus Zuflucht suchen mussten, hatten sich von Gesetzes wegen als Ammen herzugeben.

Schon ein eigener Haushalt war also ein Merkmal sozialer Distinktion. Dasselbe galt bereits für den bloßen Status als Familie – in einer Zeit, in der gerade einmal ein Drittel der Wiener überhaupt verheiratet war und drei von zehn Kindern unehelich zur Welt kamen.

Wir können davon ausgehen, dass armselig bezahlte Dienstboten und Bettgeher zum Einkommen der kleinen Familie beitrugen und vielleicht am Esstisch ihre einfachen Mahlzeiten teilten. Wie es um Hausrat und Vermögen der Sträusse bestellt war, erfahren wir aus der behördlichen Verlassenschaftsabhandlung nach dem frühen Tod der »Ehewirthin« Barbara Strauss. Ihr gesamter persönlicher Besitz erschöpfte sich in zwei »pikeenen Röcken«, zwei »Schmissen« (lange dünne Hemden), drei »Leibeln« (Mieder), drei »ordinairen Hauben«, einem Paar Schuhe und ein wenig Wäsche. Sie hatte nichts in die Ehe eingebracht, wie Franz versicherte, und die 125 Gulden, die sie irgendwie erspart hatte, gingen ebenso drauf für »die Krankheits- und Leichkösten« wie 887 Gulden aus dem Vermögen des Ehemannes und jetzigen Witwers.

Barbaras Tod könnte dessen Schicksal besiegelt haben. Zwar vertauschte er 1812 den *Guten Hirten* wieder mit dem *Heiligen Florian*, vermutlich weil Carl Friedrich Hensler, der Pächter des Leopoldstädter Theaters, auf dem Grund des *Guten Hirten* bauen wollte. Aber sei es, dass an ihm doch kein großer Geschäftsmann verloren gegangen war, dass die wirtschaftlichen und familiären Schicksalsschläge ihn zermürbt und der Trunksucht ausgeliefert hatten – die Familie rutschte immer weiter ab. Hohe Schulden bei den Brauereien wurden zum Dauerzustand. Dazu kam eine erneute Finanzkrise, in deren Folge sich seine Steuerlast beinahe vervierfachte.

Den Leopoldstädter Bierwirt Franz Borgias Strauss fischte man am 5. April 1816 – »alt 50 Jahr«, wie der Beschauer denkbar knapp und falsch notiert – tot aus dem schönen blauen Donaukanal. Fast genau am selben Tag feierte ein Komponist namens Michael Pamer mit seiner Tanzkapelle nur wenige Schritte entfernt im *Sperlwirt* seinen ersten triumphalen Erfolg. Wir werden noch von ihm hören.

Ernestine war 17, Johann 12 Jahre alt. Sie waren nun mehr denn je aufeinander angewiesen. Die Verlassenschaftsabhandlung über das Vermögen des Verstorbenen resümierte, dass »der Fall zu Eröffnung eines Konkurses vorhanden wäre«. Allerdings verzichteten die Gläubiger »wegen Geringfügigkeit des Aktivstands und zu Vermeidung der

Weitwendig- und Kostspieligkeit eines Konkurses«[12] – soweit sie sich überhaupt die Mühe gemacht hatten, Ansprüche zu stellen.

Spekulationen aller Art ranken sich um Franz' rätselhaftes Ende: War es ein Unfall? Gar ein alkoholbedingter? War es Selbstmord? Und wenn ja: Ist an dem Gerücht etwas, dass Franz sich »durch einen Sprung in die Donau der irdischen Gerechtigkeit« entzog, wie der Komponist Philipp Fahrbach senior zitiert wird?[13] Entsprang die Tat materiellen Nöten? Oder ging sie auf »unbefriedigende Familienzustände« zurück, wie der Musikwissenschaftler und Strauss-Biograf Kurt Pahlen eine zerrüttete Ehe diskret umschreibt? War er gar Ausdruck einer seelischen Grundbefindlichkeit? Nochmals Pahlen, der sich festlegte:

> »Ob dieser mutmaßliche Freitod letzten Endes ›nur‹ die Folge jener seltsamen Unrast und einer tiefsitzenden, nie erklärbaren Melancholie gewesen ist, die so manches Mitglied der Strauss-Familie, am meisten wohl unseren Johann Strauss Vater, quälte und so verunsicherte, dass sie eigentlich selten in den Genuss sonniger Augenblicke oder ihrer Erfolge gekommen sind?«[14]

Allein die fortdauernd und in jeder Hinsicht »unbefriedigenden Familienzustände«, in denen Johann aufwachsen musste, könnten auch seelisch widerstandsfähigere Menschen lebenslang mit Melancholie belastet haben – heute würde man vermutlich »Depression« schreiben. Schwere Seelennot ist eben keine Erscheinung der Moderne.

Kapitel 2

Wiener Launen-Walzer: Ein Reich setzt sich neu zusammen

Dem Heiligen Römischen Reich Deutscher Nation, repräsentiert durch den Habsburgerkaiser Franz II. in Wien, schlug im August 1806 seine letzte Stunde. Und die Ahnung dessen mag in der Luft gelegen haben, als Franz am 14. Juli 1792 im Frankfurter Dom gekrönt wurde.

Da war es nämlich auf den Tag genau drei Jahre her, dass Pariser Bürger die Bastille, das alte Staatsgefängnis, gestürmt und ein paar unbedeutende, verwitterte Häftlinge aus ihr befreit hatten. An einem Symbol des Staatsterrors also hatten die Bürger einen Akt der Selbstermächtigung exerziert.

Die Schockwelle, die sie damit durch Europa gesandt hatten, sollte sich erst im Oktober 1815 brechen, als Napoleon als Kriegsgefangener Seiner Majestät König George III. auf die britische Atlantikinsel St. Helena deportiert wurde. Auf ihrem zerstörerisch-schöpferischen Zug hatte sie ein altes Deutschland hinweggefegt, dessen politische Instanzen sich weder hinreichend reformieren noch hinreichend verteidigen konnten. Und ein deutsches Reich hatte keinen Platz in Napoleons Vorstellungen von der Neuordnung Mitteleuropas.

Als er sein politisches Werk 1806 mit der Gründung des Rheinbundes krönte – einem Bündnis seiner deutschen Vasallenstaaten –, wurde offensichtlich, dass Österreich auch in Deutschland nichts mehr zu gewinnen hatte – nachdem Frankreich dem Reich bereits die jahrhundertelang behauptete Herrschaft über Norditalien entwunden hatte. Franz, Erzherzog von Österreich und gewählter Kaiser des Heiligen Römischen Reiches Deutscher Nation und damit Träger eines Heiligtums, entschloss sich, eine Epoche von fast 1000 Jahren zu beenden: Er liquidierte das Heilige Römische Reich Deutscher Nation und legte dessen Krone nieder. Die österreichische Krone dagegen konnte ihm so schnell niemand nehmen. Denn für sich selbst und seine Hausmacht

Kaiser Franz II. von Österreich (1768–1835), der letzte deutsche und erste österreichische Kaiser. Gemälde von Friedrich Amerling, 1832.

hatte Franz schon 1804 mit einem Staatsstreich von oben vorgesorgt: Keine drei Monate, nachdem der französische Parvenü Napoleon sich selbst die Kaiserkrone angemaßt und aufgesetzt hatte, zog Franz nach. So konnte er auch nach dem Zusammenbruch des Heiligen Römischen Reichs seine Ranggleichheit mit dem Franzosen behaupten. In Österreich hatte er bis dahin nur den Titel eines Erzherzogs getragen, wie alle seine Vorfahren auf dem Reichsthron. Nun war er Franz I., Erbkaiser von Österreich.

Mit dieser Proklamation griff er zwar in die Souveränitätsrechte der Fürsten in den politisch abhängigen Teilen seines Herrschaftsgebietes ein, allerdings trug er ohnehin bereits die Königskronen der wichtigsten dieser Territorien: Ungarns und Böhmens.

Mit Ausnahme von Russland verfügte nun der österreichische Kaiser über das größte Territorium in Europa – vom lombardischen

Napoléon Bonaparte (1769–1821), Kaiser der Franzosen und Gegenspieler Franz' und Metternichs.

Mailand bis zur Bukowina und von der böhmischen Oberelbe bis zum montenegrinischen Kotor. (Das Gebiet war etwa achtmal so groß wie die heutige Republik Österreich.) In diesem Reich lebten mehr als 21 Millionen Menschen mit an die 20 verschiedenen Muttersprachen. Diese Größe ermöglichte es Österreich einerseits, aus seinen Waffengängen mit Napoleon gestärkt hervorzugehen, auch wenn diese nicht nur über seine Hauptstadt Wien Elend brachten. Andererseits überforderten die Nationalismen im 19. und 20. Jahrhundert seine Integrationskraft, und das »kakanische Jahrhundert«, das auch das Jahrhundert der Sträuße ist, wurde zu einer Abfolge von ethnischen Revolten und militärischen Niederlagen, bis das Kaisertum im Ersten Weltkrieg in den selbst verursachten Zerfall ging.

Doch zurück zur napoleonischen Zeit: Österreichs Niederlage im Fünften Koalitionskrieg 1809 bereitete die Bühne für den Aufstieg des Staatskanzlers Klemens Fürst von Metternich, der dem Land seinen

Stempel aufdrücken konnte wie sonst kein Politiker in der ersten Hälfte des 19. Jahrhunderts. Das Österreich der Sträusse, wie wir es in Kapitel 5 näher kennenlernen werden und das er 40 Jahre lang regierte, trägt bis in die Details hinein seine persönliche Handschrift. Als erster Untertan seines Regenten machte er sich daran, das Kaisertum in die Moderne zu führen – eine Moderne, die nicht allen gefiel.

Er regierte Österreich und Deutschland fast 40 Jahre, bis die Revolution ihn wegfegte: der Rheinländer Klemens Wenzel Fürst von Metternich (1773–1859). Gemälde von Thomas Lawrence, um 1820–1825.

Überzeugt davon, dass die Fliehkräfte im Reich zu groß waren, als dass es sich auf die Dauer zusammenhalten lassen würde, setzte er auf ein Gleichgewicht der europäischen Mächte als Stabilitätsfaktor – eine politische Maxime, die galt, bis im Ersten Weltkrieg Ozeane von Blut und Knochen Europa überfluteten. Als Österreichs Botschafter in Berlin hatte Metternich mit führenden Köpfen der Romantik Bekanntschaft geschlossen, besonders mit Fichte und August Wilhelm Schlegel, bei denen er Vorlesungen hörte. Schlegels Bruder Friedrich ließ er später als Propagandisten seiner Weltanschauung nach Wien holen.

Auch Frankreich hatte er aus erster Hand kennengelernt, 1806 als Botschafter in Paris, wo er so elegant auftrat, dass er den Beinamen »le beau Clement« erhielt. Mit den Mächtigen dort stand er auf bestem Fuß und unterhielt ein jahrelanges Liebesverhältnis mit Caroline Bonaparte, der verheirateten jüngsten Schwester des Kaisers – toleriert von deren Ehemann, dem Feldmarschall Murat. Es ging ungeniert zu in der Hauptstadt des Empire, und der Erzkatholik Metternich erwarb sich durch seine Affären den Ruf eines zügellosen Lebemannes. Ungeniert, aber nicht freundschaftlich: Stets war der Diplomat wach in ihm, und seine Matratzenplaudereien mit hochgestellten Frauen pflegte er nach Wien durchzustechen, sobald sie politisch oder militärisch bedeutsam wurden. Vom Polizei- und Sicherheitsminister Fouché war zu lernen, wie man Heere von Spitzeln einsetzte, um »Ruhe im Lande« durchzusetzen. Auch den Nutzen der Propaganda und den Wert der Zustimmung des Volkes erkannte Metternich in Paris: »Die öffentliche Meinung ist, wie die Religion, das stärkste Machtmittel, das selbst in den verborgensten Winkel dringt, wo Regierungsanweisungen jeden Einfluss verlieren.«[15]

Am Ende des napoleonischen Sturms, der das alte Europa 20 Jahre lang erschüttert hatte, bestätigte sich Metternichs Strategie, die er 1809 nach dem Frieden von Schönbrunn mit Frankreich formuliert hatte: »Unsere Sicherheit«, schrieb er, könne Österreich »nur in unserer Anschmiegung an das triumphierende französische System suchen«. Es müsse also »vom Tage des Friedens an unser System auf ausschließliches Lavieren, auf Ausweichen, auf Schmeicheln beschränken«, um auf diese Weise »unsere Kraft auf bessere Zeiten aufzuheben«[16]. Auch dank seiner schier unerschöpflichen Ressourcen ging Österreich als stärkste mitteleuropäische Macht aus dem gesamten Konflikt hervor, und Metternich hatte sich als der bestvernetzte und gerissenste Diplomat bewiesen. So war es die Anerkennung der realen politischen Machtverhältnisse, als sich nach der Restauration der französischen Monarchie die europäischen Stände 1814 in Wien und unter Leitung des kaiserlichösterreichischen Ministers trafen, um über Europas künftige Ordnung zu verhandeln.

Der Wiener Kongress 1814/15. Sitzung mit (u. a.): Kaiser Franz I. von Österreich, Zar Alexander I. von Russland, König Friedrich Wilhelm III. von Preussen, Lord Castlereagh für England und Talleyrand für Frankreich.

In Frankreich regierte mittlerweile als konstitutionell gebundener Monarch Napoleons Nachfolger, der aus dem Exil reaktivierte Bourbone Ludwig XVIII., Bruder des gewaltsam ums Leben gekommenen Ludwig XVI., ein fast 60 Jahre alter König von Metternichs Gnaden. Alle Kriegsparteien entsandten ihre Delegationen, natürlich auch Frankreich, dessen Deputation unter der Leitung von Metternichs altem »Freund« Talleyrand stand. Gastgeber war offiziell Kaiser Franz I., aber es war Metternichs Amtssitz am Ballhausplatz, wo sich das Schicksal der europäischen Fürsten entschied, von denen viele persönlich erschienen waren und sich mehr oder weniger geschickt in die Verhandlungen ihrer Berufsdiplomaten einschalteten: »Alles was Europa an erlauchten Persönlichkeiten umfasst, ist hier in hervorragender

Weise vertreten«, resümiert zufrieden der österreichische Generalsekretär Friedrich von Gentz eine Woche nach Beginn der Versammlung:

»Der Kaiser, die Kaiserin und die Großfürstinnen von Rußland, der König von Preußen und mehrere Prinzen seines Hauses, der König von Dänemark, der König und der Kronprinz von Bayern, der König und der Kronprinz von Württemberg, der Herzog und die Prinzen der Fürstenhäuser von Mecklenburg, Sachsen-Weimar, Sachsen-Coburg, Hessen usw., die Hälfte der früheren Reichsfürsten und Reichsgrafen ...«[17]

Das gigantische Arbeitsprogramm, das zum Beispiel auch die Abschaffung des Sklavenhandels zum Gegenstand hatte, was in dessen Ächtung endete, wurde – eine Innovation Metternichs – an Verhandlungsausschüsse delegiert. Aber daneben verlangte der versammelte feudale Glanz auch nach Repräsentation und Belustigung, und Metternich gab reichlich Gelegenheit dazu. Seine Geheimpolizei hörte und notierte immer mit. Auf seinen Befehl hin brachte Wien seinen ganzen Charme ins Spiel. Die Delegierten hatten nicht nur Arbeit mitgebracht, sondern auch ihre Frauen und Geliebten, die hinter den Kulissen Einfluss auf die Beschlüsse nahmen. Österreichs Hochadel wetteiferte um die prachtvollsten Bälle und Aufführungen. Für Musiker wie Joseph Wilde, den Musikdirektor der mondänen *Mehlgrube* am Neuen Markt in der Inneren Stadt und der kaiserlichen Redoutensäle in der Hofburg, gab es ebenso eine Menge zu tun wie für zahllose namenlose Geiger, Klarinettisten und Hornisten. Die Presse hatte viel zu kommentieren und die namenlosen Wiener viel zu gaffen und zu träumen. Vielleicht war der zehnjährige Johann unter den Zuschauern, die die rasselnden Kaleschen anstaunten oder durch ein hohes Palastfenster einen Blick auf eine aufgeigende Kapelle oder ein walzendes Paar erhaschten, und vielleicht dachte er bei diesem Anblick an seine eigene Zukunft. »Le congrès danse, mais il ne marche pas« (Der Kongress tanzt, aber er kommt nicht voran) – diesen kennzeichnenden Satz hat der Märchenerzähler Jacob Grimm, als kurhessischer Legationssekretär in Wien anwesend, seinem Kollegen Charles-Joseph de Ligne in den Mund gelegt. Der Kongress tanzte manchmal buchstäblich bis zum Umfallen – Russlands Zar Alexander soll einmal beim Ball ohnmächtig geworden sein.

Wie bereits ein Jahrzehnt zuvor in Paris verstand sich Metternich prächtig mit seinen diplomatischen Kontrahenten. Und er erreichte seine wesentlichen Ziele: die Restauration der europäischen Monarchien unter den Vorzeichen eines aufgeklärten Spätfeudalismus – wobei Napoleons Auflösung kleinerer Herrschaften im Reichsgebiet bestandskräftig blieb –, die Zurückdrängung des Nationalismus sowie eine Friedensordnung, die auf einer Machtbalance zwischen den großen Reichen Europas basierte und bis zum Krimkrieg, also fast 40 Jahre lang, hielt. Vor allem war Österreich nun erneut auch politisch als mitteleuropäische Macht etabliert, indem das untergegangene Heilige Römische Reich durch den Deutschen Bund, eine kaiserlose deutsche Staatenföderation unter österreichischer Präsidentschaft, ersetzt wurde. Dafür nahm Metternich es hin, wichtige Besitzungen in Mitteleuropa wie die Niederlande zu verlieren, zumal er dafür Territorien in Ostmitteleuropa, Italien und auf dem Balkan bekam. Bittere Ironie der Geschichte: Die Nationalismen der ethnischen Minderheiten waren 100 Jahre später ein Hauptgrund für Österreichs Zerfall.

Den Feind witterten Metternich und seine deutschen Kollegen vor allem im Inneren. Die Untertanen, von denen manche als Freischärler im Kampf gegen Frankreich den Kopf hingehalten hatten, forderten Teilhabe und eine echte deutsche Einheit – in demokratischer Gleichheit und Freiheit die einen, unter einem gerechten, verfassungsgebundenen Monarchen die anderen. Die Bestrebungen beider Lager bekämpfte der Deutsche Bund kompromisslos, und Metternich stand erneut in der vordersten Reihe der Kombattanten. Im böhmischen Karlsbad rief er Minister aus den zehn größten Bundesstaaten zu einer Geheimkonferenz zusammen, und mit ihrer Zustimmung setzte er Zensur und scharfe Polizeigesetze im Bund durch. Die Untertanen, soweit sie nicht eingesperrt oder vertrieben wurden, passten sich an und suchten ihr persönliches Glück in der privaten Sphäre, auch in harmlosen öffentlichen Zerstreuungen – ein ideales Substrat für künstlerische Aktivitäten wie die der Wiener Musiker. Das »Biedermeier« war geboren. Niemand störte mehr die Kreise der Mächtigen.

Dabei ging es wild auf- und abwärts mit der Konjunktur in diesen Jahren: Einerseits profitierte Österreichs Wirtschaft von der Kontinentalsperre, mit der Napoleon englische Güter aus dem übrigen Europa ausschloss, und vom diplomatischen »Tourismus«, den der Wiener Kongress 1814/15 in Gang brachte. Wien beherbergte zu dieser Zeit rund 100 000 Gäste. In den Monaten davor gab es Beschäftigung im Überfluss, denn es galt, öffentliche Gebäude neu zu streichen und die Hof- und Staatsbeamten neu zu uniformieren. Dass gleichzeitig die Preise unaufhaltsam stiegen, erschien unter diesen Umständen vielen verschmerzbar.

Andererseits brachten die Kosten der Koalitionskriege und vor allem die Niederlagen furchtbare Härten. Denn die Sieger erpressten gewaltige Kriegsentschädigungen, die zu immer wieder neuen Steuern führten. Besonders die Verzehrsteuer, ein Vorläufer der heutigen Mehrwertsteuer, benachteiligte die ärmeren Schichten, da ja jeder Mensch essen, sich kleiden und wohnen muss, ob reich, ob arm. Zusätzlich sorgten zwei Währungsreformen dafür, dass der Gulden zwischen 1805 und 1811 92 Prozent seines Wertes verlor.

Wie in jeder Krise gab es auch Gewinner. Einer von ihnen war ausgerechnet ein Hersteller von Kunstgliedern. Die Stelzfüße und beweglichen Prothesen des Sigmund Wolffsohn, »Mechaniker, Bandagist und Begründer der k. k. privilegierten Maschinen- und Bandagenfabrik«, wie er sich offiziell betitelte, waren in diesen kriegerischen Zeiten so gefragt, dass er ein schwerreicher Mann wurde. Er nutzte diesen Reichtum, um sich selbst ein Denkmal zu setzen, das in unserer Geschichte noch eine bedeutsame Rolle spielen wird.

Wer hier über ein vermeintlich fehlendes »u.« gestolpert ist, hat dennoch richtig gelesen. Im österreichischen Reichsteil von Österreich-Ungarn stellten alle Behörden ihrem Namen die Buchstaben »k. k.« als Abkürzung für »kaiserlich-königlich« voran – und auch alles andere, das offiziell klingen und somit des Kaisers Willen repräsentieren sollte. Erst im Zuge der Zweistaatlichkeit, die Ungarn 1867 im Österreichisch-

Ungarischen Ausgleich durchsetzte, etablierte sich für alle Instanzen, die beide Reiche betrafen, das heute geläufigere Kürzel »k. u. k.« für »kaiserlich und königlich«.

Um all diese Fürstenhändel kümmerten sich die meisten Wiener nur, sofern sie sie direkt betrafen. Wien war und blieb ihre Welt – eine Welt für sich. Die Sträusse machten da keine Ausnahme.

Kapitel 3

Es gibt nur ein Wien! Die Stadt, die Wiener,
der Wein, die Wirte

Wien, zur Geburtszeit Franz Borgias Strauss Europas viertgrößte Stadt, war allein aufgrund seiner Grenzlage eine gefährdete Metropole.
Sie liegt an dem Donaustrom, der vor bald 2000 Jahren auch das Römische Reich begrenzte. Wien, bereits damals ein altes Siedlungsgebiet auf sanft nach Westen ansteigender, von Bächen wie der Wien und der Als zerschnittener Hangterrasse, erhielt ein Kastell für eine Grenztruppen-Legion. Bis heute prägt es die Wiener Topografie: Seine rechtwinkligen Hauptachsen trafen sich dort, wo die Tuchlauben auf den Straßenzug Wipplinger Straße – Hoher Markt treffen. Und der heutige Graben verlief bereits vor 2000 Jahren entlang der Außenmauer des Kastells. Bis zu 30 000 Menschen lebten im römischen Wien, das damit zu den größten Provinzhauptstädten zählte und fast auf Augenhöhe mit Trier und Mainz stand.

Auf der anderen Seite des Flusses, der Grenze: Fremde. »Barbaren«, das bedeutete Menschen anderer Sprachen. Keltisch sprachen sie, später dann als Böhmen und Mährer slawische Idiome. Mal friedliche Leute, mit denen sich Handel treiben ließ, mal unerbittliche Gegner. Rom ging unter, die Reiche, Sprachen und Völker wechselten, die Grenze blieb. So war es auch im frühen Mittelalter, als Wien endgültig unter den Einfluss der deutschen Sprache kam: als östlicher Eckpfeiler des ersten bayerischen Herzogtums. Und weil sich im 9. Jahrhundert östlich von Donau, March und Leitha, einen kleinen Tagesmarsch südöstlich von Wien, Ungarn ansiedelten, war die bis heute bestehende Sprachgrenze etabliert. Die Achse Wien – Budapest wurde zum Scharnier, um das die Freundfeinde Österreich und Ungarn sich bewegten.

Und dieses christliche Nationenpaar trug auch die Hauptlast der Auseinandersetzung mit den Osmanen, die mehrfach versuchten, ihren

Einfluss ins Zentrum Europas auszudehnen. An Wien mussten sie vorbei zu diesem Zweck. Die Wiener verhinderten es zusammen mit ihren Verbündeten. Die Belagerung von 1529 und der letzte Ansturm 1683 sind am stärksten im historischen Gedächtnis geblieben. Der Grenzstrom half den Wienern bei der Abwehr. Er bot allerdings einen ganz anderen Anblick als heute: Aus seinem unregulierten, kilometerbreiten Bett heraus brach sich das Wasser zu jeder Schneeschmelze mal westlicher, mal östlicher neue Bahnen. Trat wild über die Ufer wie zuletzt 1862, zerstörte Häuser wie am 28. Februar 1830 das Elternhaus des vierjährigen Jean Strauss, tötete viele Wiener und brachte noch mehr von ihnen an den Bettelstab. Selbst der kaiserliche Augarten in der Leopoldstadt war in der Schreckensnacht zum 1. März 1830 mannshoch überflutet, wie eine Gedenktafel am Eingangsportal zeigt. Fast zwei Wochen lang standen Teile der Stadt und umliegende Dörfer unter Wasser. Senkgruben mit Fäkalien wurden überschwemmt und verseuchten das Trinkwasser, was eine Cholera-Epidemie mit Tausenden Todesopfern nach sich zog.

Die Donau-Auen bei Wien vom Kahlenberg aus um 1870 vor der großen Flussregulierung. Gemälde von Josef Hoffmann (1831–1904).

Doch die Kämpfe der Wiener gegen menschliche und natürliche Gegner blieben Episoden – so katastrophal sie bisweilen auch waren. Die Stadt wuchs und gedieh trotz – oder gerade wegen – ihrer strategischen Grenzlage. Denn die zog nicht nur feindliche Heere, sondern auch Kaufmannszüge an. Und auch das ursprünglich schweizerische Adelshaus Habsburg, das zu einer treibenden Kraft hinter diesem Wachstum werden sollte. Die Habsburger hatten die Stadt im Spätmittelalter übernommen und griffen von dieser Basis aus nach der zentralen Macht im Reich.

Dabei nutzten und förderten sie, dass die Wiener über die Jahrhunderte unvergleichliche Schätze ansammelten – nicht allein sichtbare wie Kathedralen und Paläste, Brücken und Prunkstraßen, Bilder und Juwelen, sondern auch all das, was erst dem nachvollziehenden Geist wahrnehmbar wird: die Werke aus Wissenschaft und Literatur, Philosophie und Musik, repräsentiert durch Tausende einzigartiger Schöpfer, die die Stadt anlocken und in ihren Mauern halten konnte.

Zur Zeit des letzten österreichischen Osmanenkriegs kurz vor 1790 war das alte Wien schon längst über seine Befestigungen hinausgewachsen und hatte einen geschlossenen Ring ausgedehnter, politisch unabhängiger Vorstädte ausgebildet. Es war bei Weitem die größte Stadt im Reich, auch wenn das preußische Berlin mit Riesenschritten aufholte. Die Innere Stadt maß, wie erwähnt, in ihrer größten Ausdehnung knapp zwei Kilometer. Zwischen 50 000 und 60 000 Menschen – Adlige, Kleriker, Großbürger, Hofbeamte und Militär – lebten allein hier in drangvoller Enge. Ganze Armeen von Dienstpersonal beanspruchten Lebensraum. Die Regierung musste sogar dekretieren, dass jeder Hausbesitzer leer stehende Räume zu vermieten hatte und nicht mit ihnen spekulieren durfte. Neue Impulse zu ihrer Ausdehnung bekam die Innere Stadt erst, nachdem zwischen 1858 und 1864 die – zuvor mehrfach erweiterten – Stadtmauern endgültig abgerissen wurden.

Die Sträuße waren lange Zeit Vorstadtkinder, verbrachten den größten Teil ihres Lebens dort und fanden dort ihre Ehepartner – und Geliebten. Die Vorstädte führten ein Eigenleben. Da es in und zwischen ihnen Raum für Neues gab, entwickelten sie sich dynamischer. Hier

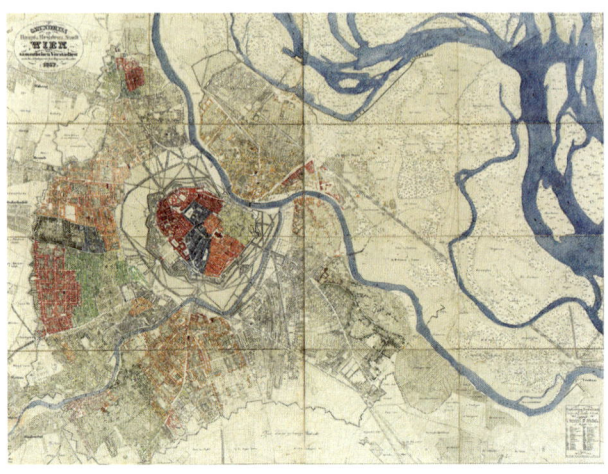

Grundriss von Wien mit allen Stadtvierteln und Vorstädten, 1832. Karte von Anton Freiherr von Guldenstein.

entstanden Manufakturen und Fabriken, deren Bedarf an Arbeitskräften die Menschen aus den Dörfern anzog, auch wenn die Wohnungsnot manche Vorstadt-Existenz mühsam machte. Der Kontrast zum Prunk der Inneren Stadt mit der Hofburg, den vielen Adelsresidenzen, die seit josephinischen Zeiten mit dem Hof wetteiferten, dem Stephansdom und den zahllosen Kirchen und Klöstern, den eleganten Flanierstraßen und Luxusgütergeschäften hätte größer nicht sein können.

Die Vorstädte, das waren donauaufwärts der Alsergrund, in südlicher Richtung folgten die Josefstadt, Neubau, Mariahilf, Wieden, Margareten und ganz donauabwärts im Südosten Landstraße. Dort fing, so wird Staatskanzler Metternich zitiert, »Asien an«. Daneben gab es bis 1850 Dutzende kleinerer Vorstädte, die man mit den genannten größeren zusammenlegte. Östlich des Donaukanals vollendete die Leopoldstadt den Ring der Vorstädte.

Die etwa 250 000 Menschen in diesem erweiterten Raum rund um die Innere Stadt bauten Gemüse, Kartoffeln, Getreide und Wein an, trieben ihre Handwerke oder schufteten in den Manufakturen und Fabriken, die den unersättlichen Bedarf der Massen und der verfeinerten Hofleute zu befriedigen hatten. Oder sie mussten sich die Hände nicht schmutzig machen, da sie als Soldaten, als Kanzlisten oder als Hauspersonal dienten. Allein schätzungsweise 40 000 Mägde und Hausdiener zählte die Stadt, ein schier unerschöpfliches Reservoir an Interessenten für die Vergnügungen und Verführungen der Großstadt. Oftmals vom Land stammend und für die Zeit ihres Dienstes – abhängig wie Kinder – verpflanzt in die patriarchalische Familie ihrer Herrschaft, nutzten sie – so wurde ihnen von Moralaposteln pauschal unterstellt – ihre relative Freiheit für allerhand »Zuchtlosigkeiten«, die mit Geld- und sogar Prügelstrafen zu ahnden ihre Arbeitgeber bis ins 20. Jahrhundert berechtigt waren.

Wie die Stadt durch Zuwanderung wuchs, das zeigt der Umstand, dass von den Ururgroßeltern der »urwienerischen« Walzerbrüder Jean, Pepi und Edi Strauss keine einzige Herkunft aus Wien belegt ist. Sie kamen aus Österreich ob der Enns und unter der Enns, aus Bayern, Franken, Ungarn, Luxemburg oder Oberitalien. In Wien aber entstand die Mischung aus kulturellen, genetischen und sozialen Einflüssen, die die Sträusse so einzigartig begabte.

Der Nordbahnhof in der Leopoldstadt, 1852.
Aquarell von Rudolf von Alt (1812–1905).

Die Leopoldstadt wurde als Heimat der Familie Strauss bedeutsam. Genau genommen liegt sie auf dem Unteren Werd, einer lang gestreckten Insel zwischen verschiedenen Donau-Armen. Diese schufen hier eine Art Binnendelta von bis zu vier Kilometern Breite. Immer wieder überfluteten es Hochwasser, sobald in den Bergen der Schnee schmolz oder die Wetterwolken sich tagelang an den Nordhängen der Alpen abregneten. Im Sommer war es Heimat des Sumpffiebers, der Malaria, die erst die Trockenlegung der Flussniederungen im 19. Jahrhundert vorübergehend aus Mitteleuropa vertreiben konnte. Die entstandenen großen und kleinen Inseln – Werde genannt oder aber mit so sprechenden Namen wie »Gänsehäuf'l«[18] belegt – waren mit Weiden-, Pappel- und Erlenwald bewachsen, wurden aber nach und nach von Fischern oder Handwerkern wie Flößern, Holzhändlern oder Weißgerbern besiedelt. »Zwischenbrücken« nannte man diese Zone. Denn diese Inseln waren durch Holzbrücken verbunden, die allerdings jederzeit dem Hochwasser zum Opfer fallen und die »Insulaner« auf ihre Zillen als einzige Transportmittel zurückwerfen konnten. Mehr als ein Drittel des heutigen Wiener Stadtgebiets bestand einst aus derartigen amphibischen Labyrinthen, die erst mit der großen Donauregulierung in den 70er-Jahren des 19. Jahrhunderts eingehegt wurden. Erst zu diesem Zeitpunkt verlor der Strom seine Herrschaft über die Wiener.

Ihre insulare Lage bedeutete allerdings nicht, dass die Leopoldstadt abgelegen war. Im Gegenteil: Das Areal war – am Ort der heutigen Schwedenbrücke – bereits seit dem späten Mittelalter erschlossen durch die hölzerne Schlagbrücke über den Donaukanal. Sie hieß so, weil die Schlachter auf ihren Jochen die schweren Rinder töten und zum Ausbluten über die Geländer hängen durften. Der Geruch des Blutschlamms muss unbeschreiblich gewesen sein. Die Schlagbrücke verband die Innere Stadt (über die Leopoldstadt) auch mit der Taborbrücke – lange Zeit die letzte fest gegründete und daher strategisch hochwichtige Donautraverse vor der Mündung ins Schwarze Meer. Ursprünglich war es eine etwa sieben Kilometer lange wechselnde Reihe von fragilen Holzbrücken und Fahrdämmen, um die über die Jahrhunderte immer wieder erbittert gekämpft worden war. Nach der osmanischen Belagerung 1683 ersetzte man die ursprüngliche Konstruktion durch eine neue, zu der die Reisenden über die Taborstraße gelangten. Dadurch wurde diese zu einer der wichtigsten Wiener Ausfallstraßen. Um diesen Straßenzug herum siedelten nach und nach die Wiener, aber auch Fremde, die vom Strom lebten. Die Sträusse waren unter ihnen. Die enge Stadt brauchte Lebensraum.

In die Leopoldstadt hatte Kaiser Ferdinand II. schon während des Dreißigjährigen Kriegs den größten Teil der Wiener Juden ausgesiedelt. Sein Sohn Leopold I. löste dieses Getto auf und vertrieb die jüdische Gemeinde gewaltsam, die sich nun unter dem Schirm der esterházyschen Toleranz im späteren Burgenland heimisch machte. Die menschenleeren Häuser wurden enteignet. Die Synagoge ließ man zerstören und durch die Kirche St. Leopold mit ihrer volutengeschmückten westlichen Giebelwand ersetzen. Erst nach und nach, im Zuge gelockerter Repression, kehrten Juden hierher zurück und siedelten sich schließlich so zahlreich an, dass im 19. Jahrhundert nach dem rituellen jüdischen Brot der Spitzname »Mazzesinsel« für die Zone zwischen Donaukanal und Hauptstrom aufkam. So überrascht es auch nicht, dass der Volksmund den *Heiligen Florian* »das Judenwirtshaus« taufte.

Seit dem 13. Jahrhundert war Wien – berühmt für seine Weine – auch eine Hochburg der Braukunst, mit Bierhallen und Biergärten in jedem Stadtbezirk. Um 1800 beschwipste sich der Wiener am Wein und erholte sich beim Bier. Durchschnittlich 135 getrunkenen Litern Bier standen 120 Liter Wein gegenüber – pro Person und Jahr. Den Wirten war es einerlei, sie schenkten aus, was bestellt war.

So auch Franz Borgias Strauss, seit 1803 Schankwirt im *Zum Heiligen Florian*. Alte Fotos zeigen uns noch die gedrungene, zweigeschossige Bebauung, die vor dem Ersten Weltkrieg einer prächtigen historistischen Uniformität Raum geben musste. Seinen Namen trug das Haus von der Floriansfigur, die den barocken Torbogen krönte, durch den die Gäste den Hof betraten. Für öffentliche Spektakel, Menschenaufläufe und operettenhafte Szenerien war in der verkehrsreichen Leopoldstadt stets reichlich gesorgt. »Egal, woher sie kamen: Leopoldstädter wurden sie alle«, drückt die Historikerin Monika Rath den Geist dieser Vorstadt aus. Die ersten Menschen, denen Johann auf seinen kleinen Ausflügen begegnete, klebten nicht hoffnungslos an ihrer Scholle, sondern hatten einen Schuss Nomadenblut, und viel von ihrer Reiselust scheint auf die Familie übergesprungen zu sein – eine Grundlage ihres späteren Weltruhms.

Und sie musizierten. Vielen dieser einfachen Männer reichte das, was sie am Tag mühselig an Geld verdienten, nicht aus, um ihre Familien durchzubringen. Hunderte stellten abends ihr Können als Instrumentalisten zur Schau und sorgten in den Gaststätten für Stimmung und Umsatz – für ein paar Kreuzer oder auch nur für ein warmes Abendessen. »Bratlgeiger« nannte man sie daher geringschätzig.

An den warmen Sommerabenden dürften also durch die offenen Fenster des *Heiligen Florian* neben den Wolken aus Tabakrauch und Bierdunst auch heimatlich vertraute oder berauschend fremdartige Klangwolken aufgestiegen sein und sich den Ohren und Herzen der Leopoldstädter eingeprägt haben. Gewiss auch denen des kleinen Johann.

Bestimmt auch zogen diese Klänge die kleinen Leute im Viertel und von der anderen Seite des Kanals an. Denn viele von ihnen waren erst zugezogen aus dem böhmischen, pannonischen, oberungarischen, balkanischen oder galizischen Raum. Von den weltläufigen Flößern konnten sie erfahren, was es alles an Neuem gab in ihrer Heimat, konnten vielleicht hören, ob ihre Familie wohlauf war und sicher – osmanische Heeresverbände galten nach wie vor als ernste Gefahr für Leben und Besitz. Oder sie konnten den Vertrauenswürdigen unter ihnen gar den einen oder anderen Gegenstand einhändigen, ein paar Geldstücke, vielleicht einen Brief mit einer beruhigenden Nachricht – oder gar mit einem Heiratsantrag?

Auch die übrigen, außerhalb des Linienwalls gelegenen Vorstädte führten ein kulturelles Eigenleben. Nicht nur Getränke und Speisen in den Beiseln waren dort erheblich billiger, da die Wiener Verzehrsteuer nicht auf sie erhoben wurde. Auch die Sitten sollen dort lockerer gewesen sein und die Sprache freier, da die Zensur – »das lebendige Geständnis der Großen, dass sie nur verdummte Sklaven treten, aber keine freien Völker regieren können« (Nestroy) – nicht in solchem Maße durchgriff wie in Wien. Ein ebenso beliebtes wie berüchtigtes

Amüsierviertel war das westlich gelegene Neulerchenfeld. Als Geburtsort des Komponisten und Walzerpioniers, Geigers und Kapellmeisters Michael Pamer wird es sich auch in unserer Geschichte wiederfinden.

Des Nachts war die Stadt in Schummerlicht gehüllt. Allenfalls Talgfunzeln erleuchteten die Gassen ein wenig – und jeder Bürger, der das »Glück« hatte, eine solche Laterne vor seinem Haus zu haben, war verpflichtet, sie auf eigene Kosten nachzufüllen und zu warten. Während die Künstler und Dichter der Romantik die Nacht als Heimat der Seelen beschworen, sehnten die einfachen Wiener sich nach ganz profanem Licht. Lediglich durch die hohen Fensterfronten der Paläste reicher Adliger und Bürger konnten sie im Lichte von Hunderten kostbaren Wachskerzen Blicke auf die Freuden der hoffähigen Mitbürger erhaschen. Erst ab etwa 1800 installierten Wohlhabende nach und nach hellere und zuverlässigere Beleuchtung mit dem aus Holz oder Steinkohle gewonnenen Leuchtgas oder beleuchteten ihre Geschäfte und Wohnungen mit der viel helleren »argandschen Lampe«, in der Pflanzen- oder Mineralöl verbrannte. Um dieselbe Zeit begann der Magistrat, einzelne Straßen mit Gaslaternen zu beleuchten. Erst dann konnte in Wien überhaupt ein »Nachtleben« entstehen, das diesen Namen halbwegs verdiente. Bis 1845 dauerte es, dass wenigstens die Straßen und Hauptplätze der Inneren Stadt durchgehend beleuchtet waren.[19] Kein Wunder, dass die äußerst aufwendigen Illuminationen, in denen später Johanns beste Bälle erglänzten, die Tänzer anzogen wie die Motten das Licht.

Eine Besonderheit der Leopoldstadt waren die ausgedehnten Flussauen, die zunächst der Adel sich als stadtnahe Jagdreviere reserviert hatte, die sich aber nach und nach für alle Stände öffneten: der parkartige Augarten und der Auwald des Praters. In die Frische und Kühle dieser Gebiete zog es die Wiener, sobald das erste Grün des Frühjahrs sich blicken ließ oder die sommerliche Hitze der Stadt unerträglich wurde – zumal Kaiser Joseph II. 1782 für den Bau der Augartenbrücke über den Kanal sorgte, die den Zugang für die Wiener beschleunigte.

Für Erfrischung und Unterhaltung sorgten Wirte, deren Etablissements mit Speisesälen, Erfrischungsräumen, Konzert- und Tanzsälen,

Billardzimmern und dergleichen mancherorts gigantische Dimensionen hatten. Mozart und Beethoven traten hier auf, an Festtagen belebten Feuerwerke den Nachthimmel. Drei große Kaffeehäuser mit Tanzböden, diverse Lokale und ein Vergnügungspark, der nach einer berühmten Puppentheaterfigur bis heute Wurstelprater heißt, begleiteten die kastanienbestandene Hauptallee, die vom Prater in Richtung Augarten verläuft. Da gab es für jeden etwas: Ringelspiele (Karusselle), Schiffschaukeln, Autodrome, Guckkästen, Spiegelkabinette, Wachsfiguren-, Völker-, Tier- und Abnormitätenschauen.

Die Prater-Hauptallee war aber vor allem der Laufsteg der eleganten Welt des Adels und des wohlhabenden Bürgertums, dessen Wagen an schönen Tagen so zahlreich die Straße hinunter- und hinaufrollten, dass der Verkehr sich staute. Dem einfachen Volk der Fußgänger blieben die Buden und Karusselle, das Schauen und Staunen, das Schwärmen und Kritteln.

Aber wenn Österreich und die Österreicher auch schwer litten unter Kriegen und Krisen, so gab es doch genügend Menschen, die es sich leisten konnten, bisweilen der Tristesse für einen Augenblick oder einen Abend zu entfliehen: in den Prater mit seinen grellen, aber harmlosen Vergnügungen; in eines der Theater mit ihren deftigen oder satirischen Possen im Stil von Ferdinand Raimund oder Johann Nestroy, die allerdings unter genauer Aufsicht der Zensur standen; in eines der vielen Musik-Etablissements, wo Instrumentalisten oder Sänger ihre mehr oder minder ausgeprägte Virtuosität zur Schau stellten. Oder in eines der Vergnügungslokale, Ballsäle und Kaffeehäuser, die aus dem Boden schossen wie Pilze aus dem Modder der Gräben und Schluchten des Wienerwaldes, als der Kanonendonner noch kaum verrollt war. Der Bedarf nach Zerstreuung war unersättlich. Wer da – anders als Franz Borgias Strauss – Geld hatte und es in die Hand nahm, um den Wienern das zu geben, wovon sie träumten, war schnell ein gemachter Mann.

So auch Sigmund Wolffsohn, der Herr der Stelzfüße und Lederhände. Auf dem Schottenfeld westlich der Inneren Stadt, in einem ausgesprochen wohlhabenden Textilviertel mit 30 000 Arbeitern in 300 Seiden- und Samtmanufakturen, ließ er schon 1807, zwei Jahre nach dem Debakel von Austerlitz, nach seinen Ideen ein Vergnügungsetablissement, einen Tanzsaal errichten, wie ihn Wien noch nicht gesehen hatte. Lesen wir eine Beschreibung dieser Pracht von Felix Czeike, einem der kenntnisreichsten Wiener Regionalhistoriker:

»Der Apollosaal befand sich in einem unscheinbaren einstöckigen Gebäude mit breiter Gassenfront, war jedoch überaus prächtig ausgestattet (60.000 Gulden wurden allein dem bürgerlichen Silberarbeiter Haas für das in den Sälen aufgestellte Silberservice bezahlt). Wolffsohn kündigte ein ›Riesenorchester‹ von 60 Musikern an, beleuchtete das Etablissement mit mehr als 5.000 Wachskerzen und stattete den ›Feenpalast vom Brillantengrund‹ (zeitgenössische Bezeichnung), der häufig 8.000 Personen aufzunehmen hatte, mit den mannigfaltigsten Sehenswürdigkeiten aus (unter anderem Teiche mit Schwänen, Grotten, Wasserfälle).

Der Apollosaal, ein großartig angelegtes Vergnügungsetablissement, bis 1839 einer der berühmtesten Ballsäle Wiens.

Man trat zuerst in zwei Hallen, gelangte dann über eine breite Treppe in den Gelben Saal, dann in das Rote türkische Kabinett und gelangte von diesem in den Konversationssaal, dessen Rückseite eine Spiegelwand war, während an der Vorderseite sechs Marmorsäulen standen. Über eine die gesamte Saalbreite einnehmende abwärts führende Treppe gelangte man in den 80 Schritt langen Tanzsaal (mit Perlenlustern, Spiegeln, Wandgemälden, Statuen und lebenden Bäumen); die Musiker saßen auf einem am Ende des Saals aufgeführten Felsen. Vom Tanzsaal kam man in den ›Römischen Circus‹ mit seiner von 40 marmorierten Säulen getragenen Kuppel und einer Statue Josephs II. Parallel zum Tanzsaal verlief der Gartensaal (mit türkischen Zelten, Billards, lebenden Bäumen, einem Bassin und einem Rosenhain). Vom Gartensaal erreichte man über den Speisesaal (mit 32 ionischen Säulen) die 80 Schritt lange Rosenallee. Jeder Raum hatte einen besonderen Namen, jeder war architektonisch anders gestaltet und dekoriert.«[20]

Kein Wunder, dass die Welt auf dieses Wien schaute, das sich wie keine andere mitteleuropäische Stadt als Kunst- und Amüsiermeile empfahl: »Die Blätter des In- und Auslandes erschöpften sich in Beschreibungen dieser nie gesehenen Pracht«, heißt es noch Jahrzehnte später in der *Oesterreichischen Nationalenzyklopädie*, und der schwäbische Dichter Justinus Kerner lobte: »Man übersieht dort mit einem Blick so viele schöne Mädchen, als in Tübingen Einwohner sind.« Hier tanzte Napoleon erstmals mit seiner habsburgischen Braut Marie-Louise, deren Auslieferung den Frieden besiegeln sollte – Kaiser Franz persönlich führte sie aus.

Einigermaßen makaber, dass Wolffsohn, der sein Vermögen mit Kriegsveteranen verdient hatte, es ausgerechnet dort investierte, wo seine Kunden sich niemals sehen lassen konnten: in einen Tanzboden. Nicht nur, weil sie auf Holzbeinen schwerlich tanzen konnten, sondern auch, weil sie ihn sich kaum leisten konnten. Sie konnten froh sein, dass sie mit behördlicher Lizenz als Harfenisten, Drehleier- und Drehorgelspieler in den Hinterhöfen um ein paar Kreuzer ihre Moritaten absingen durften. Die »Privileg« genannte Erlaubnis für die Straßenmusik bekamen vor allem Kriegsinvaliden.

> »Eine Legion Harfenisten (so nannte man damals jeden ›Volkssänger‹) trieb sich noch in Zwanziger und Dreißigerjahren in den Häusern herum. Wahrhaft grauen- oder mitleiderregende Gestalten von dunkelster, oft auch glorioser Vergangenheit, schlichen sie, zerlumpt und zerrissen, mit einer invaliden Harfe armiert, in die Hofräume

der bevölkertsten Wohngebäude, ließen sich auf den nächstbesten ›Holzstock‹ oder auf dem Brunnenkranz nieder und krähten und schnarrten ein Lied, meist fürchterlichen Inhaltes: eine Schauerballade, eine ›Moritat‹ oder eine schandvolle Zote.«

Dies beobachtete damals der Wiener Sittenschilderer Friedrich Schlögl.[21]
Eine Eintrittskarte zur festlichen Eröffnungs-Soiree des *Apollosaals* jedoch kostete 25 Gulden – mehr als so manche kleine Magd im ganzen Jahr als Entlohnung sah. Dirigent des Abends war Johann Nepomuk Hummel, Schüler Mozarts, Freund Beethovens und später Haydns Nachfolger als Kapellmeister beim Fürsten Nikolaus II. Esterházy. Eigens zu diesem Zweck hatte Hummel – sein Opus 27 – eine Suite von »Tänzen für den Apollosaal« geschrieben. Diese ungeradtaktigen Streicherstücke klingen streng und eher wie die Menuette der Mozartzeit, aber sie weisen bereits den Weg zu dem, was nur wenige Jahre später die bürgerlichen – und adeligen – Tanzböden und das Tagesgespräch beherrschen sollte: dem Wiener Walzer.

Der dreivierteltaktige Walzer und sein Bruder, der dreiachteltaktige Ländler, erregten bereits im späten 18. Jahrhundert in manchen Gegenden Deutschlands so großen Anstoß, dass die bischöflichen Hochstifte Fulda und Würzburg sie verboten. Aber natürlich lernte Goethe als Student in Straßburg, Walzer zu tanzen, denn dies gehörte dazu, wollte er sich auf dem gesellschaftlichen Parkett sicher bewegen. Damit die neue Klanglichkeit und Rhythmik sich durchsetzen konnten, mussten erst Kapellmeister ohne strenge Ausbildung, viele von ihnen aus der Schicht der einfachen Leute, sich an die Seite der »ernsten« Komponisten wie Beethoven oder Hummel stellen und ihnen den Taktstock aus der Hand nehmen. Denn das, was nun gefragt war, das konnten sie besser. Sie hatten es meist nicht in »Akademien« (also öffentlichen Musikdarbietungen) und Konzertsälen geübt, sondern in den Tanz-Etablissements des Bürgertums – so in der *Mehlgrube*, die nach wechselvoller Geschichte kurz vor der Jahrhundertwende zu einer der feinsten Spiel- und Tanzstätten avanciert war. Hier fanden zum Beispiel die Ahnenbälle statt, zu denen – so ging das Gerücht – nur zugelassen wurde, wer 16 adelige Vorfahren nachweisen konnte. Auch Mozart hatte einst hier konzertiert. Oder sie hatten es gelernt in den Beiseln des einfachen Volks, wie dem *Heiligen Florian* von Franz Borgias Strauss. Unter Kapellmeistern wie dem Böhmen Franz Xaver Pecháček glückte der Schwenk vom Hofball, Salon- und Akademiekonzert zum bürgerlichen Tanzvergnügen.

Das Wort »Schwenk« darf beim Walzer durchaus ernst genommen werden. Physik und Physiologie dieses Tanzes waren dynamischer als alles, was die Wiener bisher von den Tanzböden kannten. Die Wurzel des Worts »Walzer« weist ein breites Spektrum an Bedeutungen auf: von »drehen« über »hin- und herwogen« bis zu »schleifen«. So klagt Joachim Westphal, ein Theologe des 16. Jahrhunderts, über »unsere faule, zarten schlumpmetzen, die daher waltzen, und die gassen mit ihren vielen dicken kleydern kehren«. Und tatsächlich gibt ein Saal voller Walzertänzer den Eindruck einer einzigen wogenden, drehenden, schleifenden Bewegung. Wenn wir den alten Bildern glauben dürfen, wurde der Walzer immer in gemischtgeschlechtlichen Paaren getanzt, nie zwischen zwei Frauen oder zwei Männern. Mal langsamer, mal schneller, je nach dem Rhythmus, den der Konzertmeister vorgab, drehten sich diese Paare fest aneinandergeschmiegt um ihren gemeinsamen Schwerpunkt.

Da der männliche Part in der Regel schwerer und muskulöser war, hatte er mehr Möglichkeiten, dieses Bewegungsspiel zu gestalten. Zog er seine Partnerin an sich, beschleunigte dies die gemeinsame Drehung und löste – nicht unähnlich den »tanzenden Derwischen« der osmanischen Tradition – zunächst Schwindel, dann Benommenheit, dann einen tranceartigen Zustand aus. Die modisch fest und eng geschnürten Wespentaillen der Damen begünstigten Atemnot und Benommenheit. So nah wie beim Walzer kamen Paare sich sonst nur im Schlafzimmer – und beim Tanz auch noch öffentlich zur Schau gestellt unter Gleichgestimmten! Dieses inszenierte Spiel des Flirts und des erotischen Kontrollverlustes war das eigentlich »Romantische« am Walzer und gleichzeitig der Gegenstand des bürgerlich-philiströsen Entsetzens, denn – so viel hatte einen dutzendfache Beobachtung gelehrt – auf

»die gesunde, aufrichtige Sinnlichkeit« (Kurt Pahlen) des Tanzes und den weiblichen Kontrollverlust folgten nach Meinung älterer Verwandter nur allzu oft illegitime Liebesverhältnisse, Schwangerschaft und Entehrung.

Die jungen Menschen schlugen die Warnungen alter Tanten in den Wind – und bald folgten die Tanten ihnen ihrerseits auf den Tanzboden, um je nach Verfassung ihrer Partner sich im Kreis herumschleudern zu lassen oder sich etwas minder temperamentvoll der allgemeinen Bewegung des gesamten Tanzvolkes – einer planetenartigen Ellipsenbewegung quer über die Diagonale des Saales – hinzugeben. Voraussetzung für die Schleifbewegung (statt des höfischen Schreitens oder des bäurischen Stampfens und Springens) war statt roher Dielen ein glattes, gebohnertes Parkett, über das die Schuhe der Tänzer gleiten konnten. Illustrationen des *Elysium* oder der *Goldenen Birne*, etwa in der einflussreichen *Wiener Allgemeinen Theaterzeitung*, beweisen, dass dieses einst rein höfische Ausstattungsmerkmal zunehmend auch in den bürgerlichen Sälen eingebaut wurde.

Mochte auch Franz Borgias Strauss im Strudel der Bedrängnisse im wahrsten Wortsinne untergegangen sein: Seinem Sohn, dem ersten Walzerkönig, war die Bühne bereitet.

Teil II

WALZERKÖNIG: DER GRIFF NACH DER KRONE

»Ein schneller Walzer in einem von tausend Kerzen erleuchteten Saale versetzt junge Herzen in einen Taumel, der die Zaghaftigkeit besiegt.«
Stendhal

Kapitel 4

Heimath-Klänge: Frühe Jahre eines »Kaschemmenkönigs«

Dass Johann diese Bühne betreten und sich bis zu seinem Tod als Hauptdarsteller auf ihr behaupten würde, hätte wohl niemand vorausgesagt. Denn seit Franz Borgias Strauss' Tod zählten Ernestine und ihr kleiner Bruder zu den Elendesten unter den Wienern. Ihnen blühte »eine Kindheit im Schatten von Armut und bedrückenden Lebensumständen …, wie sie nur für niedere soziale Schichten im damaligen Wien ›normal‹ waren«, wie der Wiener Strauss-Forscher Norbert Rubey treffend schrieb. Und egal, wie lebenstüchtig oder untüchtig Franz nun gewesen sein mag – sein Verlust im April 1816 muss eine Katastrophe für die ohnehin kleine Familie gewesen sein.

Katharina hatte zunächst einen männlichen Vormund zu bestellen, eine Art privaten Zwangsverwalter, da sie als Frau nicht rechtsmündig war. Sie bevollmächtigte diesen, sie »aussergerichtlich und gerichtlich zu vertreten, in meinem Namen Erklärungen abzugeben, Eide aufzutragen, anzubieten und anzunehmen, Vergleiche zu schließen, Gelder oder Geldes Werth für mich zu empfangen und darüber zu quittiren«; »überhaupt alles Rechtliche zu unternehmen, wofür ich Genehm- und Schadloshaltung verspreche«. So heißt es in der Vollmacht, die sie einem »Anton Müller, bürgerlicher Kleidermacher allhier« noch im selben Jahr ausfertigt. Von dem Wenigen, was ihr Mann hinterlassen hatte, kassierte demnach neben den Behörden und Advokaten der Vormund mit.

Und es war wenig – ja, es waren sogar hauptsächlich Schulden. Bier- und Holzhändler hatten den Wirt auf Kredit beliefert und sich auf sein Wort verlassen. Auf fast 3.500 Gulden summierten die Schulden sich – eine für diese Schicht astronomische Summe. Franz' größte Gläubigerin war Katharina selbst, deren Heiratsgut sich in seinen Händen fast komplett in Luft aufgelöst hatte. Um die übrigen Gläubiger halbwegs zu befriedigen, musste sie Hausrat verkaufen lassen, darunter »ein blau tücherner Klappenfrack«, der sechs Gulden brachte, aber auch manch ein Gegenstand, den Katharina oder die Kinder sicherlich gern weiter genutzt hätten. Unter anderem verlieren sie einen »eisernen Ofen samt Röhre« (20 Gulden) und ein »weiches ordinaires Kanapee mit Bettgewand« (24 Gulden). Sogar »das wenige Kuchelgeschier« (11 Gulden 16 Kreuzer) musste verkauft werden, und »2 kupferne Seichhäfen« (Nachttöpfe) fanden nebst anderen weniger anrüchigen Behältnissen ihre Abnehmer. Von den Erlösen blieb nach dem Abzug aller Sporteln – Gerichtsgebühren – und Honorare gerade noch so viel, dass Katharina ein Zwanzigstel ihrer Mitgift zurückerhielt.

Nun sah jeder, dass für die Sträusse die Musik zu spielen aufgehört hatte. Katharina scheint sich recht bald getröstet zu haben mit einem gewissen Herrn Golder. Wir wünschen uns für sie und die Kinder, dass sein Name für seinen Wohlstand spricht.

Für den zwölfjährigen Johann und seine ältere Schwester, die nun mit zwei Stiefeltern zusammenlebten, war dies allerdings noch nicht das Ende von Unsicherheit und Bedrängnis. Bitterarm wie sie war, konnte Ernestine ans Heiraten und an das Verlassen ihres elternlosen Elternhauses einstweilen überhaupt nicht denken. So blieben die Geschwister einander weiterhin eng verbunden. Sie waren ohne nähere Verwandtschaft und daher vermutlich weitgehend auf sich selbst gestellt.

Diese Isolation dürfte Johann tief geprägt haben. Als ob die Dämonen des inneren Kindes sich auf diese Weise bannen ließen, wurde aus ihm ein Arbeitstier, das auf andere und erst recht auf sich selbst keinerlei Rücksicht nahm. Zugleich pflegte er entschlossen nach allem zu greifen, was er wirklich haben wollte – seien es Gulden oder Mädchen. Und er wurde ein verschwenderisch wirtschaftender Mensch, dem das Geld nur so durch die Finger rann. Seine Unfähigkeit, die Verpflichtungen gegenüber seinen nächsten Angehörigen zuverlässig zu erfüllen, sollte diesen noch reichlich Kummer bereiten.

Vormund Anton Müller nahm seine Verpflichtungen offensichtlich ernst. Daher hatte er mit dem heranwachsenden Johann zunächst absolut nichts Musisches im Sinn. Beim Buchbinder Lichtscheidl im Baron-

Metsch-Haus in der Taborstraße steckte er ihn Anfang 1817 für fünf Jahre in eine Lehre – eine vorausschauende Wahl, denn in diesen Jahren erlebte das Buch- und Zeitungsgewerbe dank der Mechanisierung einen beispiellosen Aufschwung. Mit Joseph von Eichendorff, Zacharias Werner sowie Friedrich und Dorothea Schlegel, mit den intellektuellen Salons der Fanny von Arnstein, der Karoline Pichler und der Gräfin Fuchs war Wien ein Zentrum der literarischen Romantik. Gleichzeitig ließ die Politisierung der Massen im Zuge der Auseinandersetzung mit dem französischen Imperialismus, verbunden mit der zunehmenden Lese- und Schreibfähigkeit selbst in kleinbürgerlichen Schichten, die Österreicher zu einem Volk leidenschaftlicher Leser werden. Und was gelesen werden wollte, musste zunächst gedruckt und gebunden sein. Nicht zuletzt galt es die Notenausgaben einzubinden, die dank des billigen »Steindrucks«, der Lithografie, immer preisgünstiger und zahlreicher auf den Markt gelangten, um die Freude am privaten und professionellen Musizieren zu nähren und Musikverleger wie Artaria, Mechetti und Cappi in Wohlstand zu setzen. Die italienischen Maestri, die sich im Wiener Musikleben etabliert hatten und schon zu Mozarts Leidwesen zusammenhielten wie Pech und Schwefel, hatten ihre Landsleute als Verleger mitgebracht.

Was der Vormund seinem Mündel vielleicht mitgegeben hat, war ein Interesse für die schönen Äußerlichkeiten. Denn in einer Weltstadt wie Wien konnte ein »Kleidermacher« mehr sein als nur ein Schneider. Natürlich wurden auch vor allem Menschen gebraucht, die einfache Hochzeits- und Sterbegewänder zusammennähten, aber es galt auch, Modelle für die Personen von Stand zu entwerfen: Hochzeitskleider und -anzüge, Galas für Audienzen und Bälle bei Hof und besonders Abendkleider und -anzüge für die Tanzvergnügen, die immer beliebter wurden. Wenn jemand wusste, wie beliebt Tanz und Show in Wien waren, dann waren es die Schneider und Modisten oder Putzmacher – sie sahen es an ihren Auftragsbüchern. Putzmacher – dieser Berufsstand fertigte nicht nur Damenhüte, sondern gab auch jeder Damengarderobe den modischen Schliff, damit die Besitzerinnen ihre guten Stücke nicht nach einer Saison an Personal oder ärmere Verwandte weiterreichen mussten.

Vielleicht also hat Anton Müller in Johann einen Sinn für das Ästhetische gespürt und gefördert? Sei es ein Empfinden für guten Stil in Kleidung und Auftreten, sei es für stilvolle Musik – beides sollte Johanns Leben prägen.

Die einzige Kindheitsepisode allerdings, die auf frühe musikalische Interessen bei Johann hinweist – es ist überhaupt die einzige überlieferte Kindheitsepisode –, verdanken wir dessen jüngstem Sohn Eduard, in der Familie Edi genannt. In dessen verklärenden und an allen Ecken und Enden geklitterten Lebenserinnerungen heißt es:

> »Was die Familie über die Kindheit Johann Strauß' weiß, ist, daß der Knabe Johann, wenn in der größeren der beiden Räumlichkeiten des Wirtshauses Musikanten spielten, unter einen Tisch kroch, um ungesehen vom Vater den Musikanten zuhören zu können. Dermaßen äußerte sich bei dem nachmaligen ›Johann Strauß‹ frühzeitig sein Sinn für Musik.«[22]

Wieso »ungesehen«? Duldete Franz Borgias die Kinder grundsätzlich nicht in der Wirtsstube? Oder hatte er bereits frühzeitig Johanns »Sinn für Musik« wahrgenommen, sah diesen als nutzlos oder gar schädlich an und wollte ihm nur ja keine Nahrung geben? Fast jeder Vater hat Pläne für seinen Erstgeborenen – auch Franz für Johann? Und welche waren es? Oder hatte der Junge schon regelmäßig mitarbeiten müssen im *Heiligen Florian*, abends bis zur Polizeistunde, zum Umfallen müde gearbeitet ausgerechnet dann, wenn es galt, angetrunkene, streitlustige oder larmoyante und damit besonders anstrengende Gäste ins Freie zu komplimentieren? Hatte er Bierleichen am Kragen aus deren eigenem Erbrochenen zerren und an die frische Luft setzen müssen? Können wir andererseits dem Strauss-Biografen Norbert Linke glauben, wonach »die Musik der einzige Freudenspender in der sonst trostlosen Jugend Johanns gewesen«[23] sei? Nachzuprüfen ist nichts von alldem.

Mit seinem Eintritt in die Buchbinderlehre jedenfalls erhält Johann etwas, das den bisherigen Sträussen vermutlich gefehlt hat: die Einbindung in ein dichtes Netz fester, geregelter und Sicherheit versprechender Beziehungen. Sein Status gegenüber dem übrigen Personal und seinem Lehrherrn orientierte sich an klaren Verpflichtungen und Rechten. Morgens begann seine Arbeit immer zur selben Zeit, und war sie auch eintönig, so war eines gewiss: Irgendwann war sie sicher zu Ende. Für Beziehungen außerhalb des Betriebs sorgte die Zugehörigkeit zur Buchbinderzunft und der Kontakt zu anderen Lehrlingen.

»Der Jung«, wie ihn das Innungsbuch der Buchbinder auch nennt, lebte und aß nun in Lichtscheidls Haus und Werkstatt, wo wie damals üblich auch hauswirtschaftliche Verrichtungen zu seinen Obliegenheiten wurden. Und »der Jung kleidet sich selbst«, wie der Chronist der Handwerkerschaft wiederholt festhält – er bekam also keine Arbeitskleidung gestellt. Anders als heute waren Textilien im Budget von Menschen aus einfachen Verhältnissen ein echter Faktor. Aber vielleicht half sein Vormund mit Kleidung aus? Als Vergütung erhält Johann drei Gulden pro Jahr – kümmerlich wenig, wenn wir es etwa mit den ein bis zwei Gulden Eintritt vergleichen, die eine durchtanzte Nacht in einem der besseren Wiener Amüsierbetriebe kostete. Wie muss seine Kleidung ausgesehen haben, wenn bereits allein der gebrauchte Klappenfrack seines toten Vaters dem Käufer sechs Gulden wert gewesen war? Wie mag Johann nach solchen eleganten Insignien des bürgerlichen Anstandes und der materiellen Sicherheit gegiert haben ...

Ob das, was »der Jung« da zwischen stoff-, papier- oder lederbespannte Pappendeckel klemmte, ob ihn Eichendorffs und Schlegels Schriften interessierten? Auch dies wissen wir nicht. Lesen und schreiben konnte er, da er sicherlich die obligatorische rudimentäre Schulbildung durchlaufen hatte. Aber es steht zu bezweifeln, dass er mehr las und schrieb, als er von Berufs wegen musste. Die Sprache, die seinen Lebensweg bestimmte, kam ohne Wörter aus.

Jedenfalls war es noch nicht sein eigenes Leben, das er da lebte. Und mit der vorgezeichneten ruhigen, beschränkten Existenz hat er sich nicht begnügt, aus welchem Drang auch immer. »Biograf« Eduard behauptet, Johann habe sehr gelitten in seiner Lehre. Ludwig Scheyrer, dem wir noch begegnen werden und der sich bereits 1851 an der ersten Lebensbeschreibung des älteren Walzerkönigs versucht hat, setzt noch eins drauf, indem er behauptet, Johann sei seinem Meister weggelaufen, da dieser seine heimlichen Violinstudien nicht habe dulden wollen. Constant von Wurzbach, Autor eines vielbändigen, offiziösen *Biographischen Lexikons des Kaiserthums Oesterreich*, will sogar herausgefunden haben, dass einmal »Lichtscheidl seinen widerspenstigen Burschen beim Schopfe nahm und aus der Werkstätte zum Boden hinaufschleppte, wo er ihn mit Stricken festband«; erst Frau Lichtscheidl habe ihn befreit. Schließlich sei Johann einem anonym gebliebenen Döblinger Wohltäter buchstäblich zugelaufen, der ihn aufgenommen und neben seinem eigenen Sohn musikalisch ausgebildet habe.[24] Solche unwahrscheinlichen Erzählungen nimmt auch Johanns größter Sohn Jean 40 Jahre nach dem Tod seines Vaters in einer biografischen Einleitung zur Gesamtausgabe der väterlichen Werke wieder auf und garniert sie mit dem Satz: »Die Flucht gerieth ihm zum Heile.«[25]

Aber wie soll jemand »heimliche Violinstudien« treiben, wenn er mit seinem Meister, dessen Frau und Kindern und mit etlichen Mitlehrlingen und Gesellen unter einem Dach lebt? Mit dieser kitschigen Geschichte erzählt Jean nichts als die alte Mythe vom alle Grenzen überschreitenden Originalgenie, deren Gültigkeit er in Wirklichkeit für sich selbst in Anspruch nimmt. Denn Jean, nicht sein Vater ist es gewesen, der unter dramatischen Umständen ausbrach aus dem Zwang, dem sein Erziehungsberechtigter ihn unterwerfen wollte.

Tatsächlich absolvierte Johann seine Lehre unbestreitbar erfolgreich und wurde Anfang 1822 zum Gesellen freigesprochen. Fünf Jahre, das mag lang erscheinen, aber die Ausbildungszeiten waren nicht nur im damaligen Handwerk länger als heute. Und solange Lichtscheidl und Müller sich einig waren, verbrachte eben der minderjährige »Jung« seine Tage und Nächte in der Buchbinderei. Dass er dort sein Handwerk lernte, beweisen die offiziellen Dokumente, die die Forschung in den vergangenen Jahrzehnten publizierte. Dass er es entgegen der kolportierten süffigen Legende vom leidenden Genie schätzte, schließen wir aus den mehreren Dutzend Exemplaren »Original-Walzer, von Johann Strauss eigenhändig geschrieben und eigenhändig gebunden«, die er zu unterschiedlichen Zwecken anfertigte und die sein Biograf Ludwig Eisenberg erwähnt. Denn wenn jemand, der wenig Zeit hat, in einer Epoche, da aufwendig gestaltete Drucke das ästhetische Maß aller Dinge sind, mit seinen eigenen Händen gebundene Unikate seiner Werke herstellt, dann liebt er diese Tätigkeit.

Zum Zeitpunkt seiner Freisprechung scheint Johann allerdings längst hoffnungslos durch die oben beschriebene »Volksseuche« des Musizierens angesteckt worden zu sein. Innerhalb der kommenden zehn Jahre sollte diese Leidenschaft ihn raketenhaft in eine unfassbar hohe gesellschaftliche Umlaufbahn treiben, wie er sie sich sicherlich in seinen kühnsten Wunschträumen nicht hätte ausmalen können. Noch während seiner Lehrzeit setzt er es durch, dass er systematischen Musikunterricht erhält – auf der Violine, der »Königin der Instrumente«, was Ausdruck, Vielseitigkeit, Transportierbarkeit und Kaufpreis anging. Später aber erhält er auch Unterweisungen in Musiktheorie, und dies lässt eindeutig auf höhere Ambitionen schließen. Wer weiß, wie der Gönner heißt, der ihm gute Lehrer bescherte. Und gute müssen unter ihnen gewesen sein – das beweisen die Ergebnisse, beweist die Leichtigkeit, mit der Johann später geradezu beiläufig Ohrwurm nach Ohrwurm komponieren sollte. Der Leopoldstädter Musiker Johann Pollischansky steht als einer der Lehrer »im Verdacht« – eine Behauptung, die mit Vorsicht zu genießen ist, denn dieser ist als Solofagottist am Theater in der Leopoldstadt bekannt geworden und nicht als Violinist.

Unbelegt und unwahrscheinlich ist auch die bisweilen kolportierte Vorstellung, der Mozart-Schüler Ignaz Ritter von Seyfried, Bühnenkomponist und Kapellmeister des hochbedeutenden *Theaters an der Wien*, sei unter Johanns Ausbildern gewesen. Ein so beschäftigter Mann hätte sich mit dem halbwüchsigen Johann wohl nur abgegeben, wenn dieser ganz außergewöhnlich talentiert gewesen wäre – oder ganz außergewöhnlich zahlungskräftig. Denn Klavierunterricht etwa bei Mozart hatte schon 40 Jahre zuvor 250 Gulden im Jahr gekostet. So hohe Beträge sahen selbst ein Lichtscheidl oder Müller selten auf einem Haufen. In Seyfrieds Lebenserinnerungen jedenfalls, die mit berühmten Namen wie Franz von Suppè oder Walther von Goethe glänzen, dem musikalischen Enkel und letzten Nachfahren des Weimarer Dichterfürsten, wird Johann Strauss nicht erwähnt.

Darauf, dass der Vormund Anton Müller oder der Taufpate Johann Bauer als Sponsoren gewirkt hätten, weist nichts in den Quellen hin. Vielleicht hielt in Wirklichkeit Lichtscheidl eine starke, freundliche und auch freigebige Hand über den gelehrigen »Jung«, dessen Erfahrung und Brauchbarkeit zu seinem Handwerk ihn während seiner Lehrzeit zum ersten unter drei Lehrbuben werden ließen. Für diese segensreiche Intervention spricht schon der Umstand, dass er Johann ab 1819, also noch während dessen Ausbildung, manchmal erlaubt haben muss, sich durch Musizieren in privaten Soireen Erfahrung zu erwerben und den einen oder anderen Kreuzer hinzuzuverdienen. Denn es ist kaum vorstellbar, dass ein Lehrjunge sich verbotswidrig abends aus dem Haus seines Herrn davonschlich, um öffentlich aufzutreten, und dieser es nicht spitzbekam und ein Strafgericht folgen ließ oder ihn gar hinauswarf. So groß war selbst Wien damals nicht. Unterstellen wir also getrost einmal, dass Johanns musikalische Neigungen und Talente frühzeitig aufgefallen und gefördert worden sind – von wem auch immer.

Als erster Zeitgenosse hat der Schriftsteller Ludwig Scheyrer sich ausführlich über Johann ausgelassen – in einer 1851 bezeichnenderweise »auf Kosten des Verfassers« erschienenen Broschüre namens *Johann Strauß musikalische Wanderung durch das Leben*. Johann Strauss (Vater) war, so viel sei an dieser Stelle vorweggenommen, zu diesem Zeitpunkt bereits zwei Jahre tot. Also konnte er nichts von dem richtigstellen, was sein Biograf etwa an Unrichtigem über ihn behauptet haben mag. Scheyrer gibt dem spätbiedermeierlichen »Affen« und dessen Sehnsucht nach Heroengeschichten jedenfalls bereitwillig »Zucker«, etwa mit diesen Sätzen:

> »Johann hatte große Freude an dem Buchstabiren, aber all seine Aufmerksamkeit erlosch, als in einem Nebenzimmer des Schulhauses die Geigenstunde ihren Anfang nahm, und obwohl er alles leicht faßte und behielt, entfielen doch seinem Gedächtnisse alle jene Buchstabenlaute, welche er noch nicht von den Wirthshausmusikanten aussprechen gehört hatte. So merkte er sich a, e, d, f, g, c sehr gut, aber leicht vergaß er i, o, u, k, l und andere Buchstaben.«[26]

Wo hatte er diese »Information« her, die so sehr an das erinnert, was über den kleinen Mozart kolportiert wurde? Und woher alle übrigen Geschichten, die er – sieben Jahre jünger als der Biografierte – über Kindheit und Jugend Johanns so detailliert ausbreitet? Von dessen Schulkollegen können sie kaum gestammt haben, denn wer sollte sich solche Einzelheiten aus dem frühen Leben eines noch Namenlosen über 20 Jahre lang gemerkt haben? Immerhin aber hatte der Sohn Jean als Knabe zeitweise Privatunterricht bei Scheyrer und mag des Öfteren mit ihm geplaudert haben. Waren demnach solche Anekdoten etabliertes Erzählgut der Familie? Dann hätte aber auch Edi sie sicherlich gekannt und nacherzählt, denn sie gaben einen ergiebigen Stoff für die Selbstbeweihräucherung der Familie ab. »Frei erfunden« ist hier die einzig plausible Deutung.

Edi als der Einzige, der ausführlich über seine Familie und deren Herkommen schrieb, beklagte im Vorwort seiner 1906 erschienenen Erinnerungen, »wie sehr man im Unklaren über die Verhältnisse meiner Familie im allgemeinen und über die ihrer Mitglieder im besonderen ist«. Dies habe er »anläßlich der vor zwei Jahren stattgehabten Centenarfeier der Geburt meines seligen Vaters und der Feier meines eigenen 70. Geburtstages« erstmals wahrgenommen. Und moniert dann, »daß bei gelegentlichen Besprechungen darüber allerhand Unrichtigkeiten für bare Münze durchrollten«. Er sehe sich daher genötigt, festzustellen, dass »diejenigen, welche über den Lebenslauf meines Vaters schrieben, nie Freunde desselben (waren), noch verkehrten sie je im Hause meiner Eltern« (eine, wie wir sahen, unrichtige Behauptung). Trittbrettfahrer, so unterstellt er offensichtlich, hätten sich öffentliches Gehör verschafft, um sich mit Legendenbildung wichtigzumachen und Geld zu verdienen:

> »Homagiales Empfinden [vom mittellateinischen homagium = Huldigung] für den Reformator der Wiener Tanzmusik mag vorerwähnte Biographien nicht beeinflußt haben, wohl aber geschäftliche Erwägung.«[27]

Auf schmalen 232 Seiten schickt Edi sich dann an, diese Legenden zu korrigieren und die »Verhältnisse meiner Familie und den Werdegang eines jeden von uns drei Brüdern, den Tatsachen entsprechend, ohne Beschönigung, jedoch auch ohne Entstellung darzulegen«. Als Familienchronist kennt auch er die Kirchenbücher – aber viel mehr letzten Endes nicht. Tod und Todesumstände des Großvaters, die die Kirchenbücher genauso verzeichnen wie dessen Eheschließung, erwähnt Edi nicht. Auch den Kleidermacher und getreuen Vormund sowie dessen Entscheidung, Johann zum Buchbinder zu machen, lässt er unter den Tisch fallen. Edis Erzählung, wie Johann zum Musiker wurde, ist erheblich knapper und nur mit den notwendigsten Versatzstücken ausgeschmückt. Und auch er reiht sich munter ein in die Riege der Legendenerzähler, indem er über seinen Vater behauptet:

> »Was er sich tagsüber versagen mußte, dem widmete er sich des Nachts mit verdoppeltem Eifer; auf einem kleinen Bodenkämmerchen übte und spielte er auf einer höchst primitiven Geige nach Herzenslust. Und als er sich mit fünfzehn Jahren selbst für reif genug erfand, auch wohl den Hang zur fröhlichen Tonkunst nicht länger mehr zu meistern vermochte, entwich er seinem Lehrherrn und trat einem von Joseph Lanner und den Brüdern Drahanek gebildeten Quartette bei, welches in Jünglings Kaffeehausgarten an der Schlagbrücke, nachmals Stierböcks Kaffeehaus nächst der Ferdinandsbrücke, seine Productionen veranstaltete.«[28]

»Hochbegabter Künstler bricht aus dem Korsett der Verzweckung aus, in das sein bürgerlicher Vater ihn zwängen will«: Narrative wie dieses verklären seit der Geniezeit des späten 18. Jahrhunderts die verschlungenen Wege Tausender ambitionierter junger Menschen ins Leben. Zu Zeiten Edis waren sie geradezu konstitutiv für den Status eines Genies. Die Wiener und die Strauss-Enthusiasten dürften es gern gelesen und sich bestätigt gefühlt haben. Mutmaßungen und Legenden wie die zitierte verraten das Verlangen, Johann partout als Wunderkind gleich einem Mozart oder Schubert zu präsentieren.

Verschiedentlich wurde behauptet, Johann Strauss habe bereits 1819, also 15-jährig und mitten während seiner Lehrzeit, hilfsweise öffentlich im Tanzorchester des Neulerchenfelder Walzerpioniers

Michael Pamer gegeigt und bei dieser Gelegenheit den *Sperl*-Wirt kennengelernt, der später so wichtig für seine Laufbahn werden sollte. Weder in behördlichen Dokumenten noch in der Presse dieser Anfangsjahre allerdings wird ein solches Zusammenspiel erwähnt, wie Johanns Ururgroßneffe, der Wiener Richter und Ehrenprofessor Eduard Strauss 2023 mündlich klarstellte. Und es klingt auch sehr unwahrscheinlich, dass Johann vor seiner Freisprechung 1822 öffentlich auftrat und dann gar noch mit dem stadtbekannten Kampftrinker Pamer auf der Bühne stand. Ein Lehrherr wie Lichtscheidl galt wie ein zweiter Vater für seine Lehrlinge, und es hätte ihn vor seinen Zunftgenossen mehr als kompromittiert, wenn er geduldet hätte, dass sein Schutzbefohlener sich in derart schlechte Gesellschaft begab. Und wenn nicht Pamer selbst den »Jung« im Kaffeehaus beim Wickel genommen und mitsamt dessen Violine an Lichtscheidl oder Vormund Müller überstellt hätte, so hätte einer der Wirte dies getan, um keine unerfreulichen Verwicklungen mit Behörden oder Familie zu riskieren. So wertvoll war selbst der begabteste Tanzgeiger nicht.

Pamer allerdings war einer der populärsten Musiker seiner Epoche, und der *Sperl*, in dem er jahrelang als musikalischer Direktor amtierte, mit seinem für Sommerfeste ideal geeigneten Gastgarten eines der führenden und großzügigsten Leopoldstädter Tanz-Etablissements. Pamer hatte einen blutjungen, aber hochinteressanten und virtuosen Geiger in seinem Orchester, der einige Jahre später zum begnadeten Walzer-Komponisten und zu einem »Mozart der Tanzmusik« (so der Musikwissenschaftler Otto Brusatti) werden sollte: Joseph Lanner, der zwölfjährige Sohn einer Hauswirtschafterin und eines kriegsversehrten Handschuhmachergesellen aus der St. Ulricher Vorstadt, die später im westlichen Stadtbezirk Neubau aufgehen sollte. Ein geborener Hungerleider also, ein Handwerker wie Johann, der eine Graveurslehre an der Akademie der Bildenden Künste abgebrochen und sich möglicherweise alle seine musikalischen Fertigkeiten selbst beigebracht hatte – aber ein Naturtalent als Komponist und Bühnenmann. Diesen Lanner hatte Pamer unter seine Fittiche genommen und bildete ihn weiter aus. Und zu einem späteren, unbestimmbaren Zeitpunkt – hier kommen wir zu den Tatsachen – wurde auch Johann zu Pamers Musiker und möglicherweise Schüler.

Wir dürfen demnach – minder dramatisch, aber mit höherem Vertrauen in den Wahrheitsgehalt der Geschichte – unterstellen, dass Johann seine Lehrjahre ordentlich absolvierte, sein Handwerk schätzen lernte, nebenher die Buchbinderwerkstatt und die Kartoffeln der Meisterin putzte, geigte, Klavier spielte und profunden Musikunterricht erhielt, gelegentlich im Rahmen des Schicklichen – etwa bei privaten Festen – sich und sein Talent an der Violine beweisen durfte und 1822, knapp 18 Jahre alt und ordnungsgemäß freigesprochen, vor der Wahl stand, als Geselle in seinen aufstrebenden Lehrberuf einzusteigen oder den Nachen seines Lebens dem ungewissen Kurs einer Musikerlaufbahn zu überlassen.

Er entschied sich für Letzteres – anders als viele Generationen von Musikern vor ihm bis hin zu Franz Schubert, deren höchstes Ziel eine feste Stelle in einer Kirche oder an einem Hof gewesen war. Vormund Müller tritt als Befehls- oder Ratgeber in beruflichen Angelegenheiten zurück, zumindest hat er ab diesem Zeitpunkt den Ambitionen seines Mündels keine erkennbaren Steine mehr in den Weg gelegt, obgleich er es de jure gekonnt hätte. Denn volljährig wurde ein Mann damals erst mit 24 Jahren.

Und Johann Strauss schickte sich an zu einer Karriere, die niemand ihm je vorausgesagt hätte.

Kapitel 5

Wein, Weib und Gesang: Als Wien tanzte und Berlin turnte

Die Sterne standen günstig für Karrieren wie die des Johann Strauss. Während seiner Jugendjahre erhob Wien sich aus einer jahrzehntelangen Krise. 1809 war der Krieg dort zum letzten Mal steinerner Gast gewesen – Tod und Teuerung in seinem Gefolge. Denn der Monarch hatte, wie es Monarchen meist tun, vor allem an sich selbst gedacht. Um die durch Kriegskontributionen, Reparationen und Einnahmeausfälle zerrütteten Staatsfinanzen zu sanieren, ließ er die Steuern rücksichtslos erhöhen.

Der glanzvollen Zwischenzeit des Wiener Kongresses 1814/15 folgte die nächste gewaltige Depression auf dem Fuß. Franz Borgias Strauss war vermutlich einer von Zehntausenden, die sie in den finanziellen Ruin schlittern ließ.

Zu allem Unglück setzten die Missernten im Gefolge des katastrophalen »Jahrs ohne Sommer« 1816 dem Kaisertum und seiner Metropole schwer zu. Der landgebundene Adel, der in Wien seine Renten verzehrte, während Verwalter auf den Gütern das Maximale aus den Landarbeitern herauspressten, spürte die Ernteausfälle und sparte – nicht zuletzt an seinen Dienstboten. Tausende von ihnen verloren ihre Stellen, aber auch Handwerksgesellen und Fabrikarbeiter waren nun auf eine rudimentäre Fürsorge durch mildtätige Stiftungen angewiesen. Zeitweise sollen zwei Drittel der 10 000 Webstühle in Wien stillgestanden haben.[29]

Wer Augen hatte, dieses Elend zu sehen, der sah es – mochte er selbst der Bruder des Kaisers sein. Erzherzog Johann beschrieb seiner Verlobten, der Posthalterstochter Anna Plochl, dieses Elend als eine Art Spiel ohne Gewinner:

> »Wie kann man fröhlich sein, wenn so viele Tausende bedrängt sind? Während hier das Teuerste verfressen und versoffen wird, alles in Silber und Gold prangt, Hunderte von Kerzen verbrennen, um eine

gezwängte Lustbarkeit zu beleuchten, während viele Kleider, die ein großes Geld zum Teil nach dem Ausland brachten, an einem Abend verdorben werden, weint mancher biedertreue Hausvater bei einer Milchsuppe und seinem schwarzen Brot, oft nicht hinreichend für seine Kinder, sie satt zu machen, erschöpft von der Arbeit.«[30]

Aber um jeden Protest der Untertanen gegen ihre Auspressung und Verelendung im Keim zu ersticken, ließ Kaiser Franz seinen neuen Staatskanzler Metternich die erwähnten drastischen Zensurgesetze verkünden. »Kein Lichtstrahl, er komme, woher er wolle, soll in Hinkunft unbeachtet und unerkannt in der Monarchie bleiben«, hieß es in Metternichs Vorschrift, mit der das frisch ernannte oberste Organ der Exekutive sich seinem Kaiser empfahl.

Dunkelheit als Staatsziel, durch die die heiteren Wiener nach obrigkeitlichem Willen blind und schafsmäßig tappen sollten. So sollte der Kaiser herrschen

»... über den ganzen, von Metternich im Kunstschlaf erhaltenen Staat wie eine Art Wiener Hausherr, der im Schlafrock und Käppchen von den Fenstern der Burg herausschaut, die Völker als Mietparteien betrachtend, bald boshaft und kleinlich, bald gnadenreich, ob sie auch nichts anstellen und beschädigen, sondern sich benehmen und Ruh geben«.[31]

Ein Mehltau von Unterdrückung, Zensur und Überwachung lag seitdem über dem Land und über den Wienern. Die Behörden kontrollierten Bühnenstücke sowie Bücher, Zeitungen, Bilder mitsamt ihren Verkaufsstellen – ja sogar die Inschriften auf den Grabsteinen. Broschüren und Flugschriften durften ohne das vorherige Ja der Zensoren gar nicht erst gedruckt werden. Als besonders verbrecherisch galten Angriffe auf die Religion, abträgliche Äußerungen gegen den österreichischen Monarchen, dessen Familie und dessen Regierung, Schmähungen ausländischer Staatsoberhäupter sowie »sittenwidrige« Äußerungen. Metternichs riesiger Spitzelarmee entging so schnell keine respektlose Bemerkung gegen Staat, Kirche und die übrigen »von Gott gesetzten« Autoritäten. Den Rest besorgten seine Büttel. Die Elenden speiste man mit rudimentärer Fürsorge ab, die Aufsässigen inhaftierte man. Wer still seiner Arbeit nachging wie die Sträuße, hatte nichts zu fürchten, aber auch wenig zu erwarten vom Staat.

Und damit nicht genug: Da die Wiener sich aufgrund dieses Drucks besonders gern mit Aktivitäten belustigten, deren Ergebnisse nicht so leicht greif- und zensierbar waren – mit gemeinsamer Musik, Tanz, Theater oder geselligem Zusammensein im Kaffeehaus –, setzte man eine riesige Geheimpolizei auf sie an. Bis zu 10 000 oft amateurhaft agierende »Naderer« (von »vernadern« = denunzieren) hatten 300 000 Wiener zu bespitzeln. Der Warnruf »Naderer da!« ertönte sofort, wenn jemand, der im Verdacht stand, ein solcher Söldling zu sein, in einem öffentlichen Lokal erschien.

> »Sie stammen aus den niederen Klassen des Handelsstandes, der Dienstboten, der Arbeiterschaft, ja sogar der Prostituierten und bilden eine Vereinigung, welche die ganze Gesellschaft durchzieht ... In Wien kann kaum ein Wort gesprochen werden, das ihnen entginge ... Der Volkscharakter hat sich diesen Zuständen gemäß verändert. Da die Regierung alles getan hat, um die Wiener von ernster oder geistiger Betätigung fernzuhalten, so sind der Prater, die Kaffeehäuser und das Leopoldstädter Theater die einzigen Ziele ihres Denkens und Wünschens. Das aber müssen sie haben, und wenn sie es nicht auf ehrliche Weise erreichen können, so gehen sie eben unter die ›Naderer‹ und verdienen dadurch einen Dukaten [4,5 Gulden] wöchentlich.«

Der dies so hart und vielleicht überzogen notierte, war kein Wiener und weder ein Freund der Wiener noch ein Freund der Habsburger. Er stammte aus dem Nest Poppitz bei Znaim in Südmähren, eine gute Tagesreise nördlich von Wien gelegen. Dieser Mann hatte ein Geheimnis. Er war eigentlich auf den Namen Karl getauft, Karl Postl, und war aus bis heute unzureichend geklärten Gründen auf der Flucht, die ihn über die USA – wo er sich in Charles Sealsfield umbenannte – in die Schweiz führte. Wien war eine kurze Station seines äußerst abenteuerlichen Lebens, er erreichte es 1823. Da stand der Wiener Walzer, die gesamte Tanz- und Ballkultur bereits in voller Blüte:

»[Sonntags] von drei Uhr nachmittags bis elf Uhr nachts befindet sich die ganze Stadt in einem förmlichen Taumel von Musik und Vergnügungen. Straßauf, straßab hört man nur Musik. In jedem Bürgerhaus ist denn auch ein Klavier das erste, was man erblickt. Die Musik ist der Stolz der Wiener und auch ziemlich der wichtigste Teil ihrer Bildung [...] Der Kaiser hält sich und seine Familie für sicher, solange seine Untertanen singen und tanzen.«[32]

Frank Miller hat dazu bemerkt:

»Paradoxerweise hat gerade dieser Umstand enormes künstlerisches Potential freigesetzt, sei es im Bereich der Architektur, der Malerei, der Literatur oder – und dies vor allem – in der schier unerschöpflichen Klangwelt der Musik.«[33]

Gründerväter des Wiener Walzers. Aquarell von Theodor Zasche, 1892.

Die Revolution, die angesichts der politischen Missstände in der Luft lag, fand eben nicht auf der Straße statt, wie Sealsfield erstaunt feststellte, sondern im Tanzsaal. Und mit der Tanzmusik war kein Aufruf zum Umsturz politischer oder sozialer Verhältnisse verbunden. Für die Naderer gab es dort nicht viel zu erlauschen.

Aber diese Revolution war umso nachhaltiger. Besonders im Fasching kannte die Tanzbegeisterung keine Grenzen und nahm manische Züge an. Es soll Abende gegeben haben, an denen in 300 Lokalen gleichzeitig getanzt wurde. Hunderttausende müssen an solchen Tagen auf den Beinen gewesen sein. Nicht allen gefiel dies. »Wien leidet jetzt jedenfalls schwer an einem Walzeranfalle, und während Händel, Mozart, Haydn und dergleichen von seinen Ohren verbannt sind, herrschen Strauß und Lanner unumschränkt«[34], stellt die englische Reiseschriftstellerin Frances Trollope bedauernd fest.

Funktionale Unterhaltungs- und Salonmusik setzt sich durch gegen ästhetisch und pädagogisch Höherwertiges, so könnte man diese überhebliche Kritik zusammenfassen. Die Autorin übersah allerdings, dass in Wien auch der Fasching eine alte Tradition hatte. Bereits im späten Mittelalter veranstalteten reiche Patrizier zu dieser Jahreszeit öffentliche »Bürgerbälle«, zu denen sogar der Hof geladen wurde. Neben Maskeraden und Tanz gehörten auch Turniere zum Faschingstreiben, das sich ursprünglich auf wenige Tage vor dem Fastnachtsdienstag beschränkt hatte, im Laufe der Jahrzehnte allerdings immer weiter ausgeufert und ausgeartet war. Zur Zeit der Sträusse begann der Fasching unmittelbar nach Dreikönig, also am 7. Januar. Fiel der Faschingsdienstag auf einen späten Termin, konnten die Wiener volle neun Wochen lang feiern. Dass der Fasching bereits an St. Martin beginne und sich bis Fastnachtsdienstag durch die dunkle Jahreszeit ziehe, ist ein moderner Irrtum. Ursprünglich begann dann eine erste karge Periode. In der traditionellen katholischen Welt hatte nämlich auch dem Weihnachtsfest eine 40-tägige Fastenzeit voranzugehen. Am 11. November, dem Martinstag, endete traditionell das landwirtschaftliche Jahr, und es lag nahe, beide Anlässe zu verbinden. Bis zum Beginn der Fastenzeiten galt es, die vorhandenen Lebensmittel zu verzehren, die in Fastenzeiten missbilligt wurden, wie Fleisch, Fett, Schmalz, Eier und Milchprodukte. Der Karneval ist also – anders als die Wortbedeutung »Fleisch, lebe wohl!« (carne vale) vermuten lässt – ursprünglich ein Fressfest, in dem man je nach Wohlstand der Völlerei huldigte beziehungsweise die letzten Vorräte verzehrte.

Und manche feierten mehr als exzessiv. Der Mummenschanz erlaubte es etwa den Studenten, sich ohne Furcht vor Enttarnung zusammenzurotten, um andere zu überfallen, groben Schabernack zu treiben oder allfällige persönliche Rechnungen zu begleichen. Die »Wehrhaftigkeit« der Studenten war seit jeher gefürchtet. Die Obrigkeit suchte wenigstens solche schädlichen Auswüchse zu unterdrücken. Und aus Gründen des Schutzes vor der Pest und anderen Seuchen, aber auch aus religiösen Gründen oder sobald Hoftrauer galt, wurde der Brauch der Maskerade behördlicherseits wiederholt eingeschränkt. Schon 1626 hat sich Kaiser Ferdinand II. gegen nächtliche Vermummungen auf den Straßen gewandt, und 1677 untersagten die Mächtigen aus Sicherheitsgründen ausdrücklich das Waffentragen während der Maskerade. Zeitweise waren Maskenbälle gesetzlich beschränkt auf bestimmte Festsäle, die man als Redoutensäle bezeichnete. Das französische Wort redouter bedeutet »fürchten«, was Rückschlüsse auf das erlaubt, was einem in diesen Sälen im Einzelnen zustoßen konnte.[35]

Nicht anders als die jungen Wiener dürften die amerikanischen und englischen »Kids« der 50er- und 60er-Jahre empfunden haben, die den Leistungs- und Konformitätsdruck unter überlauten Rock-'n'-Roll-Klängen für eine kurze Nacht lang abwarfen – konfrontiert mit ganz ähnlichen und schlimmeren Anklagen, wie wir sie dem Walzer gegenüber gehört haben: stampfend, zügellos, lüstern, verwahrlost, unzivilisiert ... Aus »Wein, Weib und Gesang« wurde »Sex, Drugs, Rock 'n' Roll«, und die Alten schüttelten genauso die Köpfe.

Diese temporäre Selbstbefreiung ist ganz und gar keine Revolution, sie ist reine Selbstbewahrung und insofern Gegenteil einer Revolution, die ja alles für alle besser machen und einen dauerhaften Ausbruch aus unerträglichen Verhältnissen schaffen will. Das Opiathafte wurde der Unterhaltungsmusik des 20. Jahrhunderts ebenso vorgeworfen wie der des 19. Jahrhunderts – oft von Menschen, die sich einfach besser fühlen, wenn sie auf etwas herabsehen können. Und sie können sich sogar auf Metternich berufen, der, wie wir sahen, nichts dagegen einzuwenden hatte, dass die Menschen sich harmlos vergnügten, tanzten, flirteten, in Ekstase gerieten, weil all dies sie von der Forderung nach Reformen oder gar einer Revolution abhalte.

Aber dieses »Opium« verhindert ja keine Revolution. Folgt man etwa Brecht, der postulierte, um eine gute Revolution machen zu können, müsse man erst einmal gut sitzen, dann ist es geradezu eine Voraussetzung für »gute« Revolutionen. Denn wenn Menschen sich nur durch Hass und Verachtung zu den Quellen ihrer Kraft führen lassen und nicht durch konstruktive Gefühle, dann werden die Revolutionen so, wie die meisten von ihnen eben geendet haben: nicht gut.

Sicherlich hat es der Musik der Sträusse mehr geschadet als anderen Kompositionen, dass sie ge- und missbraucht wird als akustischer Langflorteppich für alles, was Menschen in einen Zustand von Freude und Behaglichkeit versetzen soll – zumal für die Werbung nur deshalb, weil sie dafür besonders geeignet ist. Aber das kann man nicht der Musik vorwerfen.

Gegen Beginn des 19. Jahrhunderts wandelte sich das Bild, zweifellos nicht ohne Billigung der Behörden. Zur besseren Kontrolle der Bevölkerung führte die Stadt 1820 ein neues »Tanzsaalprivilegium« ein, das nebenher dem Fiskus erhebliche Einnahmen bescherte:

»Die ›privilegierten‹ Lokalbesitzer (denen längere Öffnungszeiten finanziellen Gewinn versprachen) hatten für ›gute Ausstattung‹, ›starke Beleuchtung‹, ›bessere Musik‹ sowie für ›Anständigkeit der Kleidung‹ zu sorgen. Ferner mussten – um nur die Hauptpunkte herauszugreifen – ›alle Musiken und Bälle‹ durch öffentliche Einladungen bekanntgegeben werden. Der Eintritt war nur noch gegen ein Billett möglich. Jeder Ball besaß ab nun seine eigene ›Ballordnung‹, und es war somit nicht mehr möglich, dass das Publikum durch lautes Rufen und Schreien seine Lieblingstänze von den Musikern einfordern konnte – dabei war es immer wieder zu tumultartigen Szenen gekommen, wenn zum Beispiel Menuett-Liebhaber von Anhängern des ›Deutschen Tanzes‹ übertönt wurden. Zur Erhaltung der Ordnung wurden Militärwachen herangezogen.«[36]

In diesen Jahren schossen die bürgerlichen Wiener Etablissements, Vergnügungs- und Tanzpaläste nur so aus dem Boden und wurden immer größer und kamen allen Wünschen entgegen. Mozarts Freund, Bühnen- und Billardpartner Michael Kelly erzählt, in den Redoutensälen habe es spezielle Separees gegeben, in denen Frauen entbinden konnten, sollten die Geburtswehen sie unter einem Tanzvergnügen überkommen.[37]

Der Wettbewerb war scharf, denn nur ein voller Ballsaal brachte Gewinn – einer der Gründe für den stetigen Aufstieg und Fall der einzelnen Etablissements. »Angesagt« musste man sein, so würde man es im heutigen Deutsch ausdrücken. Die Ballsäle legten es daher schon vom Dekor her auf Überwältigung der Gäste an: mit Spiegeln, Vergoldungen, Reliefs und Skulpturen aus der antiken Mythologie, mit üppiger Beleuchtung und Blumenschmuck. Und natürlich mit der zugehörigen verführerisch-rhythmischen Tanzmusik, für die immer mehr Musiker, Kapellmeister und Komponisten zur Verfügung standen. Und natürlich Tanzmeister, deren Unterricht täppischen Wienern auf die Sprünge helfen sollte. Denn ein perfekt getanzter Walzer hatte etwas Akrobatisches.

Später wandelte man sogar die prächtigen Schwimmbäder wie den *Dianasaal* nahe der Kettenbrücke in der Leopoldstadt und die *Sofienbad-Säle* in der Landstraßer Weißgerbervorstadt für die Winter- und Faschingssaison in Ballsäle um, indem man die Bassins abdeckte und als Tanzböden freigab. All diese Amüsements brachten selbst dem Kleinbürgertum einen höfisch anmutenden Luxus auf Zeit. Frances Trollope erinnert sich:

> »In einem prachtvollen, strahlend hellen, mit vortrefflicher Musik erfüllten Saal in einer Vorstadt fanden wir an die 500 Personen, alle ausnehmend gut gekleidet. […] Die Männer waren kleinere Kaufleute oder Verkäufer, Friseure, Schneidergesellen […] Von den vornehmeren Walzertänzern unterschieden sie sich bloß in der Kraft ihrer Lunge und in der größeren Perfektion.«[38]

In den Etablissements allerdings, die auch die Dienstmägde oder Ladenkommis sich leisten konnten, war das Vergnügen teuer und rigoros bemessen: Beim »Fünfkreuzertanz« schoben die Gehilfen der Wirte die Tänzer mittels gespannter Seile vom Parkett, sobald das Kleingeld aufgebraucht war, das sie gezahlt hatten. Erst nach Zahlung einer neuen Münze ging es weiter.[39] So gab es Amüsement für jeden Geldbeutel. Nach dem Kehraus ging es brav nach Hause in mehr oder minder prächtige Verhältnisse.

Über den Verlauf des Wiener Party-Jahrs sind wir bestens unterrichtet. Johann Thyam, der in der ersten Strauss-Kapelle die Klarinette blies, hat zeitweise genau Buch geführt. Im Übrigen helfen uns die Anzeigen und Kritiken in der *Wiener Zeitung* und anderen Blättern.

Am Sonntag nach Dreikönig, zuweilen bereits am Sonntag davor, begann es mit nachmittäglichen »Conversationen« ohne Tanz, die auch während der Fastenzeit stattfinden durften und wie die meisten regelmäßigen Veranstaltungen an festgelegten Wochentagen stattfanden, sowie mit abendlichen, öffentlichen »Gesellschafts-Bällen«. Wie die unzähligen privaten Bälle der Vereine konnten auch diese bereits im Zeichen des Faschings stehen. In diesen Fällen schrieben die Gastgeber Kostümierung oder Maske statt der langen Abendgarderobe beziehungsweise der hellen oder dezent gestreiften Steghosen und gedeckten Fräcke für die Herren vor. Redouten (öffentliche Maskenbälle) waren allerdings in Wien nicht auf den Fasching beschränkt, sondern konnten durchaus auch im Sommer gefeiert werden, wie etwa 1834 in der *Goldenen Birne,* wo Johann Strauss für die Tanzmusik sorgte. Wer im Fasching gern sein materielles Glück versuchte, konnte sich bei einem der »Fortuna-Bälle« an Lotterien und anderen Glücksspielen beteiligen. Deren Erlöse kamen oft mildtätigen Zwecken und der Unterstützung Notleidender zugute. Im *König von Ungarn* in der Wieden zum Beispiel sammelte man so für die »in dem Schaumburgergrunde bestehende Kleinkinder-Bewahranstalt«.

Es folgten die Frühlings- oder Sommerfeste, für die die Wirte nach Möglichkeit ihre Gärten glänzend herrichteten, damit das Ballvolk bei gutem Wetter ins Freie ausweichen, sich mit Getränken erfrischen, Luft schnappen oder sich vor zudringlichen Verehrern zurückziehen konnte. Auch die Häuser im Prater mit ihren großen Freiflächen waren prädestiniert für solche Anlässe.

Zur selben Zeit konnten abends festliche »Assembleen« – wörtlich: Versammlungen – ohne Tanz veranstaltet werden, bei denen Musik zum Zuhören erklang. Dies waren die Geburtsorte des Konzertwalzers:

> »Man fing an fühlen zu lernen, daß die Tanzmusik nicht allein existire, um eben nur nach dem dreiviertel Takt sich belustigen und tanzen zu können, sondern daß man auch etwas getan habe, um das Gehör ebenso wie die Füße zu electrisiren.«[40]

So beschrieb der Flötist Philipp Fahrbach der Ältere, einer der ersten musikalischen Wegbegleiter des Walzerkönigs, diese Erfahrung. »Unterhaltungsmusik« und »ernste Musik« reichten einander bei solchen Gelegenheiten die Hände. Künstlerisch ambitionierte Kapellmeister – Lanner und später vor allem die Sträusse waren unter diesen weit vorn – beeiferten sich, ihrem Publikum die neueste musikalische Literatur der größten Meister Europas im Original oder fürs Orchester bearbeitet zu präsentieren. Lanners Potpourri *Die Mozartisten* von 1842 mit Motiven aus den in Wien fortdauernd beliebten Mozart-Opern ist ein frühes Beispiel des »Hörwalzers«.[41]

In der Tradition des exzessiven Kurbetriebs der Epoche standen anschließend die »Reunionen«, wörtlich Wiedervereinigungen. Wie die Kurgäste an den Badeorten nach den täglichen »Mühen« des Wassertrinkens, Flanierens und Spazierengehens am späten Nachmittag zur Musik zusammenkamen, so traf sich das feine Wien oder das, was dafür gelten wollte, nach der Sommerfrische oder den Bildungs- und Erholungsreisen, die man gern in die Sommermonate legte, weil dann die Gefahr geringer war, dass einem unfreundliches Wetter die Laune verdarb oder den Schneid abkaufte.

Reunionen konnten aber durchaus auch im Frühsommer stattfinden – oder im Dezember, wo die Bezeichnung vielleicht als Feigenblatt für einen der im Advent eigentlich missbilligten Bälle herhalten musste. Die »Nachmittags-Unterhaltungen« hatten keine eigentliche Saison. In der schönen Jahreszeit verlegte man sie gern als »Promenadenkonzerte« ins Freie. Kurzum: Es gab eigentlich keine Jahreszeit, in der man nicht musizieren und tanzen hätte können. Lediglich im

Herbst ging es etwas ruhiger zu: Zeit für die Kapellen, auf »Kunstreise«, also auf Tournee zu gehen. Systematisch sollten die Sträusse dieses Tournee-Wesen perfektionieren und auf die Spitze treiben; auch deshalb gelangten sie zu Weltruhm.

Auch konnte jedes Lokal seine eigene Saison und seinen eigenen Rhythmus haben: das *Casino Zögernitz* meist sonntags im Frühjahr, der *Grüne Zeisig* donnerstags ab Mai oder das *Casino Unger* sonntags ab dem Frühsommer.

Die Bälle liefen im besten metternichschen Geist nach einer kontrollierten, manchmal rigiden Choreografie ab, die sich am Hofzeremoniell orientierte und allenfalls durch ekstatische Begeisterung des Publikums außer Kraft gesetzt werden konnte. Es ist nicht ohne Ironie, dass »die bis heute anhaltende spezifische Ballkultur mit ihren vielen eleganten Details – von der künstlerisch gestalteten Eintrittskarte bis zur feenhaften Beleuchtung – im Grunde die wienerische Umsetzung eines behördlichen Forderungskataloges aus dem Jahre 1820« ist, wie die österreichische Volkskundlerin Reingard Witzmann feststellt:

> »Am Beginn steht eine Polonaise, dann folgen abwechselnd immer Walzer und Quadrillen; manchmal wird eine Mazur, Polka oder eine Galoppade, die in Wien im Kreis getanzt wurde, eingestreut.«[42]

Eine solche Choreografie lebt zum Beispiel im Wiener Opernball fort, dem wichtigsten Wiener Faschingsball, der zusammen mit einigen weniger bekannten Geschwistern in das Verzeichnis des Immateriellen Kulturerbes der UNESCO aufgenommen wurde. Die Abfolge der Musikstücke war von vornherein festgelegt und in einem »carnet de bal«, dem »Ballbüchlein« abgedruckt. Dies wurde jeder teilnehmenden Dame bei ihrem Eintritt eingehändigt – oft eingehüllt in eine »Ballspende«, ein kostbar gearbeitetes ledernes oder samtenes Säckchen oder Etui, das manchmal zu einem richtigen kleinen Kunstwerk geriet und sogar an den jeweiligen Anlass angepasst war. Beim Faschingsball der Ingenieursvereinigung etwa konnte eine kleine Mechanik die Ballspende zu einem Spielzeug machen, das in Momenten der Verlegenheit die Finger beschäftigte. Für Ballbüchlein und Ballspende sorgte der Veranstalter – ein Grund, aus dem die Eintrittsgelder nichts für Menschen in dürftigen Verhältnissen waren.

Jeder größere Verein inszenierte sich, und jeder Berufsstand. Es gab im Fasching Wäscherinnenbälle, Fiakerbälle, Mediziner- und Juristenbälle, die alle ihre Musik, ihre Musiker und ihre Kapellmeister brauchten – bürgerlich-private Gegenstücke zu all den *Soirées dansantes*, Reunionen, Redouten und Subskriptionsbällen des Hofes oder der Musikunternehmer. Die Bedeutungen dieser Begriffe waren nicht klar voneinander abgegrenzt. Viele sollten nur die Aussicht auf etwas Besonderes wecken. In der Leopoldstadt und auf der Wieden gab es »Armenbälle«, deren Erlöse diesen zugutekamen – wichtige Anlässe für die Selbstinszenierung der populären Kapellmeister als mitfühlende Gönner der Benachteiligten. Derartige »Aufmerksamkeiten« konnten Hunderte von Gulden in die Kassen der Hilfseinrichtungen schwemmen – und deren generöse Geber für Privilegien wie das Wiener Bürgerrecht empfehlen. So drückt der Magistrat Johann Strauss (Vater) einmal sein »Wohlgefallen« anlässlich einer Spende von fast 400 Gulden aus.[43] Die Benefiziare selbst fehlten bei all diesen Vergnügungen, da die Eintrittspreise in aller Regel zu hoch für sie waren.

Nicht vergessen werden sollen die Konzerte des Militärs, das in Kriegs- wie in Friedenszeiten seit jeher musikalisch gestimmt ist. Denn nichts überdeckt die Todesfurcht in den Eingeweiden effektiver als die Vibration des Trommelklangs, und nichts wirkte jahrhundertelang anziehender auf das Zivil als das Tschingderassa goldblinkender Instrumente in den Händen schneidiger Uniformierter. Jedes Regiment hatte seinen eigenen Marsch, seinen Kapellmeister und seine Kapelle, in die die Musikalischen unter den Männern sich drängten, denn Musizieren ist nun mal angenehmer als Exerzieren. Märsche nehmen auch in den Œuvres der »zivilen« Wiener Komponisten einen breiten Raum ein, das darf unter all den Walzern nicht übersehen werden – und mit ihnen Polkas, Quadrillen, Galoppe und andere Tänze. Fast die Hälfte von Johanns Stücken waren keine Walzer, und Jean trägt seine Bezeichnung »Walzerkönig« eigentlich nicht ganz zu Recht, denn von seinen etwa 600 Werken für Orchester waren nur ein gutes Drittel Walzer.

Anders als heute besuchte eine Dame einen Ball oft nicht in Begleitung ihres Mannes. Stattdessen hatte sie eine Anstandsdame dabei, die aufpassen sollte, dass sich vor den Augen der Öffentlichkeit nichts moralisch Anstößiges abspielte. Zweck eines Balles war es, dass jede und jeder mit möglichst vielen Partnern tanzte. Dafür reservierten die anwesenden Männer, durch Neigung oder Pflicht dazu veranlasst, einzelne Tänze bei den Damen. In die Tanzkarte, die dem Ballbüchlein beigefügt war, trug die Dame bei jedem anberaumten Tanz den Namen des Erwählten ein. Wenn sie sozusagen durchgebucht war, dann war der Ball ein Erfolg für sie.

Herrinnen dieser Choreografie waren also die Damen. Die Männer blieben Statisten. Verständlich, dass dieses Verfahren bei Ehemännern und anderen festen Partnern heimliche Beklommenheit auslösen konnte. In der *Wiener Allgemeinen Theaterzeitung und Unterhaltungsblatt für Freunde der Kunst, Literatur und des geselligen Lebens* lässt ein Ferdinand Maria Wertheim diese Beklommenheit unter der Überschrift *Des Ehemanns Ballfreuden* im Fasching am 29. Februar 1832 freimütig heraus:

»Gleich beim Eintritt umdrängt mich ein Schwarm von jungen Leuten oder vielmehr von lebhaften Teufeln, schiebt und stößt mich hin und her, und bemächtigt sich meiner Frau. Es war ein wahrer Pulk von Kosaken, es gab darunter bärtige, wie die Geisböcke [sic!], dickere und hagere. Indes meine Frau, dem einen zulächelnd, dem andern durch ein bejahendes Zeichen antwortend, den Tanz begann, machte ich mich emsig an die Arbeit des Eintrages ihres Tanz-Engagements, und merkte die glücklichen Sterblichen vor, welche mit ihr tanzen sollten. Diese Herren trugen ihrerseits mit genügsamer Miene und geflügeltem Stifte ihre, ihnen bevorstehenden Quadrillengenüsse in ihr Gedenkbuch ein.«

In den Wiener Tanztempeln der besseren Klassen wurde im Fasching selbst der Hochadel nahbar: Am 7. März 1810 zum Beispiel besuchte

Kaiser Franz I. in Begleitung seiner Tochter Marie Louise Sigmunds Wolffsohns *Apollosaal*. Ereignisse dieser Art stehen für einen Wechsel in Stil und Geschmack höfischer Kreise, der sich auch musikalisch ausdrückte. Während zu josephinischen Zeiten »ernste« Kapellmeister, Komponisten oder Musikunternehmer wie Christoph Willibald Gluck für die Hof- und zusätzlich für die Tanzmusik sorgten, waren seit der Zeit des Wiener Kongresses geborene Tanzkapellmeister besonders gefragt. Dies war das Substrat, auf dem all die Wildes, Pecháčeks, Pamers, Lanners, Fahrbachs und Strausse gediehen. Allein die Strausse wuchsen zu überragender Größe.

Typisch für derartige Karrieren war die des schlesischen Lehrersohns Joseph Wilde, der in der renommierten *Mehlgrube* als Franz Xaver Pecháčeks Geiger seinen musikalischen Schliff erhielt. In der Folge spielte er, 1809 zum Musikdirektor der *Mehlgrube* und 1814 zum Direktor der kaiserlichen Redoutensäle in der Hofburg ernannt, mit einem bis zu 80 Mann starken Orchester auf vielen Bällen des Wiener Kongresses auf – etwa seine *Alexander's Favorit-Tänze*, die er dem bis zur Erschöpfung tanzfreudigen Zaren Alexander I. widmete. Ein Brillantring von der Hand des Beherrschers aller Reußen verriet funkelnd dessen Zufriedenheit. Kein Wunder, wenn naturwüchsige musikalische Talente »aus dem Wiener Volk« und aus den Vorstädten zunehmend in den Blick des Monarchen und seiner Berater gerieten. Diese neue Präferenz fürs Populäre lebten die Habsburger den anderen europäischen Höfen vor. Sie wird uns noch beschäftigen. Für die raketenhaften Karrieren der Strausse war sie äußerst folgenreich.

Einem dieser Vorstadttalente, Michael Pamer, verdanken wir die Wiener Walzer in deren moderner Form. Zur Kongresszeit spielte er vermutlich unter Wilde und Pecháček vor den versammelten gekrönten Häuptern und Diplomaten auf. Später gastierte Pamer mit seinem Orchester als Musikdirektor im *Schwarzen Bock* auf der Wieden, einem ehemaligen Einkehrwirtshaus, das frühzeitig das Tanzsaalprivilegium erworben hatte, im *Weißen Schwan* in der Rossau nördlich der Inneren Stadt oder im *Sperlbauern* in der Leopoldstadt. Als k. k. Redoutendirektor war er einer der Nachfolger Wildes. Pamers Kompositionen waren das Neuartigste und Heißeste, das Wien kannte – seine Walzer waren legendär, da sie in die Füße gingen wie sonst keine Tanzmusik.

Bereits vor dieser Zeit soll Pamer einem zweifelhaften Bericht zufolge in der *Goldenen Birne* in der Landstraßer Hauptstraße (einem Traditionswirtshaus, in dem Gäste wie Balzac, Beethoven oder Stifter abgestiegen waren oder gezecht hatten) ein Wunderkind engagiert haben: den bereits erwähnten Violinisten Joseph Lanner. Ein Vorbild für Johann, und mehr als ein Vorbild.

Vor allem Pamers Erfindungsgabe verdanken wir die kanonische Form des großen Wiener Walzers: seinen Aufbau, der bei einer Gesamtlänge zwischen ungefähr sieben und zehn Minuten aus einer langsamen Introduktion, einer Kette mehrerer Walzersätze mit ähnlichen musikalischen Motiven und einer abschließenden Coda bestand. Diese suitenartige Konstruktion sorgte einerseits für abwechselnde musikalische Stimmungen und Rhythmen, andererseits in den atembenehmend langen Tanzfolgen für Haltepunkte, von denen vor allem ältere Tänzer gern Gebrauch gemacht haben dürften. Zu Lebzeiten rangierte er auf Augenhöhe mit unbestrittenen Größen wie Beethoven, wie seine Notenausgaben bei den angesehensten Verlagen beweisen. Als Komponist war Pamer demnach innovativ und ein Vorbild für junge Musiker wie Lanner – und wenig später für Johann Strauss. Diese beiden sollten in Pamers Nachfolge eine mehr als ein halbes Jahrhundert hindurch geltende Norm schaffen, indem sie die Walzerkette auf eine Suite von meist fünf Tänzen reduzierten, umrahmt von einer Einleitung und einer Coda. (Wenn in diesem Buch von »einem« Walzer die Rede ist, ist meist eine solche Suite gemeint.)

Der »Wiener Walzer« wird heute zu den Standardtänzen gezählt. In seiner Frühzeit war er nicht klar unterschieden vom Ländler oder Deutschen. »À l'Allemande« oder »alla tedesca« zu tanzen hieß im 18. Jahrhundert, mit engem Körperkontakt zu tanzen, statt einander nur an Händen oder Armbeugen zu berühren wie bei den höfischen Tänzen. Kennzeichnend für den Walzer und besonders für den Wiener Walzer war dessen höhere Geschwindigkeit, die mit kunstvollen Figuren in bravourösen Choreografien verbunden war. Dass »der Wiener

Walzer alles an wilder Raschheit« übertrifft, stellte bereits 1797 das *Journal des Luxus und der Moden* fest, die erste deutsche Lifestyle-Zeitschrift. In Johanns Kindertagen war der Wiener Walzer noch ein bloßer Modetanz – ein neuer Tanz wie auch der eng verwandte Langaus, der bereits 1806 in Mode stand. Beim Langaus drehten sich die Paare nicht nur miteinander im Kreise wie bei den Ländler oder Deutscher genannten Volkstänzen und auch wie beim Walzer. Sie durchmaßen zusätzlich in hohem Tempo auf elliptischer Bahn – ganz wie Erde und Mond, die sich umeinander und gleichzeitig um die Sonne drehen – diagonal den Tanzsaal, dessen gesamte Länge sie dabei auskosteten; daher der Name, der übrigens auf der zweiten Silbe betont wird. Das Tanzparkett musste dafür ausreichend dimensioniert sein, die Architekten hatten entsprechend großzügig zu bauen. Die durchschlagende Wirkung auf die Tänzerinnen und Tänzer haben wir bereits beschrieben: Nach ein paar Runden erfassten sie Schwindel und eine Benommenheit, die nicht selten in eine trancehafte Ekstase mündete. Den *Briefen eines Eipeldauers* aus der Feder des zeitgenössischen Satirikers Joseph Richter zufolge »glaubt man, statt deutscher eingezogner (sittsamer) Schönen, / Betrunkene Bacchantinnen zu sehen«.[44]

Dass er nur die Auswirkungen des Langaus auf die Frauen beschreibt, bedeutet nicht, dass man nur Frauen unterstellte, die Selbstkontrolle zu verlieren. Aber man beurteilte Frauen strenger – obwohl sie Opfer der Kleiderordnung waren. Denn die gefürchtete Ekstase brachte man besonders mit den einengenden Ballkleidern in Verbindung. Eine Frau war »gut geschnürt«, wenn zwei große Männerhände über Mieder und Kleid ihre Taille hätten umspannen können. Lunge, Herz, Magen und was sie sonst noch zum Leben brauchte, hatte sich über oder unter diese kritische Linie zu »verdrücken« und musste seine Dienste versehen, so gut es in dem beschränkten Raum eben möglich war. Daher waren die Tänzerinnen besonders anfällig für den trancehaften Zustand, den ein Überschuss an Kohlensäure im Blut hervorruft.

Der verklärende Männerblick des französischen Ministers und Schriftstellers Auguste de la Garde beobachtete, was beim Wiener

Kongress geschah, sobald die Souveräne ausverhandelt und das diplomatische Parkett geräumt hatten:

»Alsbald schien sich eine elektrische Bewegung der ganzen Versammlung mitzuteilen. Man muss es in Wien mitansehen, wie beim Walzer der Herr seine Dame nach dem Takt unterstützt und im wirbelnden Laufe hebt, und diese dem süßen Zauber sich hingibt und eine Art von Schwindel ihrem Blick einen unbestimmten Ausdruck verleiht, der ihre Schönheit vermehrt. Man kann aber auch die Macht begreifen, die der Walzer ausübt. Sobald die ersten Takte sich hören lassen, klären sich die Mienen auf, die Augen beleben sich, ein Wonnebeben durchrieselt alle. Die anmutigen Kreisel bilden sich, setzen sich in Bewegung, kreuzen sich, überholen sich. Man muss diese hinreißend schönen Frauen gesehen haben, ganz von Blumen und Diamanten strahlend, durch diese unwiderstehliche Musik fortgezogen, auf den Arm ihres Tänzers sich lehnend und glänzenden Meteoren gleich. Die Lust endete erst mit der Nacht, erst die Strahlen der aufgehenden Sonne schienen dieser belebten, blendenden Gesellschaft ein Ziel setzen zu können.«[45]

Kein Wunder, wenn manche Tänzerin bei einem temperamentvollen Langaus oder Walzer »schlappmachte«, und die Männer dürften es billigend in Kauf genommen haben, wenn ihre Angebetete in ihren Armen bewusst- und willenlos zusammensackte und tätige Reanimierung verlangte – begleitet von mitfühlenden, neugierigen oder hämischen Blicken der Umstehenden oder der allgegenwärtigen Naderer, die ihre Berichte an die Behörden mit solchen Missgeschicken anreichern konnten.

Zumindest einer dieser Naderer hatte seiner »Treue« allerhöchste Privilegien zu verdanken: der Bergamasker Peter Corti, als Pietro Corti geboren und einer der vielen Geschäftsleute und Gastronomen italienischen Ursprungs, in deren Lokalen sich nicht nur Wiens italienische Künstler und Musiker wohlfühlten. Mit kaiserlicher Sondergenehmigung durfte Corti im *Volksgarten* direkt am Rande der Hofburg einen Cafébetrieb eröffnen und dazu ein Gebäude des Hofes pachten.[46]

Es war nicht das erste, aber eines der ersten großen Wiener Kaffeehäuser und – für unsere Geschichte bedeutsam – ein Ort für luxuriöse, teure Musikaufführungen. Seine Größe, seine zentrale Lage und der umgebende Park mit seinen Flanier- und Sitzmöglichkeiten prädestinierten das bald sogenannte *Zweite Cortische Kaffeehaus* zum Ort angesehener Veranstaltungen und erlaubten es den höheren Ständen, sich unter das Bürgertum zu mischen, ohne ihrer eigenen Würde Eintrag zu tun. Sein erstes Kaffeehaus durfte Corti in unmittelbarer Nachbarschaft, im Paradeisgartl an der alten Löwelbastei betreiben.

Das Paradeisgartl in Wien mit dem Corti'schen Kaffeehaus.
Lithographie von Johann Raulino (1785–1838).

Mehr noch als die Wein- und Bierschenken avancierten in dieser Zeit die Kaffeehäuser zu Orten der Entspannung und zu Nachrichtenbörsen. Das Wachstum der Stadt und die permanente Wohnungsnot brachten es mit sich, dass immer mehr Menschen in der Inneren Stadt arbeiten und in den Vorstädten wohnen mussten. Seinen Heimweg vom beruflichen zum familiären »Gefechtsfeld« wollte sicherlich so mancher verlängern und sich eine Erholungs- und Plauderpause gönnen, bevor er den Linien-Stellwagen, den Vorläufer der Omnibusse, oder den Fiaker nach Hause bestieg. Die Allgegenwart und manchmal auch die schieren Dimensionen dieser Lokale verschafften ihnen einen legendären Ruf, der bis heute nachhallt. 1836 wunderte sich der Berliner

Humorist und Satiriker Adolf Glaßbrenner in seinen »Bildern und Träumen aus Wien« über die Lust der Wiener am viel berufenen »Türkentrank«:

»Auf die Frage Wo? Steht in Wien das Kaffeehaus. Wo spreche ich dich? – Im Kaffeehause! – Wo werden wir heut nach Tische sein? – Im Kaffeehause! – Wo hole ich Sie mit dem Fiaker ab? – Im Kaffeehause! – Weiß der Wiener nichts Besseres, sei es Morgen, Mittag, Abend oder Nacht, so trinkt er Kaffee; hat er eine Gardinenpredigt anhören müssen, so trinkt er Kaffee; plagen ihn die Gläubiger, und weht ihn endlich die Langeweile mit ihrem giftigen Odem an, so geht er schnell ins Kaffeehaus, läßt sich ein Glas Melange geben, stopft sich sein Meerschaumpfeifchen, plaudert oder liest Journale, spielt Whist oder Billard, Tarock, Piquet, Preference, Schach oder Domino, und die Langeweile mag überall ihre Opfer finden, in Palästen und Hütten, in Theatern und Kirchen, in den Pariser Salons wie in der Berliner ästhetischen Tees: durch die Glastüren eines Wiener Kaffeehauses dringt sie nie!

Der Kaffee ist seit dem Jahre 1683, nach der zweiten Türkenbelagerung, das Lieblingsgetränk der Wiener geworden, und noch zu jeder Stunde des Tages schlürfen sie ihn mit einer Wollust hinunter, als seien sie eben von dem glücklichen Feldzuge gegen die bunten Barbaren heimgekehrt. Der Kipfel, ein wohlschmeckendes Gebäck, wie ein türkischer Säbel geformt, erhöht noch die Illusion, und den Wiener kann die kleinste Illusion glücklich machen. Das wissen die Machthaber und machen ihn ungeheuer glücklich; sie wälzen ihn aus einem Genuß in den andern, bis ihm in einem leichten Rausche der Himmel voll Geigen hängt.«[47]

Durch diese Unterstellung einer Art Wiener Dauerbeschwipstheit klingt, wenn auch sanft und freundlich intoniert, eine »preußische« Geringschätzung der Wiener Lebensart hindurch, die weniger verbissen und moralisch ist, als deutsche Augen es gerne sähen. In Preußen gab man sich damals eher militärisch inspirierten Leibesübungen hin. Die Wiener Lebensart dagegen gleicht einem bewussten oder halb bewussten Schweben und Gleiten an der Oberfläche des Lebens, in dessen Tiefen jeder ohnehin früher oder später stürzen wird. Immerhin konnte sich auf dem Fundament einer derart leichten (nicht leichtfertigen!) Lebenseinstellung eine Kultur entwickeln, die auch die Musik nicht allzu schwer nahm und die Tausende mehr oder weniger ausgeprägter Talente hervorbringen oder an Wien binden konnte. Eine Kultur, die die Tänze der einfachen und gering geachteten untersten Schichten einer strikt hierarchischen Gesellschaft zur großen Mode machte, der auch Kaiser und Königinnen sich wollüstig hingaben. Der Name, der heute für diese Kultur zualleroberst steht, heißt: Strauss.

Dieser Kultur stand es im Übrigen zunächst fern, »Kunst« und »Unterhaltung« so streng zu trennen, wie es im 20. Jahrhundert gerade im deutschen Sprachraum üblich war, oder gar auf die Unterhaltung so überlegen hinabzublicken, wie es ansonsten kluge Köpfe bis heute gern tun. Man hatte im 19. Jahrhundert eben bislang nicht erlebt, wie die Unterhaltung, systematisch massenmedial verstärkt, missbraucht worden war, um Millionen zu manipulieren und deren Traum- und Wunschpotenziale zu benutzen, um sie gegeneinander aufzubringen, gefügig zu machen oder zum Durchhalten in hoffnungsloser Lage zu bewegen.

Übrigens schrieben auch die anerkannt größten Komponisten »ernster« Musik der Strauss-Zeit Walzer – sei es, um dem Parkett Tanzmusik zu liefern, sei es, um das Potenzial rhythmischer Ekstase in den Konzert- oder Kammermusiksaal zu bringen. Der Wiener Franz Schubert komponierte weit über 100 Walzer und Ländler, die meisten ohne Auftrag von adeliger oder bürgerlicher Seite. Der junge Chopin ließ sich bei einem Wien-Aufenthalt von einigen Monaten zu seinen berühmten Walzern inspirieren. Und der alte Beethoven, der den Walzer die längste Zeit gering geschätzt hatte, verfiel einem Walzerthema des Musikverlegers und Komponisten Anton Diabelli dermaßen, dass er sich vier Jahre lang in dieses verbiss und nicht weniger als 33 Variationen darüber schrieb – eines seiner berühmtesten Kammermusikwerke.

Umgekehrt nahmen die Kapellmeister vom Kaliber eines Pamer oder Pecháček – wir werden sie alle noch näher kennenlernen – durchaus gerne auch Stücke »ernster« Maestri in ihre Konzertprogramme auf. So debütierte Richard Wagners Tannhäuser-Musik in Wien mit Johanns Sohn Jean am Dirigentenpult bereits 1854 in dessen Konzerten in den *Sofienbad-Sälen*, lange bevor die Theater Wagner-Opern auf ihre Spielpläne zu nehmen wagten. »Als guter Kapellmeister will er das Neueste zuerst spielen, als populärer wagt er, seinen Ruhm damit zu belasten«[48], urteilte dazu der Wiener Musikkritiker und Schriftsteller Ernst Décsey. Vor 150 oder 200 Jahren war ein Konzert noch keine Liturgie, und so erklangen in entspannter Atmosphäre »U« und »E« bunt gemischt, einander anverwandelt, »remixed«, als Quodlibets und Potpourris garniert und auf Wunsch des Publikums beliebig oft, in Endlosschleife gleichsam, wiederholt. Niemand fand etwas dabei, wenn die Zuhörer nicht nur nach dem Ende der Sätze, sondern während die Musiker noch spielten, ihrer Begeisterung lautstarken Ausdruck verliehen. Und auch gebildete Bürger – um von Adel und Klerus abzusehen – waren zufrieden mit »musikalisch-deklamatorischen Abendunterhaltungen«, die sich aus »bravourösen Instrumentalstücken, unterhaltsamen Rezitationen und leicht anzüglichen Duetten zusammensetzten«, wie ein späterer Kritiker mäkelte.

Insofern waren populäre Kapellmeister wie die genannten wichtig auch für die klassisch gebildeten Komponisten, denn durch sie lernten breitere Schichten das »ernste« Repertoire besser kennen. Dies mag einer der Gründe sein, aus denen die berühmtesten Meister des 19. Jahrhunderts sich äußerst respektvoll über die Sträusse äußerten, ihre Bekanntschaft suchten und in Kontakt mit ihnen traten, wenn sie in Wien weilten. Oder wenn sie gar – wie der in Wien domizilierende Hanseat Johannes Brahms – sich mit ihnen befreundeten. Ein anderer Grund ist die technische Schwierigkeit der so leichtfüßig daherkommenden Tanzstücke. Dies gilt auch für die als bestenfalls harmlos beleumdete Operette, die den Hauptdarstellern sowohl musikalisch als auch darstellerisch mehr abverlangt als die meisten »ernsten« Opernrollen.

Kein Wunder, dass Wien der Gründungsort einer der ersten Musikvereine der Welt ist: der Gesellschaft der Musikfreunde, die seit über 200 Jahren das musikalische Leben Österreichs prägt, bereits im frühen 19. Jahrhundert Tausende von Zuhörern und Hunderte von Musikern für ihre Konzerte zu mobilisieren verstand und »die Emporbringung der Musik in allen ihren Zweigen« bis heute ermöglicht. Musikbegeisterung und -kennerschaft nehmen in Wien manchmal fast schon gewalttätige Züge an. Stefan Zweig schildert das Abschiedskonzert im *Bösendorfer-Konzertsaal* in der Herrengasse, der zugunsten des ersten Wiener Hochhauses weichen sollte:

> »Als die letzten Takte Beethovens verklangen, vom Rosé-Quartett herrlicher als jemals gespielt, verließ keiner seinen Platz. Wir lärmten und applaudierten, einige Frauen schluchzten vor Erregung, niemand wollte es wahrhaben, daß es ein Abschied war. Man verlöschte im Saal die Lichter, um uns zu verjagen. Keiner von den vier- oder fünfhundert der Fanatiker wich von seinem Platz. Eine halbe Stunde, eine Stunde blieben wir, als ob wir es erzwingen könnten durch unsere Gegenwart, daß der alte geheiligte Raum gerettet würde.«[49]

Das Showgeschäft lag den Wienern jener Zeit ganz offensichtlich im Blut. Diese Industrie – eine Industrie in bürgerlicher Hand wie die Maschinenbau- oder Druckbetriebe auch – bot mengenweise theatralische und musikalische Volksbelustigungen sowie Tausende von volkstümlichen Sängern, Instrumentalisten und Schauspielern auf, von denen namentlich Ferdinand Raimund und Johann Nestroy weit über Wiens Grenzen hinaus berühmt wurden. Zunächst traten sie in den Vorstadttheatern und -beiseln auf, später errichtete man große Singspielhallen für sie, Mischformen von Theater und Varieté. Die Gaststätte Zum *Grünen Tor,* schräg gegenüber Johanns erstem Familienheim in der Rofranogasse (der heutigen Lerchenfelder Straße) gelegen, war ihre frühe Hochburg. Mutige, begabte Menschen aus den besitzlosen Klassen sahen und ergriffen die Chancen auf Wohlstand, ein gewisses Ansehen und ein interessantes Leben, die dieses Milieu ihnen bot. Besonders galt dies für Frauen, wie Antonie Mansfeld oder die »Fiaker-Milli« Emilie Turecek, denen zusätzlich ein erhebliches Maß an persönlicher Unabhängigkeit winkte, wenn sie in diesem Geschäft reüssierten. Sie begriffen, dass ein frivoles Auftreten, Skandale und anzügliche Texte ihre Popularität förderten. Johann Strauss, der berühmte

Abkömmling der Unterklasse, hat es ihnen nicht direkt vorgelebt, aber sicherlich war sein kometenhafter Aufstieg ein Ansporn für viele, ihre Träume ernst zu nehmen.

Wirtschaftlich und sozial gesehen erreichte Wien erst nach 1825 wieder das Niveau der Vorkriegszeit, und von nun an ging es an die 20 Jahre lang unaufhaltsam bergauf. »Die hellste Zeit des dunklen Biedermeier dürften die Jahre etwa zwischen 1827 und 1840 gewesen sein.«[50] Der Ausbau der Verkehrswege im Kaisertum, die alle auf die Hauptstadt zuliefen, und besonders die Eisenbahn sorgte dafür, dass Wien wie eine Spinne im Netz komfortabel im Zentrum eines Geflechts von Fernverbindungen saß. Dies zahlte sich in vieler Hinsicht aus und zog weitere 100 000 Menschen magisch in die Metropole, deren Bevölkerungszahl 1845 die 400 000 überschritt. Aber auch Bahnstrecken ins unmittelbare Umland machten Transporte und Reisen um ein Mehrfaches schneller und für breite Schichten erschwinglich. Die Lokomotiven bewegten ihre Waggons mit Geschwindigkeiten von 45 bis 60 Kilometern pro Stunde. Eine solche Strecke bewältigten die pferdebespannten Postwagen, wie sie Nikolaus Lenau etwa zur selben Zeit in seinem Gedicht *Der Postillion* noch so romantisch heraufbeschwor, bei schlechten Straßenverhältnissen nicht einmal an einem Tag. Ist es ein Zufall, dass der Walzer, der bis dahin schnellste aller Tänze, das Wiener Publikum zu einer Zeit begeisterte, als mit dem mechanisierten Verkehr das gesamte Leben sich beschleunigte?

Kapitel 6

Wiener Kreuzer-Polka:
Vom »Bratlgeiger« zum »Musik-Director«

Eine fürchterliche Kindheit in einer erinnerungslosen Familie – das also ist das Erbe, das Johann Strauss in sein Erwachsenenalter mitnimmt. Halbwaise mit sieben. Waise mit elf. Vier von fünf Geschwistern als Säuglinge gestorben. Umzüge, Entwurzelung, Teuerung, Schulden. Kriegsnot, Sterbende und Leichen am Wegesrand, Granatenbeschuss und Tage im Keller, während draußen die Welt unterzugehen scheint.

Das alles wissen wir aus neutralen Aufzeichnungen von Außenstehenden, nichts davon aus der Innensicht der Familie. Augenscheinlich hat sie sich selbst keine Geschichten erzählt, die das Erlebte einordneten und ihm einen Sinn gaben.

Warum aber Johann Strauss sich selbst aus all diesen Schrecknissen heraushob, das bringt sein berühmtester Sohn Jean auf den Punkt: »Mein Vater war ein Musiker von Gottes Gnaden.«

Dies klingt sehr selbstbewusst und nicht ohne Anmaßung in einer Epoche angemaßten, spätfeudalistischen Gottesgnadentums, denn damit behauptete Jean ja genau genommen, dass sein Vater gleich einem Fürsten diese göttliche Berufung ererbt und vererbt habe. Aber

> »… wäre sein innerer Drang nicht ein unwiderstehlicher gewesen, die Schwierigkeiten, die sich ihm in der Jugend entgegenstellten, hätten ihn gewiss in eine andere Bahn gedrängt«[51].

Johann meisterte diese Schwierigkeiten in einer Mischung aus Beharrungskraft, Charme und Ruchlosigkeit.

Im Januar 1822 hat der Buchbinder Johann Strauss ausgelernt. Die nächste Hürde auf dem Weg zum Erwachsenwerden ist übersprungen. 17 ist er da. Obwohl Vormund Anton Müller nach dem Gesetz noch bis zum 13. März 1828 das letzte Wort über ihn haben wird, ist es nun an dem jungen Mann, Entscheidungen fürs Leben zu treffen. Wir dürfen ihn uns als möglicherweise seelisch traumatisierten und körperlich nicht sehr robusten, aber durch das überstandene Elend seiner Jugendtage aufs Äußerste zur Anstrengung motivierten jungen Mann vorstellen.

Ob er ein gewisses Talent zum Glücklichsein, das die meisten Kinder natürlicherweise haben, in sein Jugend- und frühes Erwachsenenalter hinüberretten konnte? Jedenfalls besaß er die Gabe, Freunde zu finden und andere Menschen an sich zu binden und für sich einzunehmen. Diese Gabe sollte er später als Musiker vielfach glanzvoll unter Beweis stellen. Und jedenfalls besaß er einstweilen genug von der Anpassungsfähigkeit und inneren Robustheit – das Wort »Resilienz« war noch nicht erfunden –, die wir heute an den Menschen früherer Epochen so bewundern und die die meisten Wiener damals zum Überleben einfach brauchten.

Was sollte er als Nächstes tun? Eine Stelle als Buchbindergeselle suchen? Pausenlos arbeiten etwa, wenn das Auftragsbuch seines Meisters überlief, und das geliebte Musizieren auf den Sonntag verschieben? Schließlich wurde die Länge eines jeden Arbeitstags erst Ende des 19. Jahrhunderts gesetzlich auf elf Stunden reduziert; und noch viel länger war der Samstag ein regulärer Arbeitstag. Nein, nichts deutet darauf hin, dass Johann je in seinem gelernten Handwerk Geld verdient oder auch nur um eine Stelle angefragt hätte. Und doch hören wir von Anton Müller keine Ermahnungen, sehen keine Durchkreuzungsversuche, nehmen keine Empfehlungen oder Protektionsversuche wahr. Ebenso wenig sehen wir dies von seiner Stiefmutter Katharina oder deren zweitem Ehemann Golder – kein Wunder vielleicht, denn diese waren im Grunde ja fremde Menschen.

Johanns Begabung als Instrumentalist und sein Charisma als musikalischer Unterhalter waren anscheinend wahrgenommen, anerkannt und gefördert worden. Er hatte Freiraum zum Üben genossen und Violinunterricht. Seine Erzieher gingen ein großes Risiko ein, indem sie einen offenbar tüchtigen Handwerker »von der Leine ließen« und ihm den Weg in eine alternative Existenz im zwar gewaltig expandierenden, aber wirtschaftlich unsicheren Geschäft mit der Tanzmusik

Johann Strauss Vater (1804–49), der erste Walzerkönig. Lithografie von Josef Kriehuber, 1835.

nicht versperrten. Sollte der Kleidermacher Müller mit seinen Kenntnissen des Luxus und der Moden etwa das beste Gespür für den »Jung« und dessen Talente und Aussichten besessen haben?

Eine ähnliche Unterstützung blieb Johann seinen eigenen Kindern später schuldig; er platzierte mit dieser Verweigerung einen Sprengsatz unter dem Fundament seiner Familie.

In welchen öffentlichen Tanzvergnügen der hoffnungsvolle Jungmusiker Johann sich nun neben ein paar Kreuzern Gage seine ersten Meriten als Instrumentalist verdiente oder wie er sich sonst durchschlug, ist unbekannt. Schon während seiner Lehrjahre hatte er die Bühne kennengelernt, wenn es sich auch nur um die Salons betuchter Wiener Bürger gehandelt haben dürfte. Die Brüder Scholl führten ihn vermutlich dort ein – Abkömmlinge einer produktiven Musikerfamilie mit nicht weniger als fünf Söhnen. Der in Galizien geborene Carl Scholl, ein erfahrener Komponist, Dirigent und Flötist, konzertierte mit seinem Ensemble, dem auch Michael Pamer zeitweise angehörte, nicht nur in Privathäusern, sondern auch öffentlich, unter anderem am Theater in der Leopoldstadt, am Alten Burgtheater und an der Hofoper. Die Scholls ließen sich in wechselnder Zusammensetzung auf Wiener Bühnen hören und baten fallweise andere Instrumentalisten hinzu.

Wie die Scholls mit Johann zusammengekommen sind, darüber kann man nur spekulieren. Die Tanzmusik dieser Zeit war überhaupt geprägt von rasch entstehenden und zerfallenden Ensembles. Warum sollten sie es also nicht einmal versucht haben mit diesem hübschen und an der Violine talentierten Jungen?

Von solchen musikalischen Familien oder Brüdergespannen wie den Scholls – übrigens gab es im Wien dieser Jahre gleich zwei nicht miteinander verwandte Musikerfamilien dieses Namens – sah das Wien des 19. Jahrhunderts etliche. Da waren neben Michael Pamer, seinem Vater und seinen Brüdern etwa die erwähnten Drahanek-Brüder, bei denen Johann später die Viola spielte und seinen Kollegen Joseph Lanner kennenlernte. Da waren die vier Fahrbach-Brüder, von denen einige später Posten in den verschiedenen Strauss-Kapellen hatten, die aber bisweilen mit ihren eigenen Kapellen auftraten und den Sträussen Konkurrenz machten. Von den Morelly-Brüdern machte zunächst Franz, der ältere, erfolgreich Johann, später Ludwig, der jüngere, Jean die Führungsrolle in Wien streitig. Die Schrammel-Familie schließlich wurde sogar so sprichwörtlich populär, dass ein ganzer Musikstil nach ihr benannt ist und bis heute manche Kleinensembles die generische Bezeichnung »Schrammeln« in ihre Namen aufnehmen. Dass in der Generation nach Johann in gleicher Manier auch die Strausse zusammen auftraten und ihr Familienname zum »Markennamen« werden sollte, ist also nicht weiter auffällig. Aber es war vor allem die Stabilität der Strauss-Kapelle, die diesem bei der Entfaltung seiner außergewöhnlichen Qualität und bei seiner Durchsetzung als musikalische Marke half.

Kapellmeister Pamer mag ein großartiger Musiker, Unterhaltungskünstler und Lehrer gewesen sein – aber er war kein begabter Geschäftsmann. Und, für sein Leben noch tragischer: Sein Verbrauch geistiger Getränke war legendär. Seine *Seligen Erinnerungen an das Hütteldorfer*

Bier waren vielleicht die erste musikalische Produktwerbung überhaupt und genossen einen bizarren Kultstatus, ebenso wie sie die Wiener amüsierten. Frei nach dem Motto »Wein, Weib und Gesang« inszenierte Pamer seine Trinkleidenschaft öffentlich, indem er sich in den Spielpausen ostentativ mit großen Schlucken erfrischte, und des Öfteren sollen seine Musiker ihn spiel- und widerstandsunfähig von der Bühne geschafft haben. *Sperl*-Wirt Johann Georg Scherzer dürfte dies ungern gesehen haben. Sein Publikum, das durfte, das sollte sogar gern reichlich trinken, aber seine Kapellmeister hatten für Stimmung zu sorgen, und zwar bitt' schön im Stehen und nicht im Liegen.

Mit welchen Gefühlen Johann wohl Pamers Trinkexzesse auf offener Bühne beobachtet hat, die ihn sicherlich peinvoll an die seines eigenen Vaters erinnerten? Musste er gegen den Wunsch ankämpfen, in den Boden zu versinken vor Fremdscham? Spätestens in diesen Jahren jedenfalls könnte er den Entschluss getan haben, von den drei Versuchungen »Wein, Weib und Gesang« die erste auszulassen. Er wurde zu einem nüchternen Mann, dem seine Musik, seine triumphalen Auftritte und nicht zuletzt seine Frauenbeziehungen Ekstasen genug schenkten. Pathetischer formuliert es Pahlen: »Für eine Eroberernatur seines Schlags ist der Alkohol einfach zu schwach, um Augenblicke von Lebensweh in der Flucht vor sich selbst zu betäuben.«[52]

Auch Pamers Geiger Joseph Lanner verband anscheinend die Leidenschaft für die Musik mit der für den Trunk – er inszenierte sie allerdings nicht so selbstzerstörerisch. Wie auch immer dieser Lanner sein Handwerk gelernt hatte, schnell stieg er auf, getragen von der Welle des überbordenden Interesses der Wiener an Tanzmusik und an naturwüchsigen Genies. Dass eine Geigerexistenz unter Pamer oder einem anderen Kapellmeister nicht das Ende seiner Ambitionen sein sollte, bewies er, indem er 1819 – andere vermuten: erst 1822 – mit den Brüdern Johann und Karl Drahanek ein eigenes Musikertrio gründete. Diese waren wie erwähnt Abkömmlinge einer der vielen Wiener Musikantenfamilien und beherrschten hervorragend die Violine, aber auch die Gitarre. Diese war ursprünglich das klassische Wiener Wirtshausinstrument, das mit seiner Polyfonie und seinen dezenten

Klangregistern für den intimen Rahmen der Privathäuser und kleinen Beiseln geeignet war und in der Stadt die bäuerliche Zither vertrat, gegen ein Vollorchester allerdings nicht antönen konnte und daher allmählich aus den Ballsälen verschwand. Lanners neues Trio produzierte ländliche Tanzmusik ebenso wie Arrangements aus Teilen beliebter Opern. Diese Mischung kam ausgezeichnet an, und die kleine Kapelle wurde gelobt, auch von Meistern wie Franz Schubert oder von Künstlern wie dem Maler Moritz von Schwind. Besonders gern trat das Lanner-Trio auf der funkelnagelneuen Amüsiermeile der Leopoldstadt auf, die diese erstmals ins Wiener Rampenlicht rückte: etwa *Beim Jüngling* am Donaukanal, dort, wo die neue, breite Ferdinandsbrücke anstelle der früheren Schlagbrücke mit ihren Fleischhauereiabfällen aus der Inneren Stadt herüberführte und den Weg für die Flaneure angenehmer machte.

Die Ferdinandsbrücke verband als Nachfolgerin der mittelalterlichen Schlagbrücke die Leopoldstadt mit Wien. Gemälde von Carl Ludwig Hofmeister (1790–1843).

Wo auch immer Johann sich ausprobiert haben mag: Er war eindeutig kein Dilettant und kein unbeschriebenes Blatt, als er sich nach seiner Freisprechung nach Auftrittsmöglichkeiten umzusehen begann. Unwahrscheinlich also erneut, dass all seine früheren Versuche auf der

Violine massiv unterdrückt worden sein sollen. Ein »Teufelsgeiger« wie Paganini war und wurde er allerdings nicht. Zu solcher Virtuosität brachten ihn all seine Studien nie. Auch dass er seine ersten belegten öffentlichen Auftritte auf der Bratsche mit ihrer meist einfacheren Melodieführung bestritt, deutet an, dass er noch einiges zu lernen hatte.

Aber er war zur richtigen Zeit am richtigen Ort. Spätestens seit Gluck und Mozart war Wien, wenn nicht die Welthauptstadt der Musik, so doch eine davon. Sie zog Musiker an zu Zehntausenden und versprach ihnen, wenn nicht eine Karriere, so doch ein Auskommen. Hof- und Kirchenmusik, die Oper, mondäne Innenstadt- und volkstümliche Vorstadtbühnen, die vielen Tanzlokale, Cafés, Beiseln, Gartenlokale – überall wurde Musik gespielt. In den Palästen der Reichen – von denen so mancher sein eigenes kleines Orchester betrieb – fanden »Akademien«, also Privatkonzerte, statt, bei denen die besten Virtuosen sich mit der besten Musik präsentierten. Kavaliere engagierten Musikkapellen, die ihrer Angebeteten im Park oder unter ihren Fenstern ein romantisches Ständchen bringen sollten. Für das Militär war die Musik, wie erwähnt, ein probates Mittel, sich in der Bevölkerung beliebt zu machen, denn sie spielte gratis, und sie war in der Öffentlichkeit deutlich hörbar. Jedes Regiment hatte seine Kapelle, und Regimentskapellmeister zu werden, war auch für einen Strauss erstrebenswert. Auf den Plätzen der Stadt und selbst an belebten Straßenecken fanden sich Musikanten zusammen, um Passanten und Müßiggänger mit ein paar Takten zu erfreuen und anschließend um ein paar Kreuzer ihren Hut herumgehen zu lassen.

Die Linie, die Musiker von Bettelmusikanten trennte, war eher undeutlich. Dass der Musikerstand nicht zu den angesehenen zählte – wen wundert's? Ziehen wir nämlich die fest bestallten Hof- und Kirchenmusiker, die etablierten Musikunternehmer oder Komponisten und die angestellten Musikdirektoren, Kapellmeister und Tanzmeister ab, so bleibt ein vieltausendköpfiges Musikanten-Proletariat, das sich von Engagement zu Engagement frettete.

Nicht alle Geiger, Gitarristen, Klarinettisten lebten dabei ausschließlich vom Musizieren. Einige kamen vom Land und blieben in Wien nur für die Faschingssaison, wenn in der Landwirtschaft ohnehin nicht viel zu arbeiten war – sofern sie nicht besonders brauchbar waren, auskömmliche Engagements ergattern konnten und schließlich in der Stadt hängen blieben. Als typisch soll hier die Karriere von Johanns Klarinettisten Johann Thyam skizziert werden: Mit zehn begann er seine Laufbahn als Bettelmusikant. Von 1817 bis 1820 diente er als Oboist im k. k. Regiment Hessen-Homburg. 1830 kam er zu Lanner. Nach fünf Jahren, in denen er unter anderem mit Lanners Orchester in Pest auftrat, wechselte er in Johanns Kapelle und machte 1837/38 dessen große Westeuropareise mit; von ihr wird in Kapitel 8 die Rede sein. Von 1845 bis 1877 gehörte Thyam dem Orchester des *Theaters an der Wien* an.

Andere gingen tagsüber einem bürgerlichen Beruf nach. Ihnen boten ihre Auftritte einen interessanten und angenehmen abendlichen Zuverdienst. Das machte sie nicht unbedingt zu schlechteren Musikern – im Gegenteil. Professionelle Tanzorchester stützten sich vermutlich gern auch auf diese Menschen, weil sie nicht von der Hand in den Mund lebten, nicht jedem Kreuzer Gage hinterherlaufen mussten und dadurch möglicherweise zuverlässiger waren. Dass auch Nachteile mit dem Einsatz von musikalischen Amateuren verbunden waren, sollten die Sträusse später als Kapellmeister bei ihren Kunstreisen durch Europa zu spüren bekommen.

Ob Profis oder Amateure, ob Hungerleider oder wohlbestallte Maestri: Ein buntes Volk aus allen k. k. Provinzen war es, das da seine Talente nach Wien mitbrachte – allen voran waren es Böhmen, deren virtuoses Violinspiel schon Mozart rühmte. Sie brachten ihre Fähigkeiten zum Beispiel in das Lokal *Stadt Belgrad*, das legendäre einstige *Tragerte Fadel* (»trächtiges Schwein«) in der Josefstadt hinter dem Neuen Burgtor mit seinem *Volksgarten* und den eleganten cortischen Kaffeehäusern. Ihren neuen Schildnamen erhielt die Gaststätte 1717 nach der Einnahme Belgrads aus der Hand der Osmanen durch den Prinzen Eugen von Savoyen, den aus dem Volkslied bekannten »edlen Ritter«. Jeden Montagmorgen tagte in der *Stadt Belgrad* eine »Musikantenbörse«: Musici, die bei keinem Orchester im Dienst standen, fanden sich ein, um sich für die Woche an Interessenten zu verdingen.

Wenn es wahr ist, dass Franz Grillparzer sich in der *Stadt Belgrad* zu seiner vermutlich berühmtesten Novelle *Der arme Spielmann* inspirieren ließ, muss sie manchmal ein trauriger Ort gewesen sein. Denn neben den Begabten und Geschickten strandeten hier auch die Glücklosen, die Gehemmten, Sonderlinge und Neurotiker, denen das Geschick im Zwischenmenschlichen fehlte und die froh waren, wenn sie überhaupt ein paar Kreuzer hinzuverdienen konnten. Manch einer dürfte mit einem warmen Abendessen als Gegenleistung für seinen Auftritt als »Bratlgeiger« zufrieden gewesen sein.

Umso bemerkenswerter waren die künstlerischen Fertigkeiten der Instrumentalisten, ihre Professionalität und Anpassungsfähigkeit; oft waren dies Früchte langer Ausbildungszeiten. Da die Ensembles selten ausreichend Zeit zum Proben hatten, konnten sie ihre Stimmen kaum richtig kennenlernen und mussten vom Blatt spielen, von oft hastig hingeschluderten handschriftlichen Auszügen ihrer Stimme. Etwaige Fehler mussten sie bei der Orchesterprobe erkennen und selbst auskorrigieren. Gleichzeitig mussten die Spieler den Takt vom Kapellmeister abnehmen, der im Stehen geigte, seine Bewegungen und Gesten, ja sein Mienenspiel interpretieren und in Musik umsetzen, und all das manchmal im durch Tabak- oder Ofennebel getrübten Lampen- oder Kerzenlicht. Zuweilen mussten sie rasch das Instrument wechseln, von der Flöte zum Piccolo oder vom Horn zur Trompete greifen.

Viele dieser Musiker, die sich für mehr oder weniger Geld die halben Nächte um die Ohren schlugen, um das noble oder schlichte Wien zu unterhalten und in tänzerische Bewegung zu bringen, waren Vorstadtkinder wie der Neulerchenfelder Michael Pamer, der St. Ulricher Joseph Lanner und der Leopoldstädter Johann Strauss. Aus ihnen rekrutierten die Kapellmeister ihre Instrumentalisten, die durchweg männlichen Geschlechts waren. Im Biedermeier durften Frauen sich wohl als Schauspielerinnen, Sängerinnen oder Tänzerinnen öffentlich »produciren«, auch an der »weiblichen« Harfe und am Klavier. Aber dem ganzen Bühnen- und Musik-Metier haftete aus gutbürgerlicher Sicht etwas leicht Vulgäres an, das auf den Ruf seiner Protagonisten abfärbte. Entsprechend groß war für jede Darstellerin die Gefahr, als leichtes Mädchen behandelt zu werden. Kein ehrbarer Bürgersmann – von den Bürgersfrauen ganz zu schweigen – »verlor« sein Mädchen gern an diese Halbwelt, zu der es gehörte, halbe Nächte lang auf den Beinen zu sein oder in schlecht beleuchteten Räumen auf Tuchfühlung mit seinen Mitmenschen zu sitzen.

Die Besetzung der Tanzkapellen war, wie wir uns vorstellen können, meist nicht auf lange Zeiten festgeschrieben. Instrumentalisten und ihre Stimmen kamen und gingen, ganz wie es sich fügte oder wie es für die Musik erforderlich war. Mal brachte Lanner ein Trio auf die Bühne, mal ein Quintett. Holz- und Blechbläser konnten beim Publikum »den Effekt machen«, den ein reines Streichorchester nur durch außergewöhnlich gute und gut gespielte Musik erzielte. Die Kapellmeister wetteiferten darin, ihren Orchesterklang mit selten oder nie gehörten Instrumenten wie Schlagwerk, Posthörnern, Fagotts, Bombardons oder Ophikleiden (den Vorläufern von Tuba und Saxofon) interessanter zu machen, und begnügten sich dafür mit einer Handvoll Streicher[53] – anders als im klassischen Orchester, dessen harmonisches und rhythmisches Rückgrat die Streichinstrumente bilden. Bei einem von Johanns Paris-Auftritten 1837 zählt sein Kollege Hector Berlioz in der großen Strauss-Kapelle gerade einmal acht Violinen und ein Cello.[54] Unter den Kapellmeistern herrschte ein fiebriger Wettbewerb um derartige Effekte und überhaupt um alles, was neuartig erschien und einen Auftritt unverwechselbar machte. Das konnten auch modische, einheitliche Gewänder für die Musiker oder eine besondere aufwendige Dekoration und Beleuchtung der Spielstätte sein. Wer sich vergegenwärtigt, wie schummrig und teuer die häusliche Beleuchtung mit Kerzen, Öllampen oder Kienspänen war, kann sich leicht vorstellen, welche Anziehungskraft Werbesprüche von »großer, teilweise beweglicher Illumination« und »prunkvollem Feuerwerk« auf die Wiener ausüben mussten.

Auch die Namen der Veranstaltungen und der für sie vorbereiteten Kompositionen konnten den Unterschied ausmachen. Was immer in Wien Tagesgespräch war – ein hoher Besuch, ein Unglücksfall oder eine technische Sensation –, konnte einer Tanzmusik musikalisch anverwandelt und zum Bestandteil ihres Namens werden. Johann lernte später, besonders systematisch auf solche Effekte zu setzen. So sind die Namen von Strauss-Werken wie *Kettenbrücke-Walzer*, *Indianer-Galoppe* oder *Eisenbahn-Lust-Walzer* zu erklären. Auch war es verbreitet, eine neue Musik nach dem Etablissement zu benennen, in dem sie zuerst aufgeführt werden sollte. Auf diese Weise warb das Stück für das Lokal und umgekehrt das Lokal für den Komponisten. Denn die Musiker wetteiferten miteinander auch um die attraktivsten und spektakulärsten Spielstätten. Machten fremde Maestri in der Stadt von sich reden, galt es, eine ihrer Aufführungen zu besuchen, die Musik mitzunotieren, sie zu einer eigenen Tanzkomposition zu verarbeiten und unter werbender Aneignung des meisterlichen Namens am nächsten Ballabend zu glänzen. Auch hierin bewies Johann ein ausgesprochenes Geschick und bediente sich bei Giacomo Meyerbeer, Franz Liszt oder dem beliebten französischen Großmeister der Oper, Daniel François Auber. Manche fremden Komponisten stellten zu ihren Wiener Gastspielen den einheimischen Kapellmeistern sogar die Partituren ihrer Werke zur Verfügung, damit diese sie aufführten – und sei es in bearbeiteter Form. Kürzlich gehörte Melodien blieben in den Köpfen hängen, stärker vielleicht als heute, da die Menschen mit Reizen und Informationen aller Art überflutet sind. Schon Mozart hatte 1787 selbstzufrieden bemerkt, dass die Prager auf der Straße die Motive des *Don Giovanni* vor sich hinsangen und pfiffen.

Wie wichtig die Wiener die Musik nahmen, sieht man schon am Gepränge der langen Trauerzüge, mit denen sie ihre populären Idole zu Grabe geleiteten. Solch eine »Pompe funèbre« konnte schon einmal Zehntausende Menschen auf die Beine bringen. Und wenn ein großer Musiker in Wien gastierte, wie zum Beispiel 1828 Paganini, waren am anderen Tag seine Melodien ebenso gegenwärtig, wie seine Auftritte Stadtgespräch waren. Paganinis unglaubliche Spieltechnik mit ihren Flageoletts, Doppelgriffen und Pizzicati mit der linken Hand rief bei den musikbegeisterten Wienern Begeisterung und bei den Granden des Musikgeschäfts ungläubiges Erstaunen hervor. Für Johann bildeten diese Motive eine Herausforderung, sie für eigene Musik zu nutzen, also zu zitieren und zu verarbeiten. Sein op. 11, *Walzer* (*à la Paganini*) war seine Antwort auf die musikalischen Fragen, die der Italiener aufwarf.

Dies vertrug sich durchaus mit dem Respekt vor dem fremden Werk. Vor Selbstbedienung dieser Art war nicht einmal die Musik der ambitioniertesten Großmeister geschützt. Die Idee der Verwerflichkeit geistigen Diebstahls sollte sich erst im Lauf des 19. Jahrhunderts allmählich durchsetzen, nicht zuletzt auf Betreiben von Musikverlegern wie Tobias Haslinger, der sich möglichst umfassende Rechte an den Werken der großen Komponisten zu sichern versuchte. So wurde er auch zum Alleinverleger Lanners sowie später zu dem Johanns und – mehr noch – zum unverzichtbaren Helfer bei dessen Aufstieg:

> »Mit seinem Verleger Tobias Haslinger entwickelte er [Johann Strauss (Vater)] für seine Zeit neuartige Wege der Werbung und Vermarktung: Im Mittelpunkt stand der Komponist, dessen lithographiertes Portrait die Titelseiten der Klavierausgaben vieler seiner Werke zierte.«[55]

Auch Exklusivverträge mit definierten Mengen an zu liefernden Kompositionen gegen großzügige pauschale Honorierung und weltweitem Vertrieb über ausländische Kommissionäre begannen sich nun einzubürgern.

Die *Stadt Belgrad* und ihre Musiker nun waren das Milieu, in dem Johann sein Glück machen wollte. Immerhin fing er nicht ganz unten an, sondern hatte wie zuvor erwähnt einen dicken Stein im Brett, zum Beispiel bei den Brüdern Scholl. Bei ihnen konnte Johann erneut andocken – und offenbar bereits gutes Geld verdienen: 400 Gulden jährlich, wie sein Vormund im Frühjahr 1825 behauptet.[56]

Seinen ersten tastenden Gehversuchen im biedermeierlichen Unterhaltungsgeschäft ließ er bald selbstsichere folgen. Am abschreckenden Beispiel Pamers hatte er gesehen, dass ein öffentlicher Auftritt nicht erst beginnt, sobald ein Dirigent den Taktstock hebt, und konsequent trug er dieser Tatsache Rechnung. Er achtete penibel auf sein Äußeres und richtete Kleidung und Frisur an den Erwartungen und stilistischen Vorgaben der Gesellschaft aus: weißes Hemd mit dem »Vatermörder«

genannten Stehkragen, eine dunkle Schleife aus fließendem Seidenstoff darüber, ein farbkräftiger Rock mit breitem Kragen und überzogenen Knöpfen. Schmale Steghosen bedeckten seine Beine, schwarze Lacklederschuhe seine Füße. Die langen schwarzen Locken, die zu seinem exotischen, als »afrikanisch« bezeichneten Aussehen beitrugen, schob er lässig aus der Stirn. Bartlos das Gesicht oder zeitweise akzentuiert durch einen schmalen Schnurrbart – so konnte er auf die Bühne, so war er jemand. Weit, sehr weit weg von dem zerlumpten Sohn eines verkrachten Bierwirts, dem die Reichen und Schönen auf der Straße ausgewichen waren. Das Vorbild oder die Ermahnungen seines Vormundes, des Kleidermachers, waren offensichtlich auf fruchtbaren Boden gefallen.

Erzählen wir nun mehr von einer der folgenreichsten Freund- und Kollegenschaften zwischen zwei Musikern: der zwischen Johann Strauss und Joseph Lanner. Sie lernten einander nach Meinung einzelner Biografen bereits 1819 im *Sperl* kennen, im Reich des Musikdirektors Pamer. Die Beziehung ließ sich offenbar in musikalischer und menschlicher Hinsicht harmonisch an, und so lag es nahe, von zu Hause aus- und stattdessen zusammenzuziehen. Und was konnten Vormund und Stiefmutter schon dagegen haben, wenn der junge Herr sich auf bescheidene, aber eigene Füße stellte? Sie scheinen ja frühzeitig akzeptiert zu haben, dass die Muse Johann auf Gedeih und Verderb geküsst hatte. Auf der Windmühle im Himmelpfortgrund, also im späteren 6. Bezirk zwischen Mariahilfer Straße und dem Wienfluss, bezogen die beiden jungen Männer als Untermieter der aus Frankreich stammenden Hofratswitwe Louise Durrié ein gemeinsames Stübchen und überließen sich ihren wechselnden Künstlerschicksalen. Dass aber eine Anna Zinagl in bohemienhafter Weise Tisch und vielleicht sogar Bett mit den jungen Männern geteilt haben soll, hat Michael Lorenz als romantische Klitterung entlarvt.[57]

So wechselhaft sollen ihre Schicksale gewesen sein, dass der Hunger zu ihren zwar unwillkommenen, aber zudringlichen Gästen zählte. Es mangelte zeitweise am Elementaren, so an der Kleidung. Gut, dass sie eine ähnliche körperliche Statur hatten. Dieser Umstand plausibilisiert ein wenig die unbewiesene Anekdote, der zufolge sie gemeinsam nur ein weißes Hemd besessen hätten, das gleichsam der eine dem anderen vom Leib riss und sich selbst überstreifte, wenn jener erhitzt vom Konzert heimkam und dieser dringend zu seinem nächsten Auftritt musste.[58] Aber wieso sollten sie sich keine eigenen Hemden leisten können, wenn sie mit Konzerten derart beschäftigt waren?

Von ihrer Statur abgesehen, waren sie kaum zu verwechseln: Joseph Lanner, der zarte »Flachskopf« – Johann Strauss, der brünette »Mohrenschädel« mit den ausdrucksvollen, wiederholt als »afrikanisch« bezeichneten Gesichtszügen.

Vereint als Kapellmeister: Johann Strauss (Vater) und Joseph Lanner. Gemälde von Charles Wilda (1854–1907).

So frühreif Johann auch gewesen sein mag, der drei Jahre ältere Lanner war es ebenfalls, und seine Bühnenerfahrung und seine Kontakte dürften ihm eine natürliche Autorität verliehen haben. Mit seinem eigenen kleinen Ensemble »producirte« er sich erfolgreich in *Jünglings Kaffeehaus* in der Leopoldstadt, in der zum Prater führenden Jägerzeile (der späteren Praterstraße), im *Grünen Jäger* oder in der Goldschmiedgasse im *Café Rebhuhn,* aber auch in bescheideneren Etablissements, und hatte sich bereits einen Namen gemacht. Größere und damit lukrativere Lokale bespielen zu können, dazu war seine »Bonsai-Kapelle« noch zu klein. Einen begabten Streicher konnte er daher gebrauchen, wenn auch nur an der Bratsche. Diese war selten solistisch zu hören und drängte sich nicht zusammen mit ihrem Spieler in den Vordergrund, sorgte aber für das harmonische und rhythmische Grundgerüst jeder Musik. Gerade für die Tanzmusik war sie also essenziell. So trat der junge Geiger Johann Strauss eines Tages zwischen 1823 und spätestens 1825 in die kleine Lanner-Kapelle ein. Als Junior des Ensembles spielte er nicht nur das unauffälligste Instrument, sondern dürfte auch für niedere Dienste verantwortlich gewesen sein, wie das Einsammeln der Gage beim Publikum, wenn die Wirte nichts geben wollten außer der Erlaubnis, aufzuspielen. An den glänzenden Münzen und den glänzenden Augen war hier ganz unmittelbar zu lernen, was es bedeutete, ein Publikum begeistert zu haben.

Einer der unbedeutenden Wirte war Josef Streim vom *Roten Hahn* im Thurygrund, einer Vorstadt, die heute zum nördlich der Inneren Stadt gelegenen 9. Bezirk gehört, dem Alsergrund. Mit seinem Haus war er eindeutig erfolgreicher als sein Kollege Franz Borgias Strauss: Sein Lokal florierte. Ihm muss zeitweise das gesamte Gebäude gehört haben, in dem der *Rote Hahn* lag; *»Zum Goldenen Brunn«* hieß es. Nach einigen Jahren hatte er 1.200 Gulden zurückgelegt. Mit ihnen konnte er in Salmannsdorf am Wienerwald in der heutigen Dreimarksteingasse 13 ein winzig kleines Landhaus mit Garten, Wiese und Weinberg erwerben.[59] Mit ihrer ältesten Tochter Maria Anna sollten Josef Streim und seine Frau Anna Maria, eine geborene Rober, eine neue Hauptfigur ins strausssche Familiendrama einbringen.

Lanner hatte offenbar das Händchen, das ein Kapellmeister benötigte, um gute Musiker zu halten. So baute er mit der Zeit ein respektables Orchester auf, das auch in angesehenen Häusern, etwa im *Schwarzen Bock* auf der Wieden oder im *Sperl,* gefiel und bald so beliebt wurde, dass er es teilen musste, um die gesamte Nachfrage nach Auftritten zu befriedigen. Aber das Publikum und die Wirte bestanden nicht nur auf der Musik eines Maestros, sondern auch auf seinem leibhaftigen Erscheinen – und sei es nur für wenige Tänze an einem Abend. Die Werbezettel und -anzeigen betonen vielfach, dass der Komponist höchstpersönlich zum Dirigieren erscheinen werde. Also musste ein zweiter Dirigent und Primgeiger her, der Lanner würdig am zweiten Pult des Abends vertreten konnte. War das nicht etwas für Johann? Der schaute was gleich und konnte was ...

Und mehr Musik musste her! Das Publikum – auch dies beweist die Ballwerbung – wünschte Originalkompositionen, neue Stücke. So wurde das Komponieren zu einer dauernden, harten Notwendigkeit, die irgendwie in den Kapellmeister-Alltag einzupassen war. Lanners zwischen Dur und Moll, zwischen Ausgelassenheit und Melancholie hin- und herspielende elegante Walzer, Galoppe oder Polkas mit ihren überraschenden harmonischen Wendungen entstanden dieser Not gehorchend mit einer Beiläufigkeit, die sich kaum vorstellen kann, wer die Sorgfalt kennt, mit der etwa ein Beethoven oder ein Bruckner sich seiner kreativen Schwerarbeit widmete. Wenn der Musikdirektor sich neben der Musik als solcher um die besten Tanz-Etablissements und Musiker, um Werbung und freundliches Meinungsklima, um Instrumente und Dekorationen, um Proben und Billett-Vorverkauf, um die aktuelle Besetzung des Orchesters und die technischen und akustischen Möglichkeiten des Aufführungsraums zu kümmern hatte, dann wurde die Zeit fürs Komponieren knapp.

Anders als Kammermusik kam Musik für öffentliche Aufführungen also meist unter Zeitdruck zustande – das haben wir bereits bei Mozart und anderen erfolgreichen Komponisten kennengelernt, und schon Mozart konnte ein Lied von den damit verbundenen Misshelligkeiten singen. »Komponieren« bedeutete dann häufig, dass der Meister nachts nach einem Auftritt oder zwischendurch am Klavier seine Ideen ausprobierte und notierte und das Auskomponieren der einzelnen Stimmen von Streichern, Bläsern und Schlagwerk bescheiden honorierten Helfern übertrug. Oft stand der Aufführungstermin als Allererstes fest, und die passende Musik musste für diese Aufführung geschrieben und geprobt werden. Die Wirte nahmen dem Musikdirektor die Gastgeberrolle ab und entschädigten ihn mit einem Teil des Erlöses, mehr nicht. Die Bedeutung der Komposition schrumpfte in dieser Zeit auf die eines »Teilgewerks« zusammen – umso erstaunlicher, welche Qualität sie oft erreichte. Dabei gilt es, sich zu vergegenwärtigen, dass in eine Walzer- oder Quadrillen-Suite von 6 oder 8 Minuten Dauer mehr Themen, mehr motivisches Material eingearbeitet werden mussten als in einen 20-minütigen Sinfoniesatz, bei dem aus zwei oder drei Themen der komplette Satz hervorgeht und die Durchführung – also die harmonische und rhythmische Rekombination der Motive – eine viel größere Rolle spielt.

Aus welchem Fundus schöpften die Komponisten angesichts dieses Drucks? Gern griffen Tanzmusiker wie Lanner oder die Strausse auf ihre »Vorräte« zurück, Melodiesammlungen oder andere musikalische Einfälle, die sie notiert und für eine eventuelle Nutzung archiviert hatten. Genauso oft hauchten sie älteren Werken neues Leben ein, indem sie sie auswerteten oder dem Anlass entsprechend umarbeiteten. Oder sie griffen wie geschildert auf Fremdmaterial zurück wie etwa Motive aus den Musiken ihrer Kollegen. Was in der »ernsten« Instrumentalmusik der Zeit die Ausnahme war, war in der Tanzmusik die schon erwähnte Regel: Jedes Werk trug einen sprechenden Namen. Sofern sie auch musikalisch den Assoziationsraum dieser Namen nutzten, wie etwa besonders deutlich hörbar die *Accelerationen* (Beschleunigungen) von Johann Strauss' Sohn Jean, waren sie Programmmusik. (Das Stück soll Jean 30 Minuten vor der Erstaufführung beim Technikerball komponiert haben. »Ich habe noch keine Note«, soll er dem Ballkomitee gestanden haben, das ihn im Restaurant sitzend vorfand, und erst dann das Thema auf einer Speisekarte ausgeführt haben. Vielleicht gab erst dieser Zeitdruck ihm die Idee ein.) Und die letzten Takte von Johanns Walzern *Des Wanderers Lebewohl* mit ihren verhallenden Jagdhornklängen vor einem Hintergrund von Harfenakkorden gehören wohl zum Berührend-Melancholischsten, das die Tonmalerei je hervorgebracht hat.

Nicht selten schluderte ein Komponist oder Arrangeur ein Stück am Tag der Premiere hastig hin, sein Konzertmeister riss es ihm Satz für Satz aus der Hand, um es einem erfahrenen Instrumentalisten zum Abschreiben zu geben, während der Maestro über dem nächsten Abschnitt brütete. Besonders galt dies, wenn ein Orchester für einen Abend geteilt und die Instrumentierung an die kleinere Besetzung angepasst werden musste. Der Druck auf die Musiker am Tag einer Premiere – die über das gesamte Wohl und Wehe einer Produktion entscheiden konnte – ist leicht vorstellbar: Da galt es, sich um die an Zahl stündlich zunehmenden, aber immer raren Kopien der Noten zu rangeln, damit man bis zur Hauptprobe die schwierigsten Stellen einmal anspielen oder wenigstens anschauen konnte. Da galt es vielleicht sogar, den Auszug der eigenen Stimme selbst abzuschreiben. Da galt es, Unklarheiten in der Partitur in Abstimmung mit den Kollegen einheitlich zu korrigieren, damit man, wenn man schon falsch spielte, wenigstens gemeinsam falsch spielte. Es galt, in ruhigeren Momenten an der Meisterung der eigenen Stimme zu feilen, Instrument und Gewand in Ordnung zu bringen und dabei das Essen und Trinken nicht völlig zu vergessen. Besonders für den Musikdirektor müssen diese Verhältnisse eine enorme Belastung bedeutet haben, denn er kannte seine Musik bis zu deren erstem orchestralen Erklingen nur durch seine Vorstellungskraft. Und er musste nicht nur überzeugend seinen Klangkörper führen, sondern zusätzlich die erste Geige spielen und die Choreografie des ganzen Abends vor dem Entgleisen bewahren, egal wie ausgelassen oder fordernd das Publikum war. Leicht vorstellbar aber auch die Erleichterung, wenn dieser Druck im Applaus und Getrampel des begeisterten Premierenpublikums abfiel – und leicht vorstellbar auch, wie intensiv solche gemeinsamen Wechselbäder der Gefühle die Musiker zusammenschweißten.

Mit wie heißer Nadel an den Tanzkompositionen und Aufführungen manchmal gestrickt wurde, deutet ein handschriftlicher Vermerk des Musikers Adolf Müller auf der Originalpartitur von Johanns *Cachucha-Galopp* an, dem zufolge das einem modischen spanischen Kastagnettentanz nachempfundene Stück »eine Stunde vor Eröffnung des Balles von Johann Strauß componirt, vom Copisten copiert, ohne Probe executirt, außerordentlich aplaudirt und 3mal repetirt«[60] worden sei. Selbst wer in dieser Behauptung eine gewisse Übertreibung wittert, wird über diesen Anhaltspunkt für Johanns zupackende Art und sein Selbstvertrauen staunen. Diese Schnörkellosigkeit ängstigte manchmal sogar seinen Sohn Jean, der zeitlebens nicht umhinkonnte, sich mit seinem Vater zu vergleichen. In seiner biografischen Skizze für die Gesamtausgabe der väterlichen Werke reminisziert er 1887, demnach seinerseits schon in reifen Jahren, über das, was zweifellos ältere Musiker der Strauss-Kapelle ihm gelegentlich erzählt haben:

> »Das Componiren war offenbar damals eine leichtere Kunst als heutzutage. Zur Hervorbringung einer Polka durchstudirt man jetzt die gesammte Musikliteratur … Früher gehörte zum Componiren nur Eines: ›Es mußte Einem was einfallen‹, wie man sich populär auszudrücken pflegte. Und merkwürdigerweise ›fiel Einem auch immer was ein‹. Das Selbstvertrauen in dieser Richtung war so groß, dass wir Alten häufig eine Walzerparthie für einen bestimmten Abend ankündigten, von welcher am Morgen desselben Tages noch keine Note vorhanden war. In einem solchen Falle erschien zumeist das Orchester in der Wohnung des Compositeurs. Sobald dieser einen Theil fertiggestellt hatte, wurde er vom Personale für das Orchester hergerichtet, copirt etc. Inzwischen wiederholte sich das Wunder des ›Einfallens‹ beim Compositeur bezüglich der übrigen Theile; nach einigen Stunden war das Musikstück fertig, wurde durchprobirt und am Abend vor einem in der Regel enthusiastischen Publicum zur Aufführung gebracht.
>
> Lanner – der leichtblütige, leichtlebige – producirte beinahe nie anders. Da widerfuhr es ihm, dass er eines Morgens sich sehr leidend und arbeitsunfähig fühlte, während für den Abend eine neue Walzerparthie angekündigt war, von der natürlich noch kein Takt existirte. Er schickte zu meinem Vater mit der einfachen Botschaft: ›Strauss schauens dass Ihnen was einfallt!‹ – Am Abend gelangten die neuen Walzer – selbstverständlich als Compositionen Lanners – zur Aufführung und fanden außerordentlichen Beifall.«[61]

Tatsächlich trägt ein Teil der erhaltenen Manuskripte von Werken, die Lanner zugeschrieben wurden, Johanns Handschrift. Dass seine Kompositionen nicht als romantisch-tastende oder avantgardistische Experimente gemeint waren, sondern professionelle Tanzmusik-Stücke mit dem Blick auf den Publikumsgeschmack, das beweisen auch die Sammlungen von Melodien, die er nach Art anderer Berufsmusiker bereits frühzeitig anlegte, um sie bei Bedarf einzusetzen und auf diese Weise Zeit und Ideenmaterial zu sparen. Indem er Gegenstimmen für seine Viola schrieb, brachte er diese – neu für das damalige Musikleben – als Soloinstrument nach vorn und machte Lanners Musik damit spannungsreicher.[62]

Wenn er dann als Lanners Platzhalter in Lanners Konzerten dirigierte, die er persönlich organisiert hatte, und Lanners Musik aufführte (von der er einen Teil in Wahrheit selbst komponiert hatte), wuchs zweifellos seine Zuversicht, unter seinem eigenen Namen und auf eigene Rechnung reüssieren zu können – und, mag sein, auch seine Unzufriedenheit. Eine Sollbruchstelle tat sich auf im Verhältnis der beiden ohnehin sehr unterschiedlich temperierten Kollegen, wie der Wiener Musiker, Theaterdichter und Musikschriftsteller Carl Lafite, ein Nachbar Eduards, bemerkte:

> »Oft kam es vor, dass Johann Strauss Vater den Walzer schrieb, der Lanner nicht einfallen wollte. Das ging natürlich alles auf die Nerven, machte reizbar und ungeduldig. Strauss war der nervösere, mehr zur Melancholie neigende, Lanner der ruhigere, besonnenere, aber es war nicht zu vermeiden, dass sich bei den vielen Reibereien das Freundschaftsverhältnis zu trüben begann.«

Im Klartext: Johann wollte selbst Chef werden und wie ein Chef gestalten und glänzen. Auch Jean beobachtet in seiner biografischen Notiz: »Dieser Umstand sowie seine in dasselbe Jahr fallende Verheirathung veranlassten meinen Vater, sich selbständig zu machen.«[63]

Wer sich bei alledem an die kreativen Rivalitätsverhältnisse zwischen den jungen Rock- und Pop-Ensembles der 60er-Jahre erinnert fühlt, liegt so ganz falsch nicht. Nahezu im Wochentakt warfen damals

Gruppen wie die Beatles und die Rolling Stones Singles auf den Markt, in denen sie exotische Musikinstrumente oder Entlehnungen aus anderen Musikstilen erstmals einführten.

Noch einmal aber zurück zu Johanns wachsendem Unbehagen als Lanners Instrumentalist: Ein Unglück kam ihm zu Hilfe, und an seinem Aufgang steht der Untergang Michael Pamers. Dessen notorischer Hang zum übermäßigen Alkoholgenuss hatte keinen Platz mehr im rasant wachsenden und immer professionelleren Wiener Unterhaltungsgewerbe. Und als sich ein bösartiges Geschwür an seinem linken Zeigefinger einstellte und ihm das Geigen erschwerte, war für seine Auftraggeber – wohlhabende und hart arbeitende, schonungslose Wirte – der Moment des Abschieds gekommen. Zwei junge, disziplinierte und begabte Musiker standen schon bereit: Joseph Lanner und Johann Strauss. Auch für diese kam bald die Stunde ihrer Trennung. Johann warf Lanner noch hinterher, dass er sich abredewidrig Strauss-Kompositionen angeeignet habe. Inwieweit dieser Vorwurf zutrifft, ist schwierig nachzuvollziehen angesichts der Art, wie Musikstücke damals zustande kamen. Er deutet aber an, dass die Urheberschaft an einer künstlerischen Idee mit der Zeit immer wichtiger wurde als unterscheidendes Merkmal zwischen rivalisierenden Meistern.

Das Geld war ein anderer Umstand, der begonnen hatte, die beiden Freunde geschäftlich auseinanderzutreiben. Johann brauchte mehr davon – viel mehr. Er wollte, oder besser gesagt, er sollte nämlich heiraten. Der Name der jungen Dame, Maria Anna Streim, ist bereits gefallen. Und Anna hatte ein Geheimnis, das sie ihrem Johann wohl im Februar 1825 verriet: Sie war schwanger von ihm.

Die Strauss-Hagiografie hat die Vorgeschichte von Annas Schwangerschaft weidlich herausgeputzt, hat gefabelt von romantisch-musikalischen Abenden im *Roten Hahn*, dem streimschen Wirtshaus, von Duetten des draufgängerischen Geigers und der gitarrespielenden Wirtstochter und sogar davon, dass Freund Lanner selbst ein eifersüchtiges Auge geworfen habe auf die rassige »Spanierin«, die sie nicht war. Zu dieser genealogischen Mogelei später mehr. Halten wir uns lieber an die wenigen gesicherten Tatsachen. Die wichtigste von diesen wuchs unter Annas Herzen heran und sollte als Johann Strauss (Sohn) und zweiter Walzerkönig in die Musikgeschichte eingehen.

Annas Schwangerschaft bedeutete zweifellos eine schwere Sorge für den in diesen Tagen noch lange nicht künstlerisch etablierten Johann: die Unterhaltsverpflichtung für das Kind und dessen Mutter. Sein erster Lösungsversuch war mehr als schlitzohrig: Der Musikus »ohne bestimmten Aufenthalt« beantragte einen Pass »nach Gratz [Graz] und kaiserl. Staaten Verdienst zu suchen, Dauer des Passes: 1 Jahr«. So befahl das Konskriptionsamt die Ausfertigung.[64] Die Aufgaben dieses Amtes entsprachen denen eines zivilen, aber auch militärischen Meldeamtes – und für den Verbleib junger, gesunder Männer interessierte sich das Militär brennend. Schließlich war Johann seit September des Vorjahres als Landwehrmann beim Infanterieregiment »Hoch- und Deutschmeister« konskribiert. Allerdings nicht in die berühmte Regimentsmusik, sondern als einfacher »Kopf Nr. 39, Kompagnie Nr. 1, Bataillon Nr. 2«. Es fällt allerdings schwer, sich den auf der Bühne ekstatisch zuckenden Walzermann als exerzierenden Rekruten im Kasernenhof vorzustellen. Als Militärkapellmeister in einer anderen Einheit, dem Ersten Bürgerregiment, wird er später hervortreten und sein vielleicht berühmtestes Werk, den *Radetzkymarsch*, schreiben. »Barras essen« muss er da längst nicht mehr. Die Militärkapellmeister sind zivile Angestellte ihrer Regimenter und dürfen nach Belieben fürs Zivil aufspielen und zusätzlich für die Regimentskapelle und für sich persönlich Geld verdienen. Das Zusammenspiel von Militärmusik und Tanzmusik war auch musikalisch fruchtbar: Es reicherte nach und nach den Orchesterklang an. Die zivilen Orchester übernahmen das Blech der Regimentsmusik und die Militärkapellen die Streicher. Diese kamen dann zum Einsatz, wenn nicht beim Marschieren, sondern im Sitzen gespielt wurde.

Den ersehnten Pass hielt Johann am 14. März in Händen – exakt an seinem 21. Geburtstag. Dieser Zeitpunkt und der Geburtstag seines Sohnes deuten darauf hin, dass er unverzüglich nach Erhalt von Annas Nachricht gehandelt haben muss. Ob er nun tatsächlich »stiften gehen« wollte oder nicht, ist mangels belastbarer Dokumente Gegenstand von Debatten zwischen nüchternen »Realisten« und verklärenden »Romantikern«. Manche bestreiten zwar nicht die Fluchtabsicht, aber deren familiäre Motivation, und verweisen stattdessen auf den Konkurrenten Lanner, neben dem Johann keine Chance zur Etablierung gehabt habe. Doch hätte der völlig unbekannte junge Mann im Ausland bessere Voraussetzungen gehabt, sich einen Namen zu machen? Da ihn außer seiner Schwester Ernestine und ein paar unverbindlichen Musiker-Kameradschaften nichts Erkennbares in Wien hielt und da er sich auch später Anna gegenüber nicht immer als Gentleman zeigte, ist die »Fluchthypothese« die wahrscheinlichere. Johann hätte demnach gern die Brücken nach Wien abgebrochen – und das schließt die zu seinem damaligen Auftraggeber Lanner ein. Ob er ihn zuvor einweihte? Das ist zu bezweifeln. In Wien hatten die Wände Ohren und die Fenster Münder. Was er vorhatte, das konnte nur als Nacht-und-Nebel-Aktion funktionieren.

Dank seines Passes stand jedenfalls der Fluchtweg offen. Aber es deutet nichts darauf hin, dass Johann sich tatsächlich aus dem Staube machte. Zu vermuten ist dagegen, dass der resolute Josef Streim gerade noch rechtzeitig Wind von der Schwangerschaft bekam – vielleicht durch die Beobachtungsgabe seiner Frau und ein nachfolgendes hochnotpeinliches Verhör seiner verwirrten, panischen Tochter. Dann mag er sich den jungen Mann zur Brust genommen, ihn nach allen Regeln der Kunst »zusammengefaltet« und ihm unmissverständlich klargemacht haben, dass ein Mann von Johanns Talenten und Aussichten einen zweiten großen Fehler begehe, indem er zu seinem ersten nicht stehe und die Folgen seiner Leidenschaft nicht trage. Leicht vorstellbar, dass dieses Gespräch mit dem über 30 Jahre Älteren für den jungen Mann eines von der unangenehmsten Sorte war und ihn mit knallroten Ohren zurückließ.

Und auch den Vormund Anton Müller ließ Josef Streim sich vermutlich kommen und teilte ihm seine Forderung mit: Johann sollte Anna unverzüglich heiraten – bevor die Zeichen von deren Schwangerschaft der Nachbarschaft offenbar würden und sie entehrten. Und richtig: Drei Wochen später, am 5. April, stellt der »bürgerliche Kleidermacher« –

auch er hat einen Ruf zu verlieren – beim zuständigen Magistrat einen Antrag auf »gnädigste Ertheilung des vorgeschriebenen Ehe-Consensens« für Johann.

Die Streims gehörten nicht zu den privilegierten Ständen – genauso wenig wie die Sträusse. Daher hatten beide Seiten den Magistrat um Erlaubnis zu fragen, wenn sie eine Ehe schließen wollten. Untertanen, die in der gesellschaftlichen Hierarchie höher standen, also Adlige, Beamte, Professoren, Ärzte und Anwälte, auch Guts- und Hausbesitzer, mussten, solange sie noch nicht volljährig waren, nur den elterlichen Konsens beibringen. Der Hintergrund dieser schikanös anmutenden Bestimmung war der, dass Arme keine Familien gründen sollten, damit sie keine Kinder produzierten, die absehbar der Fürsorge anheimfallen würden. Für die Streims und Sträusse dieser Welt bedeutete dies ein langwieriges und demütigendes Antragsverfahren – umso misslicher, wenn in der Braut die biologische Uhr einer Schwangerschaft tickte.

Welche Pläne zu diesem Zeitpunkt im Kopf des jungen Schelms herumgingen, das deutet das Ansuchen des Vormundes an, dem zufolge der »Mündel Johann Strauß ... gesonnen ist, sich mit der Jungfrau Anna Streim ... noch vor dem Antritte der ihm hohen Orts bewilligten Kunstreise zu verehelichen«.

Eine elegante, gesichtswahrende Wendung demnach, die Müller da einfiel, bevor er zum Wesentlichen kam: »Da Johann Strauss, theils durch seinen ausgebildeten Musick-Unterricht, theils durch die bey den hohen Herrschaften rühmlichst bekannten Gebrüdern Scholl[65] vereinten Musick-Productionen ein jährliches Einkommen von beyläufig vierhundert Gulden in Metallmünze hat, und nebstbey das Erträgniß an weiblicher Handarbeit seiner erstbenannten Erwählten mit ins Verdienen rechnen kann«, möge der »löbliche Magistrat« einen Anhörungstermin für die »Bittsteller« festsetzen.[66]

Die städtische »Obervormundschaft« interessierte sich damals sehr für das Privat- und Wirtschaftsleben der Untertanen, besonders dafür, ob ein Mann seine Familie überhaupt unterhalten konnte oder ob etwa mit deren Verelendung zu rechnen war. Dass Johann Strauss (Vater) noch nicht auf der sicheren Seite stand, war Anton Müller offenbar bewusst. Sogar die kritische Frage, wo denn die Braut während der geplanten Kunstreise abbleiben werde, nimmt der sorgfältige Vormund vorweg und versichert, dass »dieselbe während seiner Abwesenheit bey ihren Eltern gehörigen Unterstand findet«. Dennoch besteht der Magistrat auf dem persönlichen Erscheinen des Brautpaars mit dem Vormund, den jeweils noch lebenden Elternteilen und einer Liste von Dokumenten; ein gewisser Krauß will sich unbedingt persönlich ein Bild machen. Wieder eine bürokratische, demütigende Aufhaltung ... Und »nur« sechs Wochen später fertigt benannter Krauß endlich den Ehekonsens aus. Leicht vorstellbar, dass die runder und runder werdende Braut diesem Moment entgegengefiebert hat.

Das zusätzlich benötigte Leumundszeugnis des Wohnungsgebers besagt interessanterweise, dass Johann seit dem 1. Mai in der Josefstadt wohnt, in der Langegasse, die Rofranogasse und Alser Straße verbindet – als »After-Parthey«, also als Untermieter. »Sehr still und sittsam betragen« habe er sich, bescheinigen Hausbesitzer und Hausmeister darin, und das Grundgericht und die k. k. josefstädtische Polizeibezirksdirektion zeichnen es zusätzlich gegen. Die Kontrolle scheint damals lückenlos gewesen zu sein. Aber alles klingt ganz so, als hätte Johann diese Adresse für seinen Antrag gebraucht und sich auf die Schnelle an beliebigem Wohnort als Untermieter registriert – vielleicht ohne jemals dort gelebt zu haben.

Johann fügte sich also – nach Gott weiß wie vielen erregten Diskussionen und hin- und herfliegenden Briefen und Zettelchen. Keiner davon ist erhalten, alles ging entweder unter in den familiären Verwerfungen oder wurde bewusst vernichtet, und nur die Behördenakten geben Hinweise. Ob er diese Ehe von Anfang an hasste – und diesen Hass auf seine Anna übertrug? Und was mag Anna bei alledem empfunden haben? Kein Zweifel, dass sie von Johanns Fluchtversuch wusste. Warum sollte ihr Vater ihn ihr verheimlicht haben? Ihr Vertrauen in ihren Bräutigam muss am Nullpunkt gestanden haben – nur ein Vorbote künftiger, noch schlimmerer Vertrauenskrisen.

Im Mai folgte Johanns höchstpersönlicher Antrag auf Ehekonsens, der am 24. Juni bewilligt wurde. Höchste Eisenbahn für Anna, wenn wir uns vorstellen, dass sie bereits seit Ende Januar schwanger gewesen sein muss. In seinem Antrag bezeichnet Johann sich selbst als »ausübenden Musiklehrer, und Mitglied des Lannerischen Musickvereins« – dies versprach mehr Seriosität und Solvenz als sein Hauptberuf eines Tanzmusikers – und verweist auf ein Zeugnis des »Musick-Direktor« Joseph Lanner über den »beyläufig jährlichen Erwerb zu 400 Gulden. Nebstbey kann das Erträgniss an weiblicher Handarbeit ...« Wir kennen bereits den zweifellos beim Vormund abgeschriebenen weiteren Wortlaut und können davon ausgehen, dass Lanners Zeugnis – das nicht vorliegt – identisch klang und vielleicht sogar den Ausschlag für den behördlichen Konsens gab.

Die Existenz dieses Zeugnisses belegt nicht nur, dass Strauss und Lanner nicht zerstritten waren, sondern weist auch alle Behauptungen zurück, dass Lanner mit Johann um Anna rivalisiert habe. Lanner wäre im Gegenteil der »Retter« von Annas Ehe und Ehre und zumindest zu dieser Zeit nicht der unerbittliche Gegner oder gar Nebenbuhler, als der er gern dargestellt wird. Denn dass der Bräutigam damals auch nur annähernd ein so stattliches Geld verdiente, ist zweifelhaft.

Jedenfalls hielt auch Johanns neueste Anschrift nicht lang. Denn schon ein Vierteljahr nach der Trauung des Paares am 11. Juli in der Lichtentaler Pfarrkirche (Franz Schuberts Taufkirche, in der er zudem jahrelang musiziert hatte) kommt in der Rofranogasse im Haus *Zur Goldenen Ente* (heute Lerchenfelder Straße 15) ihr erster Sohn, der Ehegrund, zur Welt. Die Rofranogasse führt vom *Volksgarten* neben der Hofburg am Rand der Inneren Stadt nach Neulerchenfeld, und erinnern wir uns einen Moment lang an diese aus bürgerlicher Sicht moralisch anrüchige, aber für Unterhaltungskünstler zweifellos hochinteressante Gegend.

Die Eltern ließen den Knaben auf den Namen des Vaters taufen: Johann Baptist. Doch da derartige Gleichbenennungen von nahestehenden Personen im Alltag Probleme hervorrufen, hat der Junge irgendwann den Namen Jean weg – die französische Form des Namens Johann. So wollen wir auch für die weitere Lektüre Strauss Vater und Sohn unterscheidbar machen. So oft, wie die beiden einander im weiteren Verlauf der Erzählung in die Quere kommen werden, ist diese Unterscheidung dringend nötig.

Vom weiteren Verlauf dieser Ehe – oder müssen wir sie Urkatastrophe nennen? –, die unter dermaßen heiklen Umständen zustande kam, wird in Kapitel 10 ausführlich die Rede sein. Denn sie steht am eigentlichen Beginn der vielköpfigen Musikerdynastie Strauss. Der Stern und Unstern, unter dem diese Ehe stand, glühte über der gesamten Familiengeschichte.

Aber wie jeder weiß, fördert ein Kind – besonders das erste – Männerkarrieren, während es Frauenkarrieren zerstören kann. Nicht anders erging es Johann Strauss. Eine Trennung mit Knalleffekt von Lanner war dazu nicht erforderlich, und auch die Gerüchte über eine persönlich begründete Rivalität sind zwar interessant, aber nur dürftig belegt. Ein angeblicher lautstarker Streit oder gar Tätlichkeiten zwischen den Musikern während eines gemeinsamen Konzerts im *Schwarzen Bock* sind unbewiesene Zutaten früher Biografen. Wir wissen daher nicht einmal, in welchem Jahr die beiden sich trennten. Es muss zwischen 1825, dem Jahr von Johanns Familiengründung, und 1827, dem Gründungsjahr der Strauss-Kapelle, geschehen sein. Der *Trennungswalzer*, den Lanner angeblich als Abgesang auf die Partnerschaft schrieb, taugt nicht recht für eine Datierung dieses Ereignisses, denn er wurde erst 1828 publiziert.

Zur Zeit der Trennung können die beiden Kollegen – falls sie es je getan haben – nicht mehr beieinander gewohnt haben. Johann war »ohne bestimmten Aufenthalt«, was bedeuten konnte, dass er sein müdes Haupt und seine kostbare Violine mal auf dieses Kanapee bettete, mal in jener Herberge zeitweiligen Unterschlupf fand. Metternichs Polizeiagenten war das sicherlich ein Dorn im Auge. Im April 1825 wohnte er im Salzgries im Haus eines Großfuhrwerksbesitzers Jakob Hackel, seit Mai wohl in der Langegasse in der Josefstadt[67]: ein Herumgeworfener, den das Leben gelehrt hatte, nach jeder sich bietenden Gelegenheit zu greifen, um es provisorisch zu verbessern.

Wenn Strauss und Lanner sich überhaupt auf den Pfad der Rivalität begaben, dann war diese nicht amouröser, sondern musikalischer Natur.

Plausibler als ein echtes Zerwürfnis ist allerdings die Vermutung, dass ihre Rivalität inszeniert war, um das Interesse der Wiener zu stimulieren und damit den Erfolg beider Kapellmeister zu fördern. Wieso sonst hätten sich die beiden gemeinsam zu einem Benefizkonzert für den arbeitsunfähigen Michael Pamer auf die Bühne gestellt? Lanner erlitt durch seinen Weggang keinen Karriereknick. Johann war also nicht unersetzlich. Im Gegenteil wurden 1828 Lanners Paganini-Imitationen gelobt – solch ein Virtuose war an Johann nicht verloren gegangen. 1829 wurde Lanner zum Musikdirektor der K. K. Redoutensäle ernannt, 1833 zum Kapellmeister des Zweiten Wiener Bürgerregiments, und ab 1834 reiste er mit seinem Orchester in verschiedene Städte der Donaumonarchie. Lanner – nicht Johann – durfte Kaiser Ferdinands traditionelle Krönungsreise in dessen italienische Lande musikalisch begleiten. Bis nach Venedig und Mailand lud man ihn ein. Und obwohl das interessierte Wiener Publikum, durch die Presse zusätzlich angestachelt, sich in »freundlich-feindliche« Straussianer und Lannerianer zu scheiden begann[68], deuten alle Zeichen auf einen im Wesentlichen fair ausgetragenen Wettbewerb der beiden Musikergrößen hin. 1839 arbeiteten sie sogar erneut verbindlich zusammen, indem sie sich wochenweise in verschiedenen Lokalen als Kapellmeister abwechselten, und teilten sich die Erlöse.[69]

Orchesterchef zu werden, gelang Johann im glatten Durchmarsch: Möglicherweise schon im Herbst 1825 steht er mit einem Quintett im *Roten Igel* in den Tuchlauben auf der Bühne. Im folgenden Fasching, wie einige Quellen behaupten, mit zwölf Musikern im *Weißen Schwan* in der Rossau und in Witwe Fingers noblem, weit nördlich der Stadt liegenden Döblinger *Casino Finger,* wo er bereits mit dem Lanner-Orchester gespielt hatte.[70] Über die Gründungsumstände der Strauss-Kapelle ist fast nichts bekannt, auch nicht über die ersten Mitglieder. Nachweislich besteht sie 1827 und spielt selbstverständlich unter anderem die Tänze ihres Begründers. Dessen op. 2, die *Döblinger Réunion-Walzer,* erschien als seine erste Veröffentlichung im selben Jahr beim Verleger Diabelli. Philipp Fahrbach der Ältere, der später seinerseits Kapellmeister wurde, war als Flötist bei Johann engagiert und spielte nebenher eine ähnliche Rolle wie zuvor Johann im Lanner-Ensemble: Johann stützte sich beim Komponieren und bei der Bereitstellung von Partituren für Verleger auf ihn, denn auch ihn forderte mit wachsender Zahl der Engagements das Schreiben von Tänzen mehr und mehr. Diese Zwangslage mag in Johann den Gedanken genährt haben, den Ballgästen nicht nur Musik zu bieten, sondern auch viel Drumherum, etwas fürs Auge wie prächtige Illuminationen, für die Nase wie üppigen Blumendekor und für den Gaumen wie feine Speisen und Getränke – sie also multisensorisch zu begeistern. Denn Begeisterung ließ sie nach Wiederholung ihrer Lieblingsstücke rufen, und je öfter das Publikum nach Wiederholungen rief, desto weniger Musik musste die Kapelle im Repertoire haben.

Derweil hielt Lanner seit Anfang 1825 den *Schwarzen Bock* mit eigenem Orchester als Musikdirektor[71], gab dort im Fasching 1826 einen »großen geschlossenen Gesellschaftsball auf 300 Personen zu 1 fl. C.M. [Der Eintritt kostete also 1 Gulden Conventions-Münze, der offizielle Name der damaligen österreichischen Währung]«. Lanner drehte damit finanziell bereits ein recht großes Rad. »Damen sind frey« hieß es weiter, was ein wenig an moderne Klubs erinnert, deren Hauptsorge die ist, dass ausreichend Frauen anwesend sind.

Anders als Pamer allerdings und anders wohl auch als Lanner nahm Strauss die außermusikalischen Aspekte seiner Arbeit mindestens so ernst wie die künstlerischen. Dies betraf das Kaufmännische, insbesondere aber das, was man heute Marketing nennen würde, also die Arbeit an der Bekanntheit seiner Person und der musikalischen Unterhaltung, für die sie stand. Klar erkannte er, dass es galt, sich in einem so dynamisch wachsenden Gewerbe an die Spitze der Popularitätsskala zu setzen. Das war die beste Möglichkeit, den Wechselfällen einer materiell prekären Existenz auf Dauer zu entkommen. In seinen Bällen und Konzerten gab es bald niemanden mehr, der mit einem Notenblatt in der Hand unter den Zuhörern ein Trinkgeld absammelte: »Am Eingang zum Lokal oder Garten, in dem sein Orchester aufspielte, saß ein Kassier und forderte ein paar Kreuzer Entrée.«[72] Mochten daraufhin auch ein paar Geizhälse wegbleiben, so grenzte Johann sich doch klar und vorteilhaft ab von den Bratlgeigern und Bettelmusikanten.

Der auch mithilfe der Presse öffentlich ausgetragene Wettbewerb um die populärsten Auftrittsorte und Kompositionen hinderte Strauss und Lanner, wie erwähnt, nicht daran, im Oktober 1826 erneut gemeinsam auf der Estrade des *Schwarzen Bock* zu stehen, diesmal bei einem Gesellschaftsball »zum Vortheile des gewesenen Musikdirektors beim *Sperl,* Michael Pamer«, wie die *Theaterzeitung* ihn anzeigte. Lanner richtete das Fest aus, Johann war Gastdirigent. Auch der invalide Benefiziar Pamer geigte mit seinen heil gebliebenen drei Fingern auf; es war sein Abschiedskonzert. Der wahre musikalische Held des Abends allerdings war ein Toter: der kurz zuvor in London an Tuberkulose verstorbene Carl Maria von Weber, dessen Erfolgsoper und musikalisches Vermächtnis *Oberon* in aller Ohren lag – von Johann in seinen nagelneuen *Wiener Carneval-Walzern* zitiert.

Johanns Musik sprach sich herum, bis man sich auch andernorts für ihn zu interessieren begann. Und unmittelbar nach Ostern 1827 schlug für ihn die Stunde seiner musikalischen Unabhängigkeit. Im Gasthaus *Zu den Zwey Tauben* in der Landstraße, einem vornehmen, aufstrebenden Etablissement mit großem Garten direkt am Wasserglacis, der beliebten Flaniermeile der Inneren Stadt, ließ er mit zwölf Musikern erstmals auch unter seinem eigenen Namen komponierte Stücke hören. Außer Hörweite, aber nicht weit entfernt lag Lanners *Schwarzer Bock,* gegen dessen Magnetismus es zu bestehen galt. Als Musik hatte Johann im Sinn einer Dedikation sechs *Täuberln-Walzer* mitgebracht. Eine Flöte, eine Klarinette, zwei Hörner, eine Trompete und eine Pauke standen mit den Streichern auf dem Podium. Primgeiger war er selbst. Dieselbe Besetzung hatte bereits Lanner auf die Bühne gebracht. Johann kannte und kopierte sie. Taubenwirt Michael Deiß konnte zufrieden sein, auf Johann gesetzt zu haben – und umgekehrt. Eine gute Gage war hochwillkommen, denn Anna Strauss war wieder schwanger.

Leben und Tod lagen nah beieinander – zwei Wochen später, am 4. September 1827, verstarb Pamer, und im Oktober konnte Johann ihn als Leiter der Musik beim *Weißen Schwan* in der Rossau beerben. Ein tüchtiger Stoß frischen Windes unter den Flügeln des jungen Musikers, der nun in fast jeder Vorstadt schon einmal aufgetreten war. Seine Popularität stieg mit jedem Engagement. Lediglich die Innere Stadt mit dem k. k. Hof und den altehrwürdigen Lokalen galt es noch zu erobern.

Im *Saal zur Kettenbrücke* endlich bewährte sich am 24. November 1827 Johanns Rezept von temperamentvoller Musik, brillantem Vortrag und tagesaktuellem Thema hundertprozentig. In unmittelbarer Nähe zum Dianabad entstand in diesen Monaten, von hohem Interesse der Wiener begleitet, der Karlskettensteg über den Donaukanal. Kettenbrücken waren in Europa etwas ganz Neues, und Wien hatte beschlossen, die Vorstädte mit ihrer Hilfe an die Innere Stadt anzuschließen. Nachdem Landstraße und Leopoldstadt seit 1825 durch die derart konstruierte Sofienbrücke über den Kanal hinweg miteinander verbunden waren, kam nun an der Stelle der heutigen Salztorbrücke die Verbindung zwischen Innerer und Leopoldstadt an die Reihe. Der Karlskettensteg sollte eine völlig überlastete Fährverbindung ersetzen, um die herum die Gastronomie für die Bedürfnisse der Wartenden sorgte und sich nun angesichts eines erhofften Aufschwungs die Hände rieb. Nur Fußgänger sollten die Brücke benutzen dürfen. Darüber sollte an jedem Brückenjoch ein Mautner wachen und jedem einen Kreuzer Wegegeld abknöpfen. Schnell entstand auf der Leopoldstädter Seite eine kleine Vergnügungsmeile. Den populären Namen der Brücke sicherte der Wirt Adam Dömling, der auch Tanzvergnügen veranstaltete, seinem Lokal und lud Johann ein, für die Musik zu sorgen. Seine Auftritte und die eigens für sie komponierten *Kettenbrücke-Walzer* waren so erfolgreich, dass Dömling Strauss die Musikproduktionen für den Fasching 1828 und gleich noch für 1829 anvertraute. Dies verbesserte die finanziellen Verhältnisse der Strausse grundlegend. Und das Geld konnten sie gut gebrauchen: Im Sommer 1829 meldete sich erneuter Nachwuchs an, und am 20. August ließ die erste Strauss-Tochter Anna sich in privatestem Rahmen erstmals »hören«.

Kapitel 7

Eisenbahn-Lust-Walzer: Zusammenwachsen zu Land,
auf Wasser und Schiene

»So oft man in der Fremde an dieses Land dachte, schwebte vor den Augen die Erinnerung an die weißen, breiten, wohlhabenden Straßen aus der Zeit der Fußmärsche und Extraposten, die es nach allen Richtungen wie Flüsse der Ordnung, wie Bänder aus hellem Soldatenzwillich durchzogen und die Länder mit dem papierweißen Arm der Verwaltung umschlangen. Und was für Länder! Gletscher und Meer, Karst und böhmische Kornfelder gab es dort, Nächte an der Adria, zirpend von Grillenunruhe, und slowakische Dörfer, wo der Rauch aus den Kaminen wie aus aufgestülpten Nasenlöchern stieg und das Dorf zwischen zwei kleinen Hügeln kauerte, als hätte die Erde ein wenig die Lippen geöffnet, um ihr Kind dazwischen zu wärmen.«

Das Riesenreich, das Robert Musil in seinem Epochengemälde *Der Mann ohne Eigenschaften* vor das geistige Auge ruft, war zu dieser Zeit eine Herausforderung für jeden, der sich darin von Ort zu Ort bewegen wollte. Selbst nach den Gebietsverlusten der italienischen Unabhängigkeitskriege und der Deutschen Einigungskriege vereinigte es noch Landschaften jeder Art auf der achtfachen Fläche des heutigen Österreichs. Auf der heutigen Europakarte wäre es vor der Ukraine der zweitgrößte Staat des Kontinents.

»Donaumonarchie« hieß dieses Land zu Musils Zeiten auch. Der Fluss verband tatsächlich weite Teile des Reiches miteinander – aber auch Drau, Save, Theiß, Weichsel, Dnjestr und Elbe und deren unbedeutende Nebenflüsse, die man in der vor- und frühindustriellen Zeit viel intensiver für die Schifffahrt nutzte als heute. Selbst das, was wir heute Bäche nennen, war zuzeiten schiffbar für die kleinen Boote und Flöße.

Bereits 1812, noch bevor die Kanonen der Koalitionskriege schwiegen, begann in Wien unter allerhöchster Protektion mit einem kleinen Schaufelraddampfer das Zeitalter der österreichischen Dampfschifffahrt. In Deutschland war es erst vier Jahre später so weit. Überhaupt hielt Österreich über lange Strecken eine technologische Vormachtstellung auf dem Kontinent. Die Schiffsschraube, die heute die Schiffe vorantreibt, erfand ein Österreicher, der böhmisch-deutsche Forstbeamte Josef Ressel. 1829 wurde die private »Erste k. k. privilegierte Donau-Dampfschiffahrts-Gesellschaft« gegründet. Treibende Kräfte waren zwei englische Unternehmer. Zu den Aktionären der Gesellschaft zählten Kronprinz Ferdinand, Erzherzog Joseph von Ungarn, Fürst Metternich und andere Mitglieder des Hochadels sowie Wiener Großbanken. »*Franz I.*« hieß würdig der erste Dampfer, der ab 1831 erstmals auf der Donau seine Schaufelräder in Bewegung setzte.

Durchfahrt des Raddampfers »Josef Carl« durch das Eiserne Tor, 1896.

Diese Hommage galt einem Kaiser, der wie alle Neuerungen auch die Mechanisierung seines Landes mit Misstrauen beäugte. »Wer wird si' denn aufisetzen? Es is' eh der Stellwagen nach Kagran immer leer«, soll er dem Freiherrn Rothschild einmal entgegengehalten haben, als dieser sich um eine Eisenbahn-Konzession bemühte.[73] Die 240-PS-Dampfmaschine der »*Franz I.*« kam ebenso wie die Maschinisten aus der englischen Fabrik des Dampfmaschinen-Erfinders James Watt. Die Talfahrt von Wien nach Budapest dauerte etwa 14 Stunden, verkürzte also die Reise um enorme drei Tage. Eine Person zahlte auf dem billigsten Platz sechs Gulden inklusive Gepäck, wobei es nicht unüblich war, weiblichen Reisenden mehr Fahrgeld abzuknöpfen als männlichen. Eine »leere Kalesche«, also ein mitgeführter Pferdewagen, kostete 12 Gulden. Vergleicht man dies mit den etwa 90 Gulden, die ein Wiener im Durchschnitt pro Jahr für seine gesamte Lebenshaltung ausgab, so wird erkennbar: Wer auf moderne Art reiste, hatte es entweder wichtig oder konnte damit viel Geld verdienen. 1834 nutzte man ein historisches Niedrigwasser, um das etwa 120 Kilometer lange, mit Katarakten gespickte Durchbruchstal des Eisernen Tors gut 400 Kilometer unterhalb von Budapest durch Felssprengungen besser schiffbar zu machen, und im selben Jahr konnte das Dampfschiff »*Argo*« den Durchgang zu den unteren österreichischen Donauländern erstmals passieren.

»*Die neue Pferdeeisenbahn in Wien*«. *Holzstich nach einer Zeichnung von W. Appelrath aus der* Leipziger Illustrirten Zeitung, *1865.*

Jedoch was tun, wenn die Ferne zwang oder lockte an Orte, die nicht mit Wasserwegen gesegnet waren? Einem Dekret der Kaiserin Maria Theresia (sie regierte 1740–1780) verdankte das Land ein Netz von Poststraßen mit regelmäßigen Fahrverbindungen zur »Verführung«

von Briefen und Reisenden. In Abständen von idealerweise etwa 15 Kilometern lagen die Poststationen. Deren Pächtern oblag neben der Bereitstellung ausgeruhter Pferde die Instandhaltung der Straßen selbst. Eine »Post«, die Strecke zwischen zwei Stationen, kostete etwa einen Gulden und dauerte unter guten Bedingungen ungefähr zwei Stunden. Mittags rastete man zwei Stunden. Die Posthalter bewirteten und verpflegten oft die Reisenden. Bis 1823 durfte nachts überhaupt nicht gefahren werden. Schon daraus geht hervor, dass selbst im Sommer auch im günstigsten Falle und bei störungsfreiem Betrieb nicht mehr als etwa 90 Kilometer pro Tag zu schaffen waren. Wenn Johann und die Strauss-Kapelle in Preßburg spielen wollten, mussten sie also mit einem vollen Tag Reisezeit pro Fahrt rechnen. Heutige Verkehrsmittel reduzieren den Zeitaufwand auf eine Stunde.

Die ersten »Diligencen« – Eilwagen zur Personenbeförderung im Überlandverkehr – verkehrten zwischen Wien und dem nordwestlich gelegenen Prag. Wir kennen diese Route aus Mörikes Erzählung »Mozart auf der Reise nach Prag«. Die Wagen benötigten – wenn keinerlei Zwischenfälle die Fahrt unterbrachen – 40 Stunden reine Fahrzeit, die im Sommer in drei Tagen zu bewältigen waren. Aufstehen bei oder vor Sonnenaufgang gehörte dazu, wie unzählige Briefe und Tagebücher der Zeitgenossen belegen. Denn meist fuhr der Wagen zwischen fünf und sechs Uhr morgens ab, und es wurde empfohlen, sich überpünktlich einzufinden, wollte man nicht riskieren, dass der vorgebuchte Platz durch einen dreisten und noch pünktlicheren Interessenten weggepascht war. Das Reisen im Winter war eine besondere Herausforderung. Eine Nachtfahrt in den notdürftig beleuchteten Wagen barg auf den schlimmen Straßen ihre eigenen Gefahren, die die seitlich angebrachten Kutschlaternen kaum bannen konnten. Denn diese waren trotz des spiegelnden Reflektors hinter der Lichtquelle viel zu schwach, um den Weg effektiv zu beleuchten. Eher dienten sie dem Gesehenwerden und damit einem gewissen Schutz vor etwaigen Kollisionen. Die schneidende Kälte drang nahezu ungehindert durch die dünne Wandung ins Innere des Fahrzeugs, auf dessen Boden der Kutscher Stroh ausgeschüttet hatte, in das die Fahrgäste ihre Füße vergraben konnten. Auch Pelzsäcke konnten vor dem Schlimmsten schützen. Manch einer mag die Pferde beneidet haben, die vor ihm trabten und Schneestaub und Raureif aufwirbelten, denn diese mussten wenigstens nicht still sitzen. Die Wagen waren schlecht gefedert, die Wege meist holperig, die Fuhrleute auf dem Kutschbock oft rücksichtslos. So fanden sich die Reisenden erbarmungslos herumgeschleudert zwischen den ungepolsterten Seitenwänden und den nicht minder harten Knien ihrer Gegenüber. War ein Wagen voll besetzt, konnten die Reisenden zwar auf eine gewisse Klemmwirkung setzen. Dafür zerrten dann die Geräusche und Gerüche, die von den Mitreisenden ausgingen, an den Nerven: seichtes oder aggressives Gerede, deftige Speisen, Blähungen oder Schnarchen. Diese Qual galt es je nach Reiseziel über Tage auszuhalten. An jeder Poststation mussten Briefe aus- und einsortiert und die Pferde umgespannt werden. Oft musste das Gepäck eines umsteigenden Mitreisenden umgeladen werden, zu welcher Arbeit erst die erforderlichen Dienstmänner sich einfinden und gedungen sein mussten.

Die Wagen »lagen« nicht auf der Straße, wie wir es von den modernen Autos gewohnt sind. Aufwärts von den Rädern – die bis zur Erfindung fester Straßenbeläge nur mit Eisen bereift waren – waren sie hoch gebaut, damit der Abstand zwischen den Reisenden und dem Dreck der Straßen möglichst groß war. Da im Innenraum drangvolle Enge herrschte, wurde das Gepäck außen und auf dem Wagendach festgemacht. Je mehr Lasten allerdings transportiert wurden, desto höher waren die Gefahren. Die Kutschen kippten schnell über die Karrengeleise und Bodenwellen und blieben häufig im Morast stecken. Achsen oder Räder brachen leicht. Unfälle dieser Art gingen nicht selten auf das Konto betrunkener oder unerfahrener Postillione. Deren Ruf war ohnehin nicht gerade der beste. Reisende Brief- und Memoirenschreiber bezeichnen sie als »versoffen und untüchtig« oder als »das erbärmlichste Geschmeiß, das je über die Erde kroch«. Außerdem hielten die Wagenführer gern die Hand auf, um zusätzliche »Schmiergelder« zu ergattern, mit denen nicht nur die Radnaben gängig gemacht wurden.

Der Preis des »Vergnügens« einer Reise von Wien nach Prag damals: 13 Gulden und 20 Kreuzer – ungefähr das Jahressalär eines einfachen Bedienten. Daher hielt die Reiselust sich in Grenzen, solange man noch auf solche Postkutschen oder gar auf schwankende Holzflöße, Segel- oder Treidelkähne angewiesen war. Selbst als die Straßen sicher waren vor Banden von Wegelagerern, die bis ins 18. Jahrhundert hinein mancherorts eine Landplage waren, war eine Fahrt über Land ein schon rein körperlich mühseliges Unterfangen – auch unter günstigen Umständen.

Um die Jahrhundertwende waren alle wichtigen Städte Österreichs durch wenigstens einmal wöchentlich zu festen Zeiten verkehrende »Fahrposten« miteinander verbunden. Dafür dass die größten Provinzstädte mehrere Zehntausend Bewohner zählten, ist ein solches Wägelchen pro Woche sehr wenig und zeigt, wie gering der Bedarf zu den verlangten Preisen war. Über 1000 k.k. Pferdepoststationen gab es, als Johann jung war, davon allein über 100 im hoch entwickelten Böhmen. Wollte man von Wien ins 650 Kilometer entfernte siebenbürgische Klausenburg fahren, passierte man etwa 70 Stationen und wechselte ebenso oft die Pferde.

Ende der 20er-Jahre des Jahrhunderts waren Eilwagenlinien von Wien in alle wichtigen Städte des Habsburgerreichs etabliert. Die 180 Kilometer zwischen Wien und Graz konnte man unter günstigen Umständen mit der auch im Dunkeln fahrenden acht- bis zwölfsitzigen und mit vier Pferden bespannten »*Extrapost*« in 24 Stunden bewältigen und damit um ein Drittel schneller als mit der »*Ordinari*« – und doppelt so teuer.

Dennoch gab es leidenschaftliche oder von der Not getriebene Vielreisende und dies besonders unter den Künstlern. Wolfgang Amadeus Mozart hat im Laufe seines kurzen Lebens zwischen Frankreich und Böhmen, Italien und England um die 65 000 Kilometer zurückgelegt. Von ihm gibt es Reiseschilderungen, deren Lektüre allein schon Schmerzen bereitet:

»Dieser Wagen stößt einem doch die Seele heraus! Und die Sitze! Hart wie Stein! Von Wasserburg aus glaubte ich in der Tat meinen

Hintern nicht ganz nach München bringen zu können: Er war ganz schwielig und vermutlich feuerrot. Zwei ganze Posten fuhr ich die Hände auf den Polster gestützt und den Hintern in Lüften haltend.«[74]

Und was alles passieren konnte, wenn etwas schiefging, darüber gibt Vater Leopold, auf dessen Ambitionen die mozartsche Reiserei eigentlich zurückgeht, erschöpfende und quälende Auskunft:

»2 Stund ausser Wasserburg brach uns ein hinteres Rad in Stücken. Da sassen wir. Zum Glücke war es heiter und schön, und noch zum grössern Glücke war in der Nähe eine Mühle. Man kam uns mit einem Rad, das zu klein und doch im Hauffen [dem Teil der Nabe, in dem die Speichen stecken] zu lange ware, zu Hilfe. Wir musten frohe seyn, daß wir dieses hatten, und gleichwohl ein klein Bäumchen abhauen, um es vor das Rad zu binden, daß es nicht ablauffen konnte; das zerbrochene Rad schlugen wir gar in Stücke, um das Eysenwerk mit zu nehmen. Den Reiff musten wir unter den Wagenkasten binden um ihn fortzubringen. Dieß sind nur die Hauptumstände, die uns über ein Stund auf der freyen Strasse aufhielten. Den übrigen Weeg machte ich und der Sebastian im Namen Gottes per pedes apostolorum [zu Fuß] fort um mit unsern schweren Cörpern dem blessierten Wagen kein neues Ungemach zuzuziehen.«[75]

Man mag sich nicht vorstellen, welche Ängste reisende *musici* wie Mozart um ihre empfindlichen und unersetzlich wertvollen Instrumente ausgestanden haben mögen.

Die Nebenverbindungen waren mit Stellwagen erschlossen, die mitsamt den Pferden dem Posthalter einer Station gehörten und meist noch langsamer fuhren. Zwei Bänke, längs im Wagen befestigt, gaben zehn bis zwölf Personen Sitzplatz und unsicheren Halt, wenn man nicht den teureren, aber bequemeren Gesellschaftswagen oder das dreisitzige Cabriolet vorzog. Bereits zur Kongresszeit verbanden die ersten Linien dieser Art die Wiener Innere Stadt mit den Vorstädten und deren Etablissements.

Für den Nahverkehr sorgten ungefederte Zeisel- und sogenannte Wurstwägen. Aus dieser Bezeichnung sollte allerdings nicht auf irgendeine Art von rudimentärer Bewirtung geschlossen werden. Sie bezieht sich auf die wurstförmigen Sitzbänke, auf denen die Reisenden rittlings Platz nahmen. Es ist leicht vorstellbar, dass der Fahrkomfort sich hier in noch engeren Grenzen hielt. Eine Pferdebahn auf Holzschienen sollte Wien 1840 erhalten, eine »Elektrische« erst um die folgende Jahrhundertwende. Dass Kaiser Franz Joseph I. Straßenbahn-Oberleitungen auf der Ringstraße als »Verschandelung« empfand, war nur einer der Hinderungsgründe. So behielt der klassische, behördlich lizenzierte Fiaker, ergänzt durch unnummerierte Privatequipagen, noch bis ins 20. Jahrhunderts seinen überragenden Stellenwert in Wien. Um die Belange der Lohnkutscherei hatte sich sogar eine eigene Behörde, das Magistratische Lehenwagenamt, zu kümmern.

Verständlich, wenn die Menschen lieber im Lande blieben und sich nur bewegten, wenn es unbedingt sein musste. Ein reisender Kapellmeister, wie Mozart einer war, behalf sich lieber mit den an seinem Aufenthaltsort verfügbaren Musikern und wäre nie auf den Gedanken gekommen, auch noch ein Orchester mitzuschleppen. Umgekehrt wäre bei den üblichen schmalen Gagen kaum ein Musiker seinem Kapellmeister auf dermaßen strapaziöse und unsichere Reisen gefolgt. Dies war nicht erforderlich, denn die Musiktheater- oder Konzertaufführungen strickte man ohnehin mit heißer Nadel. Mithin dürfte der Anspruch des Publikums vermutlich geringer gewesen sein, als er es heute ist. Die Qualität der gebotenen Musik hing ab vom Ort – die Mannheimer Hofmusik etwa war berühmt für ihre »Mannheimer Manieren«, die die Zuhörer tatsächlich in Ekstase versetzen konnten und Mozart zu einigen seiner effektvollsten Orchesterwerke inspirierten.

Auch Johanns Vorstellungen von der Qualität seiner Konzerte unterschieden sich von denen seiner Vorgänger und zeitgenössischen Kollegen. Für seine hochdynamische, rhythmisch differenzierte Musik brauchte er Instrumentalisten, die so perfekt eingestellt waren auf ihn, dass sie sensibel mitvollzogen, was er dirigierte.

Dies hinderte ihn allerdings absolut nicht daran, nach außen auszugreifen. Die zunehmende Erschließung Österreichs für den Verkehr arbeitete ihm dabei in die Hände. Im November 1833 gastierten er und sein Orchester erstmals in Budapest. Bei normalem Wasserstand war die Stadt auf der träge durch das Wiener Becken mäandernden Donau mit Flößen, Segel- und Treidelkähnen fast risikolos in vier Tagen zu erreichen. Denn wie überall in Europa arbeiteten Wissenschaftler, Ingenieure und Heere von Männern mit Pickeln und Schaufeln, Tragkiepen und Schubkarren auch an der Donau daran, diese ihrer Schleifen, Sandbänke und Altwässer zu berauben, sie einzutiefen und einzudeichen, damit immer mehr Güter und Menschen immer schneller den Ort wechseln konnten. Auf derartige Riesenunternehmungen einigten sich selbst Todfeinde wie Badener, Bayern und Franzosen bald nach ihren furchtbaren Kriegen, als es darum ging, den Oberrhein zu zähmen und in ein berechenbares Bett zu zwängen.

Die Eisenbahn katapultierte ganz Europa in eine Ära rasant erhöhter Produktivität. Ausgerechnet das vermeintlich so »behagliche«, als schlafmützig verschriene Biedermeier also wartete mit einer Beschleunigung des menschlichen Verkehrs sondergleichen auf.

Das Eisenbahn-Zeitalter brach 1808 an im Kaisertum Österreich. Es hat einen Hauch von Anachronismus, dass es mit einer Pferdebahn begann, während zur selben Zeit in England die ersten Dampflokomotiven fuhren und für frenetische Begeisterung sorgten – ebenso wie für Schauder vor dem Temporausch, den ein mit sechs deutschen Meilen, also 45 Kilometern pro Stunde vorwärts stampfendes Maschinenmonstrum auslöste. (Zum Vergleich: Ein Rennpferd kommt zwar auf 65 bis 70 Kilometer pro Stunde, aber nur auf kurze Distanz.) Der Kaiser genehmigte Pläne zur Anlage von Gleisen entlang dem letzten in Betrieb befindlichen Teil des Goldenen Steiges durch das Mühlviertel zwischen Linz an der Donau und dem böhmischen Budweis. Das erheblich gewachsene Aufkommen an Gütertransporten – vor allem Salz, Kohle und Agrarerzeugnisse – zwischen Böhmen und dem Salzkammergut schien so besser zu bewältigen. 125 Kilometer, also zwei Tagesreisen, lang sollte diese Strecke werden.

Die einheimischen Frächter, die um ihre Einnahmen fürchteten, leisteten ebenso zähen Widerstand wie das schwierige Gelände, in dem über 400 Höhenmeter zu überwinden waren. Die privat finanzierten Bauarbeiten begannen im Sommer 1825, zur selben Zeit, als Johann seine Anna, mag sein, mit geballter Faust in der Tasche, vor den Traualtar führte. Sieben Jahre später zogen die Rösser die ersten schweren Waggons vergleichsweise mühelos und schnell über die eisernen Schienen. Kurze Zeit später wurden englische Dampflokomotiven verfügbar, allerdings scheiterte eine Bespannung mit ihnen daran, dass die Investoren die Strecke aus Gründen des höheren Profits kaputtgespart hatten – zu steile Rampen und zu enge Kurven ließen die Dampftraktion scheitern. Erst anderenorts, mit dem Bau der Kaiser Ferdinands-Nordbahn[76] setzte sich 1837 Dampf- statt Muskelkraft durch. Die Maschinen allerdings mussten noch jahrelang aus England importiert werden. In zerlegtem Zustand brachte man sie mit dem Schiff nach Triest und zerrte sie von dort aus mit Pferdefuhrwerken über den Semmeringpass. Die Nordbahn brachte aus Mähren Kohle und Eisen und aus Schlesien Salz. In umgekehrter Richtung flossen die Fertigwaren aus den Wiener Manufakturen und Fabriken leicht in die Provinz. Die Südbahn folgte vier Jahre später. Die Lokomotiven trugen Namen so selbstbewusst und poetisch wie Hercules, Gigant oder Rakete und bewegten ihre drei bis acht kutschenartigen Waggons mit Geschwindigkeiten von bis zu 60 Kilometern pro Stunde. 1849 waren bereits Brünn nördlich von Wien, Prag, Budapest, das nordöstlich gelegene Krakau und das preußische Breslau ans Netz angeschlossen. In Wiens Süden allerdings dauerte es noch einige Jahre länger, bis die technisch enorm herausfordernde Hochgebirgsstrecke über den Semmering bewältigt und damit 1854 wenigstens die Steiermark mit Graz, der größten Stadt der habsburgischen Nebenlande, an Wien angeschlossen war. Unfälle, unter anderem ein Felssturz, und Seuchen wie Typhus und Cholera in den engen Unterkünften forderten an die 1 000 Todesopfer unter den Arbeitern. Dennoch setzte ein lebhafter Baustellen-Tourismus aus den Städten ein. Die Semmeringbahn war ein öffentliches Anliegen.

Die Überquerung der Wasserscheide zwischen dem Donauraum und dem Adriatischen Meer mit der Linienführung der Bahn über steil abfallenden Karst war erst weitere drei Jahre später möglich, der ökonomisch und strategisch hochwichtige Triestiner Mittelmeerhafen mithin erst 1857 per durchgehender Eisenbahn erreichbar. Die Reise von Wien dauerte zwar fast einen ganzen Tag, gab aber dem Wirtschaftsleben entscheidende Impulse – und ebenso dem mit der Bahn aufkommenden Tourismus. Erstmals konnten die Wiener von romantischen lauen Abenden an mediterranen Stränden wenigstens träumen. Und betuchte Menschen, die im Zeitluxus lebten, machten sich auf den Weg in den Süden.

Das »beschauliche« Biedermeier also brachte Wien neben der Massenunterhaltung den Massentourismus mit sonntäglichen Lustfahrten, kleinen »Expeditionen« per Bahn ins niederösterreichische Land, angeregt durch Plakate und Zeitungsartikel oder durch Reiseführer wie den dreibändigen *Gefährten auf Reisen in dem österreichischen Kaiserstaate* des Wiener Archivars Franz Tschischka (der infolge seiner Märchensammlungen auch als »österreichischer Grimm« in die Literaturgeschichte einging), und organisiert durch Touristenvereine wie den Oesterreichischen Alpenverein. Der Radius dieser Bildungs-, Erholungs-, Bade- und Urlaubsreisen wuchs mit der Ausweitung der Verkehrsnetze und schloss endlich die Palmen und Feigenbäume der Adria ein. Die Österreicher eroberten ihr eigenes Reich.

Zunächst waren es nur die Edlen und Reichen – der Kaiser allen voran in seinem k. u. k. Hofsalonzug, der den Semmering überklomm. Dann kamen Kaufleute, Beamte, Offiziere, Künstler und Schriftsteller, danach auch Handwerker und andere kleine Leute, die die Herbergen in Abbazia (das heutige Opatija), Fiume (Rijeka) oder Pula bevölkerten, während Wien schon im kalten Nebel und Essenrauch des Herbstes schwamm.

Johann Strauss und später seine Söhne eroberten die Donaumonarchie und viele andere Teile Europas musikalisch. Und sie nutzten alle Möglichkeiten, die ihnen die moderne Technik bot. Die Bühne war bereitet für internationale Karrieren.

Kapitel 8

Sperls Fest-Walzer: Die Walzerfabrik

Auch seinen nächsten Karriereschritt nahm Johann *con brio* – mit Schwung. Und wie schwungvoll er wirkte! Wenn nicht bereits seine Musik das Publikum überwältigte, so tat es seine physische Präsenz auf der Bühne. Die Musiker waren zu dieser Zeit nicht in den Orchestergraben versenkt, sondern spielten über dem Parkett; sie waren Teil der Darbietung. Die Musiker hatten »was gleichzuschauen«, und besonders galt dies für die Dirigenten.

Johann Strauss wurde diesem Bild in idealer Weise gerecht, wie uns einer der ganz Großen der Biedermeierliteratur zeigt, der die Strauss-Kapelle in Wien hörte – der dänische Märchenautor, Romancier und Reiseschriftsteller Hans Christian Andersen:

> »Die Klänge eines ganzen Musikchors brausen durch den Garten. Inmitten der Musikanten steht ein Mann von dunkler Gesichtsfarbe, seine großen braunen Augen schweifen unruhig umher, der Kopf bewegt sich, die Arme, der ganze Körper, es ist, als wäre er das Herz des großen Musikkörpers, und durch das Herz strömt, wie wir wissen, Blut, das hier aus Tönen besteht. In ihm, dem Mann, werden Melodien geboren, er ist das Herz, und ganz Europa hört seinen musikalischen Pulsschlag … Der Mann heißt Strauß.«[77]

Und ein anderer nüchterner norddeutscher Protestant, der Schriftsteller Heinrich Laube, lässt sich so tief bezaubern von Wien und von der Wiener Musik, dass er später zurückkehrt und schließlich nach dem Amt des Burgtheaterdirektors greift:

> »Der ganze Garten Sperls draußen in der Leopoldstadt brennt in tausend Lampen, alle Säle sind geöffnet, Strauß dirigiert die Tanzmusik, Leuchtkugeln fliegen, alle Sträucher werden lebendig, was ein wienerisch Herz hat, steuert des Abends hinaus über die Ferdinands-

brücke, beim Lampel vorüber, links um die Ecke. Es versammelt sich dort allerdings keine haute société [bessere Gesellschaft], es ist eine sehr gemischte Gesellschaft, aber die Ingredienzien sind nicht zu verachten, und das Gebräu ist klassisch-wienerisch.

Ein Abend und eine halbe Nacht beim Sperl, wenn er blüht in aller Üppigkeit, ist der Schlüssel zum Wiener sinnlichen Leben, das heißt: zum Wiener Leben. Unter erleuchteten Bäumen und offenen Arkaden, welche an den Seiten herumlaufen, sitzt Männlein bei Weiblein an zahllosen Tischen, und isst und trinkt und schwätzt und lacht und horcht. In der Mitte des Gartens nämlich ist das Orchester, von welchem jene verführerischen Sirenentöne kommen, die neuen Walzer, welche gleich dem Tarantelstich das junge Blut in Aufruhr bringen.

In der Mitte des Gartens auf jenem Orchester steht der moderne Held Österreichs, Napoléon autrichien – der Musikdirektor Johannes Strauß. Der Vater weist ihn seinem Kinde, die geliebte Wienerin ihrem fremden Geliebten, der Gastfreund dem Reisenden – ›Das ist Er!‹ – Wer? – ›Er!‹ Wie die Franzosen sagen: Voici l'homme.

Er schlug gerade die Kaiserschlacht von Austerlitz, als wir ankamen, mit dem Fiedelbogen wies er hinaus in den Himmel, und die Geigen schrien: ›Die Sonn' geht auf‹ – er dirigierte just seinen neuesten Deutschen.

Da stand er vor mir, der dritte aus dem italienischen Triumvirat der Zauberer: Napoleone, Paganini, Straussio, wie dieser die Geige in der Hand haltend, taktierend wie besessen, von unsichtbaren Mächten geschleudert, aber ebenso orakulös wie die Pythia.

Alle Gesichter waren auf ihn gerichtet, es war ein Moment der Andacht. Man wird dich fragen, sagte ich mir, besonders die Tänzer und Mädchen, die Generation der Zukunft, werden fragen: Wie sieht er aus, der Strauss? Ich betrachtete sehr: War das Aussehen Napoleons griechisch oder römisch-klassisch, ruhig antik, war das Paganini's Hoffmann-romantisch, klosterbrüderlich romantesk, Grab- und Mondschein-interessant, so ist das jenes Maestro Straussio afrikanischheißblütig, Leben- und Sonnenscheintoll, modern verwegen, zappelnd unruhig, unschön leidenschaftlich ...«

Wer sollte bei dieser Beschreibung (in der Heinrich Laube übrigens anspielt auf die physische Ähnlichkeit zwischen Paganini und dem Dichter, Musiker, Theatermann und Künstler E. T. A. Hoffmann) nicht an die Leidenschaft denken, die Mick Jagger, Pete Townshend oder Jimi Hendrix auf der Bühne zur Schau trugen und im Publikum weckten? – Aber hören wir Heinrich Laube weiter:

»Der Mann ist ganz schwarz wie ein Mohr, das Haar kraus, der Mund melodiös, unternehmend, aufgeworfen, die Nase abgestumpft; man hat nur zu bedauern, dass er ein weißes Gesicht hat, was wenigstens mit größerem Rechte weiß genannt werden darf, sonst wäre er der komplette Mohrenkönig aus Morgenland, Balthasarius genannt, der am großen Neujahr in katholischen Ländern herumgeht, und auf die Thüren schreiben hilft: ›C. M. B.‹ und die Jahreszahl, um die Macht des Teufels und Antichristen zu bannen. Unter dem höchst unseligen Herodes brachte selbiger Balthasar den dampfenden Weihrauch, womit man die Sinne befängt, und so ist es auch mit Strauß: Er treibt ebenfalls die bösen Teufel aus unseren Leibern, und zwar mit Walzern, was moderner Exorzismus ist, und er befängt auch unsere Sinne mit süßem Taumel.

Echt afrikanisch leitet er auch seine Tänze. Die eigenen Gliedmaßen gehören ihm nicht mehr, wenn sein Walzer-Donnerwetter losgegangen ist, der Fiedelbogen tanzt mit dem Arme und ist der leitende Chapeau [= Kavalier] seiner Dame, der Takt springt mit dem Fuße herum, die Melodie schwenkt die Champagner-Gläser in seinem Gesichte, der ganze Vogel Strauß nimmt seinen stürmischen Anlauf zum Fliegen – der Teufel ist los.«

Laube beschreibt hier nicht weniger als die Demokratisierung der Ekstase: Ein Kapellmeister durfte seit jeher in Schweiß geraten, während die adeligen oder bürgerlichen Zuhörer bis dahin zu moderater Bewegung oder gar zum Stillsitzen oder -stehen verurteilt waren. Dies hat sich nun fundamental geändert:

»Und diese leidenschaftliche Prozedur nehmen die Wiener mit beispiellosem Enthusiasmus auf, und sie haben eine Aufmerksamkeit, ein Gedächtnis für ihren Helden und seine Taten, das heißt: seine musikalischen Gedanken, wie es dem deutschen Publikum zu wünschen wäre für manche andere Dinge. In einem Potpourri, das er aufführt, waren einzelne seiner Walzergedanken zerstreut, und das größte gemischte Publikum kannte das kleinste Strauss'sche Wort heraus, und begrüßte jeden Walzer-Rhythmus mit donnerndem Jubel.«

So nimmt das ekstatische Fest seinen Lauf und

»... bacchantisch wälzen sich die Paare durch alle zufälligen Hindernisse, die wilde Lust ist losgelassen, kein Gott hemmt sie, nicht einmal die Glut, die still und eindringlich hin und her wogt, wie ein vom Afrikaner herabgesandtes Weltmeer«.

Diese Exzesse enden erst am Morgen, und »die heißen Paare stürzen sich in die warme Wiener Nachtluft hinaus, und das Kosen und Kichern verschwindet nach allen Straßen ...«[78]

Wir stellen uns vor, dass Johann erst in und mit seiner Musik – spielend, sich im Takt wiegend oder mit dem Geigenbogen die Einsätze seiner Musiker gebend, vor begeistertem oder noch zu gewinnendem Publikum – ganz in sich selbst einging. Dass er sich löste von den trüben Vorbedingungen seiner Existenz, um dieses Gelöstsein möglichst in seinen Alltag hinüberzuretten.

Welche inneren Dämonen dieser dämonische Walzermusikant zu bannen hatte, ist leicht vorstellbar: das Elend seiner Jugend, den vielfachen Armutstod, den er hilflos hatte mit ansehen müssen, das Fehlen von fast allem Lebensnotwendigen, das mühselige Zusammenkratzen von Geld, harte Worte zwischen den Eltern und Zank vielleicht um ein paar lumpige Kreuzer. Dorthin wollte er sicherlich nie wieder zurück, es koste, was es wolle. Seine unbestreitbare musikalische Meisterschaft hat ihm früh die Anerkennung Höhergestellter oder älterer Kollegen eingetragen. Diese verhalf ihm zu dem für seine Karriere notwendigen Selbstbewusstsein und Auftreten, ebenso wie zu der Bereitschaft, seine Aufgaben ernst zu nehmen und sich selbst nach vorn zu treiben – leidenschaftlich, einfallsreich und rücksichtslos.

Keine sich bietende Chance ließ er aus, spielte für die Scholl-Brüder, für Pamer, für Lanner. Stand in Lanners Vertretung auf dem Podest, wenn dieser sein Orchester teilen musste. Schluderte Walzer, Polkas und Galoppe für ihn hin und schrieb für sich selbst. Arbeitete hin auf den Moment, in dem er auf eigene Rechnung aufs Podium steigen und mehr als das übliche Bratlgeiger-Honorar kassieren konnte. Arbeitete vielleicht gar auf den Moment hin, in dem er Lanner nicht nur Konkurrenz machen, sondern ihn verdrängen würde. Lebte ein Leben als Galopp, wie einen seiner ekstatischen Tänze, die er so schnell spielen ließ, wie sie sonst keinem glückten – selbst seine Söhne sollten später Angst vor seinen Ballsaal-Galoppen haben und sich nicht daran wagen, ihrerseits welche zu schreiben.

Was sein Publikum rasend machte, war nicht die Geschicklichkeit, mit der er spielte – es war die Weise, wie er spielte: seine noch nie gehörte Phrasierungsart, seine Rhythmuswechsel und Rubati, also sein freier Umgang mit dem Tempo. Dieser kitzelte zusammen mit den aus der volkstümlichen Musik vertrauten, schmeichelnden Harmonien unterdrückte Emotionen heraus, die einfach herausmussten, und brachte die Glieder der Zuhörer zum Zucken.

Solcherart befreite Rhythmen hatte man vorher nie so intensiv gehört. Das auch war es vermutlich, was Jean einmal so berührend familiär ausdrückte, als er erklären wollte, wieso Johann Strauss erfolgreicher wurde als sein Antipode Joseph Lanner: »Bei den Walzern von Lanner hieß es: I bitt' euch schön, geht's tanzen!, bei denen von Strauß aber: Geht's tanzen, i will's.« So jedenfalls erzählt Biograf Eisenberg.[79] Diese Befreiung des Rhythmus ist das eigentlich Innovative an der Musik von Johann Strauss (Vater), das alle ihm nachmachten – auch und gerade sein Sohn Jean, und sogar die Komponisten sogenannter »ernster Musik«. Das macht seine Lebensleistung in der Geschichte der Musik bleibend. Wer dies absolut nicht glauben möchte, sollte sich gut interpretierte Bearbeitungen von Strauss-Walzern fürs Piano anhören, etwa Alfred Grünfelds »Paraphrase über den Frühlingsstimmen-Walzer«, Jeans spätes op. 410. »So schön, wie Du ihn spielst, ist er gar nicht«, soll der meist bescheiden auftretende Jean zu Grünfeld gesagt haben. Ganz ohne orchestralen Bombast oder Schmelz entfaltet sich hier die harmonische und rhythmische Originalität und Subtilität eines Stückes Musik, das sich mit den größten romantischen Schöpfungen ohne Weiteres messen kann. Und in jeder, selbst der kratzigsten Orchester-Aufnahme ist zu hören, was schon an Bach oder Beethoven so bewunderungswürdig ist: wie Jean aus den verwickeltsten Harmoniefolgen spielerisch herausführt in die Ruhe und Einfachheit der Tonika.

Johanns rhythmisch freie Musik schmeckte nach der Rebellion des Individuums, und die Wiener jener Epoche verlangte es nach Rebellion. Es war eine musikalische Gründerzeit, zweifellos befeuert durch neue Bedürfnisse und neuen Wohlstand oder wenigstens durch das verbreitete Gefühl, nach fürchterlichen Krisenjahren heil davongekommen zu sein. Befeuert auch durch das innere Aufbegehren gegen staatlich verordnetes und durch die Autoritäten vorgelebtes Kuschen. Ein Lebensgefühl, wie es ähnlich in den Jahren nach dem Zweiten Weltkrieg beschrieben wird, in der Gründerzeit von Rock 'n' Roll und Popmusik. Auch in dieser Zeit wurden Hunderte von Musikern berühmt, fanden sich in immer neuen Kombinationen zusammen und wetteiferten miteinander um die prestigeträchtigsten Aufführungsorte, lukrativsten Verträge und originellsten Musikstücke.

Es wird oft behauptet, dass die meisten Metzger persönlich überhaupt nicht versessen auf Wurst und Fleisch seien. Ganz ähnlich und kaum minder drollig ist in diesem Zusammenhang, dass Johann zwar die Bühne beherrschte, aber keineswegs das Parkett. Zeitlebens soll er ein widerstrebender und gar nicht geschickter Tänzer gewesen sein.

Zur Raserei bringen konnten die Wiener auch Johanns Inszenierungen: die spektakulären Dekorationen und Saalbeleuchtungen, die einen strausssschen Abend aufwerteten. Von der Kulisse des Sommerfests »Nacht in Venedig« am 29. Juli 1833 sprachen die Wiener noch nach Jahrzehnten. Halb Wien soll an diesem Tag auf den Beinen gewesen sein, denn in der Brigittenau war Kirchweih.

»Nachdem es dunkel geworden war, zog ein beträchtlicher Teil dieser
Menschenmassen in den Augarten. Von ferne her schon sahen sie
den hellen Feuerschein, den der bekannte ›Lamperl-Hirsch‹, ein
Freund von Johann Strauß, mit einer Unzahl von Kerzen und Lampen
hervorgerufen hatte. Als sie den Augarten betraten, enthüllte sich
ihnen die ganze Pracht dieser ›Nacht in Venedig‹, wie Strauß sein
Fest genannt hatte, und alle Erwartungen waren weit übertroffen. An
Venedig erinnerten wohl nur zwei von Flammenkränzen umwundene
hohe Säulen, die hoch oben den venezianischen geflügelten Löwen
und den hl. Theodor trugen, und die Hauptallee, alle Nebenalleen,
der ganze Park waren taghell erleuchtet, und der gute Hirsch feierte in
dieser Nacht den größten Triumph seines Lebens. Der Überfülle des
Lichtes entsprach die Überfülle der Besucher, der Traiteur [Speisewirt]
schlug die Hände über dem Kopf zusammen, denn einem solchen
Ansturm war er nicht gewachsen.«[80]

*Johanns »Nacht in Venedig«. Ballnächte wie diese im Glanz von Zehntausenden
Lichtern liebten die Wiener. Zeitgenössische Lithografie von Franz Wolf.*

So erfolgreich war dieses Tanzfest, dass Johann es im Folgejahr nicht
minder erfolgreich wiederholte:

»Schon voriges Jahr erfreute sich dieses Fest des überraschenden
Beifalls, hat aber diesmal durch noch großartigere Anlegung und
Durchführung, durch die mannigfaltigste Abwechslung im Genre

der Musik, des Essens und Trinkens, der Taschenspiele, Künste und Hanswurstiaden wie durch den ungeheuerlichen Lichtstrom die eklatanteste Anerkennung gefunden. Auf 10 Klafter verteilt, brannten 22.000 Lampen, um einen Teil des Markusplatzes in Venedig darzustellen, in den Nebenalleen noch andere und verbreiteten eine solche Helle, dass man das Ganze für ein niedergesenktes Meteor hätte halten können.«[81]

Solche Feste forderten das Letzte von allen, die sie ausrichteten, wie eine Kritik im *Hans-Jörgel* verrät: »Es muß sogar die Seufzerbrucken da g'wesen sein, denn i hab ein Menge Leut seufzen g'hört, weil's nix z'essen kriegt haben.«[82]

Zu einem kleinen biedermeierlichen »Woodstock« wurde das Sommerfest »Lust in den Bergen!« 1842 auf der Mödlinger Königswiese südlich Wien, unweit der liechtensteinschen Stammburg in einem Seitental des Wienerwalds gelegen. Schon Beethoven hatte die Gegend über alles geliebt. Nun sorgte die brandneue Raaber Eisenbahn mit Sonder-«Trains« dafür, dass die wohlhabenden Wiener den Wagen zu Hause lassen und zahlreich herbeiströmen konnten. Einen Gulden und 23 Kreuzer kostete die Zugfahrt – ein Bauarbeiter erhielt nicht einmal ein Drittel davon als Tageslohn. Johann hatte wie gewöhnlich die Zeichen der Zeit erkannt und in der *Wiener Zeitung* vom 2. August inseriert,

> »… daß ihm von Sr. Durchlaucht dem Herrn Fürsten v. Liechtenstein die gnädige Bewilligung zu Theil wurde, in einem reitzenden Thale der Brühl … ein großes Fest veranstalten zu dürfen …, welches … insbesondere in diesen herrlichen Gefilden einen seltenen Reiz biethen dürfte.«[83]

Um vier Uhr nachmittags gab die Kapelle des Militärkapellmeisters Andreas Nemetz den Auftakt, gefolgt von der Strauss-Kapelle und einer »außerordentlichen Vorstellung in einem lebenden Theater«, wie die großformatige Ankündigung vollmundig verspricht. Dann erst begann der Ball, geleitet von Tanzmeister Rabensteiner und dirigiert, natürlich, von Johann Strauss. Um elf war ein Feuerwerk angesetzt; nur eine Unterbrechung des Balles, der um vier Uhr morgens zu Ende gehen sollte.

Dass um diese Zeit wirklich Schluss war, ist eher zweifelhaft; aber auch dann hätte die Strauss-Kapelle volle acht Stunden lang aufgespielt. »Ein Strahlenmeer von tausend und tausend Lampen erleuchtete die Nacht zur Tageshelle … Die herrlichste Sommernacht begünstigte das Fest«, schwärmte Tage später die *Theaterzeitung*.

Verantwortlich für die Pracht der Illuminationen zeichnete ein passionierter Amateur, der unter Musikern aber kein Unbekannter war. Carl Friedrich Hirsch, drei Jahre älter als Johann, entstammte der Altwiener Musikerfamilie Albrechtsberger – sein Großvater hatte mit Haydn musiziert –, fristete seine berufliche Existenz aber in der k. k. Hofbuchhaltung. Er selbst war in seiner Jugend als Komponist so ambitioniert gewesen, dass Beethoven ihm unentgeltlichen Harmonielehre-Unterricht erteilt hatte. Durch seinen Musikverstand und seine Verbindungen war Hirsch ein nützlicher Mann, der zum Freund wurde – und aufgrund einer Spezialbegabung zum unverzichtbaren Kollegen. 1832 machte Johann ihn zum maßgeblichen Mitarbeiter bei allen Festen in und um Wien. Ihm oblag die Gestaltung, namentlich der Illumination von strausssschen Festen im *Augarten* und beim *Sperl*, beim Isisfest und beim Markusfest.

Diese Tätigkeit war nicht trivial. Sie erforderte neben einem guten Auge und aktuellen technischen Kenntnissen – was waren die neuesten Effekte und wie setzte man sie um? – auch ein kaufmännisches Händchen und das Rechnen mit dem spitzen Stift. Licht war teuer, und die Rechnung für die Lichter, die an einem Konzertabend brannten, konnte die Honorare der Musiker um ein Mehrfaches übersteigen. Hirsch rief zeitweise Summen von 7.000 bis 8.000 Gulden auf – pro Abend![84] Zeitweise übertrug ihm Johann deswegen die gesamte Abrechnung der Konzerte.

Dass ein nicht nur Begeisterter auf der Estrade stand, geigte und gestikulierte, sondern ein Getriebener und Gejagter, hat zuerst der 19-jährige Richard Wagner herausgespürt, ein junger Rebell, der Johann 1832 konzertieren sieht und den der Enthusiasmus des Wiener Publikums ergreift:

»Unvergeßlich blieb mir hierbei die für jede von ihm vorgegeigte Pièce sich gleich willig erzeugende, an Raserei grenzende Begeisterung des wunderlichen Johann Strauß. Dieser Dämon des Wiener musikalischen Volksgeistes erzitterte beim Beginn eines neuen Walzers wie eine Pythia auf dem Dreifuß [die mythische Apollopriesterin im griechischen Delphi, die, von Dämpfen aus dem Erdinneren in Trance versetzt, weissagte], und ein wahres Wonnegewieher des wirklich mehr von seiner Musik als von den genossenen Getränken berauschten Auditoriums trieb die Begeisterung des zauberischen Vorgeigers auf eine für mich fast beängstigende Höhe.«[85]

»Fast«, aber doch nicht komplett beängstigt zeigt sich Richard Wagner da. Welches Gefühl mischte sich angesichts dieses intensiven Rapports zwischen Musikern und Publikum zusätzlich hinein? Eine Ahnung, dass sie alle miteinander nur den höllischen Druck abließen, unter dem sie mitsamt der ganzen Wiener Gesellschaft standen? Bewunderung? Neid etwa gar? Liegt in diesem »fast« eine Erklärung dafür, dass so viele anerkannte Meister des 19. Jahrhunderts sich achtungsvoll über die Sträusse geäußert haben und viele deren Bekanntschaft oder Freundschaft suchten? Dass auch ein Wagner es sich nicht versagte, für seinen *Parsifal* einen *Blumenmädchen-Walzer* zu komponieren? Dass er später anerkennend nachlegte, Jean sei »der musikalischste Schädel des Jahrhunderts«?

Wir halten fest: Den dionysischen Verzückungsrausch, den spätere Generationen in Wagners Musik gesucht haben, hat Johann Strauss mit seinen Musikerkollegen – und seinen Zuhörern und Tänzern – erfunden, tausendfach vorgemacht und inszeniert. Die Konservativen und Unverständigen unter seinen Zeitgenossen standen ihm ebenso ratlos und misstrauisch gegenüber wie in den 60er-Jahren des 20. Jahrhunderts die Elterngeneration dem ekstatischen Schreien und Weinen ihrer Kinder, sobald deren musikalische Idole auf der Bühne standen, sobald ohrenbetäubende rhythmische Musik aus den Lautsprechertürmen drang und die Gitarren im wahren Sinn des Wortes brannten.

Es heißt, dass hinter jedem großen Mann eine große Frau stehe. Dies dürfte auch auf die Eheleute Strauss zugetroffen haben. Zwar fehlen für Annas frühes Einwirken jegliche Belege. Aber wie sie in späteren

Jahren agierte und ihre Familie groß machte, beweist, dass diese Tochter eines Thurygründer Gastwirts ihr Metier gelernt hatte.

Über fast 20 Jahre schuf Johann Strauss nun – vermutlich also unterstützt durch seine Anna – sich und seinen Musikern bei den Wiener Wirten einen exzellenten Ruf. Und mit diesem stiegen ihre Chancen. Neben den *Zwey Tauben,* schon dem Namen nach ein Inbegriff romantischer Liebesseligkeit, und dem *Schwan* hielt Johann sich den Döblinger Wirt Finger warm. Dieser baute eine einfache Dorfschenke, eine Stunde von der Inneren Stadt entfernt und mit herrlicher Rundumsicht auf die Stadt und den Wienerwald, zum Tanzpalast mit Kaffeehaus und Theatersaal aus. Er wollte damit der maßgebliche Gastronom in den nördlichen Vorstädten werden. Ursprünglich hatte er es auf konservative ältere und betuchte Gäste aus der Inneren Stadt abgesehen, aber als diese ausblieben, beschloss er, mit der Zeit zu gehen. Junge Komponisten wie Lanner und Strauss trafen den Geschmack eines neuen – und des alten – Publikums und etablierten den *Finger* als erste Adresse für festliche Reunionen etwa im Fasching. Nach dem damals üblichen strengen Ablaufplan wurde dabei nicht allein getanzt. Traditionell zu mitternächtlicher Stunde oder auch zwischendurch gab es Einlagen mit Magiern – etwa dem legendären Basilio Calafati –, mit Bauchrednern, Zitherschlägern und anderen Volksmusikern. Erlaubt war, was gefiel. Auch Johann Strauss ließ zeitweise in den Pausen menschliche »Wunder« auftreten, so einen bärtigen Mann mit Sopranstimme und eine Bassistin. Finger widmete er aus Anlass eines Auftritts bei ihm die *Döblinger Reunion-Walzer,* sein erstes gedrucktes Werk. Diabelli verlegte es im Februar 1827 und sorgte dafür, dass die *Wiener Zeitung* es verkaufsfördernd anzeigte. Die Wiener Unterhaltungsindustrie lief wie eine gut geölte Maschine. Übrigens führte Fingers Witwe das Etablissement nach dessen Tod erfolgreich weiter – keine Selbstverständlichkeit damals.

Und der Lohn der Mühe? – Solange Johann Strauss (Vater) noch kein alle anderen überstrahlender »Star« war, verdiente er als Musikdirektor zwar mehr als mit der Geigerei im Lanner-Orchester, aber immer noch recht bescheiden: etwa 50 Gulden pro Abend, von denen alle Spesen noch abgingen. Im Fasching 1831 zum Beispiel rechnen die Musikdirektoren mit dem Obersthofmeisteramt ihre Auftritte bei der Hofmusik wie folgt ab:

Joseph Wilde, der routinierte alte Platzhirsch – den Johann nur fünf Tage nach dessen Tod in seinem Amt als Leiter der Hoftanzmusik zu beerben versuchte – kassiert 162 Gulden für drei »Kammerbälle bei seiner Majestät des Königs und Erzherzogs Kronprinzen«. Joseph Lanner verdient für »geleistete Musik im Appartement Seiner k. k. Hoheit des Herrn Erzherzogs Franz Carl« – das war der Thronfolger Ferdinands – 49 Gulden und 30 Kreuzer. Das ist weniger als das, was Wilde erhält – und weniger als Johanns Honorar. Bei Hof hatte Johann Strauss sichtlich die mächtigeren Gönner und wurde mit den größeren, lukrativen Produktionen beauftragt. Strauss kassiert für zweimal dieselbe Musik 108 Gulden, also das mit Wildes identische Honorar, um dessen »hochgefällige Anweisung ... für das Verwaltungjar [sic!] 1831 hiermit ergebenst gebethen wird. Harrach.«[86]

Obwohl Johanns Honorare sich im Lauf der nächsten zehn Jahre ungefähr vervierfachten, war die Musik nur ein kleiner Posten in den Rechnungen, die an den Hof gingen: Sie lag unter einem Zehntel der gesamten Kosten eines Balles. Der Tanzmeister, der die Choreografie verantwortete, ging mit etwa demselben Anteil nach Hause. Ein Pariser Taschenspieler, der auf dem »Gebiete der unterhaltenden Phisik« tätig war, erhielt bei einer Gelegenheit mehr als zehnmal so viel wie die Musik.

Mehr als jeweils ein paar Kreuzer dürften da für die einzelnen Instrumentalisten nicht drin gewesen sein. Bratlgeiger eben waren die meisten – oder aber Musikliebhaber, die tagsüber ihrem Handwerk oder ihrer Kanzlistenbeschäftigung nachgingen und am Abend neben ihrer bescheidenen Gage ein kleines Abenteuer genießen wollten. Die Ehre, bei Hof aufspielen zu dürfen, hatte sichtlich ihren Preis. Das war es, was die damalige Weltmetropole Wien in der Kasse hatte für Musiker wie Johann Strauss und dessen Kapelle.

Markantester Meilenstein in der Geschichte des strausssschen Erfolgs war 1829 die dauernde Vereinbarung, die er mit dem *Sperl*-Wirt

Johann Georg Scherzer senior abschloss. Ein solcher Dreijahresvertrag war ungewöhnlich – aber Scherzer wusste, was er tat. Er war kein Kunst-, sondern ein Geschäftsmann. Unter anderem war er 1819 Mitbegründer der Ersten österreichischen Spar-Casse, die auf allerhöchsten Wunsch dem Land aus der Nachkriegsmisere heraushelfen sollte – ein Investor also, der zusätzlich auf die aufblühende Unterhaltungsindustrie setzte. Den *Sperl*, ein Erbe seiner Ehefrau, betrieb er schon seit 1802, kaufte ihn, baute ihn um und erweiterte ihn durch einen Tanzsaal, der bald zu den berühmtesten Etablissements von Wien zählte. Dazu verhalf ihm der Umstand, dass er mit Pamer und Lanner immer die renommiertesten Kapellmeister als Musikdirektoren beschäftigte, aber auch seine ausgezeichnete Lage: nur wenige Schritte vom Donaukanal entfernt in der »angesagten« Leopoldstadt gelegen und seit 1828 über den Karlskettensteg mit der Inneren Stadt verbunden. Den Kreuzer, den die Mautner von jedem Passanten für den Übergang einhoben, konnte sich jeder leisten, und so wurde »außi zum *Sperl*« zum geflügelten Wort für die feierwütigen Wiener.

Damit die Bindung an Scherzer nicht zu eng wurde, bedang Johann sich aus, dass er zusätzlich an anderen Orten aufspielen durfte und dass die genauen Konditionen jedes Jahr neu verhandelt würden. Im anschließenden, ab Oktober 1832 gültigen Jahresvertrag verpflichtete er sich, bei den Bällen im *Sperl* das Orchester zu leiten und dafür persönlich zu erscheinen. Während der Fastenzeit und im Sommer hatte er an zwei beliebigen Wochentagen die abendliche Unterhaltungsmusik zu stellen. Dies alles galt nur, sofern er nicht zeitgleich auf den Bällen bei Hof, bei den ausländischen Gesandtschaften oder bei der Gesellschaft der Musikfreunde auftreten wollte. Scherzer bezahlte das Orchesterpersonal direkt, zwischen 30 und 58 Gulden waren dafür vereinbart, je nach Anlass. Für Faschingssonntag und -montag waren dabei die höchsten Honorare vorgesehen.

Ein Musiker trug demnach pro Abend, wenn es hoch kam, zwischen einem und zwei Gulden nach Hause. Zum Vergleich: Ein Maurer hatte für einen Gulden Lohn drei Tage lang 14 Stunden auf einer der zahlreichen Wiener Baustellen zu schuften.

Der Sperlwirt, *wo Johann triumphierte. Lithografie, 1876.*

Dotiert war Johanns Vereinbarung mit 600 Gulden Konventionsmünze, von denen die Hälfte zu Beginn der Faschingssaison fällig wurde, also praktisch sofort. Ein sehr ordentliches Handgeld für den Mann, der zwar äußerst beliebt, aber mit 28 Jahren noch recht jung war. Verlässliches Einkommen jedenfalls, das sich leicht erweitern ließ durch weitere Engagements wie etwa die gleich mit ausgehandelten »Benefize«, Konzerte also, bei denen der Kapellmeister als Unternehmer auftrat und allerdings mit 80 Gulden Spesenersatz pro Vorstellung bei Scherzer ins Risiko gehen musste.

Auch jeder seiner Auftritte als Regimentskapellmeister brachte ihm pro Musiker zwei Gulden, also 72 Gulden, von denen er allerdings seine Männer zu bezahlen hatte. Ein gutes Geschäft für Kapellmeister war die Militärmusik indessen auf jeden Fall, denn die Proben gehörten zu den dienstlichen Obliegenheiten der Instrumentalisten und wurden durch ihren Sold abgegolten.[87] Daher strebten viele Komponisten in Positionen als Regimentskapellmeister. Ein möglichst großes Orchester aufzubieten, lohnte sich bei dieser personenbezogenen Abrechnungsweise besonders und mag zusammen mit der Suche nach immer neuen Klangeffekten dazu beigetragen haben, dass im Lauf der Jahre aus den kammerorchesterartigen Ensembles der Pamer-Zeit gewichtige Klangkörper wurden. Heute kann ein Sinfonieorchester gut und gern 80 bis 100 Musiker umfassen. Und dann gab es noch die »G'schäft'ln«, das auch heute von Musikern gern mitgenommene »musikalische Gelegenheitsgeschäft«. Ein Bäckermeister etwa bot Johann 200 Gulden dafür, dass er seiner Tochter zur Hochzeit aufspielte.

Beste Voraussetzungen also für Johann Strauss, auf Scherzers Ruf zu reagieren – und damit Entscheidungen zu treffen, die sein Leben und das seiner Familie prägen sollten. Nicht nur nach ihm war gerufen worden – der vorausschauende Unterhaltungsindustrielle legte gern mehrere Eisen in sein Feuer und scheint es auf eine Art Wettbewerb zwischen den Besten angelegt zu haben.

Johann ging daraus als Sieger hervor. Wenn er dabei seinen Rivalen Joseph Lanner ausstach, so suchten zu dieser Zeit beide dem Kaffeehausklatsch möglichst wenig Nahrung zu bieten, indem sie weiter zusammenarbeiteten. So konnte der *Allgemeine Musikalische Anzeiger* in diesen Tagen berichten:

> »Daß die beyden Direktoren miteinander in gutem Einvernehmen stehen, bewiesen sie öffentlich am 18. October, an welchem Tage beyde im Saale zum Schaf in zwey Sälen Tanzmusiken, und zwar zum Vorteile des Hrn. Lanner, dirigirten.«[88]

Das *Schaf*, im proletarischen Schottenfeld gelegen, war kein glanzvoller Ballsaal. Aus einer umgebauten Scheune entstanden, völlig schmucklos und nur von übel riechenden Talgkerzen erleuchtet, beherbergte es eher den musikalischen Untergrund der Stadt Wien, was bereits ein steinernes, schwarz gestrichenes Schaf signalisierte, das über dem Einfahrtstor prangte und das Lokal zum *Schwarzen Schaf* machte. Der Volksmund nannte es spöttisch auch »Schafstall«. 1847 schlossen es die Wiener Behörden unwiderruflich.

Dass Lanner sich zum selben Zeitpunkt als Musikdirektor in die hochrenommierten kaiserlichen Redoutensäle in der Hofburg verbesserte und zusätzlich zum Kapellmeister des Zweiten Bürgerregiments ernannt wurde, lässt ihn, wenn überhaupt, als gut weggekommenen Verlierer dastehen. Musikalisch ritualisierten die beiden Kontrahenten ihre Rivalität: Zwar hatte Lanner für Johann seinen *Trennungswalzer* geschrieben. Wie wenig diese Trennung allerdings bedeutete, beweist die Tatsache, dass die beiden später erneut gemeinsam auf der Bühne standen.

Was den Rang als Regimentskapellmeister betrifft, zog Johann, wie erwähnt, 1832 nach und ergatterte denselben Titel für das Erste Bürgerregiment. Die Wiener Bürgerregimenter waren dem Bürgermeister unterstellt. Dies war Johanns erster offizieller Titel, den er künftig stolz führte: »Kapellmeister beim löbl. ersten Bürger-Regiment«. Die Bürgerregimenter selbst hatten zwar keinerlei militärische Bedeutung und wären womöglich beim ersten Schuss davongelaufen. Allerdings beeindruckten sie auf dem Papier und wenn sie festlich paradierten: Sie waren wie aktive Regimenter gegliedert, besaßen also Schützen, Grenadiere, Kavallerie und Artillerie – und die unvermeidlichen Musiker, die für ihre Inszenierung unverzichtbar waren. Durch die öffentliche und barrierefreie Weise, in der sie auftraten, machten sie breite Volksschichten mit der Musik bekannt. Dabei spielten sie bei Weitem nicht nur Militärmärsche oder Tanzmusik. »Sie vermittelten bei unentgeltlichem oder erschwinglichem Eintritt ›klassisches Repertoire‹ aus Konzert, Oper und vielen anderen Genres.«[89]

Zu seiner Empfehlung und eigenen Begrüßung schrieb Johann den ersten von mehreren *Original-Parade-Märschen*. Schon damals bezeichnete man, englischer Tradition folgend, die Militärkapellen als »Bands«, Johann und Lanner gehörten also zu den ersten »Bandleadern« der Musikgeschichte.

Bis in die 40er-Jahre des 19. Jahrhunderts wurde, wie wir bereits sahen, Wien durch Eisenbahn- und Schiffslinien mit vielen europäischen Großräumen verbunden. Dauer und Kosten dieser Fahrten sanken erheblich. Und selbst wenn es noch Jahrzehnte dauern sollte, bis die Fahrpost ihren Betrieb ganz aufgab, und selbst wenn es immer noch genügend Menschen gab, die von einer weiten Zugfahrt nur träumen konnten: Das Reisen war damit auf dem Weg der Demokratisierung. Auch die Kosten des Gütertransports fielen, und neue Waren überschwemmten die Märkte, brachten einigen neuen Wohlstand und ließen andere verelenden, deren Erzeugnisse anderswo billiger entstanden – wie viele kleine Handwerker und Fabrikanten, auch in Wien.

Kaum ein Musiker Wiens dürfte diese Entwicklungen aufmerksamer beobachtet haben als Johann Strauss (Vater). Bereits sehr früh, im März 1825, wollte er, wie wir sahen, »sein Verdienst im Ausland suchen«. Dafür, dass er sich nicht in die Büsche schlug, sondern sich heiratenderweise seiner Verantwortung als werdender Vater stellte, sorgte Josef Streim, der Vater der jungen Anna, die das gemeinsame Kind austrug. Johann blieb nichts anderes übrig, als sich im eigenen Lande durchzubeißen.

Aber diese Bescheidung war nicht von Dauer. Mit einer fast dreiwöchigen Budapest-Tournee im November 1833, der längere und weitere folgten, wurde Strauss zum ersten Musiker,

»… der es gewagt (hat), mit Tanzmusik auf Kunstreisen zu gehen, seine Walzer nicht in einem Tanzlokale für die Ballgäste, sondern im Konzertsaale vor einem zuhörenden Publikum zu produzieren.«

Dies schrieb anerkennend Eduard Hanslick – der Mann, der unter anderem als Autor der *Wiener Zeitung* der österreichischen Musikkritik über zwei Generationen seinen Stempel aufdrückte. Nun opferte Johann seine Kunstreisen nicht mehr auf dem Traualtar.

Drei Dinge hat Hanslick damit anerkannt. Erstens löste Johann Strauss (Vater) die Wiener Tanzmusik von ihrer Hauptstadt Wien und trug sie, wenn man so will, zurück in die Provinz, wo sie herkam. Zweitens brachte er sie vom Parkett in die Philharmonie und gab ihr dadurch zusätzlich zu ihrem Gebrauch als Festbegleitung den der kontemplativ zu erlauschenden Musik. Und drittens war dieser Transfer ein Wagnis.

Wie groß dieses Wagnis war, davon zeugen nicht zuletzt kleine »Revolten« unter seinen Musikern. Einige der kleinen Bratlgeiger, die sie noch vor wenigen Jahren gewesen waren, hatten sich regelmäßig um Frau und Kinder zu kümmern. Andere waren Amateure – Musikliebhaber, die für einen Zuverdienst aufspielten, während sie hauptsächlich von einer anderen Beschäftigung lebten. Dadurch hatten sie naturgemäß ein anderes Verhältnis zum Wagnis – und zu längeren Abwesenheiten von zu Haus – als ihr Chef, der schließlich zu seinem eigenen

Ruhm reiste und spielte. Was Johann selbst betrifft, so war er zu dieser Zeit bereits nahe dem Absprung von Anna – wir werden auf diese desaströse Ehe noch näher zu sprechen kommen – und ihrem für ihn nicht mehr gar so gemütlichen Heim. Allerdings gelang es dem Meister mit seiner Begeisterung, seinem Geschick im Umgang mit Menschen sowie der Zusage von mehr Gage und anderen Versprechen immer wieder, seine Musiker bei der Stange zu halten und gleichzeitig seinen Aktionsradius zu erweitern.

Um sie nicht allzu sehr zu überfordern, steigerte er etwa Dauer und Entfernung der Konzertreisen so behutsam wie strategisch vorausschauend. Er achtete zunächst besonders darauf, immer zu Weihnachten wieder in Wien zu sein – schon deshalb, weil es auch in Wien einiges für ihn zu besehen gab und die Konkurrenz in Gestalt von Lanner, den Pecháčeks und vielen anderen nicht schlief. Johann mag der Erste unter den Tanzmusikern der Stadt gewesen sein – der Einzige war er beileibe nicht. Bereits 1831 schrieb die *Allgemeine Theater-Zeitung*, dass »gegenwärtig die Herren Strauß, Lanner und Morelly ein musikalisches Kleeblatt bilden, welche in der Gunst des Publikums wetteifern«. Gerade Morelly war in den 30er-Jahren enorm präsent bei Tanzveranstaltungen in Wiener Lokalen und kam Johann in seiner Mobilität fast gleich. Bezeichnenderweise endete sein Leben im heutigen Mumbai, wo er Kapellmeister des britischen Lord-Gouverneurs war. Die tourneebedingte Abwesenheit des genannten »Kleeblattes« Strauß/Lanner/Morelly im Jahr 1837 begünstigte den Erfolg der in Wien verbliebenen Tanzmusiker, sodass die *Theater-Zeitung* mit ihrer Vorliebe für historisch grundierte Symmetrien bereits von einem »zweiten Triumvirat« durch Carl Bendl, Franz Ballin und Philipp Fahrbach sprach, das »täglich mehr in der Gunst der Wiener« stieg. Auch zur Verteidigung eroberter Positionen also benötigte Johann Musiker in Wien. 1836 leitete der erwähnte Ballin die Strauss-Kapelle bei Bällen in der *Goldenen Birne* und bei »Conversationen« im *Dommayer*, und 1841 übernahm Bendl die Nachmittags-«Conversationen« im *Volksgarten*.[90]

Drei Tage nach ihrer Rückkehr aus Ungarn, wo er übrigens den verbotenen, da antihabsburgischen und als inoffizielle ungarische

»Nationalhymne« betrachteten *Rákóczi-Marsch* aufführte, stand er im *Sperl* zum alljährlichen Katharinen-Ballfest auf der Estrade. Er veranstaltete es auf eigenes Risiko, demnach gab es für ihn im Erfolgsfall besonders gut zu verdienen. Im musikalischen Gepäck hatte er für seine Ballgäste unter anderem die Premiere des Walzers *Emlék Pestre, Erinnerung an Pest* – »A nemes magyar Nemzetnek ajánlva Strauss Jánostol. Der edlen ungarischen Nation geweiht von Johann Strauss«, wie ihm der Wunsch, zu gefallen, den Wortlaut diktierte.

Die im Spätherbst 1834 auf die Budapestreise folgende Tournee nach Preußen und weiter nach Sachsen und Böhmen dauerte bereits fünf Wochen. Sie war die erste weite Kunstreise außerhalb Österreich-Ungarns, und einiges deutet darauf hin, dass Johann sie auch antrat, um unangenehmen häuslichen Verhören aus dem Weg zu gehen. Zu diesen Drangsalen hören wir bald mehr. Die Berichte von Wienreisenden und Journalisten sowie die Propaganda seines neuen Verlegers Haslinger hatten in Deutschland die Neugier auf den Walzerkönig angestachelt. Den nach wie vor obligaten Reisepass beantragte Johann am 30. Oktober für 17 Personen. Es begleiteten ihn also erheblich weniger Musiker als die 36, die mit ihm in der Regimentsmusik aufspielten. Die Stellung in Wien musste gehalten werden.

In reduzierter Kopfzahl würde die Strauss-Kapelle auch die folgenden Tourneen bestreiten und sich jeweils mit lokalen Musikern verstärken. Johanns Sekretär und späterer Schwager Karl Fux immerhin war dabei – und Violinist Franz Amon, der später als Johanns Primgeiger und als Jeans angeblicher heimlicher Musiklehrer bekannt wurde. Wie schon in Wien, bejubelte die Presse auch anderenorts Johanns einzigartige Bühnenpräsenz und Aufführungspraxis, so etwa der Prager Kritiker August Wilhelm Ambros unter Verwendung eines damals geläufigen, heute zu Recht als rassistisch verpönten Begriffs:

> »Der schmächtige blasse Mann mit den negerartigen Gesichtszügen war der eigentliche belebende Geist seines wohlgeübten Orchesters; wie er mit seiner Geige bald in Glanzstellen siegreich aus den Tonmassen hervortrat, bald mit seinem Bogen wie mit einem Feldherrnstab gebietende Winke gab, sah man, wie ihm seine eigenen Melodien

in allen Gliedern zuckten. Sein Grimassieren war nicht Affektation, er konnte eben nicht anders.«[91]

Inzwischen hatten 18 deutsche Fürstentümer den Deutschen Zollverein gegründet, der der Kleinstaaterei mit ihren vielen Wegzöllen – allein zum Beispiel zwischen Bamberg und Mainz wurde 33-mal die Hand aufgehalten – beikommen und neben dem Handel auch das Reisen erleichtern sollte. Allerdings trat ausgerechnet Österreich nicht bei, sondern suchte sein Heil weiterhin in seinem gewaltigen Hinterland und in seiner Splendid Isolation von jenem Gebiet, das keine 40 Jahre später das Deutsche Reich werden sollte. Das bereitete auch Johann Mühe. Brieflich wies er Agenten in den großen Städten an, für alles Erforderliche zu sorgen: Aufführungsstätten, Werbung, Personal, manchmal sogar Umbauten der Spielstätten wie die Erhöhung der Estrade für die Musiker galt es zu berücksichtigen.

Gestützt auf diese Logistik, konnte er seine Schlagzahl bedeutend erhöhen: Mindestens 20 Konzerte presste Johann Strauss in die wenigen Tage der Preußen-Tournee, wenn wir den lückenhaften Aufzeichnungen des Klarinettisten Johann Thyam glauben wollen, der bis 1838 lose Buch führte über die Orchesterreisen. Erstmals spielte die Strauss-Kapelle vor dem Hochadel des Auslandes auf und begeisterte diesen so nachhaltig, dass er sich persönlich für Johann engagierte: Da der Dresdner Festsaal sich als zu klein erwies, stellte der greise sächsische König Anton die Räumlichkeiten des Dresdner Hoftheaters für das nächste Konzert zur Verfügung.

Schmeichelhaft und routiniert bedankt sich Strauss im nächsten Wiener Fasching für den preußisch-sächsischen Applaus mit seinen Walzern *Erinnerungen an Berlin* und *Gedanken-Striche*, Letztere »den edlen Bewohnern Leipzigs gewidmet«. Solch eine Widmung und das Attribut »edel« wären noch 25 Jahre zuvor allenfalls Fürsten zuteilgeworden.

Überschattet wurde die Deutschland-Tournee vom Tod des zehn Monate alten Ferdinand Strauss »am hitzigen Wasserkopf«. Johann hatte den Sohn bereits erkrankt zurückgelassen. Wenigstens nahm er brieflich Anteil – trotz aller musikalischen Verpflichtungen:

»Liebe Netti, ... vor allem hoffe ich, daß Du sammt den Kindern bey besserem Wohlseyn Euch befindet, als bey meiner Abreise. Wie sehnsuchtsvoll erwarte ich Nachricht von Ferdinand's Befinden. Ich muß gestehen, daß ich immer mit Angst an ihn dachte. Ich tröste mich mit der Hoffnung, ihn bey meiner Rückkunft wieder gesund anzutreffen, und ich will mich nicht mehr mit den schrecklichsten Gedanken quälen! ... der Kopf ist mir von all dem so voll und gibt es bei meinem Hiersein in Berlin so viel zu thun, daß ich gar nicht weiß, wo aus, wo ein. Den ganzen Tag, von früh 7 Uhr ist mein Zimmer nie leer, täglich laufen 8 - 10 Briefe ein aus der Umgegend Leipzig, Dresden usw., welche ich doch beantworten soll.«[92]

Seine Pläne mochte er deswegen allerdings nicht umwerfen. In Wien hatte er musikalische Platzhalter zurückgelassen, sodass der Rest des Ensembles einstweilen weiter im *Dommayer* auftreten konnte. Allerdings verdrängte ihn von dort nach drei Wochen die Kapelle des 19. Infanterieregiments unter Kapellmeister Andreas Nemetz. Im aufschäumenden »Meer« der Wiener Tanzmusik wollte eben jeder gern fischen, und die Erinnerung der Wiener an ihre Heroen verblasste rasch, sobald diese physisch nicht präsent waren.

Johann dürfte es ein Warnsignal gewesen sein: Nur durch härteste Arbeit konnte man demnach hoffen, verlässlich oben auf der Gischt schwimmen zu können. Und mit solch harter Arbeit ging es weiter. Nach seiner Rückkehr nach Wien um den 13. Dezember scheint die Strauss-Kapelle bereits am 14. Dezember mittags beim *Dommayer* und abends im *Sperl* gleich zweimal an einem Tag vor das Publikum getreten zu sein – nach einem Reisepensum von etwa 1350 Kilometern, also mindestens zwei Wochen reiner Reisezeit, zum allergrößten Teil im unbequemen Pferdewagen zurückgelegt. Und im Folgejahr 1835 »drohte« ein besonders langer Fasching – Aschermittwoch und damit einstweilige Ruhepause war erst am 4. März.

Im Sommer, wenn es warm war in den Gastgärten und im Prater, ging es anschließend munter weiter. Wenn der Walzerkönig, nun gerade einmal 31 Jahre alt, im Juni 1835 in seinen Kalender blickte, las er Folgendes:

Montag: Reunion bei der *Goldenen Birne*
Dienstag: Nachmittags-Unterhaltung im *k. k. Augarten*
Mittwoch: Sommer-Assemblée im *Sperl*
Donnerstag: Nachmittags-Unterhaltung im *Tivoli* und Abend-Reunion in *Dommayer's Casino*
Freitag: Reunion bei der *Goldenen Birne*
Samstag: Sommer-Assemblée im *Sperl*
Sonntag: Nachmittags-Unterhaltung im *Tivoli* unter der Leitung von Georg Jegg und Abend-Reunion in *Dommayer's Casino*

Kann man diese besessene Aktivität noch erklären mit dem Wunsch, seine Position abzusichern und Geld zu verdienen? Oder war da nicht eine Sucht nach Beifall und öffentlichem Glanz mit im Spiel, die ihn anstachelte, das Allerletzte aus sich und seinen Begleitern herauszuholen? Aber ein weiterer Grund für diese hohe Schlagzahl war sicherlich der Druck, den die immensen Kosten des Reisens mit so vielen Menschen auslösten. Denn auf diesen prallvollen Sommer folgte eine herbstliche Reise der Strauss-Kapelle nach Süddeutschland und ins Rheinland – das Kernland des Karnevals. Sie nahm bereits fast drei Monate in Anspruch und brachte etwa 40 Bälle oder Konzerte in 19 Städten. Unter diesen waren so bescheidene wie Heilbronn oder Hanau, in denen zwar der Adel keine zentrale Rolle mehr spielte, aber ein kopf- und finanzstarkes Bürgertum auf den Meister wartete. Eines der Konzerte in Heidelberg brachte Johann Einnahmen von annähernd 900 Gulden.

Zur selben Zeit traten unter Strauss' Namen in Wien zwei weitere Orchester auf; der Walzerkönig kassierte demnach dreimal. Damals dürfte er über ungefähr 50 Instrumentalisten verfügt haben, die ähnlich intensiv arbeiteten wie er selbst. All dies war in seinen Details zu organisieren, zu überwachen und abzurechnen – eine gewaltige Aufgabe, bei der Anna ihn nach der Art pragmatischer, schaffenskräftiger Wirtinnen fallweise unterstützte, zum Beispiel während dessen großer Tournee 1837/38. In den vielen Jahren, die ihr noch zum Leben blieben, sollte sie ihre Talente als Impresario reichlich unter Beweis stellen – nur dass andere als Johann davon profitierten.[93]

Annas sechstes Kind Eduard war sechs Monate alt, als der Vater im Herbst 1835 erneut aufbrach. Die Musik und das Geld gingen vor. Geschickt flankierte Verleger Haslinger Johanns Tourneen mit prächtigen, aufwendigen Editionen von dessen Musik – so 1836 mit den goldgeränderten *Sämmtlichen Compositionen von Johann Strauß. Original-Ausgabe* – die damals überhaupt umfangreichste Gesamtausgabe eines kompositorischen Werkes im Musikalienhandel. Und das neun Jahre nach dem Debüt des Niemands aus den Wiener Vorstädten!

Anfang September hatten die Zeitungen die geplante Abreise des Kapellmeisters Strauss mit seinem 29-köpfigen Orchester nach Prag, Leipzig und Hamburg, nach Amsterdam, Brüssel und Paris gemeldet. Von Paris sollte es – so der Plan, den der Maestro den Presseleuten gesteckt hatte – voraussichtlich nach London gehen. Per Annonce und für einen Walzer-»König« ungewöhnlich bescheiden meldete Johann sich vom Wiener Publikum bis Ende Dezember ab, indem er für die ihm »so sehr bewiesene Gunst und Theilnahme« dankt und sein weiteres Bemühen zusichert, »auf das Vergnügen eines hohen Adels und verehrungswürdigen Publicums nach Kräften eifrigst hinzuwirken«.

Der Walzerkönig scheint sich selbst, ähnlich dem Alten Fritzen auf dem Feld der Staatskunst, als den ersten Diener in seinem Land empfunden zu haben, in dem die tanzbegeisterten Wiener der eigentliche Souverän waren. Wie weit entfernt liegt diese Haltung von dem »Für diese Schweine spiele ich nicht!« eines Ludwig von Beethoven. Zu dieser dienenden Haltung passt, dass er es trotz der überwältigenden Arbeitslast, zwischen dem Konzertieren, Organisieren, Komponieren und sicherlich auch Intrigieren, sogar noch in Angriff nahm, durch Unterricht bei Ignaz von Seyfried, einem Mozartschüler und früheren Kapellmeister am *Theater an der Wien*, sein Handwerk zu verbessern und seinen Schwachstellen in der Kompositionslehre beizukommen. Er verschmähte es nicht einmal, sich auf seinem ureigenen Feld, dem Violinspiel, zu perfektionieren, und nahm Stunden beim Musikdirektor an der Universität, Leopold Jansa, einem der besten Geigenlehrer Wiens.

In Prag galt es Flagge zu zeigen bei einem feierlichen Anlass: der Krönung des österreichischen Kaiserpaars Ferdinand von Habsburg und Maria Anna von Sardinien-Piemont zum Königspaar über Böhmen – ein Ritual, das traditionell die Kaiserkrönung zu bekräftigen hatte. Johann verkniff sich trotz der Kosten die öffentlichen Auftritte, die das Prager Publikum von ihm erwartete, und konzentrierte sich auf die Hofmusik und damit auf die Beziehungen zum Kaiserhaus. Die Musiker brillierten auf zwei Hofbällen und zogen unmittelbar darauf weiter nach Mittel- und Norddeutschland. Allein in Hannover wollten 1200 Menschen sie hören. London und Paris mussten zwar schließlich noch zwei Jahre auf den Walzerkönig warten, aber schon der Hamburg-Aufenthalt 1836 wurde triumphal genug. Stundenlang warteten dort im voll besetzten Saal die Tanzbegeisterten auf den Maestro und sein Orchester. In 14 Tagen absolvierten sie zehn »zum Ersticken volle« Produktionen, die selbst die angeblich so kühlen Nordlichter völlig enthusiasmierten: »Strauß wird geehrt, getanzt und sogar gegessen«, schrieb die Lokalzeitung *Der Freischütz* – das letztgenannte Prädikat dürfte auf ein Gebäck oder Konfekt anspielen, das irgendein fantasievoller Konditor auf den Markt warf. Trittbrettfahrer, Plagiatoren, Raubdrucker und sonstige Parasiten traten in Hülle und Fülle auf, wie nicht zuletzt Verleger Haslinger feststellen musste. Überall, wo Strauss gastierte, wurden nach seiner Abreise »Straußeneier ausgebrütet und zahllose Imitatoren des Meisters schlüpften aus den Schalen«[94], wie ein Zeitgenosse witzelte.

Doch nicht jeder umarmte Johann und sein reisendes Orchester: »Ihr seid die wahren Fitzliputzlis [eine indianische Gottheit]«, rief etwa der Hamburger Friedrich Clemens Gerke – Schriftsteller und nebenher ein Pionier des Fernmeldewesens – in einer eigentümlichen Mischung aus Abscheu und Bewunderung den Musikern entgegen:

> »… die Fliegenteufel, die in der Welt herumsummen und brummen und nach dem schönen Fleische lüstern sind, aber die Seelen, auf die es ja eigentlich abgesehen, mit in den Kauf nehmen. Höllenfürsten seid Ihr; und es ist grauenhaft anzusehen, wie weit Eure Teufelskünste dem unschuldigen Volke schon ins Fleisch gedrungen sind. Überalls tönen Eure Hexenklänge durch die Häuser und durch die Gassen.«[95]

Wer über die Verhältnisse genau unterrichtet war, konnte auch an der Tatsache moralischen Anstoß nehmen, dass in Johanns umfangreicher Entourage nicht nur seine Musiker mitfuhren, sondern auch eine weibliche Privatperson. Es ist bereits zu ahnen: Pikanterweise reiste nicht etwa seine bodenständige Ehefrau Anna mit, mit der er bereits sechs Kinder hatte, sondern seine mobile und überdies wesentlich jüngere Geliebte, mit der er bereits ein Kind hatte. Von beiden Frauen wird noch ausführlich zu reden sein, zumal ihre Rivalität die Familiengeschichte der Strausse zum offensichtlichen Nachteil der gemeinsamen Kinder »würzte« und im Lebensweg der Musiker unter ihnen deutliche Spuren hinterließ.

Die Tournee führte anschließend durch die Niederlande und dauerte tatsächlich bis zum Tag vor Silvester – über 120 Tage, die für den überragenden Ruhm der Künstler und die schlagkräftige Werbung ebenso sprechen wie für die Aufnahmebereitschaft und Zahlungskraft des bürgerlichen oder adligen Publikums in Deutschland und den Niederlanden. Fast 4000 Kilometer waren zurückgelegt. Wie ein Herold warf die *Theaterzeitung* den Heimkehrenden ihren Lobpreis voraus:

> »Der Walzerorpheus ist schon unterwegs nach Wien. Er bringt neue Kompositionen mit und die Birn' und der Sperl werden ganz neu hergerichtet. Wenn nur in diesem Fasching jedes Mädchen ein Dutzend Füßchen und ein halbes Hundert Herzchen mehr hätte!«

Chefredakteur Adolf Bäuerle hatte seine Meinung zum »schändlichen Tanz« (siehe Kapitel 5) offenbar grundlegend geändert.

Immerhin neun Tage Ruhe gönnte der erschöpfte Johann sich und seinen Musikern, bevor er sich in der *Goldenen Birne* bei seinem Wiener Publikum zurückmeldete. Den *Sperl* hielt inzwischen Lanner erneut besetzt, denn nachdem Scherzer den Betrieb an seine Söhne verpachtet hatte, hatten die Vertragspartner sich getrennt, und, Zufall oder nicht: Seitdem lief es nicht mehr rund im *Sperl*, der schließlich 1842 in Konkurs ging.

Strauss präsentierte einen »Import« aus Prag, den königlichen *Krönungswalzer* mit seiner einleitenden Bläserfanfare: »pure Elektricität im ¾-Takt«, wie die *Theaterzeitung* eine Woche später applaudierte, »getanzt wurde mit solcher extensiver Kraft, als gälte es, ein hingerauschtes Jahrhundert im Fluge einzuholen«. Was immer da genau »hingerauscht« sein mag – das Publikum musste hinterher! Nicht anders drei Tage später beim Faschingsball des Vereins der Bildenden Künste in der *Goldenen Birne,* wo der Malerfürst Ferdinand Georg Waldmüller Hof hielt, und wieder zwei Wochen später beim Ball »Heimkehr aus der Fremde zum Vortheile Johann Strauß«. Dass der Meister persönlich den Gewinn kassierte, zog demnach als zusätzliches Werbeargument das Publikum an. Auch hier sekundierte die *Theaterzeitung* folgsam, indem sie »ein großes feenartiges Ballfest« des »lobbekränzten Walzerorpheus« ankündigte. Sogar ein kurzes Willkommensgedicht an die Damen hatte Johann für diesen Anlass geschrieben und einen Verriss dafür kassiert in den *Komischen Briefen des Hans-Jörgels von Gumpoldskirchen,* einem Satireblatt, das kommentierte: »Da kann man wohl nur sagen reim di oder i friß di.« Und die Verse sind in der Tat läppisch genug:

> »Kehrt einer aus der Fremde heim,
> So komm er nicht mit leeren Händen,
> Vor allem bedenk' er die Damen fein
> Mit freundlichen Erinnerungsspenden.«[96]

Die *Theaterzeitung* bemerkte dazu trocken: »Das Gedicht ist nicht von Schiller.«

Musikalisch allerdings war dem Meister nichts vorzuwerfen, der eine weitere Reise-Reminiszenz erstaufführte: die *Brüssler-Spitzen.* Denn bei der »Erinnerungsspende« aus dem Gedicht handelte es sich um eine dem Brauch entsprechende Ballspende aus der überall in Europa heiß begehrten Brüsseler Spitze.

Im Weiteren stand der Wiener Fasching 1837 unter dem Eindruck des gewaltigen Erfolgs der Oper *Die Hugenotten* des Berliners Giacomo Meyerbeer, die allein an dessen Pariser Wirkungsstätte bereits Hunderte von Malen aufgeführt worden war. Älteren Wienern war Meyerbeer kein Unbekannter: Als junger Mann hatte er zwei Jahre in Wien verbracht, bei Antonio Salieri studiert und unter dem exotischen Titel *Die beyden Kalifen* eine seiner ersten Opern am Kärntnertortheater inszeniert. Sein Pariser *Robert der Teufel* von 1831 schlug so mächtig ein, dass er Meyerbeer zur europäischen Berühmtheit und zum reichen Mann machte – und Abstauber, Schmarotzer und Neider anzog wie den jungen Richard Wagner, den er buchstäblich vor dem Hungern rettete. (Wagner, nicht nur in diesem Fall charakterlich äußerst zweifelhaft, dankte es ihm herzlich schlecht, indem er ihn später aufs Übelste diffamierte: In seinen musiktheoretischen Schriften *Oper und Drama* und *Das Judenthum in der Musik* popularisiert Wagner das wirkmächtige antisemitische Klischee von der angeblichen »Seelenlosigkeit« jüdischer Kunst im Gegensatz zur deutschen, das im 20. Jahrhundert die Ausgrenzung, Vertreibung und Ermordung jüdischstämmiger Kulturschaffender begründen half.)

Da Meyerbeers Hugenotten-Oper im Verruf der Subversivität stand, ließ sich die Wiener Zensur reichlich Zeit, bis sie sie – mit bedeutenden Strichen – passieren ließ. Zeit für Johann Strauss, dem Wiener Publikum mit seinem *Hugenotten-Galopp* einen erfolgreichen Vorgeschmack auf den musikalischen Hauptgang zu geben, auf den die Wiener drei Jahre warten mussten. Und dann ... mussten sie ein ganzes Jahr lang auf ihren Walzerkönig warten. Denn die jetzt für Anfang Oktober 1837 angesetzte Englandreise endete erst nach mehr als einem Jahr, in den letzten Tagen des Jahres 1838. Die Reisepässe der 23 Musiker, die ihn begleiten sollten, waren vorausschauenderweise auf ein Jahr ausgestellt.

Vorsichtshalber hielt Johann während dieser Reise brieflichen Kontakt zu Regierungsrat von Löhr, bot ihm an, mit seinem Orchester einen »Abstecher« nach Mailand zu machen, um zu den dortigen Krönungsfeierlichkeiten für Kaiser Ferdinand zu spielen – welch ein Aufwand für dieses Privileg! –, und gab seiner Hoffnung Ausdruck, durch seine Abwesenheit von Hof »nicht in die Ungnade zu verfallen zu sein«. Nachdem er aus den Zeitungen erfahren hatte, dass Lanner in Mailand offiziell für den Kaiser spielen sollte, zog Johann seine Offerte zurück und verlängerte stattdessen seine Englandreise.[97]

Ihren ersten Triumph feierten die Männer in Hofbaumeister Leo von Klenzes Münchner *Königlichem Odeon* – und der Walzerkönig kassierte eine Rekordeinnahme. Ein rauschhafter Auftakt! So reisten sie und spielten sich über Ulm, Stuttgart, Karlsruhe und Straßburg nach Paris. »Geschickt begann Strauss«, stellt Norbert Linke fest, »mit der *Falschmünzer-Ouvertüre* von Auber, der neben dem großen romantischen Komponisten Hector Berlioz und Cherubini anwesend war. Als die Tänze von Strauss folgten, voran die *Gabrielen-Walzer* op. 68, wurde das Publikum allmählich warm und steigerte seinen Applaus. ›Wir haben gesiegt‹, schrieb der Klarinettist Josef Reichmann nach Wien, als wäre es um eine Schlacht im napoleonischen Krieg gegangen.« Heinrich Laube stimmte ein: »Was den Franzosen die Napoleonischen Siege waren, das sind den Wienern die Straußschen Walzer.«[98]

Schnell unterwarf auch der französische Monarch Louis-Philippe sich dieser charmanten Attacke. 2.000 Francs, umgerechnet etwa 1.000 Gulden, und eine Brillantnadel für den Kapellmeister persönlich waren das Honorar für ein Privatkonzert vor der Familie des Königs und seinem Schwiegersohn, dem belgischen Monarchen Leopold I.

Nach dieser erfolgreichen Bataille aber wurde die strausssche Kampfkraft bis aufs Äußerste gefordert. Denn auch Frankreich hatte gefechtsstarke Tanzmusik-Feldherren aufzuwarten. Platzhirsch in Paris war der »Quadrillenkönig« Philippe Musard, der sein Publikum neben seinem 100 Mann starken Orchester mit grellen Effekten und Marotten zu begeistern vermochte. So liebte er es, seinen Taktstock, mit dem er statt des Violinbogens dirigierte, von sich zu schleudern oder an bestimmten Stellen mit einer Schreckschusspistole in die Luft zu feuern. Er forderte den Wiener zu einem Duell der Extreme: An 28 aufeinanderfolgenden Abenden sollten die Klangkörper mit jeweils nagelneuen Originalproduktionen aufeinandertreffen. Die Bedingungen waren äußerst unfair: Den österreichischen Gästen war eine Rolle vergleichbar der eines »Support Act« im heutigen Konzertgeschäft, einer Vorband, zugedacht, während Musard und seine Männer anschließend als »Headliner« den Applaus zu ernten beabsichtigten. Aber die Strauss-Kapelle war gerüstet.

Auch um seine Musik tauglich für den Konzertsaal zu machen, wagte Strauss etwas. Weitete die Form des Walzers auf, ergänzte sie mit Introduktionen und Codas, reicherte sie spielfreudig an mit raschen Läufen, Bassgängen, Sprüngen, Dissonanzen und rhythmischen Einfällen, und instrumentierte üppiger, um große Säle auch akustisch zu füllen. Denn die Strauss-Kapellen mit ihren 20 oder 30 Instrumentalisten konnten sich in ihrer Größe noch bei Weitem nicht mit den philharmonischen Orchestern der Wagnerzeit und der Spätromantik messen.

Unabhängig von derartigen technischen Fragen: Der »Konzert-Walzer« war geboren. Auch dies war ein Interesse, das Strauss von Lanner trennte: Während dieser sich fast ausschließlich für das Bespielen von Tanzvergnügen interessierte, hatte Johann Ambitionen zur konzertanten Musik. Diese musste aus sich selbst heraus tragfähig sein für Menschen, die still saßen, statt sich zu drehen und dabei zu flirten.

Mit diesem Konzert-Walzer zog ein neuer Typus des genialisch temperamentvoll auftretenden, jedoch seine Wirkung auf das Publikum genau kalkulierenden Dirigenten in den Konzertsaal ein, der dieses ganz unabhängig von seiner Musik anzog und begeisterte. »Viele versuchen ihn heute nachzuahmen, aber ihm gebührt der Ruhm der Originalität, der Phantasie, des Gemüts und der Erfindung«, hieß es damals in den *Illustrated London News*.

Es kam also anders, als Musard es erwartet hatte. Johanns Musiker überzeugten die kundigen Pariser mit ihrer musikalischen Disziplin und Flexibilität so sehr, dass viele von ihnen ausschließlich kamen, um den ersten Teil des Abends zu genießen, und sich anschließend nicht Musards Tänzen, sondern ihrem Abendessen oder ihrer Familie widmeten.

Berlioz wurde zu einem der frühesten Strauss-Verehrer und analysierte im *Journal des Debats* die Geheimnisse von dessen Brillanz: Das kleine agile Strauss-Korps saß fast auf Tuchfühlung mit dem Dirigenten, konnte auf jedes Brauenzucken reagieren, war damit viel unmittelbarer zu führen als Musards musikalische »Armee« und damit im Zusammenspiel genauer und letztlich effektvoller. Strauss hatte auch klug gewählt, indem er einige Multiinstrumentalisten mitgebracht hatte, die auf seinen Wink andere Instrumente hervorzogen und unerwartete Klangfarben produzierten. Vor allem rhythmisch aber überzeugten die Männer von der Donau den französischen Romantiker. Denn die Strauss-Kapelle war auch geschult an den Rubati, den rhythmischen Freiheiten, mit denen Rossinis Opern die Wiener einige Jahre zuvor in einen Taumel der Begeisterung versetzt hatten.

Ließ auch mal Kanonen im Orchestergraben donnern: der französische Komponist Hector Berlioz (1803–69).

Und Berlioz' Beobachtung drückt perfekt etwas Wesenhaftes aus über die Musik der Sträusse:

> »Diese charmanten Walzer, in denen die Melodie sich darin gefällt, den Takt auf tausenderlei Arten zu reizen und durcheinanderzubringen, enthalten oft ziemlich gewagte Wendungen; diese werden aber mit einer Leichtigkeit und einem Schwung bewältigt, die diesen prickelnden Koketterien ihren unwiderstehlichen Reiz verleihen.«[99]

Es ist leicht vorstellbar, dass solcherlei rhythmisch »gewagte Wendungen« nicht nur den Zuhörer im Konzertsaal, sondern noch mehr die Flexibilität der Tänzerin und ihres Partners auf dem Parkett forderten und »reizten«, indem sie das Paar zu einem stummen »Instrument« des Dirigenten machten, auf das dessen Bewegungen sich übertrugen. Es hilft an dieser Stelle vielleicht, sich bewusst zu machen, dass Musik hörbare Bewegung menschlicher Körper ist und dass Tanz diese Musik wieder in Bewegung und körperlichen Ausdruck zurückübersetzt. Für den Kapellmeister galt es umgekehrt, auf das Publikum zu achten und dessen augenblickliche Verfassung in seinem Dirigat zu berücksichtigen, damit die Übertragung weiter funktionieren konnte. Vielleicht trug genau diese neuartige Verbindung bei zu der unglaublichen Begeisterung, die der Walzer weckte.

Dem Dirigenten verlangte sie schon rein körperlich alles ab – besonders dann, wenn er Tanzmusik dirigierte, wie die Sträusse es taten, und wenn er sie so rhythmisch packend interpretierte wie sie. Dies machen zeitgenössische Schilderungen von Johanns Dirigierstil deutlich – und später die von Jeans Bühnen-»Show«, die sich an der seines Vaters orientierte:

> »Es dirigierte eben alles an ihm, der Bogen seiner Geige, diese selbst, außer ihr Hand, Kopf, Augen, Körper und die Füße des Meisters. Alles taktiert und tanzt mit, sodaß man es wohl begreifen kann, wie er es zu Stande bringt, die leicht beweglichen Wienerinnen in seinen Concerten unmittelbar zum Tanze zu zwingen, sei es auch nur, daß ihre Füße unter dem Tisch den Takt schlagen.«[100]

Die Dirigate der Sträusse, Tänze, deren Geschwindigkeit und Lautstärke nahezu von Takt zu Takt wechseln konnten, mussten sich sofort und präzis selbst auf den unsichersten Musiker übertragen, der noch mit einem Auge an seinen Noten klebte, und ihm ein ebenso präzises Nachspielen befehlen. Und diese spontane, präzise Übertragung funktionierte nur, wenn der Dirigent »groß« dirigierte, also alles aus seiner Positur, Gestik und selbst Mimik herausholte, sich selbst maximal in die Musik »hineinlegte«. Dazu passt, was der russische *Artist* einmal an Jean beobachtete: »Er liebte es, mit dem ganzen Körper Bewegungen zum Takt der Musik zu machen – dies tat er nicht, wenn er schwierige Repertoirenummern dirigierte.«[101] Die Funktion dieses

Sich-Hineinwerfens in die Musik ist also bei den Sträussen eine andere als bei modernen Rock- und Popmusikern, deren Musik zwar lauter sein mag als ein Wiener Walzer, aber in der Regel weitaus weniger dynamisch ist.

Dergleichen Tag für Tag zu komponieren, zu instrumentieren, zu kopieren, einzustudieren und in einer überzeugenden Mischung aus Perfektion und Improvisation auf die Bühne zu bringen, muss für Strauss nahezu pausenlose Arbeit bedeutet haben. Daher ist es zu bezweifeln, dass er die eleganten, hübschen Pariserinnen anders wahrgenommen hat denn als flüchtige Schemen – oder als Objekte seiner musikalischen Bemühungen, denen er pauschal Tänze wie den *Carneval in Paris* widmete. Für seinen Lebensweg bedeutender dürften seine Begegnungen mit den Großen der französischen Romantik geworden sein, so die mit Meyerbeer oder dem erwähnten Berlioz.

Über Rouen und Le Havre gelangte die Strauss-Kapelle an die Atlantikküste. Von dort aus beabsichtigte man, um die Jahreswende über den Kanal ins Vereinigte Königreich überzusetzen, um noch rasch ein paar Konzerte auf der Insel zu geben, denn Johann stand bei seinen Musikern im Wort, sie bis Mitte Januar 1838 nach Wien zurückzuführen.

Doch daraus wurde vorerst nichts, denn aus Frankreich war ihm über Weihnachten ein derart verlockendes Angebot nachgeeilt, dass er auf der Stelle den Befehl zur Umkehr gab: Der Pariser Karneval wartete mit seinen lukrativen öffentlichen und privaten Konzerten. Als Strauss seine Pläne anpasste, kam es zu offener Revolte: Zwei Musiker wurden fahnenflüchtig – bei einem so kleinen Ensemble eine ernste Bedrohung der Spielfähigkeit. Strauss befahl nach Wien, den Urhebern dieses »Spitzbubenstreiches« ihr Honorar zu streichen, um seine Unternehmung vor einer Eskalation dieser »Meuterei« zu bewahren.

Nicht nur Aufregungen dieser Art machten die Konzertreisen äußerst strapaziös für das Orchester und besonders für den Maestro. Neben dem Musizieren selbst – zuweilen waren zwei Auftritte am selben Tag zu bewältigen – drehte sich alles um die Organisation. Empfehlungsbesuche, die Abwendung der kleinen und großen Missgeschicke, die ihnen das Leben schwer machen konnten, und die Vorbereitung der nächsten Konzerte, der nächsten Tournee mit ihren erforderlichen Korrespondenzen und Improvisationen – all das kostete Kraft und Zeit. Ans Komponieren war da kaum zu denken, das Notwendigste an Musik musste schnell und ohne Zeitvergeudung hingedengelt werden. Gut, dass der Maestro sich auf seinen alten Weggefährten und Flötisten Philipp Fahrbach und dessen kompositorische Routine verlassen konnte, sobald es galt, etwas Misslungenes im Schnellverfahren zu reparieren. Der arbeitsbesessene Johann Strauss war in seinem Element.

In Paris setzte Johann sich sehr ernsthaft mit dem Kontratanz auseinander. Kontratänze entstammen höfischer französischer Tradition und waren daher in Frankreich sehr beliebt. Aber auch deutsche Komponisten wie Mozart haben »Contredanses« geschrieben. Sie sind keine Paar-, sondern Gruppentänze, in denen die Tänzer einander eingangs auf Distanz gegenüberstehen und sich erst nach und nach annähern, um komplexe Figuren miteinander zu tanzen. Dabei geht es vor allem um Eleganz und Bewegungskontrolle, und der Körperkontakt spielt keine so große Rolle wie beim Walzer. Der suitenartige Aufbau der Kontratänze ist durch die Konvention streng festgelegt und reiht Figuren mit so sonderbar barocken Namen wie »Schäferin«, »Sommer«, »Huhn« oder »Hose« aneinander – ein Ausgriff vielleicht in die höheren höfischen Sphären vorbehaltene Simulation des einfachen »schäferischen« Landlebens, die im Tanzsaal auch einfachen Menschen gestattet war.

Den Kontratanz konnte man ideal in die Choreografie eines Balls einbauen, da er das Verbindende der Gemeinschaft hervorhebt und den Tanzenden Gelegenheit gibt, ein wenig mit ihrer Figur und Haltung zu renommieren. Rhythmisch bietet er eine weit höhere Varianz als der dreivierteltaktige Walzer mit seinem Potenzial der Eintönigkeit: Ungeradtaktige und geradtaktige Elemente wechseln, und differenzierte Rhythmen wie 12/8-Takte sind möglich. Seit Langem zählten Kontratänze zum Repertoire der Tanzkomponisten auch im deutschsprachigen Raum, und auch Johann selbst hatte bereits etliche »Cotillons« (Tanz-Suiten mit wechselnden Rhythmen nach französischem Vorbild) geschrieben und bereits 1831 eine erste traditionelle Quadrille veröffentlicht. Überhaupt muss man sich hüten, Johann Strauss und die Sträusse überhaupt auf den Walzer festzulegen. Das Inventar der Modetänze war weit größer und umfasste vor allem Polkas (nach einer verbreiteten Namensdeutung »die Polinnen«), Mazurken (»der Masowische« nach der altpolnischen Landschaft), Galoppe (erst vom Hofball-Musik-Leiter Joseph Wilde nach Wien eingeführt), Polonaisen, bei denen die Tanzenden in langer Schlange durch alle zugänglichen Räume schreiten, und die unvermeidlichen Märsche, auf die vor allem das Militär nicht verzichten mochte. All diese Genres bedienten Johann und später seine Söhne, und tatsächlich besteht nur ungefähr die Hälfte von Johanns Gesamtwerk aus Walzern.

Im Frühjahr 1838 gelang endlich der Sprung über den Kanal – und eine triumphale Auftrittsserie im imperialen London. Allein acht Produktionen gaben die blutjunge Königin Victoria und ihr Prinzgemahl, der Coburger Albert, für den nagelneuen Buckingham Palace in Auftrag. Strauss revanchierte sich, indem er die Monarchin in seiner Musik würdigte: Einer seiner Tanz-Suiten gab er den Namen *Huldigung an die Königin von Großbritannien* und ließ die Hymnen *God Save the Queen* und *Rule Britannia, Rule the Waves* darin anklingen. Der hohe Adel – die Esterhazy, Wellington, Stroganoff, Rothschild, Schwarzenberg, Cambridge – orderte 20 Auftritte. »Mit seinem ›magischen Geigenbogen‹ sei Strauss ›der Mittelpunkt aller großen Feste‹«, stellte die *Gazette Musicale de Paris* anerkennend fest. Auch die nordenglischen Städte Birmingham, Liverpool und Manchester und selbst so bescheidene Orte wie Leamington oder Clifton erhielten ihr Teil, ebenso wie die großen schottischen Städte und das irische Dublin, damals noch Territorium der englischen Krone. Johann Baptist Strauss, der schmächtige bleiche Sohn eines falliten, womöglich selbstmörderischen Bierwirts, hatte den Grundstein gelegt zum Ruhm seiner Familie überall dort, wo in Europa Menschen sich ausgelassen amüsieren wollten.

Gesundheitlich allerdings bezahlte er einen gewaltigen Preis: Eine schwere Erkrankung, die er sich im herausfordernden schottischen Klima zuzog, versetzte seiner Schaffenskraft und seinem Selbstvertrauen einen deutlichen Dämpfer. Infolgedessen zog der musikalische

Eroberer sich über den Kanal nach Frankreich zurück, wo er in Calais am Dirigentenpult bewusstlos kollabierte – nicht sein letzter gesundheitlicher Zusammenbruch und das vorläufige Ende hochfliegender Pläne zur Erschließung weiterer Provinzen für das Strauss-Imperium. Später diagnostizierten die Ärzte ein »Nierengeschwür«, vermutlich also einen Nierenabszess, was auf eine verschleppte Nierenbeckenentzündung hindeutet – in einer Zeit ohne Antibiotika eine Krankheit mit dem Potenzial, einen Menschen ins Grab zu bringen. Die demnach ziemlich hilflosen Ärzte bezweifelten, dass ihr Patient jemals wieder vollständig genesen würde. Immerhin wussten sie so viel, dass sie ihm dringend geraten haben dürften, künftig kürzerzutreten. Allerdings konnte Johann offenbar nicht anders, als alles zu geben, und stand bereits im Fasching wieder auf dem Podium. Ein erneuter Zusammenbruch auf offener Bühne beim russischen Gesandtenball im Herbst 1839 und damit ein erneuter quietschender Halt des strausschen Triumphzugs waren die Folge. Stoppen konnten sie den Maestro indessen nicht: Mehr als die Hälfte seiner Werke entstanden in der Zeit nach dieser gesundheitlichen Krise.

Immerhin trugen die Tourneen trotz immenser Kosten etwas ein. So viel wenigstens, dass Johann Strauss sein Orchester neu organisieren konnte. Er schied nun die Musiker in die reiselustigen, besonders die Junggesellen, die mit ihm auf Tournee gingen und das strausssche »Reise-Orchester« formierten, und die bodenständigen, die im »Wiener Orchester« organisiert waren. In Ersterem spielten naturgemäß nur Berufsmusiker, während im Letzteren noch viele talentierte Liebhaber versammelt waren. Während Strauss mit dem Reise-Orchester unterwegs war, vertrat ihn zunächst Georg Jegg am Pult in Wien – Komponist und Vollblutmusiker auch er und wie Strauss so unentwegt, dass die beiden zusammen mit zwei Kollegen einmal wegen »Tanzmusik in verbotener Zeit« eine Geldstrafe kassierten.

Verglichen mit anderen Künstlern seiner Zeit also drehte der »Reisende in Sachen Musik« ein gewaltiges Rad. Von seiner letzten London-Tournee im Frühjahr 1849 liegen Abrechnungen vor. 83 Aufführungen an 127 Tagen, davon drei Viertel Konzerte sind verzeichnet.

Jeder der 31 Musiker erhielt zwischen 60 und 100 Gulden Gage in Conventionswährung – mehr als einen ordentlichen Handwerkerlohn für fast pausenlosen Einsatz, aber im Luxus leben konnte damit keiner. Die Spesen für Verzehr (90 Gulden pro Mann) und Übernachtungen (150 Gulden) schraubten die Kosten auf mehr als 300 Gulden pro Kopf, wobei die hohen Fahrtkosten noch nicht berücksichtigt sind. Johanns Kostenbudget, vermehrt durch die enormen Aufwände für Konzertsäle, Bauten, Dekoration, Werbung und vieles mehr, lag also allein auf dieser Tournee leicht im fünfstelligen Bereich. Ein wuchtiger Geldbedarf, vergleichen wir ihn mit den für sich bereits beachtlichen 600 bis 800 Gulden Gage, die Johann persönlich zu dieser Zeit beim *Sperl* kassierte – im Jahr! Daher ließ er Angebote unter umgerechnet 1.000 Gulden unberücksichtigt und erzielte, geschickt, wie er in Vertragsangelegenheiten agierte, seine Wunschpreise. So erbrachten vier Produktionen in Dublin zusammen 6.000 Gulden.

Die Überschüsse, die er mit diesen Kunstreisen erzielte, waren bescheiden, wenn man sie mit dem Aufwand vergleicht; dieser Umstand hatte bereits Leopold Mozart ernüchtert, einen der ersten Reisenden in Sachen Musik. Aber es war Geld; Johann schickte Schecks nach Wien, und die leuchtende Spur, die der Walzerkönig durch das musikalische Europa zog, ließ auch die Augen seiner Frau Anna glänzen. Solange das Ehepaar sich noch einig war (und vermutlich darüber hinaus), soll sie als seine Finanzministerin agiert, die Gelder verwaltet, die Musiker bezahlt und die Hilfskräfte wie seinen Orchester- und Notenwart, Hilfskomponisten und Kopisten, den Schwager Karl Fux, betreut haben. Dieser – ein amtliches Dokument nennt ihn »Regisseur des Orchesters« – und seine Frau, die Strauss-Schwester Ernestine, lebten mit im Familiendomizil im *Goldenen Hirsch*. Diese Ehe habe Johann vergeblich zu verhindern versucht, wenn man dem Strauss-Biografen Ernst Décsey folgen will.[102] Seine Musiker konnten wohl zufrieden sein mit ihren Gagen, denn 20 bis 30 Gulden im Monat konnten sich sehen lassen in der Stadt der Bratlgeiger. Endlich erhielten Musiker für ihre Bemühungen kein Trinkgeld, sondern Geld.

Dafür, dass es auch ohne den Walzerkönig lebhaft zuging in Wien, sorgte neben anderen Kollegen der alte Rivale Lanner, der gern dann auftrumpfte, wenn Johann auf Tournee weilte. Im Fasching 1837 eroberte er vorübergehend sogar den *Sperl*, nachdem Johann zu spät aus den Niederlanden zurückgekehrt war, um noch Arrangements mit dem Wirt Scherzer treffen zu können. Omnipräsent war der bodenständige Lanner, dessen Tournee-Radius nie weiter als bis Venedig und Mailand reichte, auch 1838 während der England-Tournee des Walzerkönigs. Der Hof achtete darauf, den genialischen Strauss und gleichzeitig den soliden Lanner warmzuhalten und keinen von ihnen komplett auszuschließen, wenn es galt, eine Hofball-Musik auszurichten.[103]

Als Gastmusiker auf internationaler Bühne überzeugten Johann Strauss und sein Orchester nicht nur bürgerliche Konzert- und Tanzveranstalter, sondern auch die gekrönten Häupter Europas und besonders – so dürfen wir wohl vermuten – deren weibliche Repräsentanten. Sie alle hatte der Wiener Kongress tanzen und den Wert der Leichtigkeit für politische Zwecke schätzen gelehrt. Und so mussten die etablierten Musiker mit ihrer klassisch-gründlichen Ausbildung und ihrem hohen ästhetischen und intellektuellen Anspruch zusehen, wie der »Vorstadtgeiger« Strauss vom französischen König empfangen und als Künstler hofiert wurde oder sich für seine Auftritte im Vereinigten Königreich das Gütesiegel »Under the patronage of Her Majesty the Queen Victoria and His Serene Highness« holte – also »Unter der Schirmherrschaft Ihrer Majestät der Königin Victoria und Seiner Königlichen Hoheit«. Die gemeinte »Hoheit« ist Prinz Albert.

In der Folge der enorm strapaziösen Tournee 1837/38 allerdings ließen Strauss und sein »Reise-Orchester« es für einige Jahre »kommod gehen« und konzentrierten sich weitgehend auf Wien und dessen nahe Umgebung mit Preßburg, Pest, Brünn und Troppau. Es gab in der Heimatstadt genug zu tun, und die Nachteile mangelnder Präsenz in Wien hatten sich in Gestalt erstarkender Konkurrenz und ausbleibender kaiserlicher Huld deutlich gezeigt. Dies begann sich erst dann zu ändern, als Johann mit seinem eigenen ältesten Sohn Jean ein bedrohlicher Rivale erwachsen war. Nicht zuletzt der finanzielle Druck infolge solcherlei Konkurrenz und der allgemeinen wirtschaftlichen Konjunktur, der es dem Vater erschwerte, seinen Lebensstil aufrechtzuerhalten, brachte ihn wieder in Bewegung. Es galt, seinen Ruhm im Reich zu konsolidieren. Daher kamen ab 1845 erneut die großen deutschen Städte Berlin, Breslau und Hamburg ins Programm. Die wiederum triumphale London-Tournee von 1849 schließlich krönte und beendete die europäische Laufbahn des Walzerkönigs.

Nie zuvor waren so viele Musiker so ausgiebig gereist. Johann Strauss (Vater) schuf Außergewöhnliches: Dutzende von Tänzen, deren Namen allein die Fantasie einer Europareise hervorriefen. Für sich selbst einen – wenn auch instabilen – Wohlstand, von dem seine Eltern nicht einmal zu träumen gewagt hätten, und für seine Musiker Positionen und die Anerkennung als äußerst professionelle Musiker. Und er gewann einen ganz außergewöhnlichen übernationalen Ruhm – die *Gazette Musicale* apostrophierte ihn als »europäischen Künstler«. Dieses neuartige und weit ausgreifende Attribut reicht eigentlich nicht aus: Bis nach Amerika drang seine Musik und wurde in volkstümlichen Melodien wie dem mexikanischen *El mosquito* aufgegriffen. Mit ihm, so Norbert Linke, »beginnt das Bewußtsein um die Internationalität und multikulturelle Wirkung von Musik«[104]. Strauss selbst hatte dieser Musik den Namen gegeben, den sie verdiente und der sie so neuartig machte: Unterhaltungsmusik.

Mit ihrem Orchester über den Atlantik zu springen, gelang den Sträussen allerdings nicht – noch nicht.

Kapitel 9

Morgenblätter: Presse, Werbung, Öffentlichkeit zur Strauss-Zeit

Noch selten wurde ein Künstler so früh in seinem Leben und so schnell und weit berühmt wie Johann Strauss (Vater): Keine 15 Jahre dauerte es von seinem ersten öffentlichen Auftritt über sein Debüt als Kapellmeister bis zu dem Zeitpunkt, zu dem er 33-jährig als führender Musiker der Musikmetropole Wien europaweit bekannt und anerkannt war.

Und dies, obwohl er wie aus dem Nichts aufstieg: ohne »aus einem guten Stall« zu stammen oder jemals als »Wunderkind« gegolten zu haben, als bewunderungs- oder bemitleidenswerte Ausnahmeerscheinung, wie wir sie in Mozart haben – oder in Franz Liszt. Denn diese beiden stammten nicht von mittellosen Gastwirten ab, sondern von bürgerlichen, musikalisch aktiven Eltern, die ihre Talente früh erkannten und entschlossen waren, diese mit allen Kräften zu Markt zu tragen.

Und selbst wenn alle Genannten bereits als Kleinkinder tagtäglich durch Wolken von Musik gegangen waren, so waren diese Wolken völlig verschieden beschaffen: parfümiert mit bürgerlichem Anstand im Hause Mozart, aber rauch- und bierdurchdünstet im Strauss-Beisel.

Kein Wunder, dass ihre Karrieren so unterschiedlich verliefen. Der kleine Wolferl Mozart hatte sich bereits als Sechsjähriger in Wien sehen lassen, begleitet von seiner ganzen Familie. Er hatte bei Hof seine akrobatischen Musikstücke vorgeführt und war Ihrer Kaiserlichen Majestät Maria Theresia in kleinkindlicher Distanzlosigkeit auf dem Schoß herumgeklettert. Bei der Rückkehr vier Jahre später musste sein Vater Leopold feststellen, dass Wien seinen Sohn in der Zwischenzeit praktisch vergessen hatte. Dies wiederholte sich beim dritten Wien-Besuch 1773. Da war zudem der »Wolferl« bereits siebzehn Jahre alt; er war kein Wunderkind mehr, sondern nur noch einer von vielen jungen Musikern – zwar außergewöhnlich begabt, aber doch den Bedingungen unterworfen, unter denen ein Musiker sich durchzusetzen hatte. Und erst mit seiner dauerhaften Übersiedlung nach Wien etablierte Mozart sich als einer der führenden Musiker der Stadt. Sein Konkurrent und angeblicher Todfeind Antonio Salieri überstrahlte (und überlebte) ihn bei Weitem.

Mozarts europäischer Ruhm baute sich über Jahrzehnte auf und war vor allem ein Nachruhm. Die insgesamt mehr als zehn Jahre, die die Mozarts für Wolfgangs Karriere in der Reisekutsche durchlebt und durchlitten hatten, waren letztlich für die Katz' gewesen. Dabei hatte Leopold, solange sein Einfluss beim Sohn noch etwas galt, nichts unversucht gelassen, was der Vermarktung dieses Ausnahmetalents dienen konnte. Er verpflichtete sich einflussreiche Fürsprecher an den Höfen Europas, ließ seinen Sohn wissenschaftlich untersuchen, belieferte die Presse mit lobenden Artikeln, die diese tatsächlich oft abdruckte. Und er suchte den Kontakt auch zum aufsteigenden Bürgertum und hielt den »Wolferl« beständig dazu an, leicht verständliche Musik zu schreiben.

Was hatte sich also verändert in den 40 Jahren zwischen *Figaros Hochzeit* und den *Täuberln-Walzern*?

Zum einen war der »populären« Musik, die Mozart zwar auf Wunsch seines Vaters schreiben sollte, jedoch nicht schrieb, und die Strauss zwar nicht immer eigenhändig schrieb, aber produzierte, in der Zwischenzeit ein bürgerlich-städtisches Massenpublikum zugewachsen. Das rasante Bevölkerungswachstum vieler europäischer Städte potenzierte diesen Effekt – in den sieben Jahrzehnten zwischen Johanns Debüt und Jeans Tod 1899 verfünffachte sich die Einwohnerzahl Wiens auf knapp 1,8 Millionen.

Zum anderen übernahmen in der Epoche der Sträusse die Massenmedien die Meinungsführung – zumindest soweit ihre Inhalte nicht der Zensur unterfielen. Das 19. Jahrhundert war auch das Saeculum der Druck- und Zeitungsindustrie, der erst das 21. Jahrhundert den Garaus zu machen droht. Die erforderlichen technischen Innovationen von der Entwicklung der Lithografie, der ersten massentauglichen Methode der Bild- und Notenreproduktion, über die dampfgetriebene Schnelldruckpresse bis zur Setzmaschine waren eine Sache von

25 Jahren. Aus stillen Handwerksbetrieben waren lärmdurchtoste Fabrikhallen geworden.

Als Johann debütierte, standen all diese Technologien zur Verfügung und verbreiteten sich rasant. Mozarts Europa war noch ein vom Massenanalphabetismus geprägter Kontinent gewesen, auf dem kaum ein Mensch das »Privileg« in Anspruch nahm, über andere als die nächstliegenden Probleme nachzudenken. Die physische und politische Massenmobilisierung der Koalitionskriege brachte, verbunden mit dem aufgeklärten Schulwesen, eine Generation von Lesern und Meinungsmenschen hervor. Eine Schicht von studierten Intellektuellen setzte die Themen oder lauschte sie der breiten Bevölkerung ab und schrieb Artikel und Bücher darüber. Die Gesamtauflage aller in deutscher Sprache erscheinenden Zeitungen, die um 1800 noch bei etwa 200 000 gelegen hatte, verhundertfachte sich in den folgenden 100 Jahren. Die Zeitung hatte sich in der Zeit der Romantik als Kampf- und Kampagnenwaffe bewiesen und konnte Massen buchstäblich mobilisieren: Selbst Beerdigungen von kulturell bedeutsamen Persönlichkeiten in großen Städten brachten manchmal Zehntausende auf die Straße. Das beste Beispiel hierfür ist der Leichenzug von Johann Strauss selbst, dem sich rund ein Fünftel der Wiener angeschlossen haben sollen – 100 000 Menschen. Wer in diesem enormen Crescendo die richtigen Akkorde spielte, für dessen Popularität galt keine Grenze mehr.

Und Johann Strauss wusste nicht nur am Klavier die richtigen Tasten zu drücken. Er selbst war kein kreativer Schreiber und vermutlich nicht einmal ein großer Leser. Die von seiner Hand erhaltenen Schriftstücke verraten dies überdeutlich: Zwar sehen wir die flüssige Handschrift eines Vielschreibers, aber seine Ausdrucksweise blieb unbeholfen. Viel wichtiger war, dass er es verstand wie kein anderer, die öffentliche Meinung zu orchestrieren und dafür zu sorgen, dass Schreiber und Verleger nach seiner Pfeife tanzten und das schrieben, was er wollte. Lanner erfand zwar den Wiener Walzer mit, war also ein musikalischer Innovator, aber er war kein Marketing-Genie wie Johann. Johann dagegen war kreativ und wagemutig.

> »Neben einem verstärkten Einsatz von Anschlagzetteln, Programmen und mehrmals geschalteten Inseraten in den Tageszeitungen wird vor allem dem damaligen Genie-Kult Rechnung getragen. Strauss steht im Zentrum. Er bürgt als Person für Qualität, sein Name wird zum Markenzeichen. Das Orchester selbst erscheint dagegen in den Hintergrund gedrängt. Das Publikum weiß aber, dass hinter dem Vorgeiger mit der faszinierenden Ausstrahlung gut geschulte Musiker stehen. Variantenreich sind die auf Plakaten, Flug- und Programmtafeln überlieferten Bezeichnungen; gemeinsam ist ihnen stets, dass der Name Johann Strauss unübersehbar größer gedruckt ist als das ›Orchester-Personale‹«.[105]

Er band also seine Verleger eng ein, engagierte für alle Gewerke die Besten, nannte in der Werbung jeden erdenklichen Prominenten, damit dieser quasi für seine Vortrefflichkeit bürgte, und schob seine eigene geniale Person in den Vordergrund. Zum Beispiel setzte er durch, dass seine Werke in den Zeitungen besonders groß angekündigt wurden und dass sein Name den Reigen der Ankündigungen in den Blättern unübersehbar anführte.[106]

Konnte sich Wien auch des ältesten noch publizierenden Presseunternehmens im deutschen Sprachraum rühmen – der *Wiener Zeitung* –, so spielte doch ein anderes, bereits erwähntes Blatt die Hauptrolle beim Drama des strausssschen Aufstiegs: die *Wiener Allgemeine Theaterzeitung – Originalblatt für Kunst, Literatur, Musik, Mode und geselliges Leben*. 1806 gegründet durch den Wiener Musiker und verkrachten Romanautor Adolf Bäuerle, betrieb sie trotz ihres Titels auch Wiener Lokalberichterstattung weit über die Theatergeschehnisse hinaus und wurde zu einem Vorläufer der Boulevardzeitungen des 20. Jahrhunderts. Sie kostete im Jahr 16 Gulden – kein großes Geld also für das bürgerliche Wiener Publikum, auf das sie zielte. Zwischen 1820 und 1848 war die vierseitige, täglich erscheinende *Theaterzeitung* das am meisten verbreitete Blatt der gesamten k.k. Monarchie. Sie beherrschte durch mehr als ein halbes Jahrhundert mit ihren Kritiken, Reportagen und Klatschgeschichten nicht nur das Wiener Bühnen- und Musikgeschehen. Man könnte das Blatt heute als Start-up bezeichnen, denn Bäuerle hatte nur ein winziges Team mit einem einzigen Redakteur um sich geschart. (Unter anderem verdiente sich hier der gnadenlos boshafte deutschungarische Satiriker Moritz Gottlieb Saphir seine journalistischen Sporen, bis er 1825 aus Österreich ausgewiesen wurde. Nach fast zehn Jahren durfte er zurückkehren und gründete 1837 den *Humorist und Wiener Punch*, in dem unter anderem Heinrich Heine veröffentlichte. 1853 widmete Jean ihm die *Wiener Punch-Lieder*.) Im Übrigen beschäftigte Bäuerle freiberufliche Autoren und fallweise Illustratoren.

Die Reportagen und Berichte in Organen wie der *Theaterzeitung* waren von unbekümmerter Offenheit. Anders als die Sensation zählten das Persönlichkeitsrecht und selbst die Wahrheit nicht viel. Der Anschein der Authentizität galt mehr als die Wahrhaftigkeit selbst. Als besonders ehrenrührig galt diese Art des Journalismus damals nicht. Auch eine literarische Autorität wie Theodor Fontane war sich nicht zu schade, als London-Korrespondent der königlich preußischen Centralstelle für Preßangelegenheiten – eigentlich einer Propaganda-Organisation – Geschichten als selbst erlebt zu veröffentlichen, obwohl er sie nur vom Hörensagen kannte. Fake News lagen also immer in der Luft. Die Zensur kümmerte dies nur, soweit es die politischen Verhältnisse infrage stellte, die öffentliche Scham verletzte oder den Ruf privilegierter Persönlichkeiten berührte. Die Todesursachen Verstorbener wurden ungeniert ausgebreitet. Man ließ es menscheln und brachte auch private Streitigkeiten rücksichtslos auf den Markt. Bericht und Meinung waren noch nicht getrennt, so wie es heute ein ehernes Gesetz ernst zu nehmender Journalisten ist. Der Stil der Schreiber war emotional und subjektiv, also eher so, wie heute manche Blogger schreiben. Im Münchner *Bayerischen Eilboten* vom 20. Dezember 1838 lesen wir zum Beispiel:

> »Strauß war hier, der Walzerkönig, aber in welchem Zustande! Er, der im October vorigen Jahres, voll Leben, und durch die Macht der Töne den schönsten Lebensgenuß bereitete, kam am Sonntag, den 16. December, krank hier an. Das Clima Englands übte einen so schädlichen Einfluß auf seine Gesundheit.«

Die Presse musste sich vorwiegend auf das Wort stützen, denn mit dem Kupferstich, einem Tiefdruckverfahren, und der Lithografie ließen sich zwar Bildtafeln drucken, diese konnte man aber nur in kleinen Mengen beibinden. Erst im späteren Verlauf des Jahrhunderts erlaubte es die Reproduktionstechnik mit dem Holzstich – ein Hochdruckverfahren wie auch der Buch- und Zeitungsdruck –, durchgehend illustrierte Journale und Bücher günstig zu produzieren. Damit kam man auch der gleichzeitig entstehenden Werbewirtschaft entgegen, deren Inserate das Lesen dann erneut verbilligten und den Weg ebneten zu den Millionenblättern der Jahrhundertwende, den General-Anzeigern mit breitester Zielgruppe.

Bis dahin konnte eine »Anzeige« genauso gut die redaktionelle Ankündigung eines bevorstehenden Ereignisses sein – etwa eines strausssschen Auftritts oder einer strausssschen Notenausgabe – wie auch ein bezahlter Artikel, der nicht die Meinung des Herausgebers vertrat, sondern die des zahlenden Kunden. So sorgten Johanns Verleger für die redaktionelle Ankündigung fast aller seiner Werke in der *Wiener Zeitung*.

Auftritte von Künstlern wurden damals erheblich kurzfristiger angekündigt als heute: Anzeigen, Plakate oder Handzettel, die »heute«, »morgen« oder in drei Tagen das Erscheinen Johanns oder seiner Kollegen in der Öffentlichkeit ankündigen, sind nicht selten. Der Bürger des Wiener Biedermeier konnte also offensichtlich erheblich freier über seine Zeit verfügen als heute. Wer sich aber vom Verteilen von Werbezetteln oder vom illegalen Ankleben von Plakaten nährte, musste schnell handeln. Wir müssen uns – das zeigen auch alte Illustrationen – die Stadt als eine stellenweise durch Werbeplakate zugekleisterte vorstellen, bis die aus Berlin importierten öffentlichen »Annoncier-Säulen« des Druckers und Werbegenies Litfaß das wilde Plakatieren nach und nach ersetzten.

Eine große Rolle für Johanns Karriere spielte der wöchentlich erscheinende *Allgemeine Musikalische Anzeiger*. 1826 in Frankfurt am Main gegründet, zog das Blatt 1829 um nach Wien, ohne deswegen seine gesamtdeutsche Ausrichtung zu ändern. Der Ortswechsel unterstreicht die Bedeutung Wiens als Musikhauptstadt Europas. Käufer und neuer Verleger des *Anzeigers* war der bereits mehrfach erwähnte Tobias Haslinger. Der Sohn eines Mühlviertler Färbermeisters hatte als Sängerknabe in Linz eine gute musikalische Ausbildung erhalten und vor allem den Handel mit Musikalien kennengelernt. Seit 1810 lebte er in Wien. Er meisterte das Cello, komponierte selbst und verlegte seine eigenen Werke, kannte sich also nicht nur auf der verlegerischen Seite des Schreibtisches aus, sondern verstand auch die Sichtweise der Komponisten und Musikproduzenten sehr gut. In Wien gelang es ihm, Teilhaber der einst von Alois Senefelder, dem Erfinder der Lithografie, gegründeten »Chemischen Druckerei S. A. Steiner« zu werden, der eine Notengravieranstalt und eine Druckerei angeschlossen waren. Auch Steiner war, wie viele andere Wiener Verleger, mehr als nur ein Kaufmann und Techniker. Er und seine Familie waren musik- und theaterbegeistert.

1826 übernahm Haslinger die steinersche Kunstanstalt komplett und stellte die Musikalienproduktion auf Lithografie um. Nur die kunstvoll gestalteten Titelblätter ließ er fallweise stechen. Die lithografische Technik, der Vorläufer des heute am weitesten verbreiteten Offsetdruckverfahrens, war erheblich billiger und produktiver als die aufwendige händische Notengravur auf Kupferplatte mit dem anschließenden Tiefdruckverfahren. Bei ihr werden die zu druckenden Teile einer Seite mit Fettkreide auf polierte Kalksteintafeln aufgetragen und können so die ebenfalls fettige Farbe annehmen, die sich beim Druckvorgang aufs Papier überträgt. Strichdarstellungen ließen sich damit ebenso massenhaft aufs Papier bringen wie Schattierungen und sogar farbige Darstellungen, wie sie die Wiener bis dahin nur in ihren Kirchen oder Kunstkabinetten bewundern konnten. Zudem erlaubte sie es, die begehrten Notenausgaben zehnmal so schnell auf den Markt zu werfen wie zuvor. Zwischen der Premiere von Johanns *Sperl-Polka* und der Auslieferung des Drucks 1842 vergingen nur zehn Tage.[107] Mit der Lithografie wurden Noten erstmals erschwinglich für immer breitere bürgerliche Schichten, und das mühsame und fehleranfällige Abschreiben von Hand entfiel.

Die Bürger griffen, auch durch günstige Preise ermuntert, immer begieriger nach dem »Stoff«, der das Flüchtige eines Ball- oder Konzertbesuchs in einen dauerhaften Gegenstand wandelte und musizierenden Nachgenuss versprach: mit einem Klavierauszug oder einer kammermusikalischen Bearbeitung für zu Hause. So kamen von den populärsten Tanzmusiken Bearbeitungen für verschiedenste Besetzungen auf den Markt, der sie meist begierig aufsog. Den Komponisten war es recht, denn ihr Erfolg auf der Bühne bedingte einen weiteren Erfolg: den verlegerischen. Wieder war es – mit kurzem Abstand zu Lanner – Johann Strauss, der die Chancen des Notendrucks konsequent nutzte. Ab 1827 erschien praktisch jede seiner neuen Kompositionen im Musikalienhandel, wenn nicht zunächst als Privatdruck, den das weibliche Ballpublikum als exklusive Mitternachtsspende gratis mit nach Hause nehmen durfte.[108]

Reich machten die damaligen Verleger ihre Komponisten nicht. Meist lieferten diese entsprechend ihren umfassenden Verträgen pro Jahr eine vereinbarte Anzahl von Kompositionen als Orchesterpartituren ab und kassierten dafür ein Einmalhonorar. Damit »gehörte« das Werk dem Verleger, der es durch Verlagsarrangements vermarktete, verbreitete und daran verdiente. Dem Maestro erwuchs aus solchen Mehrfachnutzungen kein finanzieller Vorteil mehr. Allerdings wurde er durch die Verbreitung seiner Werke bekannt und immer mehr Menschen drängten in die Konzerte, woran der Komponist als Interpret seiner Musik verdiente. Mit der Tanzmusik wurden eher die Verleger reich, mit den Bühnenwerken durch die Tantiemen endlich auch die Komponisten.

Mit wachsenden Einnahmen aus dem Notengeschäft wuchs auch die Härte, mit der die Inhaber der Rechte Raubdrucker verfolgten. Ausgenommen von ihrem scharfen Blick blieb dabei einstweilen das Geschehen auf der Bühne und im Konzertsaal: Selbst ausgiebige Zitate aus fremden Stücken ließen sich noch unbefangen und unbeanstandet in die eigene Musik einarbeiten. Abschreiben und abschreiben lassen, lautete die lässige Devise, nach der ein Stück für das andere warb und umgekehrt.

Vor allem Haslinger ist das typische prunkvolle Aussehen der Notenausgaben des Biedermeier zu verdanken: typografisch extravagant, barock dekoriert und geziert mit kunstvollen Illustrationen oder Bildnissen der Widmungsträger oder – besonders effektvoll – der Komponisten. Diese konnten damit erstmals zu dem werden, was wir heute eine Bildmarke nennen würden – zu stets wiedererkennbaren Ikonen also, denen Musikbegeisterte auf Schritt und Tritt begegneten. Neben den allgegenwärtigen Handzetteln und den Plakaten waren hauptsächlich die Musikalien oder die einzeln käuflichen kleinformatigen Porträts die Medien, die die Künstler permanent im öffentlichen Gedächtnis verankerten. Nebenbei war diese Entwicklung, um wieder in den heutigen Sprachgebrauch zu wechseln, der Beginn des Merchandising: Jeder Verehrer eines Künstlers konnte ihn sich in den verschiedensten Darreichungs- und Darstellungsformen zu eigen machen.

An der schönen, blauen Donau: *Titelblatt des Klavierauszuges von Jeans Meisterwerk, 1867.*

Für diese Musikerbildnisse engagierte Haslinger die Besten, unter anderem den Wiener Maler Josef Kriehuber, den wir als Bildchronisten der Epoche verehren dürfen: An die 3000 fotografisch genaue Porträtlithografien, für die einige der größten Maler der Epoche die Vorlagen lieferten, und Hunderte Aquarelle und Gemälde sind uns überkommen. Von den österreichischen Kaisern, Prinzessinnen und Prinzen liegen ebenso Kriehuber-Bildnisse vor wie von den Komponisten Schubert, Liszt, Wilde, Lanner oder den Sträussen. Kaum eine markante Persönlichkeit des Biedermeier fehlt in Kriehubers Werkkatalog. Erst die immer größere Beliebtheit der zwar nur schwarz-weißen, aber modereren und schnelleren Porträtfotografie nach der Jahrhundertmitte brachte seinen Stern zum Untergehen. Kriehuber musste sich fortan als Zeichenlehrer durchschlagen und starb verarmt.

Haslinger gelang es, die Hochkonjunktur der bürgerlichen Musik zu nutzen, um sein Unternehmen zu einem der führenden Musikalienhäuser Europas zu machen. Er verlegte unter vielen anderen Beethoven, Schubert, den auch als Komponisten hochgeschätzten Kasseler Violinvirtuosen Louis Spohr, Carl Maria von Weber und Johann Nepomuk Hummel. Wer bei ihm verlegt wurde, konnte darauf zählen, dass Haslinger erheblichen Werbedruck für die Ausgaben entfaltete. Denn er verlegte ja eines der maßgeblichen Presseblätter selbst – eben den *Allgemeinen Musikalischen Anzeiger* – und konnte entscheiden, wer darin wie oft vor- und wie gut wegkam. Nachrichten aus der Welt der Musik dienten hier als Umfeld für reichliche Anzeigen von Neuerscheinungen seiner Komponisten – nur eine von Haslingers vielen großen verkaufsfördernden Strategien. Damit sorgte er vortrefflich und unschlagbar kostengünstig für den Ruf Johanns und seiner sonstigen Schützlinge in den Kreisen der Musiker und Musik-Enthusiasten Österreichs.

Allerdings öffnete Haslingers Schriftleiter Ignaz Franz Castelli sich erst nach und nach für Unterhaltungs- und Tanzmusiker wie Johann. Noch 1829 schrieb Castelli ätzend, dass »die mannigfaltigen Tänze, nach deren Tacte sich die Jugend im Carneval erlustigt«, nicht seine Sache seien. »Auf solche Ephemeren [Nebensächlichkeiten] werden nur jene Componisten Gewicht legen, die nichts Größeres zu schaffen im Stande sind. Das Haupterforderniß dieser Arbeiten ist und bleibt, daß man dabey tanzen könne.« Der Stein des Anstoßes,

»… vorliegende Kettenbrücke-Walzer, können, was dieß betrifft, empfohlen werden … Das [sic!] Coda endet mit gemeiner Melancholie, worüber wir mit Herrn Strauß rechten könnten, wenn es der Mühe lohnte.«[109]

Kurz darauf begann Castelli positiver über Johann und seine Musik zu urteilen – sei es, weil Haslinger in dieser Richtung Druck auf ihn ausübte, sei es, weil er sich persönlich von Johanns Charme und Begabung überzeugen konnte. Vielleicht näherten sie sich in der romantisch-literarischen Tischrunde »Ludlamshöhle« an. Diese Ende 1817 von Haslinger gegründete Tischgesellschaft wurde zu einem der exklusivsten, berühmtesten und einflussreichsten Treffpunkte von Schauspielern, Sängern, Musikern und Gelehrten des biedermeierlichen Wien. Anlass war, skurril genug, der Durchfall des romantischen Märchendramas *Ludlam's Höhle*, verfasst vom dänischen Nationaldichter Adam Gottlob Oehlenschläger, der damals in Wien lebte und Teil der dortigen Boheme war. Zum Trost für den dänischen Kollegen schlug Castelli einer geselligen Gruppe, die im Gasthaus *Zum Blumenstock* in der Ballgasse versammelt war, den Namen vor.

Die illustren Mitglieder, »Reimer, Schauspieler, Schreiber, Kaufleute, Kapellmeister und Windbeutel, alles gutherzige, lustige und freundliche Lumpen«, wie der schwedische Dichter Per Atterbom sie 1819 nannte, mussten sich in parodistischer Nachahmung freimaurerischer und studentischer Bräuche beziehungsvolle und fantasievolle Namen zulegen: Franz Grillparzer war nach seinem Werk *Sappho* und seinem Geburtsort am »Ister«, der antiken Bezeichnung der Donau, »Saphokles der Isterianer«. Carl Maria von Weber nannte sich »Agathus der Zieltreffer, Edler von Samiel«. Auch der bitterböse schreibende Moritz Saphir von der *Theaterzeitung* nahm als »Lapis infernalis« (Höllenstein) regelmäßig teil. Castelli selbst präsidierte als »Charon, der Höhlenzote« – ein Name, der Rückschlüsse auf Charakter und Niveau der abendlichen Unterhaltung zulässt. Scharfsinniger Ulk und sinnreicher Unsinn waren deren oberstes Gebot. Die Ludlamshöhle verfolgte keine politischen oder künstlerischen Ziele – allenfalls das der Abstimmung von Meinungen und Kampagnen gegen einzelne Opfer, die im Zweifelsfall rufmörderischen Charakters waren. Diese apolitische Haltung allerdings hinderte die Polizei nicht daran, nach einem vermutlich lautstark begangenen Geburtstagsfest im April 1826 die Türen des Lokals aufzusprengen. Castelli erinnert sich:

> »Man sprengte unsere Kästen [Schränke] auf und nahm Papiere, Bilder, Tabakpfeifen, Wandporträts auswärtiger Ludlamiten, kurz alles weg, ja man hob jedes Papierfleckchen, welches auf der Erde lag, auf, und … zwei Polizeikommissäre trugen unsere große schwarze Tafel mit aller möglichen Vorsicht, damit ja nichts verwischt werde, hinweg.«[110]

Papiere, Bilder und Tabakspfeifen beschlagnahmte man, Grillparzer, Castelli und andere Mitglieder der Runde fanden sich bis in die frühen Morgenstunden in der Verhörzelle und schließlich vor Gericht. Allerdings erwies sich bald die politische Harmlosigkeit der Zusammenkünfte.

Auch Johann Strauss fand sich gelegentlich in der Ludlamshöhle ein. Dies ist zumindest zu vermuten, denn anderenorts ließen sich Johann und Castelli gern zusammen sehen. Die damals beliebte Lithografie *Die Kassierin vom silbernen Kaffeehaus* von Vincenz Katzler zeigt die beiden nebst Lanner 1835 in kleiner, vertrauter Runde mit der namenlosen Kassierin.

Die Kassierin vom Silbernen Kaffeehaus. *3. v. r.: Johann Strauss, links neben ihm Joseph Lanner, 3. v. l. Ignaz Franz Castelli, Farblithographie von Vinzenz Katzler, 1871.*

Damals vertraute man den Kellnern noch kein Geld an, sondern die Zeche musste beim Ausgang an der sogenannten Sitzkassa entrichtet werden.

Die Bekanntschaft zahlte sich offenbar bereits 1831 aus, als es aus Castellis Feder im *Allgemeinen Musikalischen Anzeiger* respektvoll hieß:

> »Der eigentliche Werth solcher Tonstücke wird in der Regel von dem Eindruck auf die Tanzliebhaber, und dieser wieder durch die interessante Mannigfaltigkeit und die reizende Frische der Rhythmen, nebst einer wirksamen Instrumental-Costumirung bestimmt. Daß von allen diesen zweckdienlichen Mitteln auch hier der erfolgreichste Gebrauch gemacht wurde, versteht sich bey einem von Natur und Geschick zu dieser Gattung erkorenen Componisten, der im wörtlichen Sinne darin lebt, webt, wacht, schläft, und träumt, allerdings von selbst.«[111]

Poetisch drückte Castelli damit Johanns Außergewöhnliches aus – und erwies abschließend seinem Verleger als Handwerker pflichtschuldig seine Reverenz: »Die Ausgabe ist zierlich und geschmackvoll, wie es sich für ein elegantes Boudoir der Grazien ziemt.«[112]

An dieser Stelle gilt es unbedingt noch zu ergänzen, dass Castelli sich in späten Jahren inbrünstig einer höchst innovativen Idee verschrieb: 1846 gründete er den »Niederösterreichischen Verein gegen Mißhandlung der Tiere«, den ersten österreichischen Tierschutzverein. Anfangs bespöttelten Presse und Publikum dieses Anliegen noch, aber bereits im Folgejahr zählte die Organisation über 1000 Mitglieder, und Castelli vermachte ihr sein gesamtes Vermögen.

Dass Johanns Ruf immer weiter über Wien hinaus und schließlich in ganz Europa laut wurde, daran hatte sein Verleger Haslinger einen maßgeblichen Anteil. Denn er konnte den im Buchdruck billig produzierten Zeitungen jederzeit lithografierte Noten aus seinem Bestand beibinden. Auf diese Weise verschaffte er der Musik zusätzliche Verbreitung und den »Pränumeranten« – wie die Abonnenten einer Zeitung damals hießen – einen Mehrwert. Diese wiederum konnten die Blätter in ihren Salons auf ihren Klavieren liegen lassen, was den *Musikalischen Anzeiger* vom Wegwerfartikel zur archivierungswürdigen und stets präsenten Wertsache machte. Haslingers Verlagsbuchhandlung am Kohlmarkt diente als Vorverkaufsstelle für die Eintrittsbilletts der Konzerte – ein Grund mehr für das Publikum, sie aufzusuchen.

Haslinger glückte es, Johann von dessen erstem Verleger Diabelli weg- und in sein Haus hinüberzulocken und schließlich die Diabelli-Rechte zu kaufen und damit Johanns Gesamtwerk zu publizieren. Am 22. September 1828 – die Sträusse sind vielleicht gerade zurück aus ihrer Sommerfrische in Schwiegervater Josef Streims Salmannsdorfer Haus – hat Johann es sich überlegt. Er gibt, korrekt wie stets in geschäftlichen Angelegenheiten, in flüssiger Handschrift, aber holperigem Deutsch Anton Diabellis weiteren Avancen einen Korb:

> »… da mich von nun an ein Contract mit dem Herrn Haßlinger bindet, in so fern jede meiner Compositionen ihm zu liefern, so kann ich in der Folge daher nie zu Ihren Diensten damit stehen, was ich Ihnen hiermit benachrichtige.«[113]

Dieser entscheidende Umbruch vollzieht sich nach dem op. 14, den *Champagner-Walzern*, die am 28. August 1828 noch bei Diabelli erschienen sind. Erstaunlich instinktsicher und strategisch gedacht ist diese exklusive Bindung, wenn man berücksichtigt, wie neu Johann zu dieser Zeit noch im Musikgeschäft ist. Denn er setzt auf das zugstärkste Pferd in Wien.

Der geschäftstüchtige Tobias Haslinger, den sein Sohn Carl, ebenfalls ein gelernter Komponist, unterstützte und nach seinem Tod 1842 ersetzte, und der nimmermüde kreative Johann Strauss ergänzten sich demnach vortrefflich in ihrem Einfallsreichtum. Zu gerne hätte man einmal sein Ohr an die Türe im Leopoldstädter Hirschenhaus gelegt – ab Ende 1833 Johanns Basislager und gleichzeitig Familiendomizil –, wenn die beiden zusammentrafen, um ihre nächsten verkaufsfördernden Streiche zu besprechen. Einer hat sicherlich beizeiten genau hingehört, wenn Haslinger mit Johann seine Schlachtpläne schmiedete: sein Erstgeborener Jean. Und vermutlich nicht nur er, sondern auch die Hausfrau, Anna Strauss. Was sie dort lernte, half ihr, das strausssche Familientheater gleichsam aus dem Souffleurkasten heraus, dem Publikum unsichtbar, zu lenken.

Die Achse Haslinger – Strauss blieb tragfähig bis über Johanns frühen Tod hinaus. Haslingers Sohn Carl sicherte sich Jeans Werke der frühen Zeit. Seine anfängliche, den Vätern geschuldete Parteinahme gegen Johanns Sohn allerdings bot dem Lanner-Verleger Pietro Mechetti zunächst den Raum, in den er hineingrätschte. Jeans erste 15 Opus-Nummern erschienen also bei Haslingers Konkurrenten.

Der letzte Baustein in Johanns Vermarktungsstrategie wurde bereits verschiedentlich kurz erwähnt: seine Anlass- und Widmungskompositionen. Beides hatte nicht er erfunden, aber beides trieb er auf seine Weise zur Vollkommenheit.

Benannten frühere Komponisten ihre Tänze noch meist sachlich wie *Menuett in D-Dur* (Mozart) oder *Walzer in As-Dur* (Schubert), so gibt es kaum ein Werk von Johann Strauss ohne beziehungsreichen Namen. Sie reichten von schlichten Beschreibungen wie *Sperls Fest-Walzer* oder *Ballnacht-Galoppe* bis zu gelegentlich surrealen Wortmonstren wie *Der unzusammenhängende Zusammenhang, Wiener Damen-Toilette-Walzer, Des Verfassers beste Laune* oder *Piefke- und Pufke-Polka*. Alle Färbungen gab er ihnen, vom offen Marktschreierischen in *Die so sehr beliebten Erinnerungs-Landler* über die Durchhalteparole *Heiter auch in ernster Zeit*, die die Wiener 1831 über die Cholera-Epidemie hinwegtrösten sollte, bis zum Politischen im *Marsch des einigen Deutschlands*. Oder er ließ programmatisch verlauten: *Der Frohsinn mein Ziel*. Ein Verständnis der meisten dieser Benennungen setzte beim Publikum voraus, dass es Zeitung las oder wenigstens mit dem Stadtgespräch und dem Klatsch vertraut war. Bei Strauss dürfen wir umgekehrt unterstellen, dass er die Sorgen, Tendenzen und Meinungen des Publikums gut kannte und einzuschätzen wusste:

> »Die Titel umschreiben in immer wieder neuen Einfällen dasjenige, was schöner und konfliktfreier, besser und harmonischer, sorgloser und erstrebenswerter ist als die Alltagswelt; sie benennen das Wünschen und Hoffen, Erinnern, Sehnen und Träumen: die Bergesferne und Blütennähe, die Dämmerungs-, Abend- und Nachtstimmung, die Idylle, das Vergangene und Zauberhafte.«[114]

Flüchtig gegriffen waren all diese Namen demnach nicht. Auch Beethovens oder Mozarts Werk kennt derartige Bezeichnungen – man denke nur an Beethovens *Rasumowsky-Quartette*. Solche huldigenden Namen allerdings vergaben nicht die Komponisten selbst, sondern spätere Musiker oder Wissenschaftler, indem sie zwecks besserer Unterscheidbarkeit die auf dem jeweiligen Titelblatt vermerkten Widmungsträger in die Werknamen hineinzogen.

Solche Widmungen – Beethoven brachte dieses System erstmals zur Perfektion – konnten den Charakter simpler Gegengeschäfte haben. Zu Mozarts Zeiten widmete man einem Mäzen ein Musikstück und erwartete eine freiwillige Gegen- und Ehrengabe, die mal großzügig, mal knickrig ausfallen konnte: einen Orden oder eine mit Geld gefüllte Tabaksdose. Vor allem aber öffnete sie die Türen in die adligen Salons mit ihren Verdienstmöglichkeiten für Musiker. Etwas anders lag der Fall bei Beethovens dem Fürsten Karl von Lichnowsky gewidmeten frühen Klaviertrios – den ersten Werken, denen Beethoven eine Opuszahl verlieh. Sie waren ein kalkulierter, durchschlagender Erfolg, der allerdings kaum möglich gewesen wäre, hätte nicht der Fürst einen großen Teil der Startauflage im Verlag Artaria finanziert. Warum tat der Fürst dies? Vermutlich in der Absicht, den Namen seines Hauses mit demjenigen Beethovens zu verbinden. Der musikverständige Adlige wettete auf den wachsenden Ruhm des Komponisten, der auf ihn und sein Haus abfärben sollte. Hier war also die Wirkung auf die Öffentlichkeit eingerechnet.

Nicht anders bei Johann Strauss und seiner Generation – sie benennen ihre Kompositionen am häufigsten nach dem Anlass oder Ort der Erstaufführung oder der Zielgruppe ihrer Musik. Widmungsträger sind also ihre Wirte oder ihr Publikum. Dadurch hoffen sie, die Bindung an den Wirt zu steigern – oder eben die Loyalität des Publikums, des »Königs Kunde«, der über dem bürgerlichen Zeitalter thront. Für dieses Publikum werden – soweit es selbst musiziert – in der Folge die gedruckten Noten mit einer zusätzlichen Bedeutung aufgeladen und vom Gebrauchsgegenstand zum Erinnerungsstück.

Etwas ganz Besonderes dachten sich Johann und Haslinger für den Fasching 1833 aus, um die »Titel-Union« im *Sperl* »zum Vortheile des mit Recht allgemein beliebten Musik-Directors« von den Hunderten konkurrierender Bälle abzuheben. So die *Theaterzeitung* am 11. Februar:

> »Zu diesem Ballfeste hat derselbe neue Walzer componirt, welche bisher noch namenlos, erst durch eine eigene Wahl des Publikums ihren Titel erwarten. Zu diesem Ende bittet Hr. Strauß, daß die verehrten Teilnehmer dieses Balles, einen für Walzer passenden Titel (jedoch censurgemäß) auf ein Blatt geschrieben, gleich beim Eintritt abgeben mögen ... sogleich nach der Aufführung dieser neuen Walzer wird eine Ziehung zur Wahl des Titels vorgenommen ... auch die Damen sind bei diesem Ballfeste bedacht, und zwar in der Art, dass 200 Exemplare der neuesten Walzer ... bestimmt sind, denselben ... überreicht zu werden.«[115]

Auch Johanns Söhne führen dieses einfallsreiche Marketing fort und treiben es, der Entwicklung der Massenmedien folgend, ins immer Abstraktere – so widmet 1895 Jean »den Lesern der Gartenlaube«, des ersten illustrierten Massenblattes in deutscher Sprache, seinen *Gartenlaube-Walzer*. Und immer wieder widmen sie ihre Werke ihrer Stadt Wien. Alles sieht danach aus, dass diese Widmungen aus vollem Herzen erfolgten, selbst wenn ein Strauss der Liebe wegen seiner Stadt untreu werden sollte.

Virtuos führt später auch Jean die Beziehungen zu seinen Verlegern nach dem Muster des Vaters: durchdacht und strategisch. Er bindet sich eine Zeit lang exklusiv an den Verlag von Anton Spina, der bei Diabelli vom Angestellten zum Geschäftsnachfolger aufgestiegen war. Spina und sein Sohn Carl sorgten durch Kooperationsabsprachen mit Verlegern und Händlern in anderen deutschen Ländern für bessere Verbreitung und besseren Urheberschutz – etwa mit August Cranz in Hamburg, der später sein Alleinverleger wird. Jeans *Nordseebilder* erscheinen demgemäß, sonderbar genug für Wiens führenden Komponisten, mit Verlagsort Hamburg.

Wie eng dieses Verhältnis war, belegt Jeans Karikatur des kotelettenbewehrten Cranz, der sich im Igelheim, dem palastartigen Alterssitz des Meisters in der Wieden, über Jeans legendären Billardtisch beugt.

Dass die persönlichen Beziehungen der Strausse zu ihren Verlegern eng waren, bedeutet nicht, dass sie frei von Spannungen gewesen wären. Besonders der argwöhnische Jean war stets auf der Hut vor Winkelzügen und Übervorteilungen und verlieh diesem Misstrauen wortgewaltig-scherzhaften Ausdruck, wenn er Haslinger etwa schrieb:

> »Es steht nichts über ehrliche Schurkerei! ... Eure Schandthaten sind aber doch zu frech! In Wien hatte ich an Carl Haslinger, meinem Freunde, ... 800 Fl. ö. W. für in Petersburg erhaltene 400 Rubel [etwa 800 Gulden] zahlen müssen. Jetzt zieht mir der Schweinehund Büttner 130 Rubel von meinem Honorar ab, weil ich an Carl Haslinger nicht den Wert von 400 Rubel abgegeben ... Ich weiß ja, daß Ihr keine Gelegenheit übersehet, wo Ihr Eure honorieren sollenden Componisten zwicken und ausziehen könnt, doch diese oben erwähnte Gräuelthat beweist, daß Ihr nur uns armen Compositionswerkern das Blut auszusaugen in Absicht habet.«[116]

Und natürlich ging es Haslinger in aller Freundschaft in erster Linie um seine geschäftlichen Interessen, und er verfolgte sie im Stil der damaligen Zeit: ohne Zimperlichkeit. Notfalls auch gegen die Strausse: Nach Johanns Tod weigerte er sich, vertraglich zugesicherte Honorare für dessen nachgelassene Werke an die Familie auszuzahlen, und gab erst nach jahrelangem Streit nach.[117] Hauptsächlich aber gemeinsam mit ihnen, wenn er etwa jene verfolgte, die in den wohlbestellten straussschen Garten einbrachen, um dessen kreative Früchte an sich zu bringen.

»Beschimpfungen« wie die obigen sind in der damaligen Zeit nicht selten – man gefällt sich in brieflichem Grobianismus und überlässt es dem Empfänger, diesen ernst zu nehmen oder nicht. Wenn Jeans Frau Jetty dessen Freund und Agenten Gustav Lewy brieflich »Saubub« schimpft oder ihrer Schwippschwägerin Lina androht, sie werde ihr »den Arsch aushauen«, da diese ihr zu selten schreibe, so dürfte die vulgäre Formulierung zumindest in diesem Fall den Gefühlsgehalt ihrer Aussage nicht annähernd widerspiegeln.[118] Das erschwert es oft, die Beziehungen der Strausse nach außen und untereinander genau einzuschätzen.

Wir haben gesehen, dass gerade in der Tanzmusik des Biedermeier das Komponieren nicht so sehr der Inspiration eines einsamen Genies entsprang, sondern Teamarbeit war wie fast alles andere, das zum Konzertleben gehörte. Als Johann sich zu seiner Weltkarriere anschickte, beugte sich die musikalische Welt noch diesem Pragmatismus. Erst später rief das Publikum nach einsamen Spitzenleistungen und stellte umgekehrt Ko-Kreation unter den Verdacht mangelnden »Genies«. Entsprechend wuchs bei den Schöpfern das Bedürfnis, ihre Leistungen unter Schutz zu stellen, sie ideell und juristisch zu verteidigen und sich selbst damit vor Verelendung im Alter zu bewahren. Der 1827 verstorbene Beethoven gehört zu den Ersten, die sich energisch gegen ihre Enteignung wehrten. Seine Unterschrift steht unter einem Gesetzentwurf zum Urheberschutz, den Johann Nepomuk Hummel bei der Frankfurter Bundesversammlung einreichte.[119]

Wir ersehen aus diesem Vorgang, dass der laxe oder ausbeuterische Umgang mit geistigen Schöpfungen unter dem Eindruck eines strikteren Urheberrechts dem Respekt vor dem Künstler zu weichen begann. Und nicht zuletzt Johann und sein Verleger Haslinger waren treibende Kräfte dieser Entwicklung. Ihnen muss es in diesem Zusammenhang übel aufgestoßen sein, dass ein als »Prager Musikanten« bezeichnetes Ensemble von Trittbrettfahrern nicht nur mit Johanns Tanzmusik im Gepäck durch die USA tingelte, sondern auch »mit den Musikalienhändlern den Gewinn von den nachgedruckten Tänzen« abstaubte, wie die *Theaterzeitung* 1837 schrieb. Sie »werden sämmtlich als reiche Leute nach Europa zurückkommen«.[120]

Rigoros verfolgten Johann und Haslinger künftig dreiste Plagiatoren und überzogen übergriffige Wettbewerber oder das, was sie für solche hielten, mit Klagen. So den Musikdirektor Flatscher und den Musiker Johann Faistenberger, der Johann in dessen ersten Jahren bei der Erstellung von Notenmaterialien und mit Arrangements unterstützt hatte, »wegen Verkaufs heimlich gefertigten Abschriften von neuen Walzern und Quadrillen des Ersteren«, wie eine offizielle Anzeige 1843 beweist.[121]

Zusätzlich druckte Haslinger schon ab 1834 in verschiedene Notenausgaben pompös aufgemachte Echtheitserklärungen seines Komponisten:

»Unterzeichneter erkläret hiermit für sich und seine Erben, dass er seine Compositionen laut bestehenden Contractes als ein ausschließliches rechtmäßiges Eigenthum der k. k. Hof- und priv. Kunst- und Musikalienhandlung des Herrn Tobias Haslinger in Wien abgetreten und überlassen habe und dass daher alle anderwaltigen wo immer geschehenen oder noch geschehen könnenden Ausgaben … besagter Compositionen nur als unrechtmässige, eigenmächtige und gesetzwidrige Nachdrücke [sic!] anzusehen sind.«[122]

Dies wurde bezeugt durch Joseph Edelbauer und Johann Träg und bestätigt durch den Wiener Magistrat und sogar die »k. k. Geheime Haus-, Hof- und Staatskanzley«. Die Zeugen waren vermutlich Kapellmeister und Johanns »Kamerad« vom Ersten Bürgerregiment sowie ein nicht bekannter Musikalienhändler und -verleger.

Erst ab 1859 konnte ein Komponist frei bestimmen, wer seine Werke spielen durfte. Bis dahin bedienten sich die Kollegen der Sträusse für ihre Produktionen großzügig an anderen Werken. 1895 endlich trat in Österreich ein gesetzlicher Urheberschutz für Kompositionen bis 30 Jahre nach dem Ableben ihrer Schöpfer in Kraft. Der Schutz blieb hinter den Regelungen des deutschen Urheberrechts zurück – und hinter denen der internationalen Berner Convention von 1884, der beizutreten das Musik liebende Österreich sich weigerte. Dieser Übelstand sollte zum Gefechtsfeld für Jeans Witwe Adele werden. Und wenn 1907 in Gegenwart des jüngsten Sohnes Edi das Musikalien-Archiv des Strauss-Orchesters zu Asche wurde, so darf diese Auslöschung des musikalischen Gedächtnisses der Sträusse – wir werden auf sie zu sprechen kommen – durchaus im Zusammenhang mit dieser Entwicklung interpretiert werden.

Es sollte also noch mehr als eine ganze Generation dauern, bis ein belastbares und einklagbares Urheberrecht künstlerische Schöpfungen auch nach dem Tod ihrer Autoren schützte. Jeans Witwe Adele hat sich darum verdient gemacht – und davon nicht zu knapp profitiert.

Teil III

KINDHEIT EINER DYNASTIE

»Das habe ich schon herausgekriegt, Ihr habt alle keine Spur
von Talent!«
Johann Strauss brieflich an seine Söhne Jean und Pepi

Kapitel 10

Kusswalzer: Galante Nöte und Familienfreuden

Schenken wir den Bildern und Beschreibungen Glauben, so war Johann Strauss (Vater) ein zwar nicht groß gewachsener, aber ein drahtiger und agiler Mann.

> »Viereckiger Kopf, schöne tief liegende Augen, kühn gewölbte Stirne, starke Augenbrauen, kokettes Schnurrbärtchen, blendend weiße Wäsche, sorgfältig gepflegte Toilette. Zuckende Lebhaftigkeit des Spiels, ein Stück Fra Diavolo. Im persönlichen Umgange bescheiden, schweigend, zuhörend.«

So lautet die sympathievolle Personenbeschreibung aus den *Wiener Dosenstücken* des zeitgenössischen Wiener Schriftstellers Franz Gräffer.[123] »Fra Diavolo« (»Bruder Teufel«) war ein neapolitanischer Guerillero in den Koalitionskriegen. Ursprünglich war er Mönch, daher der Brudertitel. Von Johann stammt eine Tanz-Suite namens *Fra-Diavolo-Cotillons*. Johanns Teint und seine vollen dunklen Locken, die sein Sohn Jean erbte und ebenfalls zur Schau trug, gaben ihm ein exotisches und »romantisches« Äußeres. Daher nannten ihn einige »Mohrenschädl«. Sein Amt als Produzent verführerischer Musik und als größter Bühnenheld Wiens sowie seine vibrierende Präsenz auf dem Podium ergänzten dieses Bild perfekt.

Bald begannen sich daher allerlei Legenden um seine Wirkung auf Frauen und um den Grad seines Interesses an ihnen zu ranken. Er sei »eine jener bevorzugten Naturen, für die das Lieben mehr als blos Zeitvertreib« sei, behauptet der Journalist und mäßig erfolgreiche Romancier Eduard Maria Oettinger, für den demnach die Liebe normaler Sterblicher nicht mehr war als etwas, mit dem sich die Zeit gut totschlagen ließ. Er will es noch genauer wissen: Johann nämlich »liebte ohne Unterschied Alles, was weiblichen Geschlechts war. Dennoch behielt er immer eine gewisse Vorliebe für Blonde mit schwarzen Augen, denn er liebte vor allem die Gegensätze.«[124] Und seinen Anhängerinnen wurde zum Beispiel unterstellt, »daß es für sie keinen höheren Genuß, keine süßere Wollust, keinen wollüstigeren Taumel gäbe, als an den sympathischen Lippen seiner Walzer zu schwelgen« – was immer dies heißen sollte.

War Johann Strauss also im dauernden »erotischen Ausnahmezustand«, wie Strauss-Forscher Norbert Linke fragt? Hatte er »eben so viele vorübergehende Liebschaften wie Melodien im Kopfe«, wie Oettinger raunt? War er ständig verführbar zu einem Abenteuer mit einer seiner Bewunderinnen oder gar mit Zufallsbegegnungen, den angeblich allverfügbaren »süßen Mädels« Wiens oder gar den professionellen »Grabennymphen«, die ihre Existenz in den Gassen zwischen Stephansdom und Hofburg fristeten – meist tatenlos geduldet von der Obrigkeit, solange sie nur den Schein des sittlichen Anstandes wahrten? (Zeitweise profitierte die Stadt sogar direkt von der Prostitution, indem sie sogenannte »Frauenhäuser« verpachtete und den Erlös zum Beispiel für die Besoldung des Scharfrichters verwendete.)

Von Johanns Ehefrau Anna Maria Streim, die uns diese pikanten Fragen wohl am besten hätte beantworten können, kennen wir keine Silbe zu diesem Thema. Schon 1822 oder 1823 vermutlich lernte sie den kaum den Knabenschuhen entwachsenen »Jung« kennen und später – vielleicht – lieben. War er ihr Typ? Und war sie der seine? Wenn wir dem oben zitierten Gewährsmann Oettinger glauben dürfen, war Johann nicht exakt auf der Suche nach Frauen vom Typ Anna. Uns liegt nämlich neben einem gemalten anonymen Porträt auch eine Personenbeschreibung von der Hand ihres jüngsten Sohnes Edi vor, des Familienchronisten. »Die Züge einer Spanierin« (Edi) und ihr kastanienbraunes, *à la chinoise* aufgestecktes Haar, von dem uns eine Locke überkommen ist, passen zu ihrer behaupteten iberischen Herkunft. Ihre aparte Attraktivität und ihre von Eduard bestätigte Meisterschaft über »das Lieblingsinstrument des heißblütigen, liederfreudigen Volkes [also der Spanier], die Guitarre«[125], könnte schon mehr zur Romanze mit Johann beigetragen haben. Denn die meisten musischen Menschen sind von Personen mit ähnlichen Talenten fasziniert.

Maria Anna »Netti« Streim (1801–70), Ehefrau von Johann Strauss (Vater) und Mutter der Musikerbrüder Johann, Josef und Eduard Strauss.

Eine rassige Exotin also sei Anna gewesen. Mehr noch – Edi dichtete seiner Mutter, die niemals auch nur einen Adelstitel trug, blaues Blut und einen schwerreichen spanischen Hidalgo als Vorfahren an:

»Die eigenartige Schönheit der Erkorenen Johann Strauß Vaters, verleugnete nicht, daß fremdes Blut in ihren Adern rollte. Ihr Großvater mütterlicherseits war ein Spanier gewesen und als Marquis und spanischer Grande sehr begütert. Er gehörte zu den Gegnern des mächtigsten Fürsten im Lande und im Verlaufe dieser Fehde kam es zu einer heftigen Auseinandersetzung zwischen ihm und einem dem spanischen Throne nahestehenden Großen, die mit einem Zweikampf endete. Der Marquis hatte das Unglück, den Infanten tödlich zu verwunden. Der Folgen, die dieses Vergehen nach sich zog, wohl bewußt, trachtete der Marquis denselben durch die Flucht zu entgehen. Er traf alle Anstalten dazu, doch vermochte er im Drange der Zeit nicht mehr seine Güter zu versorgen oder zu verkaufen. Begleitet von seiner Gemahlin, gleich ihm aus altem Adelsgeschlechte stammend, zwei Söhnen und drei Töchtern und nur mit den ihm augenblicklich zu

Gebote stehenden Barmitteln versehen, reiste er Tag und Nacht in zwei von Stadt zu Stadt neugemieteten Postkutschen durch Frankreich und Deutschland nach Österreich, bis er endlich in Wien bei dem ihm befreundeten Herzog Albert von Teschen und dessen Gemahlin Christine Schutz und Unterkunft fand. Dieser, der sich dem Flüchtigen von früher her aus politischen Gründen obligirt fühlte, sagte dem Marquis Aufnahme in seinen Hofstaat und Versorgung der Familie zu, nur müsse der Spanier sich entschließen, Rang und Stand abzulegen um vor allen Nachforschungen sicher zu sein.

Der Marquis, durch die in der Heimat vollzogene Confiscation aller seiner Güter, jeglicher Existenzmittel beraubt, sah keinen anderen rettenden Ausweg vor sich, als dem Vorschlage des Herzogs Gehör und Folge zu geben. Er vertauschte seinen klingenden Namen mit einem einfach bürgerlichen und hieß fortab Rober.

Wie in Ämtern und Büchern, sollte der ursprüngliche Familienname auch aus Gedächtnis und Rede getilgt werden; die Söhne bewahrten des Vaters Geheimnis treu und so strenge, daß selbst die halbwüchsigen Schwestern niemals ihren ihnen eigentlich anstammenden Namen erfuhren.

Der Marquis und seine Gemahlin starben nach wenigen Jahren, gebeugt und gebrochen vom Kummer des Schicksals. Die fünf Kinder brachten sich durch ihrer Hände Arbeit mühevoll durchs Dasein fort. Der Unterstützung der Brüder, von denen der eine mit ansehnlichem Malertalente begabt war, durch deren frühzeitigen Tod beraubt, entschlossen sich die Schwestern, den Bewerbungen braver aber in bescheidenen Verhältnissen stehender Männer Gehör zu schenken. Die älteste Marchesa heiratete den Tapezierer Eckhardt, den Vater des Dichters Chlodwig Eckhardt; die zweite reichte ihre Hand dem Schneidermeister Wolfram, der zur Zeit der Belagerung Wiens durch Napoleon seine Vaterstadt von den Basteien herab als Bürgermilizmann verteidigen half. Die dritte Schwester endlich vermählte sich dem Stallmeister Josef Streim, dem nachmaligen Gastwirt vom Roten Hahn.

Unter den beiden Töchtern, die sie ihrem Manne schenkte, war Anna die hübschere.«[126]

Schön erzählt, aber frei erfunden. Nicht das Geringste in den Verhältnissen der mütterlichen Familie oder auch nur im Namen Rober weist auf eine spanisch-romantische adlige Abkunft hin. Aber diese machte sich gut in einer Epoche, die nach Exotischem gierte und in der »spanische« Opern wie Bizets *Carmen* Welterfolge feierten.

Eduard hätte die Dokumente und Fakten kennen und über seine Herkunft und den elterlichen Liebeslenz Bescheid wissen müssen. Wieso verschwieg er die wahren Umstände? Wollte er mit dieser Mystifikation im zunehmend judenfeindlichen Wien die jüdische Herkunft der Strausse kaschieren? Schämte er sich seiner Familie, die bis hinab zu seinem Vater glanzlos war? Arbeitete er sich innerlich ab an den einigermaßen geordneten Verhältnissen seiner mütterlichen Vorfahren? Denn geordnet waren diese, und in den ersten Ehejahren erschien Johann als eine eher kleine Nummer, sein Schwiegervater Josef Streim dagegen als das Machtzentrum der Familie. Ob dies Johann selbst frustrierte oder aufbrachte – oder ob es seinen Ehrgeiz weiter anstachelte?

Großvater Streim war und blieb – ebenso wie Annas sieben Jahre jüngere Schwester, die später sogenannte »Pepi-Tante« Josefine – lange präsent in der Familie Strauss. 1835 zog er mit seiner Frau Maria aus dem erwähnten Anwesen in Salmannsdorf zu seinen Töchtern Pepi und Anna und zu seinem Schwiegersohn. Umgekehrt hielt sich Anna mit ihren Kindern in den 30er-Jahren sommers regelmäßig in Salmannsdorf auf. Besonders Jean scheint der Ort intensiv angezogen zu haben. 1831 soll er mit nicht einmal sechs Jahren am Tafelklavier im Gassenzimmer des Landhauses seinen ersten Walzer komponiert haben. Anna soll das kurze Stück aufgeschrieben und ihm eine Bassbegleitung hinzugefügt haben.[127] Dieser Umstand spräche dafür, dass sie tatsächlich musikalisch ausgebildet war.

1882 brachte Jean anlässlich eines Wohltätigkeitskonzerts für bedürftige Wiener Kinder unter dem Titel *Erster Gedanke* eine Komposition erstmals auf die Bühne, von der er behauptete, es sei dieses frühe Stück. Mag sein, dass er sich dabei auf eine unbeschwerte Stunde seiner eigenen Kindheit zurückbesann. Dass Johann der Gemeinde später eine wertvolle Kirchenglocke spendete, zeigt, wie er an Salmannsdorf hing. Eine Gedenktafel erinnert heute an das Ereignis. Die simplen Verse auf der Tafel lauten:

> »Hier hat ein großer Musikant /
> Der Meister Strauß war er benannt /
> Den ersten Walzer komponiert /
> Und dadurch dieses Haus geziert.«[128]

Neben der Musikalität könnte eine handfestere Übereinstimmung die Aufmerksamkeit von Johann auf Maria Anna Streim gerichtet haben: Sie war wie er Kind einer Gastwirtsfamilie. Josef, vormals Kutscher (eine weitere enge Parallele zur Familie Strauss), hatte 1801 seine Pferde verkauft und sich eine Lizenz als Bierwirt und das gut gehende Lokal *Zum Roten Hahn* in der Thurygasse 3 in Lichtental (heute im 9. Bezirk) im Haus Zum Goldenen Brunnen als Schankstätte gesichert. Ein Vorstadt-Kneipier war Josef Streim also, wie auch Johanns Vater Franz Borgias Strauss.

Dieser *Rote Hahn* darf nicht verwechselt werden mit der heute noch bestehenden altrenommierten Landstraßer Herberge, in der einst Mozart, Beethoven oder Adalbert Stifter abstiegen oder zechten. Das Haus *Zum Goldenen Brunnen* mitsamt dem Beisel fiel vermutlich einem Weltkriegsbombardement zum Opfer, und nichts ist uns überkommen als eine knappe Beschreibung als das

> »… alte, kleine Haus, das so unscheinbar und bescheiden dasteht und einen Reichtum von Erinnerungen hütet. Sein langer, schmaler Hof windet sich geschmeidig zwischen den hohen Mauern der Anrainer durch und läßt an seinem Ende das kleinste Wirtsgärtchen des ›Grundes‹ in die Fechtergasse lugen.«

Mit »Grund« ist der Alsergrund gemeint, nahe dessen Sohle die Thurygasse liegt.

Die meisten Gastwirtsfamilien kennzeichnete eine gewisse Resolutheit. Und wer Anna Streims Porträt angesehen hat, nimmt ihr diese umgehend ab. In ihrem Zusammenleben mit Johann (und heftiger noch im Anschluss daran) sollte sie überreichliche Proben davon ablegen – zum Verdruss ihres Ehemannes und zum zwiespältigen Segen ihrer Kinder.

Alle romantischen Details will der erste Strauss-Biograf Ludwig Scheyrer kennen. Auf einem Ball, bei dem Johann als Primgeiger auftrat, habe es »gefunkt« zwischen den jungen Leuten:

> »Als er einst auf einem Balle beim grünen Baum eifrig seinen Prim herabstrich, tat sich die Thür auf, und ein hübsches Mädchen trat ein; Strauß warf einen Blick auf sie, und sein ganzes Antlitz ward mit plötzlicher Scharlachröthe übergossen; das Mädchen hatte gleichfalls den hübschen Solospieler ins Auge gefasst, und getroffen von seinem Blicke wurde sie gleichfalls über und über roth. […] In seinem Innern war eine bisher nie gefühlte und ungeahnte Umwandlung vorgegangen, und heftig in seinen Gefühlen, wie alle stillen Naturen, knüpfte er noch denselben Abend ein inniges, Liebesverhältniß an.«[129]

Liebe auf den ersten Blick demnach zwischen der »Spanierin« und dem »Mohrenschädl«, dem exotisch attraktiven Paar, wenn wir dem Biografen glauben wollen – der nebenbei übersah, dass Lanner und Strauss nicht im *Grünen Baum* in der Weißgerbervorstadt, sondern im Rossauer *Grünen Tor* auftraten, fußläufig von Annas Haus gelegen.[130]

Ihr jüngster Sohn Edi hat uns mit Annas Herkunft näher bekannt zu machen versucht in seiner unzuverlässigen Familienbio- oder wohl besser -hagiografie. Allerdings kaufte ihm, wie wir hörten, die Gilde der Genealogen den geflüchteten spanischen Marquis als Urgroßvater nicht ab. Sie tippte stattdessen auf den aus dem Luxemburger St. Niklas gebürtigen Martin Jean Rober (oder Robert), der 1768 die St. Ulricher Wirtstochter Anna Maria Hartl geheiratet und seinerseits einige Jahre im *Goldenen Kreuz* als Weinwirt herumgestümpert hatte. Immerhin war St. Ulrich eine respektablere Gegend als die etwas zwielichtige Leopoldstadt.

St. Niklas ist ein schwer lokalisierbarer Flecken, der vermutlich im Lauf der Geschichte in das Weinstädtchen Remich an der Mosel eingemeindet wurde und daher von der politischen Landkarte verschwunden ist. Dort steht heute ein Luxus-Spa, und nichts – nicht einmal ein Namensvetter im Telefonbuch – erinnert mehr an den 1740 vielleicht dort geborenen Strauss-Ahnen Martin Rober, der als junger Mann die Mosel mit der Donau vertauscht hatte.

Am Ursprung der ältesten straussschen Berufstradition, der gastronomischen, steht demnach nicht Franz Borgias Strauss, sondern Anna Maria Hartls Vater Johann Michael, ein geborener Bayer aus Pfarrkirchen. Wie Franz reüssierte auch Johann Michael Hartl als Wirt nicht, sondern musste sich später als Weinhändler und Schuster durchschlagen. Seine Älteste Maria Anna durfte im Jahr 1800 Josef Streim heiraten.

Auch wenn Martin Rober also kein Nachfahre eines spanischen, duellierfreudigen Hidalgos war: Eine scharfe Klinge führte er dennoch und brachte sie Tag für Tag gefährlich nah an die Kehlen seiner Mitmenschen. Allerdings tat er dies nicht als leidenschaftsbefeuerter Duellant, sondern als Friseur und Barbier. Aber so groß war seine Passion für dieses Handwerk nicht, als dass er nicht im Verlauf seines Lebens das Schermesser eingetauscht hätte gegen das Bratenmesser des Gastwirts. Später ist Martins Tätigkeit als Zuckerbäcker belegt – zeitweise noch spezifischer: als »Zuckerbäckereiträger« in einem der höchsten Adelshäuser der Donaumonarchie, dem des Herzogs Albert Kasimir von Sachsen-Teschen, auf den Edi sich bezieht. Drei charmanten und ehrbaren Berufen ging Martin Rober also nach, die uns heute bei allem Respekt vor Repräsentation und langlebigen Institutionen sympathischer vorkommen als der ohne persönliches Verdienst ererbte Status eines ehrpusseligen oder streitlustigen Marquis – wenngleich das Gewerbe des »Zuckerbäckereiträgers« einigen Raum für Interpretationen und fantasievolle Spekulationen öffnet. Dass nämlich ein Herzog – und sei es der glanzvollste des Reiches – einen eigenen Bedienten ausschließlich dafür beschäftigte, die empfindlichen Torten und Pralinés in sein Stadtpalais zu schaffen, bevor die Schlagsahne in der Sommerhitze umschlug, spricht für einen qualitativ und quantitativ ausgesprochen gehobenen Bedarf.

Sympathisch und sinnvoll also war Martin Robers beruflicher Werdegang, aber offensichtlich nicht glanzvoll. Dass sich auch er nach der Decke zu strecken hatte wie die allermeisten Wiener jener Zeit, das beweist allein der bunte Wechsel seiner Metiers. Und ebenso der Umstand, dass er in den westlichen Wiener Vorstädten herumzog und mal in der Josefstadt belegt ist, mal in Mariahilf und mal in Altlerchenfeld – immer mit seiner trauten Anna Maria, die ihm die Treue hielt bis in ihren Tod 1794. Sie wurde 50 Jahre alt.

Dass Anna Streims Ehe mit Johann so stabil nicht werden sollte, kündigte sich frühzeitig an. Aber es waren immerhin solide, fast schon gutbürgerliche Verhältnisse, in die Johann da einheiratete – auch wenn seine Eheschließung eher einem Hineinschlittern glich. Die Streims »rochen« ein wenig nach sozialem Aufstieg. Seine Anna konnte sicher manche Familien-Anekdote erzählen aus der Welt der Edlen und Reichen, in der ihr Großvater verkehrt hatte – und sei es nur durch den Dienstboteneingang. Umgekehrt war aus Annas und ihres Vaters Sicht Johanns etwas verkrachte Abstammung kein zwingender Hinderungsgrund, denn gleich zu gleich gesellt sich gern, und fleißig war Johann immerhin.

Nicht zuletzt sollte im Oktober 1825 der valideste Ehegrund als schreiendes Bündel Mensch leibhaftig und im wahrsten Sinne vorliegen. Es war also aus der Sicht biedermeierlich sittenstrenger Wiener höchste Zeit, als sie am 11. Juli 1825 Hochzeit hielten in der Pfarrkirche Lichtental, nur wenige Schritte entfernt vom *Goldenen Brunnen*. Denn unter Annas vermutlich einfachem und höchstwahrscheinlich nicht jungfräulich weißem Kleid – bis ins 20. Jahrhundert hinein wurde im dunklen Sonntagsstaat geheiratet – begann es sich so verräterisch wie verheißungsvoll zu wölben. Bereits gut drei Monate später, am 25. Oktober, kam der Stammhalter zur Welt. Johann Baptist wurde er in bester Tradition in der Josefstädter Kirche St. Ulrich, der Stammkirche seiner mütterlichen Vorfahren, getauft – der dritte Johann in vier Generationen und nicht der letzte in der Familie. Zur besseren Unterscheidbarkeit erhielt er, Gott weiß wann, seinen Kurznamen Jean, der ihm lebenslang blieb. Taufpatin war die Bürstenmacherstochter Anna Köppl oder Koppl. Genau genommen fertigte Annas Vater Katetschen, das waren Pferdestriegel. Nach einem strategischen Schachzug in Richtung Aufstieg klingt diese Wahl nicht. Vielleicht war sonst niemand zur Hand, vielleicht auch fehlte es den Eltern in diesem Punkt noch an Erfahrung.

Mit 21 Jahren war der Vater für damalige Verhältnisse außergewöhnlich jung. Die meisten Männer in Wien – soweit sie den unteren Klassen der Gesellschaft entstammten – heirateten erst in ihren Dreißigern, da schon allein die Behörden ein Auge darauf hatten, dass Eheleute eine Familie auch ernähren konnten, und gegebenenfalls den erforderlichen Ehekonsens verweigerten. Doch Johann Strauss begann früh zu lieben. »Jung gefreit« hieß in seinem Fall aber absolut nicht »nie gereut«, wie wir noch zur Genüge sehen werden. Als Vater oder besser: als Erzeuger immerhin war er äußerst produktiv. »Geradezu Johann Sebastian Bachisch anmutende Vermehrungsfreudigkeit« bescheinigt ihm der Wiener Musikwissenschaftler Michael Lorenz, der sich eingehend mit Johanns Triebleben beschäftigt hat.[131]

Das hübsche frische Ehepaar wohnte zunächst in St. Ulrich in der heutigen Lerchenfelder Straße 15. Ein durchschnittliches, kein ärmliches zweigeschossiges Haus, wie alte Darstellungen uns verraten, mit Mansarde und einem Rückgebäude, an das der obligate kleine Innenhof sich angeschmiegt haben dürfte. Schätzungsweise etwa sechs Parteien bewohnten es. Ein Blickfang und Gesprächsthema für die Nachbarschaft waren Anna und Johann sicherlich – und sie ließen sie auch einiges von sich hören. Damit sind nicht allein das Violin-, Klavier- und Gitarrespiel der jungen Eltern oder das Geschrei des Erstgeborenen Jean gemeint. In parteiischer Weise benennt Feuilletonist Gräffer noch eine andere »Lärmquelle«, die nicht nur in straussschen Ohren schmerzhaft geklungen haben soll:

> »Er liebte den Frieden, egal welcher Art. Einzig in seinem Familienkreis war dieser Friede selten zu spüren. Mit seiner Anna stritt sich Strauss täglich, denn seine weltoffene Art und die Reiselust harmonierten nicht mit der gutbürgerlichen Anschauung Annas.«[132]

Gräffer verrät uns nichts Näheres über die Anlässe dieser Auseinandersetzungen. Ob es tatsächlich Johanns »doch irgendwie ungenierte Lebensweise« (Michael Lorenz), sprich die Liebesaffären waren, die ihm so zahlreich nachgesagt wurden, und ob dementsprechend Annas »gutbürgerliche Anschauung« ein Anspruch auf eheliche Treue war? Oder ob da nicht einfach zwei heißblütige Temperamente aneinanderkrachten, jedes von ihnen einem Gastwirtshaushalt entstammend und daher durchsetzungsstark und gewohnt zu sagen, wo es ihrer Meinung nach langging? Wer von frühester Jugend an im Umgang mit angetrunkenen und zudringlichen Gästen geübt ist, der fackelt nicht lange. Und besonders Anna war auch später sichtlich nicht der Typ, der um des lieben Friedens willen zurücksteckte. Sie stritt um ihre Positionen, betrafen diese nun sie selbst oder die Menschen, denen sie verbunden war. Johann, der Mann an ihrer Seite, sammelte reichlich von der Erfahrung, dass heiße Auseinandersetzungen unter Paaren gern dem Erkalten des Ehebettes vorbeugen: Die sechs Geburten, die Anna hatte, verteilen sich gleichmäßig über die zehn Jahre ihrer Ehe. Was immer also sie auseinandertrieb: Erloschenes Begehren war es wohl nicht. Der »Ofen« war noch lange nicht aus.

Im August 1827 gab es zum zweiten Mal Nachwuchs in der Familie Strauss, die inzwischen nach Mariahilf in die Nelkengasse umgezogen war. Es sollte bei Weitem nicht ihr letzter Wohnsitzwechsel sein. Dieses Umhergeworfenwerden wirft einen Schatten über die Kindheit besonders des Erstgeborenen Jean. In diesen Wochen arbeitete Johann nach seinen ersten musikalischen Erfolgen zäh an seinem Durchbruch, der ihm im November mit den *Kettenbrücke-Walzern* gelang. Die Hochstimmung über diesen könnte die Freude über die glücklich verlaufene Entbindung bald übertönt haben.

Erneut ist es ein Sohn, den der »Musiklehrer« Johann Strauss und die Fischermeisterstochter Josepha Lowitzberger als Patin übers Taufbecken halten und dem sie den Namen Josef geben – vermutlich als Hommage an den Vater der Ehefrau, Josef Streim. Sein Rufname wurde ähnlich konventionell Pepi.

Später wählte der Meister die Taufpaten mit Bedacht und nach Möglichkeit aus seinem großen Freundes- und Bekanntenkreis, zu dem nicht nur Musiker zählten, sondern gern etablierte Wiener Bürger – auch solche von zweifelhafter Aufführung. Mit dem Ingrossisten (einem ranghohen Schreiber) der Stadtbuchhaltung zum Beispiel, Jacob Staudner, dem wohlhabenden »bürgerlichen Branntweiner« Ignaz Carl Aufricht und anderen verband ihn seine Neigung zu unkomplizierter, anspruchsloser und bodenständiger Geselligkeit, etwa beim Kartenspiel, dem er zeitweise mit solcher Hingabe frönte, dass er und seine Genossen einmal wegen illegalen Glücksspiels vor Gericht gestellt und abgeurteilt wurden. Macao hatten sie gespielt, einen Vorläufer von Siebzehn und Vier.

Einer von mehreren inkriminierten Vorfällen spielte sich ausgerechnet zu Weihnachten ab – ein deutliches Indiz dafür, dass es keiner Affäre bedurfte, in Johann den Drang nach familiären Auszeiten ins Unwiderstehliche wachsen zu lassen. Dabei hatte Johann in diesen geschäftlich wichtigen Tagen krankheitshalber die Leitung seiner Musik beim *Sperl* Kapellmeister Georg Jegg überlassen: Lahm vom Geigenspiel sei sein linker Arm. Zum ausdauernden Karteln reichten seine Kräfte aber noch. Mit von der Partie waren Johann und Josef Scherzer, die Söhne des reichen *Sperl*-Wirts Johann Georg Scherzer, auf deren Diskretion ihrem Vater gegenüber der Walzerkönig offensichtlich gesetzt hatte. Ganz unköniglich, eher nach Art eines Playboys also präsentierte Johann sich hier mit der Wiener Halbwelt. Gemeinsam mit seinen Spießgesellen nahm er einem gewissen Karl Moritz Glücky nicht weniger als 1.600 Gulden ab, das war ein Drittel mehr als der Kaufpreis von Josef Streims Salmannsdorfer Landhaus, also wahrlich kein Pappenstiel. Bei einem Mindesteinsatz in Höhe eines Silberzwanzigers, also eines Drittelguldens, dürfte das Spiel einige Zeit in Anspruch genommen haben. Alkohol war auch im Spiel, viel Alkohol vermutlich, war doch Aufricht wie erwähnt Branntweinbrenner und -wirt.

Berauscht und abgezogen haben sie den Glücky demnach und ihn »und durch ihn dessen Familie in eine mißliche Lage« gebracht, also mehr oder minder ruiniert, wie die Gerichtsakten sagen, unterzeichnet von demselben Regierungsrat von Löhr, der Jahre später für die Passangelegenheiten der Strauss-Kapelle verantwortlich zeichnete. Um den

Fall rufschonend zu Ende zu bringen, waren die Beschuldigten »aufrichtig« geständig, zumal einer der Mitangeklagten, der Kaffeesieder Franz Mosée, bereits eine Körperverletzung auf dem Kerbholz hatte und damit allen Grund, leise zu treten.

»Bey dieser Gelegenheit« – so lautet die Gerichtsakte weiter – kam eine weitere übermütige »Policey-Übertrettung« Johanns zur Sprache, die übel ins Auge hätte gehen können: Der Angeklagte hatte zusätzlich »eingestanden, ... im Gasthausgarten ›Zum Sträussl‹, in dessen Nähe mehrere Schindeldächer sind, an der Oberlichte des Salons an einem vorspringenden Kupferdache acht Feuerwerkskörper angebracht zu haben, welche beim Losbrennen leuchteten«. Das auch *Sträußelsäle* genannte Etablissement war ein für Bälle gern genutzter Nebenkomplex des Theaters in der Josefstadt, in dem heute das Personal die Pausen verbringt. Was immer ihn zu diesem pubertären Streich veranlasst haben mag, ein künstlerischer Anlass war es nicht, eher schon seine Begeisterung für Feuerwerke, die noch so produktiv werden sollte. Jedenfalls war es kein Kavaliersdelikt in einer Zeit, da Großbrände im kollektiven Gedächtnis nahezu einer jeden Stadt hafteten. Es wog vielleicht schwerer als das Karteln an Tagen, an denen jeder honette Familienvater mit Frau und Kindern feierte, anstatt sein Geld zu verjuxen oder anderen das ihre abzuluchsen. Strafmildernd galt dem Spruchkörper, »dass er alles einbekannte und das erste Mal in Untersuchung ist«.[133] Widerspruchslos zahlte der kluge, auf diese unseriöse Art Skandal sicher nicht versessene Johann die verlangten 900 Gulden, die man ihm als happige Geldstrafe auferlegt hatte. Er war ein Früchtchen und er wusste es.

Von derartigen Rückschlägen abgesehen, stabilisierten sich Johanns Finanzen mit seinem wachsenden Erfolg, was sicherlich die Nerven seiner Anna und seines Schwiegervaters Josef beruhigte. Die Kleinkinder Jean und Pepi hielten ihre Mama ausreichend auf Trab, zumal in den folgenden Jahren vier weitere Geburten kamen: 1829 Netty, 1831 Therese, 1834 Ferdinand, der nach einem Dreivierteljahr starb, und 1835 Eduard, Edi genannt. Gut, dass der Vater Karriere machte, denn für die im Ehegesuch angepriesene »weibliche Handarbeit«

dürfte unter solchen Umständen wenig Zeit geblieben sein. Ob Johann sich oft abgab mit seinen Kindern? Oder ob er sich ganz seiner Besessenheit vom Musizieren und Geldmachen auslieferte? Jean ließ nichts dergleichen durchblicken, wenn er über seine frühen Jahre berichtete, als er am 3. August 1844 beim Wiener Magistrat sein eigenes musikalisches Gewerbe anmeldete:

> »Ich hielt mich stets bey meinen Eltern auf, welche in St. Ulrich bey der Eul durch 1 Jahr, in Mariahilf beym Kreuz und beym Ritter durch 1 ½ Jahre wohnten und sodann in die Leopoldstadt überzogen, wo sie Anfangs zum weißen Wolfen 1 Jahr, beym Einhorn am Karmeliterplatz durch 2 oder 3 Jahre wohnten und sich in dem jetzigen Wohngebäude No. 314 durch 11 Jahre befinden.«[134]

»Sie«, nicht »wir«. Wie weit weg war Johann emotional von seinem Vater, als er dies schrieb? War er ihm jemals nahe? War er ein bloßes Familien-Accessoire? Oder gar der Sündenbock, den der Vater dafür verantwortlich machte, dass er schon mit 21 »seine Freiheit verlor«? Eduard Hanslick gegenüber äußerte er, dass sein Kontakt zum Vater in seiner Burschenzeit sich beschränkt habe auf rituelle Besuche »am Neujahrstag und an seinem Namenstag, um pflichtschuldigst zu gratulieren«[135].

Wir entnehmen Jeans oben angeführten Worten, dass er mit acht Jahren schon fünfmal umgezogen war. Vermutlich in immer bessere, geräumigere, gepflegtere Wohnungen. Aber zählt das für ein Kind? Oder zählt nicht vielmehr der Umstand, dass Umzüge immer Improvisation und Stress, Chaos und Verlust mit sich bringen, Neu-sich-zurechtfinden-Müssen in veränderten Umständen? Gewohnte kleine Freundschaften aufgeben und neue suchen zu müssen? Sich durchsetzen zu müssen in verschlossenen oder feindseligen Vierteln – vielleicht sogar mit den Fäusten – oder jeden Tag verprügelt zu werden? Einen hilflosen kleinen Bruder, selbst noch hilflos, verteidigen zu müssen? Der Schriftsteller Curt von Zelau sprach 1885 im Auftrag der *Deutschen Revue* mit Jean und hörte Ernüchterndes: »Von seiner Jugend wisse er [Strauss] so wenig Gutes zu sagen, daß er am liebsten schweigen möchte« und sich weitere Fragen nach seiner Kindheit verbat.[136]

Anna und Johann dürften solche Drangsale nach Art damaliger Eltern wenig gekümmert haben. Johann war vermutlich viel zu beschäftigt, um derartige Kindersorgen überhaupt wahrzunehmen, und Anna musste als ewige Zugezogene den Familienalltag jedes Mal mühevoll neu organisieren. Streit mit den Nachbarn wegen der Kinder konnte da nur stören.

Traumatische Erlebnisse, wie die hier unterstellten, können sich tief einfressen in eine Menschenseele. Die Tatsache, dass Jean und seine Geschwister als Erwachsene zwar im Wesentlichen zusammenhielten, aber im Umgang miteinander nicht besonders verträglich waren, mag in solchen kindlichen Erfahrungen einen Ursprung haben. Jedenfalls aber helfen sie, Jeans spätere ausgeprägte Sesshaftigkeit und seinen Sinn für bequemes, luxuriöses Leben zu erklären. Die Kinder waren sowohl Nutznießer als auch Opfer des väterlichen Erfolgs:

> »Dass dieser bemerkenswerte soziale Aufstieg nicht ohne Konflikte zu erreichen war – diese Tatsache verdüsterte Jeans Jugend; sie erwies sich zugleich aber auch als der stärkste Motor in der musikalischen Entwicklung Johanns d. J. zum genialsten Komponisten, den die sogenannte Unterhaltungsmusik aufzuweisen hat.«[137]

Die Verlässlichkeit der scherzerschen Honorare also erlaubt dem Maestro und seiner Familie größere Sprünge: zunächst und schon allein, um den Weg zum *Sperl* zu verkürzen, den über den Donaukanal hinweg in die angestammte Leopoldstadt und in das Haus *Zum Ritter St. Georg* in der Taborstraße. Nach und nach wurden die strausssschen Wohnungen so geräumig, dass sie nicht nur die Kinderschar beherbergen konnten, sondern auch andere Familienmitglieder.

Ähnlich wie zwischen Jean und Pepi nur 22 Monate liegen, wurden ihre Schwestern Anna (genannt Netty) und Therese weniger als zwei Jahre nacheinander geboren – genau genommen 21 Monate. Ihre Leben, soweit wir sie überhaupt kennen, verliefen weitgehend parallel. Netty war ein Christkind, am 24. Dezember 1829 kam sie zur Welt. Mit zwei Jahren und vier Monaten war Pepi da gerade aus dem Gröbsten heraus. Beide Mädchen waren körperlich robust und für damalige Verhältnisse langlebig, so wie ihr ältester und ihr jüngster

Bruder. Aber wie sehr beeinträchtigten die fluktuierenden wirtschaftlichen Verhältnisse ihren Werdegang und ihre Biografien? Man muss wohl unterstellen, dass die Ressourcen dem Zeitgeist entsprechend vorzugsweise den Söhnen der Familie zugewendet wurden, die sich ihrerseits auf ihre Rollen als Ernährer vorzubereiten hatten. Besuchten Netty und Therese überhaupt eine Schule? Dies ist zu vermuten in einer bürgerlichen Familie – aber absolvierten sie mehr als das absolute Minimum? Sicherlich erhielten sie Klavierunterricht oder eine sonstige musikalische Ausbildung. Es heißt sogar in einer dürftig belegten biografischen Skizze, die Brüder hätten in der Blütezeit der straussschen »Musikfabrik« vorgehabt, ihre Schwestern im *Volksgarten* als Kapellmeisterinnen auftreten zu lassen.[138] Aber es ist, genau wie von ihrer Mutter Anna, nirgends überliefert, dass sie irgendwelche Musik einmal öffentlich hören ließen.

Wir versetzen uns einmal in den Johann Strauss (Vater) des Jahres 1829 hinein: Was für ein Gefühl mag das für ihn gewesen sein – ausgezogen zu sein als junger, dem absoluten Elend knapp entronnener Niemand und nun in die Josefstadt zurückzukehren als erwachsener, erfolgreicher Mann, dreifacher Vater und verehrter Walzerkönig! Hatte er noch alte Freunde, bei denen er sich in Erinnerung bringen und ein wenig renommieren konnte? Ließ er sich bei Lichtscheidl sehen, beim Vormund Müller? Vielleicht sogar bei seiner Stiefmutter und deren Mann, diesem Golder?

Doch sein Glück blieb nicht unangefochten: Seine Wohnung im Haus *Zum Weißen Wolf* in der Donaustraße, Ecke Hollandstraße, das ebenfalls dem *Sperl*-Wirt gehörte und direkt am Donaukanal lag, hat ihm eine Elementarkatastrophe buchstäblich hinweggeschwemmt: ein »Eisstoß«, eine Flutwelle, die sich in kalten Wintern durch das plötzliche Aufbrechen einer Barriere aus Treibeisplatten manchmal bildet. Frank Miller erzählt in seiner Johann-Strauss-Biografie anschaulich-grell, was im Winter 1829/30 geschah:

> »In der Nacht zum 28. Februar vernahmen die Flusswachen ein fürchterliches Krachen und Tosen … Durch die Straßen dichtverbauter

Wohnviertel schossen meterhohe Eis- und Wassermassen mit unvorstellbarer Elementargewalt … und richteten ein Inferno an, wie es Wien seit Jahrhunderten nicht mehr erlebt hatte. 1300 Häuser standen unter Wasser. 173 davon hatten die eisigen Fluten völlig zerstört, fast 5000 Familien mussten evakuiert werden, 74 Menschen hatten den Tod gefunden.«[139]

Die grausigen Details dieser Katastrophe beschreibt Franz Grillparzer in seiner bereits erwähnten Novelle *Der arme Spielmann*:

»In den Straßen zerbrochene Schiffe und Gerätschaften, in den Erdgeschossen zum Teil noch stehendes Wasser und schwimmende Habe. Als ich, dem Gedränge ausweichend, an ein zugelehntes Hoftor hintrat, gab dieses nach und zeigte im Torwege eine Reihe von Leichen, offenbar behufs der amtlichen Inspektion zusammengebracht und hingelegt; ja, im Innern der Gemächer waren noch hie und da, aufrecht stehend und an die Gitterfenster angekrallt, verunglückte Bewohner zu sehen.«[140]

Für die Söhne Jean und Pepi, damals vier und zwei Jahre alt, war es vermutlich die erste existenzielle, traumatische Krise ihres Lebens. Für uns heute ist es ein Hinweis darauf, an welch seidenen Fäden damals menschliche Existenzen hingen. Von den Sträussen kam zwar keiner zu Schaden. Aber sie scheinen praktisch alles außer ihren nackten Leben verloren zu haben, als sie in einem Gasthof am Karmeliterplatz Zuflucht nahmen: Hausrat, Kleidung und die teuren Musikinstrumente. Noch monatelang war die Vorstadt gezeichnet von Zerstörung und Chaos, und in den verelendeten Bezirken verbreiteten Ausbrüche von Seuchen Angst und Entsetzen.

So dramatisch begann das Jahr 1830 für die Strausse und die Wiener. Die Julirevolution erschütterte kurz später den Kontinent und erinnerte die spätfeudalen Autokraten nachdrücklich an ihre Verpflichtungen ihren Untertanen gegenüber. Metternich und sein Machtapparat konnten diese Revolte noch abwettern – anders als 18 Jahre später.

Im Sommer des Folgejahres schlug eine Cholera-Pandemie die Stadt mit voller Wucht. Die ersten Fälle trafen auf eine vorbereitete

Bevölkerung und entschlossene Behörden. Das Militär wurde für die Seuchenabwehr zuständig gemacht. Allerdings waren die Gegenmittel ausgesprochen begrenzt: Unter anderem hießen sie Essig und Kameliengeist – ein obskures, heute völlig vergessenes Hilfsmittel. Deren Dämpfe sollten ebenso wie die allenthalben aufgestellten Töpfe mit Asche einer Ausbreitung entgegenwirken. Sogenannter »Gesundheitsflanell« fand ebenso reißenden Absatz wie besondere Cholera-Gebetbücher. Ein Lied mit dem suggestiven Titel *Vertrauet auf Gott und unseren Kaiser Franz und fürchtet die Cholera nicht!* sollte die Stimmung heben. Doch diese war trist und drohte jederzeit, in Panik umzuschlagen. Quarantäneanstalten wurden für die Erkrankten eingerichtet. Wer Geld hatte, zog sich vor die Tore Wiens zu den Schwefelquellen Badens zurück, die den Leichtgläubigen zuverlässigen Seuchenschutz versprachen. Viele Menschen gingen gar nicht mehr aus und besuchten natürlich – besonders bedrohlich für die Exponenten des biedermeierlichen Showgeschäfts – auch die einst so beliebten Tanzanlässe nicht mehr.

Die verbliebenen unentwegt tanzbegeisterten Wiener allerdings und Johann »revanchierten« sich beim Schicksal mit dem Walzer *Heiter auch in ernster Zeit*, den sie anlässlich seines Sommer-Benefizes am 24. August 1831 im *Sperl* überaus erfolgreich und vom Publikum umjubelt erstaufführten. Die Wiener »Dansomanie« (*Theaterzeitung*) machte halt vor nichts und mag für so manches »Superspreader-Ereignis« gesorgt haben – nicht minder zwei Wochen später Johanns musikalische Abendunterhaltung im *Sperl* »zu Gunsten der durch die Zeitumstände Bedrängten und Hilfsbedürftigen«.[141] Ungeachtet der etwa 1700 Seuchenopfer – gut ein halbes Prozent der Bevölkerung – gingen die Wiener bereits im Oktober zur, auch musikalischen, Tagesordnung über. Der Fasching 1832 stand wieder ganz im Zeichen des normalen Tanz-Wahnsinns.

Die Sträusse wohnten zu dieser Zeit im Haus Zum Einhorn in der Karmelitergasse, nur einen Steinwurf entfernt vom *Sperl* und schräg gegenüber der Karmeliterkirche an der geschichtsträchtigen Taborstraße – einer der Leopoldstädter Lebensadern. Vermutlich gegen Anfang 1834 verbesserten sie sich in ihr langjähriges Familiendomizil, das um die Ecke direkt in der Taborstraße gelegene Haus *Zum Goldenen Hirschen*. Der *Goldene Hirsch* war eines der ältesten Gebäude der Leopoldstadt – ein überaus großzügiger Komplex, auf dessen Grund nach seiner Demolierung im frühen 20. Jahrhundert nicht weniger als sieben Wohn- und Geschäftshäuser sowie ein kleiner öffentlicher Platz, der heutige Lassingleithnerplatz, Raum fanden. Ein bronzener Hirsch ziert auch heute das Dach des Anwesens. Im Hirschenhaus mieteten sie vom Besitzer, einem Bierbrauer, im Lauf der Jahre nach und nach vier Wohnungen mit drei Küchen in der Beletage, dem hochherrschaftlichen »schönen Stockwerk«. 19 Fenster dieser Strauss-Wohnungen zeigten allein auf die Taborstraße.

Das Hirschenhaus in der Taborstraße war jahrzehntelang das Heim der Familie Strauss. Aquarell von Franz Gerasch (1826–1906).

Johann Strauss (Vater) zog mit seiner Familie 1834 in die erste, noch etwas enge Wohnung ein. Die schöne Aussicht auf die Karmeliterkirche konnte auch Johanns einzige Schwester, die fünf Jahre ältere, noch unverheiratete Ernestine genießen. Schon als Johann 1829 mit seiner Anna und seinen Söhnen in die Leopoldstadt zurückkam, war Ernestine wie selbstverständlich mitgezogen.[142] Vermutlich hatte sie von Todes wegen ihr Logis bei der Stiefmutter verloren und musste irgendwo abbleiben. Sie dürfte Aufgaben im Haushalt ihrer Schwägerin übernommen haben, dessen Dimensionen nach und nach wuchsen. Als die Strausse das Hirschenhaus bezogen, war Ernestine wieder dabei. Wand an Wand lebte sie so in einer Großfamilie, wie sie sonst nur in Adelspalästen oder Bauernhäusern vorkamen – mit den Dienstboten, mit Annas Eltern sowie Annas Schwester, der »Pepi-Tante« Josefine; sie sollte später zeitweise maßgebliche Aufgaben in der strausssschen Musik-Unternehmung erfüllen.

Von Ernestine dagegen ist keine Mitwirkung am Strauss-Erfolg bekannt. Edi erwähnt sie erst gar nicht in seinen Erinnerungen – weil sie in der ersten großen Familienkrise auf der »falschen«, also der väterlichen Seite stand? Erst 1836, mit 37, machte sie sich selbstständig, indem sie, übrigens gegen Johanns Willen, den 30-jährigen Karl Fux heiratete – ein Mann der ersten Stunde auf Johanns Kunstreisen und später Jeans erfahrener Privatsekretär.[143] Und bereits wenige Monate nach ihrer Hochzeit kündigte Nachwuchs sich an: ihre einzige Tochter Anna. Ob Ernestine selbst musiziert hat, ist vergessen. Als sie 1862 im Haus Frühling in der Leopoldstädter Rauchfangkehrergasse an einem »organischen Herzfehler« starb, war ihr ältester Neffe Jean am Höhepunkt seines Ruhmes angelangt.

Was hätte sie zu erzählen gehabt über die Strausse! Aber diese ideale Chronistin der strausssschen künstlerischen, ehelichen und familiären Wechselfälle ist so sprachlos geblieben wie ihre Nichten Netty und Therese.

Über 50 Jahre lang beherbergte das Hirschenhaus die Familie Strauss in unterschiedlichster Zusammensetzung, so wie das Schicksal ihre Mitglieder hier- oder dorthin schob. Die Strausse nutzten es nicht nur zum Wohnen, sondern auch zum Komponieren, für Besprechungen und Proben, als Warteraum für die Musiker und als Lager für Kontrabässe, Pauken und andere größere Musikinstrumente sowie allerlei Gerätschaften. Die Kinder wuchsen auf mit dem Klang der vielen verschiedenen Instrumente, mit dem Gewirr vieler österreichischer, böhmischer, ungarischer Stimmen und mit dem steten Zu- und Abgang von Johanns Musikern und Geschäftsfreunden zu nahezu jeder Tages- und Nachtzeit. Im *Heiligen Florian* selbst hätte es wohl nicht lebhafter zugehen können.

»*Zum Goldenen Hirschen*« – der Namen klingt wie ein doppeltes Omen, für den Wohlstand einerseits, in dem die Sträusse fortan leben wollten, und für die Zeugungskraft des Vaters andererseits. Dass der *Goldene Hirsch* absolut kein Familienidyll beherbergte, dafür sorgten schnell die Beziehungen, die Johann schon im ersten Jahr zu einer erheblich jüngeren Modistin oder Putzmacherin aufnahm.

Eine letzte gesellschaftliche Bastion galt es noch zu stürmen für Johann: den kaiserlichen Hof. In der Hofburg zwischen Michaelerplatz und *Volksgarten* regierte seit langen 32 Jahren der alte Franz II., den 1835 Ferdinand I. ablösen sollte – dem Titel nach, denn die Fäden der Macht blieben in den Händen Metternichs und seiner Kamarilla. Körperlich mehrfach chronisch krank und als Säugling nur mit Mühe dem Tod entrissen, ließ Ferdinand auch die persönlichen Gaben eines Regenten – besonders die nötige Entscheidungsstärke – vermissen, obwohl er vielfach talentiert war. Das Beste, das die Wiener ihm nachsagten, war eine freundliche, zugängliche Art, die ihm bereits zu Lebzeiten den Beinamen »Ferdinand der Gütige« eintrug. Sehr böse Zungen machten daraus »Gütinand der Fertige«, noch bösere sagten »Nandl, der Trottel«.

Bereits Franz Xaver Pecháček hatte mit seinen Musikern Anfang des Jahrhunderts bei Hofe aufgespielt, zur Kongresszeit dann Wilde, später auch Pamer. Nach Wildes Tod 1831 bot sich für Johann die erste Gelegenheit, nach dieser Aufgabe zu greifen: Dem greisen Kaiser Franz persönlich nähert sich »allerunterthänigst« derjenige, der noch vor sechs Jahren in panischem Fluchtimpuls seinen Unterhaltsverpflichtungen ins Ausland entkommen wollte:

> »Nachdem nämlich der Musikdirektor Joseph Wilde, welcher das unschätzbare Glück genossen, bey den allerhöchsten Hofbällen die Tanzmusik zu leiten, jüngst mit Tode abgegangen, so unterfängt sich der allerunterthänigste Gefertigte, der bereits zum wiederholten Mahlen das ausgezeichnete Glück genossen, bey seiner kaiserlichen Hoheit, dem durchlauchtigsten Erzherzog Franz seine geringen Fähigkeiten zu produziren, allerunterthänigst zu bitten, dass Euer Majestät ihm diesen beneidenswerthen Wirkungskreis huldreichst gewähren möchten. Eine allergnädigste Gewährung würde einen seiner heissesten

Wünsche erfüllen und einen wesentlichen Theil seines Glückes ausmachen, wobei er alle seine Kräfte aufbiethen würde, sich dieser allerhöchsten Gunst nicht unwürdig zu machen.«[144]

Und siehe da, im Fasching 1832 wurde Johann dem *Allgemeinen Musikalischen Anzeiger* zufolge erstmals »die Leitung der Tanzmusik in den höchsten Cirkeln übertragen«[145], das konnte nur bedeuten: am Kaiserhof. »Wird Bedacht genommen«, notiert Regierungsrat von Löhr, der offenbar als Johanns persönlicher Aufpasser abgestellt ist. Tatsächlich rechnet das Obersthofmeisteramt mit »Strauß, Musikdir.« ab »über 504 fl. Ballmusikenkosten«.[146]

Reich werden konnte man demnach nicht, indem man bei Hof aufspielte. Johanns Motiv war die Steigerung seiner Reputation: Wessen Musik dem österreichischen Souverän am besten gefällt, dessen Meisterschaft steht auch international ganz außer Frage. Auf diesen Karriere-Trittstein mochte Strauss unter keinen Umständen verzichten. Bei Hof zu spielen, war der Olymp für einen Tanzkomponisten. Aber in dieser Funktion war Johann nicht unumstritten. Derselbe Löhr nämlich verfügte 1840 unwiderruflich an den »k. k. Hofmusikgrafen« Thaddäus Graf Amadé, dass Strauss und Lanner »bey den Hof- und Kammerbällen zu alternieren« hätten. Zu dieser Auskunft muss Graf Amadé, der nach eigenem Bekunden »von allen Seiten angegangen« worden war, Strauss »wieder auf die Hofbälle zu bringen«, den widerständigen Löhr mahnen.

Denn ganz offensichtlich war Löhr keiner von Johanns Bewunderern, wie aus seiner Begründung hervorgeht. Man war einander nämlich – wir erinnern uns – bereits in einem anderen, unangenehmen Zusammenhang begegnet: vor Gericht. Derselbe Löhr hatte Johann und sieben Genossen wegen »schwerer Polizey-Übertrettungen« zu einer hohen Geldstrafe verurteilt und findet nun, »daß Strauß durch sein bekantes früheres Benehmen nicht verdient, besonders berücksichtigt zu werden«. Weiter vermisse er in Amadés Antrag »die Angabe …, von wem der Musikgraf für Strauß angegangen worden ist«. Demnach stand der Verdacht im Raum, dass Johann selbst die einzige treibende Kraft war und sein Motiv darin bestand, Lanner bei Hof auszustechen. Das sah nun Löhr überhaupt nicht ein, zumal der Konkurrent an den verschiedenen Habsburgerhöfen in Innsbruck, Mailand und Venedig gute Arbeit für das Haus Habsburg geleistet habe, und zwar »gegen sehr billige Bezahlung«.[147]

Nun also kam es Lanner zustatten, dass er nicht wie sein Konkurrent in die Ferne des europäischen Auslandes schweifte und sich vor bürgerlichem Publikum »producirt«, sondern auch hinreichend auf den Adel und den Hof »Bedacht genommen« hat. Als es 1838 einmal wieder darum ging, wer die kommenden Hofbälle ausrichten soll, wies Regierungsrat von Löhr die Aufgabe Lanner zu, nicht Johann, der aufgrund seiner langen Abwesenheit im Ausland »keine Beachtung verdient« habe.[148]

Aber Johann Strauss', des Leopoldstädter Bierwirtssohnes, protokollarischer Ehrgeiz ging darüber hinaus. Er wollte auch dem amtlichen Titel nach k. k. Hofballmusik-Direktor werden.

Es bedurfte allerdings erst einer 15 Jahre langen Geduldsprobe und eines lapidaren biologischen Ereignisses, um Johann auch hochoffiziell in die Spitzenposition bei Hofe zu bringen: 1843 erlag Joseph Lanner in seinem Haus in Oberdöbling, das er seit etwa 1838 mit seiner Geliebten, der Wiener Fleischhauerstochter Marie Kraus zusammen bewohnte, einer plötzlichen Erkrankung – zwei Tage nach seinem 42. Geburtstag.

Lanners früher Tod hätte Johann ein Warnzeichen sein können, denn bisher waren beider Leben in erstaunlich engen Parallelen verlaufen – so eng manchmal, dass einige Beobachter mutmaßten, Strauss eifere seinem Konkurrenten auch im praktischen Leben bewusst nach. Beide waren ausgesprochene musikalische Frühbegabungen, beide waren früh für das Podium entdeckt worden und wurden früh mit eigenen Kapellen berühmt. Beide waren früh verheiratet, und ihre Ehen waren nicht mit Glück gesegnet, dafür mit Fruchtbarkeit. Lanner zeugte mit seiner Franziska drei Kinder, Strauss mit seiner Anna sechs. Übrigens waren auch zwei von Lanners Kindern künstlerisch veranlagt. Sein Sohn August war Geiger und Komponist, starb aber schon mit 20 Jahren. Tochter Katti führte ihre Ballettlaufbahn bis nach London und New York. Als Choreografin war sie eine der ersten Frauen weltweit, denen auf dem Gebiet des klassischen Tanzes eine wirklich bedeutende Karriere gelang.

Kapitel 11

Controversen: Der Kampf der Tigermutter

Karfreitag 1843: ein trüber, matter Tag Mitte April, der nicht nur die frommen Wiener niederdrückte. In der Wohnung von Joseph Lanners Lebensgefährtin Marie in der Döblinger Hauptstraße – von seiner Frau Franziska war der Komponist seit einem halben Jahr offiziell »von Tisch und Bett getrennt« – herrschten allerdings Aufregung und Betriebsamkeit.

Lanner, dessen Lebenslicht immer an beiden Enden gebrannt hat, empfing dort mit 42 Jahren die Sterbesakramente. »Lungenlähmung« infolge einer Typhusinfektion diagnostizierten die Ärzte. Vermutlich allerdings war eine verschleppte und durch Erschöpfung verstärkte Lungenentzündung die Ursache seines plötzlichen Todes.[149]

Ein Omen auch für den in jeder Hinsicht ebenso leicht »entzündlichen« Johann? Egal. Er war jetzt der unumstrittene Walzerkönig – und der Erste unter den 20 000 Wienern, die laut *Theaterzeitung* den Kollegen zu Grabe trugen: Er dirigierte die Trauermusik des Ersten Bürgerregiments. Der Bericht der *Theaterzeitung* über die Bestattung geriet zur Hommage – für Lanner ebenso wie für den überlebenden Strauss, der öffentlich fast ebenso häufig genannt wurde wie der Verstorbene selbst. Die Kompositionen der beiden »verdrängten alle übrigen Tonweisen dieser Gattung [der Walzer] in dem Maße, als sie dieselben an Genialität überflügelten«.[150] Ein Genie war gegangen, ein zweites übrig geblieben. Und ein drittes wärmte sich auf für den Tauchgang ins Haifischbecken des Wiener Musikgeschäfts. Von ihm sollte die Öffentlichkeit erst anderthalb Jahre später Notiz nehmen – und wie fulminant war dieses Hervortreten! Ein viertes und ein fünftes dagegen ahnten noch nicht einmal, dass sie am Rand des Strudels trieben, der auch sie einst in die Welt der Strauss-Musik saugen sollte.

Es kommt so häufig nicht vor, dass ein Sohn einen großen Vater in dessen Metier an Popularität und Genie übertrifft – selbst wenn der

Vater meint, die Karriere des Sohnes zu fördern. Meist unterdrücken berühmte Eltern unwillentlich die Entfaltung ihrer Kinder, ohne die echte Talente nicht erblühen können. Wenn Kinder ihre Eltern überflügeln, dann nicht auf deren Gebiet. Johann Strauss, der Sohn, ist diesen Gesetzmäßigkeiten zum Trotz als Walzerkönig erblüht – gegen den ausdrücklichen väterlichen Willen. Dies gelang ihm durch sein kongenial genaues Kopieren des väterlichen Rollenmodells – und dank der Talente, die Anna und Johann ihm und seinen Brüdern in die Wiege gelegt haben und die zumindest Anna bewusst aus ihm herauskitzelte.

Vom eigentlichen Treibsatz hinter Jeans raketenhafter Karriere soll nun die Rede sein. Die scharfe Ladung wurde schon vor seiner Geburt eingefüllt – am St. Ulricher Traualtar, vor den Vater Johann so zögernd getreten zu sein scheint.

Das Rezept einer haltbaren Ehe setzt sich zusammen aus Gefühl, Leidenschaft, Wertschätzung, Gewohnheit, Sachzwängen und Toleranz. Wir wüssten gern Genaueres über das Mischungsverhältnis dieser Zutaten, die Johann und Anna zusammenkochten – und darüber, wieso der Topf anzubrennen begann. Unstreitig ist es, dass es bereits in der Lerchenfelder Straße mit der häuslichen Harmonie nicht weit her war und dass Eltern und Kinder darunter litten. Und ebenso unstreitig ist es, dass derartige Disharmonie in Ehepartnern leicht den Wunsch nach Flucht in konfliktfreie Verhältnisse emporkeimen lässt – in eine Liebesaffäre oder gar eine dauerhafte Zweitfamilie. Allerdings begünstigte die ungleiche Verteilung von Mitteln, Macht und Moral im Biedermeier männliche Absetzbewegungen dieser Art und wies den Ehefrauen die Dulderhaltung zu. Der Zeitgeist diskriminierte weibliche Untreue als Laster und entschuldigte männliche als mehr oder minder naturgesetzlich. Die strausssche Ehezerrüttung sucht ein früher Strauss-Biograf mit Johanns romantischer Lebenssucht zu erklären:

> »Er hatte sie [Anna], überjung – er zählte 21 Jahre – in erster Verliebtheit zur Frau genommen; aber der vierzigjährige Strauß, der kein Vorstadtmusikant mehr war und die Damen der großen Welt gestreift hatte, worin er sich keinen Zwang auferlegte, war dieser Liebe längst entwachsen; betrachtete sie als Rätsel, als Jugendlähmung seines

Verstandes, als Irrtum, der ihn allen erotischen Gnaden entzog, ihn nur Sorgen und Verpflichtungen, der Freudlosigkeit, auslieferte, während andere das Bankett des Lebens feierten.«[151]

Ab wann Johann es nicht mehr bei Liebeleien bewenden ließ, wissen wir nicht. Op. 41 von 1830/31, die schon erwähnten Fra-Diavolo-Cotillons, sind »der Frau Antonia Radinger achtungsvoll gewidmet«. Michael Lorenz vermutet, dass es sich bei ihr um ein »G'spusi« Johanns gehandelt haben könnte, führt aber keinen Beleg an. Aber spätestens Ende 1834 – Anna hatte gerade ihren zehn Monate alten Fünften, Ferdinand, verloren und war erneut schwanger, nun mit Edi – musste sie sich eingestehen, dass ihr eine ernst zu nehmende Rivalin erstanden war.

Emilie Tramposch, Trampusch oder Trambusch hieß das »Weibsstück«. Sie war eine halbe Generation jünger als Anna, stammte ab von einem früh verstorbenen k. k. Regimentsarzt aus dem mährischen Saar und war als Modistin beschäftigt. Sie veredelte und modernisierte also Kleider und Hüte und verdiente damit ihr eigenes Geld. Ihre ältere Schwester Julia arbeitete als Magd.[152] Einfache Mädels also »streifte« Johann hier und keine »Damen der großen Welt«.

Emilie Trampusch genoss keinen besonders guten Ruf. Was wir über sie wissen, stammt aus unzuverlässigen und parteiischen Quellen, zum Beispiel aus Edis biografischen »Erinnerungen«. Sicherlich pflegte er kein herzliches Verhältnis zu der Frau, die er mit seinem vaterlosen Aufwachsen in Zusammenhang bringen musste. Den Vater selbst allerdings exkulpiert er nach Art damaliger Männer und schreibt dessen Ausscheren aus dem Treueverbund seinen »schlechten Freunden« und »kreisendem Blut« zu. Wie die meisten seiner Zeitgenossen denunziert auch er die Geliebte als amoralische Verführerin, der der in Triebangelegenheiten angeblich unkontrollierte Mann willenlos ausgeliefert sei. Durch die Brille gläubiger Wiener der Zeit betrachtet, gab die Tatsache, dass fast alle Kinder von Emilie jung starben, während Anna von sechs Kindern nur eines früh verlor, diesem Verdikt Nahrung.

Von solchen Stereotypen abgesehen, würden wir gern wissen, ob wir uns Emilie als Vamp und gewissenlose Verführerin eines Familienvaters vorstellen sollen. War sie Johanns »Typ«? Niemand hat sich offenbar je die Mühe gemacht, sie als Modell eines Malers oder wenigstens eines Zeichners zu bitten. Auch Porträtfotos fehlen. Daher sind wir auf eine behördliche Personenbeschreibung angewiesen. Diese entstand 30 Jahre nach ihrer Begegnung mit Johann Strauss (Vater), als Emilie Trampusch einen Reisepass beantragte: »Statur: mittel. Gesicht: oval. Augen: braun. Mund und Nase: proportionirt. Haar: schwarz.«[153] Zumindest äußerlich scheinen die beiden brünetten Typen demnach recht gut zueinandergepasst zu haben. Blondheit – wie es Oettinger unterstellte – war auch hier nicht der Weg in Johanns Herz. »Drall« soll sie gewesen sein, sanft und anschmiegsam, aber auch schlampig und allzu bequem, will ein Biograf wissen. Leider teilt dieser nur seine Thesen, nicht aber seine Quellen mit den Lesern, und so bleibt der Verdacht, dass er in Wahrheit seine Klischees geteilt hat.[154]

Emilie Trampusch war tatsächlich nicht nur selbstständig, sondern auch künstlerisch ambitioniert. In späteren Jahren und damit ohne Johanns Protektion gelang ihr der Sprung auf die Theaterbühne, wo sie zwar keine Erfolgsschauspielerin wurde, wohin ihr aber immerhin ihre Älteste folgte – Johann Strauss' (Vater) siebtes Kind. Es hätte demnach den Trampuschs nichts Besseres geschehen können, als dass ein erfolgreicher Künstler auf Emilie aufmerksam wurde.

Wo sie einander begegneten und wann es »funkte« zwischen den beiden, ist trotz der Klatschsucht der Zeitgenossen nicht überliefert. Dass Johann im Sommer 1834 seinen eigentlich unentbehrlichen Stimmenschreiber Philipp Fahrbach Knall auf Fall hinauswarf und seinen späteren Schwager Karl Fux als Assistenten an seine Brust zog, wird damit begründet, dass dieser das Bettgeheimnis seines Chefs ausgeplaudert habe. (Fahrbach gründete daraufhin sein eigenes Orchester und konkurrenzierte die Strauss-Kapelle zum Beispiel bei der Hofmusik.) Unmittelbar nach dem Auffliegen der Affäre stürzte sich Johann in die Vorbereitung seiner ersten ausgedehnten Tournee. Strauss-Forscher Norbert Linke nennt diese eine Flucht und schließt: »Ein junges Mädel war es, das Strauss zum größten Wagnis seines Lebens herausforderte: zur Begründung eines Reiseorchesters.«

Angeblich nahm er seine Geliebte »heimlich« mit. Aber wie sollte eine solche »Heimlichkeit« in einer Reisegesellschaft von 20 Personen unbemerkt und in Wien unkommentiert bleiben? Falls er es tatsächlich tat – im selben Moment, als in der Taborstraße sein kleiner Ferdinand litt und starb –, dann nicht, damit es geheim blieb, sondern weil er es sich als über den Maßstäben bürgerlicher Moral stehendes, »doch irgendwie ungeniertes« Genie einfach erlaubte. Oder wollte er dem Stadtklatsch, von dem seine Popularität schließlich auch lebte, nach Art heutiger Show-Prominenz deftige Nahrung geben? Bei der Herbsttournee 1836 ins Rheinland und in die Niederlande war Emilie ebenfalls mit von der Partie – inoffiziell, aber »irgendwie ungeniert«. Dies beweist ihr Brief vom 12. Oktober 1836 aus dem Hamburger Hotel »König von England« an Kapellmeister Adolph Müller, dem Johann ein paar Zeilen hinzufügte. Die saubere Handschrift und die klare Diktion dieses Schreibens widerlegen übrigens ehrabschneiderische Behauptungen, denen zufolge Emilie eine einfältige Person gewesen sei.[155]

Dass Johann die ihm angetraute Anna nie auf eine Kunstreise mitgenommen hat und diese Lebensform praktisch für und mit Emilie aufnahm, lässt tief in die Qualität seiner Beziehungen blicken. Er hat seinen Frauen bereits ihre Rollen zugewiesen. Anna: das Haus- und Arbeitstier. Emilie: die junge Trophäe. Wie Lanner verließ er eine ursprünglich standesgemäße Frau, die er im wahrsten Sinne des Wortes hinter sich zurückgelassen hatte. Wie dieser lebte er unverheiratet mit einer anderen Frau zusammen. Und während Lanner mit vier Frauen neun Kinder zeugte, »schaffte« Johann 14 Kinder mit zwei Frauen. Böse Zungen sagten, er produziere Kinder wie Walzer – pausenlos.

Immerhin war er Ehrenmann genug, seine Vaterschaften ohne Wenn und Aber anzuerkennen und deren finanzielle Folgen auf sich zu nehmen – solange er nicht abgebrannt war. Das geschah trotz seines Ruhms einige Male, brachte Anna und die Familie in Not und den Gerichtsvollzieher ins Spiel. Dass er seinem geschäftlichen Erfolg zum Trotz nicht als reicher Mann starb, dürfen wir vor allem seinen Unterhaltsverpflichtungen zurechnen. Johann Strauss (Vater) lebte in jeder Hinsicht auf großem Fuß, und zu diesem Leben gehörte eine doppelte, nach außen hin repräsentative Haushaltsführung, in der zwei Frauen, 14 Kinder und etliche Verwandte sowie das Dienstpersonal Wohnraum, Essen, Bekleidung und Ausbildung beanspruchten. Wie viel da für den Einzelnen blieb, lässt sich leicht ausmalen, und Jean dürfte nicht übertrieben haben, als er dem Musikkritiker Hanslick gegenüber seine Jugend als entbehrungsreich bezeichnete: »Der Vater war streng, oft hart; wir blieben aber nicht lange bei ihm.«[156] Diese lapidaren Worte – sie enden nüchtern und fast erleichtert – hätten von seinem Vater stammen können; nur dass diese Härte in Johanns Fall der väterlichen Erfolg*losigkeit* geschuldet war und nicht dem Erfolg des Vaters.

Welch »freigebigen« Gebrauch Johann von seiner Zeugungskraft machte, darauf deutet bereits die Beiläufigkeit hin, mit der er später zur Kenntnis nahm, was seine Zweitfrau hervorbrachte und wie sie damit verfuhr. So »entdeckte« die neuere Forschung, die jahrzehntelang von sieben Trampusch-Sprösslingen ausgegangen war, erst vor wenigen Jahren eine kleine Wilhelmine, geboren im Mai 1849. Dieses bedauernswerte Wurm starb mit nicht einmal zwei Wochen in der Obhut einer Pflegemutter. Kein Wunder also, dass sie jahrelang »unter dem Radar« wissbegieriger Wissenschaftler blieb.

Als Emilie Trampusch 1834 sichtbar in Johanns Leben trat, war sie bereits seine Konkubine und wohnte in einem neuen Haus in den Tuchlauben, wo sie am 18. Mai 1835 ihr erstes Kind von Johann zur Welt brachte; ebenfalls eine Emilie. Gerade neun Wochen alt war da Eduard, der jüngste Halbbruder der Neugeborenen. »Doch irgendwie ungeniert« und ohne Sorge vor Kompromittierung bediente sich Johann bei den gemeinsamen Bekannten: Er verpflichtete Joseph Berger, Rechnungsoffizial der k. k. Hofkriegsbuchhaltung und Bewohner des Hirschenhauses, als Taufpaten.[157] Auch legte er es offenbar nicht darauf an, Anna aus seinem Leben wegzukeln. Noch im Oktober 1835 ist sein brieflicher Umgangston ihr gegenüber unverändert. Dass aber, wie manchmal behauptet, Anna erst im Folgejahr Kenntnis von Johanns kleiner Parallelfamilie erhalten haben soll, war selbst im großen Wien unwahrscheinlich. Der Meister war eine öffentliche Person.

Ob nun früher oder später: Eine Aussprache mit Anna wurde irgendwann unvermeidlich. Für diese musste sie katastrophal ausfallen: Sie hatte sich abzufinden mit der »Tatsache« der beiden Emilien und der Weigerung ihres Mannes, diese aufzugeben. Auch das Hirschenhaus war viel zu bequem und praktisch für Johann, als dass er leichten Herzens »d' Sach'« in das Liebesnest in den Tuchlauben oder an einen geräumigeren Ort hätte umlagern wollen: die Musikinstrumente, die Massen von Noten, die Schränke, Pulte, Tische und Stühle, die ein Musikbetrieb brauchte – und natürlich vor allem die diskreten Räume für die Orchesterproben und geschäftlichen Verhandlungen; die Konkurrenz hörte schließlich mit. Da nahm er doch lieber jeden Tag den Fiaker über die Schwedenbrücke – wenn es nottat, auch mehrmals.

Diese Verhältnisse blieben Jean in genauer Erinnerung, wie er einem seiner ersten Biografen, Rudolph Freiherrn von Procházka, 1894, im Jahr seines 50. Bühnenjubiläums, persönlich erzählt haben soll: »Mein Vater wohnte in einem besonderen Appartement« – mit Gang, Vormach, Empfangszimmer, Kabinett und Schlaf-/Arbeitszimmer, wie Jean anderswo aufzählt[158], bevor er die »walzerkönigliche« Lebensweise einlässlicher beschreibt:

»… Abgesondert von der Familie, wie das bei seiner anstrengenden Lebensweise kaum anders möglich gewesen wäre. Im Fasching beschäftigte er nicht weniger als drei Kapellen, er fuhr von der einen zur andern, dirigierte ein paar Nummern und überliess dann die Leitung dem Orchesterdirigenten. Natürlich nahm diese Thätigkeit einen grossen Theil der Nacht in Anspruch. Und dann blieb er gewöhnlich noch mit guten Freunden sitzen. Er war zwar weder ein Trinker noch ein Raucher, aber in lustiger Gesellschaft weilte er gern. Da wurde es denn oft recht spät, und mein Vater schlief bis tief in den Morgen hinein. Der Tag war gleichfalls besetzt, eine Menge von Besuchern kam, und dann forderten die Kompositionen viel Zeit. Es ist ganz natürlich, dass er da ungestört sein wollte. Dadurch aber kam es, dass er selten eine Ahnung hatte, was in der Familie drüben geschah.«[159]

So einfach, so selbstverständlich war das also – im Rückblick und beurteilt aus der Position des erwachsenen, selbstständigen Sohnes heraus, der gekämpft und sich durchgesetzt hat gegen den Vater.

Was Jean seinem Vater gegenüber tatsächlich empfand, hat er nie schriftlich formuliert. Er war kein Tagebuchschreiber und hat außer dem biografischen Abriss zur Einleitung der väterlichen Werkausgabe und seinen Briefen keinerlei Bekenntnisse hinterlassen, was ähnlich für seine Geschwister mit Ausnahme Edis gilt. Seine Lebensbeschreibung des Freiherrn von Procházka interessierte ihn so wenig, dass er sie nicht einmal durchsah. Der Jubilar stand in seinem 73. Lebensjahr und hatte gelernt, die öffentliche Meinung zu ignorieren, anstatt sie noch groß beeinflussen zu wollen. Entsprechende Vorhaltungen fertigte er in seinem unnachahmlich phlegmatischen Stil ab mit den Worten »Was geh' ich mich an?«. Natürlich erzählte er gelegentlich von seiner Familie, und seine Zuhörer merkten sich das, was sie als belangreich werteten. So fand es seinen Weg in die Biografien. Nichts von diesen Dokumenten weist allerdings offen auf die nahezu unvermeidlichen Konflikte innerhalb der Familie hin. Alles an Jean ist selbstverständlich Ehrfurcht, Dankbarkeit und Loyalität, nichts ist Existenzangst, Trauer oder Empörung. Dass mit Johanns Auszug der Mangel einzog ins Hirschenhaus, unterfällt seiner Diskretion.

Selbstverständlich waren diese Verhältnisse allerdings nicht für alle Hausgenossen. Anna hatte wie geschildert hinzunehmen – Gipfelpunkt der öffentlichen Demütigung –, dass ihr untreuer Mann, gerade eben dem warmen Bett seiner Nebenfrau entstiegen, gut gelaunt pfeifend an ihrer Wohnungstür vorbeischlenderte, um mit seinen musikalischen Bediensteten zu scherzen oder zu schimpfen, von denen einige sich später bei ihr ausweinen mochten über seine kleinen Schikanen oder Ungerechtigkeiten.

Dies waren eindeutig keine Verhältnisse, unter denen Maria Anna Strauss, die resolute Tochter eines gestandenen Thurygründer Gastwirts, für den Rest ihres Daseins leben wollte – zumal Emilie nahezu im Jahrestakt Kinder von Johann bekam, unter ihnen ihren eigenen »Jean«, den im Mai 1836 geborenen Johann Wilhelm, dessen Lebensweg sich mit dem seiner Halbbrüder Jahre später auf skurrile Weise kreuzen sollte. Der Fruchtbarkeit seiner Parallel-Ehe trug Johann Rechnung, indem er Emilie 1837 eine größere Wohnung ein paar Straßen weiter im Tiefen Graben beschaffte. Die Hebamme, die Schneidersgattin Anna Sedlak, wurde zur Säuglingspflegerin und zur Mitstreiterin aufseiten der Zweitfamilie. Fünf Jahre (und drei Kinder) später drängte sich die Notwendigkeit eines erneuten Umzuges auf; diesmal ins Haus *Zum Grünen Anker* in der Kumpfgasse, weit jenseits des Stephansdoms und fast schon an der Wien gelegen. »Ramhof« heißt das Haus auch, nach den Rahmen der in der Gegend ansässigen Woll- und Tuchweber, die einen Steinwurf weit in der Wollzeile ihre Wohn- und Geschäftshäuser haben. »Kumpfe« nannten sie ihre Walktröge. Diese Zeit dürfte für Johann keine besonders gute gewesen sein, denn »in die Armut, in ein Quartier, kaum Wohnung zu nennen, in die schlechten Gerüche und den üblen Ruf des Kumpfgassels, eines düsteren, krummen Gewinkels der inneren Stadt, wo die Lichtlosigkeit und das Strabanzertum haust«, wertet der Strauss-Biograf Ernst Décsey die nicht übermäßig feine Gegend ab.[160] (Das Deutsche Wörterbuch der Brüder Grimm definiert »Strawanzer« wie folgt: »ein arbeitsscheuer mensch, der keinen bestimmten erwerbszweig hat, sich viel auf der gasse herumtreibt, besonders auch als begleiter zweideutiger frauenspersonen; ein roher, liederlicher mensch«.) Erst wenige Jahre zuvor war die mittelalterliche Urbebauung der Demolition anheimgefallen.

Drei Trampusch-Mädchen noch folgten in den Jahren 1843–1846. Johann ließ weiterhin seine Kontakte spielen und festigte seine außermusikalischen Beziehungen, indem er hilf- oder einflussreiche Bekannte zu Gevatter bat. So die bereits erwähnten Jacob Staudner oder Franz Mosée und Ignaz Carl Aufricht – Mittäter bei seinen Delikten zwar, aber auch gestandene Wirtsleute und Immobilienbesitzer mit Beziehungen.

So wie die Kinder kamen bei Emilie und Johann, so starben sie auch weg – 1840 bereits der kleine Carl Joseph am 23. Tag seines Lebens, zwei Jahre später Joseph Moritz, gerade einmal zehn Tage alt. Die Trampusch-Kinder waren wie ihr Vater und anders als die Streim-Kinder zum überwiegenden Teil nicht mit Langlebigkeit gesegnet – ganz anders als die Walzer und Galoppe, die der Erzeuger mit ähnlich atemberaubender Geschwindigkeit in die Welt setzte. Emilie überlebte sechs von ihren Kindern. Die Sechste, Maria Wilhelmine, hielt es immerhin sechs Jahre auf Erden. Sie starb am 4. November 1849 keine sechs Wochen nach ihrem Vater – wie dieser am Scharlach – und durfte ihm im Tod näher sein als vermutlich im Leben. Das Döblinger Sterbebuch hält fest: »6ter November / Frau Trampusch ihr Kind / Rükwärts beim Strauß / Aus der Stadt / ligt beim Strauß neben Tran [nebendran] / hat ein Monument.«

Das achte und letzte Trampusch-Kind, die erwähnte Wilhelmine, starb als Säugling in der Obhut einer gewissen Theresia Penkhe auf der Landstraße 122. Weder Vater noch Mutter kümmerten sich demnach groß persönlich um das Neugeborene – was uns an Johanns jüngste Schwester Josefa erinnert. Das Kind erlitt ein Schicksal, das leider typisch für die Zeit war: Mit nicht einmal zwei Wochen, am 8. Juni 1849, erkrankte sie und starb »an der Fraisen«, also an Krämpfen, wie der mit 14 Wörtern denkbar kurze Eintrag im Sterbebuch lautet. »Dem H[errn] Emil [sic] Trampusch Privatier, s. K. [sein Kind] Wilhelmine Rk [römisch-katholisch] 14 Tag, Fraisen, [am] 9t dto [nach] St. Marx [Friedhof]« ist der erstaunliche Wortlaut des Eintrags. Möglicherweise hatte Theresia Order, den wahren Kindsvater zu verschweigen.[161] Vermutlich hat Wilhelmine ihr Elternhaus nie erlebt, vielleicht nie ihren Vater, der zu dieser Zeit wie immer im Sommer sehr beschäftigt war. Außerdem stand das musikalische Wien in dieser Saison unter dem packenden Eindruck der »schwedischen Nachtigall« Jenny Lind, die auf dem Höhepunkt ihrer kurzen Opernkarriere in Wien gastierte. Wo sollte da noch Zeit für eine Familie bleiben, geschweige denn für deren zwei? »Von einer sorgfältigen Erziehung konnte in so verstörtem Familienleben nicht die Rede sein«, fasste Jean seine Erinnerungen im Gespräch mit Hanslick nüchtern zusammen.[162]

Verstört war sicher auch Anna. Was sollte eine Frau nur tun, deren Mann zwar mit einer anderen Frau ein Kind nach dem anderen zeugte, der aber keineswegs von ihr selbst lassen wollte – und ihr die Mittel zum Leben nach wie vor in aller Regel bereitstellte? Und dem die Gesellschaft diese Untreue nachsah?

Sie könnte beschließen, berufstätig zu werden – entgegen landläufigen Vorstellungen vom Biedermeier war das gar kein so seltener Fall – und die Trennung verlangen. Ein Entschluss, der für fünf kleine Kinder und sie selbst den Lebensunterhalt in Gefahr brächte und vor den die patriarchale, katholisch-klerikale Gesellschaft des Wiener Vormärz ausgesprochen schwer überwindbare und jedenfalls qualvoll peinliche Hürden setzte.

Und sie könnte sich scheiden lassen. Der Erfolg eines Scheidungsbegehrens allerdings hing vom Ausgang mindestens dreier Schlichtungsgespräche vor Zeugen ab. Wir dürfen dennoch davon ausgehen, dass Anna sich dieser Tortur unterzog. Denn tatsächlich erreichte sie 1846 die Scheidung. Diese war das Ende eines elfjährigen Verfahrens, in dessen Verlauf ihr Noch-Mann, vielleicht infolge der vereinbarten Gütergemeinschaft[163], nicht sonderlich an einer Scheidung interessiert war, während sich alle Kontrahenten in diesem Familienkonflikt tiefer und tiefer in ihren Stellungen eingruben.

Es darf unterstellt werden, dass die Kinder, von frühester Jugend auf vertraut mit lautstarken Auseinandersetzungen, knallenden Zimmertüren und klirrendem Geschirr, spürten, wie zerrüttet die Liebesbeziehung ihrer Eltern war, und dass sie darauf so reagierten, wie alle Kinder reagieren: mit Unsicherheit und Schuldgefühl. Machten sie sich selbst verantwortlich für das Desaster, dessen Zeugen sie regelmäßig wurden? Musste der »Ehegrund« Jean sich jeden Tag aggressiv oder jammervoll gefärbte Vorhaltungen deswegen anhören? Und wie prägten dieser Mangel an konstanter Nestwärme und der schrittweise Auszug des Vaters aus dem Haushalt seinen Charakter und seine Gefühle den Eltern gegenüber?

Im Hirschenhaus blieb nach 1834 das Ehebett kalt – stattdessen erblickten unaufhörlich musikalische »Babys« das Licht der Welt. Das hatte durchaus seinen Preis für die Kinder. Jean, Pepi, Netty, Therese und Edi wuchsen auf »unter den verbitternden und verderblichen Eindrücken eines verstörten Familienlebens« (Eduard Hanslick) und unter dem Primat furchtbarer Effizienz: »Johann Strauß war energisch und herrisch, nervös und autoritär. Was ihn am Pult so hinreißend machte, wurde im Hirschenhaus zur Qual«, schreibt der Wiener Musiker und Musikschriftsteller Marcel Prawy. Alle mussten mit diesem amoralischen Energiebündel mit. Die im Haus lebenden Verwandten beteiligten sich nach Maßgabe ihrer Eignung an den Arbeiten in der Musik-Unternehmung. Wir dürfen vermuten, dass nicht allein Johann mit eiserner Hand bestimmte, was er bestimmen konnte. Auch Anna regierte mit – weil sie es musste. So wie Jahre später auch die »Pepi-Tante« Josefine, deren Mann, der Wundarzt Josef Waber, sie früh als Witwe zurückließ; sie zog 1856 ins Hirschenhaus ein. Annas Existenz und die ihrer Eltern hing ab von einer profitablen Strauss-Firma – und sie hing damit oft genug am seidenen Faden. Besonders dürfte dies nach dem Ableben ihres Vaters Josef Streim Ende August 1837 gegolten haben. Zu diesem Zeitpunkt war Emilie Trampusch bereits zum dritten Mal schwanger von Johann und der werdende Vater bereitete seine bislang längste und weiteste Kunstreise vor. Würde er wiederkehren, oder würde er sich vor seinen Unterhaltsverpflichtungen drücken, um im Ausland »Verdienst zu suchen«, so wie er es zwölf Jahre zuvor erfolglos versucht hatte und wie es bereits Haydn lukrativ gelungen war? Scheyrer will wissen, dass Johann, »die schändliche Absicht [gehabt] habe, seine Leute nach England zu locken, und von dort allein nach Amerika durchzugehen …, weil in seiner Familie Zwietracht herrsche«.[164] Schließlich war der »Flüchtling« nun kein Niemand mehr, sondern einer der bekanntesten Wiener, der die Regeln des Musikgeschäfts umgeschrieben hatte – und für sich auch die der ehelichen Moral. Die Machtbalance im Hirschenhaus hatte sich zugunsten Johanns verschoben.

Doch der Maestro kehrte zurück, allerdings fast ein Jahr später als ursprünglich geplant und ernsthaft erkrankt. Anna, nicht Emilie, pflegte den Patienten und organisierte ein ganzes Konsilium von Ärzten um sein Krankenbett.[165] Hatte er im Ausland Angebote erhalten, so waren diese offenbar nicht attraktiv genug. Er konzentrierte sich nun für mehrere Jahre auf die erneute Konsolidierung seiner Position im musikalischen Wien, die durch seine Abwesenheit schwer gelitten hatte.

Er unterwarf sich den Regeln des bürgerlichen Anstands und dem Ruf seiner Verantwortung, indem er sich um die Laufbahn seiner Söhne kümmerte. Diese gehörten zu der Minderheit der Wiener Kinder, die zu dieser Zeit der allgemeinen Schulpflicht Folge leisteten. Ab 1833 besuchten Jean und Pepi die Landesfürstliche Pfarrschule an der Praterstraße. Dort bescheinigte ein Katechet Rebele dem neunjährigen Pepi, dieser habe nicht nur »sich in den Sitten sehr gut verhalten«, sondern auch in sechs von sieben Fächern ein »Sehr gut« erarbeitet. Er habe es »daher verdient, in die erste Fortgangs-Classe mit Vorzuge gesetzet zu werden«[166]. Ein kluger, unauffälliger Bub demnach, dieser Pepi – so sah ihn der Lehrer, dem der Altersunterschied zwischen den Brüdern aufgefallen sein musste. Ob der Bub schon damals diese abgrundtief melancholischen Augen hatte, die aus den raren späteren Porträts am Betrachter abgleiten?

Im August 1837 verließen beide die dritte Klasse der »k. k. Normal-Hauptschule bei St. Anna« jeweils mit einem Notendurchschnitt von 1,7, dürften demnach beide zu den besseren Schülern gezählt haben – auch dank parallel bezogenen Privatunterrichts. Den damaligen Lehrplänen entsprechend spielten Religion, alte Sprachen und Schönschreiben die Hauptrolle, während das Rechnen ein Randthema blieb. Gleichviel: Das Leben als professionelle Musikunternehmer lehrte sie später den Umgang mit Zahlen – auch mit großen, auch mit roten.

Bis 1841 durchliefen sie – erneut gemeinsam – die vier »Grammatikal-Classen« des benediktinischen Schottengymnasiums und reüssierten auch hier überdurchschnittlich, wobei der jüngere Pepi erneut der bessere Schüler war. Ihr schulischer Kontakt mit der Musik beschränkte sich auf eine Tätigkeit als Chorknaben bei St. Leopold, wenige Hundert Schritte die Taborstraße hinab in Richtung Augarten. Ihre ersten bezahlten Auftritte, wenn man so will – »zum Vortheile« des klammen Vaters, der krank von einer Kunstreise zurückgekehrt war. Eltern von Chorknaben sparten Schulgeld.

Allerdings dürften die beiden bereits damals die Musik ihres Vaters und seiner Kollegen spannender gefunden haben als die Andachtsklänge, die sie selbst auf der Empore produzierten. »Die Liebe zur

Musik hatten wir Buben von den Eltern [!] errbt, und das ließ sich nun nicht halten«[167], schrieb Jean über diese Zeit, in der die beiden gern vierhändig am Klavier ihre Geschicklichkeit und Musikalität schulten. Ihre wichtigste Zuhörerin war zweifellos Mutter Anna, die Jean in seinem obigen Satz gleichberechtigt in seine musikalische Ahnenreihe eingliederte. Sie stellte den Brüdern, vom Vater einstweilen gebilligt, gute Klavierlehrer an die Seite, so den mährischen Klavierkomponisten und Musikpädagogen Václav Plachý, bei dem sie Bach, Mozart und Beethoven spielten.[168]

Selbstverständlich stritten die Eltern auch um die Kontrolle über die Kinder – zumindest um die Söhne. Aus den späteren Gerichtsakten belegt ist dies nur für den kindlichen Eduard. Als Jüngster geriet er am massivsten zwischen die Fronten des strausssschen Rosenkrieges, wie der späte Nachfahre und Strauss-Forscher Prof. Eduard Strauss bestätigt. Nie profitierte Edi von der Bevorzugung, mit der viele Eltern ihre Letztgeborenen verwöhnen. Aus welchem Grund auch immer: Johann wollte die Jungen unter seiner Aufsicht behalten. Ahnte er, dass seine Buben anderenfalls bürgerlichen Laufbahnen den Rücken kehren oder gar als Versager Schande über ihn bringen könnten? Er konnte zumindest ahnen, dass Jean und Pepi nicht nur die Auseinandersetzungen zwischen Anna und ihm registrierten, sondern auch das musikalische Treiben im Hirschenhaus, das geeignet war, jeden wachen jungen Menschen in seinen Bann zu ziehen. Sollte Johann tatsächlich nicht gespürt haben, dass Jean »die Liebe zur Musik von den Eltern ererbt« hatte?

Der Vater erfuhr – davon war zumindest Jean überzeugt – nichts von der Ernsthaftigkeit der kindlichen Studien, oder er ignorierte sie zunächst. Er hatte alles im Sinn für seine Buben, nur keine Musikerlaufbahn: »Der Vater hat meine musikalische Karrière nicht gefördert, wie man annehmen könnte, sondern eigensinnig verhindert. Ich sollte der Musik fern bleiben und Techniker werden«[169], hat Eduard Hanslick von Jean gehört.

Über die Gründe dieser Ablehnung können wir nur mutmaßen. Seine Haltung aber entspricht der vieler erfolgreicher Künstler seiner

Zeit, die ihren Kindern einerseits die Mühen und Risiken des Weges
zum Gipfel des Erfolgs ersparen wollten und andererseits an innerfamiliärer Konkurrenz nicht interessiert waren. Nachzügler Edi, der
seinen Vater kaum jemals als privates Rollenmuster erleben durfte,
nimmt diesen jedenfalls in Schutz gegen Jeans Kritik:

> »Es ist gegen ihn ... die Anklage geschleudert worden, er sei seinen
> Kindern gegenüber hartherzig und eigenwillig gewesen; er habe ihre
> Talente unterdrückt und sie zu verhaßtem Studium gezwungen.
> Diesen Vorwürfen muß ich ... aufs Entschiedenste entgegentreten.
> Der Vater hat, wie jeder andere Vater, nur das Beste seiner Kinder
> vor Augen gehabt. Er, der selber auf der untersten Stufe beginnen
> mußte, um langsam und unter vielen Mühen Stufe um Stufe zu der
> Höhe seines Ruhmes und seiner Stellung emporzuklimmen, wollte
> seinen Söhnen den unvergleichlichen Schatz ernster Bildung auf
> den Lebensweg mitgeben. Darum wollte er uns nicht vor die Künstlerlaufbahn stellen.«[170]

Wenn Edi sich hier die Verhältnisse nicht schönredet, muss die kognitive
Dissonanz beim Vater beträchtlich, seine Karriere mehr Last als Lust
gewesen sein. Anna hingegen, die Hetze und Enttäuschungen nur am
Rande wahrnahm, tat sich leichter, die Schattenseiten des Künstlerberufs
auszublenden. Der Glanz im Auge der Mutter, so schreibt der große
Wiener Psychoanalytiker (und Musikersohn) Heinz Kohut, sei unerlässlich für ein selbstvertrauendes Leben. Die Loyalität, die die
Strauss-Brüder ihrer sicherlich nicht immer einfach zu nehmenden
Mutter zeitlebens öffentlich zollten, lässt darauf schließen, dass solcher
Glanz oft über ihnen geschienen hat, wenn sie musizierten. Johann
dagegen sollte erst später ernsthaft Notiz von den künstlerischen
Bemühungen seiner Söhne nehmen. Seine pädagogischen Interventionen dürften sich bis dahin auf die kritische Sichtung der Schulzensuren beschränkt haben.

Zum Glück boten diese wenig Anlass zur Beanstandung. Dass Jean
ein schlechter, unaufmerksamer und ungezogener Schüler gewesen
sei, wie behauptet wurde, lässt sich aus den Zeugnissen, wie erwähnt,

keinesfalls herauslesen. Im Gegenteil: Unmittelbar vom Gymnasium gingen beide ans »K. K. Polytechnische Institut« am Karlsplatz, die heutige Technische Universität Wien.[171] Ergeben nahmen die beiden Burschen, 16 und 14 Jahre alt, einstweilen jeden Tag den halbstündigen Fußmarsch von der Leopoldstadt über die Ferdinandsbrücke und am Stephansdom vorbei und schließlich durchs Kärntnertor in die Wieden auf, um sich mit Merkantilrechnung, Warenkunde und Handelswissenschaft zu befassen. Wir stellen sie uns als zwei mal tänzelnde, mal um Würde bemühte junge Stenze vor, die ihre Haltungen und Attitüden einübten, dabei studierten, wie diese auf die Mädchen wirkten, und im Übrigen mit Albernheit über ihre Unlust hinweggingen. Denn obwohl Jeans späteres Leben zeigt, dass er seine kaufmännischen Lektionen beizeiten gelernt hat, schlug sein Herz nicht fürs Kontor. Der Zwang zu den Zahlen trug für Jean ironischerweise den Namen Ludwig Scheyrer. Der erste Strauss-Biograf war nämlich im Hauptberuf »Rechnungs-Official der k. k. Domänen- und Gefällen-Hofbuchhaltung«, also Steuerbeamter, und verdiente sich etwas hinzu, indem er Privatschülern die Geheimnisse seines Metiers näherzubringen suchte. An Jeans Phlegma in Finanzdingen scheiterte der Lehrer jedoch ebenso wie der Vater, und es ist zu vermuten, dass der Junge beim Schreiben von Zahlenkolonnen und Rechnungen in Wirklichkeit an seine heimlichen Violinstunden gedacht hat.

Pepi blieb zwar bis 1846 am Polytechnikum, wechselte aber zum Maschinenbau und absolvierte diszipliniert sein Studium, denn sein Berufswunsch war der des Ingenieurs. Das Musizieren blieb eine schöne Nebensache in seinem Leben – einstweilen.

Wenn einer der Strauss-Buben vielseitig begabt war, so war es jedenfalls Pepi. Er schrieb sich an sein Studium anschließend in die Architekturklasse der k. k. Akademie der Bildenden Künste ein, wo er den großen Wiener Architekten seiner Zeit begegnete. Architekt war sein anderer Traumberuf. Er erhielt, unterstützt durch weiteren, auch künstlerischen Unterricht, eine solide bautechnische Ausbildung, zu der Mathematik, Statik, Architektur, Landbau und technisches Zeichnen gehörten. Und er trug glänzende Zensuren nach Hause.[172] Man

Der Wiener Stephansplatz, um 1834. Aquarell von Rudolf von Alt (1812–1905).

übertrug dem jungen Ingenieur die Verantwortung für den Bau einer Trinkwasserleitung einige Kilometer südwestlich von Wien. Er fertigte Entwürfe für einen Leopoldstädter Maschinenbauer. Er fungierte als Herausgeber eines mathematischen Handbuches »für alle Techniker, technische, Bank- und Sparkasse-Beamte«. Er erfand eine »Straßenreinigungs-Maschine«, die er »dem löblichen Gemeinderath« empfahl. Auch als kreativer Zeichner war er talentiert, erheblich talentierter jedenfalls als Jean, der trotz einiger in den 60er-Jahren bei dem Landschaftsmaler Anton Hlavaček genossener Zeichenstunden nicht erheblich über das Niveau eines Stümpers hinausgelang. Die Akademie der Bildenden Künste testierte 1850, dass Josef

> »… hinsichtlich seines Fleißes und Talents … im höheren Grad der Zeichenkunst sich so ausgebildet, daß er in Figuren, Blumen-Ornamenten und einem Theil der Landschaft-Zeichnung in seinem Fache als Architekt, jedermann bestens empfohlen zu werden verdienet«.[173]

Umso bemerkenswerter, als ausbleibende Unterhaltszahlungen des Vaters ihn häufig zu Unterbrechungen zwangen. Er beherrschte die delikate Silhouettentechnik des schwarz-weißen Scherenschnitts, was auf eine ruhige, kontrollierte Hand hinweist. Er unternahm gar lyrische

Versuche, von denen er einen Teil selbst vertonte – diese Musik klingt »romantisch«, oft düster und abgründig, anders als die meisten straussschen Walzer, Quadrillen, Märsche. Und in einem Theaterstück, dessen handelnde Personen er in genauen Kostümstudien visualisierte, verarbeitete er die Familienlegende vom spanischen Marquis Rober, die später Edi in seinen Memoiren erneut aufwärmen sollte.[174]

Die Musik – als gespielte und als komponierte – lief bei ihm nebenher all diese Jahre. Er soll einen guten Bariton gesungen haben. Er lernte Klavier, selbstverständlich. Er kochte die Musik auf Sparflamme an, um das Gericht im Nu zum Sieden zu bringen in dem Augenblick, da die Familie es nachdrücklich von ihm verlangte. Und kein Geringerer als Jean erkannte Josefs überlegenes musikalisches Talent an, das sich in fast 300 Werken mit Opuszahl niederschlug – eine ganze Menge angesichts einer aktiven Schaffensperiode von nur 17 Jahren. »Ich bin populärer, er ist begabter«, soll Jean einmal über Pepi gesagt haben. Hier schwingt neidvolle Bewunderung mit, und Jean registrierte stets aufmerksam das öffentliche Echo von Pepis Konzerten und reagierte nicht ganz ohne Schadenfreude, wenn einmal ein Auftritt in die Grütze ging.

Pepi mit all seinen Talenten hatte ein Talent nicht: das zum Neinsagen. Er war wie viele hochsensible und hochintelligente Menschen ein nachgiebiger Typ. Einzig Intelligenz lässt Selbstzweifel zu – es könnte ja sein, dass der andere recht hat und ich unrecht. Einmal allerdings sagte Pepi entschieden Nein: Ausgerechnet am Tag vor Heiligabend 1848, als Johann von ihm den Eintritt ins Militär verlangte. Dieses hatte wenige Wochen zuvor die Revolution blutig niedergeworfen. Der gewesene Studenten-Legionär Pepi, der einzige Strauss mit Gefechtserfahrung, widersetzte sich brieflich dem väterlichen Willen, indem er schrieb:

> »Gewiß, ich könnte Ihrem Wunsche nachkommen, wäre mir der Ausweg bey allen Civilbeschäftigungen sey es Amt oder Profession, für meine Zukunft benommen, aber da dieß nicht der Fall ist, ja wie schon gesagt, nur noch kurze Zeit dahin ist, selbstständig zu seyn, so könnte ich, nie und nimmer mich diesem Stande widmen, um so mehr als ich dazu nicht tauge, keine Lust habe, und nie gefühlt habe,

ja daß dieser Stand mir nie die Mittel bieten könne im Leben je glücklich zu werden. Sie sagten mir, daß dieß der einzige Weg ist, sich noch Anerkennung zu verschaffen Achtung zu gewinnen etc. Ich fürchte den Tod nicht, aber wer bürgt dagegen, daß ich das Unglück habe, ein Krüppel zu werden, (wo mir wirklich der Ausweg mich zu ernähren benommen ist) und so ein Leben, ohne Freude, ohne Zufriedenheit, voll Mißmuth dahinzuleben! Vater eine solche Zukunft können und wollen Sie mir nicht bieten. Besser gleich zu sterben als ein solches quälendes Bewußtseyn mit sich herumtragen. Lassen Sie mich wo ich bin, und wer ich bin, entreissen Sie mich nicht einem Leben, daß mir mannigfaltige Freuden bieten kann, einem Leben voller Hoffnung stellen Sie mich nicht in jenes unstäte, rauhe, allen Sinn für das Menschliche zerstörende Treiben hinaus, zu dem ich nicht tauge, zu dem ich nicht geboren bin. Ich will nicht Menschen tödten lernen, will nicht durch Jagdmachen auf Menschenleben ausgezeichnet werden, einen hohen Rang erreichen, ich will den Menschen nützen als Mensch und dem Staate als Bürger.

Kann ich das, dann sagt mir mein Inneres Dank dafür und ich werde in Ruhe meine künftigen Tage verleben und glücklich sein. Noch einmahl, Vater hören Sie mich und urtheilen Sie nach diesen meinen Meinungen. –

Einigen wir uns dann bin ich froh und zufrieden und mit Freuden werde ich an Sie denken und so Ihnen lohnen, wie Sie für mein Glück das ich gesucht, gehandelt haben – Ihr dankbarster Sohn.«[175]

De jure hätte Johann durchregieren und den mit 21 noch minderjährigen Pepi in die Kaserne zwingen können. Doch wer weiß, vielleicht imponierte ihm der Mut seines Buben, der als Einziger in der Familie in die Kanonenschlünde der Taborschlacht geblickt hatte.

Als 1853 schließlich die Familie nach Pepi rief, endete unwiderruflich seine Jugend mitsamt ihren Träumen und Plänen von einer eigenständigen bürgerlichen Existenz.

Anders war es bei Jean. Er lebte seinen eigenen, wilden Künstlertraum und kostete ihn aus bis zur Neige. Er gab sich überzeugt, dass Johann tatsächlich nichts von seinen Neigungen ahnte. Zumindest soll er dies Procházka gegenüber behauptet haben:

»Nun ließ er uns zwar Unterricht geben, mir und meinem Bruder Pepi – Eduard war damals noch zu klein –, aber er glaubte, wir klimperten eben so schlecht und recht wie Dilettanten. Allein wir betrieben die Sache mit Passion, und ich darf wohl sagen, wir waren beide tüchtige Klavierspieler. Davon hatte er keine Idee. Die Proben zu seinen Konzerten wurden in der Wohnung abgehalten. Wir Buben paßten genau auf jede Note, wir lebten uns in seinen Chic ein, und zu vier Händen spielten wir dann nach, was wir erlauscht hatten, flott, ganz in seinem Geiste. Er war unser Ideal.«

Jean mag reichlich Kosmetik aufgetragen haben auf diese Selbstbeschreibung, und Procházka mag seinerseits mit Weihrauch nicht gegeizt haben. Aber das Ergebnis – Jeans glanzvoller Karrierestart und frühe Kompositionen wie die *Josephinen-Tänze*[176] für Klavier zu vier Händen – deutet darauf hin, dass diese Schilderung im Kern stimmt.

Tatsächlich absolvierte Jean seine Bildung nur bis zu dem Punkt, an dem er mit Anstand wieder quittieren konnte. Lustlos erbrachte er respektable Leistungen. Sein wahres Leben begann am Nachmittag mit Violinunterricht, heimlich arrangiert durch Mutter Anna und finanziert durch Klavierstunden, von denen jede ihm 60 Kreuzer eintrug. So fehlte wenigstens kein Geld in der Haushaltskasse.[177] »Walzergeiger und Compositeur«, das wollte er werden, und Anna sah diesen Wunsch mit wachsender Sympathie. Sogar in private Soireen schleuste sie ihre Buben oft ein, wo diese aus dem Gedächtnis die Kompositionen ihres Vaters spielten und dabei offensichtlich derart beeindruckten, dass der schließlich hinter den Schwindel kommen musste:

»Eines schönen Tages gratulierte ihm ein Bekannter – es war der Verleger Carl Haslinger – zu unserem Erfolg. Er war nicht wenig erstaunt. ›Die Buben sollen herüberkommen‹, entschied er kurz. Wir schlichen, nichts Gutes ahnend, in das Zimmer unseres Vaters. […] Nun spielten wir, daß es eine Art hatte; alle Orchesterstimmen brachten wir zu Gehör. Lächelnd hörte uns der Vater zu, und man sah ihm das Vergnügen und die Rührung vom Gesichte ab. ›Buben, das spielt Euch niemand nach.‹ Das war alles, was er sagte, aber zur Belohnung bekam jeder von uns einen schönen Burnus.«

Dass allerdings Johann tatsächlich gerührt und stolz zuhörte, wie Jean behauptet, und die Buben mit einem nicht gerade preiswerten, modischen Kapuzenmantel nordafrikanischen Ursprungs belohnte, erscheint angesichts der weiteren Vorgänge in schiefem Licht. Ist der Biograf Pochàzka hier zuverlässig? Immerhin soll Jean gleich hinzugesetzt haben: »Trotzdem wollte mein Vater nicht, daß wir uns berufsmäßig in der Musik ausbilden; auch die Mutter war nicht dafür.« Doch sie sollte ihre Meinung noch gründlich überprüfen. Sie war näher am Herzen ihrer Buben als ihr Mann, spürte das musikalische Familienerbe und trug diesem inneren Diktat endlich Rechnung: »In späteren Jahren begünstigte dann die Mutter selbst infolge verschiedener Umstände unsere Neigung.«[178] Diese »Begünstigung« sollte sie verdienstvollerweise so weit treiben, dass die Musik bis heute zum geistigen Fundament ganzer Generationen von Sträussen wurde.

Hinter den »verschiedenen Umständen« dürfte sich Johanns offener Bruch mit Anna und seine Unzuverlässigkeit in Angelegenheiten des Familienunterhalts verstecken. Ende 1843 kam er unter in einem der scherzerschen Häuser in der Kleinen Sperlgasse. Währenddessen führte Anna weiter ihr großes Haus. Sie hatte zweifellos den Komfort dieser Großrahmigkeit schätzen gelernt. Aber der hatte seinen Preis. Und sie hatte genug gesundes Urteilsvermögen, um einzusehen, dass Jean so schnell nicht die Ochsentour zu einer auskömmlichen Stellung in Handel, Industrie oder Behörde meistern würde. Was sie allerdings sah, war Jeans Leidenschaft für die Tanzmusik, mit der schon ihr Ehemann es im prosperierenden Unterhaltungsgeschäft schnell zu Wohlstand gebracht hatte. Überall schossen die Tanzpaläste aus dem Boden. Warum also sollte ihrem Sohn nicht das gelingen, was bereits seinem Vater geglückt war?

Anna wollte nun einen Musiker aus Jean machen, sie wollte es gegen ihren Ehemann, und sie tat alles, was in ihrer Macht stand, dass ihr Wunsch Wirklichkeit wurde. Mutterliebe stand diesem Ziel nicht entgegen und dürfte geholfen haben – überliefert ist sie nicht, ebenso wenig wie Johanns Vaterliebe.

Annas Unterstützung ermöglichte es Jean, Position zu beziehen im strausssschen Rosenkrieg. Er tut dies in einem undatierten Brief vom Herbst 1844 – vielleicht als Antwort auf einen väterlichen Vorschlag, es gemeinsam auf der Bühne zu versuchen. Dies wäre eine große Chance, die der Walzerkönig seinem Sohn, einem Niemand, geboten hätte. Hat er endlich hinzugelernt?

Jeans Antwort lautet unmissverständlich – aber wie verquält! –, er fühle sich veranlasst, »nachdem ich alle meine Herzens- und Geisteskräfte für einen so wichtigen, für meine und meiner Mutter Zukunft so entscheidenden Schritt aufboth, die geringen Talente, deren Ausbildung ich nächst Mutter Natur meiner leiblichen Mutter verdanke« – nicht etwa dem Vater und erfolgreichen Musiker! –, »ihr meinen geringen Dank mindestens durch die schwachen Kräfte in meinem Erwerbszweige abzutragen«. Eindeutig macht er Johann für die jetzigen unglücklichen Verhältnisse seiner Familie verantwortlich, »deren Verbesserung bloß von Ihnen abhinge«. 117 Wörter lang ist der gewundene Satz, mit dem Jean dem »innigst geliebten Vater« seinen »unabänderlichen Entschluss« mitteilte, »an der Seite meiner Mutter verbleiben« zu wollen, um dann schnörkellos und geschäftsmäßig »mit Achtung und Liebe« zu schließen.[179]

Der erwähnte »Erwerbszweig« des Sohnes war, wir hörten es, derjenige des Vaters: Musizieren auf der Violine, Dirigieren, Komponieren. Einer seiner Violinlehrer beteiligte sich – so erinnerte es Jean im Alter – am Hochverrat dem Vater gegenüber: dessen zeitweiliger Primgeiger Amon. Dies mag zutreffen oder auch nicht. Insbesondere darf bezweifelt werden, dass Amons Chef Johann nicht trotz seiner ständigen Hetze von Auftritt zu Auftritt Wind davon bekam, dass dieser auch für den »Gegner« arbeitete. Schließlich stand jeder Dirigent mit seinem Konzertmeister in permanentem Austausch auf kürzeste Entfernung und stimmte sich musikalisch eng mit ihm ab. Aber jedenfalls wusste Amon, worauf es auch ankam, wenn einer glänzen will wie Strauss oder Lanner. Er riet seinem Schüler, so Procházka, »ich müsse immer vor dem Spiegel üben, um mir eine elegante Haltung und schöne Bogenführung anzugewöhnen, denn für jemanden, der sich exponieren müsse, sei Eleganz der Erscheinung unerlässlich. Na, ich befolge diese Lehren getreulich.«

Die Violine von Kapellmeister Johann Strauss (Sohn). Seine Tänze und Operetten komponierte der Walzerkönig am liebsten am Harmonium.

Und es kam, wie es kommen musste: »Eines schönen Tages stehe ich wieder vor dem Spiegel und geige drauf los, da thut sich die Thür auf, und herein tritt mein Vater. ›Was‹, schreit er, ›Du spielst Geige?‹« Klavier mochte noch angehen, aber Violinespielen war ein Kapitalverbrechen, es roch nach Aufsässigkeit, nach krimineller Energie, nach Verrat und Konkurrenz. »Es gab eine heftige und recht unerquickliche Szene. »Mein Vater«, bekräftigt er, »wollte von meinen Plänen durchaus nichts wissen.«[180]

An Wutszenen wie diese – die nähere Beschreibung enthält Jean uns vor – war der nicht einmal 15-Jährige zweifellos gewöhnt, sodass der väterliche Zorn an ihm abperlte. Seine innere Kompassnadel war klar ausgerichtet. Er konnte alles geschehen lassen und auf den günstigsten Moment zum Auslaufen warten.

Erkennbar jedenfalls wurde mit Lanners Tod im Frühjahr 1843 ein Platz auf der Bühne der Wiener Tanzmusik frei. Und der Niemand, der unerfahrene Sohn Jean, musste beginnen, seinen Mitbewerbern, von denen es noch einige gab, diesen Platz energisch streitig zu machen. Die tollkühne Idee stammte von Anna.[181] Denn sie fügte sich perfekt in ihre eigene Überlebensstrategie ein. An Johanns Werdegang hatte sie gelernt: Die Wirte und Veranstalter setzten nicht gern alles auf ein musikalisches Zugpferd, sondern hielten sich ihre Entscheidungen offen. Das war für sie vorteilhaft, wenn es um die Honorare ging. Warum sollte nicht Jean dieses andere Zugpferd werden, in Konkurrenz zum Vater? Sein Brief deutet an, wer ihn neben seinem eigenen Selbstvertrauen und Ehrgeiz dazu trieb: Mutter Anna. Denn die bevorstehende Scheidung drohte ihr wirtschaftlich den Boden unter den Füßen wegzuziehen. Aus würde es sein mit dem Leben im Hirschenhaus. Wenn aber ihr Plan glückte und Jean haufenweise Geld ins Haus brachte, war sie unabhängig von Johanns unzuverlässigen Zahlungen. Konnte den Demütigungen ein Ende machen und eine Scheidung durchsetzen. Mag sein, dass auch Rachegedanken eine Rolle spielten nach dem Leid, das Johann ihr angetan hatte. Wenn es überhaupt eine Aussicht gab, sicher und gut weiterzuleben, dann lag sie in Jeans Erfolg im väterlichen Erwerbszweig – und vielleicht dem seiner Geschwister; wer konnte es wissen?

»Da viele junge Talente trachteten, Lanners Platz im Wiener Musikleben einzunehmen, erschien Eile geboten.« Den ersten Schritt tat Jean, indem er sich umgehend am Polytechnikum exmatrikulierte. Ohne Diplom verließ er die Hochschule – damals absolut nicht ungewöhnlich und schon gar nicht schandbar. Seine Schulbildung beläuft sich auf ganze zehn Jahre, und ein Intellektueller sollte niemals aus ihm werden, selbst wenn wir seinen herausragenden, funkelnden Briefstil bewundern dürfen, der zwischen Ironie, Sentimentalität und Grobianismus schillert. Statt weiter zu studieren, nahm er Unterricht in Musiktheorie bei Professor Joachim Hoffmann und im Generalbass bei Joseph Drechsler, dem anerkannten Musiktheoretiker, Theaterkapellmeister und Chorleiter in der Kirche Am Hof. Der Generalbass war die traditionelle Grundlage jeder harmonisch konventionellen Stimmführung und bis in die Zeit der musikalischen Romantik maßgeblich für das Komponistenhandwerk. Dass es mit Jeans Kenntnissen des

Generalbasses nicht sehr weit her war, sollte ihm – wie bereits seinem Vater – im hektischen Kapellmeister-Leben so manche Drangsal bescheren. Immerhin verbesserte er sein Geigenspiel bei Anton Kohlmann, einem Violinisten des Wiener Hofopernorchesters.[182]

Er handelte diskret, müssen wir vermuten. Nur Anna natürlich wusste und billigte es. Johann hätte nie eingewilligt – schon gar nicht, wenn ihm das Warum klar gewesen wäre. Ein riskantes Unterfangen also, das Jean zum Erfolg verdammte. Denn einzig ein sofortiger und anhaltender öffentlicher Erfolg konnte Johann auf Abstand halten. Andernfalls könnte nichts mehr den Sohn davor schützen, verheizt zu werden – entweder auf der Bühne oder im Rosenkrieg seiner Eltern. »Der Untergang eines Walzerprinzen« – für die Sensationspresse ein gefundenes Fressen. Man weiß nicht, was bemerkenswerter ist: Jeans Selbstvertrauen und Besessenheit von der Musik oder Annas Entschlossenheit, mit der sie die Existenz ihres Ältesten aufs Spiel setzte.

Immerhin war Jean bestens vorbereitet. Und beiden dürfte klar gewesen sein, dass die Konkurrenz in Gestalt erfahrener Musiker nicht schlief und auf den Lanner-Thron reflektierte – schnell zu sein konnte in dieser Situation der Schlüssel zum Erfolg werden. Auch Lanners Orchester, dessen Primgeiger Josef Raab das Ensemble zusammenhielt, aber beim Publikum nicht besonders gut ankam, versuchte eilends, dessen achtjähriges Söhnchen, den als Wunderkind geltenden August, als Nachfolger aufzubauen. Einmal soll der Kleine bei einem großen Ball vor 2000 Menschen dirigiert haben. Es ist leicht vorstellbar, wie sonderbar dies ausgesehen haben muss, wie viel dem »Männchen« zu einem richtigen Kapellmeister noch gefehlt haben muss und wie sehr seine Musiker und vermutlich der Hietzinger Wirt Dommayer, Lanners letzter Veranstalter, ihm unter die Arme greifen mussten, damit die Musik störungsfrei spielen konnte. Könnte Jean eine bessere Figur machen?

Zunächst allerdings galt es, die notwendigen behördlichen Genehmigungen zu sichern und dabei den Vater mit dessen Vetomacht auszumanövrieren. Am 31. Juli 1844, also gut ein Jahr nach seiner Exmatrikulation, suchte Jean beim Magistrat darum an, »als Musikdirektor seinen Erwerb zu suchen«. Mit dieser Absicht musste 19 Jahre zuvor sein Vater aus Gründen der Ehrbarkeit noch hinterm Berg halten. Die Zeiten hatten sich geändert ...

Sein persönliches Erscheinen im Amt war erforderlich. Am selben Tag reichte seine Mutter die Scheidung von Johann ein. Auch sie hatte sich entschieden, die Brücken und die Boote zu verbrennen und alles auf eine Karte zu setzen. Diese Karte trug Jeans Bild. Es ist leicht vorstellbar, dass beide den Weg zum Amtshaus gemeinsam unter die Füße genommen haben. Gar Hand in Hand an Orten, wo niemand sie beobachten konnte und wo der mitfühlende oder verschwörerische Druck dem anderen helfen konnte, Haltung zu bewahren.

Ein fescher junger Mann war es, der da zusammen mit seiner Mutter die Stiegen des hohen Hauses erstieg, und er sah seinem Vater durchaus ähnlich. Agil in seinen Bewegungen und grazil gebaut, vielleicht gar noch ein wenig schmächtiger: »skrofulöser Habitus« heißt es gar 1847 in einem Reisepass, ein Attribut, das keinem seiner 13 Mitreisenden bescheinigt wurde und also umso kennzeichnungskräftiger ist.[183]

Diese behördliche »Schnelldiagnose« gibt zu denken, denn die heute obsolete Bezeichnung »Skrofulose« verweist auf eine »konstitutionelle Neigung, auf unbedeutende Reize mit schleppenden chronischen Entzündungen, namentlich mit Oberflächenkatarrhen, zu reagieren«, wie Meyers Großes Konversationslexikon von 1909 uns belehrt.

> »Besonders auffallend sind die Anschwellungen der Halslymphdrüsen, die bei starker Entwickelung den Hals so sehr verdicken und verunstalten, daß eine Ähnlichkeit mit dem gedrungenen Hals eines Schweines entsteht; hiervon soll sich der Name der S. ableiten (*scropha*, griech., ›junges Schwein‹).«

Und woher das Ganze? Skrofulose

> »... entwickelt sich besonders in den ersten Lebensjahren bei unzweckmäßiger Ernährung, bei künstlich aufgefütterten Kindern, bei Mangel an zweckmäßiger Körperbewegung und bei Entbehrung der frischen Luft, d.h. besonders bei Kindern, deren Eltern in schlechten,

dumpfen, feuchten (besonders Keller-) Wohnungen leben. Die skrofulöse Kachexie (krankhafte Abmagerung) verrät sich durch den eigentümlichen skrofulösen Habitus. Dieser ist charakterisiert durch Blutmangel, und nicht selten durch Anhäufung von schlaffem Fettgewebe an gewissen Körperteilen; in andern Fällen zeigen Muskeln und Unterhautfettgewebe eine mangelhafte Entwickelung, bei zarter, leicht sich rötender durchscheinender Haut.«

Eine Elendserkrankung, dies entnehmen wir den Therapie-Empfehlungen: »Hebung des allgemeinen Ernährungszustandes durch kräftige Fleischnahrung, frische Luft, Aufenthalt in trockenen Wohnräumen, Lebertran und Solbäder«. Zumindest an der für eine Musikerkarriere erforderlichen körperlichen Robustheit dürfte es Jean damals gefehlt haben, und es verwundert, dass Anna ihrem Erstgeborenen diese Strapazen zumutete, anstatt ihn dem Willen des Vaters entsprechend in eine Bank- oder Kanzlistenlaufbahn zu stecken. Witterte sie das außergewöhnliche Talent des Jungen und seine Durchsetzungsfähigkeit, oder war es ihr egal – Hauptsache, sie überlebte? Steckte etwa doch ein Kern von Rücksichtnahme und Fürsorge in der Verfügung des Vaters, dass alle seine Söhne »etwas Rechtes« zu lernen hatten, so wie auch er »auf Buchbinder gelernt« hatte?

Ein etwas kränklich wirkender Hungerhaken war es also, den Anna da mit sich schleppte zum Magistrat, damit dieser nicht nur seine eigene Existenz als Musiker fristen, sondern auch die seiner Mutter und seiner fünf Geschwister vom 2 Jahre jüngeren Pepi bis zum 10 Jahre jüngeren Edi sichern konnte.

Sollte diese Charakterisierung damals zugetroffen haben, so sorgte seine spätere Lebenslaufbahn nicht dafür, dass ihm die Robustheit zuwuchs, die notwendig war, um ein aufreibendes Künstlerleben physisch zu bewältigen. Aber auch eine ständige Angst, den zu erwartenden Strapazen auf die Dauer nicht gewachsen zu sein, ist oft ein mächtiger Antreiber für Karrieren – der Drang, »die Welle abzureiten«, solange sie noch aufschäumt.

Drei Tage später folgte Jean einer Vorladung des Magistrats zur Anhörung seines Wunsches. Anna dürfte ihn vor diesem entscheidenden Termin instruiert haben, wie er sich zu präsentieren habe. Das kannte sie von ihrem Mann. Und Jean war bestens präpariert.

Gut ausgebildet sei er, vor allem auf der Violine, den Generalbass habe er auch studiert, und »bereits mehrere Sachen« habe er komponiert, gab der 18-Jährige zu Protokoll. Zeugnisse dafür brachte er bei. Eines von diesen hatte ihm sein Generalbass-Lehrer Professor Josef Drechsler ausgestellt, der ihm zusätzlich trotz dessen kurzer Schullaufbahn bescheinigte, ein »sehr gebildeter Jüngling« zu sein und eine »leidenschaftliche Vorliebe« für sein Metier zu hegen. Drechsler und dessen Zeugnis zuliebe hatte Jean sich extra eine kirchenmusikalische Komposition abgequält, das noch heute durchaus anhörbare Graduale *Tu qui regis totum orbem* (»Du, der Du den ganzen Weltkreis beherrschest« – ein feierlich gesungenes Messgebet). Es scheint zur Zufriedenheit debütiert zu haben. Jean musste zugeben, dass er noch keine Bühnenluft geschnuppert hat und lediglich »in der Kirche am Hof« – »Hof« klingt immer gut – »die Violine gespielt und jederzeit den Beyfall der Zuhörer erhalten« habe. Da klingen seine Ab- und Aussichten schon besser:

> »Ich bin gesonnen, mit einem Orchester von 12 bis 15 Personen zu spielen, in Gastlocalitäten und zwar beym Dommayer in Hietzing, welcher mir bereits die Zusicherung machte, daß ich, sobald mein Orchester in Ordnung ist, dort Musikunterhaltungen abhalten könne.«

Was immer Dommayer zu dieser nicht risikolosen Zusicherung veranlasste – er hatte sich an sie gehalten. Davon abgesehen war noch kein Vorhaben gewiss als das, außer Tanzmusik »auch Opernstücke und Concertsachen« aufzuführen, sich also nicht um U und E zu scheren. Dem Magistrat gegenüber erwähnte Jean noch den privaten Musikunterricht, den er bis dahin genommen hatte. In dieser Hinsicht war er wie schon sein Vater stets bereit hinzulernen. Alles andere Wissen war nur dann wichtig für ihn, wenn es den Hauptzweck seines Lebens förderte: die Musik.

Im Protokoll scheint durch, dass die Herren Räte Roth und Oestreicher den »Bittsteller« ziemlich in die Mangel genommen haben deswegen, wonach dieser sich beeilte, seine Absicht zu erklären, jährlich 20 Gulden Erwerbssteuer entrichten zu wollen: »Sollte sich jedoch in der Folge mein Unternehmen verbessern, so werde ich mich auch zu einer verhältnismäßig größern Erwerbssteuer herbeylassen.« Denn 20 Gulden waren wahrlich keine Riesensumme.

Nun begannen die Mühlen der k. k. Bürokratie zu mahlen, und sie mahlten enervierend langsam. Es dauerte drei Wochen, bis die »Kais. kön. Polizey-Ober-Direction« Jeans Gesuch für unbedenklich erklärte, aber unter Verweis auf die »väterliche Gewalt« die Einvernahme des Erzeugers forderte. Glück für Jean: Der politisch-ökonomische Senat des Magistrats, ein nicht weniger als zehnköpfiges Gremium unter Vorsitz von Vizebürgermeister Andreas Lanser, entschied am 5. September mehrheitlich, dass »die Polizeybehörde sich nur in betreff der Moralität des Bittstellers … zu äußern hat«, Jeans beabsichtigter Erwerbszweig jedoch »eine freye Beschäftigung ist und deshalb weder die Großjährigkeit, noch im Falle der Minderjährigkeit die väterliche Einwilligung hiezu erfordert wird«. Der junge Mann war nun Berufsmusiker. Die entschlossene Ehefrau und Mutter Anna hatte sich gegen ihren Noch-Ehemann durchgesetzt.

Anna dürfte mehr als ein Stein vom Herzen gefallen sein, denn ihre Scheidungssache lief peinvoll nebenher mit. Die erste Verhandlung am 10. August konfrontierte sie mit Johanns Forderung nach dem Sorgerecht für den neunjährigen Edi.[184] Wie sollte sie da Jean unterstützen, der fieberhaft sein Debüt vorbereitete? Sie schien etwas Geld zurückgelegt zu haben – aber frisches Kapital war dringend nötig.

Und die Umstände waren schwierig. Beim *Dommayer* nämlich lief das Geschäft überhaupt nicht gut. Bei keinem Wirt lief es richtig gut in diesem verregneten Sommer 1844, der überhaupt erst Ende Juli die Menschen ins Freie lockte, zu den prunkvoll illuminierten Prater- und Augartenfesten, wie sie nur ein Strauss inszenieren konnte. Auch schien der biedermeierliche Wirtschafts- und Wachstumsrausch allmählich zu Ende zu gehen. Die Bevölkerung Wiens innerhalb des Linienwalls war in nur neun Jahren um 15 Prozent gewachsen. »In 50 Jahren werden die Wiener eine Tagesreise unternehmen müssen, um reine Luft einzuatmen und ein grünes Feld zu schauen«, schrieb das *Morgenblatt*. Die Klagen in den Zeitungen über die spürbare Verschlechterung des Lebens, über Wohnungsknappheit – das chronische Wiener Übel –, über Grundstücksspekulation, Teuerung und Erwerbslosigkeit wurden lauter und rissen auch in den Folgejahren nicht ab. Erkennbar hat der lange Aufschwung die Wiener in Gewinner und Verlierer geschieden. Und die Gewinner hatten noch lange nicht erkannt, dass sie mehr abgeben müssen, um dafür den inneren Frieden zu erhalten.

Aber dennoch wusste Johann Strauss (Sohn), dass jetzt seine Chance gekommen war – eine außergewöhnliche Chance. Sorgfältig bereitete er sich darauf vor. In der *Stadt Belgrad* und an anderen einschlägigen Orten rekrutierte er seine Musiker, und gut einen Monat später konnte er nicht weniger als 24 unter Vertrag nehmen, erheblich mehr als die anvisierten 12 bis 15. Dies erhöhte zwar den Aufwand, und ihm blieb vom verhandelten Honorar weniger übrig. Aber gleichzeitig spielte ein Orchester, bei dem viele Stimmen doppelt besetzt waren, sicherer und klangvoller. Die Präzision, mit der bereits Johann seine Orchester führte, war legendär. Jean stand auf großen Schultern, und das war ihm bewusst. Außerdem war das Risiko eines Fiaskos geringer, falls einzelne Musiker – etwa aus Angst vor Sanktionen von Strauss senior – sich noch drückten. Große Namen waren unter ihnen nicht zu finden. Die meisten waren eher Nachwuchsleute vom Schlag der Bratlgeiger. Anderenfalls hätten sie vielleicht ihre Unterschrift verweigert unter Klauseln wie diese: »Jede durch Unachtsamkeit oder Muthwillen herbeygeführte Beschedigung [sic!] oder Verunreinigung verpflichtet den betreffenden zum vollen Ersatze des beschädigten Gegenstandes.« Während dieser Zeit muss Jean mit Hochdruck komponiert und arrangiert haben – am Klavier und noch ohne einen sicheren Begriff davon, wie der volle Orchesterklang wirken würde. Denn am 15. Oktober war die erste *Soirée dansante* – sein erster Ball! – angesetzt. »An der Cassa« kostete das Vergnügen 30 Kreuzer, also einen Gulden für ein Paar. Nur je 20 Kreuzer musste zahlen, wer vorab ein Billett kaufte. Unter den Vorverkaufsstellen fehlte Haslingers Musikalienhandlung am Graben – auf Johanns Druck? Seit dem 2. Oktober erregten die Ankündigungen in den Zeitungen höchstes öffentliches Interesse, denn kaum jemand kannte Jean, und sichtlich trat nun ein Niemand gegen den Platzhirsch der Wiener Tanzmusik in die Schranken. Der Druck, der auf Jean lastete, war leicht vorstellbar. Hatte Anna, wenn er vielleicht, vor hoffnungsloser Anspannung schluchzend, zu ihr flüchtete, ihren Buben getröstet, in den Arm genommen, gestreichelt, ihm ermutigende Worte gegeben? An seinem schnellen Erfolg, an seiner Existenz hing auch die ihre.

Jean hielt dem Druck stand. Mit der großen Erwartung des Publikums und den damit verbundenen Einnahmeaussichten im Rücken trug er Komposition auf Komposition zusammen – nicht völlig allein:

»Hinter den Kulissen wurde nach dem Vorbild der ›Musik Werkstatt‹ des Vaters in Teamwork komponiert und instrumentiert. Der schon genannte Johann Proksch war der wichtigste Helfer der ersten Jahre. Aber auch Karl Fux, der Schwager des Vaters, oder der Bratschist Franz Bachhammer bereiteten den Weg des jungen Strauss. In der Öffentlichkeit durfte von dieser nichts bekannt werden – wenngleich beispielsweise der Kapellmeister Philipp Fahrbach 1847 in der ›Wiener Allgemeinen Musik-Zeitung‹ in seinem Artikel ›Geschichte der Tanzmusik seit 25 Jahren‹ deutlich auf Strauss' Mängel hinwies.«[185]

Am 8. Oktober, eine Woche vor dem Aufführungstermin, konnte er endlich den Vertrag mit seinen Instrumentalisten unterzeichnen. Immerhin für ein Jahr waren sie nun aneinandergebunden. Dies bedeutete eine große wirtschaftliche Verpflichtung, sicherte aber gleichzeitig seine erste Ballsaison ab – zum Beispiel gegen etwaige Abwerbeversuche oder sonstige Machenschaften seines Vaters, von dem er das Schlimmste erwarten musste. Aber er kannte ihn, er hatte ihn förmlich studiert. Den Stil und Chic des öffentlichen Musizierens reproduzierte er gekonnt.

Und indem er ihn reproduzierte, forderte er gleichzeitig seinen Vater heraus. Denn bald war es in Wien ein offenes Geheimnis, dass Johann Strauss (Vater) seinen Sohn lieber als Kontorschwengel oder

Kanzlisten gesehen hätte denn als Wettbewerber. Dies vermutlich – wir haben es bereits gehört – nicht primär aus dem Wunsch vieler Künstlereltern heraus, ihren Kindern die materiellen Härten und die Risiken eines Aufstiegs zu den schmalen Futtertrögen zu ersparen, an denen nur die Besten sich laben. Auch fehlen überzeugende Belege dafür, dass der Vater das Talent seines Sohnes bezweifelte oder im Gegenteil dessen Konkurrenz fürchtete. Nein, wir müssen vermuten, dass der Vater gegen die Musikerkarriere seines Ältesten arbeitete, eben weil seine Anna dafür war und sie zum Überleben benötigte. Jean fand sich nun als Geisel im Rosenkrieg seiner Eltern missbraucht, der in vollem Gange war, da die durch Anna betriebene Scheidung noch anhängig war. Dies dürfte seine Freude an seinem ersten großen Erfolg vergällt haben. Dabei gedachte er sein Debüt künstlerisch nach allen Seiten abzusichern. Die Walzer *Sinngedichte* op. 1 und *Gunstwerber* op. 4, die *Debut-Quadrille* op. 2 und die Polka *Herzenslust* op. 3 trug er als eigene Kompositionen vor. Außerdem hatte er Lanners Walzer *Die Schönbrunner* sowie als Hommage an den Vater auch dessen *Loreley-Rhein-Klänge* und – da das erwartete Gedränge Tänze voraussichtlich nicht zuließ – Ouvertüren populärer Opern vorbereitet. Für die dazu notwendige große Orchesterbesetzung hatte er gesorgt. Nun fehlte nur noch ein begeistertes Publikum. Würde er es gewinnen können?

Kapitel 12

Concurrenzen: Sohn und Rivale

Dommayers Casino war 1844 eines der elegantesten Tanz-Gasthäuser. Aus einer alten Jausenstation erwachsen und durch den ehemaligen Kammmacher Ferdinand Dommayer teuer und repräsentativ umgebaut, lag es im ländlichen Vorort Hietzing.

Hier jenseits des unmittelbar benachbarten Schlosses Schönbrunn war die Stadt buchstäblich zu Ende. Wenn an milden Frühlingsabenden die Tanzmusik schwieg, dann ließen sich durch die offenen Fenster die Vögel des Schlossparks hören. Auch dank seines Gartens, in dem der große Tanzpavillon lag, war das Casino einer der Lieblingsplätze des eleganten, modischen Wien – zumal eine Stellwagenlinie es mit der Inneren Stadt verband und die Linzer Chaussee in der Nähe vorbeiführte. Idyllisch also, aber nicht abgelegen war Dommayers Etablissement.

In Dommayers Casino *in Hietzing debütierte Jean 1844. Nach einer Zeichnung von Theodor Zasche (1862–1922).*

Hier bot der 19-jährige Johann Strauss (Sohn) öffentlich seinem 40-jährigen Vater die Stirn, einem der erfolgreichsten Männer Österreichs.

Woher nahm dieser Niemand den Mut? Noch vor anderthalb Jahren hatte er die Schulbank des Polytechnikums gedrückt und kaufmännisches Rechnen gepaukt statt Kontrapunkt. Kein Wunder, dass die Presse angesichts dieser Tollkühnheit erregt war und diese Erregung auf das Publikum übertrug.

Und Jean musste nun mit seinen Musikern zum ersten Mal öffentlich zeigen, was er konnte. Wieso gab Dommayer ihm und nicht einem erfahreneren unter seinen Konkurrenten den Vorzug und die Auftrittszusage, mit der der Bursche sich vor dem Magistrat brüstete? Er trat damit klar gegen Johann auf, der allen Gastwirten und Ball-Veranstaltern Wiens gedroht hatte, nie wieder bei ihnen aufzutreten, wenn sie seinem Sohn eine Chance gäben. Seit Lanners Tod hatte neben dem neuen Kapellmeister des Lanner-Orchesters so manch anderer sich in Hietzing vorgestellt, konnte aber weder den Wirt noch das anspruchsvolle Publikum überzeugen. Warum er nun Jean wählte, ist Ferdinand Dommayers Geheimnis geblieben. Dass er Bruder Edis Taufpate war, wäre als alleinige Erklärung dürftig. Vermutlich spielte es eine Rolle, dass Lanner zuletzt bei ihm aufgetreten war und vielleicht eine Lücke hinterlassen hatte, die nur ein echtes neues Talent schließen konnte – besonders dann, wenn es mit einer Sensation oder gar einem Skandal debütierte. Auch könnte er das Besondere an dem musikalischen Straussenküken gewittert haben, um ihm den Vorzug zu geben vor dem alten Hahn, der schon fast jede Henne bestiegen hatte. Vielleicht auch war die Beziehung zwischen Dommayer und Johann gestört. Vor der großen England-Tournee 1837/38 war Johann kontinuierlich in Hietzing engagiert gewesen, während danach jahrelange Lücken klafften. Jean könnte eine solche Störung geahnt und seinen Vater taktisch geschickt an dessen weichster Stelle angegriffen haben.

Wie schade, dass im Biedermeier der Film noch nicht erfunden war und selbst die Fotografie mit ihren damaligen technischen Möglichkeiten aus der Kunst des Stillhaltens lebte. Zu gern hätten wir Jean dabei zugesehen, wie er sich die niedrige Estrade in *Dommayers Casino* emporschwang an jenem 15. Oktober 1844, dem Tag seines Debüts als Sohn und Konkurrent seines »königlichen« Vaters. Es war der Tag der Entscheidung über Sein oder Nichts-Sein in Wien – dieser Gedanke dürfte hinter seiner Stirn gearbeitet haben, während er, nach außen um Leichtigkeit bemüht, seinen Musikern mit knapper Geste seine Bereitschaft zum ersten Tanz signalisierte. Der großzügige Anbau mit den Stuckmarmorsäulen, den goldenen Kristall-Lüstern und dem Rautenparkett war rammelvoll mit den gespannten Wienern. Die Propaganda hatte Wunder gewirkt und alle zu dieser *Soirée dansante* mobilisiert, die an den Sträussen Anteil nahmen. Die Gäste sollen ihr Eintrittsgeld über die Köpfe der Umstehenden in die Kasse geworfen haben. Wie erwartet erlaubte es das Gedränge niemandem, zu tanzen – das Publikum musste sich mit Schauen und Zuhören begnügen.

Rückblickend wissen wir: Der 15. Oktober 1844 – ein gewöhnlicher Dienstag – war ein Tag der Entscheidung über den gesamten Weg der Familie. Hätte Jean nicht überzeugt, dann hätte Johann für die nötigen hämischen Verrisse gesorgt – so gut hatte er seine Wiener Presse allemal im Griff. Annas Befreiungsschlag wäre gescheitert – eine Weiterexistenz mit vier unmündigen Kindern in materieller Ungewissheit auf unabsehbare Zeit hätte gedroht. Fast ausgeschlossen, dass ihrem Jean jemals ein weiterer musikalischer Strauss gefolgt wäre. Am Ende hätte Johann vielleicht sogar seinen »Stammhalter«, den achtjährigen Johann Wilhelm, oder einen seiner anderen Bastarde, die Emilie Trampusch ihm noch heranbrüten könnte, zu seinem musikalischen Erben erhöht. Wer weiß, auf welche Weise Anna daraufhin ihre Rachlust befriedigt hätte.

Wir wissen nicht, ob die Mutter Augenzeugin von Jeans Herausforderung war. Die Zeitungen erwähnen sie nicht. Kaum vorstellbar allerdings, dass sie an diesem Abend kniff und dass sie nicht das Letzte aus sich herausholte, um Jean noch in letzter Minute seine Schleife zurechtzuzupfen, ihm einen Kniff zu verraten, den sie von Johann kannte, ihm heimlich vom Parkett aus eine Kusshand zuzuwerfen von der Säule aus, hinter der sie sich halb verborgen hielt. Wir dürfen sie als so couragiert einschätzen, dass sie es sich nicht nehmen ließ, Zeugin von Triumph oder Untergang ihres Sohnes zu sein.

Was sie sah – wenn sie sah –, konnte sie zufriedenstellen: einen schlanken, straffen Jüngling mit bleichem, hübsch geschnittenem Gesicht im tadellos glänzenden schwarzen Frack unter glänzend schwarzer, aus der Stirn gekämmter Haarlocke. Er sah besser aus als sein Vater, selbstbewusster – seinem Gesichtsausdruck fehlte das Scheue, das diesen erst zu verlassen pflegte, sobald er sich auf der Bühne an seine entfesselten Rhythmen verlor.

Und siehe da: Mit den ersten, speziell für diesen Anlass geschriebenen Tänzen – dem *Gunstwerber-Walzer*, der *Debut-Quadrille* – legte sich Annas Spannung. Spürbar bekam er sein Publikum in den Griff. Ohne seinen Vater direkt zu kopieren, stellte er auf der Bühne strausssche Musikalität dar. Marcel Prawy, dessen Großvater Marcell Frydmann Ritter von Prawy Jeans Konzerte noch gesehen hat:

> »Sobald er sich in die Schlacht warf, machte alles an ihm Musik: der Kopf, die Augen, das Haar, die Arme und Hände, Beine und Füße. Sein ganzer Körper war ununterbrochen in Bewegung. Wenn er mitgeigte, wechselte sein Körper zwischen allen möglichen Formen ... Johann Strauss gestikulierte lebhaft, durchmaß mit seinen Sprüngen die ganze Weite des Podiums und stampfte mit den Füßen auf ... Er dirigierte seine Walzer viel langsamer, als es üblich war. Kein Takt war dem andern gleich. Überall gab es überraschende Nuancen: ein plötzliches Ritardando, ein unerwartetes Accelerando, ein überraschendes Piano nach einem Forte oder umgekehrt. Er strahlte einen Enthusiasmus, eine Begeisterung aus, die bewirkten, daß das Orchester seinen extremsten Wünschen folgte.«[186]

Die Stunden vor dem Spiegel im Hirschenhaus, in denen Jean seine Bewegungen studiert und erprobt hatte, zahlten sich also aus. Sie hatten ihn zu einem völlig neuartigen und einzigartigen Dirigierstil geführt, der fortan zu seinem eigentlichen Markenzeichen und zum Vorbild für andere Dirigenten wurde. Dies mussten auch Johanns »Agenten« sehen, die im Auftrag des Vaters Jeans Debüt beobachteten, bereit zu Buhrufen und Tumulten, sofern sich nur die Gelegenheit dazu ergab. Der Lamperl-Hirsch war unter ihnen und Haslinger.

Es ergab sich keine. Das Publikum war begeistert. Jean hatte alle Erwartungen übertroffen. Johann Nepomuk Vogl, der Redakteur des *Österreichischen Morgenblattes*, schrieb zwei Tage später:

> »Das Talent ist nicht das Monopol eines Einzigen ... es kann sich vererben. Ich selbst habe nur die Ouvertüre von Auber und die ›Gunstwerber‹ gehört, da es nur Hyper-Enthusiasten möglich war, in dieser Hitze sich mehrere Stunden herumzubalgen, aber aus diesen beiden Piecen habe ich recht gut entnommen, dass in Strauss ein ganz tüchtiges Directionstalent innewohnt und dass er in Hinsicht auf seine Kompositionen denselben Melodienfluss und dieselbe pikante und wirkungsvolle Instrumentirung besitzt wie sein Vater, von dessen Kompositionsweise er nicht einmal ein sclavischer Nachahmer genannt werden darf.«[187]

Deutlich verhaltener reagierte – mag sein, durch Johann geimpft – die *Wiener Allgemeine Musik-Zeitung*. Sie musste etwas schreiben, daher rückte sie unter der Rubrik »Notizen« in letzter Position fünf nüchterne Zeilen ein, die aus dem Diktat des Walzerkönigs oder seines Verlegers Haslinger hätten stammen können:

> »Johann Strauß, der Sohn unseres berühmten Walzer-Compositeurs Herrn Johann Strauß, hat am 15. d. M. in einer Soirée in Dommayer's Casino in Hietzing zum ersten Male mit seinem Orchester öffentlich gespielt; die von ihm componirten und vorgetragenen 2 Walzerpartien erhielten Beifall und zeigen [sic!] von Talent.«[188]

Natürlich war eine derartige Konkurrenz immer interessant – für die Presse, aber auch für den Klatsch im Kaffeehaus, beim Friseur, im Beisel. Schrieb die Presse einmal nicht nach Wunsch, wurde mit Geld nachgeholfen:

> »›Blechen‹ ist der wienerische Ausdruck für ›bezahlen‹, und Moritz Saphir schrieb im ›Humorist‹, daß es bei beiden Sträußen zu sehr prominenter Verwendung der ›Blechinstrumente‹ gekommen sei. Insbesondere Strauß sen. sagte man nach, daß er sich für eine zwischen fünf und zehn Gulden schwankende Taxe in der Presse als ›Wundermann mit Nabob-reicher Walzerphantasie‹ und ›Magnet-Nadel für

alle Tanzmusik-Direktoren‹ preisen ließ, ›der die Walzer-Amouretten aus dem Ärmel schüttle‹.«[189]

Zusätzlich wurde Öl ins Feuer gegossen, etwa im *Wanderer*, wo der Schriftsteller Franz Wiest, ein Ex-Kollege von Moritz Saphir, sein begeistertes Feuilleton schließt mit den Worten: »Gute Nacht, Lanner! Guten Abend, Strauss Vater! Guten Morgen, Strauss Sohn!« Denn Streit ist immer ein gutes Gesprächsthema, er lädt dazu ein, Parteien zu bilden, und Schmähung und Rechtfertigung, Angriff und Verteidigung oder auch bloße Schadenfreude treiben jede Konversation munter voran. Das hält die Kontrahenten ganz oben im öffentlichen Bewusstsein und ist die beste »Werbung«, wie auch Politikern, Wissenschaftlern oder Sportlern bestens bekannt ist. Die inszenierten Schmähungen unter Profiboxern vor ihren Wettkämpfen sind ein anschauliches Beispiel – nachdem der eine den anderen niedergestreckt hat, wird es in aller Regel still um die Kontrahenten. Nicht so um Johann Strauss Vater und Sohn. Drei Tage nach Jeans Debüt inserierte Johann in der *Wiener Zeitung*, dass er nun offiziell in der Sperlgasse wohnt.[190]

Sie belauerten einander; der Vater, auf Konzertreise in Schlesien und Mähren, dirigierte Spione in Jeans Konzerte, die nun in Abständen von wenigen Tagen aufeinanderfolgten. Woher nahm der Sohn das Repertoire und die Zeit zum Proben?

Einen glatten Durchmarsch in die Königsklasse der Wiener Tanzmusik legte er aber nicht hin. Nach wenigen Wochen war die Sensation abgeflaut, die Wiener wechselten zu anderen Themen für ihren Klatsch, und für Jean begannen im Fasching 1845 die Mühen der Ebene. Im Kampf Geweih gegen Geweih zeigte sich die starke Muskulatur des Platzhirschs, der auf Omnipräsenz setzte – und auf Einschüchterung all jener, die Jean musikalisch unterstützten. Sein schärfstes Sanktionsmittel war die Drohung, nie wieder in einem Tanzlokal aufzutreten, das auch Jean beschäftigte. Diesem hielten nur zwei wichtige Lokalbesitzer die Stange: Neben Dommayer war das Wolfgang Reischel, Pächter der Sträußelsäle im Josefstädter Theater, das immerhin neben dem *Theater an der Wien* die wichtigste Institution des vorstädtischen

Kunstlebens war. Ein Durchgang führte vom Theaterbereich zu den *Ballsälen Zum Goldenen Strauß,* wie sie offiziell hießen. Ein würdiger Auftrittsort und ein gutes Omen für ein hoffnungsvolles Straussen- »Hähnchen«.

Den zählbaren Erfolg dagegen konnte der Vater für sich verbuchen: Johann spielte bei 76 repräsentativen Ballfesten auf und war allein für den *Sperl* 31-mal gebucht. Er war überall, wie am 27. Januar ein gewisser Ketony in der *Illustrierten Theaterzeitung* staunte:

> »Als ich neulich gegen Mitternacht auf den Technikerball zum Sperl kam, spielte Strauß gerade seine herrlichen Eunomien-Tänze unter stürmischem Beifall; nachdem ich das schöne Geschlecht, wovon wirklich eine große Anzahl zugegen war, gehörig bewundert, mich an Strauß' Musik und Krieglers köstlichem Gefrorenen ... gesättigt hatte, sagte ich dem Sperl Lebewohl, und fuhr zum Blindenball in die k. k. Redoutensäle, in welchen gerade eine Quadrille in vier großen Colonnen getanzt wurde. - Wie groß war ... mein Erstaunen, als ich an der Spitze des Orchesters Strauß abermals erblickte. Im Verlauf des Balles erfuhr ich, daß er schon von 6-11 Uhr bei Hofe auf dem Kammerballe gespielt hatte. Ich weiß kein Jahr, obwohl ein Dutzend neue Musikdirectoren auftauchen, in welchem Strauß so beschäftigt gewesen wäre.«[191]

Die Wiener profitierten von dem intensiven Gegeneinander. Auch hier bewährte sich der Gemeinplatz von der Konkurrenz, die das Geschäft insgesamt belebte. Der rasante Aufstieg des Wiener Walzers zu einer international führenden Form künstlerischen Entertainments war ohne das kreative Einander-übertrumpfen-Wollen der rivalisierenden Sträusse nicht vorstellbar, wie die *Theaterzeitung* wohlgefällig schrieb:

> »Der junge Strauß gewinnt täglich mehr die Gunst des Publikums. Seine Kompositionen gefallen, sein Vortrag derselben wird stets mit Applaus aufgenommen. Für den Karneval 1845 ist daher bestens gesorgt, und die schönen Wienerinnen haben nun die Aussicht, nach zwei Straußschen Geigen tanzen zu können.«[192]

Wo immer der Vater reüssierte, da wollte es ihm auch der Sohn nachtun. Und Jean ging die Schritte, für die der Vater Jahre benötigte, in ebenso vielen Monaten. Mussten Johann bei diesem Entwicklungstempo nicht die Grausbirnen aufsteigen? Zum Beispiel ging Jean, da das Geschäft in Wien lahmte, sechs Monate nach seinem Debüt auf seine erste Kunstreise außerhalb Wiens: nach Graz.[193] Johann hatte sieben Jahre gebraucht, bis er diesen Schritt erstmals unternahm. Der Vater dirigierte das Erste Bürgerregiment. Der Sohn wurde bereits 1845, elf Jahre später, Kapellmeister des Zweiten und beerbte damit den verstorbenen Lanner. Als Kaiser Ferdinand 1846 seinen 53. Geburtstag feierte, paradierten die Sträuße in Galauniform und Zweispitz im Burghof nebeneinanderher – gerade, dass sie sich nicht duellierten oder ihre Truppen gegeneinander antreten ließen. Der Vater war mit seinem Reise-Orchester auf dem europäischen Parkett erfolgreich – und auch den Sohn zog es »mit seinem eigenen Orchester-Personale« hinaus aus der Stadt. Allerdings graste Jean diejenigen Gebiete ab, die Johann wegen schlechter Reise- und Unterkunftsmöglichkeiten und mangels planbarer und ertragreicher Engagements bislang seltener beehrt hatte: die donauabwärts gelegenen Länder mit ihrer vorwiegend ungarischen, slawischen, rumänischen und jüdischen Bevölkerung. Eine folgenreiche Prägung kündigte sich so an.

Ins ungarische Pest war es selbst mit den damaligen Verkehrsmitteln geradezu ein Katzensprung; so lohnte sich auch der viertägige Aufenthalt vom 12. bis zum 16. Juni 1846, zumal in dieser Jahreszeit in Wien so viel nicht zu besehen war. So fand auch die *Allgemeine Theaterzeitung* lobende Worte für das ungarische Gastspiel. Gleichzeitig merkte sie kritisch den bescheidenen Besuch der Abschieds-Reunion an, zu der gerade einmal 600 Personen erschienen waren – ungeachtet des Beifalls, den Jeans eigens für den Anlass der Tournee komponierter *Pesther Csárdás* unter den ungarischen Patrioten auslöste.

In Wien scharten die beiden Sträuße ganz unterschiedliche Publika und Parteigänger um sich. Der Vater, der bei Hof gut angeschrieben war und dort öfter die Ballmusik geleitet hatte, wusste die Hofkamarilla, den hoffähigen Adel und das politisch konservative, ältere Bürgertum hinter sich und machte sich in der Inneren Stadt breit. Der Sohn suchte die Vorstädte zu bespielen. Mit Kompositionen wie *Die jungen Wiener* und der *Czechen-Polka* setzte er auf die mittleren sozialen Schichten, auf die sich extravagant aufführenden Kinder der Fabrikanten und hohen Beamten, auf die Boheme der Theaterleute, auf Einwanderer und Studenten. Seine Kommilitonen vom Polytechnikum vergaßen ihn nicht und holten ihn 1852 als Dirigenten der Faschingsbälle der Jus- und der Technikstudenten. Früchte dieser langjährigen Aktivität waren etwa die *Architekten-Ball-Tänze* oder die *Promotionen*.

Das Glück kam Jean hie und da zu Hilfe. Vater Johann hatte im Januar 1845 auf das funkelnagelneue, höchst glamouröse *Odeon* gesetzt. Ein größenwahnsinniges Projekt neben vielen anderen, das größte im Wien des Biedermeier. Allein sein größter Saal mit 150 Meter Länge und 34 Meter Breite war gigantisch und bot 10 000 Personen Raum. Der Petersdom in Rom hatte Platz für 20 000 Menschen, die allerdings nicht tanzten, sondern Schulter an Schulter beteten oder so taten, als ob. Zehn Zentner Wachskerzen wurden im *Odeon* pro Abend verbrannt, und 8000 Blumengestecke schmückten die seitlichen Wintergärten, in denen die Tänzer verschnaufen durften. Drei Kapellen sollten gleichzeitig spielen können, ohne einander zu stören. Die Sträusse würden dies 1861 unter Beweis stellen; dafür brauchten sie keine Fremden, sie waren sich selbst genug.

Auf Johanns Entscheidung für das *Odeon* hin bot der *Sperl*-Wirt Scherzer, bislang ein Getreuer des Vaters, seine Spielstätte Jean an. Das Lokal prangte nach einer Renovierung im Glanz einer Gasbeleuchtung.

Im Herbst 1845 wiederum überwarf Jean sich mit Scherzer, und schadenfroh zog Johann wieder ein. Dass Jean zur selben Zeit auch das *Casino Zögernitz* verlor, verbesserte seine Lage nicht. »Strauss Vater steht immer noch als Matador da«, schrieb die Presse. Keimten erste Zweifel an Jeans Eignung zum neuen Walzerkönig auf? In Anna, deren Existenz an der seinen hing? In Josef und den jüngeren Geschwistern? Gar in ihm selbst? Aber nun waren die Brücken und die Boote verbrannt, ein Zurück gab es nicht mehr, nur noch das Vorwärts. Er hatte die Verantwortung für die Familie und deren Lebensstil – und stellte sich ihr, mochte der Druck noch so hoch sein. Stücke mussten her, Beziehungen vor allem und ein neues Orchester, denn das alte war inzwischen zerfallen. Den Preis für die aus alledem resultierenden Arbeitsexzesse würde das Leben später von ihm fordern. War es ein Ausdruck bizarren Humors, wenn Jean einen Tanz aus diesen Tagen *Dämonen-Quadrille* taufte?

Egal, er fing sich wieder, der Erfolg kehrte zurück, um zu bleiben, und schon bald war sein Terminkalender annähernd so voll wie der seines Vaters. Er umfasste in einer typischen Woche des Jahres 1846 sieben Soireen:

Montags: bei der *Waage* auf der Wieden
Dienstags: *Zum Goldenen Strauß* in der Josefstadt, später Soireen im *Odeon*
Mittwochs: *Kremsers Localitäten* am Währingerspitz in Döbling
Donnerstags: *Dommayers Casino*
Freitags: zunächst frei, ab 10. Juli Soiree zur *Walhalla* (der frühere *Engelssaal* im Alsergrund)
Samstags: *Badhausgarten* in Heiligenstadt
Sonntags: *Dommayers Casino*

Noch bewältigte er, wie wir dieser durch die Zeitung *Der Wanderer* kolportierten Aufstellung entnehmen können, all diese Verpflichtungen persönlich.

Strauss (Vater) allerdings war noch stärker beschäftigt. Er hetzte von Fiaker zu Fiaker, war infolge dieses Drucks und wegen seines Ruhebedürfnisses auf Vertretungen angewiesen. Es schien nun manchmal, als ob Jean ihn vor sich hertreibe.

Montags: Fest im Garten des *Odeon* oder große musikalische Soiree im Garten bei den *Sieben Churfürsten*
Dienstags: Nachmittags-Reunion oder Feste im *k. k. Volksgarten*
Mittwochs: Abend-Soireen im Garten zum *Sperl* oder große musikalische Soireen im Garten bei den *Sieben Churfürsten* oder große Soiree zum *Großen Zeisig* am Burg-Glacis oder große musikalische Soireen in den Sommer-Lokalitäten des *Odeon*

Donnerstags: Abend-Soiree in Burgers Gartenlokalitäten zum *Großen Zeisig*
Freitags: Nachmittags-Reunion im *k. k. Volksgarten*
Samstags: Abend-Soiree im *Sperl*
Sonntags: Nachmittags-Reunion in *Ungers Garten-Lokalitäten*[194]

Jean suchte sich nach Art seines Vaters durch Widmungskompositionen beliebt zu machen – nicht nur in Ungarn. Auch in Wien war eine Art »ungarisches Fieber« ausgebrochen – obwohl die politischen Beziehungen sich infolge der nationalungarischen Bewegung und ihrer Autonomiebestrebungen in diesen Monaten zum Schlechteren gewendet hatten. Franz Liszt, der als musikalisches Wunderkind zusammen mit seinem Vater in Wien geweilt hatte wie einst der junge Mozart, war als erfahrener und weit gereister Starpianist zurückgekehrt – auf der Suche nach einer festen Anstellung am Wiener Hof. Als Franz List im deutschsprachigen Westungarn von einer deutschen Mutter und einem deutschungarischen Vater geboren, hat der Musiker geschickt mit beiden nationalen Identitäten jonglieren gelernt. Auf diese Weise konnte ihn im Zeitalter des im Habsburgerreich aufkeimenden Nationalismus jedes Teilreich für sich beanspruchen. Der Gedanke, dass Etiketten wie »österreichisch«, »deutsch«, »ungarisch« oder »slawisch« selten zu etwas Gutem führten, war den meisten Menschen noch fremd. In offiziellen Dokumenten führt man den Komponisten als Ferencz; der ungarisch anmutende Familienname Liszt ist auf die damals übliche Flüchtigkeit in orthografischen Angelegenheiten zurückzuführen. Die ungarische Sprache lernte Liszt erst 1870.

Der »Ungar« Liszt und der »Österreicher« Johann Strauss (Sohn) – wir erinnern uns an seinen Pester Urgroßvater Johann Michael Strauss – wurden sich einig: Zu zweit wollten sie auftreten. Jean und seine Musiker gaben mit Werken von Liszt den Orchesterpart, dieser spielte seine eigenen Stücke für Klavier solo. So kündigte die *Theaterzeitung* für den 18. Juli 1846 ein ländliches Fest in Wolfbergers *Sans-Souci* in der Brühl bei Mödling an. Das Lokal lag weit draußen vor der Stadt; die Südbahn ermöglichte, dass ein Massenereignis daraus wurde. Strauss ordnete sich dem älteren, erfahrenen Maestro unter, ähnlich einem modernen »Support Act«, wie ein Zuhörer berichtete:

> »Liszt ist selbst Alles in Allem und das ganze Programm drehte sich um ihn [...] Strauss spielte schon nachmittags und dann wieder nach dem Lisztschen Konzerte bis in die späte Nacht, nachdem die Wiener und Badner Gäste uns schon lange verlassen hatten.«[195]

Jeans originelle und erfolgreiche Einfälle hatten jedenfalls für eines gesorgt: Johann Strauss (Vater) musste die Bequemlichkeit der Alleinherrschaft aufgeben und sich wieder verausgaben bis zum Letzten. Beispielsweise musste er als Tourneemusiker nachlegen, obwohl er vermutlich niemals nachhaltigen Gewinn aus solchen Reisen ziehen konnte. Daher disponierte er in zeitlicher wie räumlicher Dimension bescheidener, als er das noch in seinen Dreißigern getan hatte. Im Herbst 1845 standen Böhmen und Sachsen auf dem Tourenplan. Sein Stellvertreter in Wien wurde nicht Jean, sondern der zweitklassige Carl Bendl – absolut folgerichtig für Kenner strausssscher Familien-Interna, aber neuer Gesprächsstoff für skandalsüchtige Wiener und die klatschbesessene Presse. Als Nächstes plauderte der *Wanderer* aus, dass Strauss (Vater) Ende September 1846 eine Konzertreise nach Berlin und Hamburg unternehmen wolle. Tatsächlich aber reiste er erst Ende Oktober für drei Wochen nach Brünn, Breslau und Ratibor. Ihm half, dass die Strecke der Kaiser-Ferdinands-Nordbahn im Jahr 1846 bis ins mährische Olmütz fertiggestellt worden war. Den Rest der Strecke musste er mit seinen Musikern mühselig in der Kutsche zurücklegen. Dass er 16-mal in Breslau spielte, wie in der Presse behauptet, dürfte nicht stimmen, da er inklusive Reisetagen nur 22 Tage unterwegs war. Hatte er selbst diese Falschmeldung lanciert? Dass er mit Ruhm und Geld beladen nach Hause kam, muss jedenfalls bezweifelt werden – zumindest, was Geld betrifft. Auf Tournee lebte Strauss (Vater) seit jeher auf sehr spendablem Fuß und ließ sich die Reisen und die Unterkunft viel Geld kosten, und nichts deutet darauf hin, dass er diese Gewohnheit abgelegt hatte.

Erst 1847 war die Lücke zwischen österreichischem und preußischem Bahnnetz fast geschlossen, und die geplante Kunstreise nach Nord- und Mitteldeutschland kam im Oktober zustande. Zur selben Zeit griff auch Jean erneut aus, mit den Zielen Pressburg, Ungarn und sogar Konstantinopel, und mit ihm eine 14-köpfige Truppe, dies können wir dem Reisepass entnehmen. Bis auf drei Männer waren alle Begleiter ledig, viele waren kürzlich erst volljährig gewordene Burschen, die sicherlich darauf brannten, sich im Ausland die Hörner abzustoßen – eine verwegene Truppe also, die sich der junge Musiker da aufhalste.

Die Streithähne brachten auch ihre Verleger gegeneinander in Stellung. Geschick, Geschwindigkeit und Ruchlosigkeit gingen über alles. Das *Theater an der Wien* brachte am 4. November 1845 die englische Oper *Der Liebesbrunnen* auf die Bühne. Johanns Hausverleger Haslinger kündigte umgehend eine Quadrille über Motive aus diesem Werk an. Doch Jean war schneller als schnell: Bereits nach fünf Tagen gab er im Zweiten Caféhaus im Prater erstmals seine Version der *Liebesbrunnen-Quadrille* – nicht etwa ein *Liebesbrunnen-Walzer*, eine Quadrille musste es sein. Und nur eine gute Woche später stand die *Liebesbrunnen-Quadrille* bei seinem Verleger Mechetti in der Auslage. Etwa zur selben Zeit debütierte Hector Berlioz – der romantisch-revolutionäre Musikerheld aus Paris – mit seinem *Carnaval romain* triumphal im *Theater an der Wien*. Auch unter seinen Kollegen wollte er sich beliebt machen und popularitätsfördernde Aufführungen oder Nachschöpfungen auslösen, indem er ihnen Exemplare der Partitur überreichen ließ. Jean griff ohne Zögern zu und brachte das Werk in Döbling bei Zögernitz zu Gehör, während Johann, frisch zurück von seiner Herbsttournee, passen musste. Berlioz saß im Publikum, äußerte seine Anerkennung für den jungen Dirigenten und löste damit wütende Angriffe in der Presse der Gegenseite aus. Johann und sein Verleger schlugen eine Zeit später zurück, als ein anderer »Pariser«, Giacomo Meyerbeer, *An der Wien* seine zensurgerecht überarbeitete Oper *Ein Feldlager in Schlesien* unter dem Namen *Vielka* persönlich uraufführte. Haslinger gelang es nicht nur, dafür zu sorgen, dass keine Partituren verteilt wurden. Er schaffte es auch, seinem Autor das exklusive Privileg auf jedwede Bearbeitung juristisch zu sichern – und sich selbst die Einnahmen aus dem Notenverkauf. Der erboste Jean ließ sich daraufhin einen Klavierauszug aus Berlin kommen – sein Freund, der spätere Operettenkomponist Franz von Suppè, assistierte –, instrumentierte einige Sätze der Oper und führte sie auf. Das konnten Haslinger und

Johann ihm nicht durchgehen lassen. Sie setzten Polizei und Justiz in Marsch. Letztere verbot Jean in aller Form den Vortrag der »Piecen«. Schließlich entschied Meyerbeer persönlich und erlaubte auch Jean, seine Musik aufzuführen.[196] Johann, behauptete Haslinger bei dieser Gelegenheit, wäre menschlich zutiefst getroffen: Er wäre »trotz aller Kränkungen, die er seit einer Reihe von Jahren von seinem Sohn zu erleiden hatte«, vielleicht gar nicht gegen diesen aufgetreten, »wenn er nicht schon so viele Beweise von Intriguen seines Sohnes gegen sich in Händen hätte«[197]

Diese Rivalität war keine halb gespielte wie die zwischen Johann Strauss und Joseph Lanner. Sie war eine erbitterte und zuweilen von Vernichtungswillen geprägte – umso mehr, als sie sich vor dem Hintergrund einer wirtschaftlich und politisch krisenhaften Zuspitzung der Verhältnisse in Wien und in Europa abspielte. Auch die Kunstreisen können als Krisensignale gedeutet werden: Jeans Bukarest-Tournee im Herbst 1847 war auch mangelnden Erwartungen eines guten Geschäfts in Wien geschuldet.

Aber was für eine Persönlichkeit steckte hinter diesem bleichen Milchgesicht, das selbst elf Jahre nach seinem Debüt, als der berühmte Josef Kriehuber es porträtierte, noch nicht recht ausgewachsen schien?

Der Enkel eines Habenichts blickte auf eine materiell im wesentlichen gesicherte Kindheit zurück, selbst wenn die ersten Lebensjahre von wiederholter Entwurzelung überschattet waren. Arm war er höchstens an menschlicher Zuwendung. Sein manisch betriebsamer Vater konnte aus dem Hirschenhaus kein Heim machen, sondern ließ im Gegenteil seine Familie in der Obhut einer zornigen, auf Revanche sinnenden Mutter zurück, kaum dass Jean sich dort halbwegs eingewöhnt hatte. Die emotionale Armut im Hirschenhaus sollte auf die Beziehungen innerhalb der Familie abfärben. Ein unsicherer Mensch war aus ihm geworden, anders unsicher als sein Vater zwar, aber dennoch sichtlich kein Mensch, der in sich ruhte. Im Rampenlicht zu stehen, hasste er – es sei denn auf dem Podest des Kapellmeisters. »Lieber zehn Walzer komponieren als eine einzige Rede halten«[198], soll er einmal gesagt haben. Ein Mann der Masken und der Widersprüche. Marcel Prawy charakterisiert ihn zwar als »Unterhaltungsdirigenten voll suggestiver Kraft, den Manager mit Geschäftssinn«, aber auch als »Patienten mit Phobien, den Spießbürger mit Dämonie«. Aus lauter Paradoxa bestehe Jean:

> »Von dem großen Erotiker kennen wir nur eine einzige erfolgreiche Liebesgeschichte, und auch die hat Gartenlaubencharakter. Er lächelt auf keinem Bild. Er konnte nicht tanzen. Er starb als Sachse. Tausend Ängste quälten ihn. Am ärgsten war die Qual, seinem Image nachleben zu müssen. Immer Johann Strauß zu sein. Ohne diese Ängste wäre er ein Mann ohne Eigenschaften gewesen.«[199]

Stand er auf dem Podium, spürte das Publikum nichts von dieser dunklen Seite des Maestros – ganz im Gegenteil:

> »Johann Strauß galt als ein brillanter Dirigent. Richard Wagner und Hans von Bülow schufen ein neues Image für den Dirigenten der klassischen Musik, Strauß tat dasselbe auf seinem Gebiet. Äußerlich betrachtet, war er das, was man heute einen Showdirigenten nennen würde. (…) Wenn er gerade nicht geigte, war die meistbeschriebene Stellung der hocherhobene rechte Arm, der linke hielt die Geige rechtwinkelig gegen den Oberschenkel. Johann Strauß gestikulierte lebhaft, durchmaß mit seinen Sprüngen die ganze Weite des Podiums und stampfte gelegentlich auch mit den Füßen auf – wenn auch nicht so laut und so störend wie Offenbach.
>
> War er wirklich ein Showdirigent? Nein, denn alles an ihm war ehrlich. Wo immer er auftrat, fand man seine Interpretationen unerwartet und neuartig.«[200]

Mit seinem Vater teilte er die Besessenheit von der Musik und deren perfekter Inszenierung und effektvollen Vermarktung:

> »Johann Strauss Sohn schreibt noch glänzender als seine großen Vorgänger, instrumentiert farbiger, kühner, harmonisiert ungewöhnlicher – Musik von starker Wirkung und von packendem Elan … Die Musiker der Kapelle Strauss glichen einer Gemeinschaft von Besessenen, wenn er am Pult stand, die Hörer gerieten in hemmungslosen Taumel, wenn sie diese Töne vernahmen.«

Er teilte mit ihm auch die manische, die eigenen Kräfte sträflich ignorierende Arbeitswut und die nachfolgenden Zusammenbrüche. Als Melodien-Erfinder war er unschlagbar produktiv. Die Noten sprudelten aus ihm heraus. War kein Papier zur Hand, schrieb er auf Hemdsärmel, ein Tischtuch oder das Bettlaken. Kaum war er richtig in Fahrt gekommen beim Komponieren, dämmerte auch schon wieder der Morgen.

Und mit dem Vater teilte er den Sinn für das Schöne und Luxuriöse – wobei er immer auf der Suche nach etwas war, das er um sich ziehen konnte wie einen undurchsichtigen Vorhang, in dessen Schutz er ganz er selbst sein durfte.

Jeans Erfolg war nicht nur seinen Kompositionen und seiner Bühnenpräsenz zu verdanken, sondern gleichermaßen der minutiösen Vorbereitung. Auch dies hat er von seinen Eltern gelernt. Anna unterstützte ihn effektiv, zum Beispiel, indem sie Musiker von Johann abwarb. So den wichtigen Instrumentator Johann Proksch, ohne den der fulminante Karrierestart vermutlich nicht gelungen wäre.[201]

Annas Scheidung hielt allerhand Demütigungen bereit und zog sich, wie damals in Wien üblich, über Jahre hin. Bis Anfang 1846 war sie am Zivilgericht anhängig. Doch dieses exekutierte nichts als das 300 Jahre alte katholische Kirchenrecht. Dieses kannte das heute bekannte »Zurück auf Los!« nicht, sondern nur eine »Scheidung von Tisch und Bett«, die eine Wiederverheiratung bei Lebzeiten der geschiedenen Partei verbot. Um die Scheidung zu beantragen, mussten die Eheleute sich an ihren Pfarrer wenden. »Dieser war verpflichtet, sich um die Aussöhnung der Eheleute zu bemühen und – im Fall seines Scheiterns – ein Pfarrzeugnis über die erfolglosen Versöhnungsversuche auszustellen.« Erst dann ging die Causa zu Gericht. Es ist leicht vorstellbar, dass Männer, die die Ehe als gottgegebenes Sakrament betrachteten, starken Druck ausübten, und dass vor allem Frauen diesem Druck unterlagen. Manche Pfarrer verweigerten sogar die Ausstellung eines Zeugnisses oder sprachen sich in den Attesten explizit gegen eine Scheidung aus.[202]

Das Wohl der Kinder spielte vor Gericht eine Nebenrolle, weswegen sie selten gehört wurden – eine Hauptrolle spielten dagegen Fragen des Lebenswandels und des Leumunds. Dies lud dazu ein, schmutzige Wäsche zu waschen, um Vorteile für sich herauszuschlagen: in erster Linie das Sorgerecht für die gemeinsamen Kinder und den damit verbundenen Unterhalt. Johann forderte die Herausgabe Edis, Anna wollte alle minderjährigen Kinder unter die Kuratel eines Amtsvormunds gestellt wissen. Dass Johann erneut klamm war – seine Honorare beim *Sperl* waren gepfändet, und dasselbe drohte seiner Gage aus der Hofballmusik[203] –, dürfte seine Position in Sorgerechtsfragen nicht eben gestärkt haben. Natürlich musste er sein Vermögen offenlegen und dürfte damit Entsetzen in Anna ausgelöst haben. Wie er unter diesen Umständen die Unterbringung Eduards in einem Erziehungsinstitut finanzieren wollte, ist unklar.

So liegt der Schluss nahe, dass Johann seinen Jüngsten als Waffe im schmutzigen Krieg gegen seine Frau missbrauchen wollte. Doch was immer aber seine Motive waren: Anna setzte die Scheidung durch. Ihrem Mann hat diese gesellschaftlich absolut nicht geschadet. Die Öffentlichkeit ergriff seine Partei.

Nach seinen überwältigend erfolgreichen und strapaziösen Tourneen der frühen 40er-Jahre schaltete Johann, wie wir wissen, einen Gang zurück und blieb vorerst im Nahbereich Wiens. Für ihn war die Zeit gekommen, nicht nur seine Ehe hinter sich zu bringen, sondern auch seine Position bei Hof zu festigen. Auch hierzu dachte er sich etwas Besonderes, sehr Wienerisches aus. Schon viele Kapellmeister hatten aufgespielt, wenn bei Hofe getanzt wurde. Aber er wollte nicht nur dies – er wollte sich abheben von all den anderen, die dies getan hatten.

Und es glückte. Nur zwei Tage nach der Scheidung marschierte er reibungslos durch mit seinem Gesuch auf den repräsentativen Titel des Hofballmusik-Direktors, der eigens für ihn geschaffen wurde. Am Tag nach Dreikönig 1846 erhielt die kaiserliche Privatkanzlei ein umfangreiches Konvolut von Dokumenten, dazu ein Anschreiben von der Hand des »in tiefster Ehrfurcht gezeichneten« Johann Strauss. Wie lang mag er darüber gebrütet haben an Weihnachten, an Silvester, an Neujahr, im Bett bei Emilie, die Scheidungsverhandlung im Hinterkopf? Johann weist darin auf all seine Verdienste hin, nicht nur für die

Hofballmusik. Denn »auserdem hatte er bey seinem öffentlichen Wirken … keine Gelegenheit versäumt, auch für wohlthätige Zwecke aller Art nach Kräften beyzutragen« – dies sollten die beigefügten Dokumente belegen, vermutlich Dankschreiben des Magistrats sowie gedruckte Ankündigungen und Zeitungsartikel. Johann wollte nichts dem Zufall überlassen und das allerhöchste Gedächtnis auffrischen. Mit einem unglaublich geschraubten Satz fuhr er fort, dass »überhaupt dieses sein ganz uneigennütziges Wirken nur von der guten Absicht begleitet war, in seiner geliebten Vaterstadt möglichst gemeinnützig zu seyn«. Wie schon zitiert, »waget [er] … in tiefster Ehrfurcht zu bitten, Eure Majestät geruhe, ihm die Allerhöchste Gnade zu verleihen, den Titel eines k. k. Hofballmusik-Direktors führen zu dürfen. Sein Bestreben wird stets dahin gerichtet seyn, sich dieser ihm so hoch beglückenden allerhöchsten Gnade würdig zu zeigen.« Und kaum zwei Wochen später hielt er das Dekret des Obersthofmeisteramtes in Händen. Es gilt dem »Kapellmeister des ersten Wiener Bürgerregimentes«, nicht dem Musikunternehmer oder dem Privatmann. »Von Seiner Majestät anzufügen«, also auf deren ausdrücklichen persönlichen Wunsch, »findet sich der unterfertigte Stellvertreter des Ersten Obersthofmeisters Seiner Majestät des Kaisers bewogen, demselben« – also Johann – »hierdurch den nachgesuchten Titel eines k. k. Hofballmusik-Direktors mit dem Beifügen zu verleihen, daß mit diesem Titel kein Gehalt oder Emolument, sowie auch kein ausschließender Anspruch auf die Uibernahme und Leitung der Musik bei den Hof- oder Kammerbällen verbunden ist«[204]. Ein Emolument war eine regelmäßige, aber in ihrer Höhe schwankende und dadurch unberechenbare Zuwendung in Geld oder Naturalien. Bereits die Herkunft des Wortes vom lateinischen emolere (»herausmahlen«) spricht Bände über die Würdelosigkeit der Manöver, mit denen diese Zuwendungen oft erjagt werden mussten. Mit heutigen Worten könnte man sagen: Es gab bei Hof keine Planstelle für einen Hofballmusik-Direktor.

Diese Ernennung dürfte der größte persönliche Erfolg seines Lebens gewesen sein. Faktisch blieb zwar alles beim Alten. Johann durfte mit seinen Konkurrenten zusammen um allerhöchste Aufträge buhlen

Eine Farblithografie von 1900 zeigt Johann Strauss Sohn mit seinem vorschriftsmäßig uniformierten Orchester während eines Hofballes.

und sich, fiel die Wahl auf ihn, mit den üblicherweise bescheidenen Honoraren zufriedengeben. Wer diese Konkurrenten sein konnten? Auf einen möglichen verweist der winzige Zusatz »senior« am Namen des Adressaten.

Immerhin: Nun war er sozusagen »k. k. Hoflieferant«, was ihm zwar in Wien keine Türen mehr öffnen, aber im Ausland für zusätzlichen Glanz sorgen konnte. Einstweilen hielt der Vater den Sohn in seinem europäischen Revier auf Abstand, und dieser Abwehrkampf war keine Show für die Öffentlichkeit, sondern bitterer Ernst – das beweisen die teils geglückten Versuche, einander auszutricksen.

Ob sie sich je aussöhnten? Jean behauptet es in seinen Erinnerungen: »Als ich schon etliche Erfolge aufzuweisen hatte, versöhnte er sich damit, und die Anerkennung, die mein künstlerisches Streben bei meinem Vater fand, zählt zu meinen schönsten und freudigsten Erinnerungen.«[205] Das klingt schön, es klingt aber auch nach verkaufsfördernder Rollenprosa. Belastbare Beweise, etwa in Gestalt privater Briefe, fehlen. Auf Jeans spätere öffentliche Verbeugungen vor Johann, auf Presse und Biografen ist kein Verlass, denn sie verfolgten, mal eskalierend, mal harmonisierend, ihre eigene Agenda. Eine feierliche »Re-Union« auf der Bühne oder gemeinsames Konzertieren sind nicht überliefert.

Eher ist davon auszugehen, dass ihr privates Verhältnis nie geheilt wurde. Hätte Johann sonst im Oktober 1847 in seinem Testament, niedergelegt beim Wiener Zivilgericht, seine Kinder mit Anna – also auch Jean – auf den bloßen Pflichtteil gesetzt und Anna komplett vom Erbe ausgeschlossen? »Emilie Trampusch, k. k. Kameral-Arztens Tochter zu einem und deren Kinder Johann, Emilie, Klementine, Marie und Therese Trampusch zum anderen Theile«[206] sollten sein Vermögen erben. Offenkundig sah er sich aller Verpflichtungen seiner Familie gegenüber ledig. Anna musste in einen Abgrund von Ohnmacht und Doppelmoral geblickt haben. Welche Gefühle dieser Blick in ihr ausgelöst haben mochte, ist leicht vorstellbar. Vielleicht waren es Empfindungen wie diese, die ihre Feindschaft gegenüber Johann und dessen Zweitfamilie zementierten und sie zugunsten ihrer Kinder zu Höchstleistungen motivierten. Der Druck ihrer Erwartungen an Jean wiederum muss enorm gewesen sein. Annas unversöhnliche Feindschaft zu den Trampuschs überdauerte Johanns Tod: Wütig reklamierte sie, die eigentliche »Frau Johann Strauss« zu sein und die wahrhaft trauernde Hinterbliebene.

Worin aber bestand überhaupt das zu erbende Vermögen Johanns? Bleibende Reichtümer hatten ihm seine Musik und seine Erfolge nicht gebracht, daran änderten auch die Ehrentitel und die vielfältigen, zuverlässigen Engagements nichts. Seinen Unterhaltszahlungen an seine erste Familie kam er manchmal so schleppend nach, dass er gepfändet wurde. Sogar seine rote Uniform, ohne die er sich bei Hof nicht sehen lassen durfte, war einmal an der Reihe; gerade noch rechtzeitig konnte er sie auslösen.

Spätestens mit dem Tod ihres Liebhabers musste Emilie Trampusch übrigens beweisen, dass sie sich selbst zu helfen wusste. Von ihren acht Kindern, die sie ihrem Johann im Verlauf von elf Jahren geboren hatte, waren fünf am Leben. Wie sie sich mit ihnen durchschlug, ist nur ungefähr und aus überwiegend zweifelhaften Quellen bekannt, aber sie schlug sich durch. Ein Dreivierteljahr nach dem Tod ihres Lebensgefährten war sie wohl erneut schwanger – von wem, ist unbekannt. Eine Antonia Wetscherscha aus der Schönbrunner Straße 54 in

Margarethen befreite sie von der Sorge um den kleinen Ernst Emil, der in ihrer Obhut am Wasserkopf starb, keine drei Monate alt. *Zur Goldenen Sonne* hieß das Haus, in dem er seine kurze Lebensspanne vermutlich mehr vegetierte als verlebte – über ihm hat die Sonne nie golden geschienen.

Die sozialen Verhältnisse hatten sich seit Jahren verschlechtert. Die Einführung der Verzehrsteuer am Wiener Linienwall, die ab 1829 innerhalb desselben alle Lebensmittel verteuerte, hatte Krawalle hervorgerufen, bei denen Linienämter zerstört und Finanzbeamte verprügelt wurden. Seit 1830 stieg in Böhmen, Mähren und Schlesien die Arbeitslosigkeit. Auch Wien blieb von ihr nicht verschont. Die Arbeitslöhne waren niedrig; in Wien, wo sie noch am höchsten waren, verdiente ein Arbeiter in der Woche fünf Gulden, eine Arbeiterin die Hälfte. Handwerker gingen zugrunde, Bauern gerieten in Verschuldung. Die Landwirte in den österreichischen Gebieten reagierten seit dieser Zeit wiederholt mit Steuer- und Abgabeverweigerungen.

Ein fernes, aber nachdrückliches Alarmzeichen war die Pariser Revolution von 1830, die weitere Revolten in Belgien, Polen, Italien und einigen deutschen Staaten nach sich zog, Österreich aber umging. Die »Kellerkinder« blieben einstweilen ruhig, deren Lebensumstände ein Roman schildert:

> »Wer zuweilen beobachtend die Vorstädte Wiens, besonders die entfernteren, ärmeren durchwandert, hat gewiss schon dort, wo sonst nur die Luftlöcher der Keller zu sein pflegen, jene staubigen, kotbespritzten Fenster bemerkt, durch die man die bedauernswerthen Bewohner, an dem schwachen Lichtstrahle zusammengedrängt, ihr mühseliges Tagewerk vollbringen sieht. Feuchter, dumpfer, athembeklemmender Dunst schlägt einem entgegen. Es nützt nichts, die Fenster zu öffnen, mehr Staub und Mist als Luft kann durch dieselben eindringen. Von der Decke tropft die Nässe herab, das Stroh in den Betten, die Kleider im Kasten sind mit Schimmel belegt, in allen Winkeln wachsen Schwämme, an den Wänden kriechen Kellerschnecken herum, die ganze Nacht hindurch ist der Fußboden ein Tummelplatz der Ratten und Mäuse.«[207]

1846 brach eine internationale Wirtschaftskrise aus, die besonders Österreich stark erschütterte. Der Verkehr, der der Stadt Wien 20 Jahre lang eine nachhaltige Industrialisierung beschert hatte, verpasste ihr in den 40er-Jahren einen schweren Dämpfer – ironischerweise durch eben die Nordbahn, die die Konjunktur zuvor befördert hatte. Der Monopolbetrieb drehte nämlich ungeniert und ungehindert an der Kostenschraube, wodurch die Preise der lebenswichtigen Kohle an den Wiener Märkten ins Fantastische stiegen und kleine Fabrikanten zwangen, ihre Dampfmaschinen stillzulegen. Die Bankrotte häuften sich. Die Witterungsunbilden brachten ganz Europa Missernten und Teuerung beim täglichen Brot. Regen und Hagel waren nicht die einzigen Gründe. Die Landwirtschaft hatte nicht Schritt gehalten mit dem Wachstum der Bevölkerung. Justus Liebigs bahnbrechende Erkenntnisse über mineralische Bodendüngung wurden noch weithin verlacht. Die Bauern ackerten im Wesentlichen so, wie sie es seit Jahrhunderten getan hatten. Die Kartoffelfäule verursachte Ernteausfälle und Teuerung.

Der Winter von 1847 wurde für die einfachen Wiener fürchterlich, hauptsächlich für die Arbeitslosen. Verhungernde fielen auf der Straße um, fast jeden Tag wurden Brotläden gestürmt. Eine wütende Menschenmenge attackierte die Kartoffelhändler. Auch in Berlin kam es im April zur, später »Kartoffelrevolution« genannten, Hungerrevolte. Ähnliche Aufstände wiederholten sich seit 1845 regelmäßig, zumal nach den Missernten dieser Jahre. Der Zorn der Armen flammte überall auf, ob in Italien, Ungarn, Böhmen und Polen, ob in Preußen oder Baden, in England oder Irland. Das Militär schlug ihn nieder. Mit dem Schrei nach Brot kam der Schrei nach Bürger- und Menschenrechten: in Offenburg die »Forderungen des Volkes von Baden«, die auch die nach der Pressefreiheit einschlossen. Die Deutschen Karl Marx und Friedrich Engels gründeten in London den *Bund der Kommunisten*. Die Wohlhabenden glaubten, die Not durch Suppenküchen beheben zu können, und die Stadt stellte Tausende zu Notstandsarbeiten an – etwa zu Erdarbeiten im Prater und in der heutigen Brigittenau. Für zwölf Stunden Arbeit erhielt ein Erwachsener 20 und ein

Kind 15 Kreuzer. Das reichte für zwei Tage Brot und Suppe.[208] Hilfsorganisationen entstanden, die Unterstützungen an Arbeitslose auszahlten. Sogar Tanzkapellen – auch Johanns Orchester – veranstalteten Wohltätigkeitsbälle oder -konzerte. Die Obrigkeiten Europas waren nicht vorbereitet auf allgemeines Hungerelend und konnten den Mangel nicht durchgreifend lindern. Die Wohlhabenden dachten, wie sie es meist tun, zuerst an sich.

Das Jahr 1847 begann für die Sträusse dennoch wie jedes andere. Bei seiner »Conversation« am Neujahrsnachmittag spielte Johann Strauss (Vater) die *Troubadour-Walzer* seines früheren Weggefährten und Konkurrenten Lanner – dessen Musik lebte und versöhnte. Ausgesöhnt hatte sich Johann sogar mit dem *Dommayer*-Wirt, obwohl dieser Jean nach wie vor regelmäßig auftreten ließ. Außerdem bespielte er das *Hietzinger Casino* im Wechsel mit dem *k. k. Volksgarten.*

Der Fasching hatte nur eine kurze Saison, er endete bereits am 16. Februar. Zumindest Johann war außerordentlich gut gebucht. Jeans für den 1. Mai angekündigtes Frühlingsfest unter freiem Himmel am Währingerspitz, auf etwa halbem Weg zwischen Leopoldstadt und Salmannsdorf in Döbling gelegen, fiel buchstäblich ins Wasser. Die für den folgenden Tag angesetzten Sonntagnachmittags-«Conversationen« beider Sträusse mussten im Saal stattfinden; die Gärten standen noch halb unter Wasser. Und so ging es weiter, den Sommer hindurch. Zahlreiche Feste fielen aus oder mussten aus Sparsamkeit auf ihre spektakuläre Illumination und Dekoration verzichten. Oder sie mussten neu angesetzt werden, teilweise mehrmals. So am 7. Juni ein großes Fest am Wasserglacis unter Johanns Leitung. Der Reinertrag des Festes war »zur Vertheilung von Brot für arme Familien« bestimmt. Am anberaumten Tag war das Wetter zu wechselhaft und kühl. Am 9. Juni musste es kurz nach Beginn abgebrochen werden, denn um 8 Uhr abends begann es plötzlich zu regnen. Die Kioske boten nicht genug Schutz vor der Witterung, »und so wurde mancher Putz ein regendurchweichtes, trauriges Wahrzeichen von der Vergänglichkeit der Schönheit«[209], wie Moritz Saphirs *Humorist* am 11. Juni notierte. Am 14. Juni neu angesetzt, fiel es erneut aus und konnte erst am 19. Juni trotz grauen Himmels und kühler Abendluft glücklich steigen.

Im Vielvölkerstaat Österreich war die Gemengelage besonders kritisch, denn wenn soziale Anliegen sich mit nationalen verbanden, stieg gewöhnlich die Vehemenz des Protestes. In Wien brodelte es allerdings einstweilen nur unter der Oberfläche. Aber erkennbar saß auch den tanzwütigsten Wienern das Geld nicht mehr so locker wie zuvor. Das *Odeon* veranstaltete am 16. Mai 1947 »Eine Nacht in Venedig mit illustrierter Darstellung des weltberühmten Volksfestes am St. Marcusplatze und der Regatta auf dem Canal grande«. Johann dirigierte. Man gab für dieses glänzende Spektakel 5000 Eintritts-Billetts zum Vorzugspreis von je 40 Kreuzern aus – »ist diese Anzahl vergriffen, so tritt der Cassa-Preis pr. Stück 1 fl. 20 kr. ein« – und blieb auf 2000 davon sitzen. Auf ganze 2.000 Gulden also summierten sich die Einnahmen – ein Desaster, wenn man bedenkt, dass allein Blumenschmuck und Illumination der Tanzsäle für einen Abend Tausende verschlingen und ein Vielfaches der Musikergagen kosten konnten. Einige Wiener begannen sich Sorgen zu machen um Johanns Verbleib, meldete die *Theater-Zeitung*, der sich »ausnutzen lassen« müsse in seiner Heimat, während verlockende Offerten aus London und St. Petersburg auf seinem Schreibtisch lägen. Seine Ankündigung einer neuen Auslandstournee quittierten sie mit argwöhnischer Verlustangst.[210]

Die neue Sparsamkeit bekamen auch die Sträusse zu spüren. Jeans Terminkalender für den Sommer weist regelmäßige Lücken zwischen den Engagements auf. Doch nicht nur seine Einnahmen scheinen eingebrochen zu sein, auch diejenigen seines Vaters. Er versäumte seine Unterhaltszahlungen; bald stand Anna das Wasser bis zum Hals. Josef, eigentlich auf dem Weg zum Architekten und Ingenieur, musste seine Studien unterbrechen, um als Bauzeichner beim Architekten und Stadtbaumeister Anton Ubel in der Praterstraße hinzuzuverdienen – mal wieder. Er fügte sich Annas Wunsch, wie er es noch wiederholt tun würde.

Kapitel 13

Freiheits-Lieder: Die Musik der Barrikaden

Als in den späten 40er-Jahren das – wie wir sahen, überhaupt nicht beschauliche – Biedermeier endete, hatte auch Wien sich deutlich gewandelt. Ein Zeitgenosse, Franz Ziska oder Tschischka, beschreibt, wie modern und geordnet es sich den Besuchern bereits präsentierte – zumindest wenn diese die Vorstädte und deren Elend nicht zu Gesicht bekamen:

> »Vortrefflich sind Wiens Anstalten zur Sicherheit und Bequemlichkeit. Das Straßenpflaster in der Stadt ist durchaus von schwarzgrauem im Viereck behauenem Granitstein. Auch die Fahrwege über das Glacis und ein sehr großer Theil der Vorstädte ist mit demselben Pflaster versehen. Die innere Stadt wird nun des Nachts mit Gaslichtern beleuchtet, die theils bis Tages-Anbruch, theils bis zwei Uhr Morgens brennen.
>
> Ebenso ist die Stadt ganz von unterirdischen Kanälen durchschnitten, die sich in die Donau ausmünden. In dieselben, da sie unter allen Gassen weglaufen, werden aus allen Häusern die Unreinlichkeiten durch Neben-Canäle geführt, welche dann gelegentlich durch das Regen- oder Brunnen-Wasser fortgeschwemmt werden, das in die von Strecke zu Strecke angebrachten, vergitterten Canallöcher eindringt.
>
> Täglich werden alle Gassen durch Taglöhner und Leute der freiwilligen Arbeitsanstalt [Armenhaus] gekehrt und der Mist [Abfall, auch der, den die Zugtiere hinterließen] auf Karren fortgeschafft. So auch im Winter der Schnee. Die Hausherrn sind verpflichtet, beim Glatteis vor ihren Gebäuden den Weg mit Sand bestreuen, und in den Sommermonaten aufspritzen zu lassen, so wie dies letztere Geschäft für die Hauptallee des Praters und die Hauptstraßen in den Vorstädten den Gemeinden obliegt.

Zur Verhütung jeglicher Gefahr darf in der Stadt nur im Trapp gefahren werden; auch ist der Feuersicherheit wegen auf öffentlicher Gasse das Tabakrauchen verboten.«[211]

Bei den »Taglöhnern und Leuten der freiwilligen Arbeitsanstalt«, bei den kleinen Leuten also war allerdings nichts in Ordnung. Obwohl manche von ihnen sogar ihre sechsjährigen Kinder in Tages- und Nachtschichten in die Textil- und Spinnfabriken schickten, kamen sie kaum über die Runden. Die Ausbeutung der arbeitenden Menschen in den sozial niedrigen Schichten der Bevölkerung hatte dramatische Ausmaße angenommen und trieb viele Wiener nach Amerika in die Emigration. Die Arbeitslosigkeit nahm zu, Zehntausenden reichte das Geld nur zum Nötigsten. Das Wachstum erlahmte, der Druck gerade auf die kleinen Leute wurde zu einer wesentlichen Triebkraft ihres Zorns. Ein Abend in einem der hell erleuchteten Ballsäle der Stadt war jetzt auch für Handwerker und Lohnarbeiter ein unerreichbarer Traum. »Jeden Tag Ball und kein Kreuzer Geld im Sack«, schrieb ein Satiriker in der *Theaterzeitung* unter seine Karikatur.

In grellem Kontrast dazu stand der Überkonsum der dünnen adelig-bürgerlichen Oberschicht. Der Bedarf an kostbaren Ballkleidern war enorm. Dementsprechend hatten Schneiderwerkstätten wie etwa der berühmte »Gunkel« Hochsaison. Ein Schneidergeselle hatte um diese Zeit eine 97-Stunden-Woche abzuleisten. Dafür bekam er etwa acht Gulden pro Woche, also im Jahr etwa 400. Die Hälfte davon wurde ihm vom Meister abgezogen für Quartier und Verpflegung. Um sich vorzustellen, wie kärglich diese Besoldung war, braucht man sich nur in Erinnerung zu rufen, dass die Monatsmiete einer bürgerlichen Wohnung innerhalb der Basteien von Wien damals 5.000 Gulden kosten konnte, was jene Menschen, die von ihrer Hände Arbeit lebten, fast zwangsläufig auf die Vorstädte verwies oder sie dorthin verdrängte.[212]

Dem Geschäft mit der Unterhaltung war dies nicht förderlich – auch nicht den Sträussen mit ihrer hervorgehobenen, aber keineswegs unangefochtenen Stellung darin. Zwar dürften sie zufrieden registriert haben, dass im Juni 1847 der erste Linienwagen die Vorstädte mit der

Inneren Stadt verband und den Verkehr belebte. Aber die für profitable Auftritte benötigten Menschenmassen waren schwieriger zu mobilisieren. Für Johann galt es am Aufwand zu sparen: Wiederholt blieb der »Lamperl-Hirsch« ohne Beschäftigung. Der *Hans-Jörgel* nörgelte: »Aber na! Heutzutag muss alles billig sein!«[213]

Der Ausweg war der übliche: Kunstreisen. Johann schlug sich sechs Wochen in Preußen um die Ohren, Jean zog es wieder in Richtung Balkan. Dieser Ersatz bot sich im Folgejahr nicht ohne Weiteres. Denn in Wien hatten sich die Verhältnisse schlagartig umgekehrt. Das politische System von Stillstand und Repression, das der Wiener Kongress ins Werk gesetzt hatte, war am Ende. Denn dieser hatte in Europa weder die soziale noch die nationale Frage gelöst. »Frühling der Völker« war der Kampfbegriff für die Sehnsucht der »Unerlösten« nach Freiheit und Wohlstand in nationaler Einheit. Diesem Erlösungstraum hingen nicht nur die Elenden an, sondern auch die Intellektuellen. Als »Philhellenen« nahmen sie teil am Befreiungskampf der Griechen gegen die Osmanen – ideell oder sogar physisch, wie der romantische Dichter Lord Byron. Nach dem gescheiterten Warschauer Aufstand von 1830, der auch Chopin in die Emigration getrieben hatte, sympathisierten sie mit den Polen. Den Begriff vom Völkerfrühling schuf der deutsche Publizist Ludwig Börne drei Jahre nach dem Wiener Kongress. Bis heute lebt er weiter in Wendungen wie »Prager Frühling« oder »Arabischer Frühling«.

Die Regierung unter Führung des greisen Metternich – letztlich eines Mannes des 18. Jahrhunderts – verschloss die Augen davor. Aber ein Mann ahnte es: Erzherzog Johann, der Bruder des Kaisers Franz und »grüner Rebell« der Steiermark, der wohl intelligenteste der damals regierenden Habsburger – und der integerste, der wenige Monate später als Reichsverweser in der ersten gesamtdeutschen parlamentarischen Regierung eine politische Schlüsselrolle spielen sollte. Er vertraute am 1. Januar 1848 seinem Tagebuch an:

»Wir stehen am Vorabend von Ereignissen der bedenklichsten Art. Und noch will man nicht begreifen, dass es auf dem bisher eingehaltenen Wege nicht mehr gehen kann. [...] Die große französische Revolution und die napoleonischen Kriege haben Kräfte aufgeweckt, die man nicht mehr beiseite schieben kann ...«[214]

Am wenigsten konnte man dies im Vielvölkerstaat Österreich tun. Diesem drohte der komplette Zerfall, wenn die nationalen Bewegungen siegten. Schon wenige Wochen später bewahrheitete sich sein Kassandra-Ruf, zunächst in Italien, dessen Norden unter österreichischer Herrschaft stand. Die Forderungen der lombardischen Aufständischen: Freiheit von Fremdherrschaft, nationale Einheit, Bürgerrechte, Linderung der Not. Schnell sprang der Funke auf die habsburgischen Erblande über. Zur selben Zeit, als die Lombardei sich im Fünf-Tage-Aufstand von Mailand von Habsburg lossagte, brach auch in Wien die Revolution los. Am 13. März 1848 tagten im Landhaus in der Herrengasse die niederösterreichischen Stände. Eine Menge von Studenten, Arbeitern und Bürgern versammelte sich um das Landhaus. Demonstranten überreichten an die Ständevertreter eine Petition für Presse-, Lehr- und Lernfreiheit, Aufhebung der Zensur, Minister, die nicht dem Kaiser, sondern einem noch zu wählenden Parlament verantwortlich waren, Bewaffnung des Volkes in der Form einer Nationalgarde. Als um die Mittagszeit von der Regierung alarmierte Truppen in die Stadt einmarschierten und auf die unbewaffnete Menge schossen, begann eine Straßenschlacht. Kaiser Ferdinand der Gütige soll im Angesicht der protestierenden Wiener Bevölkerung Metternich gefragt haben: »Was mach'n denn all die viel'n Leut da? Die san so laut!« Dieser antwortete: »Die machen eine Revolution, Majestät.« Ferdinand fragte darauf ratlos: »Ja, dürfen's denn des?«

In ihrer Hilfosigkeit setzte die Regierung am Nachmittag den Kanzler Metternich ab, der sich nach England absetzte. Eine Karikatur zeigte den Verlierer der Stunde auf einem Eselsrücken, im Damensitz und umweht von rot-weiß-roten und schwarz-rot-goldenen Flaggen. Das habsburgische Schwarz-Gold hatte vorerst ausgedient. In der Nacht nach seiner Entlassung machte die Regierung erste Konzessionen. Da sie aus Sicht der Aufständischen unzureichend waren, hielten die

Straßenschlachten bis zum 15. März an. Am Nachmittag dieses Tages erklärte die Regierung Fürst Felix zu Schwarzenbergs: Kaiser »Nandl« werde sämtliche Wünsche erfüllen und eine Verfassung vorlegen. Ferner werde im Juli die erste österreichische Nationalversammlung stattfinden. In den nächsten Tagen beruhigten sich die Gemüter. In allen Stadtteilen begannen sich bewaffnete Bürger zu einer Nationalgarde zu formieren. Allerdings hatten dort sehr unterschiedliche Kreise das Sagen. Da die Abteilungen nach den Stadtbezirken entstanden waren, entsprach ihre Zusammensetzung dem sozialen Gefüge der einzelnen Stadtteile. In der Inneren Stadt hatte die Garde einen bürgerlichen Anstrich. In vielen Vorstadtbezirken kamen die Mitglieder aus proletarischen Schichten. Auch die Studenten schlossen sich zu bewaffneten Studentenlegionen zusammen. Das Militär, geschlagen und ohnmächtig, zumal ein Teil der Soldaten mit den Aufständischen sympathisierte, zog sich in die Kasernen zurück. Die Wiener sahen ihre Revolution als beendet an. »In der Stadt setzten wieder Handel und Wandel ein. Der von Natur aus heitere und oft nicht allzu tief lotende Sinn der Wiener verlangte nach seinen gewohnten Vergnügungen«[215], schrieb Otto Schneidereit über diesen »Wiener Frühling«. Bereits am 19. März – also sechs Tage nach den ersten Demonstrationen – gab Johann Strauss ein Konzert im *Volksgarten*. Es war gut besucht, und das Publikum, das sich zu einem erheblichen Teil aus Angehörigen der Nationalgarde zusammensetzte, bejubelte seinen schnell geschriebenen Österreichischen *Nationalgarde-Marsch*. Er schob noch einen *Freiheitsmarsch* und am 30. April einen *Marsch der Studenten-Legion* nach. Dieser Miliz hatte Pepi sich angeschlossen. Ende Juli brachte er den *Marsch des einigen Deutschlands* und die Walzer *Schwarz-Rot-Gold* auf das Wasserglacis. Seinen Posten als Kapellmeister des Ersten Bürgerregiments legte er nieder und wurde Kapellmeister der Nationalgarde seines Bezirks, der Inneren Stadt. Zählte sich also auch das gewesene Leopoldstädter Kellerkind, das nun in behaglichen Verhältnissen in der Inneren Stadt wohnte, zu den Revolutionären?

Jean erlebte diese euphorischen Tage nicht in Wien. Er hatte seine im Oktober 1847 begonnene Konzertreise nach Pest, Belgrad und Bukarest bis in den Mai 1848 ausgedehnt. In Bukarest – die Märzaufstände hatten sich mittlerweile herumgesprochen – leistete er sich eine »echte Köpenickiade« (Marcel Prawy), die einer seiner späteren Operetten hätte entstammen können. Sie sollte ihn noch bitter reuen. In der schmucken Galauniform des Zweiten Bürgerregiments mit Zweispitz und weißem Federbusch drang er nämlich mit 14 Auslandsösterreichern in das Amt des österreichischen Generalkonsuls ein, um mit gezücktem Säbel gegen die hohen Konsulatsgebühren zu protestieren. Doch der »Putsch« misslang. Der Generalkonsul ließ die ungebetenen Besucher durch bewaffnete Walachen hinauswerfen. Jeans Zweispitz büßte im Handgemenge seinen weißen Federbusch ein. Der Generalkonsul machte einen entsprechenden Bericht an das Staatskanzleramt nach Wien – als allerdings das Papier dort eintraf, gab es keinen Staatskanzler Metternich mehr ...[216]

Am 23. März gab er sein Abschiedskonzert in Bukarest und spielte dabei seinen neuen *Rumänischen Nationalmarsch*, eine Blitzproduktion, denn tags vorher hatten sich die Rumänen gegen die Ungarn erhoben. Auch nach seiner Rückkehr nach Wien legte er Revolutionäres vor: etwa die frechen *Barrikaden-Lieder*, die später *Freiheits-Lieder* hießen, den *Revolutions-Marsch* und den *Studenten-Marsch*. (Diese Werke werden übrigens bis heute nur selten gespielt – und nie beim Neujahrskonzert der Wiener Philharmoniker.) Mit den Märschen und Tänzen, die er für die fortschrittlicheren Studenten und Nationalgarden schrieb, eckte er an bei den Behörden bis hinauf zum Wiener Hof. Mit der Polka *Liguorianer-Seufzer* kommentierte er die gewaltsame Vertreibung der Liguorianer – heute eher bekannt als Redemptoristen. Dieser Orden war verhasst, weil man ihm Spitzeldienste für Metternichs Polizei unterstellte. Deutlich hört man, wie Jean das Klirren von Fensterscheiben und Elemente der »Katzenmusik« verarbeitet hat. Die Katzenmusik oder das Charivari war eine kakofone Mischung aus Volksauflauf und Femegericht, also verwandt mit dem bayerischen Haberfeldtreiben. Das Charivari war in diesen Tagen als Form des spontanen Protestes gegen Obrigkeit und Profiteure der Krise so verbreitet, dass sogar ein kurzlebiges Satireblatt des Revolutionssommers sich *Wiener Charivari / Katzenmusik* nannte.[217] Der *Revolutions-Marsch* enthält Motive ungarischer Musik und erinnert an den in Ungarn volkstümlichen *Rákóczi-Marsch*, der sich gegen die Herrschaft der Habsburger richtete und daher verboten war. Auch dieser in der elegischen Haupttonart a-Moll gehaltene, recht unmilitärisch swingende Marsch mit seinem (so Helmut Reichenauer) »luftig-fröhlichen« Trio sollte nur wenige Monate später Opfer der politischen Zensur werden. Verboten und eingestampft, durfte er nach 1848 nicht mehr gespielt werden und geriet fast 150 Jahre lang in Vergessenheit. Auch für die *Barrikaden-Lieder* und den *Brünner Nationalgarde-Marsch* kassierte er vorübergehende Verbote. Die Polizei beschlagnahmte sogar die Noten.

Die neue Verfassung war eine Verfassung der Herrschenden ohne Beteiligung der niederen Stände. Ein Wahlrecht nach Steuerklassen beschränkte drastisch die Demokratie. Ein Herrenhaus, dessen Mitglieder vom Herrscher ernannt wurden, sollte die Entscheidungen des Abgeordnetenhauses notfalls neutralisieren. Der Monarch behielt sich ein Vetorecht vor. Die Bauern wurden nicht entlastet. Die Enttäuschung über diese Verfassung führte dazu, dass von nun an die radikalen Demokraten den Kurs der Revolution bestimmten. Ein neuer Aufstand fegte die restauratorische Konstitution hinweg – der größte Erfolg der demokratischen Bewegung während der Revolution 1848 in Wien –, und wieder kehrte gespannte Ruhe ein. Der überforderte Kaiser floh nach Innsbruck und schließlich nach Olmütz. Anfang August kehrte er noch einmal nach Wien zurück. Ihm zu Ehren fand auf dem Josefstädter Glacis eine Parade statt, an der 12 000 Mann der Wiener Garnison und 45 000 Mann der Nationalgarden aus Wien und Umgebung teilnahmen. An der Spitze seiner Einheit marschierte Johann mit seiner Kapelle, und die Nationalgardisten jubelten dem Kaiser zu. Die ebenfalls vorbeimarschierende Studentenlegion schwieg. Überdeutlich zeigten sich die Risse in der Front der Revolutionäre.

Es hilft, sich an dieser Stelle zu vergegenwärtigen, dass die ständische österreichische Gesellschaft konkrete Privilegien und Nachteile an die Zugehörigkeit zu ererbten Klassen knüpfte, denen der Einzelne nur in Ausnahmefällen und mittels des nötigen »Kleingeldes« entkam.

Zur selben Zeit begleitete Jean mit seiner Kapelle eine Fahrt Tausender Wiener Nationalgardisten ins mährische Brünn zum Zwecke einer »Verbrüderungsfeier« mit den dortigen deutschsprachigen Gardisten. Ihnen brachte er seinen *Brünner Nationalgarde-Marsch* mit. Aber schlug sein Herz in diesen Jahren tatsächlich für jene Klassen, aus deren Mitte sein Vater stammt, und für sein junges und mit der gesellschaftlichen Erstarrung unzufriedenes Publikum? Auch in Prag waren die Menschen auf die Barrikaden gegangen und hatten die Stadt übernommen. Ein Verlust des stark industrialisierten und volkreichen Böhmen hätte Österreich massiv geschwächt. Die Regierung brachte daraufhin den Stadtkommandanten Fürst Alfred zu Windisch-Graetz gegen den später sogenannten Pfingstaufstand in Stellung. Wer ein Porträt dieses alten, in den Koalitionskriegen verhärteten Militärs ansieht, erschrickt vor dessen kalten Augen. Nachdem in den Kämpfen seine Frau ums Leben gekommen und sein Sohn verwundet worden waren, setzte er rücksichtslos seine Artillerie gegen das Volk ein und zwang die Stadt nach sechs Tagen zur bedingungslosen Kapitulation. Etwa 400 Menschen sollen dabei ihr Leben gelassen haben. Friedrich Engels schrieb am 18. Juni 1848 in der *Neuen Rheinischen Zeitung* prophetisch über die Geschehnisse: »Die österreichische Soldateska hat die Möglichkeit eines friedlichen Zusammenbleibens von Böhmen und Deutschland im tschechischen Blute erstickt.« Windisch-Graetz aber hatte sich damit für »höhere Aufgaben« empfohlen.

An derartigen »Aufgaben« mangelte es wahrlich nicht im Habsburgerreich. Zwei Tage nach den Wienern hatten die Ungarn sich erhoben. Ihr Aufstand unter Lajos Kossuth, der in Pest mit friedlichen Demonstrationen begonnen hatte, richtete sich gegen die österreichische Regierung und ihre Herrschaft über Ungarn und eskalierte weiter und weiter. Die geforderte Magyarisierung empörte das nationalistische Lager im benachbarten Kroatien, das seit dem Mittelalter von Pest aus in Personalunion regiert wurde und seit etwa 100 Jahren »Nebenland« Ungarns sowie in diesem Rahmen eigenständiges Königreich war. Nur zu gern ergriff der kroatische Ban (Vizekönig) Josip Graf Jelačić, ein gewandter Fechter, geschickter Schütze und verwegener

Reiter, mit seinen 50 000 gegen die bosnischen Türken kampferprobten Männern die Waffen gegen Ungarn. Einen Treueeid auf Habsburg verweigerte er, da die österreichische Regierung in ihrer Haltung zum kroatischen Nationalismus schwankte. Er agierte demnach wie ein Freischärler. Die Wiener Regierung nahm dies in Kauf – der Graf Jelačić wurde dringend gebraucht.

Auch in Wien geriet im August die Lage erneut außer Kontrolle, während vom italienischen Kriegsschauplatz Siegesmeldungen kamen. Dort beschäftigte sich Feldmarschall Johann Joseph Wenzel Anton Franz Karl Graf Radetzky von Radetz mit den Aufständischen. Auch er, 1766 auf einem böhmischen Schloss geboren, war ein Mann des Ancien Régime, der im 8. Österreichischen Türkenkrieg 1788/89 die Osmanen und in fünf Koalitionskriegen 1792 bis 1813 das revolutionäre Frankreich und dessen Verbündete bekämpft hatte. Beim Sieg von Aspern 1809 hatte er sich so verdient gemacht, dass er zum Feldmarschallleutnant befördert wurde. Auch der Schlachtplan der Völkerschlacht bei Leipzig, der das Schicksal von Napoleons Grande Armée in Mitteleuropa besiegelte, stammt von ihm.

Die Siege der österreichischen Italien-Armee bei Santa Lucia, Custozza, Vicenza und Novara entschieden 1848/49 den Ersten Italienischen Unabhängigkeitskrieg für Österreich. Die Schlacht beim venetischen Custozza (heute Custoza), die Radetzky mit seiner militärischen Übermacht gegen das Heer des Königreichs Sardinien-Piemont am 25. Juli gewann, markierte die Wende des Ersten Italienischen Unabhängigkeitskrieges zugunsten Österreichs. Es war der letzte Krieg, in dem das Habsburgerreich siegte.

Nach dem Sieg bei Custozza bedankte sich Johann auf seine Weise bei dem Haudegen, auch im Namen der kaisertreuen Wiener, die um die Integrität Österreichs, vor allem aber um ihre Privilegien fürchteten. Am Abend des 31. August gab er auf dem Wasserglacis eine Siegesfeier »zu Ehren der tapferen Armee in Italien und zur Unterstützung der verwundeten Krieger« mit festlicher Illumination durch seinen Mitarbeiter, den »Lamperl-Hirsch«. Der Höhepunkt des Abends war ein neuer, dem siegreichen Feldherrn gewidmeter Marsch.

Dieser Triumphmarsch des konservativen Lagers schlug derart ein, dass er bis heute sein populärstes Werk geblieben ist und seitdem Motiv zahlloser Legenden, Anekdoten und Werbespots wurde sowie traditioneller Schlusspunkt der Neujahrskonzerte der Wiener Philharmoniker und eine der heimlichen Nationalhymnen Österreichs: der *Radetzky-Marsch zu Ehren des großen Feldherren der k. k. Armee*. Auch für Parodien ist er geeignet:

»Wenn der Hund mit der Wurst über'n Eckstein springt
Und der Storch in der Luft den Frosch verschlingt ...«

Dafür sorgt der markante, an tänzelnden Rössertrab erinnernde Rhythmus des Hauptthemas.

Die meisten, die ihn analysiert haben, fanden, dass er gar nicht so siegerisch-kriegerisch klinge, wie zum Beispiel Goebbels es herfantasierte, sondern parodistisch, »unbewusst travestierend«, »ein Nachgefühl von Mädchenarmen« und »ganz und gar nicht pathetisch« (Heinrich E. Jacob) oder gar nach einem »schneidigen Soldatentanz der österreichischen Waffenröcke« (Alexander Witeschnik). Vier Tage später dürfte er erneut erklungen sein, als Johann ein Konzert veranstaltete, dessen Einnahmen zu einem Drittel an die Verwundeten der Italien-Armee flossen.

Wenn nicht der Marsch selbst, so war doch das Siegesfest eine hochpolitische Aussage. Denn es war gerade eine Woche her, dass Wiener Nationalgardisten in der »Praterschlacht« eine Demonstration einer unbewaffneten Arbeitermenge – darunter vor allem Frauen und Kinder – gegen drastische Lohnkürzungen zusammengeschossen hatten. Sie waren für Erdarbeiten im öffentlichen Raum im Einsatz – eigentlich eine Arbeitsbeschaffungsmaßnahme der Regierung. Die Kürzung betrug pro Tag scheinbar lächerliche fünf Kreuzer, bedeutete allerdings für Männer eine prozentuale Einbuße von 20, für Frauen sogar von 25 und für Kinder um 33 Prozent. Dies brachte etwa 8000 Arbeiterinnen an den Rand ihrer Existenz, da allein die Lebensmittel täglich etwa 30 Kreuzer beanspruchten. Die Kürzung geschah ganz bewusst: Die Entlohnung sollte nur vor dem unmittelbaren Verhungern bewahren, nicht mehr. Besonders wütend waren die Arbeiter über die Aussage des für die Kürzung verantwortlichen Arbeitsministers Ernst Schwarzer Edler von Heldenstamm: »Eher sollen 10.000 Arbeiter niedergeschossen werden, ehe ich von meinem Entschluss abstehe.« Sechs Tage später zogen Scharen von Arbeiterinnen und einige Arbeiter in die Innenstadt. Auf einer Bahre trugen sie eine Puppe, die den Edlen von Heldenstamm darstellen sollte, der an seinen fünf Kreuzern erstickt war. Schon an diesem Tag floss Blut: Die Nationalgarden der Inneren Stadt – die, deren Kapelle Johann leitete – waren aufmarschiert und sollten das Zentrum schützen und insbesondere die Vereinigung der Aufständischen mit dem Arbeiterkomitee im aufgelassenen Liguorianerkloster vereiteln. Auch die Nationalgarden der Leopoldstadt, in deren Reihen sich Jean befand, wurden nun in Alarm gesetzt. Der Schriftsteller Ernst Viktor Zenker berichtet rückschauend über das, was als Praterschlacht in die Geschichte eingehen sollte:

> »Am Eingang der Jägerzeile stießen die Arbeiter auf die Garden. Man weiß nicht, von welcher Seite die Feindseligkeiten eröffnet wurden, genug, die Garden feuerten wiederholt in den aus unbewaffneten Männern, Weibern und Kindern bestehenden Knäuel, sie hieben noch in die Fliehenden ein und verschonten selbst Kinder nicht. Zahlreiche Leichen und Hunderte von Verwundeten bedeckten das Pflaster.«[218]

Die Aufständischen hatten nichts als Holzprügel und Steine, um sich zu wehren. Über 300 Opfer blieben auf dem Platz, davon mindestens 18 Tote. Edi, damals gerade 13 Jahre alt, berichtete in seinen Erinnerungen, dass sein Bruder Jean an diesem Tag als Nationalgardist in der Leopoldstadt Wache hielt. Als er von der Arbeiterdemonstration hörte, ließ er sein Gewehr im Schilderhaus stehen und eilte schnurstracks heim ins Hirschenhaus. Zenker weiter:

> »Bürger hatten Bürgerblut vergossen; die Revolution war geschändet, die Partei des Rückschrittes konnte sehen, dass ihre Stunde gekommen sei.«

Und Johann, der Vater? Hatte er schon vergessen, wie viel Geld für ihn als Kind fünf Kreuzer gewesen waren? Passte ihm etwa nicht, dass erstmals Frauen nicht als Anhängsel ihrer Ehemänner auf der Straße waren, sondern als eigenständige politische Subjekte gegen Lohnungerechtigkeit protestierten? Tatsächlich markieren die Lohndemonstrationen von Ende August 1848 den Beginn der Frauenbewegung in Österreich. Fünf Tage später gründete Karoline von Perin den »Wiener demokratischen Frauenverein«. Die reaktionäre Presse beschimpfte sie als »schmutzige Amazone« und »politische Marktschreierin«. Das 1849 neu gefasste Vereinsrecht hielt fest, dass Frauen sich nicht politisch organisieren durften – eine Bestimmung, die bis 1918 galt. Auch dies ein Aspekt der »goldenen« kakanischen Ära.

Denken wir an die Zuhörer, die Johanns Darbietungen bejubelten, so schmerzt es, sich ihren Klassenhass von oben und ihre Gleichgültigkeit vorzustellen. Egal, wie viele Tote noch in der Donau schwammen und egal, wofür sie gestorben waren – Hauptsache, es gab wieder ein Fest!

Doch die Sache des Volkes war nicht verloren – noch nicht. Im Oktober 1848 bäumte es sich erneut auf. Ein Bataillon der regulären Armee meuterte gegen den Befehl des Kriegsministers Graf Latour – ein alter Mann wie Metternich und Windisch-Graetz, der ebenfalls schon in den Koalitionskriegen Truppen kommandiert hatte – zum Marsch gegen Ungarn, wo der Graf Jelačić und seine Truppen in den größten Schwierigkeiten steckten. Teile der Nationalgarde und der Akademischen Legion unterstützten die Meuterer erfolgreich gegen einschreitende Einheiten.

Unter den kämpfenden Studenten finden wir einen Bekannten: den 20-jährigen Josef Strauss. Er bildete sich auf dem Polytechnikum zum Techniker aus, hatte sich aber am 6. Oktober wie die übrigen in der Sammelstelle der Studentenlegion gemeldet. Schlachtfeld war die Leopoldstadt. Das »Gefecht an der Taborbrücke« am 6. Oktober leitete den letzten und blutigsten Akt der Revolution ein. Am Bahnhof der Nordbahn ließ der Kommandant aus Geschützen auf die Menge feuern. Die eroberte die Kanonen und drehte sie um. Zahlreiche Soldaten der kaiserlichen Truppen liefen zu den Revolutionären über. Als die Aufständischen in die Innere Stadt zurückkehrten, wurden sie am Stephansplatz von den »Schwarz-Gelben« mit Gewehrsalven empfangen. Die Angegriffenen flüchteten in den Stephansdom. Im Kirchenschiff wurde weitergeschossen, das Kircheninnere zerstört. Die Kaiserlichen richteten ein Gemetzel an. Es gab über hundert Tote und Verwundete. Nun sammelten sich die Aufständischen erneut, überwältigten die Nationalgarde, brachen das Zeughaus auf und plünderten es. Frisch bewaffnet, stürmten sie das Kriegsministerium. Sie zerrten den Minister auf die Straße heraus und hängten ihn an einer Laterne auf – aus der Sicht der Obrigkeit das größte denkbare Verbrechen, denn der Adel stand nach dem alten Glauben unter besonderem göttlichem Schutz.

Am folgenden Tag floh Kaiser Ferdinand mit seinem Hofstaat zum letzten Mal nach Olmütz. Wiener Adlige und reiche Bürger taten es ihm gleich:

> »Tagelang zogen die Transportkolonnen durch die Tore, tagelang waren die Dampfer überfüllt. Es flohen alle Unentschlossenen, Kaisertreuen, darunter viele Mitglieder der Nationalgarden der Innenstadt, insgesamt hunderttausend Menschen. Zurück blieben die Arbeiter, Studenten, Linksradikalen – alle, die nur ihr Leben verlieren konnten, weil sie nicht viel mehr besaßen.«[219]

Auch die Strausse blieben – so reich waren sie nicht. Am 15. Oktober wurden die Truppen von Jelačić unter das Kommando von Windisch-Graetz gestellt und auf Wien losgelassen. Eine Woche später war die Residenzstadt eingeschlossen, die Artillerie gegen die Bürger in Stellung gebracht. 40 000 Bewaffnete, Proletarier, Studenten und Freiwillige mussten gegen die sie umzingelnden 100 000 Mann kämpfen, deren 200 Kanonen sie nur etwas über 50 entgegenzustellen hatten. Die Revolutionäre hofften auf Entsatz durch ungarische Aufständische, aber diese kamen zu spät und wurden zurückgeschlagen. Wieder tobten rund um den Prater schwere Gefechte. Das prächtige *Odeon*, erst drei Jahre zuvor errichtet, in dem Johann unzählige Male mit seinem Orchester brilliert hatte und das nun als Notspital fungierte, wurde beschossen und eingeäschert. Sogar die kaiserliche Hofburg stand in Flammen. Edis Erinnerungen sind glaubwürdig:

»Meine gesamte Familie sowie viele andere Bürgerfamilien – im ganzen an tausend Personen – wurden bei der Eröffnung des Bombardements der Leopoldstadt vom Prior der Barmherzigen Brüder, Pater Auremundus Jahn, gastlich aufgenommen und in liebevollster Weise verpflegt ... Das Bombardement der Stadt inklusive der Vorstädte durch die Truppen des Feldmarschalls Fürsten Windischgrätz dauerte eigentlich nur zwei Tage, denn schon am zweiten Tag nachmittags setzte sich der Fürst in den Besitz der Vorstädte. Die durch das Bombardement entstandenen Brände waren grauenvoll anzusehen. In der Nacht vom 29. zum 30. Oktober, als ich in einem Fraterzimmer des Barmherzigen-Klosters auf einer Matratze auf dem Fußboden lag, konnte ich von der Turmuhr der Klosterkirche durch die Helle der Feuersbrünste jede Stunde ablesen. Es brannten in dieser Schreckensnacht die Jägerzeile, die Zirkusgasse, die Czerningasse, die Brigittenau und die Gebäude am Tabor, ebenso die große Zuckerraffinerie von Mack am Schüttel, zunächst welcher die Seressaner einen Wirt niederstachen und einer Frau den Leib aufschlitzten.«

Fünf Tage später hatte die schwarz-gelbe Übermacht sich Barrikade für Barrikade in die Innere Stadt vorgekämpft. Jelačić' buntscheckige, aber infolge ihrer Tapferkeit und Skrupellosigkeit gefürchtete Seressanertruppe, die neben Feuerwaffen grausig aussehende Krummdolche führte und deren Scharen selbst kaisertreue Wiener in Schrecken versetzte, hatte das Burgtor gesprengt – dann war es vorbei. 2000 Revolutionäre waren gefallen. Die zivilen Opfer zählte niemand. Ein furchtbares Strafgericht folgte, das Edi ebenfalls schildert:

»Am Allerheiligsten verließ unsere gute Mutter, um ihre Habe besorgt, das Barmherzigen-Kloster, um nachzusehen, ob die Mobilgardisten ... bei der Flucht aus der Brigittenau nichts hatten mitgehen lassen. Doch kaum war sie in der Wohnung, als die Magd schreiend ins Zimmer lief und hinter ihr ein Korporal und vier Gemeine der Grenadier-Bataillone eines polnischen Regiments eintraten. Der Korporal rief fragend die Mutter an: ›Studenty?‹ Meine Mutter schüttelte den Kopf. Ein Gemeiner riß die Tür einer Chiffonnière [Schrank] auf, doch fand er weder Studenten noch Kleider; die Kleider waren eben alle im Keller vergraben worden, die Legionärsuniform meines Bruders Josef wurde im letzten Augenblicke vor der Flucht ins Kloster in den Kamin des Notherdes gesteckt. Die Mutter steckte dem Korporal, während die Gemeinen in den drei Gassenzimmern nachsahen, drei Silber-Zwanziger zu, worauf dieser sofort die Jagd nach Studentys aufgab und mit seinen Gemeinen abzog. In welcher Gefahr da das Leben unserer teuren Mutter schwebte! Im Kamin hing die Legionärsuniform, hinter einem großen Kasten für Winterkleider standen an der Mauer drei Gewehre, eines das Eigentum Josefs, eines das seines Freundes und Kollegen Pollak und eines Eigentum des heldenmütigen Postens des Wachhäuschens am Karmeliterplatz vor dem Gemeindehaus am 23. August.«[220]

Zahlreiche Aufständische, die dem Morden der Soldateska entgangen waren, fanden sich in Haftzellen und auf dem Schafott wieder. 24 Revolutionsführer wurden hingerichtet, unter ihnen der Deputierte der Frankfurter Nationalversammlung, Robert Blum. Die Militärregierung ging in ihrem Rachedurst sogar über eherne Gesetze hinweg und ignorierte seine parlamentarische Immunität. Auch ein Strauss stand vor der Stadthauptmannschaft: Jean. Sein Delikt: Er habe drei Tage zuvor, am 3. Dezember, in einer musikalischen Abendunterhaltung Beim *Grünen Tor* die Marseillaise gespielt. Denunziert hatte ihn die reaktionäre Zeitung *Die Geißel*. Er leugnete nicht, verteidigte sich allerdings geschickt:

> »Die Sache hat sich folgendermaßen zugetragen. Wie sich von selbst versteht, ist es mir ganz gleichgültig in Beziehung auf politische oder National-Interessen, welche Stücke ich aufzuführen habe … Doch sagt mir mein politischer Takt, daß ich bei dieser schwer bewegten Zeit und besonders während des Belagerungszustandes alle Piecen zu vermeiden habe, welche irgendeine politische Aufregung erregen oder Nationalsympathien berühren. Aus diesem Grunde spiele ich aus eigenem Antrieb jetzt gar nie dergleichen Musikstücke.

Doch gibt es Orte, wo man gar nicht genug in dieser Beziehung ausweichen kann, und wollte man das Verlangen des Publikums nicht befriedigen, so steht zu befürchten, daß man vielleicht einen Exzeß provoziert, welcher viel bedeutender und unangenehmer wäre, als wenn man dann und wann notgedrungen dem Verlangen des Publikums nachgibt.

So geschah es auch bei der letzten Soiree am 3. beim Grünen Tore. Zuerst verlangte ein Teil des Publikums das Lied ›Das deutsche Vaterland‹. Um auszuweichen, ließ ich die Volkshymne aufführen, und die Sache legte sich. Später wurde die Marseillaise verlangt, was ich wiederholt ablehnte. Da in mich diesfalls immer mehr und heftiger gedrungen wurde und ich andererseits unangenehmes Aufheben oder einen Exzeß fürchtete, mußte ich nachgeben und dieselbe sogar wiederholen …

Wenn aber ein diesfälliges Verbot streng gehandhabt werden soll, muß ich bitten, daß wir als Musikdirectoren vor Insulten und Exzessen durch eine Inspektionswache geschützt werden, weil unsere Weigerung, dies oder jenes nicht zu spielen, oft nicht hinreicht.«[221]

Jeans Strategie ging auf, und es kam nicht zur Anklage. Er revanchierte sich auf musikalische Art: mit der Polka *Geißelhiebe*. Hörbar verknüpfte er dabei die Marseillaise, das einst beliebte revolutionäre *Fuchslied* und den Spottchor aus Carl Maria von Webers Oper *Der Freischütz*. Schwächlich trat *Die Geißel* nach und warf Jean noch vor, »einen so jugendlichen, arroganten Dunstkreis um seine Direktoratssonne« zu sammeln, »dass er Dinge, die über diesen neblichten Horizont hinaus sich befinden, nimmer zu bemerken scheint«.[222]

Johann dagegen hatte Mitte November seinem *Radetzky-Marsch* einen *Jelačić-Marsch* hinterherkomponiert. Dessen Aufnahme dürfte je nach dem politischen Standort der Ballgäste überaus geteilt gewesen sein. Das Wüten der Seressaner war noch in frischer Erinnerung. Er hätte sich besser nicht so positioniert angesichts eines schleppenden Geschäfts, das ihm gleich zwei Kunstreisen aufnötigte – im Januar 1849 nach Böhmen und Mähren und nach einem miserablen Fasching im März nach England und Holland.[223] Tat er es also aus innerer Überzeugung, oder wollte er nur dem Kaiserhof auch nach Abschluss der Revolutionsgräuel ein unmissverständliches Signal seiner Loyalität senden? Agierten die beiden Sträuße einen Generationenkonflikt, einen Vater-Sohn-Konflikt gar, politisch aus, so wie es gern dargestellt wird?

Nicht viel deutet auf einen radikalen politischen Gegensatz hin. Während man Johann seinen irrationalen Glauben an das Gottesgnadentum der Feudalherrschaft eher abnimmt – dieser »treudeutsche« Glaube erstaunte viele ausländische Beobachter des 19. Jahrhunderts –, ließ Jean sich vermutlich vom Zeitgeist und von seiner jeweiligen Gesellschaft lediglich flüchtig infizieren und nahm politische Vorgänge primär als Kompositions- und Widmungsanlässe wahr. Sobald es seinem Leben galt, wie bei Windisch-Graetz' Eindringen nach Wien, verdrückte er sich vor dem allgemeinen Aufruhr. Er stellte sein Gewehr im Hirschenhaus ab und wartete darauf, dass er endlich wieder in aller Ruhe Walzer spielen konnte – anders als sein jüngerer Bruder Pepi, dessen revolutionäre Episode zu seinem Glück folgenlos blieb. Die übrigen Sträuße waren wie die meisten Vollblutmusiker primär von der Musik besessen. Sie interessierten sich nur am Rande für Politik und hofften letztlich, dass bald wieder geschäfts- und kunstfreundliche Ruhe einkehrte.

Dass Johann die sozialen Probleme der Zeit durchaus wahrnahm, belegen die Benefize, die er auf eigenes Risiko veranstaltete, etwa am 1. März 1848 zugunsten des karitativen »Wiener Kreuzer Vereines«, zu dem er seine *Kreuzer-Polka* beisteuerte. Auch zugunsten der Opfer und Hinterbliebenen der März-Unruhen gab er ein Benefiz. Als aber das Risiko ein persönliches zu werden drohte, war er lieber auf der sicheren Seite. Die im Juli 1848 uraufgeführten Walzer *Schwarz-Rot-Gold* hießen im Januar 1849 *Landes-Farben*.[224]

Das Leben in Wien nahm nach einigen Monaten gefährlichen Kleinkriegs – er begann mit bewaffneten Überfällen auf einzelne Soldaten und endete im Frühjahr 1849 mit Sprengstoffanschlägen[225] – langsam wieder seinen üblichen Gang. Die Armen blieben arm, die Reichen reich. Das System Metternich ging erneut in Betrieb – nur ohne Metternich. Ein prominentes »Opfer« brachte allerdings das Kaiserhaus: Anfang Dezember dankte Ferdinand der Gütige auf Druck von dessen

Mutter, der mächtigen Erzherzogin Sophie, zugunsten seines Neffen Franz Joseph ab. »Der Fertige« war fertig. Graf Alexander von Hübner protokollierte die Übergabe des Amtes mit den Worten: »›Gott segne dich‹, sagte Ferdinand I., ›sei brav, es ist gern geschehen.‹ Die Kaiserin drückte den jungen Monarchen an ihr Herz und hielt ihn lange mit ihren Armen umfangen.«[226]

Kapitel 14

Radetzky-Marsch: Ein Imperium macht sich fein zum Sterben

»Genau genommen regierte Kaiser Franz Joseph bis zum Tode von Johann Strauss.« Dieser einem unbekannten k. u. k. Hofrat zugeschriebene, einsichtsvolle Satz trifft nur bedingt zu. Wenn man allerdings »Johann« durch »Eduard« ersetzt, den letzten Überlebenden aus dem Viergestirn der überragenden Kapellmeister-Familie des 19. Jahrhunderts, stimmt er bis auf 37 Tage – die 37 Tage von dem nasskalten 21. November, an dem der 86-jährige Kaiser am Schreibtisch einer Lungenentzündung erlag, bis zu dem 28. Dezember 1916, an dem der »fesche«, nun altersschwache Edi 81-jährig in der Wiener Reichsratsstraße einem Herzinfarkt zum Opfer fiel.

Um zwei Jahre und elf Tage nur verfehlte Franz Joseph I. von Habsburg-Lothringen eine biblische Regierungszeit von 70 Jahren. Fast unverbrüchlich hielten die Österreicher – zumindest soweit sie deutscher Nation waren – ihm die Treue und verklärten postum seine Regentschaft, obwohl sie von Versagen geprägt war.

Kaiser Franz Joseph I. (1835–1916), tragischer Herrscher,
der sein Österreich in den Abgrund riss.

Versagen in politischer Hinsicht: Er und seine Regierung nahmen die Zugeständnisse zurück, die sie dem Volk nach den Aufständen von 1848 gemacht hatten, und kassierten die Verfassung wieder zugunsten einer erneut ohne politische Mitwirkung des Volkes ausgearbeiteten. Stattdessen setzten sie auf Repression, setzten die Armee ihrer »Naderer«, der Spitzel, erneut in Marsch und belebten die Zensur neu. Auch Jean hatte sich mit ihr auseinanderzusetzen, sobald er den Weg der rein instrumentalen Tanzmusik verließ.

Franz Joseph ließ föderalistische Reformen nur unter Druck zu und setzte damit unter den nicht deutschen Minderheiten der Donaumonarchie eine Spirale des nationalistischen Volkszorns in Rotation. Diese sollte die Habsburger ihr Imperium und den Kaiser seinen eigenen Neffen und Thronfolger Franz Ferdinand kosten sowie die »Urkatastrophe des 20. Jahrhunderts« auslösen: den Ersten Weltkrieg – den Schmelzofen, in dem auch das behagliche Wien der strausssschen Walzerseligkeit zerging, der Adel seine gesetzlichen Privilegien verlor und Österreich-Ungarn den weitaus größten Teil seiner Gebiete und seiner Bevölkerung und schließlich seine Doppelstaatlichkeit.

Ein Versagen gab es besonders auch in militärischer Hinsicht: Die frankojosephinische Ära war eine Abfolge von Niederlagen im Feld. Schon den Aufstand der Ungarn 1848/49 konnte Österreich nur mit militärischer Unterstützung Russlands und der verbündeten Kroaten niederschlagen. Es scheiterte auch in den italienischen Unabhängigkeitskriegen gegen Sardinien-Piemont und das mit diesem verbündete Frankreich Kaiser Napoleons III., als Franz Joseph 1859 in der Entscheidungsschlacht von Solferino als Oberbefehlshaber persönlich patzte. Das Blutbad mit über 40 000 Gefallenen und Tausenden von auf dem Schlachtfeld zurückgelassenen Verwundeten löste die Gründung des Roten Kreuzes durch den Schweizer Henri Dunant aus.

Sieben Jahre später gegen das bismarcksche Preußen bereitete die Schlappe bei Königgrätz, an der Franz Joseph durch falsche Personalentscheidungen ebenfalls beteiligt war, den Weg für den Untergang des Deutschen Bundes, über den Österreich bis dahin präsidierte, und für die Bildung eines preußisch dominierten Deutschen Reiches ohne

Österreich fünf Jahre später. Damit endete fast genau 60 Jahre nach der Liquidation des Heiligen Römischen Reiches Deutscher Nation durch Kaiser Franz I. ein halbes Jahrtausend habsburgischen Einflusses in Deutschland. Ungarn erhielt Eigenstaatlichkeit, und Österreich wurde zum politisch-militärischen Juniorpartner Deutschlands. Am brutalsten schließlich war das Versagen im Ersten Weltkrieg, als Österreich, auf Kaiser Wilhelms II. Zusicherung unbedingter Bündnistreue gestützt, die Ermordung Franz Ferdinands in Sarajevo durch eine politische Zerschlagung des vermuteten Drahtziehers Serbien ahnden wollte und damit einen unvergleichlichen Weltenbrand entfachte, der tatsächlich ausnahmslos alle Kontinente traf und allein Österreich-Ungarn Verluste von fast 1,5 Millionen Soldaten brachte. Das waren 16 Prozent der eingesetzten Truppen und Landwehren und 3 Prozent der gesamten Bevölkerung.

»Genau genommen regierte Kaiser Franz Joseph bis zum Tode von Johann Strauss.« Das Einsichtsvolle an diesem Satz ist, dass die Sträusse die Regentschaft des als fantasielos verschrienen letzten großen Habsburgerkaisers als kreative »Gegenkönige« nach außen hin global repräsentierten und nach innen hin künstlerisch prägten. Und ein Kuriosum ist die Tatsache, dass schon die Inthronisierung des Monarchen zeitlich zusammenfiel mit dem Tod eines Walzerkönigs – mit dem von Johann Strauss (Vater) Ende September 1849.

Ein Reich, das in 124 Jahren, von 1792 bis 1916, nur drei Kaiser hatte, die fest an ihre göttliche Berufung glaubten, musste sklerotisieren und schließlich zugrunde gehen. Und wie ein sterbender Stern unterm Teleskop schied es im Vergehen eine farbig schillernde Wolke an Geist, Weisheit und Schönheit ab. Das Gravitationszentrum dieser Wolke hieß Wien. Namen von Alban Berg bis Ludwig Wittgenstein und nicht zuletzt der Name Strauss stehen für dieses Schillern und für diese Buntfarbigkeit. Von Konrad Lorenz, einem trotz schwerer rassistischer Verirrungen großen Kind dieses in allen Farben leuchtenden Wien, ist der Satz überliefert, es gebe genau sieben Menschen, die klüger seien als er, und alle diese seien Wiener Juden gewesen.

Die durch Kaiser Franz Joseph angeordnete Schleifung der letzten gigantischen Wiener Stadtbefestigungen 1858 bis 1863 – sie waren militärisch bedeutungslos geworden und nur noch die »herrlichste Stadtpromenade der Welt«, wie Frances Trollope schwärmt – schuf reichhaltigen Raum für bürgerliche Repräsentation. Der allerhöchst gebilligte Plan avisierte eine »dreißig Klafter [knapp 60 Meter] breite, mit doppelten Baumreihen besetzte Straße, welche nach dem Stadterweiterungs-Plane gleich einem regelmäßigen Gürtel um die Stadt gezogen werden wird«[227]. Auf dieser Ringstraße sollten nur stattliche Kaleschen verkehren, und Lastfuhrwerke wurden auf die weiter außerhalb des Rings parallel verlaufende Lastenstraße verwiesen. (»Zweierlinie« wird sie bis heute gern genannt, da dort die Tramlinie 2 verkehrte.) Der Kaiser dachte nicht nur an das ausgezeichnete Geschäft, das er dem Fiskus mit dem Verkauf der wertvollen Flächen bescherte, bei denen erstmals auch jüdische Familien und Unternehmen zum Zug kommen sollten. Er betonte mit dem Projekt auch die städtebauliche und gesellschaftliche Verantwortung der Krone:

> »Ich habe dieser Angelegenheit stets meine besondere Fürsorge zugewendet, und spreche Ihnen, Herr Bürgermeister, und dem Gemeinderathe meine Anerkennung und meinen Dank aus dafür, daß Sie der Verschönerung meiner Residenz eine besondere Sorgfalt angedeihen ließen. Ich werde auch in Zukunft dem weiteren Fortschritt in der Stadterweiterung mein Augenmerk zuwenden, und die Wünsche der Gemeinde in Bezug auf die Erlangung von Baugründen zur Errichtung von Schulen, Waarenhallen und Parkanlagen um sehr billige Preise möglichst berücksichtigen.«[228]

Von Jeans Interesse für den Umbau der Inneren Stadt zeugt seine *Demolirer-Polka* von 1862, auf deren Umschlag fleißige Mauerspechte zu sehen sind, wie sie ein Stadttor in Schutt verwandeln. In den folgenden 50 Jahren – in der »Ringstraßenära« – entstanden an der und um die Ringstraße zahlreiche öffentliche Gebäude und Kulturstätten wie Musikvereinsgebäude, Oper, Burg- und Ringtheater. Dem Ringtheater am Schottenring war eine nur achtjährige Existenz beschieden. Jean bewarb sich 1874 erfolglos um die Übernahme des wenige Monate zuvor errichteten Hauses. Glück vielleicht für ihn: Am 8. Dezember 1881 vernichtete ein Feuer während einer Vorstellung das Haus komplett; fast 400 Menschen kamen ums Leben.

Des Weiteren entstanden Hunderte prachtvolle Wohn- und Geschäftshäuser im Stil des Historismus. Unter ihnen sollten die Palais der Brüder Todesco – an der Stelle des einstigen Kärntnertors errichtet – für die Familiengeschichte der Sträusse besondere Bedeutung erlangen. Bauherren waren Moritz (auch Moriz) und Eduard von Todesco, Textilfabrikanten, Großkaufleute und Bankiers. Ihr Vater, der Firmengründer Hermann, war rumänischen Ursprungs, hieß von Geburt her Hirschl und benannte sich um, da seine italienischen Geschäftspartner ihn »il Tedesco«, den Deutschen, nannten, statt sich mit Häufungen unaussprechlicher Konsonanten abzumühen. Kaiser Franz Joseph schließlich verlieh dem verdienten Unternehmer – unter anderem hielt er Anteile an der Ferdinands-Nordbahn – und vielfachen Amtsträger und Wohltäter Eduard den Freiherrentitel.

Die Straße, von der aus die Gäste, vorbei am Torhüter, das Palais Todesco betraten, war gepflastert: Ab 1826 verwendete man dafür würfelförmig behauene Granitsteine, meist aus den Steinbrüchen in der Umgebung von Mauthausen im oberösterreichischen Mühlviertel, zur Straßenpflasterung. Die Donau erleichterte den Transport der gebirgegroßen Steinmassen über 180 Kilometer in die Residenzstadt. Dieses Pflaster machte Wien in Europa berühmt. Jeder dieser »Wiener Würfel« wog umgerechnet 18 Kilogramm – ein Gewicht, das ihn für Revolutionäre als etwaiges Wurfgeschoss gegen Polizei und Militär untauglich machte. Dies war ein weiterer wichtiger Grund für das kaiserliche Interesse an der Ringstraße: Der innere Feind – die Unterschicht – galt seit der Revolution als nicht minder bedrohlich denn äußere Feinde. Die Boulevards sollten ein Vorgehen größerer Verbände gegen Demonstranten erleichtern.

Jean betrat dieses Pflaster zu wiederholten Malen, denn das früher fertiggestellte, unmittelbar benachbarte Palais von Moritz Todesco beherbergte einen künstlerisch-intellektuellen Salon. Dessen Gastgeberin war Jetty Chalupetzky, eine erfolgreiche Sopranistin und Moritz' langjährige Geliebte. Von ihr wird noch ausführlich zu sprechen sein.

Doch gehen wir zunächst zurück zu den Jahren nach der gescheiterten Revolution von 1848. Jeans rebellische Umtriebe bedeuteten für ihn einen Karriereknick, der sich nicht einfach ausbügeln ließ. Nie würde er, so sehr er es auch suchte, das volle Vertrauen des Kaiserhofs gewinnen. In den folgenden Jahren der Restauration beobachtete der Hof das Schaffen des jungen Komponisten misstrauisch. Da nützten kein *Kaiser Franz-Josef-Marsch* anlässlich des Geburtstags des Monarchen, keine *Einheits-Klänge* auf die illiberale Verfassung vom März 1849, keine *Nikolai-Quadrille* für den russischen Zaren, der im August den ungarischen Aufstand endgültig niederschlagen ließ, kein *Kaiserwalzer*, nicht der *Franz-Josef I. Rettungs-Jubel-Marsch* nach dem gescheiterten Attentat eines ungarischen Radikalen auf den Kaiser im Februar 1853. Selbst Jeans größte Erfolge ignorierte der Monarch geflissentlich. Mag sein, dass Jean ihn schmerzlich erinnerte an die ersten Tage seiner Regentschaft, die überschattet waren von traumatischen Revolutionsgräueln. Ein 18-Jähriger war ein junger Bursch – selbst wenn er Kaiser war.

Es sollte bis 1863 dauern, dass Jean zum Hofballmusik-Direktor ernannt wurde, über 13 Jahre nach dem Tod des vorherigen Titulars – seines Vaters. Die persönliche Verstimmung des Monarchen bestand allerdings fort, bis beide reife Männer waren. Erst 1885 besuchte Franz Joseph eine von Jeans Operetten-Aufführungen, denen das elegante Wien, den Adel eingeschlossen, immer zuströmte: den *Zigeunerbaron*. Wenn den Erinnerungen Gustav Lewys, eines Musikverlegers und alten Schulfreundes, zu trauen ist, war dieser Besuch ein Höhepunkt in Jeans Leben. Lewy zufolge amüsierte sich der Kaiser königlich und bat den Komponisten zu sich in die Kaiserloge. Strahlend soll Jean nach einiger Zeit wieder erschienen sein und erzählt haben: »Der Kaiser war sehr zufrieden. Lieber Strauss, hat er g'sagt, Ihre Oper hat mir sehr g'fall'n! Aber schon ganz außerordentlich! Oper hat er g'sagt, der Kaiser! Oper!«[229] Seit Jean Operetten auf die Bühne brachte – wir kommen in Kapitel 17 dazu –, war er besessen vom Ehrgeiz, Opern zu schreiben wie Richard Wagner, den er verehrte, oder die berühmten Franzosen, deren Werke er zu Tänzen verarbeitete. Dass Franz Joseph »Oper« sagte, scheint ihm außerordentlich gutgetan zu haben.

Mit der Restauration spätabsolutistisch obrigkeitsstaatlicher, doch immerhin politisch stabiler Verhältnisse unter Kaiser Franz Joseph im Lauf des Jahres 1849 nahm die Wiener Wirtschaft wieder Wachstumskurs auf. Die Schwerindustrie allerdings blühte besonders an der Peripherie auf: in Nordböhmen, Oberschlesien und Kleinpolen, in der Steiermark und Oberösterreich. Ihre Abwässer, die die Fabrikbesitzer meist ungeklärt in die Flüsse rinnen ließen, färbten auch die Flüsse um. Spätestens 1880 war etwa der Donaukanal, Franz Borgias' nasses Grab, eine fischlose, schwarze, übelriechende Kloake – die schöne Donau war so blau nicht mehr.

Der immer noch junge Kaiser konnte nach der Feuertaufe seiner ersten Regierungsjahre an eine Normalisierung seines Lebens denken. Dazu gehörte in erster Linie eine standesgemäße Ehe. Franz Josephs Mutter, Erzherzogin Sophie, erledigte dies für ihn. Im dritten Versuch glückte eine Verbindung mit der Wittelsbachertochter Elisabeth.

Elisabeth von Wittelsbach, Herzogin in Bayern (1837–98). Gemälde von Franz Xaver Winterhalter, um 1865.

Den Namen Lisi, den die lebhafte 16-Jährige im Familienkreis trug, brachte sie 1854 in ihre neue Residenz und in ihre Ehe mit. Ihr kaiserlicher Mann nannte sie bei dem Namen, mit dem sie in die Geschichte einging: Sisi. Sie selbst schrieb sich als erwachsene Frau Elisabeth. Es ist eigentümlich: Von diesem in jeder Beziehung reizvollen Komponiergegenstand und Widmungsobjekt nahm Jean zunächst keine Notiz:

»Entgegen der allgemeinen Erwartung ließ er sich die Gelegenheit entgehen, anlässlich der am 19. August in Ischl erfolgten Verlobung des Kaisers Franz-Joseph mit Elisabeth, Herzogin in Bayern, eine Huldigung zu komponieren.«[230]

Diese Gleichgültigkeit setzte sich fort bis an die Grenzen des Vertretbaren. Zwar komponierte er zur Hochzeit des Paares die Walzer *Myrthen-Kränze*. Aber zum Beispiel die Geburt der kleinen Prinzessin Sophie im Folgejahr war Jean keine Huldigungskomposition wert. Widmungsträger der Walzer *Gedanken auf den Alpen* von 1855 war nicht die Kaiserin, sondern deren musikverständiger Vater, Herzog Max in Bayern. 1858, zur Geburt von Kronprinz Rudolf, sprang Bruder Pepi nicht nur als Leiter der Hofballmusik ein, sondern auch mit mehreren Widmungskompositionen wie *Wiener Kinder* und dem Österreichischen *Kronprinzen-Marsch*. Jean sandte Glückwunschtelegramme aus St. Petersburg, wo er zum dritten Male den Sommer als Musikdirektor lukrativ verbrachte. Telegramme, sonst nichts. Die Dedikation an das Kaiserpaar zur Besteigung des ungarischen Throns 1867 übernahm erneut Pepi. Bei den Feiern zur silbernen Hochzeit der Monarchen holte Edi Jeans 25 Jahre alten Walzer *Myrthen-Kränze* aus dem Archiv. Der Bruder hielt sich erneut im Hintergrund. Zu Rudolfs Hochzeit beauftragte der Wiener Magistrat Jean mit einer umfangreichen Festmusik für eine eventuelle Huldigungsfeier. Jean machte sich an diese Arbeit. Der vermutlich bestens dotierte Auftrag wurde allerdings zurückgezogen, da die Feier in der geplanten Form nicht stattfinden konnte.[231]

Die neue Verbindung entwickelte sich zunächst wie eine Ehe aus dem Bilderbuch und versöhnte weite Kreise der Wiener nach und nach mit der reaktionären Politik des kaiserlichen Ehemanns. Doch mussten

Franz Joseph und Erzherzogin Sophie bald feststellen, dass Elisabeth, die für eine Prinzessin sehr frei auf dem Land aufgewachsen war und am liebsten allein auf dem Pferderücken unterwegs gewesen sein soll, dem Hofleben mit seinem vertrackten Zeremoniell sowie ihrer neuen Familie nach und nach entglitt. Der frühe Typhustod ihrer erstgeborenen Sophie Friederike 1857 scheint hierzu beigetragen zu haben, und ebenso die schwere Geburt des Stammhalters und einzigen Sohnes Rudolf ein Jahr später. Die Diagnose einer ernsten Lungenkrankheit war 1860 Anlass ihrer ersten Auslandsreise, die sie ohne Begleitung ihrer Familie antrat. Es sollte nicht die letzte bleiben. Dutzende von Malen entzog sie sich ihren Repräsentationspflichten und lernte Europa, Nordafrika und Kleinasien aus eigener Anschauung kennen. Andere Frauen der Familie und die Hofdamen sprangen für sie ein, wenn es galt, monarchische Würde und weibliche Zuwendung öffentlich zu kombinieren. In den späten Jahren des Kaisers übernahmen adlige Damen wie die Fürstin Nora Fugger und die willensstarke und exzentrische ungarischstämmige Pauline von Metternich, Enkelin und gleichzeitig Schwiegertochter des Staatsmannes, die Funktionen der ersten Frau bei Hof und die tonangebende Rolle im mondänen Wien, die der Kaiserin zusteht. Die Metternich – Elisabeths erklärte private und politische Feindin – tat sich als brillante, scharfzüngige und originelle Salonnière hervor. Als Frau des österreichischen Botschafters in Paris förderte sie den jungen Richard Wagner, der seit jeher gern über seine Verhältnisse lebte und daher oft mittellos war.

Der Kaiser, der sich gleich bei ihrer ersten Begegnung 1853 in Elisabeth verliebt haben soll, tolerierte die Selbstständigkeit seiner Frau. Diese sorgte ihrerseits dafür, dass er möglichst nicht kompromittiert wurde oder privat vereinsamte. Sie breitete den Mantel des Schweigens über seine Liebe zu der bürgerlichen Anna Nahowski, die über zehn Jahre, bis 1885, bestand. Helene, die später den Komponisten Alban Berg heiratete, ist vermutlich Franz Josephs Tochter. Elisabeth förderte seine anschließende langjährige Beziehung zur Burgschauspielerin Katharina Schratt. Als sie im September 1898 in Genf den Dolchstichen des wirren italienischen Anarchisten Luigi Lucheni erlag, endete für den Kaiser eine lange, traurige, mit nicht nur politischen Schicksalsschlägen garnierte Ehe.

Der größte dieser Schläge war der Selbstmord des 30-jährigen Kronprinzen Rudolf 1889. Die überharte, auf militärische Tauglichkeit abzielende Erziehung, die der einzige Kaisersohn auf ausdrückliche Veranlassung seines Vaters »genossen« hatte und der sich Elisabeth zunächst nicht widersetzte, hatte aus dem gut aussehenden und von den Mädchen umschwärmten Prinzen einen lebensschwachen Neurotiker gemacht. Genötigt, die einzige Frau aufzugeben, die er wirklich liebte, und gezwungen in eine dysfunktionale dynastische Ehe mit Stephanie, der Tochter des belgischen Königs Leopold II., des »Kongoschlächters«[232], sowie politisch kaltgestellt infolge seiner liberalen Ansichten und tief zerstritten mit dem Kaiser, lebte er das Leben eines Playboys und litt. Litt auch an körperlichen Krankheiten und dem Missbrauch von Medikamenten. Sein Tod in den frühen Morgenstunden des 30. Januar 1889 in seinem Mayerlinger Jagdschloss folgte auf die Weigerung des Papstes, die Ehe mit Stephanie aufzulösen – ein Begehren, das den Kaiser derart aufbrachte, dass er Rudolf bei einer öffentlichen Hofzeremonie ostentativ brüskierte. Der Suizid war ein offensichtlicher Schlussstrich unter die von vorn bis hinten verkorkste Existenz einer aus höfischer Sicht allzu originellen Persönlichkeit. Dass der Selbstmörder nicht allein war, sondern eine heimliche Geliebte, die 17-jährige Baroness Mary Vetsera, nicht nur bei sich hatte, sondern sie erschoss, bevor er den Lauf auf seinen eigenen Kopf richtete, drohte das Vertrauen in das Haus Habsburg, das im Wettstreit mit den Hohenzollern lag, zu untergraben. Und nicht nur in dieses, sondern auch in die österreichische Polizei, die einen einschlägigen Hinweis von Rudolfs langjähriger Geliebter Mizzi Caspar auf Selbstmordpläne ignoriert hatte. Ursprünglich wollte Rudolf – offenbar in Nachahmung des romantischen preußischen Dichters Heinrich von Kleist – sich zusammen mit Mizzi umbringen, doch diese, eine primär finanziell am Kronprinzen interessierte Edelprostituierte, zog es vor zu leben.

>»Um politische Konsequenzen hintanzuhalten, betonten die Wiener Behörden den sentimentalen Aspekt der Tat. Gleichsam als wäre das öffentliche Leben eine Operette, fand man es angenehmer zu glauben, Rudolf sei für eine Frau gestorben als für seine Überzeugung.«[233]

Eine rigorose Zensur sollte die offizielle Lesart des Mayerlinger Dramas durchsetzen. Aber die aufgeregte private Korrespondenz der Sträusse beweist, dass die wesentlichen Details der Tragödie in Wien diskutiert wurden – aus Rücksicht auf die Zensur kürzten sie die Namen der Protagonisten ab.[234]

Rudolfs Tod traf Elisabeth so tief, dass sie fortan nur noch Schwarz trug. Und Franz Joseph soll »Mir bleibt doch nichts erspart auf dieser Welt« gesagt haben, als er von Elisabeths Ermordung erfuhr. Jean telegrafierte ihm persönlich sein Beileid. Es scheint, dass die in geringer Distanz verbrachten Jahrzehnte allmählich ein unsichtbares Band zwischen dem alten Kaiser und dem greisen (Walzer-)König geknüpft hätten. Nach und nach zog der Monarch, der früher gern in der Aufmerksamkeit der Menge gebadet hatte, sich aus der Öffentlichkeit zurück. Theaterbesuche wie der der Premiere von Jeans Operette *Fürstin Ninetta* bekamen Seltenheitswert und wurden daher aufmerksam registriert.[235]

Zwei von Franz Josephs politisch-militärischen Niederlagen machten Epoche. Eine von ihnen verdient hier Erwähnung, da sie auch die Sträusse bewegte und Jean zu seiner berühmtesten schöpferischen Leistung inspirierte. Gemeint ist das militärische Fiasko im Deutschen Krieg von 1866. Sein Gegenstand war die lang aufgeschobene finale Auseinandersetzung zwischen dem föderativen, »alten« Österreich und dem erstarkten, zentralistischen »jungen« Preußen um die Vorherrschaft in Deutschland. Wäre es nach der im Wiener Kongress durchgesetzten österreichischen Linie gegangen, dann hätte Deutschland einen Bund von politisch unabhängigen Staaten gebildet, ganz so, wie es im Heiligen Römischen Reich der Fall gewesen war. Führungsmacht dieses Deutschen Bundes sollte, bitt' schön, das habsburgische Österreich bleiben wie seit 500 Jahren. Andere europäische Mächte dagegen zentralisierten seit Jahrhunderten ihre Territorien nach Möglichkeit und unterdrückten jede separatistische Regung – wie besonders Frankreich. Napoleon hatte in diesem Sinn das Werk von Königen wie Franz I. oder Ludwig XIV. vollendet. Die wirtschaftliche, politische und militärische Schlagkraft Frankreichs war bis 1800 so dramatisch gewachsen, dass es mehrjähriger Bemühungen aller übrigen europäischen Mächte bedurfte, um ein annäherndes Gleichgewicht der Kräfte wiederherzustellen. Auch in diesem Ringen hatten zwei zentralisierte Staaten sich als besonders widerständig erwiesen: England mit seinem weltumspannenden Imperium und Russland. Sollte dies nicht auch ein Erfolgsmodell für Deutschland sein? »Der Staat: das bin ich.« Dieser Satz von Ludwig XIV. klang auch in den Ohren des Preußenkönigs Wilhelm I. gut.

Hatten die beiden Großmächte zwei Jahre zuvor, als es gegen Dänemark um die Herzogtümer Schleswig und Holstein ging, noch Seite an Seite gekämpft, so brachte die Aufkündigung des Deutschen Bundes im Juni 1866 durch Bismarck die Waffenbrüder auseinander. Unmittelbar darauf schickte Preußen Truppen in das von Österreich verwaltete Holstein. Der Deutsche Bund ordnete auf Initiative Österreichs Maßnahmen gegen Preußen an, worauf der Krieg begann. Schnell zeigte sich, dass der Bund militärisch nicht mehr funktionierte: Effektive Waffenhilfe seitens der großen österreichischen Verbündeten Bayern und Hannover blieb aus, weil diese vorwiegend defensiv orientiert waren. So konnten die preußischen Truppen unter Helmuth von Moltke und Kronprinz Friedrich Wilhelm, dem späteren Kaiser Friedrich III., durch Sachsen, das auf seinem Territorium keinen Widerstand leistete, auf Böhmen vorrücken. Bei Königgrätz wurden sie von der zahlenmäßig unterlegenen und durch vorangegangene Gefechte geschwächten kaiserlichen Armee gestellt und setzten sich am 3. Juli 1866 durch.

Die Verluste an Männern betrugen ungefähr 10 000 – angesichts der etwa 450 000 Kombattanten weniger schrecklich, als man hätte erwarten können. Es scheint, als ob die Gegner schonungsvoll miteinander umgehen wollten, da sie einander künftig noch brauchen könnten.

Ungehindert rückten die gegnerischen Verbände nun auf Wien vor. Erst auf dem Marchfeld, im Angesicht der Türme Wiens, stoppte ein Friedensangebot aus der kaiserlichen Kanzlei ihren Vormarsch. Auch bei den Friedensverhandlungen verzichteten die preußischen Sieger darauf, Maximalziele durchzusetzen. Dennoch herrschte Katzenjammer in Österreich. Denn nun begriff die Öffentlichkeit, dass die jahrhundertealte Vorherrschaft über Mitteleuropa verspielt war. Norditalien war verloren bis auf Südtirol und Julisch Venetien mit den Häfen Triest und Fiume, dem späteren Rijeka. Die gerade erst zwei Jahre zuvor erworbenen norddeutschen Reichsteile gingen an Preußen, ebenso wie eine Kriegskostenentschädigung in Höhe von 40 Millionen Talern. Der Deutsche Bund wurde aufgelöst und durch den Norddeutschen Bund unter Führung Preußens ersetzt. Es fehlten Österreich, Bayern, Württemberg, Baden und Hessen-Darmstadt. Ganz Deutschland nördlich der Mainlinie stand damit unter preußischer Regie. Und Österreich war jetzt endgültig auf den slawischen Raum, auf Südosteuropa und dessen Völker verwiesen – wenn man das Wort Metternichs vom Balkan, der in Landstraße beginne, ernst nahm, dann war Österreich ab nun fast ein Teil des Balkans.

Und in diesem Raum begann es zu gären, keine 20 Jahre nach der letzten Groß- und Völkerkrise. Erneut waren es die Ungarn, die mehr nationale Autonomie begehrten. Dem nach der verlorenen Auseinandersetzung mit Preußen politisch geschwächten Österreich blieb nichts als die Verständigung mit den Magyaren: Erneutes Blutvergießen konnte im Winter 1866/67 der Österreichisch-Ungarische Ausgleich vermeiden. Zwar regierte damit Franz Joseph I. auch in Buda – aber nicht mehr als Kaiser, sondern als König über ein innenpolitisch unabhängiges und von einer eigenen Regierung geführtes, von Magyaren dominiertes Teilreich, dem bis auf Krain, Dalmatien und Bosnien-Herzegowina der gesamte Balkan angehörte. Österreich blieben die habsburgischen Erblande, Tirol und Vorarlberg, ein schmaler Landstreifen entlang der Adriaküste und Ostmitteleuropa. Am 8. Juni 1867 drückte sich Franz Joseph in Buda die Stephanskrone, die »Heilige Krone« der Ungarn, aufs Haupt. Elisabeth wurde zur Königin Ungarns. Der neue König hatte regelmäßig auf der Budaer Burg zu residieren und, in ungarischer Sprache und in eine ungarische Uniform gekleidet, mit den Ministern Ungarns und dem königlich ungarischen Reichstag seine ungarischen Ämter wahrzunehmen. Die gemeinsamen Institutionen wurden umbenannt – aus »k. k.« wurde »k. u. k.«. »Das hätt' ich auch zusammengebracht«, wurde der kaiserliche Ruheständler Ferdinand zitiert.[236] Der Spätherbst der Donaumonarchie hatte begonnen.

Katzenjammer also in Wien – verbreitete Armut und eine erneute Cholera-Epidemie taten ihr Übriges dazu –, und diesmal betraf er auch die Sträusse. Im Fasching wurde der Hofball abgesagt, ebenso der traditionelle Narrenabend des Wiener Männergesang-Vereins. Ersatzweise sollte im *Dianasaal* eine humoristisch-satirische Liedertafel ohne Tanz gegeben werden, zu der man von Jean eine Vokalkomposition wünschte. Das Interesse des Publikums an dieser Veranstaltung bordete über. Auf dem Schwarzmarkt kostete ein Eintrittsbillett 20 Gulden. »Wie Pickelheringe in einer Tonne aneinandergepreßt« (*Vorstadt-Zeitung*) standen die Zuhörer Schulter an Schulter. Für die Damen waren Sessel aufgebaut. Jeans Beitrag war der erste nach der Pause in dem fünfstündigen Programm. Von ihm war die Musik – eine Walzerkette, zu der Jean die meisten Chorstimmen gar nicht selbst schrieb. Er stellte die Arbeit auf den letzten Drücker fertig und entschuldigte sich beim Chor dafür: »Bitte ob der schlechten und unsauberen Schrift um Verzeihung ich mußte binnen weniger Minuten damit fertig werden.«[237] Das Dirigat besorgte Rudolf Weinwurm, der Chormeister des Männergesang-Vereins, den Text hatte dessen Haushumorist, der dichtende Polizeibeamte Josef Weyl, nachträglich beigesteuert. Dieser begann als Zwiegespräch:

> »Wiener, seid froh!« –
> »Oho, wieso?« –
> »No, so blickt nur um!« –
> »Ich bitt, warum?« –
> »Ein Schimmer des Lichts!« –
> »Wir seh'n noch nichts.«

Dann werden die akuten Nöte aller Gesellschaftsschichten durchdekliniert: der Bauern, die zu hohe Steuern zahlen müssen; der Hausherren, die keine zahlungskräftigen Mieter finden; der Künstler, die darben müssen; »selbst die politischen, kritischen Herr'n«. Alles fruchtlose Mühen, so schließt der Chor, gleiche einem Tanz:

> »Wenn auch scheinbar bewegend sich keck,
> Kommen doch sie niemals vom Fleck.

Wie sie so walzen, versalzen sie meist
Trotz der Mühen die Brühen im Geist.«

Die Überfüllung des Saales stand einem ungetrübten Kunstgenuss entgegen. Dennoch gefiel das Stück dem Publikum des Abends. Die Musik aber – das fiel bereits damals der ebenfalls günstigen Presse auf – kontrastierte auffällig mit dem sarkastischen Text. Da war dieser verhaltene, aufsteigende A-Dur-Akkord, der sich wie von fern über die tremolierenden Violinen und Holzbläser legte, dieser meditative Friede wie vom Morgen der Schöpfung, der sich in dem nur schwach pulsierenden 6/8-Takt ausdrückte, diese harmonischen Wendungen über Moll- und Septakkorde zurück zum A-Dur, bevor Weinwurm das Tempo wollüstig anzog und den hüpfenden Tanzrhythmen die Zügel schießen ließ. Eine überbordende Fülle an kontrastierenden, spielenden Motiven folgte, die für ein ganzes Konzertprogramm gereicht hätte. Jean war nicht zufrieden: »Der Walzer war vielleicht nicht reißerisch genug«, soll er später gesagt haben und: »Den Walzer soll meinetwegen der Teufel holen!«[238]

Prophetisch, wenn auch blass, formulierte *Die Presse*: »Der liebliche Walzer mit seinen einschmeichelnden Rhythmen dürfte bald zu den populärsten des fruchtbaren Tanzkomponisten gehören.«[239] Allerdings holte der Männergesang-Verein bis 1890 dieses Stück nur ganze siebenmal aus seinem Notenarchiv.

Heute dagegen ist es in instrumentaler Version die inoffizielle Hymne Österreichs, läutet das Konzertjahr der Wiener Philharmoniker ein und im öffentlichen Rundfunk nicht nur das neue Jahr, sondern auch die wichtigste Nachrichtensendung eines jeden Tages. Das A-Dur-Motiv seiner Introduktion dürfte mit Beethovens Schicksals-»Da-da-da-daaa« und der Exposition von Mozarts *Kleiner Nachtmusik* zu den bekanntesten Melodien der klassischen Musik gehören. Längst hat das Werk seinen zeitbezogenen Text abgeworfen und ist zu einem Stück reiner instrumentaler Programmmusik geworden, obwohl es in den mehr als 150 Jahren seiner Existenz an neuen Versuchen zur Textierung nicht gemangelt hat. Das Programm hinter den Klängen hat Jean selbst formuliert: *An der schönen blauen Donau* lautet es auf der Version für Klavier, die der Walzerkönig vorsorglich gleich mit angefertigt hat, denn er hatte Erfahrungen mit der Unzuverlässigkeit der Zeitläufte im Allgemeinen und der des Männergesang-Vereins im Besonderen gemacht. Dieser scheint immerhin als Widmungsträger auf dem Erstdruck auf.

Jean nahm anschließend den Walzer mit nach Paris, wo er bei der Weltausstellung gastierte. Geschäftlich hat *An der schönen blauen Donau* zwar Jeans Verleger Spina Glück gebracht: In kurzer Zeit dürfte er etwa eine Million Exemplare der verschiedenen Druckausgaben verkauft haben. Davon erhielt der Komponist jedoch herzlich wenig: 25 Gulden. Denn er hatte einen Generalvertrag mit Spina, der ihm seine Jahresproduktion pauschal honorierte.

Die Namensgebung erfolgte durch Rückgriff auf eine Zeile des Gedichts *An der Donau* des im südungarischen Baja geborenen Schriftstellers Karl Isidor Beck, der die Wiener Donau noch gar nicht kannte, als er seine Verse schrieb. Er meinte eigentlich die Donau seiner Heimat, kurz bevor sie serbisches Land durchströmt.

Erst 1889 erhielt der Donauwalzer die heute bekannte, wenn auch selten öffentlich zu Gehör gebrachte Textfassung:

»Donau so blau,
so schön und blau
durch Tal und Au
wogst ruhig du hin,
dich grüßt unser Wien,
dein silbernes Band
knüpft Land an Land,
und fröhliche Herzen schlagen
an deinem schönen Strand.«

Aber egal, was kritische Stimmen später schrieben: Der Walzer erlebte schon bei der Uraufführung einen durchschlagenden Erfolg und wurde in Presseberichten über den Uraufführungsabend bereits als »Schlager« bezeichnet – möglicherweise der erste öffentliche Gebrauch dieses Wortes im heute ausschließlichen Sinn.

Teil IV
DIE HERRSCHAFT DER STRÄUSSE

»Sie werden sämmtlich als reiche Leute nach Europa zurückkommen.«
Vincenzo Bellini, 1837 zitiert in der *Allgemeinen Theaterzeitung*

Kapitel 15

Orpheus-Quadrille: Strauss, Strauss, Strauss & Strauss

Der Pulverdampf der Revolution ist abgezogen – und Jean war ungefähr so gut gebucht wie sein Vater. Im Sommer spielte er jeden Montag im *Dommayer,* am Dienstag und Freitag im *Volksgarten,* einer der stabilsten und angesehensten der straussschen Wirkungsstätten, mittwochs im *Großen Zeisig,* donnerstags in *Valentins Bierhalle,* samstags in *Engländers Restauration* an der Währinger Straße und am Sonntag im *Casino Unger* in Hernals. Hinzu kamen noch Konzerte im *Sperl,* in den *Sofiensälen* und den k. k. Redoutensälen, hin und wieder im Prater sowie in *Schwenders Colosseum* weit außerhalb des Linienwalls auf halbem Weg nach Schloss Schönbrunn gelegen.

Stets ging es bereits am Nachmittag los mit den »Conversationen« und endete meist erst tief in der Nacht – je erfolgreicher der Abend, je zahlreicher die »Encore«-Rufe eines begeisterten Publikums, desto später die Bettzeit. Doch damit war noch kein Feierabend: Wann sollte Jean komponieren, wenn nicht jetzt, in der Ruhe der Nacht, in der alles schlief, kein Orchester- oder Familienmitglied ihn mit seinen kleinen oder großen Kümmernissen behelligte und keine Anna mit ihren Geldsorgen und Vorhaltungen. Er gewöhnte sich daran. Die Vormittage dienten dann dem Orchesterbetrieb, der Verwaltung, der Korrespondenz, den Proben, den Besprechungen mit dem Verlag und den Getreuen in der Presse.

Dabei war es im Sommer noch relativ ruhig; der Winter und der Fasching mit ihren pausenlosen Bällen hatten es erst recht in sich. Auch Jean gewöhnte sein Orchester und sich selbst daran, zur Entlastung den Taktstock einem Subdirigenten in die Hand zu drücken, sich in den Fiaker zu werfen und die nächste Soiree mit seiner Anwesenheit zu beehren. Dies kam nicht immer gut an. Das zeigt ein Leserbrief, den das von Gustav Heine, dem Bruder Heinrich Heines, geleitete

Fremdenblatt im Januar 1850 abdruckte – obwohl es fast eine Art publizistisches Sprachrohr der Sträusse war:

> »Allgemeine Indignation erregte es, daß der junge Strauß, trotz der Anwesenheit vieler Notabilitäten, nur ein einziges Tanzstück persönlich dirigierte und dann nach kurzem Verweilen völlig verschwand, das ohnehin desorganisierte Orchester seinem Schicksal überlassend. Der junge Mann hat den Namen, aber keineswegs das humane, gefällige Wesen seines leider zu früh dahingeschiedenen, allgemein betrauerten Vaters geerbt.«[240]

Fünf Jahre hatte Johann Strauss (Vater) Zeit, sich an die Erfolge seines schärfsten Konkurrenten Jean zu gewöhnen. Zu einer der damals üblichen öffentlichkeitswirksamen Versöhnungsgesten auf offener Bühne oder zu gemeinsamen Konzertauftritten, die nicht weniger üblich waren, kam es nie. Man arrangierte sich, wenn es erforderlich war, bespielte unterschiedliche Etablissements, bediente unterschiedliches Publikum. Johann geigte im *Sperl* und in anderen schicken, zentrumsnahen Etablissements der eleganten Welt auf und konzertierte bei Hofe. Der Vorstadtmusiker Jean hielt es noch eher mit den Milieus der Einwanderer und Fremden – die Johann nur allzu gut von innen kannte und mit denen er am liebsten nicht mehr allzu viel zu tun hatte.

Das Jahr 1848 – selbst wenn die politischen Ereignisse monatelang keine Auftritte zuließen – nennt der Strauss-Forscher Norbert Linke Johanns glücklichstes Jahr: Zwar ist Jeans Konkurrenz nicht wegzudiskutieren, aber auch Johann stand glänzend im Geschäft. Mit seinen Auftritten im *Sofienbad-Saal,* im *Sperl, Odeon* und *Volksgarten,* in *Ungers Casino* und auf dem Wasserglacis, schließlich bei der Hofballmusik in den Redoutensälen erzielte er beste Gewinne oder wenigstens hohe öffentliche Aufmerksamkeit.

> »Strauss hat die Muße gefunden, eigenhändige Partituren zu schreiben. Die Kopiatur des Stimmenmaterials hat sein Schwager Fux besorgt. Für Arrangements von Märschen für Blechbläser ist der mit Strauss nun versöhnte Fahrbach gewonnen worden.«[241]

Monatelang gab er jeden Sonntag drei Konzerte. Erst wirtschaftliche Schwierigkeiten nach der Revolution trieben ihn 1849 erneut ins Weite. Königin Victoria von England empfing ihn in London mit höchsten Ehrungen. Einmal stand er mit einer umjubelten Wiener Sängerin auf der Bühne – ohne ahnen zu können, dass seine künftige Schwiegertochter neben ihm konzertierte. Mitte Juli war er zurück. Der 45-Jährige stand auf der Höhe seiner Schaffenskraft – so schien es.

Eine heute banale Infektionskrankheit jedoch sorgte dafür, dass Johann Ende September 1849 unerwartet seinen Geigenbogen aus der Hand legte. Das aufreibende Musikdirektors- und Vaterleben dreier Jahrzehnte hatte seine Gesundheit schwer mitgenommen. Schon 1846 hatte ein militärischer Konskriptionsbogen ihm bescheinigt, »ganz unanwendbar« zu sein.[242]

Nun ist in der Kumpfgasse 11 der Scharlach ausgebrochen. Bis zur Erfindung der Antibiotika war das, was heute als weitgehend harmlose Kinderkrankheit gilt, vor allem in ihren schweren Verlaufsformen eine ernsthafte Gefahr. So tötete Scharlach innerhalb weniger Tage die Lieblingskinder des romantischen Dichters Friedrich Rückert. Rückerts von dem Wiener Komponisten Gustav Mahler vertonte *Kindertodtenlieder* legen Zeugnis ab vom Trauma dieses Familiendramas. Sie passen gut auch ins Wien dieser Zeit.

Mit einem derartigen schweren Verlauf schlug Johann sich herum. Eigentlich sollte er am 22. September 1849 bei einem Empfang zu Ehren von Marschall Radetzky den Radetzky-Bankett-Marsch dirigieren, den er aus diesem Anlass geschrieben hatte. Der Widmungsträger würde persönlich anwesend sein. Und für den 25. September war bereits eine Strauss-Soiree im *Volksgarten* plakatiert.

Doch die Militärkapelle musste sich nach einem anderen Musikdirektor umsehen. Und als das Konzert im *Volksgarten* begann, war Johann tot. Gestorben in der vorangegangenen Nacht. »Uebersetzung des Scharlachs auf das Gehirn«[243], steht im Totenbeschau-Protokoll. Auch die Strausse erfuhren erst an diesem Tag von der dramatischen Zuspitzung der Krankheit. Jean eilte in die Kumpfgasse.

Was er dort vorfand, war Gegenstand einer hässlichen Kampagne, die bis in unsere Tage für Wirrnis gesorgt hat. Anna, die keinerlei Grund hatte, Johann und dessen Zweitfamilie zu schonen, ist als treibende Kraft dieser Kampagne zu vermuten. Anna »verbreitete bis heute unausrottbare diffamierende, falsche Gerüchte über Emilie Trampusch.«[244] Schon Edi hielt sie in seinen Erinnerungen für die Nachwelt fest. Fast völlig ausgeleert sei die Wohnung gewesen, die Jean antraf, schrieb Edi, bis auf den Leichnam des Vaters, der einsam und nicht einmal von einer Kerze beleuchtet auf einem nackten Holzbrett in einem der Räume gelegen habe.[245]

Dass dies üble Nachrede ist, wissen wir aus der Verlassenschaftsabhandlung. Anna selbst bestätigte am 28. September vor dem Nachlassgericht, dass selbst Bargeld, Tafelsilber und Wertsachen noch vorhanden seien. Auch das eine Woche nach dem Todesfall aufgenommene Inventar enthielt weit über 100 Positionen – von 1.360 Gulden »barem Gelde« über »1 Busennadel mit Smaragd und 9 Rosetten« (Schätzwert 25 Gulden) bis zu »1 Gypsfigur am Ofen« (10 Kreuzer).

Über Johanns mobile Hinterlassenschaften verhängte das Gericht die übliche »enge Sperr«, die es nur kurz aufhebt, um es Emilie zu ermöglichen, gegen Quittung »jene Effekten, welche der Emilie Trampusch und ihren Kindern zum Gebrauche und welche zur Bekleidung des Leichnams nothwendig sind«, abzuholen.[246] Emilie hatte demnach offenbar tatsächlich mit den Kindern die Wohnung verlassen, war aber nicht desertiert und hatte Johann schon gar nicht in größerem Maßstab bestohlen. War sie überfordert mit der toten, infektiösen Zelebrität in ihren vier Wänden? Fürchtete sie Anna und deren Zorn? Sie war Johanns »rastlose Pflegerin«[247], will Biograf Scheyrer wissen, den wir im strausssschen Rosenkrieg in der Partei des Vaters vermuten dürfen. Dass sie an der Seite des Toten nichts mehr zu melden hatte, dürfte Emilie klar gewesen sein, denn Anna hielt alle Rechte außer denen, die Johann seiner Geliebten in seinem Testament abgetreten hatte.

Die Trauermesse im Stephansdom und die Überführung des Leichnams auf den Döblinger Friedhof brachten 100000 Wiener auf die Beine. Dies behauptete zumindest Jean. Eine schöne runde Zahl.

»Heut wird das alte Wien begraben«, trauerte der Dichter Eduard von Bauernfeld, und die *Theaterzeitung* vom 25. September 1849 schrieb:

> »Wien hat heute morgen um 2 Uhr einen Mann verloren, der seit langen, langen Jahren, für seine Freuden sorgte, ohne den es kein heiteres Fest gab. […] er war ein bescheidener anspruchsloser Mann bei all der großen Beliebtheit, die er errungen; er war wohltätig, menschenfreundlich, und ein Mann voll Patriotismus, … […] so ist er denn seinem Kollegen Lanner sehr bald nachgefolgt in ein Land wo es nur Harmonien gibt.«[248]

Anna nahm die Rolle der trauernden Witwe an. Wie viel Trauer war noch in ihr nach 14 Jahren der Bedrängnis, Demütigung, Enttäuschung? Egal, sie behauptete ihren Platz, so wie sie es immer getan hatte.

Am 3. Dezember traf man vor dem Bezirksgericht zusammen: Emilie und Anna mit ihren jeweiligen Rechtsbeiständen sowie die Vormünder der Kinder. Ohne Einigung ging man auseinander: Johanns Bargeld sei draufgegangen für die »Leich'«, seine Mobilien habe Johann ihr geschenkt, behauptete Emilie. Anna bestritt dies. Sie kündigte an, Johanns Testament anzufechten, und verklagte am 29. August 1850 Emilie: Diese sollte demütigenderweise einen Offenbarungseid leisten, was sie am 12. September tat. Anderthalb Jahre später kam man erneut vor Gericht zusammen, um sich mit Verleger Haslinger über die Publikation (und Honorierung) von Johanns nachgelassenen 19 Kompositionen zu einigen. Haslinger erhielt nebst exklusiven Rechten und Pflichten die für den Druck eingerichteten Partituren um einen Sonderkaufpreis, dessen Wert der Verlassenschaft zugeschlagen wurde. Erst fast drei Jahre nach dem Tod des Walzerkönigs wurde endlich über seinen Nachlass entschieden. Johanns Nachlassvermögen betrug überschaubare 2.800 Gulden. Als Pflichtteil wurden Annas Kindern gut 1.000 Gulden ausgezahlt.[249] Ein Trinkgeld, teilt man es durch die Zahl der Erbberechtigten. Jean lernte daraus. Seine Testamente waren später detailliert und eindeutig. Aber auch sie würden Enttäuschung und Unfrieden in die Familie tragen.

Aus der Aufstellung von Johanns Nachlassverwalter geht auch hervor, dass Emilie seit Johanns Tod »ganz und gar nicht das geringste Einkommen« hatte. Ein dramatischer Sturz der Frau an der Seite des Walzerkönigs in die Dürftigkeit.[250]

Ein unstetes Nomadenleben schloss sich für Emilie Trampusch und ihre durch Todesfälle, Eheschließungen oder Volljährigkeit stets abnehmende Kinderschar an. Immerhin gelang es ihr nach und nach, an ihre Beziehungen zu Theaterleuten aus Johanns Lebzeiten anzuknüpfen. Denn 1861 ist belegt, dass sie und ihre Älteste Emilie als »Frau und Fräulein Traumburg (Mütter und Liebhaberinnen)« am Theater St. Pölten spielten, die junge Emilie in »jugendlichen und munteren Liebhaberinnenrollen«. Dass eine Frau mit Ende 40 noch auf der Bühne stand, war keine Selbstverständlichkeit. 1865 verliert sich Emilies Spur in Wien, fünf Jahre später die ihrer Tochter auf einer Reise nach Deutschland, Frankreich und England, für die sie einen Dreijahrespass beantragt hatte.

Bodenständiger erzeigte sich der Stammhalter Johann Wilhelm. Seine Eltern hatten den Zehnjährigen 1846 ins Erziehungshaus (ein karitatives Internat) nach Linz geschickt, von wo er an die Wiener Neustädter Militär-Akademie abging. Offizier sollte er werden. Seine Eignung für den Soldatenberuf war indessen fraglich. In einem Konskriptionsbogen wird er unverblümt als »Schwächling« bezeichnet. 1852 verließ er daher die Militär-Akademie und trat stattdessen als Commis (kaufmännischer Angestellter) in das Seidengeschäft *Zur Weißen Taube* des k. k. Hoflieferanten Ernst Krickl ein. Dort brachte er es bald zu einem akzeptablen Einkommen und war damit in die Lage versetzt, seine Familie zu unterstützen. Eine Anstellung bei der Kaiser Ferdinands-Nordbahn schloss sich an. Aber ein angeborenes Leiden und zusätzlich die Folgen eines Unfalles setzten ihm zu. Daran starb er im August 1864 mit 28 Jahren im Krankenhaus der Barmherzigen Brüder in der Leopoldstadt – nur einen Steinwurf entfernt vom Hirschenhaus, wo Jean und seine Brüder im Wohlstand lebten.

Diese haben – so will es 1873 der rührselige »Tatsachenbericht« des Journalisten Ignaz Löwy in dessen *Pikanten Blättern* wissen – der ärmlichen »Leich'« des Unglücklichen aus den Fenstern des Hirschenhauses zugeschaut. Löwy war ein Jugendfreund von Jean und Eduard Strauss, was ihn nicht daran hinderte, ihnen öffentlich die moralische Verpflichtung vorzuhalten, ihre darbenden Halbgeschwister finanziell zu unterstützen. Sie kannten einander und sollen sich sogar nach einem Strauss-Konzert bei Champagner verbrüdert haben. Aber Anna soll dazwischengefahren sein und jeden weiteren Kontakt diktatorisch unterbunden haben, sowie sie dies spitzgekriegt hatte.

Besonders bedürftig war Emilies Tochter Clementine, die als Herstellerin von Stoff- und Papierblumen – Utensilien, die ihre Mutter in ihrem Modistenberuf täglich verarbeitet hatte – eher überlebte als lebte. Löwy zitierte sie gar in die Redaktion und vermittelte – behauptet er – ein Zusammentreffen zwischen der Blumenmacherin und Jean in der Villa in der Hietzinger Hetzendorferstraße, die Jean unterdessen gekauft hatte. Finanziell sei diese Begegnung völlig unergiebig gewesen. Nicht zu Unrecht fand Jean offenbar, den Trampuschs nichts schuldig zu sein. Außer dem Tipp, ihr Glück in den Vereinigten Staaten zu suchen, bekam sie nichts mit. Aber »aus der Reise wurde nichts, da man ihr in der amerikanischen Gesandtschaft bedeutete sie sei für die Ueberfahrt zu schwach«[251].

Weder für die Trampusch-Kinder noch für Anna und die Ihren war demnach viel zu holen aus Johanns Nachlass. Aber war auch die Auseinandersetzung um das materielle Erbe des Walzerkönigs mühsam und belastend, so gingen doch musikalischer Nachlass und Konzertbetrieb reibungslos in neue Hände über. Umstandslos »erbte« Jean das hochdisziplinierte Orchester, das sich selbstverständlich nach wie vor hören ließ. Zu Johanns Trauerfeier am 11. Oktober 1849 traten sie erstmals gemeinsam auf. Man spielte das hochgeschätzte Requiem von Mozart. Doch im Ensemble wurden Vorbehalte gegen den Nachfolger laut. Nach einigem öffentlich ausgetragenen Hin und Her löste er sie auf und integrierte die Musiker nach Bedarf in seine eigene Kapelle.[252] Auf einem Reisepass nach »Preußen und russisch Pohlen« vom Herbst 1850 stehen 26 Namen. Das ist eine Menge, denn die Orchestergröße war ein entscheidender Kostenfaktor auf Kunstreisen.

Die meisten dieser Namen fehlen noch in Jeans erstem Vertrag von 1844. Er konnte sich nun auf ein doppelt mit Holz- und Blechbläsern besetztes Vollorchester stützen.

Ziel der Reise war Warschau, wo Kaiser Franz Joseph in diplomatischer Mission mit dem russischen Kaiser weilte. Unter abenteuerlichen Umständen gelangte die Kapelle an die Weichsel – die Reisepapiere waren nicht korrekt, und die Musiker wurden als Räuberbande festgehalten. Das entstandene Aufsehen machte Zarin Charlotte, die Tochter des Preußenkönigs Friedrich Wilhelm III., auf die Truppe aufmerksam. Sie schickte ihren Obersthofmeister zu Hilfe, so Jean:

> »Am anderen Tage spielte ich vor der Kaiserin von Rußland ... Ich wirkte dann mit meinem Orchester beim Ball mit, bekam für jede Produktion 500 Rubel [etwa 1.000 Gulden] und zum Schluß einen kostbaren Brillantring.«[253]

Die Reise hat sich also gelohnt. Der direkte Kontakt zum russischen Kaiserhaus wird sich noch reich auszahlen. Und »endlich würdigen ihn die Mitglieder der Alt-Kapelle als fähigen Nachfolger des vor einem Jahr verstorbenen Vaters«[254].

Der »Orchester-Regisseur« und angeheiratete Onkel Karl Fux, seine wichtigste Akquisition aus der Strauss-Kapelle, war nicht mit in Warschau.[255] Seine Anwesenheit in Wien dürfte dringender gewesen sein, und es ist anzunehmen, dass er Konzerte mit den dort verbleibenden Musikern zu organisieren hatte.

Mit den Männern übrigens kamen die Musikinstrumente zurück ins Hirschenhaus – im Nachlass-Inventar auf 312 Gulden geschätzt und unter Fux' Obhut – sowie, besonders wichtig, das Archiv aus Partituren, Orchesterstimmen, Entwürfen, Vorlagen und Notizen. Jean erbte auch den väterlichen Verlagskontakt zu Carl Haslinger. Sein bisheriger Verleger Mechetti ist im Juli 1850 verstorben. Haslinger nutzte geschickt die Unsicherheit und Unerfahrenheit des jungen Kapellmeisters, zahlte ihm pro Werk maximal 50 Gulden – ein Fünftel dessen, was Johann erlösen konnte – und sparte an den kammermusikalischen Bearbeitungen, die für die Verbreitung von Kompositionen wichtig waren. Kein Wunder, dass Jean »sich gern in Kampfstellung gegen seine Verleger befindet«, wie seine Frau Adele später einmal schreiben wird.[256] Dennoch blieb Haslinger 13 Jahre lang Jeans exklusiver Verlagspartner.[257] Dieses Feld war also einstweilen bestellt.

Seit Beginn der 50er-Jahre konnten die Sträusse schalten und walten auf ihrem Gebiet, und kein Vater und Walzerkönig konnte ihnen mehr in die Quere kommen. Edi ging zur Schule, Pepi studierte, Jean musizierte, und »Onkel« Karl Fux führte Regie. Besser als sie selbst wussten, waren sie aufgestellt für einen Musikmarkt, der sich grundlegend gewandelt hatte, wie zumindest des Vaters alter Weggefährte Philipp Fahrbach sen. wahrgenommen hat:

> »Der junge Strauß sah voraus, daß das durchs ganze Jahr tanzende Wien des Vormärz nicht mehr wiederkommen konnte. Für die Zeit der Militärherrschaft und des straffen Zentralismus genügte ein einziges erstklassiges Orchester, und das musste Strauß heißen ...«[258]

Doch hinter jedem großartigen Mann steht einem alten Gemeinplatz zufolge eine großartige Frau. Und Anna Strauss, geborene Streim, stand im Lauf ihres Lebens hinter gleich mehreren großartigen Männern und dirigierte sie – nicht so sichtbar, wie diese ihre Orchester dirigierten, sondern eher wie vom Schnürboden eines Puppentheaters aus: unsichtbar, aber nicht weniger wirksam. Verträge durfte sie als Frau und damit geschäftsunfähige Person nicht abschließen. Öffentlich, bei Bällen und Konzerten, dürfte sie nur in absoluten Ausnahmefällen erschienen sein. Aber Anna war zuständig für die Finanzen – »sozusagen der Schatzmeister des Concertunternehmens« (Edi).

Inwieweit sie sich um die Details kümmerte, bleibt im Dunkeln, denn ihre Korrespondenz ist weitestgehend untergegangen, und es liegen auch keinerlei Geschäftsdokumente, Abrechnungen, Aufstellungen oder Ähnliches von ihrer Hand vor. Ein Bettelbrief von 1854 an die Gattin des Verlegers Haslinger »um ein kleines Darlehen von 200 fl.« ist eine Ausnahme; »nur auf kurze Zeit, der Zins und die gegenwärtigen schlechten Geschäfte haben meine Kassa erschöpft«. Die wenigen erhaltenen Schreiben »lassen aber erkennen, daß sie die Brüder ungeniert gegeneinander ausspielte und dabei stets den Ältesten, Johann, bevorzugte«[259]. Dies gelang ihr des Öfteren – nicht unbedingt zum Nutzen der geschwisterlichen Vertrauensbeziehungen. Aber auch Manipulation war ohne Zweifel ein Kampfmittel für die durchsetzungsstarke, selbstständige Frau und Managerin:

> »Unter Annas strenger matriarchalischer Leitung wuchs und florierte das damals in Wien konkurrenzlose ›Unterhaltungsmusikunternehmen Strauss‹. […] In der Blütezeit dieses Unternehmens zwischen 1863 und 1870 entstanden so bedeutende Werke wie die Walzer ›An der schönen blauen Donau‹, ›Künstlerleben‹, ›Geschichten aus dem Wienerwald‹ …«[260]

Anna steuerte also ein Imperium der Unterhaltungsmusik mit, von dem nicht nur sie und ihre Kinder gut leben konnten, sondern das bis heute das öffentliche Bild Wiens als Musikstadt in der Welt entscheidend prägt. Als starke Frau stand sie allerdings keineswegs allein im Wiener Musikleben. Man denke nur an Nanette Streicher, die in Augsburg geborene Tochter von Mozarts Klavierbauer Stein. Bekannt wurde sie als Freundin Beethovens. Weitgehend unbekannt blieb, dass sie von der Pike auf ihr Metier lernte, es nach Wien mitnahm und als Unternehmerin ihren Ehemann anstellte. Goethe kaufte bei ihr. Nebenher trat sie als Klaviersolistin und Sängerin auf, komponierte und führte einen der ersten musikalischen Salons.

Als Impresario der Familie blieb Anna auf lange Sicht nicht ohne Konkurrenz. Wie sollte es auch anders sein – mit fünf Kindern, die alle eines Tages ins heiratsfähige Alter kommen würden, lag es nahe, dass einer der Schwiegersöhne oder eine der Schwiegertöchter sich irgendwann ins »Management« der Strauss-Musik einschalten würde.

Der zweite Chef der Strauss-Musik war zweifellos Jean – zu welchem Grad er die Macht mit Anna teilte, das war dem Wandel unterworfen. Aber diese beiden stellten die Schachfiguren aufs Brett und versetzten sie nach den Erfordernissen des Tages. Da Jean vorerst der einzige Garant des Erfolges war, galt es besonders in den ersten Jahren, Jeans Karriere zu sichern.

Es fällt schwer, mit unserem Bild liebender Eltern und Kinder zur Deckung zu bringen, was Anna und Johann an ihren Kindern taten und umgekehrt. Und tatsächlich waren die Sträusse keine nur »nette« Familie. Die verschiedenen Möglichkeiten, die den Menschen gegeben sind, sich aneinander zu vergehen, nutzten sie ausgiebig. Die sieben Laster Hochmut, Neid, Unmäßigkeit, Geiz, Wollust, Zorn und Trägheit fühlten sich die längste Zeit heimisch im Hirschenhaus.

Es gilt allerdings zu berücksichtigen, dass auch die straussschen Existenzen keine gewöhnlichen waren. Sie lebten von etwas, das man heute als »Stressjobs« bezeichnen würde. Laufend mussten sie hohe Wetten auf ihren Erfolg abschließen, also große, potenziell ruinöse Investitionen tätigen. Allein rein körperlich war es anstrengend, stets physisch präsent zu sein und täglich von der Bühnenprobe bis zum Ball- oder Konzertende am frühen Morgen alles für das Publikum zu geben. Kein Wunder, wenn Jean aufs Tanzen nicht versessen war. Dazu kam das Komponieren, denn ohne neue Stücke durfte ein führender Kapellmeister sich vor seinem Publikum nicht sehen lassen. Es galt also, unter hohem Zeitdruck kreativ zu sein. Die Angst zu versagen und durchzufallen dürfte an so manchem schwungvollen Tanz mitgeschrieben haben. Es galt, diese Musik zu proben, mit Musikern, die auch nur Menschen waren und Fehler machten. Die Aufregung über den verpatzten Einsatz eines Violinisten soll – wir werden es noch hören – der Anlass für Pepis fatalen Zusammenbruch gewesen sein. Es galt, ruchlose Wettbewerber laufend auf Distanz zu halten, stets auf der Hut zu sein vor ihren schmutzigen Tricks, Kampagnen, Verleumdungen, Diffamierungen. Besonders die Tourneen setzten den Sträussen oft zu, denn sie mussten ihre mitreisenden Musiker durch lokale Akquisitionen ergänzen und diese in den Orchesterklang einpassen oder sich eben wieder neu auf die Suche machen und so lange in vielleicht wackliger Unterbesetzung spielen. Auch waren die Belastbarkeitsgrenzen bei diesen Musikern begreiflicherweise schneller erreicht als bei den Sträussen, die neben dem Risiko auch die vollen Verdienstchancen hatten. Murren und Meuterei waren treue Reisebegleiter. Dazu kamen kostspielige »Überraschungen«

außermusikalischer Art, die aus mangelnder Vertrautheit mit den Örtlichkeiten und Menschen resultierten. Reisehindernisse, schlechte Quartiere, ungewohntes Essen und Wetter konnten ein Übriges tun, Künstlerlaunen zu verhageln. Und damit die Komponisten sensibel und kreativ auf den Zeitgeist eingehen konnten, bedurfte es – wie auch für die Werbung – steter Wachheit und Beobachtung der Öffentlichkeit.

Nur die Robustesten konnten dieses XXL-Leben führen, ohne langfristig Schaden zu nehmen. Und die Sträusse gehörten nicht zu den besonders Robusten. Zwei von ihnen starben in ihren Vierzigern an diesem maßlosen Leben und seinen Begleiterscheinungen. Als begrenzender Faktor erwies sich auch Jeans labile körperliche Konstitution. Und wenn ein Musiker in der Weise alles gab wie Jean und der Wettbewerb so aggressiv war wie in den Gründerjahren der Wiener Tanzmusik, so wäre eigentlich eine eisenharte Kondition erforderlich gewesen, um auf die Dauer ganz oben zu bleiben.

Platz zwei schien allerdings undenkbar für die Sträusse. Rang, Einkommen und Sicherheit hatten sie derart widrigen Umständen abgetrotzt, dass sie sich offenbar einig waren: Ihr Platz war ganz oben auf dem Treppchen.

Besonders jeder Fasching mit seinen Dutzenden von Tanzbällen – wie erwähnt, hielt jeder Berufsstand darauf, diese Form der Geselligkeit rituell zu zelebrieren – bedeutete einen Kulminationspunkt der körperlichen und seelischen Belastung. Für eine Faschingssaison allein schrieben die Sträusse bis zu zehn oder zwölf Stücke, das waren eine bis zwei Stunden mehrstimmiger Musik. Wenn Fasching besonders spät war, also in der zweiten Märzwoche eines Jahres, bedeutete dies für die Musiker und ihre Kapellmeister einen zehnwöchigen Marathon. Jeans Erfolg erforderte es, sein Orchester zu teilen, in zwei, dann drei, dann vier Klangkörper. Von Soiree zu Soiree zu hetzen, um pro Veranstaltung wenigstens für zwei Tänze persönlich am Pult zu stehen. Es kann kein Zufall sein, dass die gesundheitlichen Zusammenbrüche bei den Sträussen, gleich was die Ärzte im Einzelnen feststellten, sich ausgerechnet im und nach dem Fasching häuften.

Für Jean war das Maß im Spätherbst 1852 erstmals voll. Es ging ihm ähnlich wie einst seinem Vater und Lanner oder wie einem der modernen Rockstars: Er war am Ende seiner Kräfte. 27 Jahre war er alt – für Musikstars offenbar ein gefährliches Alter. Nicht umsonst fasst man heute unter dem Namen »Club 27« die Musiker Brian Jones, Jimi Hendrix, Janis Joplin, Jim Morrison, Kurt Cobain und Amy Winehouse zusammen, die alle mit 27 starben. Auch Jean verschwand aus dem Blickfeld der Öffentlichkeit. Einige Zeitungen erklärten ihn tatsächlich für tot. »Ein schweres Leiden« (Edi) diagnostizierten die Ärzte bei ihm und wollten ihn deshalb eine Zeit lang aus dem Verkehr ziehen. Die Sträusse aber waren schlecht bei Kasse in diesem Jahr. Jean musste den Verleger Haslinger mehrfach um Vorschuss angehen. Von seinem Vater wusste er, was es bedeuten konnte, der Bühne fernzubleiben – und mit August Lanner machte eine Art Wiedergänger von Johanns altem Rivalen gerade Furore.[261] Anna, den frühen Tod ihres Mannes noch in der Erinnerung, sorgte sich um den Fortbestand der Strauss-Musik. Die Mädchen waren unverheiratet und unversorgt. Sollte Jean die gesundheitliche Labilität seiner Vorfahren geerbt haben

Josef »Pepi« Strauss (1827–70), jüngerer Bruder Jeans.
»Der Begabtere«, wie dieser einräumte.

und zu einem ähnlich frühen Ableben verurteilt sein? Sollte ihr der hastige Abschied aus dem Hirschenhaus blühen und der Abstieg in bescheidene Verhältnisse wie wenige Jahre zuvor ihrer Nebenbuhlerin Emilie? Aber monatelang widersetzte Jean sich Annas Bitten, sich zu schonen.

In dieser Zwangslage brüteten die Sträusse eine grundstürzende Idee aus: Im Hirschenhaus gab es drei musikalische Brüder und notfalls zwei musikalische Schwestern. Pepi könnte Jean doch zeitweise vertreten, Jeans Musiker führen, Jeans Musik dirigieren, die seine Musiker ohnehin gut kannten. Der Fleiß und das Geschick, mit dem Jeans jüngerer Bruder einst das Klavierspiel lernte und die Nachbarn und Freunde beeindruckte, waren unvergessen. Und eine solche »Familienlösung« wäre allemal besser, als das Orchester einem Außenstehenden anzuvertrauen, der morgen zum Wettbewerber werden konnte, wie es Johann mit Philipp Fahrbach geschehen war.

Die Wahl fiel auf Pepi als den momentan einzig Präsentablen – obwohl der ganz und gar nicht gesund war. Frank Mailer schildert das Dilemma anschaulich:

»Von früher Jugend an waren bei ihm Symptome eines Gehirnleidens festzustellen, das manchmal auf das Rückenmark überzugreifen schien. Immer wieder auftretende Kopfschmerzen und gelegentliche Ohnmachtsanfälle wiesen unmißverständlich auf das Leiden hin. Für Joseph empfahl sich eher ein Leben in frischer Luft als das nächtelange Aufgeigen in überhitzten Ballsälen. Aber Anna Strauß dachte wohl nur an die Entlastung des Ältesten.«[262]

Dass Pepi mit seinem Leben etwas ganz anderes vorhatte, als öffentlich Tanzmusik zu dirigieren, zählte nicht. Doch er fügte sich:

»Mein liebes Linchen!
Das Unvermeidliche ist geschehen, ich spiele zum ersten Mal beym ›Sperl‹, nachdem ich die Probe (vor der Soirée) selbst abhalten muß. Ich bedaure vom ganzen Herzen, daß dieß so plötzlich geschehen, tröste mich jedoch mit der Hoffnung, daß Du meiner gedenkst so wie ich es thue. […]«

So Pepis Entschuldigungsbrief an seine Verlobte Carolina Josepha Pruckmayer, Lina genannt. Seinen großen Bruder Jean versicherte er, ebenfalls brieflich, seiner uneingeschränkten familiären Loyalität, die dieser später exzessiv ausnutzen würde:

> »Ich muss mich diesem Geschäfte weihen, ob ich Beifall oder Mißfallen errege – weil das Geschäft nicht zurückgehen soll. Von dieser Idee bin ich durchdrungen, und ich werde von ihr getragen. [...] Wenn ich mich geweigert hätte, die Leitung während Deiner Abwesenheit zu übernehmen, während dem Dein siecher Kadaver im Bette dahin lag, so hätte ich verdient, Barbar genannt zu werden, ich hätte mich des schreiendsten Unrechtes gegen meine Familie, der schonungslosesten Rüksichtslosikkeit [sic!] gegen dieselbe schuldig gemacht.«[263]

Der kränkliche Pepi also opferte sich, Annas Liebling Jean dagegen erholte sich im oberkrainischen Bad Neuhaus.[264]

Dass im Umfeld dieser ungleichen Güterverteilung hässliche Worte zwischen den Sträussen fielen, darf vor diesem Hintergrund in mildem Licht gesehen werden. Strikter Korpsgeist beherrschte diese Familie – das Nachtreten hatte zeitweise zurückzustehen, folgte aber verlässlich. Letztlich kämpfte jeder Strauss für sich allein und später für seine Familie, die zu versorgen er übernommen hatte – ein ideales Mistbeet für das Wuchern von Neid, Habgier und Geiz.

Glück sieht anders aus.

Ingenieur Pepi also legte Zirkel und Reißschiene weg und ergriff hilfsweise den Dirigentenstab. Mit der Geige zu dirigieren, traute er sich nicht. Er konnte es noch nicht gut. Pepi durfte sich ohne Übertreibung als Retter der Strauss-Musik betrachten. Diese stand nun stärker als je zuvor da im Wettbewerb der Wiener Musikunternehmer.

Jean konnte es sich nun leisten, wählerischer zu sein – frei auszusuchen, wo er sich wann »producirt« und wo und wann nicht. Auf Pepi war Verlass – und wenn Pepi auf dem Podest nicht ganz so überzeugte wie er, Jean, war dies umso besser für den Familienchef. Denn es bewies: Ohne Jean ging es nicht.

Zu spät jedoch begriff er, dass ihm in Pepi kein gefügiger Subdirigent erwachsen war, sondern ein ernsthafter Konkurrent. Ein Konkurrent, der umso gefährlicher war, weil er den wertvollen Namen Strauss trug. Ängste könnten wach geworden sein in Jean – das Grauen vor dem Ruin seines Großvaters, den er hat erwähnen hören, und vor dem Fast-Ruin seines Vaters, den er persönlich mehrmals beobachten konnte. Vor dem Verlust von allem – nicht zuletzt der öffentlichen Ehre, der dem blühte, der gesellschaftlich nicht mithalten konnte in diesem charmanten, liebenswürdigen, beinharten Wiener Biedermeier.

Dabei verstand Pepi seine musikalische Verpflichtung in erster Linie als lukrative, aber lästige Unterbrechung seiner eigentlichen Bestrebungen. Dies wird daraus erkennbar, dass er die obligate Anlasskomposition für seine ersten Auftritte, seine erste Walzerkette, *Die Ersten und Letzten* nannte. Pepi, dieser gute, loyale zweite Mann, lieferte nun, wenn er gebraucht wurde, klaglos gute Tanzmusik der »Marke Strauss«. An sein etwas steifes Dirigat, an seine etwas abwesende, abweisende Art gewöhnte das Publikum sich allmählich. Bei sich selbst war Pepi dann, wenn er seine eigene, komplexe, manchmal grüblerische Musik schrieb. Romantische Musik, die ein wenig nach Zweifel schmecken durfte, nach Krankheit, Schwäche, Sterben und Grab.

Bald ließ er *Die Ersten und Letzten* bei *Unger* erstmals hören. Bäuerles *Theaterzeitung* preist die »vorzüglichen, originellen und melodiösen Rhythmen« dieser Walzer, die »auf stürmisches Verlangen sechsmal wiederholt werden mußten«[265]. Jean immerhin konnte gönnen. Er soll sofort nach seiner Rückkehr die Partitur verlangt und ihm »Du bist a echter Strauss« gesagt haben.[266] Pepi hatte nun Blut geleckt und ließ einen neuen Tanz nach dem anderen folgen. Eine Walzersuite nannte er *Die Ersten nach den Letzten*. Er genoss ab jetzt – was er später leugnen würde – eine fundierte musikalische Ausbildung in Komposition, Generalbass und Geigenspiel, Letzteres durch Franz Amon, den bewährten Primgeiger. Aber erst drei Jahre später, im Juni 1856, traute sich der vorsichtige, skrupulöse Pepi, mit dem Violinbogen zu dirigieren.

Zu diesem Zeitpunkt hatte Jean keine andere Wahl, als dem Bruder die volle Verantwortung für die Wiener Konzerte zu übertragen. Denn 1854 und 1855 kurte er in Wildbad Gastein und 1855 zusätzlich in Ischl, das zu seinem Sehnsuchtsort wurde. Er versuchte jetzt ernsthaft kürzerzutreten und nahm sich, gestützt auf seine Seniorität in der Geschwisterreihe, auf seine Popularität und auf Annas Bevorzugung, die Filetstücke aus dem übergroßen Brocken an Arbeit im straussschen Familienbetrieb heraus.

Dennoch war es ihm über alles wichtig, die Kontrolle zu behalten über Fragen wie: Wer führt wo seine Musik auf? Bei welchem Verleger erscheinen die Werke im Druck? Eine zweite »Strauss AG« war das Letzte, was er tolerieren würde. Besonders empfindlich reagierte er, als er bei Pepi Absetzbewegungen wahrzunehmen meinte. Pepis ausführliche Antwort vom August 1855 auf einen (nicht überlieferten) Brief von Jean ist zugleich eine Art Generalabrechnung mit der Diktatur des Familienchefs. Er gibt einen von Selbstmitleid gefärbten Einblick in die zerstörerische Gruppendynamik der Sträusse:

> »Was faselst Du von selbständigen Interessen, von Egoismus?? – Wo steckt denn der Egoismus, wenn man in einer jämmerlichen Situation – als Aushilfsmöbel sich vor das Publikum hinstellt, und die Theilnamslosigkeit, die Gleichgiltigkeit als Auditorium walten sieht!!! Bedenke, daß meine Zukunft, wenn ich je eine habe – die schwärzeste ist, daß das Publikum mit Mißbehagen das Dirigirpult mit meiner erbärmlichen Figur besetzt sieht, wenn Du mit Deiner Direction, mit dem Vorführen Deiner Werke zu Ende bist. […] Mein Wirken ist ein interimistisches, ein substituierendes, als solches ist meine Leistung ein Mitlaufen sozusagen, kein bedingtes Wirken. […] Ich habe nie nach diesem mir von Dir unterschobenen Standpunkte getrachtet. – Ich habe mich nirgends hinzugedrängt, ich blieb stets in meiner bescheidenen secundären Stellung – hatte stets nur das Geschäft im Auge. Das Interesse, das ich habe, ist einzig und allein – ehrenvoll ohne Schmach am Platze zu stehen – auf diesem Platze, den Du einnimmst, diesen will ich behaupten gegen das Andrängen von Collegen, die Deine Abwesenheit benützen. Sei es nun in dem,

was die öffentliche Leitung oder die administrative zu Hause betrifft. Du hast recht, wenn Du sagst, die Rücksicht gegen Dich hat mich auf den zu meinem Lebensunterhalt einzuschlagenden Weg gebracht. Aber Unrecht, grobes Unrecht an mir begehst Du, wenn Du auf meine egoistischen Interessen in naher Zukunft in ausgedehnter Form schließest. Das ist abscheulich gedacht, das zeigt böse Gesinnung.

Meine Rücksicht gegen Dich hat Dich in den Stand gesetzt, mit gesunden kräftigen [sic!] Körper Dein Geschäft zu versehen – Deinem Geschäft mit aller nur denkbaren Bequemlichkeit nachzugehen. Ich stellte mich in einer Fassung dem Publikum gegenüber, das eine solche mißbilligen mußte, ich riskierte Alles, meinem Namen selbst, meine Zukunft, meine Existenz und ich glaube, es war für mich nicht gut – daß ich's gethan – weil ich von keiner Seite auf Anerkennung rechnen darf – damit will ich sagen: für meine Mühen habe ich nichts, als Verkanntsein von beiden Seiten. – […]

Genug – wegen elender paar hundert Gulden, die Du durch sechs Monate beziehst – damit Du ja nicht um etliche Gulden verkürzt werdest, muß ein anderer bey der günstigsten Zeit zurücktretten – und für nichts, als das Bewußtsein mit sich nehmen: »Ich hab für's Blaue gearbeitet.« – […]

Warum hast Du mich ausgezankt, als ich Deine Compositionen spielte?? Warum hast Du gesagt: Es sein [sic!] ein Unsinn, es vertrage sich nicht, wenn ich Deine Compositionen spiele! Es sähe lächerlich aus – Habe ich denn überhaupt getrachtet, Erfolge dieser oder jener Art zu erringen, habe ich mich zum Dirigirpult gedrängt? Habe ich mich aufgedrungen, als ich voriges Jahr am Lande lebte?? Wer hat mich gerufen? – […]

Daß Du mich von meiner untergeordneten Stellung enthebst, oder zu entheben geruhst – königliche Majestät? – Gib acht; schmähe mich – thue mir alles an, was Deine Gereiztheit mir nur thun kann, aber versieh Dich nicht an unserm beiderseitigen Verhältniß zueinander. – Für mich ist das Aufhören der öffentlichen Leitung keine Drohung, zum mindesten kein Schaden – Meine Liebe zur Musik wird sich – nicht in 3/4 Takten ergehen – ich fühle auch nicht das rechte Berufensein dazu in mir –. Ich bin also bereit, bey Deiner Ankunft den Taktirstab niederzulegen. – Weder Du noch Dein Verleger, für den Du die Compositionen spielst, werden durch meine Werke verkürzt — versteh' mich recht, nicht der künstlerische Erfolg, der qualitative Deiner Compositionen geschmälert, ich will nicht, daß Du zu Schaden kommst, um 20-50 Gulden, die der Verleger beim Erscheinen einer neuen Straußfirma bei Deinem Honorare herabdrücken könnte. [...]

Somit bleibt mir [...] nichts als Erfahrung, bittere Erfahrung, und zwar die ich in der Familie selbst machen mußte.«[267]

Bequemlichkeit, Geldgier und Selbstherrlichkeit also warf Pepi Jean vor – und gab dennoch klein bei. Diesmal noch ... Die weinerliche Beißhemmung, die er Jean gegenüber an den Tag legte, kann nur mit der Tatsache erklärt werden, dass der große Bruder seit den Tagen der frühen Kindheit die Beziehung dominierte. So blieb es dabei, dass Jean sich auf Pepis Schultern ausruhte, Linderung in den Bädern suchte und dabei eifersüchtig seine herausgehobene Position verteidigte.

Zu kuren bedeutete in der Biedermeierzeit nicht nur, einfach Bade- und Trinkanwendungen auf sich zu nehmen und möglichst schnell gesund zu werden. Zu kuren war eine Existenzform für die, die es sich leisten konnten. Eine Art Sabbatical, angereichert durch die Möglichkeit, mit der Elite Europas in informellen Kontakt zu kommen, Beziehungen aufzubauen und gemeinsam hochkarätige Ideen auszubrüten. Das soll nicht unterstellen, dass Jean keine ernsthaften gesundheitlichen Sorgen hatte. Möglicherweise suchte er in den Bädern sogar wiederholt Heilung von seiner Kinderlosigkeit, die vielleicht venerisch bedingt war. Auffällig ist nämlich, stellte Prof. Eduard Strauss fest, dass einige der Kurorte, die Jean besuchte, im unteren Teil ihrer Indikationsliste die Behandlung von Geschlechtskrankheiten aufführten.

Zu den großen »Kurnationen« gehörte im 19. Jahrhundert die russische. Die dortige Oberschicht flüchtete aus ihrem diktatorisch regierten, öden Land und verzehrte lieber das, was ihre Leibeigenen ausschwitzten, in den deutschen Bädern wie Homburg, Wiesbaden oder Baden-Baden. Russen waren es auch, die Jean in Gastein ansprachen. Emissäre der Zarskoje-Selo-Bahn, der privaten ersten Eisenbahnlinie überhaupt im Zarenreich. Die Strecke verband die wichtigsten Zarenresidenzen St. Petersburg, Zarskoje Selo und Pawlowsk. Das Bahnhofsgebäude in Pawlowsk hat die Gesellschaft so großzügig aufgeführt, dass sie es auch als Konzerthalle nutzte, um die vornehme Gesellschaft aus ihren Petersburger Stadtwohnungen heraus- und per Bahn aufs Land zu locken. Franz Liszt und Robert Schumann mitsamt seiner Clara haben hier schon gastiert. Ein Engagement Vater Johanns dagegen scheiterte. Ihr Vorschlag nun: Der junge Walzerkönig sollte im Bahnhof auftreten, die ganze Sommersaison 1855 lang. Die fürstliche Honorierung, die sie anboten, sollte in monatlichen Raten erfolgen. Die Wiener Presse kolportierte die märchenhafte und völlig überhöhte Summe von 200.000 Rubeln, das wären 400.000 Gulden. Tatsächlich war es nicht einmal ein Zehntel dieser Summe. Dennoch war Jeans Risiko gering. Man wurde sich einig.

Doch das verlockende Geschäft verzögerte sich. Die politische Lage war infolge des Krimkrieges verworren. Jean und seine Leute konnten nicht sicher sein, in Russland nicht als Feinde zu gelten. Die Verhaftung auf dem Weg nach Warschau vor vier Jahren hatten sie noch in deutlicher Erinnerung. Und im Vorjahr hatte Jean musikalisch gegen Russland Partei ergriffen, indem er einen *Napoleon-Marsch* komponierte. Daher verschoben sie die Reise. 1856 machten sie Ernst. Den Fasching nahm Jean noch einmal richtig mit: »täglich 5 auch 6 Bälle« habe er gespielt, entschuldigte er sich brieflich bei dem in St. Petersburg lebenden Wiener Pianisten und Musikschulprofessor Johann Promberger, der sein Vorhaben als Verbindungsmann durch Recherchen und Erkundigungen unterstützte und lange auf einen Dank warten musste.[268]

Mit vier Instrumentalisten, unter ihnen der Kontrabassist und Kopist Georg Kraus, reiste Strauss Mitte April 1856 nach Russland. Die Strauss-Kapelle hielt in Wien die Stellung und sollte sich gegen die Konkurrenz behaupten. Als Stellvertreter fürs Podium hatte wieder

Pepi sich geopfert. Mindestens 30 weitere Musiker musste Jean auf eigene Rechnung vor Ort engagieren. Die Bahn brachte das Grüppchen nach Stettin, von dort ging es per Dampfer weiter nach St. Petersburg. Die letzten Meilen legten sie zurück wie die erwarteten Ball- und Konzertgäste – auf der russischen Zarskoje-Selo-Breitspurbahn. Ein neuer wichtiger Lebensabschnitt lag verlockend vor Jean – es war sein bisher lukrativster.

Insgesamt verbrachten die Sträusse elf Sommer in Pawlowsk: beginnend 1856 und bis 1869, mit einer Pause von 1866 bis 1868. Die Engagements waren aus vielen Gründen attraktiv: Erstens waren die Honorare, die die Bahngesellschaft zahlte, so fürstlich, dass sie die hohen Kosten für die Musiker und für den standesgemäßen Unterhalt der Reisenden mehr als aufwogen. Zweitens erlaubten die Verträge zusätzlich Benefizkonzerte, deren Gewinn bei den Sträussen und bei den Musikern verblieb. Drittens verdoppelten die Konzertsommer in fremdem Land das künstlerische Potenzial. Denn einerseits konnten die neu komponierten Sommernovitäten im Wiener Fasching ein zweites Leben erhalten, andererseits erschloss die Kooperation mit dem Petersburger Musikverleger Alexander Büttner den Strauss-Noten das Zarenreich. Viertens brachte Pawlowsk einen ausgesprochen gehobenen Lebensstil mit sich – nicht nur materiell, sondern auch ideell: Man war unter gebildeten, bewundernden Musik-Enthusiasten. Fünftens schließlich entzog ein Aufenthalt fern der Wiener Heimat den Musikdirektor zeitweise der intensiven öffentlichen und behördlichen Kontrolle.

Dieses Leben hätte perfekt sein können, wenn Jean die Rechnung nicht ohne den Wirt gemacht hätte. Auch Pepi war gesundheitlich labil. Wen warfen sie als nächsten in die Bresche? Sie sparten niemanden aus, solange er (oder sie) Strauss hieß. Auch die Schwestern sollten eine Zeit lang im Gespräch gewesen sein. Sie sollten im *Volksgarten* die Leitung übernehmen, ausgerechnet beim prestigereichsten und lukrativsten Veranstalter. Dies ist jedoch wenig glaubhaft. Am Ende blieb Edi übrig.

Edis Blick auf die Familie war ein komplett anderer als der seiner großen Brüder. Jean und Pepi erlebten noch einen präsenten Vater, der enthusiastisch im Glamour aufging, Edi nur eine schwer gestörte Familie, in der es an Wärme mangelte – soweit die erhaltenen Dokumente ein solches Urteil zulassen. Wiederholt mangelte es sogar am Geld, sobald nämlich Vater Johann finanziell klamm war oder besonders stark unter dem Einfluss seiner gebärfreudigen jungen Liebe Emilie stand. Ein Hinauswurf der Strausse aus dem Hirschenhaus dürfte wiederholt im Raum gestanden haben – das wäre eine Katastrophe gewesen. Als 1843 der Rosenkrieg zwischen den zerstrittenen Eltern in seine heiße Phase trat, war Edi acht – ein Spielkind noch, während seine Schwestern Netty und Therese schon zu pubertieren begannen und die großen Brüder bereits junge Herren und Studiosi waren. Das Spielkind wurde zum Zankapfel, an dem Johann seine väterliche Autorität demonstrieren wollte – seine Macht, Anna zu demütigen und zu schikanieren. Er drohte, ihr Edi wegzunehmen und in ein Erziehungsinstitut zu stecken. Tatsächlich aber durchlief Edi das Akademische Gymnasium, das älteste Wiens, und plante, auf die Orientalische Akademie und anschließend in den konsularischen Dienst zu wechseln.

Doch dazu scheint es nicht gekommen zu sein. Nicht weil der Vater diesen Plan durchkreuzt hätte. Als Johann starb, war Edi erst 14. Aber Anna und Jean nahmen auch seine musikalische Begabung wahr und nutzten sie bedenkenlos, sobald dies opportun war.

Außer dem unverzichtbaren Klavier und der Geige, dem also, was jeder Kapellmeister ohnehin brauchte, meisterte Edi ein Instrument, das in eine tosende Tanzkneipe so gar nicht passte, weshalb Edis Vater Johann es in seinen Produktionen nie einsetzte: die Harfe. Wie Edi zu diesem damals femininsten und romantischsten aller Instrumente kam, ist unbekannt. Aber klanglich passte es perfekt in das Konzept des romantischen Konzertwalzers – also dazu, wie Strauss-Musik nach Jeans Überzeugung jetzt klingen sollte: zwar tanzbar, aber nachdenklich, den Geist und alle Gefühle ansprechend. Da es damals noch keine gemischten Orchester gab, war ein männlicher Harfenist gefragt. Im Fasching 1855, Edi war nicht einmal 20, postierten die Familienkommandeure ihn auf diesem Feld des Schachbretts ihrer Unternehmung. Bei einem Konzert Jeans in den *Sofienbad-Sälen* spielte Edi erstmals öffentlich die Harfe. Jean dirigierte seine neuen *Glossen-Walzer*. Edi war genau einen Takt lang solistisch zu hören, ganz am Schluss, nachdem das Strauss-Orchester bereits abkadenziert hatte. Eine knappe Verbeugung vor dem »kleinen« Edi, mehr nicht.

Das Geld für die Anschaffung eines besseren, 1.400 Gulden teuren Instruments musste Anna im folgenden November erst umständlich beim Bezirksgericht beantragen, da der Vormund den Daumen auf dem »Sparkassebüchl« ihres minderjährigen Sohnes hatte.[269] Wo diese große Summe auf einmal herkam? Pepis Anteil an Johanns Erbe allein konnte sie kaum hergegeben haben.

Das fescheste Foto des »feschen Edi« Eduard Strauss (1835–1916), Johanns jüngster Sohn.

Vier Jahre später glänzte Edi am selben Ort in seinem ersten Dirigat und erwies sich als geborenes Bühnen- und Showtalent. Dazu kommt, dass er wahrhaft unverschämt gut aussah. Jung. Ein glattes Gesicht, aus dem ein keck gezwirbelter Schnurrbart frei wegstand. Straffe, fast militärische Haltung. Unverbraucht eben.

»Er war zierlich, trug gerne einen eleganten gelben Überzieher mit hellen Handschuhen, ähnelte mit seinem Spitzbart Napoleon III.

und hieß in Wien bald nur mehr ›der fesche Edi‹. […] Ein richtiger Showdirigent, und mit all seinen eigenbrötlerischen Schrullen, Komplexen und Launen eine Persönlichkeit, die zeitlebens im Mittelpunkt des öffentlichen Interesses stand. Man lächelte oder lachte über Edi, man nahm ihn nicht ganz ernst, aber seine Popularität stand der Johanns nicht viel nach.«[270]

Im Frühjahr 1862 fand Jean Edi als Kapellmeister vollständig bühnenreif und präsentierte ihn dem Wiener Publikum als seinen zweiten Stellvertreter. Zwei Tage später verabschiedete er sich nach Pawlowsk.[271]

Edis erste Komposition, die Polka française *Ideal (Mes sentiments)*, wurde im November 1862 im *Sperl* uraufgeführt. Ab seinem op. 7 *Quadrille nach Motiven der Operette »Mannschaft an Bord«* erschienen seine Werke bei Carl Anton Spina, Rechtsnachfolger Diabellis und seit der Trennung von Haslinger der neue Hausverlag der Familie. Auch als Organisator hatte Edi – anders als Pepi – etwas los. Ein junger Mann also, auf den die Sträusse zählen konnten. In der Wintersaison konnten sie erstmals gleichzeitig drei Kapellmeister aufs Podium bringen. Bis zu 200 Musiker beschäftigten sie in der Strauss-Kapelle gleichzeitig.[272]

Aber genau wie Pepi war Edi keiner, der einfach so mitlief. Sein Leben war von steter Verbitterung überschattet:

> »Von Beginn seiner Karriere an wurde Eduard Strauss sowohl vom Publikum als auch von der Wiener Presse an den Erfolgen seiner Brüder, insbesondere an denen Johanns, gemessen und oft für nicht ebenbürtig befunden, weder als Komponist noch als Dirigent. Boshafte Kritiken und Karikaturen geben Zeugnis davon.«[273]

Das konnte tief unter die Gürtellinie gehen, wie 1865, als die *Constitutionelle Vorstadt-Zeitung* eine Art Hasskampagne gegen ihn führte, die in den Worten gipfelte:

> »Eine Nullität wie Sie, schöner Edi, sollte sich nicht beifallen lassen, die Journalistik, von welcher sie getragen, und das Publicum, von welchem sie eben nur geduldet, in so hochmüthiger Weise herauszufordern.«

Vorangegangen war die Schmähkritik eines Auftritts, bei dem »die
Herren Strauß ... mit bedecktem Haupte, die Cigarre im Munde« das
Publikum vor den Kopf gestoßen hätten. Gegen Kritiken wie diese
wehrte Edi sich erfolgreich – in diesem Fall mit Unterstützung der
Staatsanwaltschaft.[274]

Konsequent und erfolgreich aber stellte er sich in den Dienst des
Familienunternehmens. Wie Josef litt auch Edi unter der Dominanz
des großen Bruders im Verein mit der Mutter. Später, als Johann sich
auf Bühnenkompositionen warf, konnte er sich entwickeln. So viel
Zeit blieb Pepi nicht ...

Ende der 60er-Jahre war der Regelungsbedarf unübersehbar. Nun
war auch zwischen Pepi und Edi das Vertrauen am Nullpunkt. Pepi
bestimmte Anna zur treuhänderischen Entgegennahme von Zahlungen für Carolina. Er teilte dieser mit:

> »Ich werde auch an Spina schreiben, daß er nicht an Eduard, sondern
> an Mama das Geld gegen Bestättigung [sic!] geben solle. Es ist dieß
> eine Vorschrift von mir, die nur dir zu Gute kommen wird. Sprich
> selbst mit Mama hierüber.«[275]

Die Strauss-Musik konnte nicht mehr wie bisher »auf Zuruf« weiterarbeiten. Pepi und Eduard erkannten dies als Erste und schlossen im
November 1869 einen förmlichen Vertrag miteinander. Dieses zweifellos hochwichtige Dokument ist nicht mehr erhalten. Aber es dürfte eines
der ersten umfangreichen Zeugnisse straussscher Regelungsleidenschaft
sein, die dann in Edis Testament von 1914 ihren Höhepunkt fand.

Scheinbar unberührt von diesen Reibereien, stand die Strauss-Musik
in den 60er-Jahren in Vollblüte. Die Brüder vertraten einander bei den
Produktionen. Sie komponierten gemeinsam. So schufen Jean und
Pepi etwa die Suite *Jupiter und Pluto* – ein anspielungsreiches, politisches Stück, das knapp unter dem Radar der Zensur über die Bühne
ging. Sie schrieben Stücke für den Gebrauch der anderen. Wenn sie zum
Tanz aufgeigten, spielten sie ausschließlich Werke der Strauss-Familie.
Sie inszenierten Brüderlichkeit auf der Bühne. Ihren Anlasskompositionen gaben sie beziehungsvolle Namen wie *Trifolien* (dreiblättrige

Kleeblätter). Ein Gruppenfoto der drei fand reißenden Absatz – es war gefälscht, aus Einzelporträts zusammenmontiert in einem Fotografiestudio. Sie traten gemeinsam oder gegeneinander auf in mit Superlativen gespickten, sogenannten Monstre-Konzerten, wie sie immer beliebter wurden. Auf gemeinsamer oder auf unterschiedlichen Bühnen, zu zweit oder zu dritt. So am 5. Februar 1861 in den *Sofienbad-Sälen:* »Carnevals Perpetuum mobile, oder: Der Tanz ohne Ende« lautete das Motto dieses Balls mit drei Orchestern. Auf jedem der drei Podeste dirigierte ein Strauss. Immer spielte irgendwo im Etablissement Strauss-Musik. Niemand musste sich auch nur einen Augenblick langweilen. Keiner musste warten. Keiner musste sich bei der Konkurrenz auf die Suche nach einem anderen Ball machen. Eine perfekte Welt für Jean. Nur die größten und prächtigsten Säle genügten den Ansprüchen.

Vereint in der Öffentlichkeit und auf dieser zeitgenössischen Fotomontage, privat oft zerstritten: die Strauss-Brüder (v. links) Eduard, Johann und Josef.

Und sie sorgten, wie wir oben sahen, mit manchmal rabiaten Methoden dafür, dass die Sträuße in der Öffentlichkeit in gutem Leumund standen. Tauchten Wettbewerber auf, versuchten die Sträuße, sie wegzubeißen, etwa mit Drohungen gegen die Wirte, so wie sie es bei ihrem Vater Johann gelernt hatten. Denn kein Veranstalter in Wien konnte es sich leisten, auf die beherrschende Musikerfamilie zu verzichten.[276]

Förmlich im Verpuppungszustand hat Edi gewartet auf sein Ausschlüpfen als Musiker. Er hat noch keine Entscheidungen für sein Leben getroffen. Ihm dürfte es leicht gefallen sein, sich für das Bühnenleben zu öffnen. Und er war ihm gewachsen, in jeder Beziehung. Er war robust, der gesündeste und vitalste der Strauss-Brüder. Er gefiel auf der Bühne. Die Frauen mochten ihn. Als Tanz-Komponist war er produktiv und schloss sein Lebenswerk mit 300 Opus-Nummern ab. Unternehmerisch war er einfallsreich und fleißig und dadurch erfolgreich. »Ich habe mit meiner Capelle in 840 Städten zweier Weltteile concertirt«, würde er einst schreiben, und wir sind geneigt, ihm zu glauben, dass er aufmerksam darüber Buch geführt hatte.

Dafür, dass die Brüder nicht immer in brüderlichem Geist handelten, waren auch die unterschiedlichen Temperamente verantwortlich, die über den Sträussen regierten. Jean, der himmelhoch Jauchzende, zum Tode Betrübte, der Besessene, aber fast krankhaft Bescheidene, was seine musikalischen Leistungen anging. Pepi, der Nachgiebige, aber brütend Aggressive mit seiner Neigung zu grundsätzlichen Abrechnungen, der Ingenieur, der am liebsten zurückgezogen für seine Konstruktionen und Berechnungen leben würde. Edi, der Selbstverliebte, der Gutaussehende, Soziale, der einst nach einer Laufbahn im Äußeren Dienst strebte. Jean, der sich im beinharten Verdrängungswettbewerb gegen den Vater durchgesetzt und dabei beängstigende Erfahrungen gemacht hatte, hegte nach Art vieler ältester Geschwister Ressentiments gegen die Jüngeren. Indem er sich gegen den Vater durchgesetzt hatte, hatte er ihnen den Weg freigekämpft und ihnen erst den Einstieg in ein lukratives Geschäft ohne große Risiken und Kosten ermöglicht. Pepi neidete er dessen kompositorisches Genie und Edi dessen blendendes Aussehen.

Vielleicht sogar litt er darunter, dass er, obwohl der Älteste in der Geschwisterreihe und Mitte 30, noch immer keine feste Partnerin mit Heiratsaussichten gefunden hatte. Edi ging regelmäßig um mit einem Nachbarsmädel, Maria Magdalena Klenkhart, Tochter eines Kaffeehausbesitzers direkt gegenüber dem *Sperlwirt*. Pepi gar – ausgerechnet der introvertierte und so gar nicht »fesche« Pepi – war bereits seit Juni 1857 verheiratet und sogar Vater eines kleinen Mädels.

Pepis Frau Lina stammte von dem k. k. Hofpostamtskontrollor und Departementvorsteher Josef Pruckmayer ab und wurde 1831 in Wien geboren. Auch die Pruckmayers waren Leopoldstädter und wohnten in der Nähe des Pratersterns. Eine kleine Rente von ihrem früh verstorbenen Josef erlaubte Mutter Anna und Carolinas Geschwistern das Durchkommen. In der Himmelstraße in Grinzing besaßen sie ein kleines Haus mit Garten, darin ein »Salettl«, eine luftige kleine Laube, wo sie gern den Sommer verbrachten.

Zwei »Linas«: Carolina, geb. Pruckmayer (1831–1900), mit ihrem gleichnamigen Töchterchen, ihrem einzigen.

Bis allerdings Pepi und Carolina nach einer mindestens sechsjährigen Verlöbniszeit ihren eigenen kleinen Himmel fanden, hatten sie einige veritable Wackersteine aus dem Weg räumen müssen. Stein Nummer eins war eine beruflich erforderliche Abwesenheit Pepis von Wien. Ein Wasserbau-Projekt hielt den jungen Ingenieur monatelang in Trumau südlich Wiens fest. Dort litt er nicht nur Heimweh – noch nie war er länger von der Familie entfernt gewesen –, sondern auch Liebesweh nach seiner Lina. Diesem verlieh er inbrünstigen brieflichen Ausdruck, so etwa kurz nach seiner Ankunft in der ungastlichen ländlichen Stätte:

»Mein liebes gutes theures Linchen! Ich bin fern von Dir, ich kann Dich kaum den vollen Tag sehen wenn ich um deinetwillen meinen jetzigen Bestimmungsort verlasse, um nur bey Dir zu seyn. [...] Vernichte diesen Brief sogleich!«

Der aufgeregte Warnhinweis am Ende dieses Liebesbriefs verweist auf Stein Nummer zwei: die Opposition von Linas Mutter gegen die Verbindung mit dem Ingenieur aus der schillernden Strauss-Familie. Aber Linas Schwester Aloisia hielt nebst Aloisias Verlobtem Theodor zu ihr. Hilfreicherweise richteten die beiden einen heimlichen Briefkurierdienst für die Verliebten ein: Pepis Billets d'amour liefen durch Theodors und Aloisias Hände gefahrlos zu »Linchen« und auf dem umgekehrten Weg retour. Von den Sträussen sind derartige hilfreiche Interventionen nicht bekannt. Aber auch ohne solche gelang es dem Paar, vor dem Altar zusammenzukommen und im Juni 1857 in St. Nepomuk in der Leopoldstadt zu heiraten. Eine echte Liebesheirat – die kleine Carolina kam im März 1858 zur Welt, muss also während der Flitterwochen gezeugt worden sein. Jean habe sie besonders ins Herz geschlossen und viel mit ihr gespielt, erinnerte sie sich später.[277] In seinem ersten Testament – das er widerrufen wird – bedenkt er sie mit einem eigenen Legat.

Jean und die Strauss-Kapelle gastierten zu dieser Zeit zum zweiten Mal in Pawlowsk. Nun mieteten die Sträusse im Hirschenhaus eine zweite Wohnung hinzu, die nur Josef und seine Familie bewohnten. Auf Edis Wohnungsplan von 1870 ist sie durch die doppelt gezeichnete Trennwand kenntlich.

Die kleine Carolina Anna, ebenfalls Lina gerufen, blieb Pepis einziges Kind. Sie heiratete den Geschäftsreisenden Anton Aigner und wurde Stammmutter eines produktiven straussschen Familienstamms, der bislang keine professionellen Musiker hervorbrachte. (Dr. Thomas Aigner allerdings war lange in der Leitung der Musiksammlung der Wienbibliothek im Rathaus tätig und publizierte zu Musik und Familiengeschichte der Sträusse.)

So weit die Söhne und ihre Familien. Zurück blieben die Schwestern – gebunden ans Hirschenhaus, ohne Ehepläne und bescheiden im Zuschauerraum anstatt auf dem Musikerpodium. Dabei waren auch sie musikalisch talentiert, so dürfen wir vermuten, denn so unterschiedlich sind Geschwister nicht angelegt. Die Hochbegabtenforschung hat herausgefunden, dass in neun von zehn Fällen dort, wo eine kindliche Sonderbegabung heranwächst, auch alle Geschwister besonders talentiert sind.

Vital waren sie zweifellos, vitaler als ihre Brüder. Beide Frauen erreichten ein hohes Alter. Netty, geboren zwei Jahre nach Pepi und als junge Frau blutarm, also anämisch, wie Jeans erste Frau Jetty 1863 berichtete[278], überlebte diesen und überlebte Jean; sie starb 1903. Therese, zwei Jahre jünger, starb erst 1915, also ein Jahr, bevor der Tod von Eduard, dem letzten überlebenden Kind von Johann Strauss (Vater), diese Generation abschloss. Beide Schwestern allerdings blieben fast völlig stimmlos in dieser Familie, in der Frauen allenfalls hinter den Kulissen – dann allerdings machtvoll – die Strippen ziehen konnten. Bestätigung erhalten wir aus dem zeitgenössischen vielbändigen *Biographischen Lexikon des Kaisertums Österreich*, das Zehntausende Männer ausführlich porträtiert, aber Anna, Netty und Therese nur kurz erwähnt.

Therese Strauss (1831–1915), Johann Strauss' jüngere Tochter.

Immerhin können wir die Schwestern auf gründerzeitlichen Fotografien posieren sehen: im hochgeschlossenen dunklen Taftkleid, wie eine ganze Generation vornehmer Damen; Netty etwa gestützt auf eine gedrechselte Stuhllehne, Therese auf eine Holzsäule. Zweifellos sind es Studiobilder, die der damaligen bürgerlichen Konvention entsprechen. Besonders Netty sehen wir die Familienähnlichkeit mit Josef an: dasselbe energische Kinn, dazu die reichen dunklen straussschen Locken. Die kräftig gebaute Therese wirkt noch etwas amazonenhafter. Alles spricht dafür, dass Mutter Anna beide Töchter frühzeitig und umstandslos in die »Streitkräfte« für den »Kampf« gegen ihren Ex-Mann und alle sonstigen Konkurrenten eingegliedert hat.

Beide Mädchen sind unverheiratet geblieben. Dass dies einer Disposition der Familie entsprach, ist zu bezweifeln, denn von Anna ist ein Brief an Josef erhalten, in dem es heißt: »Ich würde es der Netty wünschen, dass sie sich gut verheiraten würde.« Thereses Lebensglück dagegen war sichtlich nicht Annas konstantes Ziel, denn im gleichen Brief heißt es frostig: »An der Resi liegt mir nichts.« Einen Verehrer hatte sie jedenfalls – einen Major sogar, wie einer von Jeans Briefen verrät (in dem er übrigens auch über Nettys diverse Verehrer munkelt). Dem namenlos gebliebenen Offizier wurde ein lediges Kind nachgesagt.[279]

Anna »Netty« Strauss (1829–1903), Johann Strauss' ältere Tochter.

Die »Kampfkraft« der älteren Tochter in familiären Dingen bewährte sich: Fallweise und besonders nach dem plötzlichen Tod der Mutter übernahm Netty, der ein umgängliches Wesen und Musikverstand nachgesagt werden, interimistisch die Organisation der strausschen Finanzen. Jean hatte sich zu diesem Zeitpunkt geschäftlich bereits auf eigene Füße gestellt und war allenfalls Verhandlungsgegner der übrigen Sträusse. Dass Netty den nötigen Geldverstand hatte, bezweifelte Jean anscheinend. Stattdessen vereinnahmte er sie zu allerlei privaten, hauswirtschaftlichen Zwecken. Und vor allem ihr Beistand in Lebenskrisen scheint ihm hochwillkommen gewesen zu sein: Als er es 1878, nach dem Tod seiner ersten Frau Jetty, nicht in seiner Hietzinger Sommerwohnung aushielt und ins Wiedner *Hotel Victoria* floh, hütete Netty ebenso das Haus, wie sie am Beginn seiner Witwerschaft seinen Haushalt führte und ihm 1882 in seiner finalen Ehekrise mit seiner zweiten Frau beistand.[280] Netty nahm auch teil an der Tournee 1870 nach Osteuropa, wo sie eine bedrohliche finanzielle Krise in den Griff bekommen musste: »Bereite Dich mit Geld vor. Bis Donnerstag muß ich Auszahlung und Reisegelder haben, sonst verstecke ich mich, und der Nahme Strauss ist pfutsch [sic!] für immer«, schrieb sie ihrer Schwägerin Lina 1870 in ihrer eigenwilligen Orthografie, »der letzte Strauss hat mich ausgesakelt [svw.: meine Taschen geleert] und seit der Zeit kann sich die Cassa nicht mehr erholen.« Offenbar war zu diesem Zeitpunkt die »Firma« dermaßen illiquide, dass die Musiker nicht bezahlt werden konnten und mit Konsequenzen drohten – inklusive behördlicher Festsetzung, bis alle Schulden bezahlt sind.

Mit dem »letzten Strauss« dürfte Pepi gemeint sein. Lina war – dazu weiter unten in Kapitel 16 – seit vier Wochen Witwe, aber diese Familie ging offenbar auch nach harten Schicksalsschlägen umstandslos zur Tagesordnung über.

Gleichzeitig zählte die offenkundig tatkräftige Netty es zu ihren Aufgaben, die in mannigfaltigen Auseinandersetzungen befangene Familie zusammenzuhalten. Anna als inoffizielles Familienoberhaupt versagte oft in dieser Aufgabe, und Jean war zu wankelmütig dafür, fand zumindest Edi, wie er Promberger gegenüber einmal freimütig bekannte.²⁸¹ Netty kümmerte sich 1870 um die frisch verwitwete Lina, und sie hielt steten Kontakt zu Jeans letzter Frau Adele, bis weit über Jeans Tod hinaus. Und sie griff einmal schmerzhaft in Jeans Schicksal ein – zu diesem Tiefpunkt in seinem Leben weiter unten mehr.

Thereses Rolle im straussschen Musik- und Familientheater dagegen liegt im Dunklen. Trotz ihrer offensichtlichen Zurücksetzung bemühte auch sie sich um den Zusammenhalt der Sträusse, zumal Eduard, der Erbe des straussschen Musikgeschäfts, eine Menge Chaos hinterließ und sich besonders mit Jeans dritter Frau Adele überworfen hatte. Adele ermunterte sie einmal, in ihren Bemühungen nicht nachzulassen: »Ich bin sehr froh, daß Du bei ihm [Edi] warst, gehe nur öfters, damit er sieht, wie anhänglich Du ihm bist.« Dass auch Jean Therese mochte, zeigt seine briefliche Bemerkung an Lili: »Ohne Dich sind sie Alle die in unserm Haus uns umgeben mit Ausnahme der Therese entweder nur die Hälfte oder gar nichts werth.« Ob zu dieser besonderen Wertschätzung der Umstand beitrug, dass Therese sich zu Flickarbeiten in Jeans Haushalt anstellen ließ?²⁸²

Um seine dritte Frau Adele Deutsch, geb. Strauß (1856–1930) zu heiraten, gab Jean die österreichische Staatsbürgerschaft auf.

Beide Schwestern verbrachten ihre Jugend im Hirschenhaus – zunächst in der elterlichen Wohnung, 1870 zogen sie vorübergehend in eine gemeinsame Wohnung im selben Haus, bevor sie sich selbstständig machten. In behördlichen Dokumenten führt man sie als »Private«, also als Frauen, die nicht darauf angewiesen waren, einem Erwerb nachzugehen, und deren Stand nicht durch den ihres Ehemanns definiert war. Mutter Anna zum Vergleich läuft unter der Bezeichnung »Hofballmusik-Direktors-Gattin«, welcher Titel nach dem Tod ihres Gatten ersetzt wurde durch »Hofballmusik-Direktors-Wittwe«. Seltsam nur, dass die Namen der Schwestern in dem detaillierten Grundriss nicht aufscheinen, den Edi 1870 von der Wohnung handschriftlich anfertigte und der sogar den ehemaligen Standort von Johanns Pianino verzeichnete. Das wirft auch die Frage nach der Intensität der geschwisterlichen und sonstigen familiären Gefühlsbeziehungen auf. Netty immerhin setzte Edis Sohn Johann, also Johann Strauss III., zu ihrem Universalerben ein. Dessen zwei Jahre jüngerer Bruder Josef ging leer aus.[283] Johann hatte es auch nötiger, denn vor allem durch seinen Leichtsinn – von dem in Kapitel 19 ausführlicher die Rede sein wird – saß seine ganze Familie in der Tinte, auch sein Vater Edi.

1870 war das *annus horribilis* für die Sträusse, so wie fast jede Familie ein solches Schreckensjahr verzeichnet, in dem sich Unglück auf Unglück häuft. Im nächsten Kapitel werden wir mehr hören über dieses Krisenjahr, das für drei Sträusse tödlich endete. Nach diesem Jahr war in der »Musikfirma Strauss« nichts mehr, wie es war. Netty und Therese zogen, wie erwähnt, jeweils in eine eigene Wohnung in der Leopoldstadt. Wieso blieben sie nicht zusammen? Von wessen Geld zahlten sie ihre Miete? Von einem nennenswerten väterlichen Erbe konnte keine Rede sein. In dem Testament, das der vorsorgliche Jean 1872 vor seiner Schiffsreise in die Vereinigten Staaten abschloss, waren sie zwar berücksichtigt, aber interessanterweise mit höchst unterschiedlichen Renten. Netty sollte 600 Gulden im Jahr erhalten, Therese nur 400.[284] Dies korrigierte er in seinem zweiten Testament von 1895. Hatte Jean die Schwestern zu Lebzeiten laufend finanziell unterstützt? Wohnten sie gratis in Häusern, die ihm gehörten?[285] Wie verbrachten sie ihre

Tage? Mit »weiblicher Handarbeit«, wie Vormund Müller 1825 die künftige Frau Johann Strauss dem Magistrat anpries, als es darum ging, die Ehebewilligung für sein Mündel zu erlangen? Es fällt schwer, sie sich als Gebäck knabbernde alte Mädchen vorzustellen, da wir nicht einmal wissen, mit wem sie sich privat abgaben, mit wem sie befreundet waren. Therese gab 1899 nach Jeans Tod dem *Illustrierten Wiener Extrablatt* ein Interview, aus dem hervorgeht, dass sie zumindest mit Jean regelmäßig zusammentraf: »Wie er ein berühmter Mann geworden ist, da hab' ich müssen jeden Freitag bei ihm speisen.« Überhaupt deutet einiges darauf hin, dass die Beziehung der Strauss-Schwestern zum ältesten Bruder relativ eng war.[286]

Das strausssche Schreckensjahr begann mitten im Fasching 1870. Über ihm hing ein Brand des Musikvereinsgebäudes unmittelbar nach einem Konzert Clara Schumanns wie ein böses Omen. Die Konzertveranstalter suchten händeringend nach Ersatz; Bälle fielen aus. Obwohl Edi fleißig dirigierte, musste Jean öfter ins Geschirr, als ihm recht war. Denn das Publikum wollte gerade lieber Jean oder Pepi sehen. Die Wohngemeinschaft im Hirschenhaus hatte sich gelockert. Nur noch Pepi und Edi mit ihren Frauen Carolina und Maria und den Kindern Carolina, Johann und Josef bewohnten es, Anna natürlich, die Pepi-Tante, also die früh verwitwete Josefine Waber, und das Dienstpersonal. Tante Ernestine ist acht Jahren zuvor verstorben, die mütterlichen Großeltern 1837 und 1863. Die nun 68-jährige Anna krankte schon seit der Jahreswende an einer Lungenentzündung. Was heute fast schon eine Bagatellerkrankung und meist gut behandelbar ist, war im 19. Jahrhundert – wir sahen es bereits bei Lanner – ein Alarmruf. Am 20. Februar sagten die Sträuße alle Auftritte ab – sie wollten am Krankenbett wachen. Am 23. Februar 1870 verlor Anna das Bewusstsein und starb. Lungenvereiterung stand auf dem Totenschein.

> »Johann [= Jean] Strauß musste von Jetty [seiner ersten Ehefrau] unverzüglich in sein Heim nach Hietzing [wo er ein Sommerdomizil besaß] gebracht werden: er schloß sich dort tagelang ein und ließ niemanden vor. Joseph brach am Totenbett zusammen und konnte

erst nach geraumer Zeit von den sofort herbeigerufenen Ärzten wieder aus seiner tiefen Ohnmacht erweckt werden. Trotzdem nahm er am Begräbnis seiner Mutter teil, während Johann sich wegen akuter Erkrankung entschuldigen ließ.«[287]

»Die glänzende Laufbahn ihrer Söhne«, rief das *Neue Wiener Tagblatt* ihr nach, »entschädigte die Greisin in hohem Maße für so viel Ungemach, das sie in jungen Jahren hat erleiden müssen.«[288]

Was allerdings im Sommer nach Annas Tod folgte, das war mühevoll gebändigtes Chaos.

Kapitel 16

Reiseabenteuer: Interkontinentale Karrieren

Auch wenn der Älteste der Sträusse, Jean, sich in amourösen Dingen als Spätstarter präsentierte: Der glamouröse, umjubelte »Vogel« galt so mancher heiratslustigen jungen Wienerin (oder auch deren Mutter) vermutlich als begehrtes »Wildbret«.

Über seinen jugendlichen Amouren – falls er überhaupt solchen nachging – liegt ein undurchdringlicher Mantel des Schweigens, ganz anders als im Fall seines »irgendwie ungenierten« Vaters. Es dürfte nicht verkehrt sein, dem jungen Jean eine außergewöhnliche Zurückhaltung Frauen gegenüber zuzuschreiben – er hatte am eigenen Leib erfahren, zu welchen Misshelligkeiten Ungeniertheit führen konnte. Besessen von seiner Musik, in steter Sorge um seinen Erfolg und sein Geld und gefangen in der Männerwelt der professionellen Musiker, wie er war, dürften seine erotischen Suchbewegungen bescheiden gewesen sein.

Auch war er auf die Bestätigung durch eine Bewunderin nicht angewiesen. Sein gesellschaftliches Vorzugsmerkmal war seine unerreichte Popularität, sein legendärer Ruf bei den Wienern. Er konnte diesen in seiner manchmal kauzig-grausamen Weise nutzen, um andere in Gesellschaft zu demütigen und bloßzustellen – etwa indem er sich in Gegenwart Edis im Salon vorstellte als »Bruder von Eduard Strauss«.

Doch 1856, in seiner ersten Pawlowsker Saison, kam sichtbare Bewegung in Jeans Liebesleben. Vielleicht hatte Pepis harmonische Beziehung ihn angespornt. Anekdoten kamen in Umlauf wie die, ein russischer Offizier habe Jean zum Duell gefordert, nachdem seine Frau dem Maestro Blumen geschickt hatte.

»Angeblich ließ Strauss den Othello [also den Eifersüchtigen] durch seinen Diener in die Wohnung führen und ihm ein Zimmer voll von Blumensträußen zeigen – mit der Aufforderung, die Blumen seiner Frau zu identifizieren.«[289]

Tatsächlich hatte es ihm die russische Kaufmannstochter Maria Fränkel angetan. Statt zum Ende der Saison nach Wien zurückzureisen, suchte »Johann Strauss, Capellmeister, österreichischer Untertan«, bei Alexander II. persönlich um die Bewilligung seiner Ehe »mit der Unterthanin Ew. Kaiserlichen Hoheit« an. Das Schreiben ist auf Russisch verfasst – hat er es so schnell gelernt (ein Vokabelheft von ihm ist erhalten geblieben) oder hat jemand geholfen? In Wien fiel auf, dass Jean nicht zum angekündigten Zeitpunkt aus Russland zurückkehrte. Eine dieser Eigenmächtig- und Heimlichkeiten, über die sich Pepi hätte schwarzärgern können. Der konnte allerdings nicht anders, als zu reparieren, was entzweigegangen war, und anschließend zu grollen. Im letzten Augenblick allerdings schreckte Jean offenbar vor der Bindung zurück und kehrte am 5. Dezember unter im Einzelnen ungeklärten Umständen nach Wien zurück. Dort ging das Gerücht um, er wäre inhaftiert gewesen und anschließend geflohen oder abgeschoben worden. Später behauptete er, er habe unter dem Druck der Mutter eine liebeleere Konvenienzehe schließen wollen und im letzten Moment Abstand genommen.[290]

Wir wissen von einem weiteren gescheiterten Eheprojekt mit einer Elisabeth Jacobs aus Berlin, mit der Jean anscheinend über den Philologen Georg Büchmann, den späteren Herausgeber der Zitatensammlung *Geflügelte Worte*, in Verbindung gekommen ist. Jedenfalls deutet ein Foto darauf hin, das ihn mit dem Ehepaar Büchmann und Elise zeigt. Weiter ist nichts bekannt von dieser Liaison, außer dass Anna sich Hoffnungen auf eine Schwiegertochter machte – vielleicht mehr Hoffnungen als Jean selbst.

1859, seine Nichte Carolina in Wien tat vermutlich schon ihre ersten, unsicheren Schritte, machte er ernst mit der Liebe. Es war seine vierte Saison in Pawlowsk in ununterbrochener Folge. Er war dort etabliert und überaus populär, im Besitz eines mehrjährigen Vertrages, und er verdiente gutes Geld. In dieser Saison waren es umgerechnet fast 40.000 Gulden. Und die Frauen umschwärmten ihn.

So auch eine Olga Smirnitskaja, die 21-jährige Tochter eines hohen, adligen Pawlowsker Beamten.[291] Durch etwa 100 Briefe von Jeans Hand, fast ausschließlich in deutscher Sprache verfasst und in Abschriften erhalten, wissen wir einiges über diese Liebschaft. Olgas Gegenbriefe hingegen sind praktisch vollzählig untergegangen.

Olga Smirnitskaja (1837–1920), Komponistin und Jeans tragische, unmögliche Liebe.

Infolge von Jeans Prominenz und der Sittenstrenge der russischen Gesellschaft spielte sich diese Beziehung unter konspirativen Umständen ab. Eine Kompromittierung galt es unter allen Umständen zu vermeiden. Dennoch drängte sich den beiden schnell der Eindruck auf, Olgas Eltern spionierten ihr hinterher. Die beiden vereinbarten einen Geheimcode. Das im Vorbeigehen unauffällig gemurmelte »Bonbon« etwa bedeutete einen Liebesbrief, den man in einer Baumhöhle im Park zur Abholung durch vertrauenswürdiges Dienstpersonal deponiert hatte. Jeans erster Petersburger Verleger Leibrock war sein Postillon d'amour, für Olga spielte vermutlich deren Freundin Polixenia diese Rolle, die spätere Gattin des Schlachten- und Tiermalers Nikolai Swertschkoff, die sich modisch-französisch Pauline nannte. Wie oft die beiden überhaupt zusammentrafen und wie oft sie sich damit begnügen mussten, miteinander lediglich »im Geiste zu verkehren«, wie es Jean ausdrückte, und vom anderen zu träumen, ist ungewiss. Jeans briefliche Andeutungen weisen darauf hin, dass die beiden bereits im vorigen Sommer aufeinander aufmerksam wurden. Olga, Musikerin wie Jean, hatte diesem richtig den Kopf verdreht. Doch sollten die Eigenwilligkeiten in seiner Rechtschreibung uns nicht zu dem Schluss verleiten, in ihnen habe sich die Leidenschaft ausgedrückt. Es könnten unter ihnen Fehler von der Hand des unbekannten Kopisten sein.

Dennoch drängt sich bei der Lektüre der Schriftstücke der Eindruck auf, der junge Mann habe zusätzlich die literarische Pose des bis zum Kontrollverlust romantisch-überschwänglich-hoffnungslos Liebenden einstudiert. Er wäre nicht der erste Künstler gewesen, der Liebesleid als Inspirationsquelle auf sich herabbeschworen hätte.

Unzweifelhaft war es allerdings Olga, die das Maß an Nähe und Distanz bestimmte und Jean zwischen Hoffen und Bangen schwanken ließ: »Ich glaube … daß Sie nur zu natürlich waren, als Sie mir nicht mehr als Ihr Schattenbild gewähren wollten«, heißt es in seinem ersten erhaltenen Billett, und später:

»Welche Traurigkeit in meinem Herzen, Welch mächtigen Einfluss mag ich kaum nimmer zu wiederstehen [sic!]? Zitternd blicke ich zum Himmel um Trost zu suchen. Fort möchte ich ziehen, doch die Schwäche fühlend mich meinen Feßeln [sic!] zu entreißen, dulde ich nun hoffnungslos.«

Und wieder kurz darauf scheint der Eindruck durch, die Liebe sei endgültig verloren:

»Also nun mein Schicksal ist entschieden. Verzeihen Sie mir meine unbescheidenen Hoffnungen und nehmen Sie die Versicherung, dass Sie keinen Klagelaut mehr vernehmen werden. Ich grolle ihnen nicht, doch staune über Sie, Gott schütze Sie.«

So ging das zwei Monate, von Anfang Mai 1859 fast täglich bis in den Juli – im Geist der hohen Minne, meist leidend und immer per

Sie. Ob er auf dem Dirigentenpodium voll bei der Sache war? Man möchte es bezweifeln, wenn man den ersten längeren erhaltenen Brief liest:

»Mein geliebtes Kind, ich kann heute nicht die Musick dirigiren, da mich der tödtende Ausspruch meines Arztes, daß ich nicht länger als höchstens zwei Jahre noch leben kann, unfähig gemacht, in Dein Auge mit ruhigen [sic!] Gewissen sehen zu können. Aus Berücksichtigung für Dich mein Alles, auf Erden [sic!], bin ich denn gesonnen, mich von Dir künftighin etwas mehr ferne zu halten, damit Du mich vergessen sollst. Ich werde den Tag meines Todes ruhig erwarten, und meine unvergängliche Liebe für Olga ins Grab tragen.«

Das ist dick aufgetragen. Immerhin markiert dieses Schreiben den Übergang vom Sie zum Du. In der Zwischenzeit muss etwas vorgefallen sein, das so intim ist, dass es dem Papier nicht anvertraut wird.

Zwei Tage später, morgens am 14. Juli, hat allerdings jedes Gewölk sich verzogen – offensichtlich war es allein ein Brief, der Anlass zum Jubelruf gibt:

»Ist's möglich Worte zu finden, um Dir meine Empfindung zu schildern, als ich Deine mich beseligenden Zeilen durchgelesen! Dir schwörend daß dieser Moment der glücklichste meines Lebens, konnte ich nicht das Versprechen erfüllen, mich sehr bald zur Ruhe zu begeben, doch heute wirst Du mir verzeihen, da Du wohl begreifen kannst, daß Deine Worte einen zu mächtigen Eindruck auf mein krankes Herz ausübten, um die nöthige Ruhe zum Schlafen zu gewinnen. [...]

Olga! Von heute an, lebe ich nur durch die Hoffnung, dich nicht mehr zu verlaßen – dir zu gehören; wohl sind Schwierigkeiten zu überwinden, doch sie müßen besiegt werden [sic!], denn im entgegengesetzten Falle würde ich meinem Leben ein Ende machen.

Wenn gleich ich das Bewustsein habe, viele Fehler zu besitzen, wenn gleich mein Gesundheitszustand kein ganz beruhigender, so war ich doch zu stolz, mich einem anderen Wesen zu Füssen zu werfen, als Dir mein angebetetes Kind.«

In rührender Weise stellte der »kranke« Jean sich mit diesen Worten unter Olgas Schutz. Ob der jungen Dame in diesem Spiel die Rolle einer Krankenpflegerin behagte? Aber eindeutig war Olga keine rein platonisch Angebetete, sondern sie gab in voller Münze zurück: »Könnte ich Dich in diesem Augenblicke umarmen, so wie ich dich heute Vormittags an mein Herz drückte«, schrieb Jean einmal, und später: »Wie glücklich war ich gestern, als Du mich herzlicher als sonst empfangen und nicht gar so ökonomisch mit Deinen Küssen gewesen.«

In der Nacht, sobald er ausgespielt hat und alles ruhig war, widmete er sich seiner Liebe. Er nannte sie »mein geliebtes Kind Olga«, »mein Herzchen«, »mein Ideal«, »mein teurer Engel«, »mein Alles, mein Engel« oder französisch »espiègle« (Kobold).

Frühzeitig allerdings wird klar, dass Olgas Eltern der liebenden Verbindung niemals zustimmen würden:

> »Wenn Dein Vater böse, besänftige ihn; ich bitte Dich. Will er nicht daß ich Dich liebe, verlasse ich das Ausland in zwei Monaten (<u>doch mit der selben Liebe zu Dir</u>). Komm zu mir, bleibe bei mir, tröste mich, entsage mit mir der Welt, welche keine wahre Liebe mehr begreift. Die Menschen sind verdorben.«

Olgas Mutter knöpfte sich schließlich den jungen Liebhaber vor und verdeutlichte ihm, dass er sich keine Hoffnungen zu machen habe. Um sich in den Besitz von Olgas möglicherweise kompromittierenden Liebesbriefen zu versetzen, zog sie alle Register. Am 19. September 1859 »Freitag-nachts« schrieb Jean seiner Geliebten:

> »Nun ist meine Hoffnung dahin! [...] Es ist unglaublich, daß sie [Olgas ›Mama‹] – wenn schon gegen mich höchst unzart – über ihr eigenes Kind derlei aussprechen kann! In dem Augenblick, als sie leise zu mir sagte, dass ich Dir nichts glauben möchte, daß alles von Dir in Szene gesetzt worden sei, mich auf einen Punkt zu bringen, daß alles, was Du willst aus Deinem ›Teufelskopf‹ entspringt, – da unwillkürlich empfand ich geradezu Haß gegen eine Mutter, welche selbst und absichtlich um ihren Plan durchzusetzen, Schmähliches über ihr Kind zu dem Manne spricht, von welchem sie weiß, daß er es über alles

liebt. – Mit einem Worte – sie nennt das Geschehene eine Intrige von Deiner Seite, für welche wir nun beide bestraft werden.«

Dennoch stand Jeans Herz weiter in Flammen, als er sich am 10. Oktober 1859 nach Deutschland einschiffte. Eine von Olgas 14 bekannten Kompositionen, eine Polka Mazurka, nahm er mit nach Wien. Er bearbeitete sie für die Strauss-Kapelle und führte sie auf. *Der Kobold* nannte er das Stück. Er hatte Olgas Tante elf von deren Briefen übergeben, die aber ebenso verschollen sind wie die Originale seiner Briefe an Olga. Sie sind Unterpfänder seiner hoffnungslosen Liebe. Wenn seine Seelennot zu groß wurde, telegrafierte er. Leibrock und Pauline dienten weiter als Mittelsleute – Pauline unter hohem persönlichem Risiko: Olgas Mutter habe gedroht, »es bedürfe nur einer kleinen Mitteilung an Papa, um denselben zu veranlassen, – wie er selbst sich ausgedrückt – Pauline nicht bei der Türe, sondern beim Fenster hinauszuwerfen«. Er schrieb Olga weiter, seine Briefe wurden aber seltener. Mit der Nähe schwanden die Anlässe, ihre Gedanken auszutauschen. Auch Olga zog sich zurück. Die Briefe aus Russland wurden seltener. Sie entschuldigte sich damit, dass »Mama« sie infolge einer Unvorsichtigkeit »strenger bewacht«. Dann, Anfang 1860, folgte Olgas kurzer Scheidebrief – sie würde standesgemäß heiraten und musste zulassen, dass ihre Karriere als Komponistin zwischen Familienzwängen zerrieben wurde wie so viele Frauenkarrieren:

> »Die herrlichen Stunden, die mir beschieden waren, mit Dir, dem edlen Menschen und großen Künstler, zu verleben, werden nie aus meiner Erinnerung verschwinden. Vergiss Deinen ungetreuen Kobold.«[292]

Und Jean vergaß. In Liebesdingen zog er auch später energisch Schlussstriche, um sich neu orientieren zu können. (Pauline würde fast 30 Jahre später erneut von sich hören lassen – besser gesagt von Olga. Eine von dieser komponierte Romanze *Erste Liebe* legte sie bei. Olga habe inzwischen »vier Söhne, wovon der erste sein Jus-Studium beendet, die drei anderen sind hochbegabte Musiker«. Welche Gefühle diese Papiere wohl in Jean auslösten?)[293]

Er war nun 35, also begann er offenbar im Ernst, eine passende Ehe zu suchen. Er frequentierte die Salons der adligen und großbürgerlichen Wiener Gesellschaft, die sich dem Walzerkönig bereitwillig öffneten – namentlich die Salons Greiner und die der Brüder Todesco, wo auch Kritiker Hanslick sich gern blicken ließ.[294] Hanslick, der erst gewonnen werden wollte. Jeans Musik betreffend, fand er einst deutlich kritische Worte:

»In seinen neuen Walzern findet sich häufig ein falsches Pathos eingeschmuggelt, das in der Tanzmusik befremdend auf den Hörer wirkt. [...] Die von Posaunen herausgestoßene klägliche Accordenfolge, welche dem zweiten Theil von Nr.1 der ›Schallwellen‹ bildet, fände allenfalls Anwendung bei Opernfinalen, worin es besonders blutig zugeht; in einem Walzer ist sie abscheulich. [...] Nicht alles, was im Dreivierteltakt spielt, ist darum ein Walzer.«[295]

Und dies dem populärsten Wiener Tanzkomponisten! Vielleicht aber trugen die Salongespräche dazu bei, dass er später seine Meinung änderte und zu einem verlässlichen Partner wurde.

Im Palais von Moritz Todesco, dem Jüngeren der beiden Brüder, gab es den Salon der Mezzosopranistin Jetty – ja: wie weiter? Geboren wurde sie 1818 in einem Haus direkt neben dem Bühneneingang des Theaters in der Josefstadt als Henriette Chalupetzky. Ihr Künstlername stammte von der Mutter und lautete Treffz oder sogar von Treffz. Niemand wusste, woher dieses »von« sie angeflogen hatte – jedenfalls nicht von ihrem Vater, einem aus Böhmen stammenden Juwelier Augsburger, also evangelischen Bekenntnisses. Ihre Großmutter Margarethe Schwan gehörte in Mannheim zu Friedrich Schillers Musen. Jetty lebte seit 16 Jahren in nicht legitimierter Beziehung mit Moritz Todesco und hatte mehrere Kinder mit ihm – eine Quelle spricht von acht.[296] Als eine »geistvolle Frau« beschreibt sie der österreichisch-ungarische Schriftsteller, Jeans späterer Librettist Ignaz Schnitzer:

»Ebenmäßig volle Gestalt, ein lebensprühender Kopf mit dunklen Glanzaugen und üppiger Haarfülle. Alles an ihr Verve und Temperament. Dazu die Silberstimme der Gesangskünstlerin, die sie war.«[297]

Warum nahm Jetty Todescos guten Namen nicht an? Sie konnte es nicht, da es die Institution der Zivilehe im damaligen Wien schlicht nicht gab. Für Ehen unter Christen waren die Pfarreien zuständig, für Ehen unter Juden die Rabbinate. Da die Todescos trotz gesellschaftlicher Assimilation ihrer jüdischen Tradition treu blieben, schied eine Ehe mit einer Christin aus. Die beiden entschlossen sich, im Konkubinat zu leben – ein eigentlich missbilligtes, aber in besseren Kreisen toleriertes Verhältnis, sofern die Beteiligten erkennbar bemüht waren, unauffällig zu leben. Aber auch ohne die Absicherung durch eine Ehe war das Verhältnis zwischen der Künstlerin und dem Bankier reif und von gegenseitiger Achtung und Anziehung geprägt. Jetty gab die rechtliche Unsicherheit ihrer Beziehung den Impuls, weiterhin ihre innere Berufung über alles zu setzen: den Gesang. Zusammen mit ihrer Attraktivität verlieh ihr Sopran ihr jene Präsenz auf der Bühne, die die allgemein Jetty-freundliche *Theaterzeitung* schon 1846 wie folgt anerkannte:

> »Sie sang und spielte die ganze Partie in allen Nuancen meisterhaft, mit einem Worte echt magnetisch, so einfach, edel, wahr, so voll Grazie und Schelmerei in jedem Tone, Blick und Bewegung.«[298]

Henriette »Jetty« Chalupetzky (1818–78), Jeans erste Ehefrau. Als Sängerin war sie als Henriette Treffz bekannt. Gemälde von George Baxter, 1850.

Damit war sie früh als Solistin gesetzt in der *Hofoper*, im Theater in der Josefstadt und im *Theater an der Wien*, wie wir von ihrem Biografen Peter Sommeregger wissen. Doch nicht nur in ihrer Wiener Heimat und auf deutschen Bühnen war sie gefragt, sondern besonders spektakulär in England, wo sie 1849 erstmals erfolgreich auftrat – einmal Seite an Seite mit Johann Strauss (Vater) –, sich vor allem als Lied-Interpretin einen Namen machte und zeitweise atemberaubende Honorare aufrief. Für die englische Wintersaison 1850/51 sollen es umgerechnet 40.000 Gulden gewesen sein, will die *Theaterzeitung* vom 10. Juli 1850 wissen. Wenn sie einen aufwendigen Lebensstil pflegte, war sie dafür also nicht auf das Geld ihres Liebhabers angewiesen. Der berühmte Impresario Jullien, langjähriger Pächter des legendären Londoner *Drury Lane Theatre*, setzte auf »Jetty de Treffz« als Zugpferd. Schnell galt sie als »vocalist of the people«, so der *Evening Standard* vom 9. November 1850.

Gleichzeitig hinderten ihre vielen Schwangerschaften sie wiederholt an einer noch größeren Karriere. Mit ihrem sechsten Kind Louise im sechsten Monat schwanger, trat die 32-Jährige 1850 eine England-Tournee an und brach sie erst ab, als ihr Zustand weiteres Spiel unmöglich machte.

Geschickt und zäh hielt sie dennoch Kurs, trotzte ihren Krankheiten, die sie bereits damals plagten, und forderte sich selbst das Letzte ab. Eine ideale Passung zu ihrem späteren Mann, der sich genauso wenig schonte. 1857 trat sie letztmals im Vereinigten Königreich auf.

Als sie vermutlich Anfang 1861 dem sieben Jahre jüngeren Jean zum ersten Mal begegnete, war sie eine erfahrene Solistin, die auf, vor und hinter der Bühne schon alles gesehen hatte – und sie stand privat am Scheideweg. Die Todescos bemühten sich um die Erhebung der Familie in den Adelsstand – das letzte Unterpfand ihres sozialen Aufstiegs und Teil ihrer Geschäftsstrategie. Unter welchen Vorzeichen die Lösung des Herzensbundes zwischen Jetty und Moritz sich vollzog, unterfällt der Diskretion der Beteiligten. Sollte der aufstiegsorientierte Eduard, der Familienchef, in dieser Hinsicht Druck auf Moritz ausgeübt haben, so blieb dies ein Familiengeheimnis. Wie sehr dieser

Konflikt Jetty belastete, ließ sie in einem Brief an Josefine Haslinger, die Verlegersgattin, durchblicken, in dem sie gestand, ihr damaliges Leben sei ihr »zum Eckel [sic!] und zur Qual« gewesen.[299] Zweifellos also begegneten im Salon Todesco zwei Suchende einander.

Was konnte Jetty an Jean anziehen? Sicherlich die Aura des Erfolges, die in so seltsamem, charmantem Kontrast zu seiner zur Schau getragenen Bescheidenheit stand. Jean mag gespürt haben, dass Verlass auf die erfahrene Frau war – Verlass auch in künstlerischer Hinsicht auf die professionell agierende Sängerin. Vielleicht imponierte sie ihm auch in ihrer geistigen Unabhängigkeit und noblen Eleganz. Und ganz sicher war beiderseits starke erotische Anziehung mit im Spiel. Die beiden passten ausgezeichnet zueinander, und schon im Folgejahr, im August 1862, machten sie Nägel mit Köpfen und heirateten im Stephansdom – im engstmöglichen Kreis, denn Jean mochte solche Anlässe lieber privat und bescheiden.[300] »Beistand«, also Trauzeuge, war Carl Haslinger, der vom Verleger zum Freund avanciert war. Der Brief im grobianischen Duktus der Zeit, mit dem Jean Haslinger überraschte und zu seiner Trauung zitierte, ist erhalten geblieben[301]:

»Lieber Freund Haslinger,
schändlich betrogene Buchdruckerseele!
Willst Du morgen um 7 Uhr morgens bei mir erscheinen, um – mein Beistand bei der eine Stunde darauf erfolgenden Vermä[h]lung [zu] sein?
Antworte sogleich angeschmirter Notentandler [Tandler heißt Trödler].
Jean«[302]

Für die Hochzeit unterbrach Jean sein Engagement in Pawlowsk, indem er sich mit Krankheit herausredete, und überließ Pepi das dortige Podium. Die Begleitumstände ärgerten Pepi und erregten sein Misstrauen. Er hatte das Gefühl, Jean wolle ihn in Geldangelegenheiten übervorteilen und austricksen, »und die Fakten geben ihm recht«[303]. Seltsam unter Brüdern, denn vielleicht hätte Pepi ja Verständnis gehabt für Jeans zeitweise verschobene Prioritäten.

Welcher Natur diese neuen Prioritäten waren, verriet er selbst, indem er im Folgejahr aus Pawlowsk schrieb, wohin Jetty ihn begleitete: »Mir hängt etwas heraus, aber nur die Zunge vor lauter Vögeln. Es steht nichts über das Pudern [Wiener Vorstadt-Jargon für den Geschlechtsverkehr], wen [sic!] man's kann. Vögelst du auch so gerne!« Sichtlich entdeckte er erst in dieser Zeit seine Sexualität. Pepis Verständnis für diesen Ausbruch wäre allerdings sicherlich ins Bodenlose gestürzt, hätte er erfahren, wer die Adressatin des Geständnisses – das auch als Einladung gelesen werden konnte – war und wo es niedergeschrieben war. Es stand auf der Außenseite (!) eines Briefes an Jeans Schwägerin, Pepis Frau Carolina, und damit lesbar für jeden. Er wollte, dass diese Sätze in Umlauf kamen, denn einmal setzte er direkt hinzu: »Der Briefträger in Wien hat auf ein Trinkgeld zu warten. Meine Schwägerin gibt gern Trinkgelder.«[304]

Wollte er in seinem Hang zur Grausamkeit Pepi demütigen und Carolina kompromittieren? Wollte er seinen Sexualtrieb nach außen kehren? Balzte er »doch irgendwie ungeniert« die junge Mutter Carolina an, da sie ihn erotisch anzog? Es ist auffällig, dass zwei seiner drei Ehefrauen bereits Mütter waren. Und schon 1859 schrieb er Carolina aus Russland – offenbar im Vollgefühl seines Lebens- und Liebesrausches, der damals Olga galt:

> »Liebe Lina! Ich grüße Dich herzlichst, Dein kleines Idol [gemeint ist ihre Tochter] ist doch gesund und verliert doch den knieweiten Gang Deines Gemahls. [...] Lasse Lina doch ander[e] Eigenschaft[en] [sic!] als diese von dem Vater ererben. Da Du, wie selbst durch die Verhüllung Deiner schönen Gliedmaßen wahrzunehmen, wie eine Venus gebaut, so kann die fehlerhafte Bauart Deiner kleinen Lina, d. h. Deiner Tochter nie Dir zur Last gelegt werden. [...]
>
> Du bist die einzige Frau, die ich achte, verehre! – Alle verachte ich – denn sie sind nicht – sie können nicht so sein wie Du meines Herrn geliebte Schwägerin.
>
> Du weißt nicht, mit welcher Sehnsucht ich dem Augenblicke entgegensehe, einen Kuß von Dir zu erhalten ... Ich will, wenn Dich Dein

Gatte verläßt, um Zerstreuung? im Nationalhotel zu suchen [wo Pepi nach des Tages Mühen beim Kartenspiel zu entspannen pflegte, Zigarre rauchend – er trieb Raubbau an seiner Gesundheit, indem er sie auf Kette rauchte], die Abendstunden nur bei Dir zubringen. Du sollst durch meine Zudringlichkeiten künftighin gequält werden, wie ich mir bisher noch nicht erlaubte. Was ist mit dem Söhnlein? Liebe Lina, wenn es sich sollte an Nachhilfe fehlen, verschmähe nicht die Dienste Deines Dich liebenden Schwagers Jean.

Lasse um Gottes Willen die letzte Phrase als Geheimnis bewahren.«

Ein starkes Stück, nicht nur, wenn man bedenkt, dass er genau zur selben Zeit Liebesbilletts voller Selbstmitleid an Olga in Baumhöhlen verstecken ließ, damit ihr Verhältnis nicht aufflog. Umso stärker, wenn er sogar auf Briefumschläge an Pepi Wörter kritzelte wie diese:

»Herrn Josef Strauß Kapellmeister par excellence
Versteht Blasinstrumente, wie Fagott nach dem Diner, Piccolo bei dem Beischlafe, Bombardon beim Scheißen ausgezeichnet
Leopoldstadt 314. Wien Österreich.«

Als »Zuflucht zu verbalen Ausritten« erklärte Franz Mailer diese Entgleisungen weg.[305] Jean habe immer dann zu diesen gegriffen, wenn eine Situation ihn überforderte. Aber selbst unter heutigen, liberalen Umständen zögen solche Ausrutscher Ekel und Unverständnis nach sich – umso mehr im 19. Jahrhundert, das über Sexual- und Körperfunktionen öffentlich diskret den Mantel des Schweigens breitete und Frauen vom Kinn bis zum Fußboden in Textilien einhüllte.

Carolina und Pepi (und der Postbote) jedenfalls wussten, woran sie bei Jean waren. Konnte er sich da über Absetzbewegungen in der Strauss-Unternehmung wundern?

Jetty zog nach der Heirat vorübergehend ins Hirschenhaus zu Jean, Pepi und all den anderen – ohne ihre Kinder, denn Moritz hat sie als die seinen anerkannt und zu sich genommen. Die jüngeren Mädchen adoptierte er sogar, um ihre Heiratschancen nicht zu schmälern.[306] Sie konnte nun also die Sträusse näher kennenlernen – auch ihre Schwiegermutter, die nun ihren erstgeborenen Buben hergeben und sich auf die geschäftliche Obsorge über die verbleibenden Söhne beschränken musste. Denn Jean hatte durch die Heirat auch seine neue Impresaria bekommen. Aber Jetty hat nicht Anna geheiratet, sondern Jean – sollte sie mit 44 Jahren nach der Pfeife einer bestimmenden Schwiegermutter tanzen? Es war also nur eine Frage der Zeit, bis Jean – mit 37 stand er nun im Zenit seines Lebens – endlich einen eigenen Hausstand gründete.

Vermutlich zu Annas Zufriedenheit blieb das nicht mehr so junge Paar wenigstens in der Leopoldstadt und bezieht (nach einem kurzen Ausflug in die Weihburggasse in der Inneren Stadt) 1863 eine geräumige Beletage in der Jägerzeile. Heute heißt die Adresse Praterstraße 54 und beherbergt das »Museum Johann Strauss Wohnung«. So viel Raum wie das Hirschenhaus bot die neue Bleibe nicht. Aber Jetty und Jean schränkten sich für ihren neuen Lebensabschnitt auf hohem Niveau ein. Es ließ sich leben und arbeiten hier im Grünen. Prater und Augarten waren nicht fern. Neben viel Tanzmusik entstanden hier die Walzer *An der schönen blauen Donau*. Diese sind der berühmteste Beleg für den Übergang von der funktionalen Tanzmusik zur »absoluten« Musik der sinfonischen Konzertwalzer – der Walzer zum Zuhören, fern von der ursprünglichen Funktion; die Musik der romantischen Stimmungsbilder, die mit heiteren Tänzen oft nichts gemein hatten und sich in Form und Inhalt an Liszt und Wagner anlehnten. Eine neue Komposition wurde selbst auf Bällen gern zunächst konzertant aufgeführt, bevor dazu getanzt wurde.[307]

Pepi sollte in dieser Disziplin Besonderes leisten. Ambitionierter noch als Jean brachte er die »neuen Klänge« der Romantiker aufs Podium und forderte sein Publikum damit – legendär sein Eintreten für Richard Wagner und Franz Liszt und seine Konzerte in den *Blumensälen,* die ausschließlich dem Œuvre eines einzigen Komponisten (»Beethoven-Abend«) gewidmet waren. »Meine Liebe zur Musik wird sich nicht in ¾ Takten ergehen«, schrieb er 1855 an Jean.[308]

Für die Jahreszeit, in der es in der Leopoldstadt gern drückend schwül war, erwarben Jean und Jetty bereits im Frühjahr 1863 zusätzlich

Glänzende Aussicht auf Alt-Wien: Jeans erste eigene Wohnung in der Praterstraße. Zeitgenössisches Gemälde von Karl Zajicek.

eine äußerst repräsentative Sommervilla mit Garten in der Hetzendorfer Straße in Hietzing, der heutigen Maxingstraße. Das Haus Nr. 18 steht noch im Schmuck seiner im Original erhaltenen klassizistischen Fassade. Die vornehme Gegend – das Kaiserschloss Schönbrunn und *Dommayers Casino* waren nicht weit – wirkte noch ländlich, aber die Westbahn hielt nicht allzu weit entfernt von der Villa. Das für den Kauf nötige Geld stammte aus einer fürstlichen Abschiedsgabe von Moritz an Jetty – einer Art Schweigegeld, den Umständen nach zu schließen – und einem »Hochzeitsgeschenk« von Anna. Heimlich hat diese aus den Pawlowsker Einnahmen stattliche 60.000 Gulden beiseitegelegt.[309] Dies zeigt zweierlei: Endlich waren die Sträusse gut bei Kasse – und Probleme, ihren Jean oder dessen Geld loszulassen, hatte Anna zu dieser Zeit nicht.

Über die Hetzendorfer Straße hinweg – damals nicht viel mehr als ein breiter Waldweg – genossen Jetty und Jean nun im Sommer einen freien Blick auf den Schönbrunner Schlosspark und die alten Bäume und exotischen Bewohner des Tiergartens. Wasser plätscherte und kühlte, die Baumkronen rauschten im Wind. Die Nachbarn sahen den Hundefreund Jean mit seinen beiden Doggen die Gegend durchstreifen. Es blieb still im Haus, auf ein eigenes Kind warteten die beiden vergebens. Was immer Jean von seinem Vater geerbt hatte – die Fruchtbarkeit war es nicht. Hinweis auf eine venerische Erkrankung?[310] Alles lud den besessenen Arbeiter Jean ein, noch besessener zu komponieren. Neben vielen anderen Stücken entstand hier sein Meisterwerk für die Bühne, *Die Fledermaus*.

Schloss der Schlösser: das gar nicht so romantische Schönbrunn, habsburgischer Sommersitz, um 1900.

Das erste »geschäftliche« Vorhaben, das Jetty und Jean gemeinsam zum Erfolg führten, war der Griff nach dem uns schon bekannten Ehrentitel des Hofballmusik-Direktors. Seit dem Tod des Vaters war dieser 1849 vakant. Wie erwähnt, hatte Jean schon 1850, 1856 und 1859 – »in Ehrfurcht unterzeichnet« und unter Vorlage erstklassiger Referenzen wie der von Generalfeldmarschall Radetzky und Bayernherrscher Maximilian II. – darum ersucht und war jedes Mal abgewiesen worden. Der Hof verzieh ihm seine Rolle in den Tumulten der 1848er-Revolution nicht so schnell, wo er sich zwar nicht als Straßenkämpfer gezeigt hatte, aber

»... bei mehreren Gelegenheiten sich fortreißen ließ, mit seiner Musikbande revolutionäre Märsche zu produziren, so wie er auch während des Belagerungszustandes von Wien an öffentlichen Orten ein Quodlibet mit Reminiscenzen an derlei Tonweisen aus dem Jahre 1848 vorgetragen haben soll«.

Gesuch abgelehnt also – auch deswegen, weil es Jean nicht um den Titel allein zu tun war, sondern auch um die Tätigkeit als solche. Der Titel sollte diesen Anspruch auf Dauer absichern, und genau dies wollte der Hof absolut nicht. Lieber hielt man Jean auf Distanz, indem man

»gegen jedesmalige Bezahlung ihn so lange bei Hofbällen verwendet, als man nicht Ursache haben wird, eine andere Wahl zu treffen. Dieß Verfahren scheint aber gerade der Persönlichkeit des Bittstellers gegenüber besonders räthlich zu sein.«

Denn wie genau Vater Staat seine einmal als unzuverlässig verdächtigen Untertanen damals unter Beobachtung hielt, zeigt die abschließende Bemerkung:

»Er war, seitdem er Musikdirektor geworden, ein leichtsinniger, unsittlicher und verschwenderischer Mensch und führt erst seit kürzerer Zeit eine mehr geregelte Lebensweise.«[311]

Allerdings bleibt es ein Rätsel, was an Jean »leichtsinnig, unsittlich und verschwenderisch« gewesen sein soll. Sein leidenschaftliches Tarockieren etwa? Seine Hingabe an seine musikalische Berufung? Wusste die K. K. oberste Polizei-Behörde etwas, das wir nicht wissen? Es bleibt schließlich zu vermuten, dass Jeans »Leichtsinn« lediglich darin bestand, vor den falschen Leuten die falsche Musik gespielt zu haben.

Im Februar 1863 endlich wurde sein Wunsch wahr, mit der Einschränkung allerdings, »dass mit diesem Titel weder ein Gehalt oder Emolument, noch ein Anspruch auf die jeweilige Leitung der Hofball-Musik verbunden ist«.[312] Wir kennen diese Floskel bereits aus Kapitel 8 von Johann. Ein Teilsieg also für Jean, aber immerhin ein Sieg. Der Titel des Hofballmusik-Direktors war damit wie ein Feudallehen quasi »erblich« geworden in der Strauss-Dynastie. Jean führte ihn bis 1871. Eduard folgte ihm und hielt den Titel bis zur dramatischen Auflösung der Strauss-Kapelle 1901. Er war mit 30 Jahren der am längsten gediente Titular.

Im Sommer nach ihrer Hochzeit war Jetty also in Pawlowsk mit von der Partie und musikalisch in bester Form: »Meine Stimme befindet sich dabei herrlich, ich könnte fort u. fort singen ohne zu ermüden.« Zar Alexander II. bat sie zum Privatkonzert in seinen Sommerpalast in Zarskoje Selo. Sie trug ihre Lieder vor, Schubert, Beethoven, Schumann, Mendelssohn, Jean begleitete sie am Klavier. Konnte ein Künstlerpaar höher steigen, größeres Glück empfinden? Die weißen Nächte des Petersburger Frühsommers, die festliche Atmosphäre und ihren jungen Gatten genoss sie in vollen Zügen:

»Wir sind aber fromm u. kommen keinen Tag oder Morgen vor 4 Uhr in's Bett, sehr oft aber wird es ½ 6 und vor einigen Tagen ward es 7 Uhr, da wir mit einem ausgezeichneten Musiker (Pianist Promberger) die Zeit mit Beethoven, Mozart und Schubert u. dergl. höchst poetisch und glücklich verbrachten [...] Soll ich Ihnen noch schließlich hinzufügen, daß mein Manderl ein lieber, braver, prächtiger Bub' ist den ich aus tiefstem Herzen liebe und hochachte?«[313]

Die Vauxhall in Pawlowsk bei St. Petersburg, wo die Sträusse jahrelang in der Sommersaison konzertierten.

»Bub« und »Manderl« – das kontrastiert etwas wunderlich mit der geäußerten Hochachtung und schmeckt nach einer gewissen Dominanz, zumindest aber nach Bemutterung, wie Jean sie sich bereits von Olga gern hätte gefallen lassen. Insofern ist Jean mit Jetty an die Richtige geraten. Mag sein, dass Jettys Mütterlichkeit das Herbe von Annas fehlte und dass sie damit das konstante emotionale Klima schaffen konnte, das er in seiner Jugend – der elterlichen Ehehölle geschuldet – vermisst hatte. Jetty tat Jean zweifellos gut – dies geht aus einem gemeinsamen Brief hervor, den sie am 27. August 1863 aus Anlass ihres ersten Ehejubiläums an das Verlegerpaar Haslinger schrieben:

> »Mein Jeanybub ist zwar ein erzschlechter Strick aber doch so brav und gut daß ich nur Gott danken kann aus Grund meines Herzens, mir so ein Manderl zugeführt zu haben. Er ist so ausgelassen worden, daß du erschrecken wirst, u. der freche Bub sagt, daß das alles die Verheiratung machte!! [...] Jeany geizt mit den freien Stunden um sie im Bett zu verkugeln u. wenn es schön ist, zum promenieren im Park zu Wagen, wo Jean Rosselenker ist.«[314]

Dieses Schreiben war einer der letzten freundlichen Briefe, die die Sträusse und die Haslingers wechselten. Die unfreundlichen, die es höchstwahrscheinlich auch gab, sind untergegangen. Denn am 4. Dezember informierte die *Wiener Zeitung* amtlich, dass Jean und Haslinger geschiedene Leute waren. Haslinger war vorbereitet. Er versuchte – auch das wissen die Blätter –, den unerfahrenen Carl Michael Ziehrer zu Jeans Nachfolger aufzubauen. Und er versuchte möglicherweise, die Wiener Verleger einzuschüchtern oder gegen Jean einzunehmen. Dieser plante sogar, einen eigenen Verlag zu gründen, und spannte Hanslick dafür ein. Nicht notwendig – ab 1864 nahmen Carl und Anton Spina seine Werke unter Vertrag.[315] Künftig verkehrten Jean und Haslinger förmlich miteinander; der familiäre Ton versiegte, und es war aus mit dem Einschluss Jettys und Pepperl Haslingers in die Korrespondenz.

Kein Zweifel: Jetty hat den »Bub'« zum Mann gemacht, und vielleicht hat Jean sich noch nie und niemals wieder im Leben so wohlgefühlt. Seine Arbeitsbeziehung mit seinen Brüdern blieb mit ihren Höhen und Tiefen bestehen. In der neuen Konstellation dominierten die Sträusse das Wiener Ball- und Konzertleben mehr denn je, denn sie hatten sich verstärkt mit einer praxiserfahrenen und bestens vernetzten Beraterin, der ein Zeitgenosse den Satz zuschrieb: »Ohne mich wäre mein Jean nur ein Edi mit Genie.«

Anders als die meisten männlichen Künstler seiner Zeit und sehr modern, ließ Jean seiner Frau Raum zur weiteren kreativen Entfaltung, beschränkte sie nicht auf die Rolle der stummen Muse und freute sich mit ihr über ihre Erfolge, wie sie selbst berichtete:

> »Man begrub mich fast unter Blumen und ich fand in Kränzen und Bouquets Brillanten u. Perlen – hatte mithin Alles was Menschen Begehr, da mein guter lieber Mann außer sich vor Freude war daß sein Weibl solche Triumpfe [sic!] feierte.«[316]

Als Höhepunkt ihrer gemeinsamen Karriere bestritten sie 1867 eine Tournee nach Paris – wo das Zweite Kaiserreich sich selbst in der 2. Weltausstellung feierte – und nach London. Man erinnerte sich dort an die umjubelten Auftritte von Jeans Vater, und die Türen öffneten sich auch für den Sohn und dessen Frau. Diese schrieb enthusiastisch – aber vielleicht etwas übertrieben, denn das Presse-Echo ist nachweislich überschaubar – nach Wien:

> »Jean selbst gesteht, daß er nie im Leben – Wien, Petersburg gerechnet wo er seine größten Triumpfe [sic!] feierte, solch kolossalen Succes hatte als diese Nacht, vor der höchsten aristokratischen Gesellschaft [von] Paris, der Kaiser u. Kaiserinn an der Spitze. Es war ein Jubel und Beifallgeschrei – alles, alles stimmte mit ein, er konnte sich vor Auszeichnungen gar nicht retten ...«[317]

Jettys Anteil an diesem und anderen Erfolgen des Walzerkönigs war nicht nur in künstlerischer Hinsicht maßgeblich. Auch als tüchtige Organisatorin erwies sie sich in der Nachfolge ihrer alternden Schwiegermutter: »Sie begleitete ihn auf Reisen, führte die Korrespondenz, verhandelte mit Konzertveranstaltern, Librettisten und Theaterdirektoren«[318]. Dies belegt ihre Kenntnis der Details – auch der kaufmännischen:

»Das Publikum rennt jetzt heraus wie besessen, die Einnahmen haben sich mit jedem Tage gehoben, so daß jetzt bereits schon die ausgelegten Rückstände gedeckt werden können von dem täglichen Benefice«[319], schrieb sie nach Wien.

Es waren ihre letzten gemeinsamen Auftritte. Sie stand nun in ihrem 50. Lebensjahr, und immer häufiger war sie indisponiert für die Bühne. Der Druck ihrer Theaterexistenz und sicherlich auch das gute, ungesunde Leben hatten sich in ihren Körper eingegraben, Gicht und ein Darmleiden sich eingenistet.[320] Sie kompensierte diesen Verlust, indem sie so beharrlich, wie sie in ihrer Jugend an ihrer eigenen Karriere festhielt, jetzt die ihres Mannes vorantrieb. Zusätzlich bemühte sie sich, ihrem Jean und sich selbst einen würdigen und inspirierenden Lebensrahmen zu schaffen, in dem sie auch gesundheitlich gedeihen konnten. Die Wohnung in der Jägerzeile gaben sie 1870 auf und zogen sich ganz in die Hietzinger Villa zurück.

Ob Jean noch oft zurückdachte an das Familienleben im Hirschenhaus und an die vergangenen Jahre mit ihren zunehmenden Spannungen? Dort braute sich mittlerweile Unheil zusammen. Einmal, im Jahr 1867, geriet der temperamentvolle Edi während einer Vorstellung mit der Kapelle in Streit. Sogar zu Faustschlägen soll es gekommen sein. Der anwesende Pepi suchte die Auseinandersetzung zu schlichten, regte sich dabei allerdings dermaßen auf, dass er später eine Ohnmacht erlitt. Auch wegen ihrer Engagements im *Volksgarten*, so attraktiv sie sein mochten, gab es Temperamentsausbrüche. Pepi hasste diesen und wollte dort nicht mehr auftreten. Als der *Volksgarten*-Pächter eigenmächtig eine Konzertserie der Sträusse ankündigte, kollabierte Pepi erneut vor Erregung.[321] Anna flehte Jetty brieflich um Hilfe für den kranken Sohn an. Irgendetwas stimmte nicht mit ihm. Solche Zusammenbrüche nahmen zu. Sie waren deutliche Anzeichen einer chronischen Erkrankung mit der Tendenz zur Verschlechterung.

Jean intrigierte nach dem Vorbild der Mutter – zwischendurch mit Pepi gegen Edi. Der hat 1868 in Pawlowsk nicht überzeugt.

»Jean reiste später nach und berichtete Pepi in aller Heimlichkeit von dem angeblichen Misserfolg Edis. Dieser sollte ›unter Brüdern‹ aus-

manövriert und für 1869 durch Josef ersetzt werden. Einen Grund
für die brüderliche Verärgerung gibt Jean in einem Brief an Pepi so
an: ›Eduard sorgte mehr für sich; er spielt viel von Dir aber 1mal –
und das hat keinen Werth …‹«[322]

Lies: Von Dir spielt er wenig, aber von mir zu wenig. Gespielt zu werden,
war wichtig, denn es förderte neben dem Ruhm den Absatz der Notenausgaben. Da die Nachfrage nach Musikalien sank, war dies kritisch.

Also war Pepi 1869 in Pawlowsk neben Jean »dran«. Sogar eine
komplette Übernahme der lukrativen Pawlowsker Verpflichtungen im
Folgejahr durch Pepi stand im Raum. Er fühlte sich unter besonderer
Beobachtung durch die Eisenbahngesellschaft. Er hatte gerade eine
gesundheitliche Krise hinter sich gebracht und fühlte sich dem Betrieb
in Pawlowsk gewachsen, wenn er auch absolut keine Lust darauf hatte,
wie er Lina bekannte. Aber

»… wenn man mir günstige Bedingungen macht so nehme ich
2 Jahre an <u>um,</u> (ich sage es offen, ich bekenne es Dir, Du mein einziges, mein höchstes Gut, das ich habe) Dir ein kleines Vermögen zu
hinterlassen.«[323]

Jetty war mit dabei in Pawlowsk, sie arbeitete, obwohl oft krank an
Gicht und Rheuma, wie ein Pferd, wie Pepi lobend anerkannte:

»Jetty ist unersetzlich. Sie schreibt Alle Rechnungen im Hause auf
sie dupliziert alle Stimmen des Orchesters sie sieht in der Küche nach,
und wacht über das Ganze mit einer Sorgfalt und Liebenswürdigkeit, die bewunderungswürdig ist.«[324]

Unter Jettys Führung konspirierten die Sträusse nun gegen Pepi – infolge dessen gesundheitlicher Unsicherheit? –, um für 1870 wieder
Edi auf dem Pawlowsker Podium zu etablieren. Nur ungünstig, dass
Pepi Wind davon bekam …[325]

Nach außen hin harmonierten die beiden Brüder immerhin so
weit, dass sie gemeinsam komponierten. Die *Pizzicato-Polka* ist ein
derartiges Gemeinschaftswerk. Auch auf dem Podium überzeugte das
Gespann:

»Beide Brüder wurden Abend um Abend bei ihrem Erscheinen am Dirigentenpult von dem Publikum, das sich für gewöhnlich 7.000, bei besonderen Anlässen über 10.000 Köpfe stark einfand, mit jubelnden Zurufen begrüßt.«[326]

Da die Menschen nach unzähligen Wiederholungen verlangten, musste die Zarskoje-Selo-Bahn eigene Nachtzüge bereitstellen. Massenhaft verkaufte sie Jeans Fotos an den Bahnhofsschaltern. Pepi war weniger zufrieden. Er hatte den Ehrgeiz, den kommenden Sommer allein in Pawlowsk zu dirigieren, obwohl ihn der Konzertbetrieb anödete:

»Ich sehe nicht gut aus, ich bin blässer geworden, die Wangen hohler, die Haare habe ich verloren, ich bin im Ganzen abgestumpft, ich habe keine Anregung zum Arbeiten ... Die ganze Fantasie erstickt hier vor lauter Langeweile und ewiges [sic!] Einerlei. – Die Ungewißheit, in der ich lebe, weil ich nicht weiß, ob ich engagiert werde oder nicht, macht mich noch kränker und unzufriedener ...«[327]

So reflektierte er klarsichtig über sich selbst. Ging dies alles doch über seine Kräfte? In einem Brief an Schwippschwägerin Carolina erklärte Jetty, wo ihrer Ansicht nach der Hund begraben lag:

»Hätte Pepi nur etwas von Jeans ›Suada‹ er sässe schon fest; er ist aber zu timid, verschlossen u. zu wenig Weltmann was von seiner steten Zimmerhockerei kommt. Der Künstler muß hinaus in's Leben; – nicht allein was er schafft genügt – er muß es bevormunden durch sein Selbst. Pepi ist ganz Innerlichkeit u. verschmäht allen Schein – und die heutige Welt hält viel auf den Schein!«[328]

Suada ist der Name der römischen Göttin der sanften Überredung. Im übertragenen Sinn dürfte Jetty Beredsamkeit und Überredungskunst gemeint haben. Pepi war begnadeter Musiker und ein Arbeitstier, aber kein Verkäufer seiner Leistungen, ganz anders als sein Bruder, der selbst sagte, er sei zwar weniger begabt als Pepi, dafür aber populärer. Temperamentsausbrüche auf dem Podium wurden speziell bei Pepi vermisst. Eine (wahrscheinlich besonders missgünstige) Kritik aus der *Klemm'schen Zeitschrift für Theater und Musik* ätzte:

»Als Dirigent gibt sich Herr Johann Strauß viel Mühe, ohne seinem
Orchester eine besondere Energie und ein schwungvolles Markieren
des Tanzrhythmus mitteilen zu können. Was aber sein Bruder, Herr
Josef Strauß, im Sinne führt, wenn er sich vor das Orchester hinstellt
und einige phlegmatische Handbewegungen macht, das haben wir
noch nicht ergründen können.«[329]

Deswegen auch wollte die russische Bahngesellschaft zwar einen Strauss,
aber nicht jeden Strauss – jedenfalls nicht Pepi. Zu seiner Enttäuschung
entschied sie sich für Benjamin Bilse, einen bestens etablierten Mann,
der bei der Weltausstellung 1867 in Paris zusammen mit Jean eine ausgezeichnete Figur gemacht hatte. Er sollte 1870 in Pawlowsk dirigieren.
Pepi reiste mit leeren Händen ab.

In Wien hielt Edi den Sommer über die Stellung. Einmal machte
unter den Sträussen das Gerücht die Runde, auch er rassle mit seinen
Ketten, plane auf eigene Faust eine Kunstreise, und Anna unterstütze
dieses Vorhaben.

Dies wäre das Ende der Strauss-Musik, glaubte Pepi, und er hatte
auch schon einen Plan für diese Eventualität, den er Lina brieflich
mitteilte:

> »Wenn Mama das Unternehmen Ed[uards] unterstützt hört unser
> Beisammensein auf. Ich werde der Mama ein jährliches Einkommen
> geben und mein Geschäft allein führen. Die Kapelle wird umorganisiert
> und zwar aus den hiesigen ausgezeichneten Kräften und dann auf
> eigene Faust fortgearbeitet. Ich sehne mich nach Unabhängigkeit, es
> ist höchste Zeit auch Dir eine andere Stellung zu geben. Ich schrieb
> gestern der Mama daß ich Reformen bringen werde, daß mich meine
> ganze Unterthänigkeit im Hirschenhause schon anwidert, daß meine
> Wohnung mir nicht mehr genügt, daß ich auf einen anderen Standpunkt mich stellen will.«

Wenige Tage später – er kannte die Entscheidung der Bahngesellschaft
noch nicht – ruderte er zurück: »Dieß kann nur geschehen, wenn ich
kein Engagement hier erhalte. Bin ich jedoch engagiert so bleibt Alles
im Alten.«[330]

So lukrativ das Geschäft in Russland auch war, den Sträussen brachte es Sorgen, wie aus diesen Zeilen hervorgeht. Ihr gegenseitiges Vertrauen, das ohnehin nicht allzu stark war, wurde aufs Äußerste strapaziert. Wer in Pawlowsk dirigierte, erhielt die wichtigsten Informationen aus Wien nur zeitverzögert, gefiltert durch die interessengesteuerte Optik Einzelner, oder überhaupt nicht. Josef erfuhr, während er in Russland dirigierte, brieflich von einem neuen ambitionierten Plan Edis, der ihm tollkühn vorkam: Der Stadtpark sollte Schauplatz eines großangelegten Festes zu wohltätigen Zwecken werden. Telegrafisch legte er bei Edi geharnischten Protest ein und drohte ihm vermutlich mit der Trennung. Die Mutter, sichtlich hoch erregt, stauchte Pepi am 17. September brieflich zusammen: Wenn schon Pepi bei Saisonbeginn Edi freie Hand gelassen habe, dann müsse er ihn auch agieren lassen und dürfe nicht seine Enttäuschung über den Pawlowsker Misserfolg an ihm auslassen. Sie unterstellte, dass hinter Josefs kontroversem Telegramm in Wahrheit Lina stecke. Wenn Edi gehen müsse, dann gehe sie auch:

> »Geschehe was wolle Ed wird nicht zu grunde gehen und ich mit meinen zwei Töchtern werde auch leben, – – es ist besser Trennung als eine so Elendliche Existentz nicht schlafen, nicht Essen können, keine Ruhe nichts als Falschheit Streit und Neid unter euch will nichts mehr wießen ihr kennt nichts als eure Famieln und wir sind die Heußeln [die Dummen; von ›Heuesel‹]. Danke Dir vielmahls [sic!] Möge es Dir einst Gott verzeihen, Verdient habe ich es nicht diesen Undank. […] Nun Lebe wohl, von Dir habe ich dieses zum Schluß des Sommers nicht erwartet.«[331]

Dass unter zweifellos Hunderten von Annas Briefen ausgerechnet dieser erhalten geblieben ist, lässt Raum für Interpretationen. Nebenbei verrät sie darin, beim Nachbarn Albert Strauß so tief verschuldet zu sein, dass sie ihre »Wohnung nicht verlaßen« könne.

Als Pepi zehn Tage später klar wurde, dass es aus war mit Pawlowsk, traf er seine Dispositionen. Auch Warschau (damals russisch beherrscht) war ein gutes Pflaster für die Strauss-Musik. Dort würde er im kommenden Sommer spielen. Spontan mietete er für seine Konzerte auf eigenes Risiko das dortige Etablissement *Schweizerthal*. Benjamin Bilse hatte dort Jean die Herbstsaison weggeschnappt und dank guter Verhandlungsergebnisse mit dem *Schweizerthal*-Wirt Wlodkowski bestens verdient. Aber Pepi verhandelte schlecht. Er wusste dies und schrieb Jean die Unwahrheit über die Konditionen. Wlodkowski gab keinerlei finanzielle Garantien – der Kapellmeister trat mit vollem Risiko auf. Das war die Königsklasse im Geschäft mit der Unterhaltungsmusik. Und ausgerechnet Pepi mit seinem Mangel an Erfahrung und ohne jegliche Unterstützung in Finanzen und Organisation wagte sich an dieses Unternehmen. Und mit seinem Mangel an Gesundheit. Eine geschäftliche Entscheidung Jeans regte ihn nach seiner Rückkehr derart auf, dass er besinnungslos zusammenbrach. Anna vermutete eine Art Schlaganfall und war alarmiert. Vor Aufregung sprudelnd, beschwor sie Jetty:

> »Meine Meinung ist die Josef zu schonen ihm von der Warschauer Reise befreien er hat keine Gesundheit dazu alles allein zu übersehen außer Jean geht mit ihm – [...] Er muß in 70ger Sommer durch einige Monat auf das Land wenig schreiben, denn der Anfall den er gestern Abend bekam war sagte er war wie Schlag Anfall das darf sich nicht oft wiederhollen [sic!] also bitte Dich helfe die Reise zu verzichten mit einen Ärztlichen Zeugniß geht es schon wen auch etwas Geld den sonst geht er zugrunde die Furcht vor Jean ist bei ihm entsetslich [sic!] welches nicht gut ist, ich glaube das Jean mit ihm gütlichen sprechen solle dazu du für Pepi beitragen sollst Lina ist herzlos ich habe Sie wieder im stillen beobachtet macht ihm vorwürfe wegen Waschau [sic!] hat keine Idee von seiner Kopfschwäche ist ein Unglück so eine Frau um sich zu haben ... sein Zustand ist nach - meiner Ansicht gefährlich.«[332]

Alle Versuche der Sträusse, Pepi von seinem Plan abzubringen, waren vergebens. Es war, als wollte er seinen eigenen Untergang heraufbeschwören. Edi verhandelte mit ihm über eine Trennung. Gute Nachrichten und gute Geschäfte entspannten zwischendurch die Stimmung:

Es gelang ihnen, mit der hochrenommierten Gesellschaft der Musikfreunde einen Vertrag abzuschließen. Sie sollten in der Wintersaison deren heute noch bestehenden *Goldenen Saal* an der Ringstraße bespielen. Jean ging eigene Wege in Richtung Musiktheater und verhandelte mit Marie Geistinger und Maximilian Steiner vom *Theater an der Wien* über »alle von ihm komponirten theatralischen Werke«. Am 26. Mai 1870, inmitten des Familien-Chaos, schloss er den Vertrag, der sein Leben veränderte.

Der Tod der Mutter im Februar 1870 beanspruchte ihre ganze Aufmerksamkeit. Sie gaben auf – Pepi reiste nach Polen. Carolina blieb in Wien, aber wenigstens die Pepi-Tante konnten sie ihm aufs Auge drücken. Bereits 1861 war sie möglicherweise mit Jean in Russland gewesen, da auf ihren Namen im Frühjahr des Jahres ein Reisepass ausgestellt wurde. Sie war also nicht völlig unerfahren.[333] Tatsächlich: Pepi war völlig überfordert. Er konnte kein spielfähiges Orchester zusammenstellen. Man intrigierte in Warschau gegen ihn. Im *Schweizerthal* gab er drei Konzerte. Die Zuhörer hatten Besseres erwartet, etwas mehr Jean'neskes. Die Presse fiel über ihn her. Als am 1. Juni 1870 sein unsicherer Konzertmeister einmal patzte, kollabierte Pepi auf dem Podium – vor dem versammelten Publikum. Er blutete aus einer klaffenden Kopfwunde, blieb bewusstlos und teilweise gelähmt. Es war das Ende seiner Karriere als Musiker.

In der Stunde der Not hielten die Sträusse zusammen, wie sie es immer taten. Sie retteten, was zu retten war. Carolina eilte nach Warschau, um Pepi nach Wien heimzuholen. Jean kam nach, um das zusammengewürfelte Orchester zusammenzuhalten, mit Wlodkowski nachzuverhandeln und so wenigstens die Sträusse vor einer Vertragsstrafe zu bewahren. Er übernahm einige Auftritte selbst, dann engagierte er statt seiner den Berliner Kapellmeister Gotthold Carlberg. Als dieser nicht reüssierte, ersetzte er ihn durch den treuen Philipp Fahrbach. Aus eigener Erfahrung wusste er, wie teuer sie ein Pönale kommen könnte. Und er mag sich gefragt haben, ob sie dieses mit Pepi – schwer verunglückt und krank, wie dieser offenbar war – jemals wieder hereinverdienen könnten. Jetty dirigierte von Wien aus das Chaos mit täglich abgesandten Briefen. Die Pepi-Tante sollte zurückkommen, da sie in Wien dringend gebraucht wurde, und durch Netty ersetzt werden. Edi behauptete derweil in Wien die Stellung. Dort hatten sie mit Gerüchten zu kämpfen: In Wirklichkeit habe ein Russe den Musiker niedergeschlagen, und Josef sei bereits gestorben. Dies wäre außerordentlich heikel wegen der instabilen politischen Beziehungen zwischen Österreich und Russland und könnte Verwicklungen auf höchster Ebene nach sich ziehen. In der Presse wurde diskutiert, ob Österreich militärisch intervenieren müsse. Dem erfahrenen Jean gelang es, die Wogen zu glätten. Aber die Krise und Pepis sich verschlechternder Zustand nahmen ihn und Netty – wenigstens Jetty zufolge – schwer mit, wie sie Lina schrieb:

> »Du machst Dir keinen Begriff von Jeans Zustand – ich sah ihn nicht einmal <u>so</u> bei Mama's Scheiden! Er ist ganz zusammen gedrückt und heute so miserable daß ich für ihn bange daß er nicht eine ernste Krankheit durchmache! Auch die arme Netti ist ganz verstört und weint den ganzen Tag. Pepi hätte wohl nie geglaubt daß er so geliebt wird von beiden – von mir selbst nicht zu reden, die stets Pepi's Werth und sein Herz erkannte.«[334]

Derweil spielte sich in Warschau eine dramatische Hängepartie ab. Pepi war nicht transportfähig. Er war nicht ansprechbar und konnte demzufolge keine Auskünfte über den Hergang des Unglücks geben. Endlich – zu spät – packte Lina ihren Mann in ein Zugabteil und reiste mit ihm zurück nach Wien. Dort starb er am 22. Juli 1870, vier Wochen vor seinem 43. Geburtstag. »Blutzersetzung« steht auf dem Totenschein – eine heute nicht mehr nachvollziehbare Störung. Aus den Symptomen der Erkrankung kann heute am ehesten auf einen Gehirntumor geschlossen werden. Carolina wurde um Zustimmung zu einer Obduktion gebeten, die sie verweigerte. Damit bleibt die Todesursache medizinisch ungeklärt, was über 40 Jahre Stoff für Legenden und Mythen gab. Die »Gewalthypothese« klärte Fritz Lange in einem Feuilleton im *Neuen Wiener Tagblatt* auf. Im *Schweizerthal* musste es tatsächlich zu einer Schlägerei gekommen sein, deren Opfer allerdings ein Türsteher namens Stroutza war. Da Pepi in den Warschauer Programmen als »Jósefa Straussa« geführt wurde, hatte vermutlich eine simple Verwechslung der Namen das brisante Gerücht ausgelöst.[335] Jean kehrte nach Wien zurück, in der Brieftasche 7.000 Gulden für die Witwe. Die Vormundschaft über die zwölfjährige Carolina fiel an ihn. In einer großen Pompe funèbre wurde Pepis Leichnam zum St. Marxer Friedhof – Mozarts Friedhof – zwischen Landstraße und Simmering hinausgeführt. Das *Wiener Salonblatt* vom 31. Juli 1870 schilderte die Szene:

> »Vorne die Capelle des Regimentes Würtemberg, dann jene des Regimentes Hannover, hierauf die sämmtlichen Mitglieder der vereinigten Strauß'schen Capellen mit Wachsfackeln; sodann folgte der von sechs Rappen gezogene Leichenwagen mit dem reich mit Kränzen bedeckten Sarge.«

Hinter dem Leichenwagen ging Edi. Johann nahm an der Feier nicht teil. Er war erneut krank, wie bei Annas Beerdigung und bei vielen, die folgen sollten. *Die Presse* schrieb:

> »Diener der Enterprise [des Strauss-Unternehmens] trugen auf Polstern den Orden des Verstorbenen [das Verdienst-Kreuz erster Klasse des Königlichen Ernst-August-Ordens] und die mit Flor verhüllte Violine, deren Saiten zerrissen waren, ein elegisches Symbol des rasch dahingerafften Künstlerlebens! [...] In allen Straßen, durch die sich der Zug bewegte, standen die Teilnehmer in dichten Schaaren. Auf dem Friedhofe angelangt, zählten dieselben nach vielen Tausenden. Der Friedhof selbst war von einer unübersehbaren Menge gefüllt. In aller Stille, ohn Sang und Klang, nach einem einfachen Vaterunser, wurde der Sarg beigesetzt.«[336]

Beigesetzt Seite an Seite mit dem kaum verrotteten Sarg seiner Mutter, von der er nie losgekommen war.

Schwierige Zeiten brachen an für die beiden Linas, denn das, was Pepi ihnen an Geld hinterlassen hatte, war bescheiden. Seinen künstlerischen Nachlass scheint Jean ihr abgeluchst zu haben – ohne finanzielle

Entschädigung. Dabei wäre Verleger Spina bereit gewesen, 5.000 Gulden für ihn zu zahlen. Später bat sie Jean, ihr finanziell auszuhelfen, aber es gibt keinen Hinweis darauf, dass er dies getan hätte.[337]

Wenn das der letzte Todesfall bei den Sträussen gewesen wäre dieses Jahr! Aber fast auf den Tag genau vier Monate später, am 21. November, verstarb auch die Pepi-Tante Josefine Waber und mit ihr das letzte Familienmitglied dieser Generation. Sie war krank aus Warschau zurückgekehrt und hatte sich nicht mehr erholt. 62 Jahre alt war sie geworden. Kinder hatte sie keine. Da keines ihrer Geschwister mit Ausnahme von Anna das Erwachsenenalter erreichte, hatten die Sträusse nur eine einzige Cousine: Anna Fux, die Tochter von Tante Ernestine. Seit zwei Jahren war diese mit dem 1836 geborenen Josef Troll verheiratet. Diese brachten eine kopfstarke Nachkommenschaft hervor, die, wie Hanns Jäger-Sunstenau anmerkt, »anscheinend keine musikalischen Talente hervorgebracht« hat und daher dem Vergessen anheimgefallen ist.

In diese Zeit fällt auch Jeans endgültiger Auszug aus der Leopoldstadt. Dass Jetty und er, wie erwähnt, ganz in die Hietzinger Villa am anderen Ende der Stadt zogen, wirkt so, als wollten sie eine möglichst große Distanz zum Hirschenhaus herstellen, in dem nur noch Edi mit seiner Maria und den Söhnen Johann und Josef lebte. Und zu Beginn der Faschingssaison 1871, am 5. Januar, ersuchte Jean, mittlerweile »Ritter des königlich spanischen Isabellenordens, der königlich preußischen Kronenordens IV. Classe, des kaiserlichen persischen Löwen- und Sonnenordens III. Classe« und so weiter das »hohe k. k. Obersthofmeisteramt«, wie er schrieb, um die Entbindung von seinen Dienstfunktionen bei Hof als Ballmusik-Direktor und Konzertleiter:

> »Eine sechsundzwanzigjährige angestrengte Wirksamkeit und eine nicht erfolglose, zum Mindesten vielseitig gewürdigte Tätigkeit als Compositeur konnte nicht verfehlen, auf den Gesundheitszustand des ehrfurchtsvoll Gefertigten abträglich einzuwirken...
>
> Der ehrfurchtsvoll Gefertigte erlaubt sich demnach in tiefer Ergebenheit um Enthebung von seinen Dienstfunktionen wegen Kränklichkeit anzusuchen, indem er es der gnädigsten Erwägung dieses hohen

k. k. Obersthofmeisteramtes anheimstellt, zu beurteilen, ob seine langjährigen, materiell wenig einträglichen Dienste, ihn aus diesem Anlaße [sic!] für die Verleihung einer Auszeichnung allerhöchsten Ortes empfehlen.«[338]

Der orden- und titelverliebte Jean spielte hier seine letzte Karte mit dem Kaiserhof. Er durfte sein Amt niederlegen, aber den Titel behalten. Kaiser Franz Joseph persönlich entschied dies nur eine Woche nach Jeans Ersuchen – der monarchische Aktenfresser wurde seinem Ruf gerecht – und verlieh ihm zusätzlich »das Ritterkreuz Meines Franz-Joseph-Ordens«.[339]

Jean wollte den Rücken frei haben für seine Operettenproduktionen. Für Februar war die Premiere seines Erstlings *Indigo und die vierzig Räuber* angesetzt. Er übertrug die Strauss-Kapelle mit allen geschäftlichen Chancen und Risiken an Edi – ohne jede materielle Gegenleistung; diese Feststellung war ihm später wichtig. Und im Folgejahr ging der Titel des Hofballmusik-Direktors an Edi über.

Edis Sohn Johann – Johann Strauss III. in der dynastischen Zählung, die die Familie für ihre professionellen Musiker verwendete – wird das Oberhofmeisteramt bei der Vergabe des Amtes übergehen. Über die wenig rühmlichen Gründe für diese Entscheidung wird noch zu sprechen sein.

Für 1872 verpflichtete sich Jean erneut, den Sommer über in Pawlowsk aufzutreten. Diesen Vertrag brach er indessen. Er nahm einen Schadenersatzprozess in Kauf, den er verlor, und folgte stattdessen einer Einladung in die Vereinigten Staaten – sein Erfolg in Paris zur Weltausstellung von 1867 hatte sich international herumgesprochen. Die Seereise gab Jean Anlass, wie wir hörten, für sein erstes von zahlreichen Testamenten. Die Überfahrt mit der *»Bremen«* dauerte mehr als zwei Wochen. Jetty und zwei Kammerdiener, aber keine Instrumentalisten begleiteten ihn. Die Maßlosigkeit der Projekte, mit denen der amerikanische Impresario Gilmore ihn konfrontierte, überstieg seine Erwartungen. Nach dem beendeten Bürgerkrieg waren die USA in stürmischem wirtschaftlichem Aufschwung. Bei einem »Weltfriedensfest« in Boston sollte Jean in einer gigantischen, 165 mal 105 Meter großen Halle vor 100 000 Zuhörern spielen und 2000 Musiker dirigieren. 100.000 Dollar plus Spesen sollte er für sein Engagement erhalten – ein erneuter Superlativ. Strauss wurde als Weltsensation angekündigt, auf einem Werbeplakat sah man den Walzerkönig, wie er auf einer Erdkugel thront und den Taktstock als Zepter schwingt.

Wie schon 25 Jahre zuvor in Russland war Jean einer der ersten, aber bei Weitem nicht der einzige Musiker, der dem Charme und dem Geld der jungen amerikanischen Nation erlag und zum Weltstar wurde. Später trieb es Musiker wie Caruso und Komponisten wie Mahler und Dvořák, später Rachmaninov über den Atlantik. Dvořák soll in New York das 40-Fache seiner Prager Honorare erhalten haben.

Ganz so gigantisch wie geplant wurden die amerikanischen »Monstre-Konzerte« dann nicht, was Jean in Wien nicht berichtete, denn der Superlativ klang gar zu schön, um nicht erzählt zu werden:

»Nun denken Sie sich in meine Lage angesichts eines Publikums von 100.000 Amerikanern! Da stand ich auf dem obersten Dirigentenpult – wie wird die Geschichte anfangen, wie wird sie enden? Plötzlich kracht ein Kanonenschuss, ein zarter Wink für uns 20.000, daß man das Konzert beginnen müsse. Die ›schöne, blaue Donau‹ steht auf dem Programm.

Ich gebe das Zeichen, meine 20 Subdirigenten folgen mir so rasch und so gut sie können, und nun geht ein Heidenspektakel los, wie ich mein Lebtag nicht vergessen werde. Da wir so ziemlich zu gleicher Zeit angefangen hatten, war meine ganze Aufmerksamkeit nur noch darauf gerichtet, daß wir auch – zu gleicher Zeit aufhörten. Gott sei Dank, ich brachte auch das zuwege. Es war das Menschenmöglichste. Die 100.000köpfige Zuhörerschaft brüllte Beifall, und ich athmete auf, als ich mich wieder in freier Luft befand und festen Boden unter meinen Füßen fühlte. […]

Am nächsten Tag musste ich vor einer Armee Impresarios die Flucht ergreifen, die mir für eine Tournée durch Amerika ein ganzes Kalifornien versprachen.«[340]

Jean hat hier gewaltig in die Tasten gegriffen. Kein Zeitgenosse erwähnte den Einsatz von Subdirigenten in Jeans Konzerten. Immerhin brachte er bis Anfang Juli 1872 16 Konzerte hinter sich. Er und sein Orchester dürften also vor mindestens einer halben Million Menschen gespielt haben. Bei der damaligen Bewohnerzahl Bostons von 250 000 hätte rechnerisch jeder von ihnen Jean zweimal angehört.

Im Folgejahr 1873 war die Welt in Wien zu Gast. Die Stadt richtete die Weltausstellung aus. Jean blieb zu Hause. Mit dem eigens zu diesem Anlass zusammengestellten Orchester, der »Wiener Ausstellungskapelle«, konzertierte Jean in der gigantischen Halle. Die Lust auf Superlative hatte endgültig auch auf Wien übergegriffen – auch musikalisch. Einige Jahre später dirigierte Jean sämtliche Regimentskapellen der Wiener Garnison gleichzeitig. Von dort aus war es nur ein kleiner Schritt zu Mahlers Münchner *Sinfonie der Tausend*.

Die Strauss-Kapelle, seit 1871 in Edis Hand, kam auf der Weltausstellung nicht zum Zuge. Am 6. April 1873 aber feierten die Sträusse das 50-jährige Bestehen ihres musikalischen »Imperiums« mit einem glanzvollen Wohltätigkeitskonzert im Musikverein, das Jean und Edi leiteten.[341]

Noch einmal, 1886, erlag Jean dem Lockruf Russlands: Er ging auf Kunstreise nach Pawlowsk, St. Petersburg und Moskau. Moskau hatte er nicht in guter Erinnerung. Fast 30 Jahre zuvor hatte er im Bolschoitheater einen massiven Reinfall erlitten. Nun aber brachte er, der Pferdenarr, der am liebsten seine eigenen Pferde vor seinen eigenen Wagen spannte und selbst ausfuhr, zwei herrliche Trophäen zurück: ein Rappengespann, das der schönste Schmuck im Stall seines letzten Wiener Domizils werden sollte. Sichtbare Zeichen seines Aufstieges vom Sohn eines Mannes, der in jungen Jahren aus Mangel an Geld zu Fuß durch den Schmutz der Straßen hatte gehen müssen, zum Aristokraten der Musik.

Kapitel 17

Die Fledermaus: Operettenriese und Opernzwerg

Über die 15 Operetten des Johann Strauss (Sohn) kann man nicht sprechen, ohne gleichzeitig über Jetty zu sprechen – und über seine beiden weiteren Ehefrauen Lili Dittrich und Adele Deutsch. Innerhalb der Sphäre seiner privaten Beziehungen waren sie alle unentbehrliche Impulsgeberinnen, und weit mehr als dies – unabhängig davon, dass das Genre Operette seit den internationalen Erfolgen des parodistisch-intelligenten Deutsch-Parisers Jacques Offenbach in den 60er-Jahren in der Luft lag. Bereits 1860 hatte Nestroy unter anderem den *Orpheus in der Unterwelt* mit seinem legendären Cancan ans *Carltheater* gebracht; Jean hatte, wie erwähnt, mit seiner *Orpheus-Quadrille* musikalisch darauf reagiert. Und spätestens Offenbachs durchschlagender Erfolg mit der *Schönen Helena* 1865 im *Theater an der Wien* beeindruckte auch Jean tief. Dies will der Schriftsteller Curt von Zelau von ihm selbst gehört haben: »Mit großer Verehrung sprach er von Offenbach, der ihm selbst die erste Anregung zu einer Operetten-Komposition gegeben.«[342]

Offenbach war frivol und spritzig und pariserisch; so bourgeois wollten die Wiener sich nun auch geben, und nicht vorstädtisch-ländlich beschränkt. Nach und nach erhielt der Personenkult der Vorstadttheater eine neue Wendung: Sind dessen Lieblingsdarsteller noch als »Menschen aus dem Volk« wahrgenommen worden, wuchs allmählich der Abstand zwischen Publikum und Bühnengöttern, die schließlich als Privatmenschen in ihren exzentrischen, auch amoralischen Leben abseits der Bühne all das verwirklichen durften, was das Volk sich – und einander – nicht zugestand. Die Volksstücke à la Ferdinand Raimund oder Johann Nestroy, bisher die erfolgreiche Domäne der Vorstadttheater, gerieten aus der Mode, und die Theaterunternehmer rissen sich um Offenbach und seine Stücke. Leichtigkeit und üppiger Dekor waren dabei Trumpf – damit kannten sich auch die Sträusse als Regisseure prachtvoller Bälle aus.

Jacques Offenbach (1819–80), der berühmteste Operettenkomponist vor Johann Strauss (Sohn).

Franz Mailer war daher überzeugt, dass Jean spätestens 1864 bereit für die Operette war – nur musste ihm noch jemand aufs Pferd helfen:

»Als er Jetty Treffz heiratete, war Johann Strauß aus der Großfamilie ausgeschieden, in der seine Mutter Anna in allen wichtigen Fragen die Entscheidungen zumindest beeinflusste; damit entzog er sich aber auch dem Walzergeschäft […] Nun wußte Jetty Treffz aus ihrer Laufbahn als Primadonna zweier Wiener Theater ganz genau, daß mit erfolgreichen Bühnenwerken sehr gute Einnahmen sowohl für den Komponisten als auch für die Librettisten erzielt werden konnten.«

Jetty war ein Glücksfall – nicht für ihren Jean allein, sondern für die Sträusse schlechthin. Ob sie ihre Schwäger und deren Familien liebte, bleibt dahingestellt – aber sie beriet und lenkte das Unternehmen mit großem Feingefühl. Mit ihrer Erfahrung im internationalen Bühnen- und Musikgeschäft erkannte sie klar, dass die mittlerweile auf drei Familien angewachsene Strauss-Sippe von Bällen und Konzerten und den Verlegern allein nicht großzügig leben konnte. Ihre Strategie sah vor, dass die Musik ihres weltberühmten Mannes zunächst auf der

Bühne erklang und dort – wie es mittlerweile üblich geworden war – prozentuale Tantiemen oder wenigstens einmalige Annahmehonorare erbrachte. Solche aber konnte Jean nur in dem verspielten, heiteren, beliebten Genre der Operette realisieren. Denn es kam besonders auf die weitere Verwertung an:

> »Hatten die Melodien auf den Bühnen Erfolg, dann konnte man sie immer noch – rückgeführt in die Formen von Walzerpartien, Polkatänzen, Quadrillen und Märschen – in den Tanzsälen und auf den Unterhaltungskonzerten präsentieren, bzw. als Tanzmusik herausgeben.«[343]

Eine gravierende Schwäche dieser ansonsten schlüssigen Strategie spürte vielleicht Jean klarer als Jetty: Ein Bühnenstück brauchte eine Handlung – anders als ein Walzer, dessen Publikum durch einen schmissigen Titel zufriedenzustellen war, und natürlich durch überzeugende Musik. Und ein Bühnenstück brauchte einen singbaren Text.

Seit jeher basierten viele Musikdramen auf Stoffen, die zunächst im Sprechtheater ihre Durchschlagskraft bewiesen hatten. Das war schon bei Mozarts *Figaro* der Fall gewesen, und Mozarts Wiener Freunde sahen den Maestro permanent wühlen in seinen »Büch'ln«, billig gedruckten Theatertexten. Eine andere Schwierigkeit war die Adaption an die spezifischen Erfordernisse des Musiktheaters, Vers für Vers und Wort für Wort. Im Probensaal und in kleiner Gesellschaft mochte Jean ein glänzender Plauderer sein, in Briefen alle Register der Überredung und Manipulation ziehen – aber ein Dichter und gar ein Librettist mit ausgeprägten Vorstellungen wie sein Vorbild Richard Wagner war Jean nicht.

Jetty focht solche Unsicherheit ganz im Gegensatz zu Jean nicht weiter an. Daher nahm sie 1866 Verhandlungen mit dem *Carltheater* – früher Nestroys Theater – auf und später mit dem *Theater an der Wien*, einer der Bühnen, an denen sie selbst früher Erfolge gefeiert hatte. Sie wollte ihrem Mann ein Operettenlibretto, Aufführungsgarantien, Honorare, Tantiemen und Benefizaufführungen verschaffen. Die Schauspielerin und Sängerin Marie Geistinger, eine von Österreichs ersten Musikunternehmerinnen und die erste internationale Operettendiva

überhaupt, sowie Max Steiner standen zu dieser Zeit dem *Theater an der Wien* gemeinsam vor. Mehrfach hatten sie Offenbachs aufsässige, burleske Meisterwerke erfolgreich auf die Bühne gebracht, so 1865 *Die schöne Helena* und zwei Jahre später *Die Großherzogin von Gerolstein*.
»Die Geistinger« war eine äußerst vielseitige und durchsetzungsfähige Künstlerin. Seit sie acht war, stand sie auf der Bühne ihrer Heimatstadt Graz; seit sie 15 war, in Wien. Ihre Laufbahn krönte sie mit insgesamt sieben Amerika-Tourneen von 1881 bis 1884. Zahllos sind die publizistischen Ovationen, die Marie Geistinger im Lauf ihres mehr als 50 Jahre langen Bühnenlebens entgegengebracht wurden – vielsagend etwa für ihre Helena in der *Neuen Freien Presse*. Hanslick ist hinter diesen Worten zu vermuten:

> »Es sah wie die raffinierteste Absicht aus, wenn sie mit dem edlen Klang ihres weichen Organs gerade in die frivolen Arien tragische Akzente legte und mit pathetischen Gebärden den höllischsten Nihilismus der Sinnlichkeit predigte. Sie sprach die gefährlichsten Lockworte mit einem sanften Augenaufschlag von Unschuld, visionär und unter dem Druck einer höheren magnetischen Gewalt. Niemals hat man eine gottlosere Dezenz, eine aufreizendere Zurückhaltung gesehen.«[344]

Ihrerseits erinnert sie sich Jahrzehnte später an Jettys und Jeans Annäherung:

> »Steiner und ich schwangen zusammen, oft auch gegen einander, die Directionsscepter des Theaters an der Wien und man kann sich leicht unsere Freude denken, als eines schönen Tages Herr Johann Strauß mit dem Materiale zu *Indigo* uns beehrte. Ganz besonders ich war entzückt, daß der Meister sich der Bühne zuwendete – a bisserl Liab und a bisserl Treu und a klan's bisserl Falschheit war damals auch dabei. Bei mir nämlich, denn ich war sicher, eine große und dankbare Rolle zu erhalten. Eine Hauptpartie in der ersten Operette von Strauß!«[345]

Steiner und noch mehr die pragmatische Marie Geistinger »machten« den Operetten-Komponisten Johann Strauss und ebneten ihm die

Wege zum Erfolg. Geistinger ließ sich von Jeans Librettisten die weiblichen Hauptrollen von dessen Erstling *Indigo und die vierzig Räuber* 1871 (die der Fantasca) bis zum 1875 uraufgeführten *Cagliostro in Wien* (die der Lorenza) auf den Leib schreiben.

Talentierte Librettisten gab es im Wien dieser Zeit. Die brauchbarsten waren zugleich Bühnenkomponisten und infolgedessen genauestens vertraut mit den Bedingungen, unter denen Musiktheater produziert wurde. Einer davon war der Danziger Richard Genée. Nach wechselnden Erfolgen als Operettenkomponist und -dichter in Deutschland, wo er immerhin zeitweise als eine Art »deutscher Offenbach« gehandelt wurde, domizilierte er seit 1868 in der Musikmetropole Wien, wo er im *Theater an der Wien* offiziell den Kapellmeisterposten hatte ergattern können. Seine inoffizielle Funktion würde man im Musical-Geschäft heute als die des »play doctor« bezeichnen, als die eines Retters problematischer Libretti.[346] Eine ideale Konstellation, mochte Jetty gedacht haben.

Nun – die Konstellation war tatsächlich hilfreich, aber gleichzeitig für Jean fatal. Im Musiktheater arbeiteten Regisseur, Komponist und Librettist eng, unglaublich schnell und pragmatisch zusammen, um oft noch während der Proben Text, Musik sowie das Darstellerische und Tänzerische aufeinander abzustimmen. Denn viele Schwächen der Bestandteile und die Grenzen des Könnens der Solistinnen und Solisten zeigten sich erst bei der orchestralen und vokalen Interpretation auf der Bühne. Die in solchen Fällen notwendigen Ad-hoc-Verhandlungen setzen beim Komponisten Text- und beim Librettisten Musikverstand und auf jeder Seite ein gewisses Selbstbewusstsein voraus. Jean besaß weder hinreichenden Textverstand noch hinreichendes Selbstbewusstsein. Er war hilflos in solchen Dingen. Er war und blieb Wachs in den Händen seiner Berater und »Berater«. Dies sollte dem vom Beifall verwöhnten Maestro noch reichlich Hohn einbringen und seine Laufbahn lebenslang überschatten. Er konnte kein Verhältnis zur Bühnensprache gewinnen; dies war ihm bewusst und er litt darunter. So wie es ihn sein Leben lang plagte, dass er seine Fähigkeiten nicht gut einschätzen konnte. Die Folge war quälende Unsicherheit und die stete Angst, andere könnten herausfinden, welch ein schlechter Musiker er in Wirklichkeit war. Und jemand, auf den er sich stützte, war immer ein Mitwisser, der Jeans Inkompetenz öffentlich entlarven konnte.

Dass er für Vokalmusik eben auch Texte – und diese in beachtlichen Mengen – benötigte, brachte nicht nur ihn selbst in gewisse Nöte, sondern auch die Theaterdirektoren, die sich natürlich Jeans enorme Zugkraft sichern wollten, andererseits aber nicht nur von großen Namen und zündenden Melodien lebten, sondern auch von verlässlicher Lieferung brauchbarer Bücher.

Dass alle Privatbühnen – also nicht die Hoftheater – ihre Operetten-Libretti, Theaterstücke und Kabarettprogramme bis nach dem Ersten Weltkrieg der Theater-Vorzensur vorlegen mussten, komplizierte die Arbeit zusätzlich. In einem langwierigen Verfahren duplizierte die Theaterdirektion jedes Libretto und schickte zwei Exemplare an die Zensurbehörde, wo ein staatlicher Zensor es zwecks Begutachtung an seine Beiräte übermittelte und mit diesen über Verbot, Freigabe oder »Genehmigung mit Strichen« entschied. Ein Zensurexemplar ging mit den etwaigen Auflagen zurück an die Theaterdirektion, das zweite verblieb samt Zensurakte bei der Behörde. Allein im Niederösterreichischen Landesarchiv, das für die Wiener Privattheater zuständig war, liegen heute etwa 12 000 Zensurexemplare, unter ihnen alle Strauss-Operetten.

Eine Folge der Zensur war, dass die Wiener Operette den kritisch-satirischen Biss der offenbachschen Stücke mit ihren hochpolitischen satirischen Anspielungen einbüßte. Sie schwelgte lediglich in der offenbachschen Frivolität, die meist unter der Aufmerksamkeitsschwelle der Zensoren blieb, da etwa der Grad der Entblößung weiblicher Körperteile keine Frage des Librettos, sondern eine der Inszenierung auf der Bühne ist. Der Theaterdirektor und -historiker Hans-Dieter Roser unterstellte den Akteuren der Wiener Operetten gar einmal, dass »man ihren erotischen Subtext zu intensivieren trachtete, selbst wenn dabei Offenbachs Eleganz und Charme verloren gingen«:

> »Wo der Alltag bis ans Jahrhundertende Frauen noch vom Hals bis zu den Zehen modisch verpackte, steckte man sie auf der Bühne – durch dramaturgische Notwendigkeit vorgeblich bedingt – als Männer

in Hosen und enthüllte damit ihre körperlichen Reize. Das aus barocken und vorklassischen Resten noch in das letzte Drittel des 19. Jahrhunderts herüberschwappende Cross Dressing feierte fröhliche Urstände. Selbstverständlich nur bei den Damen.«[347]

Jean stand in Wien für verführerische Musik. Mit den Texten mussten andere sich herumschlagen. Andere, etwa Richard Genée – der dann aber weit mehr »Unterstützung« gab als nur in Textierungsfragen. In einem Gespräch mit Curt von Zelau erinnerte er sich 1885:

»Damals fiel mir unter der Direktion Steiner [die Co-Direktorin Geistinger wird nicht erwähnt] die Aufgabe zu, Johann Strauss für die Bühne zu gewinnen, welchem ich bei der Komposition seiner ersten Operetten ›Indigo‹ und ›Fledermaus‹ mit meinen Theater-Erfahrungen unterstützend zur Seite stand.«[348]

Jean machte es sich, der Not gehorchend, zur Gewohnheit, auch schwache Texte zu akzeptieren in der Hoffnung, dass im weiteren Verlauf der Inszenierung schon irgendjemandem »was einfallen« möge, das die problematischsten Stellen entschärfte – sei dieser Jemand nun ein Musiker, sei es der Direktor. Nicht ganz zu Unrecht setzte er auch auf den Geist der kollegialen Improvisation, der es ihm selbst seit Jahrzehnten erlaubte, mit Hochdruck und neben einer Unzahl anderer Verpflichtungen seine Musik zu schreiben.

Heraus kamen Libretti, die stellenweise dermaßen albern waren, dass sie selbst beim wohlmeinenden Publikum durchfielen. Wohl kaum etwas schadete Jeans Nachruhm in Kreisen der »Hochkultur« so massiv wie die Libretti seiner Operetten. Sie trugen bei zu dem zweifelhaften Ruf, den dieses Genre bis heute weithin genießt bei Musikkennern, für die »Qualität« notwendig von »Qual« kommt. In deren Welt darf nur ein Mozart das Rollenfach des »automatisch komponierenden« Musikers besetzen, dem die Melodien nur so aus dem Kopf purzeln. Die straussche Montagetechnik und die arbeitsteilige Produktion von Musik sind ihnen suspekt.

Die damalige Wiener Öffentlichkeit allerdings nahm dem Komponisten die Schwächen der Libretti meist nicht weiter krumm. So kommentierte Gustav Heines *Fremdenblatt* gnädig die Uraufführung von Jeans erster Operette *Indigo und die vierzig Räuber*:

> »Zum Glück ist der Text einer Operette nichts weiter als die Folie für die Gesangsnummern und der Text zu ›Indigo‹ kann daher auch nur als eine hölzerne Nothbrücke aufgefasst werden, welche die fließenden und munter einherhüpfenden Gesangsstellen miteinander verbindet.«[349]

Dieser Rezensent zumindest war nicht ins *Theater an der Wien* gekommen, um ein überzeugendes Stück Musiktheater zu sehen, sondern er wollte verfolgen, wie aus Balltänzen über sinfonische Tänze Bühnentänze geworden waren.

Doch für Jean war es ein weiter Weg gewesen bis zu dieser Premiere. Ein erster Operettenentwurf fürs *Theater an der Wien* wanderte, da nach Geistingers Auffassung zu derb, ins Archiv. Auch ein Werk fürs *Carltheater* blieb 1868 unvollendet; einige Nummern daraus soll Jean allerdings hinübergerettet haben in seine erste Produktion im *Theater an der Wien*: den im Februar 1871 uraufgeführten *Indigo*. Inspirationsquelle für Genées Libretto war ein Märchen aus *Tausendundeiner Nacht*. Diese Sammlung absolut nicht kindlicher Märchen lag in verschiedenen europäischen Sprachen und mehr oder minder entschärften Editionen vor und stand zu Recht im Ruf der erotischen Pikanterie. Jeans Schwiegersohn Franz von Bayros, dem wir auch das Umschlagbild dieses Bandes verdanken, schuf Anfang des 20. Jahrhunderts sehr explizite Illustrationen zu *Tausendundeiner Nacht*.

Fast zwei Dutzend Textdichter werkten an den vier Stunden *Indigo*. Mehrfach wurden die handelnden Personen umgestaltet, Titel und Namen verändert, Proben und Termine verschoben, bis das Direktoren-Duo und der Maestro zufrieden waren. Auch die Musik war – in etablierter Strauss-Manier – Gemeinschaftsarbeit. Die Notenmanuskripte zeigen, dass Genée alle Gesangsstimmen notierte und dazu oft auch den kompletten Streichersatz ausführte. Jean vervollständigte anschließend die Instrumentierung in den Bläserstimmen, wobei ihm zwangsläufig kaum noch kompositorischer Freiraum verblieb. Lediglich die Ouvertüre und rein instrumentale Abschnitte stammen ausschließlich von Jean. Diese Arbeitsteilung setzte sich fort bis zur *Nacht in Venedig*. Man kann sich Entstehung und Produktion des *Indigo* nur als entsetzliches Gewürge vorstellen. Die Kritik aber war hochzufrieden, das Publikum jubelte – endlich war der »Wiener Offenbach« erstanden.[350]

Zwei Umstände waren für die Rezeption von Jean und seinen Operetten wichtig. Offenbach hafteten nämlich aus der Sicht vieler damaliger Deutscher zwei Makel an: Wie sein ironischer rheinländischer Geistesbruder Heinrich Heine war Offenbach Wahlfranzose und damit Vertreter eines Landes, mit dem Deutschland im Zwist lag. Und er war Jude. Zwar hatte auch die Familie Strauss jüdische Wurzeln, so wie vermutlich unzählige Wiener Familien dieser Zeit, aber sie war christkatholisch – ihr Jüdischsein verlief daher unterhalb der Wahrnehmungsschwelle der öffentlichen Wiener Meinung. Auch war der antijüdische Impuls noch nicht so stark und so mörderisch, wie er ein Menschenalter später werden sollte. Aber er gewann in diesen Zeiten an Momentum, und in den Zeitungen tauchten Karikaturen auf wie die, auf der Jean eine Waagschale, entspannt in ihr sitzend, zu Boden drückt, auf deren Pendant ein großnasiger Jacques Offenbach, hilflos mit dem Taktstock fuchtelnd, hoch in Lüften schwebt, obwohl sich drei ebenfalls großnasige Helfershelfer an seine Füße gehängt haben.[351]

Jeans Operetten und die der anderen Meister des Wiener Musiktheaters waren die leichte Begleitmusik, der »Soundtrack« zu der über 20-jährigen Großen Weltwirtschafts-Depression, die 1873 im Wiener Börsenkrach ihren Ursprung nahm, die weltweite Börsenhausse der Gründerzeit abrupt beendete und zum Massenelend führte. Wie meist in solchen Krisen wurden Fremde als Schuldige anvisiert, und wie meist waren es auch diesmal »die Juden«. So erstarkte auch in Wien der Antisemitismus. Der Publikumsgeschmack wendete sich gegen Offenbach, dessen Werk auf seine Frivolität reduziert wurde und dessen Persönlichkeit auf sein Juden- und Franzosentum. Dass den wienerischen Inszenierungen seiner Werke im Gehorsam der Zensur gegenüber der politische Reißzahn gezogen worden war, kehrte sich jetzt gegen den Urheber. Das Satireblatt *Der Floh* eiferte sich in seiner *Indigo*-Rezension:

> »Vorgestern hat ein großes Ereignis stattgefunden. Frankreich wurde geschlagen ... Nicht das edle, große, freiheitsbegeisterte Frankreich ... nein! Das liederliche Frankreich, das cancanierende, frivole Frankreich, das Frankreich des Herrn Jacques Offenbach wurde bis in's Herz getroffen ... Johannes Strauß ist das personifizierte Österreich und ganz Österreich ist in seinem Lager und hat der tönenden Manifestation des Österreichertums selbstbewusst und innig zugestimmt.«[352]

Die *Wiener Zeitung* gar verlangte anlässlich einer Aufführung von Offenbachs *Prinzessin von Trapezunt* eine Art Säuberung:

> »Nachgerade ist die abgestandene, faul gewordene Cancan-Wirtschaft geradezu ekelhaft geworden und anständige Theater sollten in dieser Richtung eine gründliche Desinfizierung vornehmen ... Der Cancan-Epidemie aber ein Ende zu machen, das liegt in der Hand der Theaterdirektoren.«[353]

Selbst wenn man nationalistische Reflexe außer Acht lässt, war Jeans Operetten-Erfolg ein Glücksfall für Wien. Denn erstmals seit fast 100 Jahren – seit den Zeiten Mozarts und seiner Opern – schickte ein Wiener sich an, eine innovative, führende Rolle im Musiktheater zu übernehmen. Demgemäß bestätigte das *Fremdenblatt* Jean:

> »Strauß besitzt eine Erfindungskraft von nicht gewöhnlicher Stärke, auch fehlt ihm nicht die nötige Technik. Rhythmisch wie melodisch hat ihm die Tanzmusik alle ihre Reize enthüllt ... sollten aber alle diese Reize nicht verfangen, so hat der Zauberer noch ein letztes Mittel, das unfehlbar wirkt – er hat seinen Walzer.«[354]

Bereits wenige Tage nach der Uraufführung stach jemand an die *Konstitutionelle Vorstadtzeitung* durch, das *Theater an der Wien* habe schon 29.000 Gulden mit *Indigo* verdient – eine Summe, die kaum ein adeliger Gutsbesitzer oder Fabrikant in so kurzer Zeit hätte erzielen können. Schnell übernahmen Bühnen in Berlin, Hamburg, München, Paris,

London und Neapel Bearbeitungen des Stückes. »Morgenländische« Sujets waren europaweit in Mode, nachdem Schriftsteller, Künstler und Musiker, der Meistermaler Eugéne Delacroix 1832 allen voran, in den Spuren der Militärstiefel den unterworfenen Orient als bunte Folie für unerfüllte antizivilisatorische oder erotische Sehnsüchte erschlossen und seine Bewohner als bestenfalls freundlich-rückständig ironisiert hatten. War noch 1782 der Bassa Selim, Gebieter über Mozarts *Serail*, mächtiger als die Entführer der geliebten Haremssklavin Konstanze und spielte, nobler als jene, seine Macht nicht aus, so agierten 90 Jahre später Jeans tyrannischer König Indigo und dessen Minister und Truppen wie Tölpel. Allzu leicht lassen sie sich durch den schlauen Europäer Janio und dessen Geliebte Fantasca ausspielen.

Fantasca, das war Marie Geistingers Rolle:

> »Fantasca steht nicht nur im Mittelpunkt des Geschehens, sie dirigiert und manipuliert den gesamten Ablauf. Das Stück stellt sich als Puppenspiel dar, in dem Fantasca alle Fäden in der Hand hält.«[355]

Jean zog es nicht an den Bosporus oder in den Hohen Atlas. Aber so wie er sich die Klangwelten der österreichischen Völker, der Böhmen, Ungarn und Südslawen anverwandelt hatte, so holte er jetzt die Welt von *Tausendundeiner Nacht* auf die Wiener Theaterbretter – und in die Tanz- und Konzertsäle. Denn als »Nebenprodukte« des *Indigo* fielen nicht weniger als neun Walzer, Polkas, Mazurken, Märsche und Quadrillen ab für die nun von Edi geleitete Strauss-Kapelle und für seinen Verleger Spina. Großkritiker Hanslick kommentierte wohlwollend: »Das ist ein Punkt, wo wir Strauß seinen Vater weit überholen sehen: in dem Aufsteigen zu einem höheren, viel anspruchsvolleren Kunstgebiete.«[356]

Zweifellos tat Jean dieser Satz wohl. Die Meinungen einflussreicher Persönlichkeiten bedeuteten ihm viel, und hier bescheinigte ihm eine solche, dass er aus dem verfinsternden Schatten seines Vaters herausgetreten war und etwas geschaffen hatte, zu dem dieser nicht imstande gewesen war. Und niemand sollte sich täuschen über die Ansprüche, die eine gut inszenierte, getanzte, gespielte und gesungene Operette nicht nur an die Menschen auf der Bühne stellt. Sie übersteigen diejenigen einer Opernproduktion.

Doch vor dem endgültigen Aufstieg lagen weitere Umarbeitungen. Sie setzten sich auch nach der Premiere fort und hatten das Ziel, die immer noch unübersehbaren Schwächen in Handlung und Text sowie der Abstimmung mit der Musik zu tilgen. So unüblich war dies nicht: Viele erfolgreiche Stücke des Musiktheaters wurden ad hoc den aktuellen lokalen Verhältnissen – etwa der Zensur – angepasst; so etwa die Übersetzungen ausländischer Erfolgssujets. Nicht anders war es im Sprechtheater, wo Improvisation Trumpf war – zum Beispiel, um den Zensoren ein Schnippchen zu schlagen, wie es Nestroy oft getan hatte. Man wirkte auch Bühnenmusik um, verwertete abgehangene oder besonders beliebte Melodien und Nummern erneut – ob sie nun von einem selbst stammten oder von der Konkurrenz. Und man arrangierte sie zu Pasticcios und Revuen – stets mit dem Blick auf die Gunst des launischen Publikums und der mächtigen Zeitungskritik. Von Anton Bruckner, dem vielleicht größten Sinfoniker der zweiten Jahrhunderthälfte, ist bekannt, dass er sich bis an den Rand der Erschöpfung abrackerte, um dem ebenso abgünstigen wie langlebigen Hanslick zu gefallen. Dies hat zu einem Irrgarten teilweise radikal voneinander abweichender Fassungen geführt. (Hanslick hielt es mit Brahms und mit dessen Kompositionen und stand der Musik von Wagner und dessen Verehrer Bruckner so kritisch gegenüber, dass Wagner in seinen Meistersingern von Nürnberg ihn in der Hauptrolle des pedantischen Stadtschreibers Sixtus Beckmesser karikierte.)

Auch Jean traute sich, wie erwähnt, zeitlebens so wenig Urteilskraft in dramaturgischen und literarischen Fragen zu, dass er – zwar oft murrend, da er die Mängel ahnte – in die größten Banalitäten einwilligen konnte, weil die Zeit drängte und einfach kein besseres Material vorlag. Ein anderer Strauss allerdings wäre unbestreitbar qualifiziert gewesen, Handlung, Text und Musik zusammenzubringen: der zu diesem Zeitpunkt bereits verstorbene Pepi. Er hatte experimentiert mit Sprech- und Musiktheater, wenn es auch keines von diesen Experimenten auf die Bühne schaffte – etwa das »Volksstück mit Gesang in

3 Akten« mit dem Titel *Eine wahre Wienerg'schicht vom Schottenfeld*.
Pepis musikalischer Nachlass dürfte daher von großem Interesse für
Jean gewesen sein – er muss nach neuen Melodien gegiert haben.
Norbert Linke rechnete einmal aus, dass der »Verschwender« (*Neues
Wiener Tagblatt*) Jean für seine ersten drei Operetten fast 400 zur Verbindung mit Texten geeignete Melodien »verbrauchte«. Früh wurde
der Verdacht laut, dass Pepis Tod Jean in diesem Punkt nicht ungelegen
kam und er den Versuch gemacht haben könnte, Pepis Entwürfe zur
Verwertung an sich zu bringen. Schon Ungereimtheiten in Edis Erinnerungen deuten darauf hin, dass eine Menge von Pepis Autografen
auf letztlich ungeklärte Weise auf Nimmerwiedersehen aus dem Nachlass verschwunden sein müssen, auch wenn es keinen Beweis für eine
Entwendung gibt. Einen Nachweis über die Verwendung von Melodien,
die von Pepis Hand stammen, in Jeans Werken dagegen glaubte Linke
geführt zu haben. Anhand unüberhörbarer Ähnlichkeiten vermutete er
Dutzende musikalischer Einfälle des jüngeren und nach Jeans eigener
Aussage »begabteren« Meisters in Jeans Werken. Das auf den ersten
Blick großzügige Legat von 4.000 Gulden in Jeans erstem Testament
1872 an Pepis Tochter und Jeans Patenkind Carolina, das übrigens im
Letzten Willen von 1895 gestrichen ist, mag ein Versuch gewesen sein,
bei deren knapp bemittelter Mutter Carolina eine Schuld abzutragen –
weil ihr verstorbener Mann möglicherweise maßgeblich dazu beigetragen hatte, dass der Walzerkönig sich auch die Krone des Operettenkönigs auf sein Haupt drücken konnte.[357]

Marie Geistinger und Jetty hielten ihre Hand auch über Jeans vermutlich größten Operetten-Erfolg, die 1874 uraufgeführte *Fledermaus*.
Am 5. März wurde das Textbuch unter dem Titel *Doktor Fledermaus*
bei der k. u. k. Zensurbehörde eingereicht. In den zwei Wochen, bis
die Polizeidirektion das Werk am 20. März zur Aufführung zugelassen
hat, sind wohl bedeutende Textänderungen vorgenommen worden.
Wer vom »Goldenen Zeitalter« der Wiener Operette schwärmt, meint
dieses Meisterwerk mit, in dem Geistinger sich die Hauptrolle der
Rosalinde sicherte. Wieder war Jeans öffentlicher Erfolg Genées inoffizieller. Nicht nur rettete dieser das schwierig zu vertonende Libretto

des Dramatikers Karl Haffner, der damals am *Theater an der Wien* als Textdichter verpflichtet war. Seine Instrumentierung der meisten Nummern erst ermöglichte es Jean, das Stück in der Hietzinger Klausur in sechs Wochen im Wesentlichen fertigzustellen. Die frivole Verwechslungskomödie fußt auf einem Lustspiel von Henri Meilhac und Ludovic Halévy, einem erfolgreichen Pariser Autorenduo. Am Wiener Theater ging es eben nicht nationalistisch zu, sondern pragmatisch. Pragmatischerweise hatten die Franzosen sich ihrerseits bei dem überaus populären Leipziger Dramatiker und Theatermann Roderich Benedix bedient, aus dessen Sprechbühnen-Evergreen *Das Gefängnis* das Hauptmotiv des einem unglücklichen Zufall geschuldeten Identitätstausches mit daraus folgenden unerwarteten amourösen Verwicklungen stammt. Die verwickelte Handlung allerdings wird bei Haffner und Genée quasi skelettiert und aufs Allerwesentlichste reduziert, damit das Stück an einem normal dimensionierten Operettenabend über die Bühne gehen kann. Neu in der Partitur ist das große Fest bei dem jungen Prinzen Orlofsky, das den kompletten zweiten der drei Akte ausfüllt. Jean selbst reizte die Neugier des Publikums, indem er bereits kurz nach ihrer Fertigstellung eine Nummer, den Csárdás der Rosalinde, äußerst erfolgreich konzertant zu Gehör brachte.

Aber schauen wir uns an, in welche Welt die *Fledermaus* ihren Erfolgsflug starten sollte. Während der 50er- und 60er-Jahre hatten Wirtschaftskraft und Ansehen der Metropole weiter zugenommen. Der Ausbau der Ringstraßenzone hatte das Seine hierzu beigetragen. Die Niederlage im Deutschen Krieg verkraftete Österreich-Ungarns Wirtschaft überraschend schnell – auch dem Aufbau einer gewaltigen Blase der Finanzspekulation geschuldet. Dieser auf tönernen Füßen ruhende Erfolg hatte Wien als erster Stadt im deutschen Sprachraum 1873 – sechs Jahre vor Berlin – eine internationale Weltausstellung eingetragen.

Auf einem Gelände im Prater, fünfmal so groß wie das Pariser Marsfeld, das die Weltausstellung 1867 beherbergt hatte, entstanden ab 1870, begünstigt durch die soeben fertiggestellte Zähmung der Donau in ihrem neuen schmalen Bett, eine Reihe spektakulärer Bauwerke und die Pavillons der Gastländer. Nachdem der Deutsche Krieg die

Spaltung der deutschen Länder in zwei Kaiserreiche zementiert hatte, spannte Österreich mit seinem Anspruch, das modernere, »bessere« Deutschland zu sein, all seine Kräfte für eine Schau der Superlative an. Als Wahrzeichen war ein runder Kuppelbau in Stahl, Holz, Stuck und Glas konzipiert – mit einem Durchmesser von 108 Metern der weitaus größte der Erde. Mit seiner Höhe von 84 Metern beherrschte er für jeden, der sich Wien von Südosten näherte, das Weichbild der Metropole. Die Architekten ließen daneben reichlich Raum für Grünanlagen mit Ruhezonen, Wasserspielen und Baumgruppen. Tausende Gaslampen waren auf dem Ausstellungsgelände verteilt und sorgten für eine spektakuläre Beleuchtung. Künstliches Licht faszinierte die Menschen nach wie vor unvergleichlich. Der Schauplatz wirkte wie eine ins Gigantische verzerrte strausssche Ball-Illumination. Das veranschlagte Budget lief völlig aus dem Ruder. Bereits vor der Eröffnung wusste man, dass das Spektakel defizitär enden musste – man wusste nur noch nicht, wie hoch der Fehlbetrag sein würde.

Mag sein, dass die Jägerzeile – die mittlerweile Praterstraße hieß und jetzt Zubringer all der notwendigen Lastfahrzeuge war – Jetty und Jean zu turbulent wurde und der Mittelpunkt ihres Lebens sich auch deshalb mehr und mehr in ihre Hietzinger Villa verlagerte.

Zwar statteten während der sechs Monate der Ausstellung 33 regierende Fürsten, 13 Thronfolger und 20 Prinzen der Stadt, dem Hof und der Schau einen Besuch ab, und rund 53 000 Unternehmen, darunter 9000 österreichisch-ungarische und 8000 deutsche, stellten ihre Innovationen aus – eine sagenhafte Zahl, verglichen selbst mit heutigen Messen. Die Vereinigten Staaten waren unter anderem mit einem Kuriosum nach dem Zeitgeschmack vertreten: mit einem »original indianischen« Wigwam, der von zwei New Yorker Restaurantbesitzern aufgestellt wurde. Schwarze, Indianer und Mestizen waren dort mit dem Servieren amerikanischer Drinks beschäftigt. Für die Unterhaltungsmusik sorgte unter anderem die Strauss-Kapelle, die unter Jeans persönlicher Leitung seine *Rotunden-Quadrille* uraufführte.[358]

Finanziell aber wurde die Weltausstellung, wie erwähnt, zum absoluten Fiasko, denn von den erwarteten 20 Millionen Besuchern kamen gerade einmal knapp halb so viele. Am Ende lag das Defizit – bei einem Investitionsbudget von fast 20 Millionen Gulden – bei über 7 Millionen Gulden. Alles schien sich gegen Wien verschworen zu haben. Verschiedene Umstände sorgten dafür, dass das Ausstellungsgelände nicht rechtzeitig fertig wurde und der Kaiser am 1. Mai das Spektakel in der noch unvollendeten Rotunde eröffnen musste, in die es hineinregnete, wie der satirische *Floh* monierte. Nicht einmal der Ausstellungskatalog war fertig. Bis zum Eröffnungstag hatten wochenlange Regenfälle das Gelände in eine Sumpflandschaft verwandelt. Kein Problem für einen Kaiser und seinen Wagen, aber misslich für jeden, der auf seinen zwei Beinen daherkam. Ein neuer Ausbruch der Cholera im Sommer mit fast 3000 Todesopfern verleidete fremden Gästen den Gedanken an einen Ausstellungsbesuch. Da die ersten Erkrankungen im »Weltausstellungshotel« in der Nordbahnstraße auftraten – von 13 Erkrankten starben 8 –, verließen viele Besucher fluchtartig die Stadt, andere stornierten ihre Buchungen.[359]

Den größten Schlag allerdings versetzte der Schau der »Gründerkrach« von Freitag, dem 9. Mai 1873, der erste sogenannte Börsenkrach und »Schwarze Freitag« der Wirtschaftsgeschichte. Wie ein Kartenhaus, gigantischer als die Weltausstellungsrotunde, stürzte das mit geliehenem Spekulantengeld errichtete Schneeballsystem in sich zusammen und hinterließ Hunderte von Konkursen und Liquidationen großer Unternehmen. Zehntausende Menschen auch aus den einfachen Schichten, die in der trügerischen Erwartung ewig steigender Kurse ihre Altersversorgung hatten absichern wollen, verloren im jähen Ende dieser »Dienstmädchenhausse« ihr Erspartes. Hatte Kaiser Franz Joseph die Ausstellung noch mit den Worten eröffnet, dass »Österreich-Ungarn nach allen Richtungen in erfreulichem Aufschwunge begriffen« sei[360], so war ihr offensichtlicher Misserfolg der letzte Sargnagel für die Konjunktur des Landes.

Die 20-jährige weltweite »Große Depression« beendete das zügellose Wirtschaftswachstum der Gründerzeit und grundierte für den Rest des Jahrhunderts das Leben und Schaffen der Sträuße. Die Musik allerdings spielte weiter, musste weiterspielen. Und so wie Johann

1831 mit den Walzern *Heiter auch in ernster Zeit* gegen die Cholera-Pandemie ankomponiert hatte und Jean 1867 mit dem *Donauwalzer* gegen den Katzenjammer nach dem verlorenen Deutschen Krieg, so kommentierte der Orchesterdirigent Johann Oser 1873 den Schwarzen Freitag mit einer *Krach-Polka*. Wiener Humor von der schwärzesten Sorte ...

Auch bei Jean spielte die Musik weiter, selbst wenn *Die Fledermaus*, durch die Presse bereits für Dezember versprochen, noch einige Monate auf ihren Jungfernflug warten musste. Angesichts der Finanzkrise setzten Geistinger und Steiner auf todsichere Nummern, und Jean war noch keine todsichere Nummer. Am 5. April 1874 endlich war es so weit: Jean hob den Taktstock zu seiner berühmten *Fledermaus*-Ouvertüre – bis heute anspruchsvolles Standard-Repertoire eines jeden Wiener Orchesters. Die acht Minuten Musik, in der die Motive und Einfälle nur so übereinanderpurzeln, stammen Note für Note aus Jeans Feder. Es war Ostersonntag, für eine Premiere ein großartiger Tag. Mit einem Trick hatten die Theaterdirektoren das für diesen kirchlichen Feiertag geltende gesetzliche Unterhaltungsverbot unterlaufen: Sie kündigten die Aufführung als Benefizveranstaltung für kleine Leute an, die der Börsenkrach an den Bettelstab gebracht hat. Sie wurde ein außergewöhnlicher Erfolg, nicht nur in Wien, und etablierte Jean endgültig als Operettenkomponisten. Und die Einnahmen erlaubten es ihm, 1876 in der Wiedener Igelgasse am Stadtrand auf gleich zwei benachbarten Parzellen ein palastartiges Haus – sein endgültiges Domizil – zu errichten und zwei Jahre später zu beziehen. (Das Haus wurde ein Raub des Zweiten Weltkriegs. Dafür ist die Gasse heute nach ihrem berühmtesten Bauherrn benannt.) Wieder zwei Jahre später erwarb er in Schönau an der Triesting zwischen Baden und Wiener Neustadt in dörflichem Frieden ein weiteres Sommerhaus, seinen Bedürfnissen entsprechend noch abgelegener als die Hietzinger Villa. 26.000 Gulden zahlte er dafür.[361] Ein zierlich wirkender, verwinkelter Bau in Weiß und Schönbrunner Kaisergelb mit umlaufender Terrasse, einem kleinen Türmchen und einem weitläufigen Park. Die Südbahn brachte ihn in einer Stunde bequem dorthin. Das Haus ist heute als Leuzendorf-Villa bekannt, und spätestens seit die vis-à-vis gelegene Wattefabrik zu einem internationalen Konzern gehörte, war der Frieden der Betriebsamkeit gewichen.

Die Strauss-Villa in Schönau, Jeans zweiter Sommersitz mit Landwirtschaft. Aquarell, um 1900.

Und ganz so, wie es Jetty vorgesehen hatte, folgte dem Bühnenerfolg eine ganze Kette gewinnbringender Verwertungen: die *Fledermaus-Polka*, die bereits acht Wochen vor der Operetten-Premiere in den *Sofiensälen* uraufgeführt wurde, die *Fledermaus-Quadrille*, die *Tik-Tak-Polka*, die Polka *An der Moldau*, der Walzer *Du und Du*, den Edi aus der Partitur destillierte, die Mazurka *Glücklich ist, wer vergißt!* und zwei Csárdás. Einer letzten Verwertungsstufe verweigerte Jean sich fünf Jahre später, als die Theaterleitung mit dem Libretto einer *Fledermaus*-Fortsetzung für die Bühne an ihn herantrat. Das Stück ging, von Carl Alexander Raida vertont, unter dem Titel *Prinz Orlofsky* weitere drei Jahre später in Berlin über die Bühne und verschwand nach 23 Vorstellungen von allen Spielplänen.[362]

Jetty, die Strategin, hätte diese Wendung vermutlich ohne große Gemütsbewegung mit angesehen – wenn sie noch am Leben gewesen wäre. Doch der Raubbau, den sie an ihrer ohnehin kränklichen Konstitution zeitlebens betrieb, setzte ihr massiv zu. Auf ihren Jean konnte sie aufpassen: ihn von der Menge der Neugierigen abschotten, zur Schonung mahnen, zur Kur in die Badeorte schleppen, ihm – bildlich gesprochen – Kissen hinter den Rücken stopfen und Kräutertees kochen. Auf sich selbst aufzupassen, das gelang ihr weit weniger. Wer viele und gute Ideen hat, dessen Leben ist anstrengender als das eines Menschen, der sich zurücklehnt, weil ihm nichts mehr einfällt. Und Jetty hatte gute, anstrengende Ideen – und brachte dadurch gelegentlich das labile Gleichgewicht unter den Sträussen ins Wanken. Etwa die, der Pawlowsker Sommersaison als Vorspann eine Europa-Tournee zu verpassen. Diese Verlängerung forderte bereits 1869 ihren Tribut, und Pepis briefliche Berichte nach Wien beschreiben ein Krankenlager:

> »Jetty liegt seit drei Tagen an der Gicht im Bette sie ist sehr bedauerungswürdig … Wir hoffen auf baldiges Verlassen des Bettes, aber das Übel sitzt tiefer im Körper. [...] Ich bin etwas unwohl erstens die unerträgliche Hitze … machen meine Bluterscheinungen wieder erscheinen. Dann bekam ich einen rothen Ausschlag auf Brust und Rücken, der mich sehr juckt. [...] Jetty geht es besser, sie mußte 10-12 Tage im Bette liegen, kalte warme Behandlung durchmachen … Wir bewunderten ihre Geduld. Sie litt sehr viel.«

Im August schrieb sie selbst an den »lieben guten« Lewy: »Ich bin sehr schwer krank gewesen u. bin noch Reconvaleszentinn, habe den linken Arm noch in der Schlinge und leide auch noch Schmerzen.« Diese Art von Wasserstandsmeldungen häufte sich; so reiste sie 1877 schwach und krank ihrem Jean zuliebe mit nach Paris – wo die Ballsaison lockte –, nicht ohne ihre Tochter Louise von ihrem Zustand in Kenntnis zu setzen. Louise schrieb zurück: »In einem solchen Zustande abzureisen, das ist das größte Opfer, welches Du Jean u. Deiner Gesundheit bringen konntest.«

Jean war zwischenzeitlich schwer verstimmt und lastete Jetty offenbar die verpatzte Berlin-Tournee im Frühjahr 1877 an, die zusammen mit einem Konkurs des *Theaters an der Wien* seine Honoraraussichten vermasselte. Verschärft wurde die finanzielle Lage durch den verlorenen Schadenersatzprozess mit Pawlowsk, der Jean 7.000 Gulden kostete.

Louise tröstete Jetty mit Worten, die einiges über Jeans Verhältnis zu seiner Frau verraten:

> »Es ist doch sonderbar, daß Jean auf dem von Dir geschaffenen Triumphzug vergißt, daß er doch eigentlich Dein Geschöpf ist, ohne Dich immer eine Art Eduard mit Talent begabt geblieben wäre. Man spricht von Weiberlaunen, wenn Männer natürlich die Rechte, Gesetze, jedwede Welteinrichtung treffen, sogar die Gottheit als Mann bezeichnen, der Maria unterthan sein muß, weiß man auch, wer stets im Leben und in allen Lagen das Recht behält.«

1878 schrieb Jetty, sie sei »schwer leidend und sehr schwach«. Zusätzliche Sorgen wie die zerrüttete Ehe ihrer Louise, die Feindseligkeit ihres Schwiegersohns und Differenzen unter ihren Kindern belasteten sie schwer. Dass Louise sich gleich nach der Scheidung einen Liebhaber nahm, stieß auch Jean sauer auf, der keinen Skandal wollte.[363]

Am 8. April 1878 schließlich erlag Jetty in der Hietzinger Villa nur 59-jährig einem Schlaganfall. Der Tod kam schnell und erlöste sie von ihren Schmerzen und Sorgen. Jean geriet in Panik und fiel komplett aus, wie stets, wenn eine ihm nahestehende Person starb. Er flüchtete für immer aus dem Haus und versteckte sich vor der Zudringlichkeit der Menschen im *Hotel Victoria* auf der Wieden, bis das Haus in der Igelgasse fertig war. Wieder musste Edi sich um das Begräbnis und all die Formalitäten kümmern. Sie wurde am Hietzinger Friedhof als Jetty »von« Treffz bestattet. Das öffentliche Wien erinnerte sich ihrer als Frau des Walzerkönigs und nicht mehr als Sängerin – das kollektive Gedächtnis war kurz und galt vor allem den Männern.

Spätestens jetzt war Alleinerbe Jean ein reicher Mann. Allein die 107 Schmuckstücke, die Jetty ihm hinterließ, hatten einen Schätzwert von 20.000 Gulden. Hinzu kamen Immobilien, Möbel und Jettys Kleider. Aber Jeans Bruch mit der gemeinsamen Vergangenheit ging so weit, dass er alle Erinnerungen an die einst geliebte Frau aus seiner Umgebung verbannte.[364]

Und bereits sieben Wochen später, am 28. Mai 1878, heiratete er erneut. Er brauchte menschliche Nähe – oder zumindest deren Illusion –

Tag für Tag. Eine Verlobungszeit sparten sich die Brautleute. In der Karlskirche wurde die Schauspiel- und Gesangsschülerin Angelika Dittrich, Lili gerufen, die Seine – und er der Ihre. Liebe ging bei Jean offenbar auch durch die Ohren.

Angelika »Lili« Dittrich (1850–1919) war wie Jeans erste Ehefrau Jetty musikalisch begabt.

Lili stammte aus dem preußischen Breslau und war fast 25 Jahre jünger als ihr Bräutigam. Es war ihre erste Ehe, 28 war sie, als sie vor den Priester trat. Sie sah energisch und elegant aus, ihre blonden, bis fast zu den Knöcheln reichenden Zöpfe fielen auf und wurden für Fotos sorgfältig in Szene gesetzt. Kennengelernt hatte sie Jean offiziell beim Vorsingen im Hotel Victoria; Marcel Prawy vermutete allerdings, dass die beiden schon vor Jettys plötzlichem Tod in Beziehungen gestanden hätten und dass Lili sogar bereits auf eine Ehe reflektierte. Ohnehin wurden Jean gelegentliche Liebeleien und mehr nachgesagt, über die Jetty – so der Biograf Siegfried Löwy 1925 – großzügig hinweggesehen habe.[365]

Die so rasch geschlossene Ehe empörte einige Wiener, zum Beispiel den (nicht verwandten) Bankier und Börsenagenten Albert Strauß, der seit 1849 im Hirschenhaus, also unter einem Dach mit ihnen lebte. Von dem bunten Familienleben unter ihm hat er vermutlich mehr mitbekommen, als er jemals gewünscht hätte. Und »doch irgendwie ungeniert« hatten fast alle Sträusse irgendwann einmal Kredit bei ihm. Kein Wunder, wenn er nicht zu ihren ausgesprochenen Bewunderern zählte. In einem Brief an seine Schwiegertochter Adele urteilte er hart:

> »Hat die arme Netty doch Recht? Bei jeden [sic!] Besuch den ihr Tante Pepi gemacht, theilte sie ihr mit, wie sehr sie sich fürchte daß Jean wieder heirathen könnte und sie wieder in ihr trauriges Exil zurückkehren müßte. Die Geschichte scheint älteren Datums und schon bei Jetty's Lebzeiten vorbereitet gewesen zu sein. Die Dame ist sehr reich und war wohl nie Schauspielerin sondern – – – Die arme Jetty – die noch ärmere Netty – der dumme erbärmliche Jean – des Geldes wegen – unglaublich, wahre Liebe kennt der Mensch nicht – [...]
>
> Tante Pepi hat gestern mit der Dame (Frl. Dietrich – Jeans Braut) gesprochen. Sie ist nicht mehr jung, dagegen gar nicht hübsch, aber sehr liebenswürdig unendlich freundlich, das verstehen diese Damen – –.«

Das hier in den Raum gestellte Bündel von Verdächtigungen ließ sich nicht erhärten. Weder war Lili reich noch eine Prostituierte. Auch Adele zeigte sich, wie wir weiter unten hören werden, langfristig nicht beeindruckt von Alberts Kritik.

Der Brief wirft zusätzlich ein Schlaglicht auf Nettys Existenz. Offenkundig wurde sie bei Bedarf ins Hirschenhaus zurückbeordert, um dort die Wirtschaft zu führen, was sie hasste, aber trotzdem tat.

Mit Lili frönte Jean seiner stärker werdenden Neigung zum Rückzug von allem, was anstrengte: vor allem von Wien, das öffentlich wenig Notiz von der Verbindung nahm, und von der Familie. »Er war entschlossen, ein neues Kapitel seines Lebens zu beginnen.« Und die beiden frönten der Liebe, die Jean neu genießen lernte:

> »Diese Nacht war wieder sehr stürmisch und ließest Du mich nicht vor ½ 6 einschlummern die Folge davon, daß, als ich erwachte die Uhr ¾ 9 Uhr zeigte. Ganz ermattet humpelte ich vom Victoriahôtel in mein Haus.«[366]

Lilis Sicht der Dinge kennen wir nicht, denn alle Briefe von ihr sind untergegangen.

Jeans Bruch mit seinem Jetty-Leben war perfekt, als das »junge Paar« im Sommer 1878 in die noch von Jetty geplante Villa in der Igelgasse, das ab nun sogenannte »Igelheim«, zog und Jean die Hietzinger Villa verkaufte. Das Igelheim war ein offenes Haus, in dem Lili die Kulturprominenz empfing: Musikleute wie Johannes Brahms, Strauss' bevorzugter Operettendarsteller Alexander Girardi, der Klavierfabrikant Ludwig Bösendorfer, der Pianist Alfred Grünfeld oder der Bildhauer Victor Tilgner und andere bedeutende Persönlichkeiten waren regelmäßig zu Gast. Auch Anton Bruckner und Giacomo Puccini scheinen im Gästebuch auf.

1880 schließlich wurde aus dem Wiener Vorstadtkind ein Gutsbesitzer. In seinem Schönauer Landsitz widmete Jean sich der dortigen beachtlichen Landwirtschaft mit ihren Details – nicht allein, denn das Dienstpersonal, unter ihnen ein Stallbursche und Kutscher namens Franz, eine Köchin namens Anna, Nina genannt, die Diener Karl und Peter sowie das Mädchen Kathi, war zahlreich. Wieder begleiteten Hunde seine Spaziergänge, gerufen Donderl und Nero. Später würde er auf den Bernhardiner Croquet kommen, danach auf einen Dackel, der ihn überleben würde. Eine ganze Menagerie hatte Jean um sich versammelt: Rinder, Pferde, Hühner, den Papagei Jacquot. Seine Freizeit teilte Nachbar Ludwig Pacher, dem die nahegelegene Strumpfwirkerei gehörte, beim täglichen Billardspiel. Pacher war so versessen darauf, dass er jeden Tag kommen wollte, während Jean sich lieber in der freien Luft bewegen und nur bei Regenwetter Billard spielen wollte. Brieflich berichtete Jean solche harmlosen oder deftigen Details aus seinem Alltag wie dieses:

> »Mir fällt seit einigen Tagen auf, daß das Papier (roth) auf einem gewißen Ort (heilig) auffallend weniger geworden, ja mit jedem Tag ganze Parthien verschwinden. – Wer soll sich dieses Objekt aneignen? Oder wer soll so viel, ein solches Quantum binnen ein paar Tagen verwischen! Ich dachte denn, ich müßte auch die Schwestern fragen ob sie den rapiden Abgang bemerkten, und wählte mir zur Besprechung

dieser Sache, dieser Arschpapiergeschichte eine passende Zeit. Bei Gelegenheit des Souper's muß ich hierüber mit den Weibern conferiren u. nicht anders! Ich war aber sehr erstaunt – daß auch sie Beide dieselbe Wahrnehmung machten u. als wir so herumsuchten, wie wo und wer etc etc? fiel mir ein, daß Pacher, der in neuerer Zeit regelmäßig zwischen 1/2 und ¾ 4 Uhr im 1tn Stok [sic!] läuft um sich eines Schißes bei uns zu entledigen, <u>der</u> muß der Dieb sein. Er hat wahrscheinlich zu Hause nur Zeitungspapier, will für Arschpapierln nichts ausgeben u. da das Zeitungspapier zu wenig geleimt ist – bei der kleinsten Pressung durchreißt u. Pacher jedenfalls sich schon oft angeschmiert hat, stiehlt der Kerl unser heiliges Papier. Ich nehm's morgen weg u. laße lauter Extrablätter (das Extrablatt hat das schlechteste Papier, <u>bricht wie Glas</u>) dorthin legen; vielleicht wird er dann weniger gereizt werden den 1tn Stock zu besuchen.«[367]

Doch anstatt sich in den Ruhestunden lustvoll einzuigeln wie Jean seinerzeit mit Jetty, begannen Lili und Jean rasch zu streiten. Die Wiener Presse nahm nun süffisant Anteil an den Konflikten und kritisierte offen die Mesalliance, zumal Jean auch künstlerisch das Glück anscheinend verlassen hatte. Als im Dezember im unter dem Steiner-Sohn Franz wiedererstandenen *Theater an der Wien* die Strauss-Operette *Blindekuh* durchfiel, lästerten die Wiener, ihm habe diesmal »die Treffz-Sicherheit gefehlt«, und in einer Zeitungskritik zur Premiere heißt es: »Johann Strauß dirigierte persönlich – das Publikum zum Theater hinaus« und »Leider spielte Meister Strauß diesmal bei der Wahl seines Librettos selber – Blindekuh«.[368]

Ein krachendes Fiasko also kündigte sich an. Da das *Theater an der Wien* im Jahr zuvor noch ein Sanierungsfall gewesen war, dürften dort die Nerven blank gelegen haben. Eine Schuldige war schnell gefunden: die zwar mäßig begabte und mäßig erfahrene, dafür aber äußerst selbstbewusste und der Gefühle ihres Jean sichere Lili.

Theaterleute sind für ein ausgeprägtes Harmoniebedürfnis nicht bekannt. Aber wie Lili die Menschen am *Theater an der Wien* und deren Beziehungen durcheinanderbrachte, das war selbst für diese Hartgesottenen ungewöhnlich. Frohgemut mischte sie sich ein, zumal

sie den Grund für das *Blindekuh*-Fiasko so rasch erfasste wie jeder
Kundige: das dramaturgisch wie sprachlich fade und bis zur unfreiwilligen Komik verkorkste Libretto.

Viele Jahre später beschrieb Jeans zeitweiliger Librettist Zell (Camillo Walzel mit Geburtsnamen) in einem Brief[369] rückblickend das gemeinsame »Misserfolgsrezept«:

> »Sie, lieber Freund, hatten Vertrauen zu uns, zu sich und – (erinnern Sie sich wohl an diese Tatsachen!!!) Sie komponierten die ersten Akte – meist ohne zu wissen, was der 2. und 3. Ihnen für Aufgaben stellen würde – und siehe da, der Erfolg stellte sich – mehr und minder! – jedesmal ein!«

Dieses ungestüme Drauflos mochte einem Walzerkönig angestanden haben, der mit seinem Dutzend Tanzgeiger für einen Abend eine Ballgesellschaft zu bespaßen hatte, um am nächsten Abend weiterzuziehen ins nächste Etablissement. Aber es passte nicht mehr zu einer Bühnenproduktion, die ein Theater ein Vierteljahr lang beschäftigte und zu ernähren hatte. Die Räder, die Jean nun drehte, waren größer – aber seine Arbeitsweise hatte sich noch nicht eingestellt darauf. Für die Librettisten allerdings war die Improvisation einfacher, und weil sie nicht die volle Verantwortung für Gelingen und Scheitern trugen, sahen sie keinen Grund, ihre Arbeitsweise zu ändern.

Wenn Lili mit ihren Anliegen langfristig nicht auf verlorenem Posten stand, dann nicht nur, weil sie recht hatte und weil sie Jeans junge Frau war, sondern weil sie Resonanz fand bei Franz Steiner. Dieser führte nach dem Tod seines Vaters 1880 gemeinsam mit seinem Bruder Gabor das Theater – und saß auf einem Schuldenberg in Höhe von bald einer Viertelmillion Gulden. Steiner setzte auf künstlerische Qualität, und Lili erschien als seine natürliche Verbündete bei diesem Unterfangen, wie Zell im bereits zitierten Brief an Jean mit vielen Ausrufungszeichen jammerte:

> »Im ›*Lustigen Krieg*‹ drangsalierte uns Frau Lily und Direktor Steiner arg wegen Kürzung der Prosa, Verlängerung der Musiktexte, wodurch manche Undeutlichkeiten herauskamen, für die ›Nacht‹ [die 1883

uraufgeführte *Nacht in Venedig*] arbeiteten wir mit total gebundener Marschroute!! Da war uns (ebenfalls von Frau Lily) Zeit, Ort, Personen, ja der Schauplatz des dritten Aktes vorgeschrieben und es wäre vielleicht ganz anders geworden, wenn wir aus freier Initiative hätten arbeiten können!«

Die klatschsüchtige Wiener Presse sorgte dafür, dass die aus dem Konflikt resultierenden »Palastrevolutionen und Staatsstreiche in der Igelgasse« (so Jeans späterer Librettist Max Kalbeck rückblickend[370]) in der Öffentlichkeit breitgetreten wurden – und mit ihnen Jeans Hilflosigkeit in Angelegenheiten der Textierung.

Jean, so darf vermutet werden, stand den gegensätzlichen Positionen seiner Mitarbeiter zwiegespalten gegenüber. Er fühlte sich seinen Librettisten ebenso ausgeliefert wie den Bühnenleuten, und am liebsten hätte er sich wohl einfach eingeigelt in seine Musik, sein Komponieren und Dirigieren. Aber genau damit ließ ihn Lili nicht davonkommen.

Ob die häuslichen Streitigkeiten auf diese Differenzen zurückgehen oder ob das Zerwürfnis tiefer wurzelt, darüber gehen die Meinungen auseinander. Nach einer Lesart ist Jean einer berechnenden, ehrgeizigen Karrieristin oder sogar einer geldgierigen Intrigantin plump auf den Leim gekrochen, die ihn fallen ließ, nachdem er als Trittstein ausgedient hatte. Nach einer anderen war Lili nicht nur geschmeichelt durch die Aufmerksamkeit des solventen, prominenten Witwers, sondern durchaus interessiert an Jean – und demzufolge rasch enttäuscht, als sie dessen eigenwillige Persönlichkeit näher kennenlernte.

So eingesponnen in seine Welt war Jean nicht, dass er nicht unter den Konflikten gelitten und den Braten beizeiten gerochen hätte. Spätestens als Lili im verregneten Sommer 1882 in Franzensbad kurte, ihre Briefe seltener und kühler wurden und er sich in der ländlichen Langeweile von Schönau quälte, da begann ihn auch die Erwartung eines unfreiwilligen Abschieds zu quälen. Offenbar war es bereits zu zweideutigen Situationen gekommen, die auch Jeans Umgebung Verdacht schöpfen ließen, dass es zwischen den beiden nicht zum Besten stand. Jean freute sich aber noch immer wie ein Kind, wenn er in Lilis Zeilen – oder zwischen diesen – scheinbar beruhigende Andeutungen las.

In den letzten Tagen des August 1882 allerdings war Lili endlich mit sich selbst im Reinen. Wir wissen nicht, was sie Jean geschrieben hat, aber es hat seine letzten Hoffnungen zerstört. Ergreifend beschwor er am 27. August Lili brieflich:

»Mein geliebtes Weib!

Sonntag Morgens ½ 8 Uhr

… Meine theure Lili – gewähre mir noch Deinen Schutz in Deiner Nähe – ich muß Dich sehen – sprechen hören – um noch leben zu können – u. entferne Dich nicht so rasch von mir – ich werde mich an das was Du über mich verhängen willst – ja gewöhnen müssen. Geh noch nicht fort; ich bitte die Freundin Lili, Du hast mich ja Deiner warmen Freundschaft für mich versichert. Sieh mein Kind! Nichts sollst Du mehr für mich opfern – als nur einige Zeit – damit ich mich allmälig mit Deinen Gedanken vertraut machen kann, die mir mein Liebstes auf Erden entführen machen. – Erhöre mich Lili! Sei noch kurze Zeit opferwillig gegen den Mann – nein! armes Kind das Du doch einst geliebt hast, wie Du mich versicherst. Du hast ein gutes Herzl selbst für Deine Feinde, verdiene ich weniger an dasselbe appelliren zu dürfen als ein so unglüklicher Mensch, der sich heute trotz allen Bemühungen Dich glüklicher zu machen, als es ihm bisher gelingen konnte seine Gefühle aus seinem Herzen für Dich nicht zu reissen vermag? Laß mich – ich beschwöre Dich – langsam in Deiner Nähe ausathmen! Folge mir Lili, Du mein einziger Freund in der Welt. – […]

Mit zitternder Hand schließe ich in banger Erwartung ob du meine Bitte zu erhören gewillt. Dein, ewig Dein

Jeany.

Lorerl [einer der Papageien] bittet bei Dir für mich – sie ist so gut u. scheint mich ein wenig zu lieben.«

Und drei Tage später:

»Als ich mein Schreibzimmer betreten (nach dem Frühstük mit Fritz u. Schwestern) überfiel mich eine unsägliche Schwermuth. – ich las

Deine letzten 2 Schreiben des mich so unglüklich machenden Inhalts; wahrhaftig zitterte ich am ganzen Körper u. konnte mich kaum auf den Beinen halten – ich kann nichts unternehmen ob zu Hause oder ausser Hause ohne ein Brieferl von Dir bei mir zu haben. Diese letzteren wären im Stande mich wahnsinnig zu machen. Ich suchte mir aus den im Schreibpult eingeschlossenen Brieferln einen von den guten – mich entzükenden heraus u. stekte es in meine Brusttasche für die Zeit, die ich in der Stadt zuzubringen habe ... Immer denke ich nur Eines – hast Du mich lieb, so ist Alles gut zu machen – hast Du mich nicht mehr lieb – dann habe ich Alles verloren u. begehe ich ein Verbrechen Dich mit meiner Liebe weiter zu quälen u. Dich nur aus Mitleid zu einem Schritte zu bewegen, der Dich nicht zum Glücke führen kann. Nur einen Trost finde ich ... wenn ich Deine mir besonders wohlwollenden Zeilen durchlese u. doch noch ein Stükerl Herzl für mich glaube heraus zu erbliken. Soll Alles Täuschung sein!!! Lilerl ich umarme Dich, Du fühlst ja meine Umarmung nicht – erlaube sie mir ich bitte –

Immer u. immer Dein Jean.«[371]

Tief empfunden vermutlich, aber nicht gerade das, was eine Frau »auf dem Absprung« von ihrem Mann hören möchte.

Es war Jeans Schwester Netty, die vollends die Bombe platzen ließ, indem sie ihm erzählte, was angeblich in Wien bereits Tagesgespräch war: Lili hatte ein Verhältnis – ausgerechnet mit Theaterdirektor Franz Steiner. Mit Jeans »Arbeitgeber« also und dem Mittelpunkt seiner künstlerischen Beziehungen und Hoffnungen. Einem Mann, der vom Alter her leicht sein Sohn hätte sein können und demzufolge ideal passte zu einer Ehefrau, die seine, Jeans, Tochter hätte sein können. Und was das Schlimmste war: Lili begann im Theater massiv herumzufuhrwerken. Zwar ließ Franz sie nicht in großen Rollen auf die Bühne, aber er gab ihr unbegrenzte Handlungsvollmacht in allen anderen künstlerischen und sonstigen Angelegenheiten, die sie, wie wir bereits sahen, nutzte – und nicht zum Schlechtesten der Ergebnisse.

Wie kalkuliert Steiner dieses Wagnis einging, das zeigt zumindest, dass er seiner Lili nicht blind ergeben war. Denn andernfalls hätte er sie vermutlich auf die Bühne gelassen und Misserfolge riskiert. Gleichzeitig deutet es darauf hin, dass Lili tatsächlich an Franz gelegen war. Denn sie wurde seine langjährige unzertrennliche Begleiterin auch in schwierigen Tagen.

Es lässt sich also vermuten: Lili folgte nicht nur dem Ruf des Glamours (und vielleicht des Geldes), sondern auch dem ihres Herzens. Franz passte einfach besser zu ihr als Jean. Später äußerte sie sich in dem Sinne, »sie habe die ›Jetty-Rolle‹ an der Seite ihres Gatten weder spielen wollen noch spielen können«.

Lili kam noch einmal nach Schönau, um am 27. September abzureisen und nicht wiederzukehren. Nüchtern kommentierte Albert Strauß in einem Brief an Adele den Scherbenhaufen. Das Klirren hat er bis ins Hirschenhaus gehört – Treppenhausklatsch, wie es scheint:

> »Bei dieser Gelegenheit erfuhr ich – daß Netty Lili gestürzt hat, sonst wäre die Dame heute noch – Jeans Gattin und er trüge seine Hörner in Demuth! Netty hatte den Muth ihm Alles was sie gesehen und gehört mitzutheilen er war blind.«[372]

Jean war zerstört. War es ein Fehler, an Wien festgehalten zu haben und an seinem undankbaren Publikum, das so unerbittlich richten konnte, wie es frenetisch jubelte? Was sollte er tun? Das *Theater an der Wien* war einstweilen verbrannte Erde für ihn. Diese Kompromittierung galt es erst einmal zu verkraften. Er dachte an Auswanderung nach Paris, die Stätte so vieler Triumphe.[373] Immer noch »nur« halb so groß wie London, war sie mit zwei Millionen Einwohnern fast doppelt so groß wie Wien. Vor allem aber war sie die unbestrittene Weltmetropole in künstlerischen Angelegenheiten.

Es kam nicht zur Flucht ins Ausland, denn das Berliner *Friedrich-Wilhelmstädtische Theater* (das nachmalige *Deutsche Theater* Max Reinhardts) suchte eine Zugnummer für seine geplante Neueröffnung. Berlin buhlte damals durchaus erfolgreich mit Wien um den Ruf und Rang als Kunstmetropole des deutschen Sprachraums.

Jean war bereit und warf sich in die Arbeit an seiner *Nacht in Venedig*. Mit dem zentralen Gegenstand – komische Liebesirrungen und -wirrungen zwischen den verschiedenen Gesellschaftsschichten im venezianischen Karneval – konnte sicherlich auch das Berliner Publikum etwas anfangen. Er hatte sich bereits in Paris bewährt, denn das Buch bediente sich recht unbefangen bei dem bereits recht abgehangenen Stück *Le Château Trompette* (Das Trompetenschloss), das über 20 Jahre zuvor als Sprech- und als Singstück gelaufen war.

So großzügig waren die Anleihen, dass die Librettisten Zell und Genée sich bereits vor der Premiere einen geharnischten Plagiatsvorwurf aus Paris einfingen. Wir sind im späten 19. Jahrhundert, in dem das Musikgeschäft bereits so weitgehend durchkommerzialisiert war, dass die Urheber ihr geistiges Eigentum vor der Ausbeutung durch unberechtigte Dritte zu bewahren versuchten. Zwar trat Österreich erst 1920 der Berner Urheberrechts-Konvention von 1886 bei, aber in Frankreich war man sensibler. Zell und Genée stritten alle Übergriffe ab, waren aber so klug, Jean zu raten, auf allen diesbezüglichen Druckwerken den Vermerk »die Grundidee frei nach dem Französischen« anbringen zu lassen. Denkbar ist auch, dass sie kein reines Gewissen hatten, denn hartnäckig hält sich das Gerücht, dass sie Jean den Stoff aufschwatzten mit dem Hinweis, auch der stellvertretende Direktor des *Theaters an der Wien*, Carl Millöcker, sei hinter ihm her. Tatsächlich entschied Millöcker sich dann aber für den Bettelstudenten, dessen Text Zell und Genée etwa gleichzeitig fertiggestellt hatten, und brachte ihn Weihnachten 1882 so überaus erfolgreich auf die Bühne seines Theaters, dass er damit seinen Ruhm als Operettenkomponist begründete.

Warum auch immer es so gekommen war: Jean saß auf dem stark verbesserungswürdigen Stoff und war glücklich, in dem Berliner Theaterdirektor Fritzsche einen anscheinend kongenialen Improvisator gefunden zu haben. An einen bisher nicht identifizierten Freund schrieb er:

> »Du weißt, daß ich immer über das Buch [zur *Nacht in Venedig*] klagte; nun kannst Du Dir vorstellen meine Seligkeit, in F[ritzsche] denjenigen gefunden zu haben, der mit ein paar Strichen neue be-

lebende Situationen, und zwar mit einer Leichtigkeit ins Werk zaubert, daß ich mit Ungeduld seinen weiteren Verbesserungen entgegengesehen.«[374]

Nur vor den Interventionen der Autoren des »Büch'ls« und ihren eventuellen »Verschlimmbesserungen« galt es nun auf der Hut zu sein, wie wir demselben Brief entnehmen können: »Wenn nur nicht Walzel [= Zell] angekommen wäre! Der ist auch nicht mehr fortzukriegen. Schade! Schade!«

Keine Lili und kein Steiner hinderten diesmal Walzel-Zell daran, auf seine übliche Art loszuimprovisieren. Nicht »die Grundidee frei nach dem Französischen« der *Nacht in Venedig*, sondern der Librettist ist zu schmähen dafür, dass das Publikum der Berliner Premiere im berühmten *Lagunenwalzer* Reime wie diesen ertragen musste:

»Auf der Lagune bei Nacht /
Wiegt sich die Gondel so sacht;
Noch schließ' die Augen ich kaum,
Da naht schon beglückend ein Traum.
Nachts sind alle Katzen ja grau /
Schreien dann zärtlich: miau!«

Die Berliner reagierten auf ihre Weise auf derlei Stuss: Anstatt ihm angeregt zu lauschen, begannen sie sich damit zu unterhalten, dass sie die Darbietung aus dem Parkett mit lauten Miaus und Au-Rufen unterbrachen. Wer aus dem Publikum sich bis dahin amüsiert hatte, protestierte gegen diesen Protest. Der allgemeine Aufruhr wurde im Ensemble als Aufruf zu einer Wiederholung der »Pièce« missverstanden, und das entstehende Chaos war perfekt.[375]

Jean konnte den Berlinern ihre Missbilligung vergeben, und bereits zwei Jahre nach dem Skandal dirigierte er im *Friedrich-Wilhelmstädtischen Theater* die 50. *Nacht in Venedig*. Der *Lustige Krieg* allerdings hatte es zu diesem Zeitpunkt bereits auf 300 und *Die Fledermaus* auf 400 Aufführungen in Berlin gebracht.

Aber eine Strauss-Operette gehörte nun einmal nach Wien. Nur eine Woche später begrüßten die Wiener – schon aus Opposition gegen

415

die Preußen – enthusiastisch das Stück: ausgerechnet auf dem *Theater an der Wien*, wohin Jean es in seinem kompromisslosen Pragmatismus nun doch zu bringen entschieden hatte. Für die Hauptrollen waren die besten Interpreten wie Alexander Girardi und Caroline Finaly aufgeboten. Marie Geistinger fehlte, da sie inzwischen in den USA gefeiert wurde und schwerreich war. Genée hatte lächerliche Stellen wie das zu Störungen einladende »Miau« unterdessen entschärft. Nun hieß es nicht nennenswert geistreicher, aber unbeanstandet:

»Nachts die Wellen leise rauschen,
Mädchen an den Fenstern lauschen,
Gondeln gleiten hin und wieder,
Rings ertönen sanfte Lieder,
Hell am dunklen Himmelsbogen,
Kommt der Stern der Lieb' gezogen!
Leuchte mild darein
Und lass sie selig sein!
Ach, wie so herrlich zu schaun
Sind all die lieblichen Fraun.«

Als genialer Mehrfachverwerter koppelte Jean die Glanznummern aus und arbeitete sie zu Tanznummern um, die seinem Werkkatalog die Opuszahlen 411 bis 416 angliederten. Wie schnell das zu gehen pflegte bei den Sträussen, beweist der Umstand, dass der *Lagunenwalzer* weniger als vier Wochen nach der Wiener Premiere des Singstücks im Konzertsaal des Wiener Musikvereins uraufgeführt wurde – unter der Leitung des Bruders Edi.

Ein schier undurchdringlicher Dschungel an Überarbeitungen und Neuinszenierungen durchzieht überhaupt die Operettengeschichte und im Speziellen die Rezeptionsgeschichte der Strauss-Operetten. Verschärft wird dies durch die schwer gestörte Überlieferung der strausschen Musik, die in Edis Verantwortung liegt. Von diesem Drama bleibt noch zu berichten.

Jeans privates Drama mit Lili endete im Dezember 1882 nach Ablauf der gesetzlichen Wartezeit mit der zivilrechtlichen »Scheidung von

Tisch und Bett«, die ihn zwar aller Verpflichtungen seiner Ex-Frau gegenüber enthob, juristisch aber nicht zum freien Mann machte.

Lili trauerte übrigens später dem verlorenen Leben mit Jean nach, bewies tätige Reue und bemühte sich sogar um die Unterstützung von Edis Kindern und um Kontakt zu den Schwestern der Sträusse. Der Schriftsteller und Kritiker Siegfried Loewy, ein Freund von Jean, erwähnte 1925 in seinem Erinnerungsbüchlein *Rund um Johann Strauß* Lilis »wahrhaft erschütternde Briefe; sie sind erfüllt von begeisterten Hymnen auf Strauß, den Künstler, wie auf Strauß, den Menschen; sie erhebt darin schwere Selbstanklagen«.[376]

Weit minder dramatisch, aber nicht weniger zügig, nahm dieser seine nächste Ehe in Angriff. Die beiden betroffenen Familien standen seit Jahren in engem Kontakt, und noch acht Jahre zuvor war Jean seiner Zukünftigen gelegentlich auf der Treppe des Hirschenhauses begegnet. Ihr Schwiegervater war nämlich kein anderer als der so kritische Albert Strauß, der Bankier und Börsenagent aus dem Hirschenhaus, und sie selbst hatte seit 1874 als Frau von dessen Sohn Anton in demselben Haus gelebt. Sie hatte ihn 18-jährig geheiratet – unter den Gratulantinnen des »aparten Adelchen« war Jeans erste Frau Jetty – und war bereits mit 21 Witwe. Beide Familien entstammten dem wohlsituierten jüdischen Bürgertum. Unsere Sträusse waren, mit ihnen verglichen, Neureiche.

Darin erschöpften sich die Besonderheiten allerdings nicht. Adele – geborene Deutsch, verwitwete Strauß, verheiratete Strauss – war vermutlich die einzige Frau Österreichs, die jemals zwei namensgleichen Ehemännern hinterblieben ist. So jung sie auch war – Adele war eine, wie wir sahen, alte Bekannte. Und die Wirrnis der Familiennamen deutet bereits an: Adeles Beziehungen zu Jean folgten einem seltsamen Werdegang. Und sie war ein außergewöhnlicher Mensch. Wie sie auf andere wirkte, das verrät uns einer der europaweit führenden Maler der Epoche, Franz von Lenbach, in den Worten von Adeles Tochter Alice:

»Mit unverhohlenen Interesse haftete der Blick Lenbachs an der Erscheinung der Frau Strauss, und die Worte, die er ihrer Schönheit zollte, schmeichelten meinem kindlichen Herzen derart, als hätten sie mir selbst gegolten. Lenbach erklärte, daß ihn die Erscheinung an die Bildnisse altfranzösischer Prinzessinnen gemahne und erbat sich sofort die Vergünstigung, sie in einem Pastellbild festhalten zu dürfen.«[377]

Jeans Begegnung mit Adele war also keine von der Art, wie sie blitzesgleich und unwiderstehlich aus heiterem Himmel kommen. Keine Liebe auf den ersten Blick zu einer geheimnisumwobenen Femme fatale. Allmählich trat sie in sein Leben, und als sie wichtig wurde für ihn, war sie da. Als sie sich füreinander entschieden, war sie jung – nicht mehr blutjung, aber gerade einmal 26 und damit 31 Jahre jünger als er. Sie hatte ihren ersten Mann verloren. Und sie war bereits Mutter eines zweijährigen Mädchens, der oben erwähnten Alice. Jean dagegen stand unter dem niederschmetternden Einfluss seiner verfehlten Ehe mit Lili, die ihm öffentlich Hörner aufgesetzt hatte. Zwei sehr ähnliche Bedürfnisse scheinen in Adele und Jean im rechten Moment konvergiert zu sein.

Wollen wir Arthur Schnitzler und dessen Tagebüchern glauben, so war Adele auf der Suche nach einer neuen Ehe. Unter dem 22. August 1881 erwähnt er »die pikante Witwe Strauß« und berichtet unter dem 21. Dezember dieses Jahres »mit der koketten jungen Wittwe [sic!] Frau S. ein paar Mal« zusammengetroffen zu sein. »Sie könnte mich für ein paar Wochen interessieren.«[378]

Nun, Adele interessierte sich im Gegensatz dazu nicht für Schnitzler, wohl aber für Jean. Sie kannte, so vermutete Franz Mailer, dessen Verhältnisse zu seinen ersten beiden Frauen und »sie kannte die Rolle sehr genau, die dereinst [gemeint ist: »einst«] Jetty bei ihrem und für ihren ›Jeany‹ gespielt hatte. Es reizte sie zweifellos, diese Rolle zu übernehmen.« Sie soll in dieser Zeit gezielt Jeans Nähe gesucht haben. Mit Erfolg: Am 21. Oktober 1882 bereits balzte er sie brieflich an, sichtlich bereits zu voller Hitze entflammt:

»Verehrteste, theure Freundin Adele.

Empfangen Sie meinen innigsten Dank für das unaussprechliche Glük [sic!], welches mir Ihr edles Herz angedeihen ließ. Mein heißester

Wunsch ist erfüllt (ich darf es wohl aussprechen Adele) <u>Sie</u> meine Freundin nennen zu dürfen. Ängstlich blik [sic!] ich zu meinem Engel empor – ihn fragend: <u>Kannst Du – wirst Du mir wohl immer gut bleiben?</u> – Unendliche Sehnsucht Sie zu sehen läßt mich nicht bis Montag warten – kann ich Sie heute Nachmittag im Prater zwischen 3–4 Uhr auf einen Augenblick sehen? Wir wollen uns <u>nur begegnen</u> ohne zu sprechen; wäre es ihnen möglich, diese dreiste Bitte zu berüksichtigen [sic!]?

Nur ein[en] <u>einzigen</u> Blick schenken Sie mir meine himmlische Adele!

Sie um Verzeihung bittend, einen Wunsch ausgesprochen zu haben, dessen Erfüllung Sie derangiren dürfte, Ihr von ganzer Seele ergebener Jean.«

Soweit bekannt, wollte auch Adele, und ob es bei dem einzigen Augenblick blieb, darf bezweifelt werden. Jedenfalls heißt es nur fünf Tage später von Jean – und es klingt dick aufgetragen:

»Meine heißgeliebte Adele!

was tust Du mit mir? Meine Liebe, die ich für Dich fühle – ist bereits dort angelangt wo der Verstand aufhört – der Wahnsinn beginnt.«[379]

Bis allerdings diese Verbindung durch eine Ehe legitimiert werden konnte, türmte sich eine Reihe von Hindernissen auf. Sie entschlossen sich, ihnen zu trotzen, obwohl sie genauso gut in einem loseren Verhältnis hätten leben können. Es waren also tatsächlich große Gefühle im Spiel, und das erhielt die Beziehung aufrecht.

Adeles Familie war deutsch-ungarisch-jüdisch. Ihr Vater Leopold wurde in Jeans Geburtsjahr 1825 in Raab geboren, dem heutigen Györ, einer westungarischen Kleinstadt auf halbem Weg zwischen Wien und Budapest, wo sein Vater Josef zeitweise als Kaufmann ansässig war. Den Nachnamen Deutsch trugen in Ungarn viele deutschsprachige Juden. Leopold Deutsch, fast auf den Tag altersgleich mit Jean, trat beruflich in die väterlichen Fußstapfen, zog als erwachsener Mann in die Leopoldstadt und handelte dort erfolgreich mit Agrarprodukten.

Älterer Herr mit jungen Frauen: Jean mit seiner dritten Frau Adele und Stieftochter Alice (1875–1945).

Auch seine Frau Hermine, Tochter eines Lazar D. Strasser, war aus Ungarn gebürtig, und 1855 wurden beide in der zentralen Wiener Synagoge in der Seitenstettengasse getraut. (Bemerkenswert wurde das Haus durch ein bis heute bestehendes Nebengebäude, den Kornhäuselturm, den sein Architekt Kornhäusel als Wohnung und Atelier erbaute: ein ca. 35 Meter hoher Turm und damit das erste Hochhaus Wiens. Adalbert Stifter wohnte einige Jahre im Kornhäuselturm.) Nur wenige Wochen später war Hermine schwanger mit Adele, die am Neujahrstag 1856 zur Welt kam. Ein Zwillingspaar, Luise und Helene, folgte Adele vier Jahre später.

Darüber, wie freundschaftlich Strässe und Sträuße miteinander verbunden waren, gehen die Meinungen auseinander. Belegbar ist allerdings eines: Jean hatte 1874 als Trauzeuge der jungen Braut fungiert. Rudolph Freiherr von Procházka, mit dem der fast 70-Jährige auf Adeles Bitten einige Male über seine Lebensgeschichte sprach, will mehr erfahren haben. Albert soll nach Johanns Tod Anna Strauss »in geschäftlichen Angelegenheiten fürsorglich zur Seite gestanden« haben. Brauchte die routinierte Musikerfrau diesen Beistand tatsächlich?

Aber mehr noch: Adele habe »früher schon bewundernd zu dem berühmten Komponisten emporgesehen, der im Hause des Freundes öfter Gelegenheit hatte, sich an dem lebhaften Verständniss der jungen Frau für seine Künstlerschaft zu erfreuen«. Im Gartenlaubenstil ging es weiter: Jahrelang habe die »bildschöne« junge Witwe getrauert, bis Jean sie von der Bühne des Musikvereinssaals aus in einer Loge wiederentdeckte. Wer je auf einer beleuchteten Bühne vor großem Publikum stand, der weiß, wie unwahrscheinlich es für einen alten Mann ist, von dort aus im Publikum einzelne Gesichter zu identifizieren. Aber ganz gleich wo: Die beiden begegneten sich wieder. Dass Adele nicht auf den Mund gefallen und nicht darauf angewiesen war, dass Jean sie »entdeckte«, legt der Spruch nahe, mit dem sie den schüchternen Jean aus der Reserve gelockt haben soll: »Ich trage einen der berühmtesten Namen der Welt.«[380]

Genau die richtige Ansprache für einen Mann, der auf seine Visitenkarte all seine Titel und Orden drucken ließ, obwohl ohnehin jeder, aber auch jeder voll im Bild war, sobald er nur den Namen Johann Strauss las.

Belegbar ist jedenfalls Folgendes: Adele war Jean treu ergeben. Sie war zweifellos Balsam auf seiner Seele. Und sie interessierte sich, obwohl nicht vom Fach, lebhaft für Musik und Bühne. Im November 1882 war sie bereits mit Jean auf Reisen. Bei den Proben zu Jeans Operette *Eine Nacht in Venedig* in Berlin – des einzigen nicht in Wien uraufgeführten von Jeans 16 Bühnenwerken – soll Adele, aus welchen Gründen immer, mit den Textdichtern, dem Regisseur und dem Verleger konversiert haben und bei der Premiere in der Proszeniumsloge, also über dem vordersten Bereich der Bühne, der Aufführung gefolgt sein. Sogar »das große Wort geführt« soll sie haben, wird stellenweise behauptet.[381]

Die »venezianische« Idee zündete bei den Wienern so durchschlagend, dass sie ihnen im Prater einen der ersten Themenparks der Welt bescherte: den Vergnügungspark *Venedig in Wien*. Der Kaiser persönlich und seine Brüder Karl Ludwig und Ludwig Viktor standen am Beginn dieser Idee: Sie verkauften den zwischen Praterstern, Ausstellungsstraße und Praterhauptallee gelegenen Kaisergarten an die englische Investorengruppe »Kaisergarten-Syndicate Limited«. Diese verpachtete eine Fläche von über 300 Schritt (also ca. 225 Meter) im Geviert an Gabor Steiner, den Sohn bzw. Bruder der bereits bekannten Theatermacher Max und Franz Steiner. Der umtriebige Zell, ehedem künstlerischer Direktor des *Theaters an der Wien*, ließ sich als Generaldirektor einstellen und brachte sein »romantisches« Venedig-Motiv in die romantische Landschaft: eine dicht gedrängte, kunstvolle Nachbildung venezianischer Palazzi und mit Gondeln befahrbarer Kanäle. Über 2000 Familien fanden ihr Auskommen in dieser Kunstwelt mit ihren Kaufläden, Restaurants, Cafés, Heurigenlokalen, Biergärten, Champagner-Pavillons sowie Bühnen mit ihrem kunterbunten Programm aus Konzerten, Wiener Lokalpossen, französischen Lustspielen, Ausstattungsoperetten, Revuen, Balletten, großen internationalen Varietés, Kabaretts und Ringerturnieren. Der Eingang, direkt am Bahnhof Praterstern gelegen, adaptierte zwei Viadukte der »Wiener Verbindungsbahn«, des Vorgängers der späteren S-Bahn. Hinter seinen Kassenhäuschen winkte eine der vollkommensten Illusionen Europas.

Der Vergnügungspark wurde so rasend beliebt, dass die Wiener, wenn einer sagte »Wir gehen am Sonntag nach Venedig«, sofort verstanden, dass nicht die reale Lagunenstadt gemeint war, sondern die schöne, perfekt durchkommerzialisierte Illusion am Praterrand. Später ließ Steiner direkt neben dem »venezianischen« Gelände die bis heute fortbestehende Hauptattraktion der Stadt errichten: das Riesenrad. Ihr »Venedig« konnten die Wiener nun auch aus schwindelnder Höhe von oben betrachten – und dazu das gesamte Wien, wie es sich, immer lebendig, immer wachsend, wie ein Samttuch aus Architektur an die wogenden Ausläufer des Wienerwalds schmiegte. Beim Sturm der Alliierten auf Wien 1945 brannte »Venedig in Wien« nieder, und nur das Riesenrad überlebte schwer beschädigt.

Durch viele Beurteilungen der Adele Strauss scheint Gehässigkeit. Denn sie sah wie die meisten Frauen oder Witwen bedeutender Künstler ihre Rolle nicht darin, beliebt zu sein. Ihre jüdische Herkunft verstärkte zweifellos die Vorbehalte gegen Adele in einem mittlerweile offen antisemitischen Wien, in dem sogar der Bürgermeister Lueger seinen Ressentiments öffentlich freien Lauf ließ und selbst ein Gustav Mahler erst öffentlich zum Katholizismus konvertieren musste, um Karriere machen zu können[382].

Zweifellos hat Adele ihren Jean zum rechten Zeitpunkt mit den richtigen Menschen zusammengebracht. So 1883 mit dem ungarischen Schriftsteller Móricz Jókay, einem Altersgenossen ihres Mannes und damals dem großen alten Mann der ungarischen Literatur, Revolutionär von 1849, wie auch Jean – ansatzweise und in sehr risikoarmen Grenzen – einer gewesen war. Adeles ungarische Herkunft mag ein Übriges getan haben, jedenfalls verstanden die beiden reifen Herren sich ausgezeichnet, und Jókay wies Jean, der unter den schwachen Libretti seiner Operetten litt, auf einen aufregenden Stoff hin: seine Novelle Saffi, deren Titelheldin, die heimliche Tochter eines türkischen Paschas im Ungarn des 18. Jahrhunderts, allerhand dramatische Schicksale zu durchleiden hat, bis sie – gegen eine Wettbewerberin – den Mann ihrer Träume erobert. Ungarische Stoffe waren immer attraktiv in Wien; es scheint, dass die geschwisterliche Nation als das komplementäre Volk der braven Österreicher galt. Jean (und Adele) gefiel das Sujet sofort.

Aber eine gute Erzählung macht noch kein gutes Bühnenwerk, und auch Jókay war es nicht gegeben, seine Stoffe erfolgreich zu dramatisieren. Ein Dritter musste in den Bund eintreten: der bereits erwähnte Ignaz Schnitzer, den seine Kenntnis beider Sprachen und sein Verständnis beider Kulturen zu einem idealen Mittler machten. Er hatte bereits ungarische Bühnenautoren in die Wiener Theater gebracht und auch Werke von Jókay ins Deutsche übersetzt. Er war der Mann, auf den der Ungar und der Wiener setzten. Gemeinsam mit Jean hauchte er dem Saffi-Stoff Bühnenleben ein. Sein Libretto legte den Grundstein zu dessen, nach der *Fledermaus,* größtem Operetten-Erfolg: dem *Zigeunerbaron,* dessen Musik im Schönauer Refugium entstand. Mit dieser Komposition bewies Jean, dass er auch ohne fremde Hilfe beim Komponieren Operetten schreiben konnte.[383]

Aus Wiener Sicht waren die Roma, diese rätselhafte und bis heute weder anthropologisch noch ethnografisch unstreitig einzuordnende Gesellschaft, die damals alle Welt deskriptiv als »Zigeuner« bezeichnete, das »wilde Andere« der Österreicher wie auch der Ungarn und aller anderen Völker des Balkans. Damit waren sie auch eine ideale Projektionsfläche für Sehnsüchte nach dem Ausbruch aus erstickenden Konventionen. Beispielhaft hierfür steht das (unter anderem durch Franz Liszt vertonte) Gedicht des großen Melancholikers Nikolaus Lenau:

»Drei Zigeuner fand ich einmal
Liegen an einer Weide,
Als mein Fuhrwerk mit müder Qual
Schlich durch sandige Heide.

An den Kleidern trugen die drei
Löcher und bunte Flicken,
Aber sie boten trotzig frei
Spott den Erdengeschicken.

Dreifach haben sie mir gezeigt,
Wenn das Leben uns nachtet,
Wie mans verraucht, verschläft, vergeigt
Und es dreimal verachtet.

Nach den Zigeunern lang noch schaun
Mußt ich im Weiterfahren,
Nach den Gesichtern dunkelbraun,
Den schwarzlockigen Haaren.«

Die »müde Qual« so mancher Wiener Existenz mag es nach solcher Art Erlösung verlangt haben. »Ziganeske« Stoffe waren seit dem Wiener Kongress modische Bühnenthemen in der Stadt.[384] Ein Grund dafür war die angeblich urwüchsige Musikalität der Roma, die sich für die idealisierende Inszenierung anbot. Das Fantasiebild des seinem Instrument hingegebenen »zigeunerischen« Spielmanns hatte sich festgesetzt, seit diese in der Frühen Neuzeit auf den Jahrmärkten der mitteleuropäischen Städte aufgetaucht waren und die sesshaften Deutschen ebenso befremdet wie bezaubert hatten. Nicht vielen war bewusst, dass diese Musikanten in erster Linie deshalb Spielleute waren, weil sie keinem anderen Broterwerb nachgehen durften, und dass sie nicht ihre eigene Musik spielten, sondern die Musik, die ihr Publikum hören wollte, ganz gleich, wo diese Klänge ihren Ursprung hatten.

Wenn Jean seiner ziganesken Hauptfigur Saffi erlaubt, anfangs »aufsteigend aus grollendem d-Moll-Andante, gipfelnd im Allegretto, das zwischen Dur und Zigeunermoll changiert«[385], den Guts-Erben Barinkay betörend auf die wilde Seite zu ziehen, so endet doch die Geschichte kreuzbrav und bürgerlich und damit durchaus »Jean-esk«: Das Zigeunermädchen Saffi entpuppt sich als die zurückgelassene Tochter des einst geflohenen türkischen Paschas von Temesvár und damit als standesgemäße Partie für den jungen Adligen; die schweinehütenden Zigeuner ziehen »froh und bang, mit kling und klang« für den Kaiser in den Krieg, der Zigeunerbaron allen voran, der sich am Ende des Feldzuges mit seinen Plünderungen brüstet – mutiert »vom Schweinefürsten zum Fürstenschwein«, so der Operettenforscher Volker Klotz. »Durch ihren tapferen Einsatz in der Schlacht wurde die wilde Bande der Zigeuner gewissermaßen im Sinn der Monarchie sozialisiert.«[386]

Ähnlich domestizierte und verähnlichte Jeans Musik die ziganesken musikalischen Idiome und knüpfte sie dem multikulturellen k. u. k. Klangteppich ein:

> »Dass die traditionelle Musik der Romagruppen jedoch nicht der ungarischen ›Zigeunermusik‹ entsprach, in der Operette aber trotzdem mit ihr gleichgesetzt wurde, macht den *Zigeunerbaron* zu einem Kunstwerk, das Zigeunerstereotype bis in die Gegenwart tradiert.«[387]

Die Saffi-Figur aber steht in schärfstem Gegensatz zu dem Typus der unabhängigen, zupackenden Frau, wie Marie Geistinger sie so oft verkörpert hatte: Von ihr bleibt nichts übrig als ein »zärtliches Weibchen«[388]. Die »deutsche Operette« hatte sich anti-emanzipatorisch emanzipiert von der französischen.

Betrachten wir Jeans einzige Oper *Ritter Pásmán*, die er nach fast vierjähriger mühseliger Plackerei zu Neujahr 1892, also schon in seinen späten Sechzigern, an die Wiener Hofoper brachte. Er selbst beschrieb, wie der Operetten- und Tanzkomponist in ihm permanent in seine »ernste« Kompositionsarbeit hineinregierte:

> »Plötzlich, während ich an einer hochdramatischen Szene arbeite, fährt mir wie ein Blitz durch den Schädel ein Hauer von einem Walzer … Als er entstanden, fluchte ich und dachte: Saukerl, Dich kann ich jetzt nicht brauchen, – verschwind.«[389]

Jeans Ambition, eine Oper zu produzieren, war angeregt durch seine Bewunderung für Richard Wagner, den »Opernkönig« der Deutschen, und für dessen durchkomponierte Riesenwerke. Wagner hatte für diese Form die Bezeichnung »unendliche Melodie« erfunden. Die Wirkung eines solchen Musikstücks auf die Zuhörer ist intensiver als die einer Operette mit Sprechtext zwischen den Musiknummern. Den entscheidenden Impuls könnten Jean seine Eindrücke von den Festspielen in Bayreuth 1888 gegeben haben (er besuchte sie mit seiner Stieftochter Alice). Die erste Saison 1876 hatte unter anderen die Gäste Franz Liszt, Anton Bruckner, Camille Saint-Saëns, Peter Tschaikowski, Edvard Grieg, Lew Tolstoi, Friedrich Nietzsche und Gottfried Semper sowie den deutschen Kaiser Wilhelm I. und König Karl von Württemberg am Grünen Hügel versammelt; der menschenscheue König Ludwig II. von Bayern besuchte immerhin die Generalproben. Johann dagegen wartete bis 1888. Wagner war zu diesem Zeitpunkt seit fünf Jahren tot. Sich dem überragenden Großmeister der Oper persönlich zu nähern, das brachte Jean nicht über sich.

»Operette« war und ist ein schillerndes Genre und war zu Jeans Zeit keineswegs klar abgegrenzt von der Oper, jedenfalls nicht von der Opera buffa, der komischen Oper. Es ging Jean aber nicht um Wortklauberei, sondern er musste anderen – und sich selbst – zeigen, dass er mit einem mehrstündigen, durchkomponierten Stück Musik in die Nachwelt eingehen und nicht nur »Nummern« liefern konnte.

Von den Sträussen aufgeführt und scheu verehrt: Richard Wagner, Musiktitan der 2. Jahrhunderthälfte. Gemälde von Franz von Lenbach, vor 1880.

Der im *Pásmán* behandelte Konflikt – König küsst im Dunkeln die Frau seines Vasallen, dieser klagt ihn öffentlich an und erhält einen überraschenden, versöhnlichen Richterspruch – ist für seine Zeit ziemlich harmlos, wie Jean später selbst einsehen musste:

> »Wegen des bisserl unschuldigen Bußerls so viel Skandal zu schlagen, paßt heute der corrumpierten Gesellschaft nicht. Heute wäre es dem Publikum sympathischer gewesen – der König hätte die ehrbare Rittersfrau verführt.«[390]

»Textlich total missraten« und mit »unsicherem Sinn für sichtbar ausgetragene dramatische Konflikte«, musikalisch aber immerhin »einfallspralll«, urteilt auch heute die Fachwelt.[391] Diesen »unsicheren Sinn« kennen wir bereits von Jeans Operetten. Selbst eine ausgefallene Instrumentierung und zündend-magyarische Nummern konnten die Schwächen in Libretto und Dramaturgie nicht ausgleichen.

Gnädiger waren auch die Zeitgenossen nicht. Die Oper enttäuschte trotz erstrangiger Besetzung die Erwartungen des Publikums. Einflussreiche Fürsprecher fanden sich auch keine unter den Rezensenten.[392]

Eine Kritik wenigstens versuchte der Persönlichkeit des Komponisten und seinem Streben gerecht zu werden: die von Ludwig Speidel im *Fremdenblatt*:

»Strauß war wie einer jener alten Schwärmer, die in die Wüste gingen, um sich auf eine bedeutende Aufgabe vorzubereiten. Seine Vorbereitungen flößen uns vor dem Mann, der kein Jüngling mehr ist, den tiefsten Respekt ein … Die Oper erscheint uns bewunderungswürdig durch die in ihr enthaltene ernste Arbeit, durch den in ihr mit Energie festgehaltenen Stilcharakter. Diese Oper ist mehr als ein ästhetisches Werk, sie bedeutet eine Selbstentäußerung des Komponisten, sie ist eine wahrhaft sittliche Tat und nötigt uns, auch wenn sie uns nicht gefallen sollte, die größte Hochachtung ab.«[393]

Auch an der Kasse fiel der *Pásmán* durch und wurde nach nur neun Aufführungen in Wien abgesetzt, wanderte dann nach Prag, nach Berlin, nach München, ohne auch dort recht zu zünden. »Die kritischen Begleittöne klangen mitunter recht häßlich. Strauß verwand die Kritiken. Sie warfen ihm viel vor. Nur nicht, was ihn getroffen hätte: Trivialität.«[394] Jean ließ es sich nicht verdrießen: »Der kleinste Erfolg einer Oper von mir steht in meinen Augen höher als viele andere.« *Ritter Pásmán* hatte ihn in den Olymp der Tonkunst erhoben, davon war er überzeugt. Den Hauptgrund für das Durchfallen sah er in der intellektuellen Trägheit des Kapellmeisters Johann Nepomuk Fuchs, »weil man glaubte, bei einer Oper von Strauß giebt es kein langsam gehaltenes Tempo, der ewige Fehler der Dirigenten«. Dass der *Ritter Pásmán* weder den Verleger noch ihn selbst materiell beglückte, verschmerzte er: »Ich will mit ihm kein Vermögen anstreben – habe ich ihn doch nur geschrieben, um zu beweisen, dass man mehr kann als Tanzmusik schreiben.«[395]

Der *Pásmán* ist heute bis auf wenige Nummern vergessen. Danach wandte Strauss sich wieder der auch finanziell ertragreicheren Komposition von Operetten zu und schüttelte trotz seiner fortgeschrittenen Jahre die musikalischen Einfälle nur so aus dem Ärmel. Mit Werken wie *Fürstin Ninetta* (1893), *Jabuka* (1894), *Waldmeister* (1895) und *Die Göttin der Vernunft* (1897) konnte er allerdings nicht mehr ganz an frühere Bühnenerfolge anknüpfen. Brahms besuchte mit Hanslick die Generalprobe der *Jabuka*, die Jean sich und der Musikwelt zu seinem 50-jährigen Bühnenjubiläum geschrieben hatte, und befand hinterher etwas mitleidig: »Das prachtvolle Orchester! Nur an der Fortführung mancher Melodie merkt man das Alter ... Die gefühlvollen Stellen sind leider jämmerlich.«[396] Immerhin gilt die *Jabuka* als stilbildendes »Vorbild aller weiteren Balkan-Operetten« (Linke) und erzielte 57 Aufführungen in diesem Jahr allein in Wien.[397]

Zwischen 1871 und 1897 wurden unter Jeans Leitung 15 Operetten uraufgeführt – fast ausschließlich in Wien. Aus jeder konnte Jean etwa fünf Tänze auskoppeln und separat an Verlage verkaufen. So entstammt von op. 343 bis op. 473 mehr als die Hälfte seiner Stücke einem Bühnenwerk. Für eine 16. Operette reichten Jeans Kräfte nicht mehr aus. Hier ging er den umgekehrten Weg: Er bestellte einige Wochen vor seinem Tod beim Kapellmeister des *Theaters an der Wien*, Adolf Müller junior, einem routinierten Operettenkomponisten, eine Operette, die aus seinen (Jeans) Melodien zusammengestellt war. Das Ergebnis, *Wiener Blut*, wurde Vorbild für Hunderte von Pasticci in der Welt der Wiener Operette, fiel aber durch beim Premierenpublikum und bei der Presse, die höhnte, der (inzwischen verstorbene) Maestro habe wohl »Urlaub ... vom Himmel genommen«[398]. Erst eine bearbeitete Neuinszenierung verlieh *Wiener Blut* die Zugkraft und den Nimbus, die das Werk bis heute zur Legende machen.

Im Mai 1895 folgte Jean der erwähnten Einladung des bayerischen Fürstenmalers und Malerfürsten Franz von Lenbach. Der wollte den berühmten Musiker porträtieren, nachdem er – seinerseits musikalischer Dilettant – *Die Fledermaus* im Münchner Fasching gehört hatte. Es entstand das Gemälde, das Adele, die Frau des Komponisten, besonders schätzte. Dieser hatte bereits eine Gegengabe für München im Gepäck oder wenigstens im Kopf: den Walzer *Trau, schau, wem!*

Sieht man sich das Portrait auf Seite 430 genauer an, so ist man geneigt zu glauben, dass es zwischen Maler und Modell gefunkt hat. Aus dem Rahmen sieht uns ein unglaublich waches, präsentes Augenpaar an, keineswegs das eines verbrauchten fast 70-Jährigen, sondern

Johann Strauss (Sohn), wie sein berühmtester Porträtist ihn darstellte. Gemälde von Franz von Lenbach, 1895.

das eines ewig Aufmerksamen – oder das eines Gehetzten? Die Brauen sind wie staunend hochgezogen, die Stirn unter vollem, kaum angegrauten Haar licht und gekräuselt. Was immer auch idealisiert sein mag an diesem Porträt, dessen Faktur bis auf das Gesicht lässig ist: Die Haare sind es nicht. Alle Darstellungen dieser Jahre und die unzähligen Fotografien belegen, dass der alte Jean das Haar eines 40- oder 50-Jährigen hatte – selbst wenn es mit den Jahren etwas schütterer geworden sein und wenn schwarze Tönung mitgeholfen haben mag. Die genialisch nach rückwärts gekämmte Künstlermähne stand ihm, da sie voll und reich war. Die Oberlippe verschwand unter einem gezwirbelten Schnurrbart und nicht mehr wie einst dem extravaganten Backenbart, den er mit seinem Kaiser gemeinsam gehabt hatte. Diese Lippen verraten kaum, dass Jean bereits der eine oder andere Zahn fehlt. Die Haltung des Oberkörpers ist straff gespannt, der Mann scheint bereit, aufzuspringen und seinen Körper und Geist in die Schanze zu schlagen für seine Musik und für das minutenkurze und doch zeitlose Glück seiner Zuhörer.

Mehrfach kopiert, wurde dieses Porträt zu einer Art »Werbegrafik« für den späten Johann Strauss. Auch andere, weniger markante Maler und Bildhauer rissen sich darum, den Berühmten darstellen zu dürfen, und so wurde aus Jean einer der meistporträtierten nicht in den bildenden Künsten aktiven Männer seiner Zeit. Schnurrbart und Mähne haben mal mehr Schwung und Fülle, mal weniger. Anzug und Halsbinde sind mal eleganter, mal lässiger. Doch sie alle eint eine Wachheit und Verwegenheit des Blicks, die das genaue Gegenteil der trunksüchtig-todtraurigen Resignation im Blick Mussorgskys ist, wie diesen ungefähr zur selben Zeit Ilya Repin porträtierte. Der Jean der Porträts, so zu glauben fällt leicht, würde genauso entschlossen die Konzertbühnen erobern, wie er es 50 Jahre davor schon einmal tat.

Kapitel 18

Abschiedsrufe: Ein Strauss wird Deutscher

Am 15. Oktober 1884, im Jahr von Jeans 40. Bühnenjubiläum, bedankte sich die Wiener Bürgerschaft nach einmütigem Beschluss bei ihm für die

> »Fülle jener reizenden Melodien, die bald voll jauchzenden Jubels, bald voll sinnig zarter Schwermuth, Alt und Jung bezaubern, auf ihrem Siegeszug durch ferne Länder Kunde bringen von der Stadt an der schönen blauen Donau, und den in der Fremde weilenden Wiener an seine liebe Heimath gemahnen«.[399]

Für Jean zahlte sich diese Ehrung insofern aus, als sie mit dem »taxfreien« Bürgerrecht verbunden war. Er musste sich dieses also nicht wie andere Neu-Wiener erkaufen. Die Ehrung erkannte nicht zuletzt an, dass Jean der berühmteste Wiener (und nächst dem Kaiser vermutlich der berühmteste Österreicher) seiner Zeit war.

Aber Jean, der Unstete, wenn auch stets Heimatsuchende, brauchte auch unabhängig von seinen Tourneen Abstand zu Wien. Seit seinem ersten Kuraufenthalt in Bad Ischl kehrte er immer wieder und für immer längere Aufenthalte dorthin zurück. Hier schrieb er Musik und Briefe. Viele seiner Werke sind zumindest teilweise in Bad Ischl entstanden. Ähnlich wie Mozart brachte er zumeist nachts all das aufs Notenpapier, was ihm tagsüber an Melodien zugeschwirrt war und was er an Einfällen hastig notiert hatte – und sei es auf die Manschette seines weißen Hemdes. In Bad Ischl spielte er auch sein Lieblingskartenspiel Tarock, unter anderem mit Johannes Brahms, mit dem er, wie schon in Wien, auch in Bad Ischl in freundschaftlichem Verkehr stand.

Von Brahms ist uns aus der Ischler Zeit eine eigenwillige Hommage auf Jean überkommen. Der Hanseat malte auf einen von Adeles Fächern, wie diese sie gern zur Autogrammjagd benutzte, die ersten Takte des

Walzers *An der schönen blauen Donau* und setzte darunter die Worte: »Leider nicht von Johannes Brahms.« Strauss sei, so Brahms, der einzige Komponistenkollege, den er um sein Können beneide: »Der Mann trieft vor Musik.«

Der Wiener Johann Strauss (Sohn) und sein hanseatischer Kollege Johannes Brahms (1833-97).

Wir greifen einen Augenblick weit vor in der Zeit: 1897, zwei Jahre vor seinem Tod, wird Jean zusammen mit seinem Schwippschwager Josef Simon, dem Witwer von Adeles jüngster, früh verstorbener jüngerer Schwester Luise, die Villa Erdödy in der Ischler Kaltenbachstraße erwerben. Von dem zwischen Klassizismus und alpenländischer Architektur spielenden prunkvollen Domizil sind uns nur einige Fotos und Illustrationen überkommen, denn im Zuge einer Modernisierungswelle fiel es in den 60er-Jahren der Spitzhacke zum Opfer.

Josef Simon war eigentlich Böhme aus Hořice und betrieb in Prag ein Holzfachgeschäft, das auf den Export von Fassdauben spezialisiert war. Seiner Liebe zum Theater und zu seiner Familie folgend, beschloss er 1893, sein Unternehmen von Wien aus zu leiten. Sieben Jahre später – kurz nach Jeans Tod – wurde er (als Adeles Strohmann, wie einige vermuten) Teilhaber am *Theater an der Wien* und hielt diese Beteiligung

Die Villa Erdödy in Ischl, die Jean und sein Schwager Josef Simon 1897 gemeinsam kauften.

für fast ein Vierteljahrhundert. Schließlich avancierte er noch zum Musikverleger: 1901 wurde auf seine Anregung in Wien der Verlag Universal-Edition gegründet – bis heute führend unter den europäischen Musikverlagen. Wie eng die Beziehung zwischen Jean und Adeles Familie war, verrät auch der Umstand, dass Josef Simon in der Villa stetig Erinnerungsgegenstände an die Familie Strauss zusammentrug. Auf diese Weise kam ein reichhaltiges Archiv der Alt-Wiener Tanzmusik und ein Familiennachlass von beträchtlichem ideellen und materiellen Wert zusammen.

Die Villa Strauss wurde zum Pilgerort und gesellschaftlichen Mittelpunkt Ischls – über Jeans Tod hinaus. Hier trafen sich Musiker von überallher zu hochklassigen Privatsoireen. Und hier empfingen die Sträuße sogar Staatsgäste wie Thailands König Rama V. Chulalongkorn, der 1897 eine ganze Woche als Gast Kaiser Franz Josephs – auch dieser ein Wahl-Ischler – im Städtchen weilte. Der k. u. k. Badeort wurde Schauplatz eines eigentümlichen Gipfeltreffens zwischen einem Kaiser, einem musikalischen König und einem politischen König vom anderen Ende der Welt. Der fortschrittliche Monarch hat den Grundstein gelegt für die Walzerbegeisterung in dem ostasiatischen Land. Auch Rama bekam seinen Königswalzer, den *Ischler Walzer*. Seine gesamte Prinzen-Entourage durfte einer Festaufführung der *Fledermaus* lauschen, die Franz Joseph angeordnet hatte. Am Dirigentenpult stand Jean persönlich, zu dieser Zeit 72 Jahre alt. Die königlichen Gegengeschenke an ihn waren der thailändische Elefantenorden 1. Klasse und eine Schale aus massivem Gold.

Der Aristokrat der Musik war in seinem Element. Ein geborener und leidenschaftlicher Wiener Vorstädter, der gern in Wien weilte, aber noch lieber in ländlicher Ruhe – ganz im Gegensatz zu Edi, der nicht aus der Stadt herauskam. Und je älter Jean wurde, desto ruhiger musste diese Ruhe sein. Geisterten noch Kindheitserinnerungen an die Salmannsdorfer Sommerfrische durch seine Seele? Erst war es der Sommersitz in Hietzing, dann das Gut in Schönau, dann die Villa in Ischl.

Aber es war immer noch Österreich, das Land *An der schönen blauen Donau*, selbst wenn es von Ischl aus eine gute Tagesreise allein bis zur Donaustadt Linz war. 1877 kam mit der Salzkammergutbahn der Anschluss ans Bahnnetz. Jean hat davon regen Gebrauch gemacht.

Es war immer noch Österreich – warum dann starb er nicht als Österreicher, sondern als Bürger des Deutschen Reiches? Warum erwarb er den Pass des Herzogtums Sachsen-Coburg und Gotha und zeitweise einen Hauptwohnsitz in Coburg?

Der Grund trug den Namen Adele. Beide wünschten zu heiraten. Schon wenige Wochen, nachdem sie zusammengekommen waren, lebten sie unter einem Dach und dachten darüber nach, wie Adele ihrem ungewissen und für konservative Kreise anstößigen Status als »Maitresse« (so ein Wiener Blatt) entkommen könnte. Auch Adeles jüdisch-säkulare Familie lehnte unverheiratetes Zusammenleben ab.[400] Doch die österreichische Gesetzeslage verbot eine Zweitehe unter nicht Verwitweten ausdrücklich. Ein nach weltlichem Recht geschiedener Katholik durfte nicht erneut heiraten – es sei denn, seine geschiedene Expartnerin starb.

In Wien ging bald das öffentlich diskutierte Gerücht um, Jean habe in Rom bei der Kurie um eine Annullierung der Ehe mit Lili ersucht, aber ohne große Chancen, wie die *Gemeinde-Zeitung* schrieb:

> »Die Aussicht auf die Ertheilung eines Ehescheidungskonsenses durch den Papst dürfte eine sehr trübe sein; denn es sei daran zu zweifeln, daß man für den ›Meister des Dreivierteltaktes‹ in Rom ein neues Eherecht machen werde.«

Eine Hintertür bot seit dem Österreichisch-Ungarischen Ausgleich von 1867 die »Siebenbürger Ehe«, und es sah zunächst alles danach aus, als hätten die Sträusse diesen Ausgang gewählt. Der Ausgleich bestimmte, dass Ungarn andere Gesetze anwenden durfte als Österreich. Damit trat unter anderen ein territoriales Sonderrecht im protestantischen Siebenbürgen in Kraft. In einem Rechtskommentar heißt es:

> »Die geistlichen Gerichte evangelischer oder unitarischer Konfession in Klausenburg entschieden über die Trennung der Ehen der Angehörigen dieser Kirchen. Also trat ein Österreicher, der, weil er Katholik war, die Auflassung seiner Ehe in Österreich nicht erwirken konnte, nach Scheidung von Tisch und Bett aus der katholischen Kirche aus, zur evangelischen Konfession über und erwarb die ungarische Staatsbürgerschaft ... durch Adoption. Dann begehrte er die gänzliche Trennung seiner Ehe vor dem Geistlichen Gericht in Klausenburg und jetzt heiratete er nun zum wiederholten Male.«

Einen einleuchtenden Hinderungsgrund trug *Die Presse* bei: Jean könne sich überhaupt nicht in Siebenbürgen adoptieren lassen, um »siebenbürgisch« zu heiraten, da er bereits adoptiert sei, nämlich durch den Stiefvater seiner ersten Frau Jetty, den Ritter Josef von Scherer. »Es bleibt also dem geschätzten Meister, wenn er durchaus heiraten will, nichts übrig, als das Ehrenbürgerrecht einer ungarischen Stadt zu erlangen.« Wir sehen: Familienstand, Konfession und Moralität des Walzerkönigs blieben in Wien eine Angelegenheit von öffentlichem, geradezu staatspolitischem Interesse.

Die Presse weiß darüber hinaus sogar:

> »In einer von Unglücksfällen arg heimgesuchten Stadt Ungarns sind bereits alle Vorbereitungen getroffen, um den Wiener Meister zum ungarischen Ehrenbürger zu ernennen. Ist das einmal geschehen, dann kann auch der Hochzeits-›Strauß‹ gewunden werden.«[401]

Adele und Jean standen weiter unter intensiver Beobachtung. Bereits im Mai 1883 meldete das *Neue Wiener Tagblatt* die Hochzeit in Ungarn. Auch dies war zwar eine Ente, aber Adele lief nun nicht mehr als seine »Maitresse«, sondern als seine Frau. Der Volksmund legitimierte auf diese Weise, beruhigend für Adele, die »illegitime« Menage.

Noch einmal zurück zu Jeans Adoption durch seinen »ritterlichen Schwiegerstiefvater«. Sie wirft ein Licht auf den unerschütterlichen Glauben des Meisters an den Wert von Titeln – und auf seine Beziehung zu Lili. Der Ritter, ein kinderloser pensionierter Statthalterei-Sekretär, also ein gehobener Beamter in der ungarischen Landesverwaltung, war ein etwas skurriles Familienanhängsel der Sträusse. Schon um 1848 hatte Jettys verwitwete Mutter Henriette Wilhelmine ihn geheiratet, nachdem sie jahrelang mit ihm zusammengelebt hatte. Obwohl ihrerseits nicht von Adel, maßte sie sich das »von« ihres neuen Gatten an und blieb damit offenbar unbeanstandet. Jetty scheint diese Praxis weitergeführt zu haben – daher vielleicht nannte sie sich Jetty von Treffz.

Der alte Ritter scheint ein sympathischer Mensch gewesen zu sein. Jedenfalls attachierten er und Jetty sich aneinander, und als 1871 ihre Mutter verstarb, »erbte« sie den älteren Herrn, und sie und Jean räumten ihm vertraglich ein lebenslanges Wohnrecht bei ihnen ein. Josef zeigte sich im Folgejahr erkenntlich, indem er Jean adoptierte. Diese Adoption zielte darauf ab, den ritterlichen Adelsbrief »sammt Wappen«, so Scherers Antrag vom 14. Mai 1872, auf Jean zu übertragen. Er begründete diesen Wunsch mit dem öffentlichen Interesse, »ein dem Erlöschen nahes Adelsgeschlecht dennoch fortlebend« zu machen – es könne »gewiss nicht in der Absicht Euer Majestät liegen …, ein dem Allerhöchsten Kaiserhause mit unwandelbarer Treue stets ergebenes Adelsgeschlecht wieder spurlos verschwinden zu lassen«. Seine und des Adoptivsohnes unübersehbaren Verdienste belegte der Ritter umfänglich. Der Kaiser persönlich zog das Gesuch an sich. Keine der untergeordneten Dienststellen machte Einwände geltend.

Allerdings gehörte der »alte Ritter« nicht etwa einem alten Adelsgeschlecht an. Sein Vater erst, ein Arzt und Professor, wurde verdiensthalber 1810 nobilitiert. Die Hofkanzlei, gezeichnet durch Erzherzog

Ludwig, befand am 15. März 1873, dass Jean zwar ohne Zweifel hochverdient sei, dass dieser aber

> »für seine künstlerischen und humanitären Leistungen von Euerer kaiserlichen und königlichen Apostolischen Majestaet bereits wiederholt, und zwar durch Verleihung des Titels eines k. k. Hofball-Musik-Directors, der goldenen Medaille für Kunst und Wissenschaft und endlich des den Allerhöchsten Namen Euerer kaiserlichen und königlich Apostolischen Majestaet führenden Ordens ausgezeichnet worden ist. Neuere Leistungen, welche ihm Anspruch auf einen abermaligen Akt der Allerhöchsten Gnade bieten könnten, liegen nicht vor.«

Mit anderen Worten: Jean hat für seine bisherigen Leistungen genügend allerhöchste Gnadenerweise erhalten. Also abgelehnt.

Der Rittertitel aber war noch da. Und als Jetty fünf Jahre später früh starb, »erbte« der Witwer und Adoptivsohn den Ritter. Als er das Landgut in Schönau erwarb, brachte er den alten Josef und dessen Magd Therese dort unter – Platz genug war ja da. Spätestens dort trübten sich die Beziehungen zwischen den beiden Männern jedoch ein. Der Ritter, für den der Adoptivsohn, wenn er sich schriftlich über ihn äußerte, keine familiäre Bezeichnung hatte, sondern ihn »Herrn von Scherer« nannte, wurde zur Zielscheibe von Jeans Spott und Verdächtigungen. Einmal behauptete er, Scherer habe einer Bediensteten zehn Gulden dafür angeboten, sich vor ihm zu entblößen.

Mit wem der Ritter allerdings bestens auskam, das war Jeans zweite Frau Lili. Als es 1882 zur letzten Krise zwischen den beiden Eheleuten kam, spielte er ein undurchsichtiges Spiel. Er korrespondierte heimlich mit der Ehemüden. Er unterschlug Korrespondenz aus Franzensbad – behauptete zumindest Jean. Schließlich nahm ihn Lili in ihr neues Domizil mit. Dort lebte er bis 1884 und zahlte für sein Logis. Lili zog anschließend nach Berlin und versprach ihm, seine Kosten zurückzuerstatten, was sie nie tat. Nach seinem Tod richtete Jean das Begräbnis aus. Die Kosten dafür versuchte er Lili aufs Auge zu drücken, was diese durch ihren Rechtsbeistand ablehnen ließ. Es handelte sich um nicht einmal 100 Gulden, die der schwerreiche Jean einzutreiben versuchte. Der Groll gegen seine Exfrau scheint zu diesem Zeitpunkt noch tief zu sitzen – auch wenn Jean wieder eine neue Liebe zugeflogen ist.

Adele hatte bereits 1883 das Ihre für die geplante Ehe getan und war vom jüdischen zum lutherisch-augsburgischen Bekenntnis konvertiert. Insofern war sie bereit für eine Siebenbürger Ehe. Aber Jean vollzog diesen Schritt nicht. Im Gegenteil: Am 4. Oktober 1884 ließ er sich in Wien einen Heimatschein ausstellen, der ausdrücklich bestätigte: »k. k. Hofballmusik-Direktor, geb. 1825 in Wien, verheiratet«[402].

War er sich seiner Sache mit Adele vielleicht weniger sicher, als er vorgab? Diese darf als die treibende Kraft hinter der Ehe vermutet werden. Für sie wäre eine Trennung zu diesem Zeitpunkt fatal geworden, denn ihr Schwiegervater aus erster Ehe, Albert Strauß, brach infolge ihrer Konversion mit ihr. Nicht nur das: Er machte gleich ganz reinen Tisch mit der gesamten namensgleichen »Mischpoke« und kündigte Edi mit sofortiger Wirkung ein langfristiges Darlehen.[403] Um Adele materiell abzusichern, sah Jean sich angesichts von Alberts Feindseligkeit genötigt, ihr eine Rente von 4.000 Gulden im Jahr auszusetzen.

Diese Begünstigung deutet nicht darauf hin, dass Jean der Beziehung zu Adele nicht getraut hätte. Vorstellbar ist dagegen, dass er voraussah, dass die Stadt Wien ihn zu seinem 40-jährigen Bühnenjubiläum ehren würde, und abwarten wollte, wie eine solche Begünstigung konkret aussah. Bei dieser Gemengelage konnte alles, was nach Absetzbewegungen roch, nur abträglich sein. Jean trug sicherlich noch in Erinnerung, wie missgünstig das öffentliche Wien auf Auswanderungsgerüchte zu reagieren pflegte.

Die »Siebenbürger Ehe« steckte also in der Krise, bevor sie überhaupt geschlossen war. Bis heute wissen wir nicht, wieso sie nicht zustande kam. Das Brett, das Adele und Jean um ihrer Liebe willen nun zu bohren hatten, war erheblich dicker, als die Wiener es sich vorstellen konnten. Und es bedurfte einer ganzen Anzahl von hilfreichen Händen, Mündern und Geistern, wollten sie erfolgreich sein. Rechtsanwalt Josef Trutter, den Jean sich genommen hatte, erwähnte einmal das Gutachten eines speziell beschlagenen Kollegen, der die Unmöglichkeit dieses Konstrukts schlüssig begründete. Leider ist dieses Gutachten untergegangen.

Auch das Alltagsgeschäft beanspruchte allerdings die Aufmerksamkeit der Sträusse: die Produktion der *Nacht in Venedig,* die Arbeiten am *Zigeunerbaron,* die Auseinandersetzung mit den Steiners, Edis Geldsorgen infolge des gekündigten Kredits, die Ansprüche des »Schwiegerstiefvaters«. Adele ist in die ihr zugedachte Rolle geschlüpft und verhandelte und korrespondierte ebenso geschickt und sozial kompetent, wie es Jetty getan hatte. Ebenso geschickt und konsequent trennte sie Jean von einigen seiner alten Bekannten, unter anderem von seiner geliebten Tarockierrunde. Er ließ es geschehen und sah sich nach anderen Mitspielern um.[404]

Vorübergehend sorgte im Sommer 1884 ein Gerücht für Verwirrung: Lili beabsichtige, sich von Franz Steiner zu trennen und zu Jean zurückzukehren, der seinerseits »bestrebt ist, das mit seiner jetzigen (dritten) Gemahlin siebenbürgisch geknüpfte Eheband siebenbürgisch zu lösen. [...] ›Alles schon dagewesen‹.«[405] Ob vor diesem Hintergrund bei Adele die Besorgnis wuchs, Jean werde zu seinem Wort nicht stehen, die Eheangelegenheit ins Gute zu wenden? Doch sie brauchte sich keine Sorgen zu machen. Der Walzerkönig war fest vergeben.

Ein Ereignis rund um Jeans 40-jähriges Bühnenjubiläum im Herbst 1884 wirft ein klares Schlaglicht auf den Rang, den Jean in der ständisch organisierten österreichischen Gesellschaft mittlerweile einnahm. Auch Erzherzog Johann Salvator, Cousin des Kaisers und liberaler Intimus Kronprinz Rudolfs, der zu dieser Zeit in Oberösterreich residierte, hatte dem Jubilar gratuliert. Jean fand sich zu einem Besuch bei dem Habsburger genötigt und bekam von diesem einen selbstkomponierten Walzer mit dem Titel *Stimmen aus dem Süden* ausgehändigt, mit der Bitte, dieses Werk zu instrumentieren. Der Meister, obwohl viel beschäftigt, brauchte nur wenige Tage, um nicht nur der expliziten Bitte des Fürsten zu entsprechen, sondern das Werk auch zu überarbeiten. Postwendend erhielt er ein eigenhändiges Dankschreiben aus Linz:

> »Wie hätte ich es mir je träumen lassen sollen, daß ein Johann Strauß sich meines Walzers annehmen würde. Gestatten Sie mir aber auch, Sie meines Gefühls aufrichtigster Dankbarkeit für die Sympathien zu

versichern, welche Sie mir buchstäblich mit Wort und Tat bei der für mich so wichtigen Angelegenheit bewiesen haben. Aber dies werde ich Ihnen nie vergessen.«

Die *Stimmen aus dem Süden* kamen wenige Tage später beim Musikverein unter dem Pseudonym Johann Traunwart auf die Bühne. Wie Strauss zu dieser Zeit in Gesellschaft wirkte, teilte Max Kalbeck mit, den seine erste Begegnung mit Jean nicht überzeugt hatte:

> »Seine wahrhaft hinreißende, gute Laune, sein chevalereskes Benehmen den Damen gegenüber, sein herzlicher Humor und seine mit Ironie und Geist versetzte Naivität, das alles löschte die letzte Spur jenes früheren ungünstigen Eindrucks aus und nahm mich so völlig gefangen, daß ich nicht nur über alle störenden Äußerlichkeiten hinwegkam, sondern bald anfing, sie als nothwendiges Zubehör seiner Erscheinung ... zu betrachten ...«

Welche »Äußerlichkeiten« störten Kalbeck im Einzelnen? Er erwähnte Jeans panische Angst vor allem, was mit dem Tod zusammenhing, seine Hypochondrie und seinen Abscheu vor der Natur: »Nichts war ihm so zuwider wie ein Berg und irgendeine Anhöhe zu besteigen wäre ihm unmöglich gewesen.«

Warum auch immer er Bad Ischl liebte – der Siriuskogel und die anderen umliegenden Hügel waren es nicht. Aber es war auch keine Angst vor den Bergen, die ihn schließlich zum Deutschen werden ließ. Im November 1885, unmittelbar nach der Premiere des *Zigeunerbarons*, suchte Jean um Entlassung aus dem österreichischen Staatsverband an. Damit wollte er der Ehegesetzgebung in Österreich entkommen, um Adele endlich offiziell heiraten zu können. Eine wohlbekannte Person reklamierte diese Idee für sich:

> »Mitteilen will ich dir auch, dass Strauß ... sächsischer oder preußischer Unterthan wird, zum Zwecke einen neuen Scheidung in Deutschland von mir u. da in Deutschland eine Wiederverheiratung möglich ist, um zu heirathen, er die Adele und ich dann auch von dieser Sclavenkette erlöst werde. Ich habe Ostersetzer [ein Journalist, der sich mit anderen dafür eingesetzt hatte, dass die *Nacht in Venedig* in

Wien über die Bühne ging] so lange gebeten er solle Strauß diesen Vorschlag machen, er hatte als Freund nicht soviel Muth für mich, ich bin deßhalb bei meiner letzten Anwesenheit zu Neuda [ein anderer von Jeans Anwälten] u. der ist in meinem Auftrag zu Strauß u. hat ihn dazu gebracht dass er deutscher Unterthan wird.«[406]

Natürlich, Lilis Interessen trafen sich in diesem Punkt mit Jeans. Aber ihre Bemühungen – die einstweilen noch selbstlos waren – deuten wie schon ihr Schwanken im Regensommer 1882, als sie in Franzensbad kurte und endlich brieflich ihr Verhältnis löste, auf freundliche Gefühle hin. Dass Jean diese nicht mehr erwiderte, belegt sein Testament von 1895, in dem er sie »von allen wie immer gearteten Erb-, Fruchtgenuss-, Unterhalts- oder sonstigen Ansprüchen an meinen Nachlaß unbedingt« ausschließt.[407]

Die Idee sollte sich als Königsweg erweisen. Herzog Ernst II., der mit den meisten Regenten Europas verwandt oder verschwägert und überdies ein Bühnenmann und tüchtiger Komponist war, hatte sich das Recht genommen, die Ehen seiner Untertanen, also der Bürger von Sachsen-Coburg und Gotha, zu trennen und dadurch ihre Wiederverheiratung zu ermöglichen. Diese Eheschließungen waren rechtsgültig und mussten auch außerhalb seines Landes anerkannt werden. So hatte er ein Hochzeits- und Scheidungsparadies geschaffen.

Jean sicherte noch beim Obersthofmeisteramt ab, dass er durch den Wechsel der Staatsbürgerschaft den Titel des Hofballmusik-Direktors nicht verlieren würde, dann macht er sofort Nägel mit Köpfen. Trutter unterstützte ihn erneut, besprach vermutlich jeden Schritt mit den Behörden vor und erreichte dadurch, dass bereits am 8. Dezember der König des Wiener Walzers, Johann Strauss (Sohn), kein Österreicher mehr war. »Es waren zwar persönliche Gründe, die den Sechzigjährigen 1885 veranlassten, die k. u. k. Staatsangehörigkeit aufzugeben. Aber die Selbstverständlichkeit, mit der er dies tat, zeugt nicht gerade von einem innigen Patriotismus«, kommentierte die Historikerin und Wahlwienerin Brigitte Hamann die Begleitumstände seines Schritts. Im offiziellen Wien und in der k. u. k. Monarchie verzieh man ihm diesen Schritt nie. Freunde wie Brahms dagegen hielten zu ihm.

Johann Strauss (Sohn) im bequemen Hausanzug bei der Arbeit.

Eine kurze Periode der Staatenlosigkeit folgte, bis Jean den nächsten Schritt machte: das Ansuchen um die coburgische Staatsangehörigkeit. Voraussetzung für diese war die dauerhafte Niederlassung in dieser »kleinen spießbürgerlichen Stadt«, wie Jean sie einmal nannte. Im Anschluss an ihre Kunstreise nach Russland fuhren Jean und Adele über Lichtenfels, wo Adele zurückblieb und Jean mit seinem Diener Peter »in die Höhle des Löwen« reiste. Auf Wunsch Adeles geschah all dies unter strengster Geheimhaltung. Die an sich liebliche, hügelige Umgebung Coburgs schreckte Jean ab. Er hatte panische Angst vor Anhöhen und hielt es nur in ebenem Gelände aus. Trutter erwirkte, dass eine Ansiedlung ohne Daueraufenthalt akzeptiert wurde. Die bescheiden dimensionierte Villa Bruns am Pilgramsroth, direkt vis-à-vis des Hofgartens, wurde vorübergehend gemietet. Tatsächlich kontrollierten coburgische Behörden, ob Jean sich zeitweise in der Villa aufhielt, ließen sich aber einstweilen mit Ausreden abspeisen. Nun endlich durfte er sich von Lili scheiden lassen.

Schwierig wurde es noch mit dem ebenfalls erforderlichen Wechsel der Konfession. Dieser verursachte Aufhaltungen und war erst am

9. Juli 1886 perfekt. Johann Strauss, Hofballmusik-Direktor seiner Allerkatholischsten Majestät, war jetzt Protestant Augsburger Bekenntnisses. Der Konversionsprozess verzögerte auch die neue Eheschließung bis weit ins Jahr 1887. Es bedurfte erst Adeles energischer Intervention, damit das Werk endlich vollendet wurde. Nach einem Treffen zwischen Herzog Ernst II. und Jean im Januar 1887 in Gotha waren die coburgischen Behörden in der Lage, über Johanns Wunsch zu entscheiden, den Bürgereid zu leisten. Am 28. Januar war Jean, begleitet von Trutter, erneut in Coburg und entledigte sich dieser Pflicht. Adele blieb dies erspart, sie weilte in Prag bei ihrer Schwester Luise und deren Mann Josef Simon. Euphorisch, diese Prüfung überstanden zu haben, schrieb Jean an Adele:

> »So mußt Du gegen mich – Deinen Jeany Gerechtigkeit widerfahren lassen – er fügt sich in alles – ja in's größte Ungemach um Dir zu beweisen, daß er Dir mit Herz und Seele ergeben und keinem andern Weibe zu Liebe gethan hätte, was er für dich thut. Pepi [Trutter] hat an einer fürchterlichen Stelle während der Fahrt die Karten (beim Piquet) bei Seite schieben müssen, um mich nicht noch nerveuser durch sein Drängen weiterzuspielen zu machen; er hat gesehen – daß ich leide und hat in zartester Weise mich zu beruhigen getrachtet.«

Das größte Opfer war die Pflicht zur zeitweiligen Residenz in Coburg, die die dortigen Behörden sich nicht abbedingen ließen. Am 31. Mai 1887 zogen Jean und Adele in einer repräsentativen Villa ein. Auf dieser Basis konnte das Gesuch zur Trauung erneuert werden, und im Herbst sollte die Rückreise nach Wien stattfinden. Jean hatte sich Arbeit mitgebracht, die Operette *Simplicius*. Allerdings mussten die Brautleute ihrem Eindruck Rechnung tragen, dass trotz aller Diskretion in Wien und wohl auch in Coburg gegen ihre Eheschließung intrigiert wurde. Gut, dass sich Jean den Erzherzog Johann Salvator verpflichtet hatte. Er schrieb ihm, um »eine große Gnade zu erbitten, deren Gewährung für mich und mein ganzes künftiges Familienglück von entscheidender Bedeutung wäre«. Der leutselige Erzherzog sollte in Coburg zugunsten Jeans intervenieren. Bereits eine Woche später lagen Jeans Bittbrief und Johann Salvators Empfehlung in der Coburger Hofkanzlei vor.

Am 11. Juli 1887 endlich schied Herzog Ernst II. Jeans Ehe mit Lili Dittrich. Und bereits am Folgetag ließ der Bräutigam den Ehevertrag ausfertigen und unterschrieb ihn zusammen mit Adele. Nun mussten sie noch das Aufgebot abwarten, und am 15. August holte die festlich geschmückte Hochzeitskutsche des Posthalters Christian Mönch unter großer Anteilnahme schaulustiger Coburger das Brautpaar in seiner Villa zur standesamtlichen Trauung ab. Die kirchliche Zeremonie erfolgte unmittelbar anschließend in der Schlosskirche.

Am Tag nach der Hochzeit verließen Adele und Johann Strauss Coburg nach Franzensbad, um nie wieder zurückzukehren. Erst dort entspannten sie und feierten ihre »junge« Ehe, bis in Wien der Alltag wieder begann.[408]

Dass diese Ehe von Harmonie und gegenseitigem Respekt getragen war, bewiesen nicht nur die Zeugnisse aus dem Freundeskreis, sondern auch die vielen kleinen Liebesbriefe, wie Jean sie zu schreiben liebte, wenn er mitten in der Nacht – Adele schlief schon längst – noch arbeitete und auf einmal die Emotion ihn überkam:

»Nachts. Meine heißgeliebte Adele!

Es geht ganz lustig zu in meinem Innern, fröhliche Melodien summen mir im Kopf, das von Freude, Glückseligkeit übervolle Herz schlägt lustig im Takt dazu. Soll ich da an's Schlafengehen denken? Doch ein Dir gegebenes Wort zu halten, ist mir heilig – daher ich dem übermütigen Treiben ein Ziel setzen muß und es mir nur noch gestattet sein soll, derjenigen zu gedenken, welche die Macht besitzt, Seele und Herz in so rosige Stimmung zu versetzen. Hoch mein Engel Adele! Du bist die Herrin meines Glückes, meines Lebens!

Dich umarmend, Dein ewig. Dein Jean.«[409]

Dass Jeans Ehe vor Erotik geknistert hat, ist angesichts derart gegeneinander verschobener Biorhythmen unwahrscheinlich. In einem

Brief aus diesen Jahren sagt Jean recht unverblümt, dass seine sexuelle Potenz im Gegensatz zu seiner musikalischen stehe.

Dem Coburger Herzog bewies Jean seine Verbundenheit, indem er ihm den *Simplicius* widmete. Dieser blieb nicht seine letzte Operette. Jean verblieben noch fast zwölf Jahre, die er mit Arbeit anfüllte. Mag er mit seiner Ausbürgerung beim offiziellen Wien auch in Ungnade gefallen sein: Seinen Werken wurde dennoch applaudiert. Nicht mehr mit derselben Begeisterung – man hatte genug Zeit, sich an das Phänomen Johann Strauss zu gewöhnen. Es gab auch Buhrufe und Verrisse. Er trug sie. Aber man huldigte gern seiner Erfindungskraft und der Schönheit, Zugänglichkeit und scheinbaren Einfachheit seiner Melodien.

Musiker gelten nicht unbedingt als Menschen, die ihren Kollegen deren Erfolge von ganzem Herzen gönnen. Dies gilt ganz besonders dann, wenn diese Erfolge in flexibler Anpassung an den Geschmack der Zuhörer wurzeln. Erstaunlicherweise aber liest sich die Reihe derer, die dem »Unterhaltungsmusiker« Johann Strauss (Sohn) ihre Reverenz gezollt haben, wie ein »Who's who« der »Ernsten Musik« des 19. und frühen 20. Jahrhunderts: Freund Brahms ohnehin, aber ebenso dessen Antipode Wagner sowie Wagners »Jünger« Bruckner; dazu Berlioz, Mahler, Schönberg, Strawinsky, Berg, Webern, Richard Strauss, Ravel, Boulez, um nur die markantesten von ihnen zu nennen. (Umso bedauerlicher für Edi und den hochtalentierten, aber zu früh gestorbenen Pepi, dass solche Zeugnisse bei ihnen weitgehend fehlen.) Die generelle Zugänglichkeit der strausssschen Musik wird häufig als Harmlosigkeit missverstanden – tatsächlich ist etwas dahinter, das fast alle großen musikalischen Zeitgenossen anerkannten. Über ihren Begegnungen walteten manchmal skurrile Umstände, wenn etwa dem oberösterreichischen Heimat- und Volksmusikforscher Hans Commenda zu glauben ist:

> »Am Tage nach der sieghaften Aufführung der VIII. Symphonie in Wien [1892] rief Strauß einem Freunde Bruckners auf der Straße zu: ›Du, gestern hab i a Symphonie von Bruckner g'hört! Die war einfach großartig! Geh, bring mir'n amal!‹ Als Bruckner bald darauf der Einladung des Walzerkönigs folgte und zum Besuch erschien, sprach er in seiner devoten Art Strauß mit ›Großmeister‹ an. Doch dieser wehrte

energisch ab und meinte in edler Bescheidenheit: ›Na, na, Sie sand der Großmeister. I bin nur a Vorstadtkomponist.‹«[410]
»Kein Komponist von Graden ist noch während seiner Hauptlebenszeit und dann posthum bis heute von seiner Kollegenschaft dergestalt und mit ausschließlich positiven Detail-Worten gewürdigt worden wie er.«[411]

So respektvoll fasste Otto Brusatti diesen Beifall zusammen. Strauss-Verächter, das waren Menschen wie Karl Kraus; das waren Intellektuelle – eine Bezeichnung, die diese keineswegs herabsetzen soll. Genauso wenig soll in den Chor jener eingestimmt werden, die »die Intellektuellen« verdächtigen, »uns« den Musiker Strauss und seine Musik madig zu machen, denn sie haben dies nicht verdient. Wie jedes Ding auf Erden hat auch Musik differenzierende Betrachtung verdient, sonst wäre eines so gut wie das andere und, auf die Spitze getrieben, ein Kuss so gut wie ein Schlag.

Dass aber »Volks-« und »E-Musiker« sich verbünden in ihrer Huldigung an Jean, das ist zu Recht ein Stachel im Fleisch eines jeden, der sich für Beethoven, Schubert oder Mendelssohn begeistert und mit Jeans Musik »nichts anfangen kann«. Es hat daher nicht an Versuchen einer Erklärung gefehlt. Der Wiener Otto Brusatti attestierte dem Wiener Karl Kraus ein »Unvermögen, Musik emotional zu erkennen, zuhörend zu erleben, im intellektuellen Genuss nachzuvollziehen«[412].

Ein Kennzeichen intellektueller Überheblichkeit ist vermutlich das Misstrauen in alles, was vielen Menschen gefällt. Das kann nur leicht fassbar sein und deshalb nicht auf dem Niveau der intellektuellen Geisteselite angesiedelt. Möglicherweise manifestieren sich gerade in symbolhaften Figuren wie dem Walzerkönig grundlegend unterschiedliche Auffassungen dessen, wofür Musik »gut sein soll«, und ebenso unterschiedliche Strategien, den Schmerz zu bewältigen, der unvermeidlicher Begleiter eines jeden Menschenlebens ist. Jean (und ebenso sein Vater und seine Brüder) haben Millionen Menschen stärkende und tröstende Elixiere gegen diesen Schmerz gebraut und kunstreich verabfolgt. Diese Elixiere erlaubten es geengten und gedrückten Menschen, sich selbst loszulassen im Taumel von Klang und Rhythmus und wenigstens zeitweise abzuschütteln, was sie quälte. Es wieder auszuhalten im und mit dem Leben, wenigstens bis zum nächsten Ball oder Konzert. Ihrem Leben einen Pulsschlag zu geben und in diesem ihre Herzen periodisch aufzuweiten. Dies ist nicht politisch und mag reaktionär klingen, da es gesellschaftlichen Übeln nicht an die Wurzeln geht. Aber es ist menschlich.

Spät wurde der zaghafte Revolutionär Jean noch einmal politisch. Nach 20 Jahren Wirtschaftsflaute war der Antijudaismus in den deutschen Ländern unerträglich. In Wien gipfelte er 1897 in der Wahl des populistisch mit antisemitischer Rhetorik spielenden Karl Lueger zum Bürgermeister. Juden waren für ihn »Raubtiere in Menschengestalt«. In Berlin hat sich 1890 der Verein zur Abwehr des Antisemitismus gegründet, 1891 zog Wien nach unter Führung von Arthur Gundaccar Freiherr von Suttner, Ehemann der späteren Nobelpreisträgerin Bertha von Suttner. Jean trat diesem bei, ebenso wie etwa die Erzählerin Marie von Ebner-Eschenbach. Er gehörte zu den prominentesten Mitgliedern des Vereins und setzte damit ein öffentliches Zeichen. Seine wirtschaftliche Unabhängigkeit erlaubte ihm nun auch politische Unabhängigkeit.

Viel hatte sich verändert in der Stadt seit Jeans Jugendtagen. Als 1893 sein Geburtshaus, das Haus *Zur Goldenen Ente* in der Lerchenfelder Straße, abgerissen wurde, soll er dem Biografen Procházka zufolge manchmal hingewandert sein und lange still vor den Trümmern gestanden haben.[413]

1895, im Jahr seines 70. Geburtstages, legte Jean letzte Verfügungen über sein Vermögen vor, die er zwei Jahre später knapp ergänzte. Sein Letzter Wille sah vor, was sein Urgroßneffe Eduard Strauss wie folgt zusammenfasste:

> »Erbe nach Johann Strauss Sohn ist die Gesellschaft der Musikfreunde in Wien.
>
> Adele und ihre Tochter Alice erhalten teils als auf den Todesfall Beschenkte, teils als Vermächtnisnehmer neben jährlichen Renten vor

allem die nach Johanns Tod anfallenden Tantiemen und ›Autorenrechte‹, allerdings unter der auflösenden Bedingung, dass sich Adele nicht wieder verheiratet. Adele erhält dazu noch die ›Fahrnisse‹, wie wir Juristen sagen, oder wie es altmodisch, aber so schön treffend heißt: ›Alles, was in diesem Hause nicht erd-, mauer-, niet- und nagelfest ist‹ aus dem Palais in der Igelgasse; sie soll die Memorabilia gut verwalten.

Die Schwestern Anna und Therese erhalten auf ihre jeweilige Lebensdauer die sonstigen, restlichen Nutzungen aus dem hinterlassenen Vermögen.

Josef Strauss' Tochter sowie Eduard Strauss und seine Familie gehen leer aus.«[414]

Seinen letzten öffentlichen Auftritt bestritt Jean am Pfingstmontag 1899 in der Hofoper: anlässlich des 25. Jubiläums der *Fledermaus* dirigierte er deren Ouvertüre. Wenige Tage später erkrankte er an doppelseitiger Lungenentzündung. Am 3. Juni 1899 starb er in seinem Wiener »Igelheim«. Der Trauergottesdienst fand in der evangelischen Kirche der Innenstadt in der Dorotheergasse statt. Bei seiner Beisetzung in einem Ehrengrab auf dem Zentralfriedhof war halb Wien auf den Beinen, wie schon bei seinem Vater, dem ersten Walzerkönig.

Dass Adele kein Inventar des beweglichen Nachlasses – darunter Kostbarkeiten wie Musikinstrumente und musikalische Autografe – erstellen ließ, wird reichlich Verwirrung und Misstrauen um diesen säen.

Zwei Wochen nach Jeans Begräbnis bot der Vergnügungspark *Venedig in Wien* im Prater die Bühne für dessen musikalische Verabschiedung: eine Johann-Strauss-Gedenkfeier unter Leitung von Carl Michael Ziehrer, dem letzten Hofballmusik-Direktor und einem von Jeans Rivalen. Einen ganzen Tag lang erklang Jeans Musik und verband Freunde und Gegner miteinander.

Kapitel 19

Schatzwalzer: Eine Welt voller Strauss-Konserven

Gehen wir noch einmal zurück in die Zeit, als Krawall das strausssche Komponistenleben würzte. Am 3. Oktober 1883 erlebte Berlin, wie erwähnt, die Uraufführung von Jeans Operette *Eine Nacht in Venedig* – die erste Operetten-Premiere fern von seiner Wiener Heimat. Groll gegen Steiner und dessen neue Menage mit der abtrünnigen Lili war der Hauptgrund für diesen Schritt. Abgesehen von dem – Genée/zellschen textlichen Entgleisungen geschuldeten – Rumpeln bei der Erstaufführung lief die Produktion mit achtbarem Erfolg durch.

Die Wiener Presse allerdings bauschte die »Miau«-Unruhe im Publikum zu einem Skandal auf, in dem Jean als das durch die Preußen misshandelte Opfer figurierte. Österreichische Ressentiments wurden laut. Eine erfolgreiche Wiener Premiere sollte die Scharte auswetzen, was in Deutschland Amüsement hervorrief:

»Lieb Österreich, mach Dir nichts draus,
Fest steht und treu die Wacht am – Strauß!«,

dichtete ein Witzbold in einem Couplet.

Eine Woche später lief die Premiere im *Theater an der Wien* unter Jeans Dirigat. »Die neue Strauss'sche Operette wurde zum ersten- und zum zweitenmale, ja mitunter zum drittenmale aufgeführt, denn das Publikum ließ sich fast jede einzelne Nummer einigemale vorsingen«, jubelte die *Neue Freie Presse*. Gott weiß, welche Selbstverleugnung es Jean kostete, unter den Augen des Theaterdirektors Steiner und dessen Geliebter – seiner Frau noch – die Contenance zu bewahren und die Blicke des Publikums auf sich zu spüren. Sah man unter seinem dunkel getönten Altherren-Haarschopf Hörner hervorlugen? Der Applaus muss eine Erlösung gewesen sein. Anschließend gönnte Jean sich eine längere Erholungspause, wie die *Wiener Zeitung* am 18. November 1883 berichtete.[415]

Ob seine müßigen Gedanken manchmal zu seinen amerikanischen Triumphen schweiften? Mag gut sein. Allerdings ist es unwahrscheinlich, dass er Kenntnis erhielt von einem Patent, das ein in den Vereinigten Staaten lebender badischer Uhrmacher in New York angemeldet hatte, denn die Zeitungen im musikalischen Wien erwähnten es nicht. Einem gewissen Emil Welte war es nämlich erstmals gelungen, Notenpapier hörbar zu machen.

Wie dies gehen sollte? Indem Welte eine Wiener Spezialität »vom Kopf auf die Füße stellte«, nämlich die Flötenuhr – eine Uhr, die statt Glockenschlägen Musik hören ließ. Für diesen Luxusartikel des 18. Jahrhunderts hatten unter anderem Haydn, Salieri, Mozart und Beethoven eigene Melodien geschrieben. Technisch gesehen handelt es sich um eine Art Orgel: Ein Gebläse setzt ein Pfeifenwerk in Schwingungen. Wann welche Pfeife zu ertönen hat, bestimmen kleine, auf einer rotierenden Walze angebrachte Metallstifte. Eine solche Stiftwalze ist ein feinmechanisches Wunderwerk. Einmal angebracht, sind die Stifte nicht mehr veränderbar, daher muss der Komponist Tonhöhen und Tempi genauestens festlegen. Wir hören also ein auf der Flötenuhr gespieltes Haydn-Menuett abgesehen von der Klangfarbe genauso, wie der Maestro es sich vorgestellt hat – weshalb Flötenuhren unentbehrliche Referenzen in Fragen der historischen Aufführungspraxis klassischer Musik sind. Welte, ein Pionier der mechanischen Musikerzeugung, setzte genau an dem springenden Punkt der Unveränderbarkeit an. Wie wäre es, wenn statt der teuren, klobigen Walze ein schnell auswechselbarer Streifen billigen Papiers die Tonsteuerung übernähme?

Was er austüftelte, revolutionierte nicht nur die Musik. Mit seiner Erfindung ließen sich Informationen jeder Art auf preiswerten und daher massenhaft herstellbaren Datenträgern speichern sowie automatisch und beliebig oft reproduzieren – vorausgesetzt, der Nutzer besaß das Abspielgerät. Ohne Weltes Erfindung ist die moderne Daten- und Informationstechnik undenkbar. Schließlich ist auch gedruckte Musik – prosaisch genug – nichts als Information.

Was nun denkbar war und schnell technisch umgesetzt wurde, war das Konservieren von Musik für ihre massenhafte, automatisierte

Wiedergabe. Welte hatte sein Geschäft im Verfolg: Musikautomaten aus der Familie der Kirmesorgeln. Eine entscheidende Verbesserung trug ein anderer amerikanischer Ingenieur bei, denn bei Welte fehlt eines: orchestraler Originalklang. Was immer die musikalische Vorlage war: Hörbar wurde ein Pfeifeninstrument, keine Violine, keine Trompete, kein Klavier. Der hauptsächlich mit dem Namen Edison verbundene Phonograph löste dieses Problem, denn die Datenträger in ihm speicherten Schallwellen, die durch die Aufnahme eines konkreten Musikereignisses auf dem Datenträger aufgezeichnet wurden. Die Erfinder experimentierten mit den verschiedensten Datenträgern – Edisons »Cylinder Records« waren als Erste am Markt mit Walzen, die der Besitzer eines Abspielgeräts mit auswechselbaren Folien bespannen konnte. Auf der Pariser Weltausstellung 1889 dürften sie ihren ersten Auftritt gehabt haben.[416]

Für Edison waren Aufnahmen von Orchestermusik eine »Killer-Applikation« – das Geschäft, das mit am meisten Erfolg versprach. Denn jeder konnte nun jederzeit und an jedem Ort ein privates Hauskonzert veranstalten – oder einen öffentlichen Tanzball. Das Unternehmen beschäftigte für seine Aufnahmen zeitweise sogar ein eigenes Sinfonieorchester. Edison soll allerdings in sehr moderner Manier von der völligen Ersetzung des Menschen in der Produktion von Kunst geträumt haben – oder meinte er es satirisch, wenn er denn tatsächlich sagte, was ihm zugeschrieben wird:

> »Ich bin gegenwärtig damit beschäftigt, einen Auto-Komponierapparat zu vervollkommnen, der Straußophon heißen und jedermann in die Lage versetzen wird, seinen Bedarf an Walzern selbst und sofort herzustellen. Das Straußophon wird rascher arbeiten, als es Herr Johann Strauß bisher vermochte.«[417]

Was sich schließlich statt Edisons Walzer-Walzen durchsetzte, waren schwarz gefärbte Platten aus einem Naturprodukt: dem asiatischen Schellack. In zwei spiralförmigen Rillen – einer auf jeder Plattenseite – war die Information in Gestalt kleinster Unebenheiten codiert. Während die Platte rotierte, tastete eine Metallnadel diese Unebenheiten ab und übertrug das entstehende Vibrationssignal auf eine Membran, die im Takt der Musik schwingen konnte und über einen Trichter diese Schwingungen verstärkt an die Umgebung abgab. Anfang 1890 fand im *Belle-Alliance Theater* in Berlin die wohl weltweit erste kommerzielle Grammofonvorführung statt.[418]

Die Sträusse wären nicht die Sträusse gewesen, wenn sie nicht äußerst aufmerksam die Potenziale und die Gefahren der neuen Technik für ihr Geschäft beobachtet hätten. Edi entschloss sich, die Chancen beim Schopf zu packen. Während seiner fünfmonatigen Tournee durch den deutschsprachigen Raum im Frühjahr und Sommer 1889 ließ er Konzerte der Strauss-Kapelle für den Phonographen aufnehmen. Eine kurz darauf komponierte und in Amerika uraufgeführte Polka française nannte er *Phonograph*. Die Schallplatte war da noch gar nicht eingeführt. Sie kam 1898 mit der »Deutschen Grammophon« des amerikanisch-deutschen Erfinders Emil Berliner auf den europäischen Markt.

Jean quälte sich in diesem Jahr mit seinem Verleger Cranz. Brahms fädelte für ihn eine Verbindung zu dem Berliner Friedrich August Simrock ein. Der Wiener Strauss ließ nun beim Preußen Simrock publizieren – auch eine Art von Emigration. Vertraglich band er sich für drei Jahre. Auch seine letzte Tournee mit Walzermusik im Reisegepäck ging nach Berlin. Bei der feierlichen Eröffnung des Berliner Konzertsaals *Königsbau* schlug sein *Kaiser-Walzer* – ein politischer Appell an die Verbundenheit der Kaiser Franz Joseph I. und Wilhelm II. – fulminant ein. Simrock war zufrieden. Dabei lief der allgemeine Trend im breiten Wiener Musikgeschmack gegen ihn. Orchestermusik wie die der Sträusse war kein Selbstläufer mehr. Die Militärkapellen, die kostenlos auftreten konnten, da das Regiment die Musiker besoldete, machten den Konzertunternehmern harte Konkurrenz um die knapper werdenden Mittel des Wiener Publikums. Schon 1883 erklärte Edi, er werde daher vermehrt im Ausland auftreten. Außerdem bevorzugten viele Menschen jetzt intimere Formate wie das Wienerlied. Kleinensembles wie die Schrammel-Brüder, »Bardenmusik aus den unteren Schichten des Volkes« (Edi), eroberten sogar die böhmischen und deutschen Bühnen.[419]

Da kamen die Tonträger gerade recht. In den Vereinigten Staaten waren die »Musikzylinder« ab 1892 am Markt. Und 1897 konnten Amerikaner Jeans *Donauwalzer*, gespielt vom »Edison Symphony Orchestra«, kaufen und auf dem Phonographen anhören. Ob der Komponist, der zu dieser Zeit sein Schönauer Hofgut verkauft hatte und am liebsten nur für seine Produktionen von Ischl nach Wien fuhr, Kenntnis davon erhielt? Er mühte sich mit seiner 15. Operette *Die Göttin der Vernunft*, der er keinen Erfolg voraussagte, denn der Stoff war dezidiert antichristlich. Er ahnte Skandal und versuchte sich aus dem Projekt zurückzuziehen, aber die Librettisten drohten ihm mit Schadenersatzforderungen. Zur Premiere am *Theater an der Wien* ließ er sich entschuldigen, krankheitsbedingt, wie er ausrichten ließ – die erste Operetten-Uraufführung, bei der er fehlte. Und er behielt recht. Die Göttin wurde kontrovers aufgenommen und verschwand nach 35 Aufführungen vom Spielplan. Hanslick schrieb freundlich: »Der gelungenen Vorstellung fehlte nur eines: die Anwesenheit unseres Johann Strauß. Er würde an dem Abend viel Freude erlebt und noch mehr Freude bereitet haben.«[420]

Ab etwa 1898 waren – beginnend mit dem *Donauwalzer* – die auf Tonträgern konservierten Konzerte und Aufführungen der Sträusse auf allen fünf Kontinenten jederzeit zu hören, unabhängig davon, wo die Schöpfer sich aufhielten. Die *Morgenblätter* folgten, die *Geschichten aus dem Wienerwald*, das *Künstlerleben*, der *Lagunenwalzer*, populäre Nummern aus der *Fledermaus* und dem *Zigeunerbaron*.[421] Die technische Reproduzierbarkeit von Musikwerken machte die Unterhaltungsindustrie endgültig zur Branche für den Massenmarkt. Der »Schlager« wurde geboren. Und die Sträusse gehörten zu den ersten Weltstars in diesem Massenmarkt.

Edis familiäre Misere drohte in dieser Zeit all seine Lebenspläne umzuwerfen. Sein Kindheitsdrama hatte sich an seinen beiden Söhnen Johann und Josef, geboren 1866 und 1868, wiederholt: Ihnen fehlte auf weite Strecken ihres Lebens der Vater. Rastlos tourte dieser nämlich ab 1879 im Sommer mit der Strauss-Kapelle und lebte auch im Winter vor allem für seine Musik. Maria war auf sich allein gestellt – und auf ihre Söhne. Was die Knaben im Überfluss zur Verfügung hatten, das war Geld. Sie hielten sich schadlos daran – umso mehr, als Edi die komplette Verwaltung der Finanzen an Maria übertragen hatte. Als Tochter eines Gastwirts wusste sie, was Geld war, und sollte auch wissen, wie man es geschickt zusammenhielt und vermehrte. Doch eine seltsame Symbiose hatte sich zwischen Mutter und Kindern entsponnen: Wenn diese Geld wünschten, so erhielten sie es auch. Von welchem Konto es kam, das interessierte Maria nicht so sehr.

Sie brauchten es hauptsächlich dann, wenn sie ihre Schulden bezahlen mussten, die sie durch ihren extravaganten Lebensstil verursacht hatten. Worin genau ihr »leichtsinniger Lebenswandel« bestand, darüber schwieg Edi sich aus. Der Strauss-Forscher Norbert Rubey nannte später schwere Spielsucht als wahrscheinlichsten Grund.[422]

Edi, gerade an der ersten Station seiner Deutschland-Tournee 1889 angekommen, dankte Schwägerin Adele aus Hamburg brieflich für deren »süße« Abschiedsgrüße – vermutlich eine Art Konfekt, das sie ihm aufmerksamerweise mitgegeben hatte. Dann rückte er in offensichtlich höchster Erregung heraus mit seinem großen Kummer:

> »Leider verließ ich gestern Wien in trüber Stimmung, da ich eben Nachmittag erst [mit] Marie u. meinem Sohn Johann eine Besprechung pflog, und eine Maßregel erörterte, welche sich jetzt als unerläßlich erweist, sollen die tollen Streiche meines Sohnes Josef, eines entarteten Menschen, – nicht in's Unendliche gehen! Nicht Güte, nicht Strenge erzielte etwas, er eilt seinem Schicksal unaufhaltsam entgegen. Seit 3 Jahren sind jetzt diese trüben Erlebnisse, welche mir unsagbaren Kummer bereiteten, meine Gesundheit störrte [sic!], u. jetzt meiner arme [sic!] Marie ein neues Leiden, einen Herz-Nerven-Affect – (durch Weinen u. schlaflose Nächte!) verursachte!
>
> Nicht rühren ihn die Thränen der Mutter, nicht als ich im Carneval durch ihn krank wurde – er setzt sein wüstes – ja tolles Leben fort, mit Schauspielerinnen, und jetzt mit einer dem Kronprinzen nahe gestandenen Hetäre!!!

Die scheußlichsten notorischen u. stadtbekannten Lumpe sind in seiner Gesellschaft! Und fort u. fort neue Schulden! Was nützt, liebe Adele, da bei einem Menschen, Erziehung u. Familie, – wenn einer zu solcher <u>Entartung</u> geneigt ist!!! Bedauere mich u. Marie! Wir haben uns geeinigt, Jean u. Dir [sic!] von unserem Schritte rechtzeitig in Kenntnis zu setzen, damit Ihr nicht aus den Zeitungen es erfährt!«[423]

Hetäre!!! Die erwähnte Dame war keine andere als die wenige Tage zuvor unrühmlich bekannt gewordene Mizzi Caspar, mit der, den geheimen Polizeiakten zufolge, Kronprinz Rudolph die Nacht vor seiner fatalen Fahrt nach Mayerling verbracht hatte. Eine Agentin, die jedes Wort des Kronprinzen an die Behörden durchgestochen hatte. Was wussten diese nun über die Sträusse? Konnte das gefährlich werden – sprich: Geld kosten? Hatte es vielleicht schon Geld gekostet – Schweigegeld? »Fort u. fort neue Schulden« – bei wem? Bei Wucherern, wie sie leichtsinnigen Menschen, etwa Glücksspielern, gern »aushalfen«, um anschließend die Schuld umso gnadenloser einzutreiben?

Und welcher Art waren die von Edi angedeuteten Schritte? Per Rechtsanwalt ließ Edi seinem Josef den Hinauswurf aus dem gemeinsamen Haushalt ankündigen. Eine hilflose Maßnahme, denn was immer Josef anfing – es ging unter in seiner Kopf- und Zügellosigkeit. So auch eine Militärkarriere beim 5. Dragonerregiment. Immer wieder präsentierte Josef die Forderungen »jener, die in der Aussicht (oder Absicht), von den Eltern das Geborgte ersetzt zu erhalten«[424] (Edi), ihn zur Prasserei ermunterten. Um Skandal zu vermeiden, wurde stillschweigend gezahlt. So ließ es sich auch gut leben – an der Jeunesse dorée parasitierend. Maria musste diese Forderungen regulieren. Edi hätte sie stoppen müssen, konnte es aber nicht. Irgendwann scheint Maria aufgehört zu haben, darüber zu sprechen. »Es darf nichts herauskommen«, das hieß ursprünglich: Die Presse darf keinen Wind davon bekommen. Nun hieß es: Papa darf nichts davon erfahren. Edi konnte sich damit beruhigen, dass seine Söhne schließlich in Stellung seien – Josef beim Militär, Johann im Rechnungsdepartement des

Ministeriums für Cultus und Unterricht. Die Gewohnheiten blieben die gleichen. Das Geld floss trotzdem ab, für Josef, aber auch für Johann. Am 15. März 1897 feierte Edi seinen 62. Geburtstag. Für ihn war es eigentlich Zeit, an seinen Ruhestand zu denken, wie es andere erfolgreiche Männer seines Alters in Wien taten. Sein Vater und sein Bruder Josef hatten dieses Alter gar nicht mehr erleben dürfen. Nur Jean, der Besessene, ließ sich, seinerseits schon über 70, noch öffentlich sehen und hören.

Und er, Edi? So verliebt in seine Musik war er nicht. Aber er fand sich unversehens angeschmiedet an die Strauss-Kapelle und an das gigantische Musikalienarchiv des Strauss-Orchesters, das die Familie nun schon seit 70 Jahren mit sich schleppte. Wie das? Nun, Wien sollte es nicht mitbekommen, aber der k. k. Hofballmusik-Direktor und mit ihm die gesamte Familienunternehmung der Sträusse – war praktisch bankrott. Er selbst machte seine Sicht auf diese Katastrophe neun Jahre später in seinen Erinnerungen wie folgt öffentlich:

»Das Frühjahr des Jahres 1897 bildet aber wohl den trübsten Zeitabschnitt in meinem Leben, denn es brachte mir die herbsten Enttäuschungen und den bittersten Schmerz, welche einen Gatten und Vater treffen können … Meine Frau, mit welcher ich bis zum Eintritt meiner beiden Sohne ins Jünglingsalter in bestem Einvernehmen lebte, unterstützte in Vergessenheit der Pflichten gegenüber ihrem Gatten, dem Ernährer der Familie, die beiden Söhne in ihrem leichtsinnigen Lebenswandel und vergaß sich soweit, daß sie vom Jahre 1894 angefangen bis zum Jahre 1897 die Depotscheine des von mir durch meine Kunstreisen in den Achtziger- und Neunzigerjahren unter vielen Mühen und Entbehrungen erworbenen Vermögens von 256.000 Kronen bis auf einen Rest von 3600 Kronen dem älteren Sohne ausfolgte.«

In diesem vermaledeiten Jahr 1897 endlich entdeckte Eduard, dass Maria fast die gesamten Gelder der Familie veruntreut hatte, um sich selbst und ihre Kinder vor dem Wiener Klatsch zu retten. Mehr noch, behauptete Edi:

»Außerdem belastete sie ein mir und ihr gehöriges großes Zinshaus [Miethaus] im Werte von 280.000 Kronen derart, daß nach dem von ihren Gläubigern forcirten Executionsverkaufe [Zwangsversteigerung] dieses Hauses für meinen Teil nur 1600 Kronen verblieben! Auch lieferte sie dem älteren Sohne das in ihrer Verwahrung gewesene Barvermögen von Verwandten aus und ich mußte ... den letzteren ihr Vermögen von 14.000 Kronen und einer Verwandten wegen erlittenen Schadens durch den executiven Verkauf des Hauses den Betrag von 16.000 Kronen ersetzen.«[425]

Seinen gesamten Schaden aus der Veruntreuung bezifferte Edi auf 738.600 Kronen, nach alter Währung also fast 400.000 Gulden. Heute wären es acht Millionen Euro. Ein so gewaltiges Kapital zu verprassen, schafften die beiden Jünglinge zwar nicht in den von Edi erfassten drei, aber in zehn Jahren; in Wirklichkeit »arbeiteten« die beiden seit 1887 daran. Als Hauptverantwortlichen identifizierte Edi seinen Stammhalter Johann.

Als Schrecken und Zorn sich etwas gelegt hatten, handelte Edi radikal: Er brach den Kontakt zu Maria und seinen Söhnen ab, zwang Maria, die überaus repräsentative Familienwohnung in der Reichsratsstraße 9 zu verlassen, und entmündigte sie in finanziellen Angelegenheiten. Das Recht hierzu hatte er ohne Weiteres. Maria und Josef zogen in die Waaggasse 1 an der Ecke Wiedner Hauptstraße. Dort wohnten sie weit weniger prächtig als Edi, aber immer noch in stilvoller Umgebung – Maria bis 1921, als sie 81-jährig starb. Der finnische Komponist Jean Sibelius hat hier während seines kurzen Wien-Aufenthaltes wenige Jahre zuvor gewohnt. »Diese Luft macht mich verrückt«, heißt es auf einer Gedenktafel am Haus für den finnischen Komponisten. Jedenfalls sorgte die Wiener Luft bei den Sträussen für einige »verrückte« Ehen.

Die Familie Strauss war auseinandergebrochen und lebte nun in anhaltendem, nun doch öffentlich ausgetragenem Streit. Eduard sah seinen Leumund gefährdet, besonders als 1904 Johann wegen »Crida« (betrügerischen Bankrotts) vor Gericht gezogen wurde – und diese Gelegenheit nutzte, um reichlich schmutzige Wäsche zu waschen.

Dennoch, so behauptete Edi, ließ er seine Söhne nicht fallen. Der Hofballmusik-Direktor versuchte seinen Einfluss geltend zu machen, damit Johann seine Stelle als Ministerialbeamter – die ihm immerhin 4.200 Kronen im Jahr brachte – nicht verlor; leider vergebens. Nun wollte auch Johann sein Glück in der Musik versuchen. Eduard zahlte ihm fortan »eine Subvention von 2.000 Kronen« jährlich.

Doch wie konnte Edi finanziell wieder zu Kräften kommen? Als ersten Schritt nahm er das Tournee-Geschäft wieder auf sich. Schon an seinem erwähnten 62. Geburtstag band er einen neuen Primgeiger, Johann Ronowsky, und hatte bereits konkrete Absichten mit ihm: eine England-Tournee nach dem Muster der erfolgreichen Kunstreise von 1885. Die Vereinbarung mit Ronowsky ist erhalten – ein detaillierter Formularvertrag mit allen denkbaren Haken und Ösen, in dem es von Disziplinarregeln und »Conventionalstrafen« wimmelt. Als Geschäftsmann zu agieren, hatte Edi mit der Muttermilch aufgesogen.

Im Mai 1897 folgte die Strauss-Kapelle tatsächlich einer erneuten Einladung des Londoner Imperial Institute »und concertirte dort durch drei Monate mit demselben Erfolge wie 1895«, wie Edi sich erinnerte. Auch die »prächtigen Cadeaux« (Geschenke) sind ihm im Gedächtnis geblieben – Balsam, mag sein, auf seine tief gekränkte Seele, denn noch aus der Rückschau auf neun Jahre klingt Empörung durch seine Erinnerungen an diesen Verrat.

Doch unversehens war auch diese einst zuverlässige Einnahmequelle bedroht. Denn – angeblich aufgehetzt durch missgünstige Londoner Theaterdirektoren – die Kolonialregierungen protestierten als Finanziers des Imperial Institute gegen die Konzerte des Bürgers aus dem Land eines politischen Wettbewerbers und drohten mit Kürzungen des Budgets.

Das Imperial Institute kündigte die weitere Zusammenarbeit mit dem Wiener Orchester auf. Engagements in Deutschland und den Niederlanden kompensierten diesen Verlust so gut, dass Edi, wie er schrieb, »in 3 1/2 Jahren wieder ein ansehnliches Vermögen mein Eigen nennen konnte«. Den Grund für diesen Erfolg nannte er gleich mit:

»Durch die Umwandlung meiner Capelle in eine solche mit ganzjährigem Engagement der meisten Mitglieder, welche eben die Cadres [also die Rekrutierungsbasis] bildeten, gelang es mir aber, durch strenge Einübung das präciseste Ensemble und die feinste Nüancirung zu erzielen und damit einen Erfolg im Auslande zu erreichen, der es ermöglichte, in den an früherer Stelle erwähnten zahlreichen Städten in jedem Jahre zu concertiren.«

Erfolgreich stärkte Edi also die alte Stärke der Strauss-Kapellen seit den 1820er-Jahren: die Disziplin und Genauigkeit des Zusammenspiels. Für etwa fünf Monate im Jahr gastierte die Strauss-Kapelle im Ausland und verdiente so viel Geld, dass Edi seine Instrumentalisten für den Rest des Jahres halten und bezahlen konnte. Ein Gastspiel in einer Stadt konnte gut und gern einen Monat dauern, so im Mai 1899 in der 450 000-Einwohner-Stadt München. Dort bespielte das Orchester den *Kaimsaal* in der Maxvorstadt, der immerhin 630 Personen fasste. Rechnerisch kann also fast jeder 20. Münchner, ob hoch, ob gering, Edis Musikern zugehört haben, selbst wenn nur ein Auftritt pro Tag stattfand. Die Walzer-Fabrik funktionierte wie eh und je und spuckte Kronen aus, so wie sie unter seinem Vater Gulden ausgespuckt hatte.

Auf wen Edi in seiner Bredouille nicht zählen konnte, war sein Bruder Jean. Die Beziehung der beiden viel beschäftigten älteren Herren scheint infolge der Wechselfälle des Lebens in all den Jahren weiter verflacht zu sein. Jean zumindest glaubte keine Veranlassung zu haben, seinen Letzten Willen aus dem Jahr 1895 Edis neuer Kassenlage anzupassen. Ausdrücklich verfügte er am 24. März 1897, neun Tage nach dem Geburtstag des Bruders:

> »Obwohl das Motiv, aus welchem ich meinen lieben Bruder Eduard in meinem Testament nicht bedacht habe, meines Wissens nun nicht mehr zutrifft, treffe ich doch diesbezüglich keine Änderung. Ich hoffe, daß sich die Verhältnisse meines Bruders wieder bessern werden.«[426]

Hätte er dies ausdrücklich verfügen müssen? Oder müssen wir diesen Passus als gezielte Spitze interpretieren?

In den zwei Jahren, die Jean verblieben, sollten sie sich nicht mehr annähern. Edi war tief verstimmt – auch weil Jeans Ruf den seinen weiterhin überstrahlte. Edi lebte zurückgezogen von den Seinen und war im Übrigen damit beschäftigt, Geld zu verdienen – so beschäftigt, dass die Nachrichten von der tödlichen Erkrankung seines Bruders am 28. Mai 1899 und von dessen Ende am 3. Juni ihn zwar erreichten, aber den Programmablauf nicht beeinflussen konnten. In seinen Erinnerungen entschuldigt er sich wortreich:

> »Ich befand mich nun in der desolatesten Lage. Das Programm der Concerte in diesem Saale konnte dem Orchesterdirigenten nicht anvertraut werden. Das Auflassen der Concerte war aber aus zwei Gründen nicht möglich gewesen, erstlich ob der finanziellen Schwierigkeiten, zweitens, da die Fortsetzung der Tournee in allen Städten mit fester contractlicher Bestimmung des Eintreffens nach drei Tagen erfolgen mußte. So konnte ich denn zu meiner Desparation [sic!] nicht zum Leichenbegängnisse nach Wien kommen.«

»Desolat« schon deshalb, weil er durch den Todesfall der strausssche Familienvorstand mit den entsprechenden Verpflichtungen geworden ist. Immerhin entledigte er sich dieser Pflichten brieflich. Von Berlin aus schrieb er am 11. Juni an Bürgermeister Lueger, dankte ihm und dem Stadtrat kurz und unsentimental für den Nachruf am Grab und für das Jean zuerkannte Ehrengrab – und machte sich wieder an seine Arbeit.

Als krönender Abschluss seiner Laufbahn darf vermutlich seine USA-Tournee 1900/01 gelten. Bereits 1890 hatte die Strauss-Kapelle unter seiner Leitung zwischen Atlantik-Kanada und dem Mittleren Westen alles bespielt, was überhaupt erreichbar war, darunter so exotische Orte wie Cedar Rapids, Des Moines oder Richmond. Siebenmal pro Woche – so die Ankündigung – wurde gastiert, zwischen 14. Mai und 5. Dezember 1890 absolvierte man über 200 Auftritte. Die Beliebtheit europäischer Maestri beim bürgerlichen amerikanischen Publikum war auch zehn Jahre später ungebrochen, die Zahlungskraft der Impresarios legendär. Bereits 1872 war Jean dieser Lockung gefolgt.

Konnte eine Wiederholung dieses Erfolges Edis Finanzen endgültig sanieren?

Als seine »Farewell Tour«, seine Abschiedstournee, deklarierte Edi diese Reise von vornherein und ausdrücklich. Seine vorgerückten Jahre – bei Reiseantritt war er 65 – machten sich nun deutlich bemerkbar. Dennoch ließ er es sich nicht nehmen, fast alle Teile der USA zu bespielen. New York, Boston, Philadelphia, Washington, Pittsburgh, Chicago, New Orleans, Los Angeles, San Francisco, Minneapolis, Cleveland und Baltimore waren nur einige Stationen dieser erfolgreichen Reise. Ironie des Schicksals: Ausgerechnet ein Reiseunfall beendete die Karriere des reisefreudigsten aller Sträusse. Bei einem Eisenbahnunglück bei Pittsburgh erlitt Edi eine Schulterverletzung, die ihn von nun an beim Dirigieren stark behinderte. Die musikalische Reise des technikverliebten Künstlers, der einst für den Eisenbahnerball im *Goldenen Saal* des Wiener Musikvereins seine berühmten Schnellpolkas *Bahn frei* und *Ohne Bremse* komponierte, kam auf tragische Art zum Halten. Dennoch fühlte er sich erleichtert, denn die Plage hatte nun ein Ende für ihn:

> »Nach dem letzten Konzert am 12. Februar 1901 in New York löst er die von seinem Vater 1827 gegründete Strauss-Kapelle am darauffolgenden Tag auf, um sich nach einem langen Musikerleben endgültig zur Ruhe zu setzen.«[427]

Nun also war der letzte der Strauss-Brüder beschäftigungslos und allein – allerdings nicht allein auf weiter Flur. Seine älteren Schwestern Netty und Therese waren noch am Leben und in Wien. Netty wohnte fast noch in Sichtweite des Hirschenhauses, in der Taborstraße gleich neben dem Augarten, Therese in Breitenfeld im 8. Bezirk.

Eine Reminiszenz noch blieb Edi: das Archiv der Strauss-Kapelle. Seit 1827 sammelten die diversen Kapellmeister Partituren, Arrangements, Einzelstimmen, Entwürfe, Bearbeitungen fremder Kompositionen, Melodiesammlungen und Notizen. Hunderte niemals gedruckter Originalwerke wurden in diesem Archiv vermutet. Drei Zimmer in Edis Wohnung sollen voll damit gestanden haben, »Kasten an Kasten«.

Die Existenz dieser Musikalien als solche war natürlich nicht unbekannt – anders als ihre einzelnen Inhalte. Mit seinem Ruhestand war der tonnenschwere und stetig wachsende Schatz mit einem Gesamtumfang von fast einer Million Seiten aus Edis Sicht obsolet geworden – nutzlos und vielleicht sogar gefährlich? Denn zur Gründungszeit der Strauss-Kapelle war geistiges Eigentum nahezu vogelfrei, und es war in keiner Weise ehrenrührig, sich fleißig an dem seiner Kollegen zu bedienen. Die Sträuße selbst hatten tatkräftig daran mitgewirkt, Plagiate juristisch und moralisch zu ächten, indem sie Abschreiber öffentlich anprangerten und mit Prozessen überzogen. Inzwischen allerdings waren aus musikalischen, künstlerischen und wissenschaftlichen Schöpfungen Heiligtümer geworden, und bis zu 30 Jahre nach dem Tod der Urheber durften sie durch Dritte nicht beliebig genutzt werden. In den vergangenen Jahren hatte es mehrere aufsehenerregende Prozesse wegen allzu ausführlichen »Zitierens« fremder Musik gegeben. Gott allein wusste, welche Rechtsbrüche in den Zehntausenden Blättern des Strauss-Archivs steckten und wie sie den geachteten Namen Strauss in den Schmutz ziehen oder gar teure Regresse nach sich ziehen konnten, wenn sie an den Falschen kamen.

So konnte es Edi nur recht sein, dass die Fragen neugieriger Kollegen nach dem Verbleib dieses Archivs mit seinen unschätzbaren Detailinformationen schon allein zur Aufführungspraxis im Laufe der Jahre seltener wurden. Dennoch beschloss er 1907, reinen Tisch zu machen. Mag sein, dass die Niederschrift seiner *Erinnerungen* im Vorjahr alten Groll und alte Sorgen an die Oberfläche seines Bewusstseins gespült hatte. Mag sein, dass die Honorare, die Ziehrer, der alte Konkurrent der Sträusse, einem Arrangeur seines ehemaligen Orchesters nachträglich zahlen musste, ihn alarmierten. Überraschende Details berichtete nach Edis Tod Johann Strauss III., Jeans Neffe und Edis älterer Sohn. Aus dem einstigen haltlosen Glücksspieler war ein geachteter, künstlerisch selbstständiger Musiker geworden, auch wenn er dazu einen Umweg über Berlin machen musste. Da aber auch er ein Strauss war und so klug, dass er sich auf die Strahlkraft des legendären Familiennamens stützen wollte, war er der Einzige, der das Strauss-Archiv noch kapitalisieren konnte.

Dies erkannte auch Edi. Daher schlug er seinem Sohn ein Geschäft vor: Dieser sollte gegen eine unbestimmte Summe das gesamte Konvolut von ihm kaufen – unter ihnen »mehrere hundert Musikwerke, unter anderem viele wertvolle, vergilbte Orchesterarrangements aus der Zeit meines Großvaters und herrliche Opernfantasien meines Onkels Josef«.[428] Doch Johann zockte und zögerte:

> »Nun wollte ich aber eine gewisse Zahl von verbrauchten, unleserlich geschriebenen Stimmen, an deren Stelle ich bereits neue, gedruckte Orchesterarrangements besaß, nicht mit übernehmen.«

Mag sein, dass Johann darauf spekulierte, der alte Herr würde ihm das Material früher oder später ohnehin vererben. Jedenfalls hatte er sich verspekuliert, denn Edis eigentliche Motive könnten ihm unklar gewesen sein. So nahm das Unheil seinen Lauf und resultierte im vielleicht »größten Vandalismus der Musikgeschichte« und einer »Operation in industriellem Maßstab«[429]:

> »Mein Vater bestand aber darauf: entweder alles oder gar nichts. Da eine Einigung nicht rasch genug zustande kam, ließ mein Vater eines schönen Tages das ganze Archiv auf einen Streifwagen laden, in eine Papierfabrik führen und vor seinen Augen Pack für Pack einstampfen.«

Nach Veröffentlichung von Johanns Artikel im *Neuen Wiener Journal* meldete sich bei der Redaktion ein gewisser Karl Raus, Fabrikant von Tonöfen, mit einer anderen Version der Geschichte, und das Blatt veröffentlichte sie als eine »authentische Feststellung«. Denn im Gegensatz zu Johanns Bericht war keine Papierfabrik hilfreich beim Makulieren des kostbaren »Altpapiers«, sondern es hatte in einer von Raus Fabrikhallen ein Autodafé gegeben. Raus nämlich »berichtete, dass er im Herbst 1907 von Eduard Strauss kontaktiert wurde, der wissen wollte, zu welchen Konditionen Raus in seiner Kachelofenfabrik viele hundert Kilo Makulaturpapier verbrennen würde«. Man wurde sich über die Bedingungen – zwei Kronen pro Doppelzentner – einig. Im Oktober 1907 fuhr »eine Ladung von vielen schweren Notenpaketen auf einem Streifwagen« an der Ofenfabrik vor, einige Stunden später gefolgt von Edi samt einem Leibdiener. Raus berichtete weiter:

> »Ich redete ihm zu, die Sache noch rückgängig zu machen. Strauss starrte eine Weile vor sich hin, dann rief er: ›Ich kann nicht!‹ Wir gingen also in die Fabrik, wo sich zwei große Öfen zum Brennen der Kachelöfen und Tonwaren befanden. Der eine war zur Aufnahme des Notenarchivs bereitgestellt. Eduard Strauss setzte sich in einen Fauteuil vor dem Ofen, mein Arbeiter öffnete die Pakete und verstreute die Notenblätter vor den Augen des Hofballmusik-Direktors in den auflodernden Flammen des mannshohen Ofenraumes. Bei einzelnen Notenpaketen, die besondere Familienerinnerungen enthielten, war Strauss sichtlich bewegt. Er stand auf, blickte weg oder ging für kurze Zeit in das Bureau zurück. Er verließ aber die Fabrik erst, nachdem das letzte Notenblatt verbrannt war. Von dem Umfang des Archivs hat man vielleicht eine Vorstellung, wenn ich mitteile, dass das Verbrennen der Musikalien von 2 Uhr nachmittags bis 7 Uhr abends dauerte.«[430]

Aber das war noch nicht alles. Zwei weitere Wagenladungen von Musikalien sollen Raus zufolge einige Tage später in einer anderen Wiener Fabrik verbrannt sein.

Auch Blätter in Prag, Budapest und Salzburg brachten diese Meldung, weiter zugespitzt durch Hinweise auf beweiskräftige Dokumente sowie den Hinweis, Edis Maßnahme sei eine »merkwürdige und als Geheimnis gehütete Angelegenheit«. In der Gerüchteküche brodelte es umso mehr, als die *Österreichische Musikerzeitung* eins draufsetzte, indem sie bissig den Verstorbenen angriff. Edis »Presse« war bereits in dessen letzten Lebensjahren nicht die beste gewesen.

Erst einige Jahre später, 1925, meldete sich Jeans Freund Siegfried Loewy mit seinem Erinnerungsbüchlein. Der Name Strauss versprach nach wie vor attraktive Honorare. Loewy nun will von Edi eine Auskunft erhalten haben, was diesen zur Vernichtung der Papiere bewogen habe. Er habe damit ein Versprechen an Josef eingelöst, dem zufolge der letzte überlebende Strauss-Bruder das Archiv zu vernichten habe, um Missbräuche durch Verleger oder andere Musiker auszuschließen. Sein Geschäftsvertrag mit Pepi von 1869 verpflichte ihn hierzu. Josef, und mehrere Male auch Edi, etwa in seinen Lebenserinnerungen, verwiesen auf dieses Arrangement. In einem Brief an Adele sprach Edi schon wenige Wochen nach Jeans Tod erstmals vom Verbrennen des Nachlasses. Dies wirft erneute Fragen auf: Wieso bot Edi den Notenschatz dann seinem Sohn Johann zum Kauf an? Und wieso wartete er nach seinem Ruhestand sechs Jahre mit dem Verbrennen?[431]

Vielleicht wusste er es selbst nicht genau. Der Gedanke, dass ein anderes Familienmitglied diese Archivalien verwahren könnte – auch Adele wäre für dieses Amt infrage gekommen –, war ihm sichtlich unsympathisch, und er traute ihr genauso wenig über den Weg wie seinem Sohn. Er selbst war emotional angekettet an die Papiere; das belegt Raus' ausführlicher Bericht über ihre Verbrennung. Andererseits war sein möglicherweise einziger und halbherziger Versuch, noch einmal Geld herauszuschlagen, gescheitert. Eine viel diskutierte Urheberrechtsnovelle aus dem Februar 1907 könnte ihn in Bewegung gebracht haben. Edis »Alles-oder-nichts-Strategie« war dann möglicherweise ein Versuch, die komplette Verantwortung – also auch die für eine etwaige Nachhonorierung fremder Urheber – an Johann zu übertragen. Als diese Strategie nicht aufging, könnte er sich pragmatischerweise zur Vernichtung entschlossen haben.

Leigh Bailey warf die berechtigte Frage auf, wieso die Stadt Wien, die Heimatstadt der Sträuße, sich nicht dafür interessiert habe. Schließlich gründete sie vier Jahre nach Edis Ruhestand und daher zwei Jahre vor der Verbrennung eine ambitionierte öffentliche Musiksammlung. Eine Offerte von dieser Seite hätte Edi möglicherweise umstimmen und die Musikgeschichte vor einem unersetzlichen Verlust bewahren können. Aber eines hätte sie ihm nicht erspart: aus der geschätzt einen Million Notenblätter diejenigen herauszuziehen, die rechtlich unbedenklich waren. Diese Arbeit widerstrebte ihm offensichtlich. Seine Ablehnung von Johanns Kaufangebot und sein Entschluss zur pauschalen Vernichtung legen eine Vermutung nahe: Nicht Edi besaß das Strauss-Archiv – sondern das Strauss-Archiv besaß Edi.

Nach einem 73-jährigen entbehrungsreichen Leben starb auch Netty Strauss, die verdiente ältere Schwester, kurz nach Weihnachten 1903 im Wiedner Krankenhaus an »Herzmuskelentartung« – eine Diagnose, die außerhalb Österreichs selten gestellt wurde. Ihr Herz war verbraucht. Ihre späten Jahre, die sie in der Nähe des Hirschenhauses verlebt hatte, waren von Krankheit geprägt: Verwirrt war sie und sie schlief jede Nacht nur vier Stunden, schrieb sie einmal und schloss: »Es grüßt herzlichst Dich Jean und Adele Deine verzweifelte Netti.« Ihren Jean und seine Adele hat sie immer hochgehalten. Er vergalt es ihr, indem er ihr und Therese testamentarisch eine lebenslange Rente zuwandte, die aus dem bestritten werden sollte, was nach Abzug seines Vermächtnisses an Adele und Alice und seiner sonstigen Pensionsverpflichtungen übrig bleiben würde. Das war bescheiden. Und sogar dieses Legat – im Wesentlichen Mieteinnahmen aus einigen Zinshäusern – war noch mit einem testamentarischen Verbot einer Veräußerung oder Beleihung desselben verschärft, widrigenfalls es zurückfallen sollte. »Ich überlasse es der wohlwollenden Einsicht meines Erben, dem die freigewordenen Nutzungen zufallen, meine Schwester Anna Strauss sodann freiwillig zu unterstützen.« Als Grund für diese Maßnahme gab er den Wunsch an, »daß meine Schwester Anna ihr Legat unverkürzt persönlich genießt«. Therese bleibt an dieser Stelle unerwähnt.

War er sich im Moment seiner Nachlassregelung des straussschen finanziellen Leichtsinns so bewusst, dass er Netty vor dem Ruin bewahren wollte? Netty hat trotzdem Wege gefunden. Das großzügige Eckhaus, das sie bewohnt hatte, dürfte eine entsprechend großzügige Miete verschlungen haben. Allein von den Erträgnissen ihres Legats zu leben, war ihr unmöglich, infolgedessen begann sie an der Substanz zu zehren und sogar der Gesellschaft der Musikfreunde einen »sehr bedeutenden Vorschuß auf die künftigen Einkünfte« zu entlocken, »so daß aus diesem Fruchtgenußrechte keinerlei Rückstände oder Tangenten laufender Einkünfte aushaften«, wie das Nachlassgericht nach ihrem Tod konstatierte. Das restliche Barvermögen von 42 Kronen erbte Edis älterer Sohn Johann, der offenbar chronische finanzielle Bedrängnisse auch bei ihr angemeldet hatte. »So lange ich lebe, habe ich nichts zu vergeben, aber wenn Jeani's Lebensstellung dadurch gesichert ist möchte ich nicht die Ursache sein wenn er brodlos würde«, schrieb sie. Aber auch um Johanns Bruder Josef sorgte sie sich: »Pepi sagt, bis zum August lebt er vielleicht; dann muss er sich erschießen.« Weder das eine noch das andere ist bekanntlich eingetreten. Ihre sonstige Lebensführung war vermutlich zurückgezogen, äußerst bescheiden und durch Mangel geprägt: Nettys gerichtliche Todfallsaufnahme schließt ernüchternd mit den Worten: »Die sehr defecte Kleidung und Wäsche war wertlos und wurde an Arme verteilt.«[432]

Therese, die jüngere Schwester, löste sich zumindest geografisch besser aus der Klammer der Familie: Als im Hirschenhaus kein Bleiben mehr war, verzog sie in die Josefstadt. Nach mehreren weiteren Umzügen – materieller Not geschuldet? – erlag sie im März 1915 in ihrer Wohnung in der Lederergasse 72 einer Herzmuskelentzündung. Auch bei ihr hatten Ärzte zuvor »Schlagadernverkalkung« diagnostiziert, was auf Demenz hindeutet. Immerhin erreichte sie das biblische Alter von 83 ½ Jahren und wurde damit zur langlebigsten Tochter von Anna und Johann. Finanziell hatte Jean sie in seinem Testament von 1872 schlechter ausgestattet als Netty. Diese Ungleichbehandlung korrigierte er zwei Jahre vor seinem Tod.

Edi überlebte Netty um exakt 13 Jahre und Therese um knapp 22 Monate: Am 28. Dezember 1916 starb der »k. u. k. Hofballmus.-Dir., Franz-Josef-O.-Ritter [Ordens-Ritter], Comandeur d. span. O. Carl III., Offiz. d. brasil. Rosen-O., Bes. d. ottoman. Medjidje-O. IV., Comandeur d. württemb. Friedrich-O., Ritter I. Kl. d. sicilian. O. Franz I. ...«[433] in seiner Wohnung in der Reichsratsstraße 9 an einem Herzinfarkt. »Altersschwäche« attestierte der Totenbeschauer. Wir wüssten gern, wer bei ihm war in seinen letzten Stunden, wer ihm zuletzt zulächelte und seine Hand hielt. Seine Maria ist es vermutlich nicht gewesen. Sie überlebte ihn um vier Jahre, bis sie im April 1921 in der Waaggasse verstarb. Edi hatte sich den »Beistand« selbst seiner engsten Angehörigen letztwillig verbeten und damit ein letztes Mal offenbart, wie tief die Zerwürfnisse innerhalb der Familie gehen konnten:

»Bezüglich meiner Söhne spreche ich den Wunsch aus, den letzten, der ihnen heilig sein soll, dass sie meinem Leichenbegängnisse ferne bleiben mögen. – Den gleichen Wunsch spreche ich auch bezüglich meiner Gattin aus.«[434]

Als Letzte ihrer Generation blieb Jeans dritte Frau Adele übrig. Sie lebte bis März 1930 in der Gußhausstraße direkt hinter der Karlskirche, deren antikisierende Säulen sie im Blick hatte, wenn immer sie das Haus verließ. Dies tat sie regelmäßig, um Aufführungen von Jeans Operetten anzuhören – »die Witwe aller Witwen« nannte Marcel Prawy sie.

»Ihr ovales Gesicht hatte die Elfenbeinfarbe eines edlen alten Fächers und die dunklen Augen, die Lenbach so schön gemalt hat. Adeles Stammplatz im Theater an der Wien war die dritte Loge, Parterre, links.«

Adele übernahm die anstrengende Rolle der Verwalterin des ideellen Familiennachlasses, in der sie, wie viele Künstlerwitwen, bewundert und ein wenig gefürchtet wurde. Prawy weiter:

»Nach Vorstellungen von Johann-Strauß-Operetten stürzte sie noch immer zum Dirigenten und kritisierte die Tempi: ›Mein Jean hat das Finale viel langsamer genommen!‹. ... Ihr Wort war die Bibel.«[435]

Aber vorwiegend waren es lobende Worte, die sie über Inszenierungen des *Theaters an der Wien* fallen ließ – über Josef Simon als Strohmann war sie wohl heimlich finanziell am Theater beteiligt. Sie starb mit 72 an Lungenentzündung in einer Privatklinik im Alsergrund, in der auch Jeans Operettenheld Alexander Girardi und der Operndirektor und Sinfoniker Gustav Mahler starben. Sie hinterließ ihre einzige Tochter aus erster Ehe, Alice, die, in dritter (manche sagen: vierter) Ehe verheiratet mit einem Oberst des k. u. k. »Geniestabs«, Rudolf Edlem von Meyszner, in ihrer unmittelbaren Nachbarschaft lebte. (Die Genietruppen waren, ähnlich den Pionieren, zur Ausführung aller im Feld- und Festungskrieg vorkommenden technischen Arbeiten bestimmt.) So konnte vermutlich die Strauss-Witwe in ihren letzten Jahren noch ein wenig Familie genießen. Sie ahnte nicht, dass ihre Alice sehr, sehr unruhigen Zeiten entgegenging; ihr selbst blieben diese erspart.

Epilog

Der Walzerkönig Jean hatte zwar keine biologische Nachkommenschaft, aber eine Familie mit Adele. Auch wenn daraus keine Berufsmusiker hervorgingen, war sie ihm wichtig – wichtiger anscheinend als die Familie, von der er selbst abstammte. Hätte er es erneut ausgehalten unter einem Dach mit Pepi? Hätte er jemals mit Edi sein Haus geteilt, wie er es in Ischl mit Josef Simon tat, dem Schwager seiner Adele?

Oft heißt es, dass Patchworkfamilien besonders gut funktionieren. Dass aber dieser Zweig der Sträusse skandalfrei seinen Weg ging, ist sicher auch dadurch verursacht, dass er frei vom »brüderlichen« Wettbewerb um musikalische Meriten und harte Kronen war.

Anhänglich war Jean besonders an Alice, Adeles 1875 geborenes einziges Kind aus ihrer kurzen Ehe mit Anton Strauß. Über weite Strecken ihres Lebens war Alice keine öffentliche Person. Daher kennen wir viele wichtige Details ihres Lebens nicht gewiss – wie zum Beispiel die Zahl ihrer Ehen. Drei waren es mindestens. Ihre erste schloss sie 1896 mit dem Maler und Grafiker Franz von Bayros, in der Familie Feri genannt. Zu Unrecht wird Bayros auf den Erotomanen und Aktdarsteller reduziert (der er auch war) und mit Aubrey Beardsley, Félicien Rops und Alfons Mucha gleichgesetzt, den anderen berühmten Erotika-Grafikern des Jugendstils. Dass Bayros auch bekleideten Motiven etwas abzugewinnen verstand, zeigt sein Salon- und Familienporträt *Ein Abend bei Johann Strauß*, mit dem der Umschlag dieses Buchs gestaltet ist. Alice hatte das Gemälde zu Jeans 50. Bühnenjubiläum in Auftrag gegeben. Jean schenkte dem Brautpaar sein *Hochzeits-Präludium* op. 469 für Orgel, Solovioline und Harfe.

Alice und Franz dagegen konnten einander, kaum verheiratet, nicht mehr viel abgewinnen. Als Grund für das Scheitern dieser Ehe habe sie einmal sexuelles Unvermögen ihres Mannes benannt, behauptet zumindest Arthur Schnitzler in seinem Traumtagebuch des

Jahres 1922.⁴³⁶ Alice war enttäuscht. Sie setzte durch, dass das Bild, in dem der malende Gatte neben Brahms, Max Kalbeck, dem Komponisten Karl Goldmark und Alfred Grünfeld auch sich selbst porträtiert hat, übermalt wird, damit sie das verhasste Gesicht nicht mehr sehen musste.⁴³⁷ Mit der Trennung nach nur einem Ehejahr verschwand Bayros wieder aus der Familie.

Alices zweiter Ehemann stand zu dieser Zeit schon längst bereit. Es war der Pianist und Mahler-Schüler Richard Epstein, Professor am Konservatorium der Gesellschaft der Musikfreunde und Mitglied des Strauss-Kreises. Epsteins kurze internationale Bühnenlaufbahn – er starb mit 50 – begann in Deutschland und endete in den Vereinigten Staaten. Im März 1899 hielten sie Hochzeit. Edi gratulierte etwas dünnlippig zur Verlobung und sendete seine

> »… wärmsten Wünsche, wenn Du glaubst, Dein Glück zu finden. […] Gern möchte ich wissen, wie Du nun Deine zweite Ehe eingehst … Mit herzlichstem Gruß, Dein Onkel Eduard.«⁴³⁸

Jean wohnte der Trauung in der evangelischen Stadtkirche in der Dorotheergasse bei, erkrankte aber wenige Tage später an der Grippe – hatte er sich in der Kälte überanstrengt? Er lebte nun weitgehend zurückgezogen. Die Beziehung zu seinem Schwiegersohn war aber immerhin so eng, dass dieser in seinen letzten Stunden bei ihm war, wie unter anderem das *Fremdenblatt* zu berichten wusste. Epstein war es auch, der namens der Sträusse dem Bürgermeister Lueger für die Beiträge der Gemeinde Wien zur öffentlichen Trauer um den Maestro dankte.⁴³⁹

Alices zweiter Ehe entstammten zwei Söhne, Johann und Julius, geboren 1900 und 1901. Aber auch diese Verbindung hatte keinen langen Bestand und wurde nach weniger als vier Jahren geschieden. Eine kurze Ehe soll sie 1926 mit einem Gustav Seidl eingegangen sein, über den Näheres nicht bekannt ist. Ihre letzte bekannte Verbindung ging sie 1929 mit Rudolf Edlem von Meyszner, einem Berufssoldaten und Offizier, ein. Dessen jüngerer Bruder August wurde ebenfalls Berufssoldat und trat der Waffen-SS bei. Er hatte die Ermordung zahlreicher serbischer Juden zu verantworten und fand 1947 in Jugoslawien den Tod durch den Strang.[440] Rudolf überlebte wie auch seine Alice den Zweiten Weltkrieg und starb wie sein Bruder 1947.

Auch wenn keiner von den Sträussen den nationalsozialistischen Gewaltexzessen physisch zum Opfer fiel: Die Nationalsozialisten drangsalierten wie alle jüdischen Familien auch die Sträusse. Das Wissen, dass die Komponisten des *Radetzky-Marsches* und der *Schönen blauen Donau* nach ihren Rassegesetzen Juden und deshalb eigentlich totzuschweigen waren, unterdrückten sie, wie dargestellt, durch dreiste Fälschung. Der wertvolle materielle Nachlass der Familie aber sollte ihre Beute werden wie so viele Teile des deutschen kulturellen Erbes aus jüdischer Hand. Eine Propaganda-Kampagne im *Stürmer* leitete im Juni 1936 den Raubzug ein, indem sie öffentlich Stimmung gegen Alice machte, die die von ihrer Mutter hinterlassenen Stücke in Wien hütete. Die Hetzschriften wurden auf Plakatsäulen angekündigt. Alices Anschrift wurde im Blatt abgedruckt – eine Einladung an jeden, sein Mütchen an der reifen Dame zu kühlen. Dann kamen die Vollstrecker. Das Wertvollste beschlagnahmten sie sofort. Ihren Mann Rudolf bestimmten sie zum Verwahrer des Rests, bis Alice ihn im Juni 1939 der Stadt Wien »schenken« musste. Erst nach mehr als 60 Jahren erwarb die Wienbibliothek den Schatz legal und zu seinem tatsächlichen Wert.[441]

Mit Edis Tod endete die produktivste und glanzvollste Generation der Sträusse. Am Ende war die Dynastie aber noch lange nicht. Während von den Mozarts und vielen anderen Musikerfamilien nichts geblieben ist als deren Namen und Noten, sind die Sträusse musikalisch tätig bis heute – wenn auch nicht aus Erwerbsstreben, sondern aus reiner Leidenschaft.

Auch professionelle Musiker brachten die Sträusse weiter hervor. Sie stammen alle von Edi ab. Ausgerechnet der verkrachte Johann, Edis älterer Sohn, griff mit mehr als 30 Jahren zum Dirigentenstab. Allerdings bekleidete er keinerlei Hoftitel in Wien, auch wenn er bei Hof dirigierte. Die Zeit der Hoftitel war abgelaufen, so wie die Zeit der Höfe schlechthin. Das Bedürfnis der Menschen nach Repräsentation richtete sich auf andere, bürgerliche Gegenstände. Gleichzeitig erleichterten regelmäßige Schiffsverbindungen und Fluglinien internationale Musikerkarrieren. Als violinespielender Dirigent knüpfte Johann III. – so seine dynastische Bezeichnung – unmittelbar an die Aufführungstradition der Walzerkönige Johann und Jean an. Er war Kapellmeister in Berlin und gastierte in Europa und in den USA als Interpret von Strauss-Musik. Als Komponist war er mit etwa 40 gezählten Werken weniger produktiv als sein Vater oder seine Onkel. Sie alle entstanden in Wien, von wo ihn ein Betrugsprozess 1907 nach Berlin vertrieb.[442] Eine Operette ist unter seinen Arbeiten, die 1898 uraufgeführte *Katze und Maus*, aus der er in Jeans Manier eine ganze Reihe von Bearbeitungen für den Tanz- oder Konzertsaal ableitete. Eine Einigung mit seinem Vater Edi über die Übernahme des gewaltigen Archivs des Strauss-Orchesters scheiterte, wie bereits geschildert, was dessen Untergang vielleicht mitverursacht hat. Andernfalls wäre sein Œuvre vermutlich größer geworden. Die Strausse wussten ja, wie Selbstbedienung und Mehrfachverwertung funktionierten. Aus seiner Ehe mit der 1867 geborenen Maria Hofer hatte er vier Kinder, von denen drei das Erwachsenenalter erreichten. Johann III. starb 1939 in Berlin.

Und so, wie nicht Jean, der populärste der Söhne Johanns I., die musikalische Tradition durch Erbfolge sichergestellt hatte, sondern sein Bruder Edi, so war es auch nicht Johann III., sondern sein Bruder Josef, der für Kontinuität in der vierten Generation sorgte. Seine Ehe mit der 1878 geborenen Cäcilie Žak brachte den bislang letzten professionellen Musiker hervor: seinen zweiten Sohn Eduard, geboren 1910.

Eduard Strauss II. wusste wie sein Urgroßvater Johann und sein Großonkel Jean früh, dass er Musiker werden wollte. Ersten Violinunterricht erhielt er mit sechs Jahren, wie sein Sohn Prof. Eduard Strauss von ihm hörte. An der Wiener Musikakademie studierte er zusätzlich Musiktheorie, Klavier, Horn und Gesang, verzichtete aber wie alle Künstler seiner Familie auf eine Dirigenten-Ausbildung.[443]

Zum Dirigieren kam er erst nach dem Zweiten Weltkrieg, den er bei der Luftwaffe durch- und überlebte. Seine solide Ausbildung und

Erfahrung als Lehrer am Konservatorium sowie sein attraktiver Name machten ihn zum gefragten Dirigenten – zunächst überall dort, wo Strauss-Gedenktage eine Beschäftigung mit dem musikalischen Familienerbe veranlassten. Auch Spitzenorchester wie die Wiener Philharmoniker führte er und brachte mit ihnen in den besten Wiener Häusern wie dem *Theater an der Wien* Kompositionen aus der klassisch-romantischen Literatur zu Gehör. Seine ihm wiederholt bescheinigte äußere Ähnlichkeit mit den Walzerkönigen machte in den 50er-Jahren die Filmwirtschaft auf ihn aufmerksam. In Filmen unter anderem von Paul Verhoeven und Ernst Marischka stand er mit Stars wie Romy Schneider und Bernhard Wicki am Set.[444]

1956 schließlich setzte er zu seiner internationalen Karriere an – besonders markant sind sechs Ostasien-Tourneen, auf denen er japanische Klangkörper dirigierte, deren Lernbereitschaft er hoch anerkannte. Die Nachkriegszeit war in der Musik allgemein eine Zeit des Ausprobierens und des Lernens – so 1961 in Kairo, als Eduard II. die musikalische Leitung einer Inszenierung von Franz Lehárs *Lustiger Witwe* in arabischer Sprache übernahm.

Bereits mit 59 Jahren, am 6. April 1969, starb der an Bluthochdruck leidende Maestro in Wien ausgesprochen unerwartet. Zwar sind eigene Kompositionen von ihm nicht überliefert. Aber wie Musik – vor allem Strauss-Musik – zu klingen hat, hat er sehr gut verstanden, wie Norbert Rubey postum anerkannte:

> »Eduard Strauss II. wusste, wie enorm wichtig bei Tanzmusik die Bässe und die nachschlagenden Akkorde sind. Sie bilden nicht die Begleitung zu einer Melodie, sondern das Fundament, auf dem die Melodie aufbaut.«[445]

Und ist es nicht vor allem dieses Verständnis, das Zuhörer wie Musiker beglückt?

Dank

Dank von Herzen! In der Reihenfolge ihres Auftretens an:
- Thomas Montasser für seine blendende, ansteckende Zuversicht, die er hoffentlich niemals ablegen wird.
- Dr. Ulrich Leisinger, den Wissenschaftlichen Leiter der Internationalen Stiftung Mozarteum, für die freundliche, geräuschlose Öffnung einer wichtigen Tür.
- Gaby für ihren nimmermüden Zu- und Widerspruch und ihr Tätigwerden, besonders wirksam in der dramatischen Schlussphase.
- Mit ihr meine gesamte Familie und meine Freunde für ihre Toleranz gegenüber den Kollateralschäden, die eine Autorenexistenz in ihrem Kreis auslöst.
- Dr. Oliver Domzalski, den »Wort-Metz«, der nicht davor zurückschreckte, es beim Bearbeiten zum Besten des Werks auch mal »stauben zu lassen«.
- Alle, die bei Benevento daran mitwirken, aus den »Tönen« meiner Manuskripte die »Musik« meiner Bücher zu entwickeln und öffentlich hörbar zu machen – das ist mehr Arbeit, als man glauben mag.
- Mag. Isabella Sommer und Dr. Wolfgang Stanicek, Wien, für Hinweise auf frühe Tonträgeraufnahmen, ohne die ich verloren gewesen wäre.
- Last but by no means least die großzügigen Herren Prof. Dr. Eduard Strauss und Prof. Norbert Rubey vom Wiener Institut für Strauss-Forschung (www.johann-strauss.at) für die intensive Durchsicht des Manuskriptes und ihre Anregungen. Sie sorgten dafür, dass der Text auf dem aktuellen Stand der Forschung ist. Die Sträusse sind tolle »Nachkommen« und mitverantwortlich dafür, dass diese Familie nun ein lieber Teil meines Lebens ist und mich nachhaltig bereichert hat. Wenn auch sie nun denken: »Es war der Mühe wert!«, dann wäre dies für mich ein großes Geschenk.

Weiterführende Literatur

Thomas Aigner: »Frau Johann Strauss – die lästige Witwe?« In: *Neues Leben – Mitteilungsblatt der Deutschen Johann Strauss Gesellschaft*, H. 39, 64–75, Deutsche Johann Strauss Gesellschaft, Coburg 2012.

Thomas Aigner: *Olga Smirnitskaja, die Adressatin von 100 Liebesbriefen*, Tutzing 1998.

Thomas Aigner: *Johann Strauß in Rußland. Katalog zur Ausstellung im Russischen Kulturinstitut in Wien*, Tutzing 1995.

Leigh Bailey: *Eduard Strauss: The Third Man of the Strauss Family*, Wien 2017.

Otto Biba: »Von der Widmungskomposition zur Auftragskomposition. Eine musikgeschichtliche Entwicklung am Beispiel der Gesellschaft der Musikfreunde Wien«. In: Hartmut Krones (Hrsg.): *200 Jahre Uraufführungen in der Gesellschaft der Musikfreunde in Wien*, S. 17–34, Wien 2018.

Otto Brusatti/Isabella Sommer: *Josef Strauss 1827–1870. Delirien und Sphärenklänge*, Wien 2003.

Otto Brusatti, Günter Düriegl, Regina Karner (Bearb.): *johann strauss. unter donner und blitz, begleitbuch und katalog zur 251. sonderausstellung*, Museen der Stadt Wien, Wien 1999.

Felix Czeike (Hrsg.): *Geschichte der Stadt Wien*. 2 Bde., Wien 1991.

Robert Dachs: *Johann Strauß: »Was geh' ich mich an?!« Glanz und Dunkelheit im Leben des Walzerkönigs*, Graz 1999.

Franz Endler: *Johann Strauss. Um die Welt im Dreivierteltakt*, Wien 1998.

Franz Endler: *Wien im Biedermeier*, Wien, 1978.

Franz Endler: *Das K.u.k. Wien*, Wien, 1977.

Hanns Jäger-Sunstenau: *Johann Strauß. Der Walzerkönig und seine Dynastie*, Wien 1965.

Peter Kemp: *Die Familie Strauss. Geschichte einer Musikerdynastie*, München 1991.

Volker Klotz: *Operette: Porträt und Handbuch einer unerhörten Kunst*, Kassel 2004.

Marion Linhardt: *Inszenierung der Frau – Frau in der Inszenierung. Operette in Wien zwischen 1865 und 1900*, Tutzing, 1997.

Norbert Linke: *Johann Strauss (Sohn) in Selbstzeugnissen und Bilddokumenten*, Reinbek 2007.

Franz Mailer: *Joseph Strauss. Genie wider Willen*, Wien 1977.

Frank Miller: *Johann Strauss Vater. Der musikalische Magier des Wiener Biedermeier*, Wien 1999.

Kurt Pahlen: *Johann Strauß und die Walzerdynastie*, München 1997.

Marcel Prawy: *Johann Strauss*, Wien 1991.

Norbert Rubey: *Des Verfassers beste Laune: Johann Strauss (Vater) und das Musik-Business im Biedermeier. Wechselausstellung der Wiener Stadt- und Landesbibliothek*, Wiener Stadt- und Landesbibliothek, Wien 2004.

Norbert Rubey: »Johann Strauss (Vater): Vom ›Beisl‹ an den Hof. Komponist – Musiker – Organisator: eine Karriere«. In: *Österreichische Musikzeitschrift. Strauss Vater 1804–1849*, 59. Jg., 2, S. 5–14, Wien 2004.

Johannes Sachslehner: *Wien: Biografie einer vielfältigen Stadt. Eine Zeitreise durch 2000 Jahre österreichische Geschichte*, Wien 2021.

Max Schönherr/Karl Reinöhl: *Johann Strauss Vater. Ein Werkverzeichnis*, Wien 1954.

Peter Sommeregger: *Die drei Leben der Jetty Treffz - der ersten Frau des Walzerkönigs*, Wien 2018.

Eva Maria Stöckler: »Anna Strauss und die Töchter Anna und Therese«. In: *Neues Leben – Mitteilungsblatt der Deutschen Johann Strauss Gesellschaft*, H. 39, 1, S.75–82, Deutsche Johann Strauss Gesellschaft, Coburg 2012.

Eduard Strauss: *Eduard Strauss II: Ein Künstlerleben*, Tutzing 2010.

Johann Strauss: *Leben und Werk in Briefen und Dokumenten. 10 Bde.*, Tutzing 1983.

Zentrum für Angewandte Musikforschung, Donau-Universität Krems und Wiener Institut für Strauss-Forschung (Hrsg.): *Associationen Josef Strauss*, Wien 2020.

Personenregister

(kursive Seitenzahlen verweisen auf Abbildungen)

Aigner, Anton 344
Aigner, Thomas 344
Albert von Sachsen-Coburg und Gotha, brit. Prinzgemahl 176, 179
Albert von Sachsen-Teschen 205, 209
Alexander I., russ. Zar *44*, 46, 91
Alexander II., russ. Zar 353, 369
Amadé, Thaddäus Graf 223
Amon, Franz 161, 246
Auber, Daniel François 111, 170, 261
Aufricht, Ignaz Carl 213, 233
Bach, Johann Sebastian 211
Bachhammer, Franz 255
Bauer, Johann 32, 73
Bäuerle, Adolf 167, 184f.
Bauernfeld, Eduard von 320
Bayros, Franz von 392, 470f.
Beck, Karl Isidor 314
Beethoven, Ludwig van 9, 35, 61, 92, 97, 150f., 196, 313, 369, 451
Benedix, Roderich 398
Berg, Alban 301, 307
Berg, Helene (geb. Nahowski) 307
Berlioz, Hector 110, 170ff., *172*, 269
Bilse, Benjamin 375, 377
Bismarck, Otto von 310
Bizet, Georges 206
Bösendorfer, Ludwig 407
Boulez, Pierre 446
Brahms, Johannes 98, 429, 432, *433*, 446, 453

Bruckner, Anton 396, 407, 446
Bülow, Hans von 271
Büttner, Alexander 198, 336
Byron, George Gordon Noel Lord 283
Caruso, Enrico 383
Castelli, Ignaz Franz 190ff., *192*, 193
Charlotte, russ. Zarin 323
Cherubini, Luigi 170
Chopin, Frédéric 97, 283
Corti, Pietro (Peter) 94f.
Cranz, August 197, 453
Décsey, Ernst 98, 178, 233
Delacroix, Eugène 395
Deutsch, Leopold 419
Diabelli, Anton 97, 128, 153, 194, 197
Dollmann, Josef 31
Dommayer, Ferdinand 249, 257f., 262
Drechsler, Joseph 248, 252
Edison, Thomas Alva 452
Eisenberg, Ludwig 71, 147
Elisabeth (»Sisi«), österr. Kaiserin *305*, 306ff., 311
Epstein, Richard 471
Ernst von Sachsen-Coburg, Herzog 444ff.
Eugen von Savoyen, Prinz 108
Fahrbach jun., Philipp 160, 175, 228, 324, 378
Fahrbach sen., Philipp 20, 87, 128
Fall, Leo 23
Ferdinand I., röm.-dt. Kaiser 222, 298
Ferdinand II., röm.-dt. Kaiser 55, 83

Finaly, Caroline 416
Flatscher, Franz 199
Fontane, Theodor 185
Fränkel, Maria 353
Franz Carl, Erzherzog 154
Franz Ferdinand, Erzherzog 301
Franz I., franz. König 309
Franz I./II., österr. Kaiser 91, 222, 301
Franz Joseph I., österr. Kaiser 298ff., *299*, 309ff., 323, 382, 400, 434f., 453
Friedrich Wilhelm von Preußen, Kronprinz 310
Fritz, Magdalena 34
Fritzsche, Julius 414
Fuchs, Johann Nepomuk 428
Fugger, Nora Fürstin 307
Fux, Anna 381
Fux, Karl 161, 178, 221, 228, 323f.
Geistinger, Marie 378, 387ff., 395ff., 416, 425
Genée, Richard 389, 391f., 397f., 414ff.
Gilmore, Patrick Sarsfield 382
Girardi, Alexander 407, 416, 469
Gluck, Christoph Willibald 91, 107
Glücky, Karl Moritz 213
Goethe, Johann Wolfgang von 61, 325
Goethe, Walther von 72
Goldmark, Karl 471
Grieg, Edvard 426
Grillparzer, Franz 14, 109, 191f., 218
Grimm, Jacob 45, 233
Grünfeld, Alfred 147f., 407, 471
Haffner, Karl 398
Halévy, Ludovic 398
Hanslick, Eduard 159, 215, 230ff., 359, 395f., 429, 454
Hartl, Anna Maria 208f.
Hartl, Johann Michael 209

Haslinger, Carl 195ff., 323f., 362, 370
Haslinger, Tobias 112, 187, 190ff.
Haydn, Joseph 9, 61, 82, 451
Heine, Heinrich 185, 316, 393
Hirsch, Carl Friedrich 151
Hlavaček, Anton 241
Jacob, Heinrich E. 290
Jegg, Georg 164, 177, 213
Jelačić, Josip Graf 288f., 292ff.
Johann Salvator, Erzherzog 440, 440f.
Johann, Erzherzog 78, 283
Joseph II., röm.-dt. Kaiser 57, 60
Joseph, Erzherzog von Ungarn 133
Jullien, Musi 361
Kalbeck, Max 410, 441, 471
Kálmán, Emmerich 23
Karl, Erzherzog 17
Karl, König von Württemberg 426
Kelly, Michael 85
Kerner, Justinus 60
Kohlmann, Anton 249
Köppl, Anna 210
Korngold, Erich Wolfgang 23
Kraus, Georg 335
Kraus, Karl 447
Lange, Fritz 379
Lanner, August 328
Lanner, Franziska 224f.
Lanner, Joseph 104ff., 112ff., 120ff., 147, 153ff., 179, *192*, 223ff., 246ff.
Lanser, Andreas 253
Laube, Heinrich 143, 145, 170
Lenau, Nikolaus 100, 424
Lenbach, Franz von 417f., *427*, 429, *430*, 469
Leopold I., belg. König 170
Lewy, Gustav 198, 304, 403
Lind, Jenny 234

Liszt, Franz 111, 181, 267f., 335, 365, 424ff.
Loewy, Siegfried 417, 465
Louis-Philippe, frz. König 170
Lowitzberger, Josepha 212
Ludwig XIV., frz. König 309f.
Ludwig XVI., frz. König 44
Ludwig XVIII., frz. König 44
Ludwig, Erzherzog 437f.
Lueger, Karl 423, 448, 461, 471
Mahler, Gustav 23, 318, 383f., 423, 469
Mansfeld, Antonie 99
Maria Theresia, röm.-dt. Kaiserin 134, 181
Marie-Louise, frz. Kaiserin 60, 91
Marischka, Ernst 474
Max in Bayern, Herzog 306
Maximilian II., bayr. König 367
Meilhac, Henri 398
Mendelssohn-Bartholdy, Felix 23, 369, 447
Metternich, Clemens Fürst von 41ff., *42*, 79, 284ff.
Metternich, Pauline von 307
Meyerbeer, Giacomo 23, 111, 168ff., 174, 269f.
Meyszner, Rudolf von 469, 471
Millöcker, Carl 414
Morelly, Franz 104
Morelly, Ludwig 104
Mörike, Eduard 135
Mosée, Franz 214, 233
Mozart, Leopold 25, 178
Mozart, Wolfgang Amadeus 72ff., 111, 116, 137ff., 181ff., 195f., 267, 380, 387, 394f.
Müller, Adolph 118, 229, 429
Müller, Anton 29, 66ff., 71ff., 101ff., 123ff.

Musard, Philippe 170f.
Nahowski, Anna 307
Napoleon I., frz. Kaiser 17, 33f., 39ff., *41*, 46f., 144, 309
Napoleon III., frz. Kaiser 300, 338
Nemetz, Andreas 150, 163
Nestroy, Johann 56, 58, 99, 385ff., 396
Niessig, Katharina 31
Nietzsche, Friedrich 426
Nikolaus II. Esterhazy, Fürst 61
Offenbach, Jacques 385ff., *386*, 393f.
Paganini, Niccolò 107, 111f., 144f.
Pamer, Michael 37, 76f., 91f., 104f., 112f., 128f.
Pollak, Franz 295
Post, Ernestine 31
Prawy, Marcel 236, 260, 270f., 405, 469
Procházka, Rudolph von 231f., 243ff., 420, 448
Proksch, Johann 255, 272
Promberger, Johann 335, 347, 369
Puccini, Giacomo 407
Radetzky, Josef Wenzel Graf von Radetz 289, 318, 367
Raimund, Ferdinand 58, 99, 385
Rath, Johann 31
Rath, Monika 55
Rauch, Ludwig 28
Ravel, Maurice 446
Reichmann, Josef 170
Reinhardt, Max 413
Richter, Joseph 93
Rober(t), Martin Jean 208
Rogendorf, Franz Anton von 21f., 24f.
Ronowsky, Johann 459
Roser, Hans-Dieter 209
Rossini, Gioachino 9, 172
Rudolf, österr. Kronprinz 306ff., 440, 456

480

Saint-Saëns, Camille 426
Salieri, Antonio 169, 182, 451
Saphir, Moritz Gottlob 185, 191, 261f., 279
Scherer, Josef von 436ff.
Scherzer, Johann Georg 105, 155ff., 167, 213, 265
Scheyrer, Ludwig 70ff., 208, 236, 240, 319
Schiller, Friedrich von 168
Schmidt, Joseph 23
Schneider, Romy 474
Schnitzer, Ignaz 359, 423
Schnitzler, Arthur 418, 470
Scholl, Carl 103f., 112
Schönberg, Arnold 446
Schrammel, Johann 104, 453
Schrammel, Josef 104, 453
Schratt, Katharina 307
Schubert, Franz 77, 97, 106, 126, 190, 369
Schumann, Clara 350
Schumann, Robert 335, 369
Schwan, Margarethe 359
Sedlak, Anna 233
Senefelder, Alois 187
Sibelius, Jean 458
Simon, Josef 433f., 469f.
Simrock, Friedrich August 453
Smirnitskaja, Olga *354*
Sophie, Erzherzogin 298, 305, 307
Spina, Anton 197, 370
Spina, Carl 197, 370
Springer, Mathias
Staudner, Jacob 213, 233
Steiner, Franz 408f., 412f., 422, 440, 450
Steiner, Gabor 422
Steiner, Maximilian 378, 388, 422

Stifter, Adalbert 92, 207, 420
Stolz, Robert 23
Strasser, Hermine 420
Strasser, Lazar 420
Straus, Oscar 23
Strauss, Adele (geb. Deutsch) 200, *348*, 406, 417ff., *420*, 421ff., 432ff., 439ff., 466ff.
Strauß, Albert 376, 405f., 413, 417, 420, 439
Strauss, Alice *420*, 470ff.
Strauss, Angelika »Lili« (geb. Dittrich) 385, *405*, 445
Strauss, Anton 470
Strauss, Barbara (geb. Dollmann) 17, 31f., 36f.
Strauss, Carolina (»Lina«), *343*, 344, 353, 363, 380, 397
Strauss, Carolina Josepha (»Lina«), (geb. Pruckmayer) 166, 330, 340, *343*, 344, 347f., 350, 363f., 375ff., 397
Strauss, Eduard (»Edi«) 35, 74f., 336ff., *338*, 339ff., 347ff., 372ff., 382, 453ff., 458ff., 466ff.
Strauss II., Eduard 473f.
Strauss, Ernestine 17f., 31ff., 66f., 123, 178, 220f.
Strauss, Ferdinand 162f., 214, 227, 229
Strauss, Franz 470
Strauss, Franz Borgias 15ff., 26ff., 30, 36f.
Strauss, Henriette (»Jetty«) 303, 359ff., 360, 364ff., 369ff., 377ff., 385ff., 402ff., 436ff.
Strauss, Johann (Vater) 32f., 66ff., 101f., *103*, 104ff., 108ff., 120ff., 143ff., 153ff., 161ff., 175ff., 181ff., *192*, 193ff., 202ff., 225ff., 257ff., 316ff.

481

Strauss, Johann (Sohn) (»Jean«) 120ff., 147f., 194ff., 214ff., 238ff., *257*, 258ff., 285ff., 304ff., 316ff., *341*, 347ff., 352ff., 385ff., *420,* 421ff., *430,* 432, *433,* 434ff., *443,* 444ff., 450ff., 470ff.
Strauss III., Johann 473
Strauss, Johann Adam 27
Strauss, Johann Michael 20ff., 24ff., 267
Strauss, Josef (»Pepi«) 26, 212, 237ff., 242ff., 306, 326ff., *328,* 330ff., 338ff., *341,* 342ff., 362ff., 372ff.
Strauss, Anna (»Netty«) 214ff., 221, 235, 337, 345ff., *346,* 379, 406, 412f., 462, 467f.
Strauss, Katharina 16ff., 31, 36, 66f.
Strauss, Maria Anna (»Netti«), (geb. Streim) 115, 121ff., 165ff., 203ff., *204,* 206ff., 210ff., 226ff., 234ff., 244ff., 251ff., 272ff., 319ff., 346ff.
Strauss, Maria Magdalena (geb. Klenkart) 342, 350, 381, 454ff.
Strauss, Richard 446
Strauss, Theresa 20ff.
Strauss, Therese 214, 216f., 221, 235, 337, *345,* 346ff., 462, 467f.
Strauss, Wolf(gang) 20ff.
Strawinski, Igor 446
Streim, Josef 115, 123f., 159, 194, 205ff., 212f., 236
Streim, Maria Anna 115, 203, 206ff.
Suppè, Franz von 72, 269
Tauber, Richard 23
Thyam, Johann 86, 108, 162
Tilgner, Victor 407
Todesco, Eduard von 303, 359ff.
Todesco, Moritz von 303, 359ff.
Trampusch, Emilie 227ff., 233f., 236, 259, 276, 319ff.

Troll, Josef 381
Trollope, Frances 82, 85, 302
Trutter, Joseph 439, 442ff.
Tschaikowski, Peter Iljitsch 426
Tschischka, Franz 142, 281
Turecek, Emilie 99
Uhland, Ludwig 32
Victoria, brit. Königin 176, 179, 318
Vogl, Johann Nepomuk 261
Waber, Josef 236
Waber, Josefine 350, 381, 236
Wagner, Richard 98, 151f., 169, 271, 307, 365, 396, 426f., *427,* 446
Waldmüller, Ferdinand Georg 168
Weber, Carl Maria von 130, 190f., 296
Webern, Anton 446
Weinwurm, Rudolf 312f.
Weyl, Josef 312
Wilde, Joseph 45, 91, 154, 176, 222
Wilhelm I., dt. Kaiser 310, 426
Wilhelm II., dt. Kaiser 301, 453
Wilhelm III., preuß. König *44,* 323
Windisch-Graeatz, Alfred zu 288, 292f., 297
Witeschnik, Alexander 290
Wolffsohn, Sigmund 47, 58ff.
Wolfram, Bartlmä 205
Wurzbach, Constant von 71
Zell (Walzel), Camillo 409, 415
Ziehrer, Carl Michael 370, 449, 463

Bildnachweis

Adobe Stock: S. 386 (Georgios Kollidas)
Getty Images: S. 420 (DEA / A. DAGLI ORTI / De Agostini)
Picturedesk: S. 31 (Stauda, August / ÖNB-Bildarchiv), S. 42, 367 (histopics / Ullstein Bild), S. 44, 192, 275 (Austrian Archives / brandstaetter images), S. 53 (Bridgeman Art Library), S. 95 (Raulino, Johann / ÖNB-Bildarchiv), S. 103, 114, 134, 172, 189, 257, 299, 328, 338, 348 (akg-images), S. 133 (Müller, Wilhelm / ÖNB-Bildarchiv), S. 149, 360 (ÖNB-Bildarchiv), S. 241 (Wien Museum / brandstaetter images), S. 247 (Heuer / laif), S. 305 (Sunny Celeste / imageBROKER), S. 341 (Hennings, Fred / ÖNB-Bildarchiv), S. 427 (Mary Evans Picture Library / Mary Evans), S. 433 (Science Source / PhotoResearchers)
Wien Museum: S. 50 (Josef Hoffmann (Künstler), Die Donauauen bei Wien, um 1870, Wien Museum Inv.-Nr. 30743, CC BY 4.0, Foto: Birgit und Peter Kainz, Wien Museum), S. 52 (Anton Freiherr von Guldenstein (Kartograph), Grundriss von Wien mit Stadtvierteln und sämtlichen Vorstädten (…), 1832, Wien Museum Inv.-Nr. 105676, CC0), S. 81, 220, 343 (Ludwig Schrank (Photographer), Caroline Pruckmayer, verh. Strauss (1831-1900), Gattin von Josef Strauss, mit einem Kind, around 1860, Wien Museum Inv.-Nr. 51498/2, CC0), S. 345, 346, 366, 369, 430 (Franz von Lenbach (Künstler), Johann Strauß (Sohn), Komponist, 1895, Wien Museum Inv.-Nr. 76090, CC BY 4.0, Foto: Birgit und Peter Kainz, Wien Museum), S. 443
Wikimedia: S. 2, S. 40 (Friedrich Amerling), S. 41 (Andrea Appiani), S. 106 (Carl Ludwig Hoffmeister), S. 59, 204, 354, 405
Abdruck des Bildes auf S. 434 mit freundlicher Genehmigung von Herrn Horst Chalupsky.

Die Abbildung auf dem Cover zeigt Johann Strauss (Sohn) am Klavier auf dem Gemälde *Ein Abend bei Johann Strauss* von Franz von Bayros, 1894. Die Karte im Vorsatz zeigt die Stadt Wien im späten 19. Jahrhundert (markiert sind die wichtigsten Wohn- und Spielstätten der Familie Strauss); im Nachsatz ist die Stammtafel der Sträusse vom 18. bis ins 21. Jahrhundert zu sehen. Das Bild im Frontispiz zeigt das alte Wien, vom Oberen Belvedere aus gesehen; der berühmte »Canalettoblick«.

Anmerkungen

1 Isabella Sommer: »Joseph Lanner und Johann Strauss (Vater). Gemeinsamer musikalischer Beginn?« In: *Österreichische Musikzeitschrift*, Bd. 56 H. 2, Wien 2013, S. 14.
2 Die Wiener Familienforscher und Abstammungskundler Hanns Jäger-Sunstenau und Hans Bourcy haben sich intensiv mit der Familie Strauss befasst, deren Nachfahren später so prominent werden sollten. Maßgeblich ist Hanns Jäger-Sunstenau: *Johann Strauß. Der Walzerkönig und seine Dynastie*, Wien/München 1965.
3 J. von der Als: »Altwiener Musik.« In: *Neue Freie Presse* 6.8.1905, S. 8. https://anno.onb.ac.at/cgi-content/anno?aid=nfp&datum=19050806&seite=8&zoom=33 (abgerufen 20.12.23).
4 Jäger-Sunstenau 1965, S. 93.
5 Joseph Goebbels: *Tagebücher 1924–1945*, München 1999, S. 1221f.
6 Jäger-Sunstenau 1965, S. 85f.
7 ebd., S. 95.
8 ebd., S. 99.
9 *Neues Wiener Journal*, 31.8.1930.
10 »Ja, Kinder, wenn ihr einmal Geld verdient, könnt Ihr auch Fleisch haben.« Zitiert nach Hubert Ch. Ehalt u. a. (Hg.): *Glücklich ist, wer vergisst …? Das andere Wien um 1900*, Wien 1986, S. 58.
11 Friedrich Anton von Schönholz: *Traditionen zur Charakteristik Oesterreichs, seines Staats- und Volkslebens unter Franz I. Müller*, München 1914. zit. n. Frank Miller: *Johann Strauss Vater*, Eisenburg 1999, S. 22f.
12 Jäger-Sunstenau 1965, S. 110.
13 *Neues Wiener Journal*, 31.8.1930.
14 Kurt Pahlen: *Johann Strauß und die Walzerdynastie*, München 1975, S. 44.
15 zit. n. Friedrich Hartau: *Clemens Fürst von Metternich. Mit Selbstzeugnissen und Bilddokumenten*, Reinbek 1991, S. 40.
16 ebd., S. 46.
17 Friedrich von Gentz/Alfons von Klinkowström: *Oesterreichs Theilnahme an den Befreiungskriegen. Ein Beitrag zur Geschichte der Jahre 1813 bis 1815*, Wien 1887, S. 437f.
18 freundliche Bezeichnung für tierische Hinterlassenschaften.
19 Miller 1999, S. 285.
20 Felix Czeike: *Historisches Lexikon Wien*, Bd. 1, Wien 1992–2004, S. 131f.
21 zit. n. Elisabeth Theresia Fritz/Helmut Kretschmer: *Wien, Musikgeschichte. Volksmusik und Wienerlied*, Münster 2006, S. 84.
22 Eduard Strauss: *Erinnerungen*, Wien 1906, S. 6.
23 Norbert Linke: *Johann Strauß in Selbstzeugnissen und Bilddokumenten*, Reinbek 1982, S. 11.
24 Ludwig Scheyrer: *Johann Strauß's musikalische Wanderung durch das Leben*, Wien 1851, S. 15. Constant von Wurzbach: *Biographisches Lexikon des Kaiserthums Oesterreich*, Bd. 39, Wien 1879, S. 327.
25 zit. n. Franz Mailer (Hg.): *Johann Strauss. Leben und Werk in Briefen und Dokumenten*, Bd. 4, 1887–1889, Tutzing 1992, S. 154. Das zehnbändige Gesamtwerk ist die umfangreichste gedruckte Sammlung von Briefen und Dokumenten im Umfeld der Sträusse. Die

einzelnen Bände erschienen 1983, 1986, 1990, 1992, 1996 (2 Bände), 1998, 2000, 2002 und 2007. Verleger Breitkopf bat Jean um einen kurzen Text, den dieser in Briefform ablieferte.
26 Scheyrer 1851, S. 3.
27 Strauss 1906, S. 4.
28 ebd., S. 6.
29 Miller 1999, S. 38.
30 zit. n. Miller 1999, S. 60.
31 Ernst Décsey: *Bruckner – Versuch eines Lebens*, Stuttgart 1922, S. 11.
32 Charles Sealsfield: *Austria as it is: or sketches of continental courts*, London 1828, S. 194f., 202.
33 Miller 1999, S. 7.
34 Frances Trollope: *Briefe aus der Kaiserstadt*, Stuttgart 1966, S. 235f.
35 »Redoute« bedeutete in der Sprache des Militärs einen Rückzugsraum; die Bedeutung des Worts ist schillernd.
36 Reingard Witzmann: »Tanzlust und Ballkultur zur Zeit Lanners«. In: Thomas Aigner (Hg.): *Flüchtige Lust. Joseph Lanner, 1801–1843. Österreichisches Museum für Volkskunde*, Wien 2001, S. 45f.
37 Michael Kelly: *Reminiscences of Michael Kelly of the King's Theatre and Theatre Royal, Drury Lane*, London 1826, S. 202.
38 Trollope 1966, S. 235f.
39 Endler 1978, S. 78.
40 Philipp Fahrbach: *Alt-Wiener Erinnerungen*, Wien 1935.
41 Thomas Aigner: »Lanner und die Bühne«. In: Aigner (Hg.) 2001, S. 50.
42 Witzmann 2001, S. 50.
43 Jäger-Sunstenau 1965, S. 119.
44 zit. n. E. Schenk: *Der Langaus. Studia Musicologica Academiae Scientiarum Hungaricae*, Bd. 3. Budapest 1962, S. 301–316.
45 Auguste de la Garde: *Gemälde des Wiener Kongresses. Erinnerungen, Feste, Sittenschilderungen, Anekdoten*, Wien 1912, S. 40f. zit. n. Miller 1999, S. 35f.
46 Tino Erben: *Bürgersinn und Aufbegehren. Biedermeier und Vormärz in Wien, 1815–1848*, Wien 1988, S. 350.
47 Adolf Glaßbrenner: *Bilder und Träume aus Wien*, Leipzig 1836.
48 Ernst Décsey: *Johann Strauß. Ein Wiener Buch*, Stuttgart/Berlin 1922, S. 47.
49 Stefan Zweig: *Die Welt von Gestern – Erinnerungen eines Europäers*, Frankfurt 1970, S. 32f.
50 Otto Brusatti: »Anmerkungen zu Wien (1815–1845) in der Lanner-Zeit«. In: Aigner (Hg.) 2001, S. 36.
51 zit. n. Mailer (Hg.) 1992, S. 154.
52 Pahlen 1975, S. 60.
53 Norbert Rubey: »Mit Gott – für ein ganzes Orchester componirt von Joseph Lanner«. In: Aigner (Hg.) 2001, S. 82ff.
54 Max Schönherr/Karl Reinöhl: *Johann Strauss Vater. Ein Werkverzeichnis*, Wien 1954, S. 167.
55 https://www.johann-strauss.at/forschung/biografien/jsv/ (abgerufen 5.6.2023)
56 Jäger-Sunstenau 1965, S. 113.
57 Michael Lorenz: »Familie Trampusch – geliebt und totgeschwiegen«. In: *Jahrbuch des Vereins für Geschichte der Stadt Wien*. Vol. 62/63. Verein für Geschichte der Stadt Wien, Wien 2006/2007. Hier nach https://michaellorenz.at/strauss/ (abgerufen 9.6.23)
58 Miller 1999, S. 60.

59 Hannes Trinkl: »Familie Strauß in Salmannsdorf«. In: *Währinger Heimatkunde 1923*. https://neustift-am-walde.org/stammtisch/strauss.html (abgerufen 13.6.23)
60 zit. n. Miller 1999, S. 173f.
61 zit. n. Moritz Csáky: *Das kulturelle Gedächtnis der Wiener Operette: Regionale Vielfalt im urbanen Milieu*, Wien 2021, S. 290f.
62 Rubey 2001, S. 82.
63 zit. n. Mailer (Hg.) 1992, S. 155.
64 Jäger-Sunstenau 1965, S. 112.
65 die Brüder Carl und Friedrich, nicht Joseph, Simon und Carl, die mit Ersteren nicht nachweisbar verwandt waren.
66 Jäger-Sunstenau 1965, S. 113.
67 ebd., S. 20.
68 Schönherr/Reinöhl 1954, S. 20.
69 Sommer 2013, S. 16, Isabella Sommer: »Joseph Lanner – ›Ball bei Hof‹«. In: Aigner (Hg.) 2001, S. 126, Anzenberger 2001, S. 57.
70 Sommer 2013, S. 15.
71 ebd., S. 14.
72 Mailer (Hg.) 1983, S. 3.
73 Torsten Meyer (Hg.): *Die Veränderung der Kulturlandschaft*, Hamburg 2003, S. 129.
74 Brief an Leopold Mozart vom 8.11.1780. In: Mozarts Briefe. Ausgewählte Korrespondenz (1769–1791). Glasgow 2024.
75 Brief an Lorenz Hagenauer vom 11.6.1763. In: Mozart Briefe und Dokumente – Online-Edition. Internationale Stiftung Mozarteum, Salzburg 2006 https://dme.mozarteum.at/DME/briefe/letter.php?mid=607 (abgerufen 9.12.23)
76 so benannt, da sie von Wien aus ungefähr nach Norden führte.
77 zit. n. Sven Hakon Rossel: »*Reisen ist leben, dann wird das Leben reich und lebendig.*« Der *dänische Dichter Hans Christian Andersen und Österreich*, Wien 2004, S. 81.
78 Heinrich Laube: *Reisenovellen*, Band 3, Mannheim 1836, S. 33ff, 37f, 43.
79 Ludwig Eisenberg: *Johann Strauß. Ein Lebensbild*, Leipzig 1894, S. 62.
80 Schönherr/Reinöhl 1954, S. 96.
81 *Wiener Allgemeine Theaterzeitung*, zit. n. Schönherr/Reinöhl 1954, S. 111f.
82 Marcel Prawy: *Johann Strauß. Weltgeschichte im Walzertakt*, Wien 1975, S. 59.
83 Miller 1999, S. 242.
84 Schönherr/Reinöhl 1954, S. 112.
85 Richard Wagner: *Mein Leben*, München 1911, S. 80f.
86 Jäger-Sunstenau 1965, S. 117.
87 ebd., S. 119ff., Miller 1999, S. 229.
88 Sommer 2013, S. 16.
89 Norbert Rubey beim Symposium »Tanz-Signale« des Wiener Instituts für Strauss-Forschung, 2023.
90 Anzenberger 2001, S. 59ff.
91 August Wilhelm Ambros: *Culturhistorische Bilder aus dem Musikleben der Gegenwart*, Leipzig 1865, S. 209.
92 Eisenberg 1894, S. 26f.
93 Norbert Linke: »Maria Anna und Emilie: Zwei Frauen um ›Vater‹ Johann Strauss.« In: *Neues Leben – Mitteilungsblatt der Deutschen Johann Strauss Gesellschaft*, H. 41, 1, Coburg 2013, S. 24.

94 zit. n. Schönherr/Reinöhl 1954, S.139.
95 Norbert Linke: »Mit seinem eigenen Orchester-Personale«. Johann Strauß Vaters erstes Reise-Orchester der Welt, S. 65. *Österreichische Musikzeitschrift*. 54. Jg., 1–2, Wien 1999, S. 59–69.
96 Der Wanderer, 30.1.1837, S. 100 https://books.google.de/books?id=TG5MAAAAcAAJ&pg=PA100&lpg=PA100 (abgerufen 23.12.23)
97 Sommer 2001, S. 124ff.
98 Linke 1999, S. 65.
99 zit. n. Linke 1999, S. 66f.
100 *Vossische Zeitung*, Berlin, Mai 1876. zit. n. Prawy 1975, S. 299.
101 Artist 1894. zit. n. Prawy 1975, S. 299.
102 Décsey 1922, S. 26.
103 Sommer 2001, S. 123.
104 Linke 1999, S. 68.
105 Norbert Rubey: »Des Verfassers beste Laune. Johann Strauss (Vater) und das Musik-Business im Biedermeier«. In: *Katalog zur Wechselausstellung der Wiener Stadt- und Landesbibliothek*. Bd. 244, Wien 2004, S. 25.
106 Schönherr/Reinöhl 1954, S. 21.
107 Miller 1999, S. 236.
108 Prawy 1975, S. 44.
109 *Allgemeiner Musikalischer Anzeiger*, 3.1.1829, S. 3 https://play.google.com/books/reader?id=ZuQqAAAAYAAJ&pg=GBS.PA4&hl=de (abgerufen 10.12.23)
110 *Allgemeiner Musikalischer Anzeiger*, zit. n. Endler 1978, S. 96.
111 *Allgemeiner Musikalischer Anzeiger*, 17.3.1831, S. 41
112 ebd. https://play.google.com/store/books/details?id=gyJDAAAAcAAJ&rdid=book-gyJDAAAAcAAJ&rdot=1 (abgerufen 10.12.23)
113 https://www.digital.wienbibliothek.at/wbrobv02/content/titleinfo/2042273 (abgerufen 5.6.23)
114 Hans Heinrich Eggebrecht: *Musik im Abendland. Prozesse und Stationen vom Mittelalter bis zur Gegenwart*, München 1991, S. 713.
115 zit. n. Miller 1999, S. 123f.
116 Prawy 1975, S. 151.
117 Jäger-Sunstenau 1965, S. 183ff.
118 zit. n. Peter Sommeregger: *Die drei Leben der Jetty Treffz*, Wien 2018, S. 92f.
119 https://pressburgerkipferl.sk/johann-nepomuk-hummel-der-beruehmte-sohn-unserer-stadt/ (abgerufen 5.6.23)
120 *Wiener Theater-Zeitung* 9.5.1837, S. 3 https://anno.onb.ac.at/cgi-content/anno?aid=thz&datum=18370509&seite=3 (abgerufen 10.12.23)
121 Jäger-Sunstenau 1965, S. 142.
122 Claus Kegel: *Die Strauss-Dynastie. Eine historisch-biographische Kompilation*. Bd. 1: Von 1801 bis zum Tod von Johann Strauss Vater 1849, Wien 2023, S. 130f.
123 zit. n. Eduard Maria Oettinger: *Meister Johann Strauß und seine Zeitgenossen*, Bd. 2, Berlin 1862, S. 232.
124 Oettinger 1862, S. 28.
125 Strauss 1906, S. 10.
126 ebd., S. 9f.
127 Jäger-Sunstenau 1965, S. 45, Linke 2013, S. 21, Miller 1999, S. 120.
128 Hannes Trinkl 1923, o. S.: »Familie Strauß in Salmannsdorf«. In: *Währinger Heimatkunde* 1923. https://neustift-am-walde.org/stammtisch/strauss.html (abgerufen 13.6.23)

129 Scheyrer 1851, S. 21.
130 Linke 2013, S. 19.
131 Lorenz 2006/07, S. 135.
132 zit. n. Andreas Faessler: Johann Strauss Vater (1804–1849). https://planet-vienna.com/johann-strauss-vater-biografie/ (abgerufen 6.6.23)
133 Jäger-Sunstenau 1965, S. 124ff.
134 zit. n. Jäger-Sunstenau 1965, S. 147f.
135 Eduard Hanslick: *Aus meinem Leben*, Bd. 2, Berlin 1894, S. 124.
136 zit. n. Robert Dachs: »*Was geh' ich mich an?!*« *Glanz und Dunkelheit im Leben des Walzerkönigs*, Graz/Wien/Köln 1999, S. 31.
137 Linke 1982, S. 12.
138 Georg Markus: »Nicht immer im Dreivierteltakt. Bekannte und weniger bekannte ›Sträuße‹«. In: *Was uns geblieben ist. Die großen Familien in Österreich*, Wien 2010, S. 49.
139 Miller 1999, S. 96f.
140 Franz Grillparzer: *Der arme Spielmann*, Stuttgart 1877, S. 58.
141 Schönherr/Reinöhl 1954, S. 76.
142 Jäger-Sunstenau 1965, S. 116. Die dort wiedergegebene Datierung im Eintrag des Konskriptionsamts steckt voller Fehler; an das genannte Jahr 1830 muss daher ein Fragezeichen gemacht werden.
143 Prawy 1975, S. 50.
144 Jäger-Sunstenau 1965, S. 118.
145 *Allgemeiner Musikalischer Anzeiger*, 6. Februar 1832, S. 20 https://anno.onb.ac.at/cgi-content/anno?aid=ama&datum=18320202&seite=4 (abgerufen 5.11.2023)
146 Jäger-Sunstenau 1965, S. 119.
147 ebd., S. 135.
148 Sommer 2001, S. 129.
149 Miller 1999, S. 254.
150 *Wiener Allgemeine Theaterzeitung* 18.4.1843. S. 3. https://anno.onb.ac.at/cgi-content/anno?aid=thz&datum=18430418&seite=3 (abgerufen 20.6.23)
151 Décsey 1922, S. 35.
152 Lorenz 2006/07 (abgerufen 20.9.23)
153 ebd.
154 Mailer (Hg.) 1983, S. 5.
155 Linke 2013, S. 22ff.
156 Hanslick 1894, Bd. 2, S. 124.
157 Lorenz 2006/07 (abgerufen 9.6.23)
158 Linke 1982, S. 17.
159 Rudolph von Procházka: *Johann Strauss*, Hamburg 1900, S. 16.
160 Linke 2013, S. 24, Décsey 1922, S. 36.
161 Lorenz 2006/07 (abgerufen 9.6.23)
162 Hanslick 1894, Bd. 2, S. 124.
163 Jäger-Sunstenau 1965, S. 114.
164 Scheyrer 1851, S. 66.
165 Linke 2013, S. 25.
166 Jäger-Sunstenau 1965, S. 130.
167 Procházka 1900, S. 17.
168 Linke 1982, S. 28.

169 Eduard Hanslick: *Aus meinem Leben*, Berlin 1894, S. 291.
170 Strauss 1906, S. 29.
171 Eberhard Würzl: »Johann und Joseph Strauß in der Schule«. In: *Musikerziehung*. Februar 1989, Wien 1989, S. 115ff.
172 Otto Brusatti/Isabella Sommer: *Josef Strauß 1827–1870. Delirien und Sphärenklänge*, Wien 2003, S. 21.
173 zit. n. Brusatti/Sommer 2003, S. 22.
174 anzuhören etwa auf YouTube: https://youtu.be/n7cXtLWVAHc (abgerufen 20.6.23). Brusatti/Sommer 2003, S. 19.
175 Mailer (Hg.) 1983, S. 39f.
176 der Taufname von Annas jüngster Schwester, der »Pepi-Tante« – einer Sympathisantin der mütterlichen Partei also, die mehr als einmal hilfreich in das Leben ihrer Neffen eingriff.
177 Prawy 1975, S. 50.
178 Procházka 1900, S. 17.
179 Mailer (Hg.) 1983, S. 20.
180 Procházka 1900, S. 18.
181 Norbert Rubey: »*Frau Johann Strauss*«. *Die Familie Strauss, die Frauen und ihr Wirken*, Wien 2011 https://ulrich-goepfert.de/index.php/de/archiv/73-events/7639-frau-johann-strauss (abgerufen 11.10.23)
182 Miller 1999, S. 255, Mailer (Hg.) 1983, S. 8.
183 Jäger-Sunstenau 1965, S. 161.
184 ebd., S. 147ff.
185 Felix Czeike: Johann Strauss (Sohn), Wien Geschichte Wiki https://www.geschichtewiki.wien.gv.at/Johann_Strauss_(Sohn) (abgerufen 14.10.23) und Philipp Fahrbach: »Geschichte der Tanzmusik seit 25 Jahren«. In: *Wiener Allgemeine Musik-Zeitung* 20.3.1847, S. 137f. https://play.google.com/books/reader?id=rNIqAAAAYAAJ&pg=GBS.PA136&hl=de&q=fahrbach (abgerufen 21.12.23)
186 Prawy 1975, S. 297.
187 zit. n. https://de.wikipedia.org/wiki/Gunstwerber (abgerufen 26.12.23)
188 *Wiener Allgemeine Musik-Zeitung*, 17.10.1844, S. 500 https://anno.onb.ac.at/cgi-content/anno?aid=awm&datum=18441017&seite=4 (abgerufen 13.12.23)
189 Prawy 1975, S. 78.
190 *Wiener Zeitung* 18. Oktober 1844, S. 15 https://anno.onb.ac.at/cgi-content/anno?aid=wrz&datum=18441018&seite=15 (abgerufen 5.11.23)
191 *Carnevals-Schau. Illustrierte Theaterzeitung* 27.1.1845, S. 96 https://play.google.com/store/books/details?id=qy80cmPw2FwC&rdid=book-qy80cmPw2FwC&rdot=1 (abgerufen 15.10.23)
192 *Allgemeine Theaterzeitung* 24.10.1844, S. 1051 https://www.google.de/books/edition/Allgemeine_Theaterzeitung/Av5TAAAAcAAJ?hl=de&gbpv=1&pg=PA1051 (abgerufen 23.12.23)
193 Miller 1999, S. 279f.
194 Kegel 2023, S. 325.
195 zit. n. Schönherr/Reinöhl 1954, S. 276f.
196 Prawy 1975, S. 77f.
197 zit. n. Schönherr/Reinöhl 1954, S. 290.
198 Georg Markus: *Es hat uns sehr gefreut. Die besten Anekdoten aus Österreich*, Wien 2014.
199 Prawy 1975, S. 16.
200 ebd., S. 297.

201 Linke 2013, S. 25.
202 Georg Tschannett: *Zerrissene Ehen. Scheidungen von Tisch und Bett in Wien (1783-1850)*, Dissertation, Universität Wien 2015, S. 308.
203 Jäger-Sunstenau 1965, S. 157f.
204 ebd., S. 158ff.
205 zit. n. Procházka 1900, S. 18.
206 ebd., S. 162.
207 Franz Schuselka: *Karl Gutherz: eine Geschichte aus dem Wiener Volksleben*, Wien 1844, S. 72f.
208 https://www.geschichtewiki.wien.gv.at/Praterschlacht (abgerufen 19.10.23)
209 *Der Humorist* 1847, Band 11, S. 556. https://books.google.de/books?id=hTZOAQAAI-AAJ&hl=de&source=gbs_navlinks_s (abgerufen 14.12.23)
210 Schönherr/Reinöhl 1954, Bd. 1, S. 294.
211 Franz Ziska: *Geschichte der Stadt Wien*, Stuttgart 1847, S. 532f.
212 Helmut Reichenauer: »Walzerklang und Revolution. Zum kulturpolitischen Stellenwert der Wiener Tanzmusik im Vormärz«. In: *Neues Leben* 38, 2011, S. 21.
213 zit. n. Schönherr/Reinöhl 1954, S. 297.
214 zit. n. Reichenauer 2011, S. 22.
215 Otto Schneidereit: *Johann Strauss und die Stadt an der schönen blauen Donau*, Berlin 1985, S. 65.
216 Die farbigste Schilderung dieser Mini-Revolution verdanken wir Edi (Strauss 1906, S. 20f). Außerdem: Herwig Knaus: »*Die ›Sträuße‹ im Jahr 1848*«. In: Otto Brusatti, Günter Düriegl, Regina Karner (Hg.): *Johann Strauss. Unter Donner und Blitz*. Begleitbuch und Katalog zur 251. Sonderausstellung, Wien 1999, S. 183. Aber auch Historikerinnen wie Brigitte Hamann nehmen sie ernst: »Die Monarchien und ihr ›Walzerkönig‹«. In: Brusatti 1999, S. 115.
217 Wiener Katzenmusik, 31.08.1848 https://anno.onb.ac.at/cgi-content/anno?aid=wkm&datum=18480831&zoom=33 (abgerufen 19.10.23)
218 Ernst Viktor Zenker: *Die Wiener Revolution 1848 in ihren socialen Voraussetzungen und Beziehungen*, Wien 1897, S. 208.
219 Schneidereit 1985, S. 70.
220 Beide Zitate: Strauss 1906, S. 26f.
221 Jäger-Sunstenau 1965, S. 163f.
222 Knaus 1999, S. 191.
223 Schönherr/Reinöhl 1954, S. 317f.
224 Knaus 1999, S. 187, 183.
225 Schönherr/Reinöhl 1954, S. 322.
226 zit. n. August Enck, Victor Huyskens: *Annegarns Weltgeschichte*, Bd. 8, Münster 1900, S. 173.
227 *Die Presse* 14. September 1859, S. 4 https://anno.onb.ac.at/cgi-content/anno?apm=0&aid=apr&datum=18590914&seite=4 (abgerufen 14.12.23)
228 Rede, abgedruckt in: *Die Presse*, 2. Mai 1865, S. 9 https://anno.onb.ac.at/cgi-content/anno?aid=apr&datum=18650502&seite=9 (abgerufen 20.10.23)
229 zit. n. Prawy 1975, S. 373.
230 Mailer (Hg.) 1983, S. 99.
231 Mailer (Hg.) 1983, S. 99, 104, 108, 115, 133; Mailer (Hg.) 1986, S. 57; Mailer (Hg.) 1990, S. 47 und 53.
232 da er persönlich verantwortlich war für die Abschlachtung von bis zu 10 Millionen Menschen in seiner zentralafrikanischen Privatkolonie und damit für den vermutlich größten geplanten Massenmord der Moderne.

233 William M. Johnston: *Österreichische Kultur- und Geistesgeschichte. Gesellschaft und Ideen im Donauraum 1848 bis 1938*, Wien 2006, S. 51.
234 Mailer (Hg.) 1992, S. 277ff.
235 Mailer (Hg.) 2004, S. 84, Prawy 1975, S. 374.
236 zit. n. Prawy 1975, S. 175.
237 Norbert Rubey: Johann Strauss (Sohn), An der schönen, blauen Donau, op. 314. Wiener Institut für Strauss-Forschung 2018. https://www.johann-strauss.at/forschung/forschungssplitter/an-der-schoenen-blauen-donau/ (abgerufen 22.10.2023) und Prawy 1975, S. 176.
238 Prawy 1975, S. 186.
239 zit. n. Linke 1982, S. 83.
240 Mailer (Hg.) 1983, S. 83 und 119.
241 Linke 2013, S. 26.
242 Jäger-Sunstenau 1965, S. 157.
243 Jäger-Sunstenau 1965, S. 166.
244 Anna Streim. Wiener Institut für Strauss-Forschung 2018. https://www.johann-strauss.at/forschung/biografien/anna-streim/ (abgerufen 24.10.23)
245 Schönherr/Reinöhl 1954, S. 332ff.
246 Jäger-Sunstenau 1965, S. 166-169.
247 Scheyrer 1851, S. 99.
248 zit. n. Miller 1999, S. 351.
249 ebd., S. 187ff.
250 Jäger-Sunstenau 1965, S. 190.
251 Wiener Pikante Blätter, III. Jg., Nr. 42, 13. Oktober 1878, 5. zit. n. Lorenz 2006/07.
252 Linke 1982, S. 50f.
253 Siegfried Loewy: »Künstlerleben. Mit ungedruckten Dokumenten von Johann Strauß«. In: *Neue Freie Presse,* Wien 27. Juni 1921, S. 3.
254 Linke 1982, S. 51.
255 Jäger-Sunstenau 1965, S. 180.
256 zit. n. Literarisches Zentralblatt für Deutschland. Börsenverein der Deutschen Buchhändler, Leipzig 1927, S. 491.
257 Linke 1982, S. 51f.
258 Philipp Fahrbach: *Alt-Wiener Erinnerungen*, o.O. 1883, zit. n. Prawy 1975, S. 109.
259 Mailer (Hg.) 1983, S. 210 und 120.
260 Anna Streim. Wiener Institut für Strauss-Forschung 2018. https://www.johann-strauss.at/forschung/biografien/anna-streim/ (abgerufen 24.10.23)
261 Mailer (Hg.) 1983, S. 96ff.
262 ebd., S. 94.
263 ebd., S. 94 und 98.
264 heute Dobrna.
265 zit. n. Linke 1982, S. 58.
266 Eisenberg 1894, S. 89.
267 Mailer (Hg.) 1983, S. 109ff.
268 ebd., S. 183.
269 Jäger-Sunstenau 1965, S. 194f.
270 Prawy 1975, S. 123.
271 Leigh Bailey: »A Tale of Two Brothers«. In: *Associationen Josef Strauss (1827–1870).* Wien 2020, S. 100.
272 Bailey 2020, S. 101.

273 Norbert Rubey: Eduard Strauss I. Wiener Institut für Strauss-Forschung 2018. https://www.johann-strauss.at/forschung/biografien/eduard-i/ (abgerufen 27.10.23)
274 *Wiener Zeitung* 18. Februar 1865, S. 6.
275 zit. n. Brusatti/Sommer 2003, S. 237.
276 Prawy 1975, S. 125f.
277 Brusatti/Sommer 2003, S. 45ff., Mailer (Hg.) 1983, S. 218.
278 Mailer (Hg.) 1983, S. 294.
279 Mailer (Hg.) 1990, S. 99.
280 ebd., S. 13, 26, 88ff.
281 Mailer (Hg.) 1986, S. 135f.
282 Mailer (Hg.) 1990, S. 117, 123.
283 Jäger-Sunstenau 1965, S. 361.
284 ebd., S. 240f.
285 Markus 2010 deutet dies an. https://www.google.de/books/edition/Was_uns_geblieben_ist/2ld3DwAAQBAJ?hl=de&gbpv=1&dq=%22Nicht+immer+im+Dreivierteltakt%22&pg=PT32&printsec=frontcover (abgerufen 30.11.23)
286 Prawy 1975, S. 349, 205.
287 Mailer (Hg.) 1986, S. 144.
288 *Neues Wiener Tagblatt* (Tages-Ausgabe) 25.2.1870, S. 1.
289 Prawy 1975, S. 153.
290 Mailer (Hg.) 2007, S. 17 und 12f.
291 Die folgenden Details und Briefzitate dieser Liebschaft verdanken wir: Mailer (Hg.) 2007, S. 15–18, Mailer (Hg.) 1983 S. 187ff. und Thomas Aigner: *Olga. Die Adressatin von 100 Liebesbriefen von Johann Strauß*. Schneider, Tutzing 1998, S. 64 und 85.
292 zit. n. Linke 1982, S. 66.
293 zit. n. Mailer (Hg.) 1990, S. 249.
294 Sommeregger 2018, S. 62.
295 Eduard Hanslick: »Kritik des Wiener Musikverlags«. In: *Oesterreichische Blätter für Literatur und Kunst*. Beilage zur Wiener Zeitung. 6. Oktober 1854. S. 239. https://anno.onb.ac.at/cgi-content/anno?aid=wrz&datum=18541006&seite=27 (abgerufen 1.11.23)
296 Mailer (Hg.) 1990, S. 15.
297 Ignaz Schnitzer: *Meister Johann. Bunte Geschichten aus der Johann Strauß-Zeit*, Bd. 1, Wien/Leipzig 1920, S. 62f., zit. n. Linke 1982, S. 71.
298 *Wiener Allgemeine Theaterzeitung* 3.9.1846, S. 4.
299 Sommeregger 2018, S. 45, 52, 74.
300 Karin Ploog: *Als die Noten laufen lernten …*, Bd. 2: Kabarett-Operette-Revue-Film-Exil. Unterhaltungsmusik bis 1945, Norderstedt 2016, S. 216.
301 zit. n. Mailer (Hg.) 1983, S. 225.
302 ebd.
303 Bailey 2020, S. 100.
304 zit n. Mailer (Hg.) 1983, S. 178 und n. Sommeregger 2018, S. 75.
305 Mailer (Hg.) 1990, S. 32 und zit n. Mailer (Hg.) 1983, S. 178f.
306 Mailer (Hg.) 1983, S. 227.
307 Wolfgang Dörner: »Josef Strauss Chronologisch-Thematisches Werkverzeichnis«. In: *Associationen Josef Strauss (1827–1870)*, Wien 2020, S. 70.
308 zit. n. Thomas Aigner 2020, S. 80. Außerdem: Johann Strauss (1825–1899) http://www.editionhera.de/straussensemble/hintergr.htm (abgerufen 26.10.23) und Dörner 2020, S. 76.

309 Prawy 1975, S. 169, Ploog 2016, S. 217.
310 Dies vermutet der Jurist, Musik- und Familienforscher Eduard Strauss, denn die Behandlung solcher Störungen steht oft ganz unten auf der Indikationsliste der Kurorte, die Jean frequentiert.
311 Jäger-Sunstenau 1965, S. 197ff.
312 ebd., S. 213.
313 zit. n. Sommeregger 2018, S. 75. Außerdem: Jetty Treffz (aka Johann Strauss Son's first wife) https://annsbusyworld.wordpress.com/2018/07/01/jetty-treffz/ (abgerufen 11.11.23)
314 zit. n. Mailer (Hg.) 1983, S. 283f.
315 ebd., S. 304f.
316 zit. n. Sommeregger 2018, S. 90.
317 ebd., S. 81.
318 Rubey 2011 (abgerufen 25.10.23).
319 zit. n. Sommeregger 2018, S. 82.
320 ebd., S. 128.
321 Mailer (Hg.) 1986, S. 135.
322 zit. n. Linke 1982, S. 86.
323 zit. n. Mailer (Hg.) 1986, S. 119.
324 ebd., S. 110f.
325 Bailey 2020, S. 102.
326 Eisenberg 1894, S. 119.
327 Erich Wilhelm Engel: *Johann Strauß und seine Zeit*, Wien 1911, S. 136. zit. n. Linke 1982, S. 89.
328 zit. n. Mailer (Hg.) 1986, S. 124.
329 zit. n. Pahlen 1975, S. 228.
330 Beides zit. n. Mailer (Hg.) 1986, S. 120.
331 zit. n. Mailer (Hg.) 1986, S. 129f.
332 Mailer (Hg.) 1986, S. 135.
333 Jäger-Sunstenau 1965, S. 207.
334 zit. n. Mailer (Hg.) 1986, S. 165; außerdem S. 162.
335 Peter Kemp 2020: »Rhapsodising with Josef Strauss«. In: *Associationen Josef Strauss (1827–1870)*. Wien 2020, S. 121.
336 Beides zit. n. Brusatti/Sommer 2003, S. 256.
337 Bailey 2020, S. 106f.
338 Jäger-Sunstenau 1965, S. 230.
339 Mailer (Hg.) 1986, S. 180.
340 ebd., S. 206f.
341 Eisenberg 1894, S. 177.
342 zit. n. Linke 1982, S. 94.
343 Beide Zitate: Mailer (Hg.) 1983, Bd. 2, S. 7f.
344 *Neue Freie Presse* 16.5.1886, S. 7.
345 Marie Geistinger: »Strauß, Anzengruber und Offenbach«. In: *Illustriertes Wiener Extrablatt*, 14.10.1894, hier zit. n. Marion Linhardt: *Inszenierung der Frau – Frau in der Inszenierung. Operette in Wien zwischen 1865 und 1900*, Tutzing 1997, S. 51.
346 Hans-Dieter Roser: Erotisches in der Wiener Operette. Die Libretti von Johann Strauss. Operalounge.de 2015. https://operalounge.de/history/operngeschichte/scharfes-zwischen-weinberl-und-zibeben (abgerufen 10.11.23) und Volker Klotz: *Operette. Porträt und Handbuch einer unerhörten Kunst*, Roßdorf 2016, S. 372.
347 Roser 2015.

348 Norbert Rubey: Johann Strauss (Sohn) – Ouvertüre zur Operette »Indigo und die vierzig Räuber«. Wiener Johann Strauss Orchester 2023. https://wjso.at/de-at/Home/Events/EventDetail?ConcertID=1471&WerkID=329# (abgerufen 1.11.23)
349 Roser 2015.
350 Linke 1982, S. 95f. und Johann Strauss (Sohn) https://www.geschichtewiki.wien.gv.at/Johann_Strauss_(Sohn) (abgerufen 1.11.23)
351 Linke 1982, S. 96f.
352 zit. n. Ethel Matala de Mazza: *Der populäre Pakt. Verhandlungen der Moderne zwischen Operette und Feuilleton*, Frankfurt 2018. ebd.
353 29. Oktober 1872, S. 12 https://anno.onb.ac.at/cgi-content/anno?aid=wrz&datum=18721029&query=%22Cancan-Epidemie%22&ref=anno-search&seite=12 (abgerufen 12.11.23)
354 zit. n. Linke 1982, S. 96 und Prawy 1975, S. 221.
355 Linhardt 1997, S. 59.
356 *Neue Freie Presse* 15.10.1884, S. 2.
357 Jäger-Sunstenau 1965 und Norbert Linke: *Melodien von Josef Strauss in Werken seines Bruders? In: Associationen Josef Strauss (1827–1870)*, Wien 2020, S. 125ff.
358 Jutta Pemsel: *Die Wiener Weltausstellung von 1873*, Wien/Köln 1989, S. 15ff., 41f. Und Hedvig Ujvári: »Feuilletons über die Wiener Weltausstellung 1873 im *Pester Lloyd*«. In: Kakanien Revisited, Jahrgang 2005. Wien 2005, S. 1. http://www.kakanien.ac.at/beitr/fallstudie/HUjvari1.pdf (abgerufen 26.7.23)
359 Czeike 1992–2004, Bd. 1, S. 570 und 610 und: *Der Floh* 17.5.1873, S. 5 https://anno.onb.ac.at/cgi-content/anno?apm=0&aid=flo&datum=18730517&seite=5 (abgerufen 26.7.23)
360 MoneyMuseum: 30 ausgewählte Finanzkrisen, vom 16. Jahrhundert bis heute, Sunflower Foundation Zürich, S. 10.
361 Mailer (Hg.) 1990, S. 58.
362 Peter Kemp: »›Fledermaus‹ – die Fortsetzung«. In: *Neues Leben – Mitteilungsblatt der Deutschen Johann Strauss Gesellschaft*, H. 27 (2000), S. 26–34.
363 Sommeregger 2018, S. 130; Zitate: 94f und 126f.
364 ebd., S. 133f. und Linke 1982, S. 120.
365 Linke 1982, S. 120; Prawy 1975, S. 301.
366 Mailer (Hg.) 1990, S. 21 und vorher: S. 15, 26, 39.
367 ebd., S. 109.
368 Linke 1982, S. 121; Prawy 1975, S. 302.
369 zit. n. Prawy 1975, S. 305.
370 Max Kalbeck: »Vom Schreibtisch und aus dem Atelier. Erinnerungen an Johann Strauß«. *Velhagen & Klasings Monatshefte* 22. Jahrgang, Bd. 1. Leipzig 1907.
371 Beide Briefe zit. n. Mailer (Hg.) 1990, S. 132f.
372 Beide Zitate: Mailer (Hg.) 1990, S. 137f.
373 Prawy 1975, S. 305.
374 Décsey 1922, S. 204.
375 Mailer (Hg.) 1990, Bd. 3, S. 202 und 198.
376 zit. n. Mailer (Hg.) 1992, S. 98; außerdem Prawy 1975, S. 302.
377 Aus: Schnitzer 1920. zit. n. Franz Mailer (Hg.) 2000, S. 62.
378 Arthur Schnitzler: *Tagebuch 1879–1892*, Wien 1987. zit. n. Franz Mailer (Hg.) 1990, S. 140.
379 Mailer (Hg.) 1990, S. 146 und 139ff.
380 Robert Dachs: *Johann Strauss: »Was geh ich mich an?« Glanz und Dunkelheit im Leben des Walzerkönigs*, Wien 1999, S. 100 und Procházka 1900, S. 78.

381 Prawy 1975, S. 312.
382 Anton Mayer: *Johann Strauß. Ein Pop-Idol des 19. Jahrhunderts*, Wien 1998, S. 225f.
383 Johann Strauss (Sohn) https://www.geschichtewiki.wien.gv.at/Johann_Strauss_(Sohn) (abgerufen 1.11.23)
384 Eberhard Würzl: *Ritter Pásmán*. In: *Pipers Enzyklopädie des Musiktheaters*, Bd. 6, München 1997, S. 69.
385 Klotz 2016, S. 40.
386 Linhardt 1997, S. 231.
387 Jan Christoph Jonas Liefhold: *»So elend und so treu ...« Die Konstruktion und Funktion eines Zigeunerstereotyps und dessen Erscheinungsbild in der Wiener Operette (1885–1938) im soziologischen Kontext der Entstehung stereotyper Fremdbilder*, Diplomarbeit, Wien 2014, S. 169.
388 Linhardt 1997, S. 231.
389 Fritz Lange (Hg.): *Johann Strauss schreibt Briefe. Mitgeteilt von Adele Strauss*, Berlin 1926, S. 198. zit. n. Linke 1982, S. 143.
390 Lange 1926, S. 122, zit. n. Linke 1982, S. 143.
391 Klotz 2016, S. 685.
392 Würzl 1997, S. 73.
393 zit. n. Franz Mailer (Hg.) 1996b, S. 491f.
394 Décsey 1922, S. 231.
395 Drei Zitate: Lange 1926, S. 80 und 69, zit. n. Linke 1982, S. 145.
396 Richard Heuberger: *Erinnerungen an Johannes Brahms*, Tutzing 1971. zit. n. Linke 1982, S. 150.
397 Linke 1982, S. 150.
398 Helmut Reichenauer: »Gedanken zur Operette ›Wiener Blut‹«. In: Kulturverein »Wiener Blut« (Hg.): *Almanach – Die magische Welt der Strauss-Familie*. Almanach Nr. 1, Oktober 2011, S. 6f.
399 zit. n. Mailer (Hg.) 1990, S. 257.
400 ebd., S. 166.
401 Vier Zitate nach Mailer (Hg.) 1990, S. 173f., 166 und 157.
402 Alle Zitate nach Jäger-Sunstenau 1965, S. 299 und 237, 240, 250, 299, 318ff.
403 Mailer (Hg.) 1990, S. 168.
404 ebd., S. 217
405 Montags-Revue vom 17.8.1884. Zit. n. Mailer (Hg.) 1990, S. 243.
406 Drei Zitate nach Mailer (Hg.) 1990, S. 314, 269, 281.
407 zit. n. Jäger-Sunstenau 1965, S. 346.
408 Mailer (Hg.) 1990, S. 22 ff. und 30ff.
409 ebd., S. 39f.
410 Hans Commenda: *Geschichten um Anton Bruckner*, Linz 1946. https://www.abruckner.com/down/articles/articlesgerman/commenda/commenda_hans_geschichtenumantonbruckner.pdf (abgerufen 27.10.23)
411 Otto Brusatti: »Zwischen Radetzky-Marsch und Parsifal«. In: Brusatti/Düriegl/Karner (Hg.) 1999, S. 81.
412 ebd.
413 Procházka 1900, S. 105, zit. n. Linke 1982, S. 10.
414 Eduard Strauss: »›Strauss-Nachlässe‹ aus historisch-juristischer Sicht«. In: *Österreichische Musikzeitschrift*, 6/2000. zit. n. https://portraits.klassik.com/musikzeitschriften/template.cfm?AID=602&Seite=2&Start=3192 (abgerufen 12.11.23)

415 Mailer (Hg.) 1990, S. 216 sowie S. 204f.
416 Kleine Geschichte der Musikindustrie. https://www.klangkutter.de/kleine-geschichte-der-musikindustrie/ (abgerufen 13.11.23)
417 zit. n. Prawy 1975, S. 342.
418 Michael E. Gunrem: Die allerersten Schallplatten der Welt. https://www.archeophone.org/Berliner5inch/Die_allerersten_Schallplatten_der_Welt.php (abgerufen 13.11.23)
419 Linke 1982, S. 142, Mailer (Hg.) 1992, S. 291f., Mailer (Hg.) 1990, S. 180f., 290.
420 zit. n. Schneidereit 1985, S. 253.
421 https://cylinders.library.ucsb.edu/search.php?nq=1&query_type=author&query=Strauss,+Johann,+1825-1899 (abgerufen 1.11.23)
422 Norbert Rubey. Die Globalisierung des Wiener Walzers. ORF TOPOS 24. Dezember 2022 https://topos.orf.at/straussmania-eduard-strauss-usa100 (abgerufen 3.4.23)
423 zit. n. Mailer (Hg.) 1992, S. 284f.
424 Beide Zitate: Mailer (Hg.) 1992, S. 284ff.
425 Beide Zitate: Strauss 1906, S. 106.
426 zit. n. Jäger-Sunstenau 1965, S. 360.
427 Rubey 2022 (abgerufen 3.4.23)
428 Karl Josef Fromm: »Bei Johann Strauß Junior«. In: *Neues Wiener Journal,* 27. August 1917, S. 5. zit. n. Leigh Bailey: Die Verbrennung des Strauss'schen Notenarchivs. *Neues Leben* 53, Coburg 2016, S. 48.
429 Bailey 2020, S. 107.
430 Bailey 2016. S. 51 und 49.
431 Bailey 2020, S. 107 und Strauss 1906, S. 51.
432 Jäger-Sunstenau 1965, S. 429f.
433 ebd., S. 337f.
434 Eduard Strauss: Testament vom 3. Februar 1914 samt Nachtrag vom 27. April 1916. Transkription von seinem Urenkel Doktor Eduard Strauss, Tutzing 2000, S. 31.
435 Prawy 1975, S. 8.
436 Arthur Schnitzler: *Träume. Das Traumtagebuch 1875–1931,* Göttingen 2012, S. 162.
437 Peter Kemp: *The Strauss Family,* London 1989, S. 148.
438 Franz Mailer (Hg.) 2002, S. 118.
439 nach Franz Mailer (Hg.) 2002, S. 205ff.
440 Irmgard Lahner: »Die Sondersammlungen der Universitätsbibliothek Salzburg«, S. 213. In: Ursula Schachl-Raber u. a. (Hg.): *Buchraub in Salzburg. Bibliotheks- und NS-Provenienzforschung an der Universitätsbibliothek Salzburg.* Salzburg, 2012, S. 168–191. Martin Moll: »Vom österreichischen Gendarmerie-Offizier zum Höheren SS- und Polizeiführer Serbien, 1942–1944. August Meyszner: Stationen einer Karriere«. In: *Danubiana Carpathica. Jahrbuch für die Geschichte und Kultur in den deutschen Siedlungsgebieten Südosteuropas.* Bd. 5., H. 52, 2011. Oldenbourg/ München 2012, S. 249–318.
441 Christian Mertens: »Die wechselhafte Geschichte der Sammlung Strauss-Meyszner in der Wiener Stadt- und Landesbibliothek«. In: *AKMB-news,* Jahrgang 10, Nr. 3, Heidelberg 2004, S. 12–14.
442 Kemp 1989, S. 189.
443 Eduard Strauss: *Eduard Strauss II. Ein Künstlerleben,* Tutzing 2011, S. 7f.
444 ebd., S. 30f.
445 ebd., S. 6.

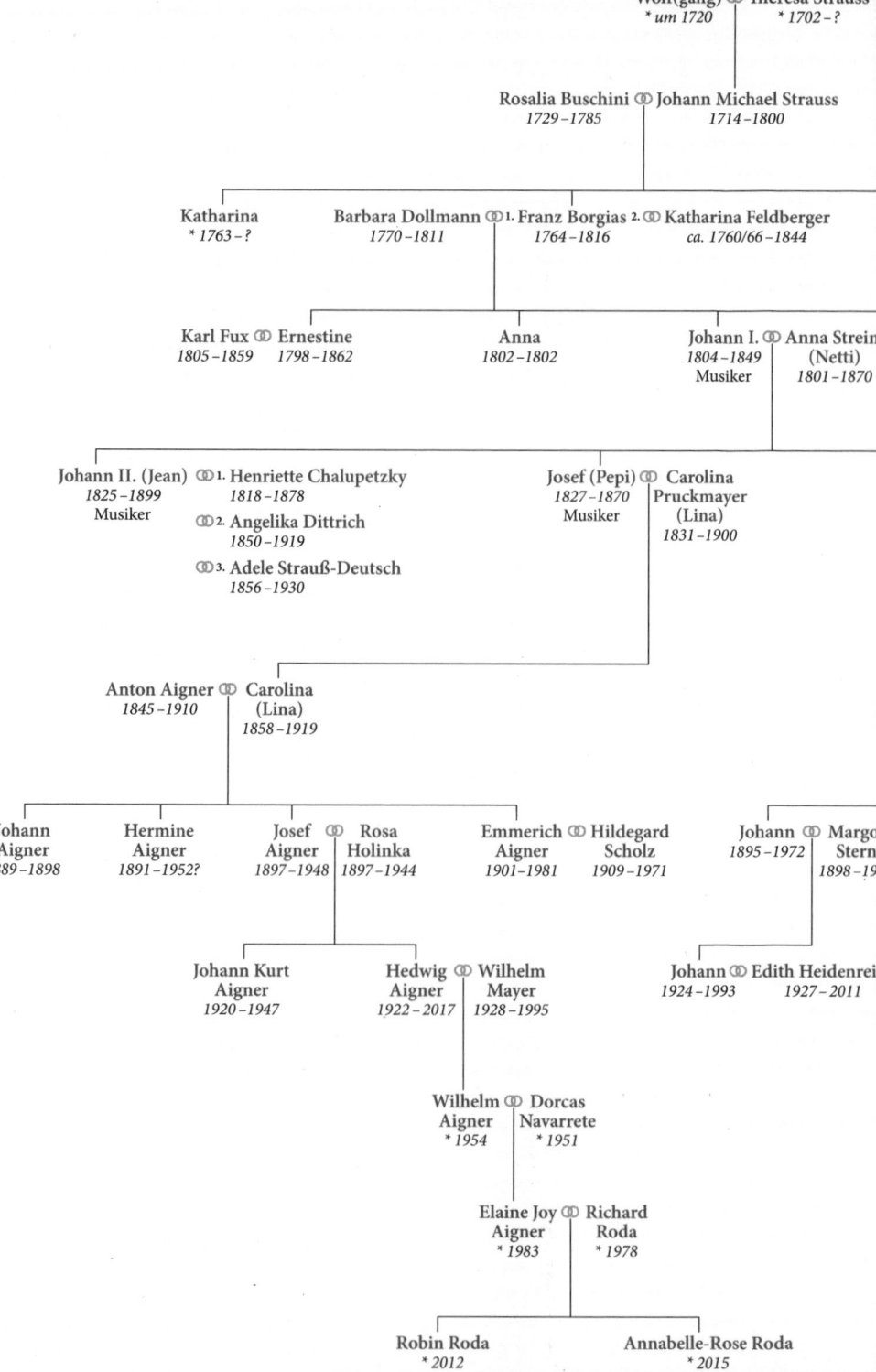